国家"985工程"(二期)哲学社会科学创新基地重大成果
第三届中国出版政府奖图书奖　第三届三个一百原创图书出版工程奖

学术版

中国佛教通史

第十一卷

赖永海　主编

江苏人民出版社

图书在版编目(CIP)数据

中国佛教通史.第十一卷/赖永海主编.
—南京：江苏人民出版社,2010.9(2021.10 重印)
ISBN 978-7-214-06479-0

Ⅰ.①中… Ⅱ.①赖… Ⅲ.①佛教史-中国
Ⅳ.①B949.2

中国版本图书馆 CIP 数据核字(2010)第 185008 号

书　　　名	中国佛教通史(第十一卷)
主　　　编	赖永海
策 划 编 辑	府建明
责 任 编 辑	王保顶　朱晓莹
装 帧 设 计	吴赵铎　许文菲
责 任 监 制	王　娟
出 版 发 行	江苏人民出版社
地　　　址	南京市湖南路 1 号 A 楼,邮编:210009
照　　　排	江苏凤凰制版有限公司
印　　　刷	江苏凤凰新华印务集团有限公司
开　　　本	652 毫米×960 毫米　1/16
总 印 张	549.25　插页 62
总 字 数	7100 千字
版　　　次	2010 年 11 月第 1 版
印　　　次	2021 年 10 月第 2 次印刷
标 准 书 号	ISBN 978-7-214-06479-0
定　　　价	2280.00 元(全 15 卷)

(江苏人民出版社图书凡印装错误可向承印厂调换)

本卷主要撰稿人（以姓氏笔画为序）

王月清

哲学博士。现为南京大学哲学系（宗教学系）教授、博士生导师，南京大学中华文化研究院副院长。主要著作有《中国佛教伦理研究》《中国佛教文化艺术》等。

撰写内容：第十三章。

王建光

哲学博士。现为南京农业大学人文社会科学学院副教授。主要著作有《中国律宗通史》。

撰写内容：第五章。

圣　凯

哲学博士。现为清华大学哲学系教授、博士生导师、国家社科基金重大项目"汉传佛教僧众社会生活史"首席专家、中国佛教文化研究所副所长、《佛学研究》主编。研究领域为南北朝佛教学派、儒佛道三教关系、中国佛教社会史、近现代佛教、佛教与西方哲学比较研究等。主要著作有《中国汉传佛教礼仪》《中国佛教忏法研究》《摄论学派研究》《中国佛教信仰与生活史》《南北朝地论学派思想史》，以及 *A History of Chinese Buddhist Faith and Life* 等。

撰写内容：第八章。

朱丽霞

哲学博士。现为河南大学哲学与公共管理学院副教授。主要著作有《宗喀巴佛教思想研究》《佛教与西藏古代社会》等。

撰写内容：第十一、十二章。

吴忠伟

哲学博士。现为苏州大学哲学系副主任、副教授。主要著作有《中国天台宗通史》(合著)、《圆教的危机与谱系的再生——宋代天台宗山家山外之争研究》。

撰写内容:第三章。

陈永革

哲学博士。现为浙江省社会科学院哲学研究所副所长、研究员,杭州师范大学双聘教授、博士生导师。主要著作有《法藏评传》、《晚明佛学的复兴与困境》、《阳明学派与晚明佛教》。

撰写内容:第四、九章。

郑筱筠

文学博士。现为中国社会科学院世界宗教研究所研究员,中国社会科学院佛教研究中心副秘书长,《世界宗教文化》副主编。主要著作有《佛教与云南民族文学》、《中国南传佛教研究》。

撰写内容:第十章。

单正齐

哲学博士。现为西南政法大学哲学研究所副教授。主要著作有《佛教的涅槃思想》。

撰写内容:第一、二、六、七章。

目　录

第一章　元代的社会与汉传佛教　1

第一节　元代佛教的社会文化背景　1
一、元代王朝对汉地道教与佛教的扶持　1
二、元代王朝对藏传佛教的尊崇　3
三、元代王朝对其他宗教的支持　5

第二节　元代诸帝与汉传佛教　7
一、蒙古汗王与汉传佛教　8
二、元世祖与汉传佛教　11
三、世祖后诸帝与汉传佛教　18

第三节　元朝佛教的管理制度　23
一、元代佛教的僧官制　23
二、皇家寺产的管理制度　39
三、僧户与僧籍管理制度　42

第二章　元代禅宗　54

第一节　海云印简与北方临济宗　54
一、海云印简与临济正宗　54
二、海云印简的思想、禅风和传教活动　57
三、海云印简一系的法脉　61

第二节　南方临济宗　63
一、雪岩祖钦的禅学思想　63

二、高峰原妙及其法胍 68
　　三、元叟行端与云峰妙高 81
第三节　万松行秀与北方曹洞宗 89
　　一、万松行秀的生平及著作 89
　　二、万松行秀的禅学思想 93
　　三、雪庭福裕与林泉从伦 99
第四节　南方曹洞宗 105
　　一、云外云岫及其法脉传承 106
　　二、天童如净及其法脉传承 109

第三章　元代天台宗的传承 113
第一节　宋元之际天台谱系 113
　　一、法照系统 114
　　二、怀坦系统 115
　　三、觉先系统 117
第二节　元代天台教学 120
　　一、元代天台教学制度 120
　　二、元代天台的义学成就 125
　　三、元代天台与诸宗关系 138

第四章　辽、元华严宗的弘传 147
第一节　回归唐代华严：文才与元代华严的阐释 148
第二节　元代南北的华严学弘传 153

第五章　元代的律学撰述与唯识的研习 162
第一节　元代律学 162
　　一、元代的律师与撰述 162
　　二、《律苑事规》 165
　　三、藏传佛教的律学 167
　　四、八思巴的律学思想 169
第二节　元代唯识宗 171

第六章　元代净土宗的延续及禅教一致 174
第一节　净土的宗派自觉与禅净关系 174
　　一、普度的"念佛三昧"说 174
　　二、临济与净土 179

三、禅与净土的融合　187

　第二节　元代的禅教关系　189

　　一、禅教之间的互动　189

　　二、临济宗与教门的融通　191

　　三、天如惟则对天台的吸收　193

第七章　元代的寺院经济　198

　第一节　元代寺院经济概况　198

　第二节　元代寺院财产的主要来源　200

　第三节　元代寺院经济的结构及经营形式　208

　第四节　元代寺院经济对社会经济的影响　213

第八章　宋元佛教徒的信仰与生活　218

　第一节　宋元佛教徒的信仰与仪轨　218

　　一、宋代天台宗的忏法制作与实践　219

　　二、宋代华严宗的忏法实践　228

　　三、宋元佛教的社邑与净土结社　236

　　四、涅槃会与《涅槃礼赞文》　239

　　五、水陆法会的演变与发展　247

　第二节　宋元佛教的慈善事业　250

　　一、宋代佛教的社会救济事业　251

　　二、宋代佛教的地方公益事业　254

　第三节　宋元佛教的放生习俗　256

　　一、放生习俗的渊源　256

　　二、宋以前的放生活动　258

　　三、宋代放生习俗的流行　260

第九章　元代与东亚的佛教文化交流及其影响　262

　第一节　元代与东亚佛教文化交流概述　262

　第二节　日本入元僧的修学活动及其影响　263

　第三节　元代赴日僧活动及其影响　274

　　一、大休正念与西涧子昙之赴日　276

　　二、无学祖元(1226—1286)之赴日　278

　　三、一山一宁(1247—1317)之赴日　279

　　四、其他赴日禅僧的活动　282

第四节　元代与朝鲜的佛教交流及其影响　285

第十章　中国南传上座部佛教　290

第一节　南传上座部佛教传入云南的媒介与时间　292
　　一、传入时间　292
　　二、东南亚南传上座部佛教圈的形成及其传入云南的媒介与时间　299

第二节　中国南传上座部佛教的发展　323
　　一、中国南传上座部佛教的区域性特征　323
　　二、中国南传上座部佛教派别　325
　　三、中国南传上座部佛教的主要经典　335

第三节　中国南传上座部佛教的组织制度　342
　　一、组织制度　342
　　二、僧伽制度　354
　　三、居士制度　357
　　四、僧阶制度　359
　　五、戒律　360
　　六、安章　363
　　七、寺院供养制度　368

第十一章　后弘期藏传佛教及其主要派别　374

第一节　佛教在西藏的再度复兴　374
　　一、在多康的复兴　375
　　二、在阿里的复兴　377

第二节　藏传佛教主要派别及其思想　381
　　一、噶当派及其佛学思想　381
　　二、宁玛派及其佛学思想　390
　　三、萨迦派及其佛学思想　403
　　四、噶举派及其佛学思想　414
　　五、觉囊派　437
　　六、希解派　442
　　七、觉宇派　444

第十二章　藏传佛教在内地的传播　447

第一节　萨迦派在元代的兴盛　447
　　一、凉州会谈　447
　　二、帝师　450

第二节　藏传佛教在内地的传播　462
　　一、传播形式　462
　　二、传播区域　470

第十三章　宋元时期的佛教文化艺术　482
　第一节　宋元时期的佛教石窟造像与寺庙雕塑　482
　　一、杭州飞来峰造像　483
　　二、四川的石窟造像　483
　　三、陕西北部的石窟造像　486
　　四、甘肃麦积山石窟造像　489
　　五、宋代寺庙罗汉雕塑　489
　　六、辽金时期的佛教雕塑作品　496
　　七、元代的"梵式"造像　498
　第二节　宋元时期的佛教绘画　501
　　一、寺庙壁画　502
　　二、文人画家的佛教绘画　509
　　三、佛教版画　513
　第三节　宋元时期的佛教书法　513
　　一、僧人书法　514
　　二、士人佛书　523

人名索引　530

第一章 元代的社会与汉传佛教

1206年,蒙古各部落公推铁木真为成吉思汗,此后,蒙古大汗国的几位首领率几十万大军,进行几十年的征战,横扫欧亚大陆,相继灭掉辽、西夏、金、宋等国,建立起一个疆域辽阔的大帝国。在这个大帝国中,居住着持有不同宗教信仰和文化传统的民族,包括汉、蒙、回、女真、畏兀儿、契丹等民族。如何实现大帝国的有效统治,就成为蒙古汗国以及后来改称为大元帝国统治者迫切需要解决的问题。而允许不同信仰的存在,对新征服地的主要宗教提供庇护及支持,无疑是安抚人心、确保对整个帝国统治的最有效的方法。

第一节 元代佛教的社会文化背景

一、元代王朝对汉地道教与佛教的扶持

蒙元统治者仍然信奉本民族的宗教即萨满教,有元一代,源于萨满教的国俗旧礼一直未尝废弃,由蒙古巫觋主持祭天祀祖的仪式。但是对于其他宗教,蒙古统治者表现出极大的宽容态度,并积极接受这些外民族的宗教。从早期的皇室成员的信仰组成,可以看出蒙古统治者的宗教

宽容政策。元太宗成吉思汗,继任者窝阔台、宪宗蒙哥都信萨满教,而定宗贵由和成吉思汗的次子察合台则信奉基督教,成吉思汗之孙别儿哥信伊斯兰教,元世祖忽必烈及其妻察必则信奉佛教。对被征服地区的宗教,蒙元统治者首先解决的就是与中原地区道教的关系。

早在成吉思汗西征西域各地时,就注意处理国内汉地道教徒的关系。1219年,在他率兵讨伐花剌子模时,就派人去山东请全真教领袖丘处机赴西域,讨教治国方略和养生之术。丘处机借机向成吉思汗讲述全真教理,并认为养生之术"以清心寡欲为要"①,而治国则"敬天爱民为本"②,"欲一天下者,必在乎不嗜杀人"③。成吉思汗非常赞赏丘处机,让他执掌天下道教事务,并免去全真道徒的赋税徭役,道教因此得以发展和壮大。其后不久,道教与佛教发生冲突,虽然道教在佛道辩论中失败,但是元朝政府并未取缔道教,而是让道教继续存在和发展。实际上,在佛道辩论失败后,道教徒经常出入皇庭,接受封赏。有的道教徒还经常为元朝政府举行禳灾法事。《元史·本纪第十四》载:"二月壬辰朔,遣使持香币诣龙虎、阁皂、三茅设醮,召天师张宗演赴阙。"④《元史·本纪第二十七》载:"龙虎山张嗣成来朝,授太玄辅化体仁应道大真人。"⑤《元史·本纪第二十七》载:"庚申,加封故领诸路道教事张留孙为上卿、大宗师、辅成赞化保运神德真君。"⑥"癸卯,命道士苗道一建醮于长春宫。"⑦《元史·本纪第三十五》载:"召亳州太清宫道士马道逸、汴梁朝天宫道士李若讷、河南嵩山道士赵亦然,各率其徒赴阙,修普天大醮。"⑧

在与道教徒接触的同时,成吉思汗也留意汉地的禅宗。在蒙古兵进入中原时,成吉思汗发诏要善待中原地区的禅师。他非常欣赏跟随蒙古

---

① ② ③《元史·释老传》,《元史》第2559页,长沙:岳麓书社,1998。
④ 同上书,第161页。
⑤ 同上书,第341页。
⑥ 同上书,第412页。
⑦ 同上书,第414页。
⑧ 同上书,第437页。

大兵北上的印简禅师,下诏供给生活给养及日常所需。定宗即位后,下诏命海云禅师执掌天下释教事,并延请印简住持上都太平兴国寺。印简还曾应诏谒见忽必烈,为其说法受戒。而对于印简提出的保护汉地僧人、扶持汉地佛教的建议,蒙元统治者均欣然接受。另一个禅师、曹洞宗万松行秀也受蒙元统治者的器重,他的弟子耶律楚材则直接参与政治,成为权倾一时的朝廷重臣。蒙元统治者还帮助禅宗恢复祖庭,兴建新寺,给予大量的田地和财产,并取消或减免佛教徒的赋税杂役。在蒙元统治者的支持下,佛教的社会地位更是远远高于两宋。《元史》载:元世祖二十七年,天下寺宇达四万二千三百一十八区,僧、尼二十一万三千一百四十八人。① 可见,汉地佛教在有元一代是非常繁荣的。

二、元代王朝对藏传佛教的尊崇

汉地禅宗以修养心性为宗旨,主张明心见性,见性成佛,即世间求解脱。而蒙古族世代信仰以自然崇拜、图腾崇拜、鬼神与祖宗祭拜为主要内容的萨满教。汉地佛教所说的修养心性以及诸法本空的学说,显然不符合蒙元统治者信仰习俗,更不能满足祈天永命、禳灾求福、护佑朝政的现实需要。元世祖忽必烈曾先后几次召集禅僧入殿讲解佛法,但他显然不能理解高深玄妙的禅理禅趣。例如,他曾经问过一个禅师(云峰妙高)得上乘法的禅师是不是"入水不溺,入水不烧"。禅师明确地告诉他"此是神通三昧,我此法中无如事",这使忽必烈大为失望。② 同样,当忽必烈请全真教领袖丘处机去西域时,也是原以为丘处机能为他提供长生之术,而藏传佛教所宣扬的即身成佛的教理和注重密法的宗教仪式正好能满足蒙元统治者对宗教的这种信仰心理和现实需要。

---

① 《元史》,第195页。
② 念常:《佛祖历代通载》卷二二,《大正藏》第49卷,第721页。

蒙古人很早就与吐蕃高僧有过接触,但直到元世祖忽必烈时,蒙元统治者才正式接受藏传佛教。史书记载:元世祖忽必烈在征讨西域时迷路,遇到一个吐蕃僧人,僧人发神迹给世祖帝指明了道路,使世祖帝大为折服,回来后就大弘秘密教。与忽必烈接触最频繁、相处最为亲近的秘密教高僧八思巴(1235—1280)从小就在蒙古人中长大,他接受了蒙古人的价值观念,他还是吐蕃佛教萨斯迦派领导人的侄子。1275年,忽必烈表示信奉萨斯迦派,并于1260年封八思巴为帝师,统领吐蕃和汉地佛教事务,这是元代设立的佛教最高行政长官。此后,吐蕃佛教就居于所有宗教之首。忽必烈鼓励王室成员都信奉吐蕃佛教,他让太子真金跟随八思巴学佛法。八思巴建议在宫廷仪式开始时举行佛教活动,此外每年都要举行佛教灭魔和护持国家的仪式,安排佛教典礼和游行活动。忽必烈规定历代皇帝登基前都要接受帝师的灌顶、授戒,帝师从吐蕃归来要举行最高规格的欢迎仪式。《元史·释老传》记载了元朝上下对帝师的尊崇之盛:"百年之间,朝廷所以敬礼而尊信之者,无所不用其至。虽帝后妃主,皆因受戒而为之膜拜。正衙朝会,百官班列,而帝师亦或专席于坐隅。且每帝即位之始,降诏褒护,必敕章佩监络珠为字以赐,盖其重如此。其未至而迎之,则中书大臣驰驿累百骑以往,所过供亿送印。比至京师,则敕大府驾半仗,以为前导,诏省、台、院官以及百司庶府,并服银鼠质孙。"①

除皇帝尊奉帝师外,诸王及皇室成员也都拜秘密教的高僧为师。有一个从高昌来的比丘尼,法名叫舍蓝蓝,在成吉思汗征西域时随蒙古兵来到京师,入内宫侍真懿顺皇后,成宗帝时又侍奉皇太后于西宫,深受内宫宠爱。后奉成宗之诏礼帝师为师,剃发为尼,继续留在宫中,又历经武宗和仁宗二世,"朝夕于太后之侧入而侍出而从,所言必听,所谏必从。睠宠之隆,犹子侄焉",宫中上下对她礼敬有加,皆敬以师礼。仁宗帝时,

---

① 《元史》,第2556页。

请退于宫外,奉诏居妙善寺,并得到皇帝大量钱财物资的赏赐。文宗即位,宫中自皇太后直至公主,对她"爱重于师,有兄弟之义,尤加敬",死后,皇帝赐号为真净妙惠大师。①

忽必烈归依吐蕃佛教,是想通过扶持宗教来实施对吐蕃有效的政治统治,《元史·释老传》就载:"世祖以其地广而险远,民犷而好斗,思有以因其俗而柔其人。"②秘密教宣传行佛法能镇护国家,除灾致祥,这也极大地满足了元朝统治者的现实和心理的需要。

元朝政府不惜花费巨资扶持吐蕃佛教的发展,世祖帝就曾命僧人以黄金为泥,缮写《大藏经》一部,此次缮写耗资黄金三千二百四十四两。当时皇宫内惟真言梵字广加装饰,以表示行住坐卧不离佛法。元朝统治者也给予吐蕃僧人以很高的政治地位和社会地位。吐蕃僧人经常要求皇帝释囚,僧人犯法也经常被免掉处罚。至大元年,上都开元寺西僧强抢民薪,民诉之官府,还没等处理,西僧就率众上门闹事,结果遇赦以免。元帝还曾下旨:"凡民殴西僧者,截其手;骂之者,断其舌。"③忽必烈时,一个军中小卒由于拉扯西僧而受到重罚。元朝统治者保护和支持吐蕃佛教一个后果就是:"为其徒者,怙势恣睢,日新月盛,气焰熏灼,延于四方,为害不可胜言。"④

三、元代王朝对其他宗教的支持

除佛、道二教外,蒙元统治者也允许并支持基督教、伊斯兰教等其他宗教的传播。

基督教在元朝是较有影响的一种宗教,这其中包括聂思脱里教派和元朝时期从西方传来的天主教和东正教。聂思脱里教是唐代以来就在中国传播的基督教流派,又称景教。9世纪中叶以来,由于唐政府的取

---

① 念常:《佛祖历代通载》卷二二,《大正藏》第49卷,第735页。
②《元史》,第2556页。
③④《元史·释老传》,《元史》,第2557页。

缔,景教在内地几近消失。辽、金时期主要在中国西北民族中广泛传播。入元以后,由于西北地区相继被蒙元王朝吞并,信奉聂斯脱里教的教徒随蒙元兵散到全国各地。元朝文献,又将聂斯脱里教称作也里可温。蒙元统治者为了安抚西北民族,对聂斯脱里教在政治上也给予支持,允许自由传教,发展信徒。皇室成员中,定宗贵由可汗和察合台,以及太宗后脱列哥那、睿宗后唆鲁禾贴尼都信奉聂斯脱里教。元朝政府还专门设置了政府管理机构以处理聂斯脱里教的宗教事务。至元二十六年(1289)建宗福司,秩从二品,"掌领马儿·哈昔、列班、也里可温十字寺祭享等事"。延祐二年,改为院,置领院事一员,"省并天下也里可温掌教司七十二所,悉以其事归之"①。七年后又恢复司的建置。与佛教、道教一样,也里可温教徒也享有减免赋税杂役的优惠。也里可温教徒分布在全国各地,西北地区仍是主要聚居区,山西大同、太原,以及江南镇江、扬州、杭州,西南的昆明以及辽东地区都分布着也里可温教徒。而元朝首都大都则是也里可温教的活动中心。

元代罗马天主教与中国也有接触,在元世祖忽必烈登基以前,西方国家派来的基督教使者就来到中国,而且有几位出身基督徒的工匠还长期为蒙元朝廷服务。忽必烈登基后,热衷于邀请西方基督徒来中国,其中,最著名的就是于1275年来华的威尼斯商人马可·波罗。忽必烈允许后者可以往来于中国各地,其目的无非是希望更多的有学问的基督教徒来华协助管理元朝帝国。忽必烈曾要求来华的西方使者请求罗马教廷允许更多的基督徒来中国,但最终未能如愿。不过,罗马教皇委派孟特·戈维诺等人于1294年来到大都,通过传教活动,吸引了一大批中国信徒,仅大都新入教的中国信徒有六千人之多。1307年,孟特·戈维诺被罗马教廷委任为大都大主教暨全东方总主教。以大都为中心,基督教传教活动向四周延伸。南方的扬州、泉州等地都建有教堂,教徒人数也

---

① 《元史·百官六》,《元史》,第1300页。

众多。

元代的伊斯兰教则是拥有众多信徒的宗教,又被称作回回教,其成员主要来源于蒙古军西征时从中亚、波斯等地俘掠的工匠或平民以及征调来的军队、入朝的回回官员、来中国经商因而留下来定居的商人,也包括前代即已定居在中国的波斯、大食人后裔。蒙元统治者将所有社会成员分成四类,即蒙古人、色目人、汉人和南人,回回人占据了色目人的主体。回回的政治地位很高,不少人在元廷中任高级职务。忽必烈朝的管理国家财政商税的丞相阿合马就是伊斯兰教徒。伊斯兰教徒还主要掌控着国内外的通商贸易,对元朝经济社会的动转有重要的影响。伊斯兰教主要限于在回回人中间传播,一部分蒙古人受回回的影响,而改信了伊斯兰教,包括部分皇室成员。忽必烈的孙子阿难答由于从小就由回回人养大,所以就信奉了伊斯兰教,他还让其所属的十五万蒙古大军中的大多数人跟随他改信了伊斯兰教。元朝统治者同样也制定了有利于伊斯兰教传播和发展的宗教政策。元政府在中央设"回回合的司",依回回法管理本教的宗教事务,包括词讼及部分刑名之事。伊斯兰教神职人员则由政府发放俸禄,地位相当高。

除了上述宗教外,元代的社会中还有萨满教、犹太教、摩尼教等宗教。萨满教主要是在蒙古民族中传播,虽然不少蒙古人改信了佛教、伊斯兰教,但大多数蒙古人保持了本民族古老的信仰。犹太教、摩尼教则限于民间小范围地传播。

有元一代,宗教信仰自由以及政府部门对各种宗教的支持,是以前的任何王朝都无法比拟的。这造就了元朝辉煌的宗教文化,也促进了各民族的大融合,同时也使西方的天文、历法、医学、建筑等通过教徒传到中国,而中国固有的文化也通过教徒传到国外,促进了中外文化的交流。

第二节　元代诸帝与汉传佛教

蒙元统治者也很支持汉地佛教的发展,从成吉思汗开始,历代帝王都重视与汉地佛教的联系,通过文化上的扶持达到争取汉人对新王朝统治的拥护。

一、蒙古汗王与汉传佛教

蒙古汗国开国皇帝铁木真于1206年被公推为蒙古大汗,尊称成吉思汗,成为蒙元王朝的开国皇帝。不久他统一了蒙古各部,又相继灭辽、金、西夏,后又挥师南下,统一中国。在南下的过程中,成吉思汗就注意处理好与汉地佛教的关系,通过给予政治与经济上的扶持来安抚民心,争取汉人对蒙元帝国统治的拥护。蒙古太祖十四年(1219),成吉思汗命木华黎率蒙古大军南下攻取宁远,俘获禅僧中观沼和印简,并将他们带回蒙古国境内。成吉思汗传旨给木华黎:"尔使人来说底老长老(指中观沼)、小长老(指印简),实是告天的人,好与衣粮养活着,教做头儿,多收拾那般人,在意告天。不拣阿难,休欺负交达里罕行者。"①木华黎奉诏对中观沼和印简大加赏赐,并延请至兴安香泉院,赐号中观沼为慈云正觉大禅师,印简为寂照英悟大师,其日常饮食及传法活动皆由官府供给所需。

成吉思汗在蒙古兵南下期间,还俘获了金国官员耶律楚材,后者是曹洞宗万松行秀禅师的俗家弟子。早在蒙古兵攻破燕京之前,耶律楚材就虔信佛教,经常参谒安澄和尚。在蒙古兵攻占燕京后,耶律楚材功名之心淡泊,经安澄和尚的推荐,投到行秀门下潜心学禅达三年之久。其间"杜绝人迹,屏斥家务,虽祁寒大暑,无日不参"②。成吉思汗征西夏、辽时,命耶律楚材随军,担任占星、司医等事。耶律楚材借机向成吉思汗宣传省杀爱民的思想。其间,耶律楚材与行秀常有书信往来,多次劝说行秀写出《从容录》。从现有的文献当中,看不出耶律楚材曾向成吉思汗宣

---

① 念常:《佛祖历代通载》卷二一,《大正藏》第49卷,第703页。
② 《万松老人评唱天童觉和尚颂古从容庵录序》,《大正藏》第48卷,第226页。

传禅学思想。实际上,成吉思汗诏禅宗俗家弟子耶律楚材随军的理由,并不是对禅学心性理论感兴趣,而是误以为禅僧都具有占卜、祈灵之术。《元史·耶律楚材》就记载:"帝每征讨,必命楚材卜,帝亦自灼羊胛,以相符应。"①"己卯夏六月,帝西讨回回国。旗之日,雨雪三尺,帝疑之,楚材曰:'玄冥之气,见于盛夏,克敌之征也。'"②"甲申,帝至东印度,驻铁门关,有一角兽,形如鹿而马尾,其色绿,作人言,谓侍卫者曰:'当主宜早还。'帝以问楚材,对曰:'此瑞兽也,其名角端,能言四方语,好生恶杀,此天降符以告陛下。陛下天之元子,天下之人,皆陛下之子,愿承天心,以全民命。'帝即日班师。"③可见,出身于蒙古萨满教的成吉思汗并不能理解禅宗的深奥学理,而把它当作能镇护国家、除灾致祥、祈求灵验的一种神仙方术。这同成吉思汗邀请全真道领袖丘处机赴西域请求长生之术的历史事件有相同之处。成吉思汗善待中观沼和印简禅师的理由也不过是认为他们"实是告天的人"④。

成吉思汗去世后,窝阔台继任汗位,后人称之为元太宗,他对汉地佛教也表示出亲和的态度。太宗七年(1235),窝阔台差官试经,沙汰僧尼,并就此事请教了海云印简禅师。在遭到印简的反对后,窝阔台就取消了这项命令。不过,这一举措有助于扭转当时沙门不读经书、少护戒律、学不尽礼的风气,激励禅教界多设讲席,习读经典,为后日的汉地佛教的振兴打下了一定的基础。几年后,窝阔台派人统括中原各路民户,"欲印人手臂"以作标记,印简禅师认为这无异于将人视作兽类而坚决反对这种做法,窝阔台也因之取消这个命令。窝阔台还接受印简的建议,恢复了孔孟祭祀活动,免除儒学后人的差役赋税,从而争取到一部分汉地儒者的拥护。窝阔台对另一名定居蒙古国的禅僧万松行秀也礼敬有加,太宗二年(1230),窝阔台下诏命行秀主持燕京万

---

①②③《元史》,第1938页。
④ 念常:《佛祖历代通载》卷二一,《大正藏》第49卷,第703页。

寿寺。

窝阔台的继任者贵由(史称元定宗)对印简禅师也表示了极大的尊崇,他下诏命印简掌领天下释教,并赐白金万两。作为回敬,印简禅师在昊天寺建无遮会为蒙古帝国祈福。太子合赖察请印简禅师入上都和林,住持太平兴国禅寺。元定宗三年(1248),贵由还下诏延请另一名著名禅僧少林寺福裕禅师北上主持上都和林的兴国寺。

元宪宗蒙哥于1251年即位,在他主政期间,汉地禅宗得到政府更大的支持。少林福裕是与蒙哥接触最多的汉地禅师。宪宗即位不久即招福裕入殿问法,而福裕则对答称旨,得到宪宗帝的赞赏,并任命他担任"总领释教"。① 宪宗时,道教伪造老子化胡经,并刻板流通,道士还在各地强占佛寺及所属田产,对佛教的发展造成巨大的威胁。福裕多次上书蒙哥皇帝,力陈道教化胡经之伪和强占寺院田产的非法行径。蒙哥皇帝不详真伪,便招集福裕禅师和道教掌教人李志常入宫殿辩。最终,蒙哥皇帝认定道教辩论失败,下旨命令道教17人罢道为僧,归还佛寺37所,并焚烧《化胡》、《图》等道教伪经。但是,道教徒并未领旨行事。于是,在1258年,蒙哥皇帝命忽必烈召集各地僧、道二教和儒家学者、那摩国师在内的诸多名流会集皇宫,围绕《老君八十一图》和《化胡经》等进行辩论。这次庭辩,又以道教的失败而告终。蒙哥下诏命道教将其所占的佛教寺院、山林、田产共482处归还佛教,并焚毁伪造的经书及雕版。在那次庭辩胜利后,禅宗从各地得到废寺237所,安置众多的僧尼。蒙哥皇帝则不仅支持禅宗的发展,而且对于佛教各个教派也给予支持。当时有一个叫善柔法师的华严宗佛徒,德行非常高,他日诵《金光明经》一部,礼佛百遍,"深惟静念,孤征独诣"。蒙哥非常钦敬他的德行,赐号"弘教通理大师",下诏延请他在五台山主持"清凉大会"。② 后又请至京城,大开贤首讲席。

---

① 《五灯会元续略》,《续藏经》第80册,第456页。
② 《补续高僧传》卷四,《续藏经》第77册,第392页。

二、元世祖与汉传佛教

1. 忽必烈早期与汉传佛教的关系

铁木真的孙子忽必烈于1260年在开平被推选为蒙古大汗。1264年,忽必烈迁都燕京,谓之中都,改年号为至元。至元八年,始建国号大元,取《易经》乾元之义。至元十六年(1279),元世祖灭南宋,统一了中国。

受他母亲的影响,忽必烈早年就频繁地接触汉人,在他的周围集中了一批汉人学者和幕僚,其中也不乏佛教高僧。他的妻子——一个虔诚的佛教信徒察必,就敦促忽必烈邀请海云印简禅师到他的领地一起探讨深奥的佛教教理和教义。1242年,尚在潜邸的忽必烈将海云印简接到军营,请教佛法大意。印简先是介绍佛教中的人天因果学说,后又采取不同的方便法门,令其心悟佛理,忽必烈则"生信心求授提心戒"。不过,忽必烈显然对佛教能否护持国家、治理天下更感兴趣,所以他就问印简:佛法中有无"安天下之法"?印简回答说:"包含法界子育四生,其事大备于佛法境中",并告诉他"若论社稷安危,在生民之休戚,休戚安危皆在乎政,亦在乎天,在天在人,皆不离心"。忽必烈继续追问汉地儒、释、道谁者居上,印简回答:"诸圣之中,吾佛最胜,诸法之中佛法最真,居人之中唯僧无诈,故三教之中佛教居其上。"忽必烈对印简禅师的回答非常欣赏,赐以珠袄金锦无缝大衣,奉以师礼。临别时,印简还告诉忽必烈受持佛法的方式:"信心难生,善心难发。今已发生,务要护持,专一不忘,元受菩提,心戒不见,三宝有过,恒念百姓,不安善抚,绥明赏罚,执政无私,任贤纳谏,一切时中,常行方便皆佛法也。"[①]

后来,忽必烈领地有人毁谤佛法,认为佛教不足信。忽必烈听说后,欲以刑罚论罪,还就此事专程派人去咨询印简,印简回话说:"明镜当台,妍丑自现","王者当以仁恕之心乃可"。[②]

[①][②]《佛祖历代通载》卷二二,《大正藏》第49卷,第704页。

忽必烈曾请皇后让印简禅师在五台山做法事为蒙古汗国祈福。印简禅师圆寂后,忽必烈于大庆寿寺之侧为他建舍利塔,谥号佛日圆明大师,并把印简视作临济宗第十六代祖师。

忽必烈对海云印简的弟子也非常器重,由印简禅师的推荐,忽必烈接触了他的一名重要弟子刘秉忠,并委以重任。后者成为忽必烈朝中功勋卓越的政府官员之一。

忽必烈在登基建元之前的1258年,曾应蒙哥大汗的请求,组织过著名的汉地佛教与道教之间的辩论。此前,汉地的佛教和道教为争取蒙古统治者的支持,相互间发生了冲突。道教不仅强占汉地佛寺和财产,而且还刊刻《化胡经》和《八十一化图》诋毁佛教。这次辩论的焦点就是所谓的"化胡"理论。忽必烈和当时的蒙古大汗蒙哥显然站在佛教的一边,最后辩论以佛教胜利而结束。

2. 世祖帝时期与汉地佛教的关系

忽必烈登基后,建国号大元。他非常重视藏传佛教,将吐蕃僧人八思巴封为帝师,命其统领吐蕃及汉地佛教事。他和一些皇室成员,包括他的妻子察必和真金太子都信奉吐蕃佛教。由于藏传佛教与汉地佛教属于佛教内部不同的派别,所以元世祖对汉地佛教仍然采取大力扶持的措施,给予很高的政治地位和经济上的支持。

忽必烈即位后仍然与汉地高僧保持着频繁的往来,并与他们一起探讨深奥的佛教教理,有史记载的有虎岩禅师、云峰禅师、元一禅师、定演法师等。

虎岩禅师,讳净伏,江苏淮安人,生卒年不详。元世祖至元年间,奉诏赴大都参加《至元法宝勘同总录》的编修、校勘工作,并为总录作序。至元二十六年(1289)敕住杭州灵隐寺。据《续灯录》记载,虎岩禅师曾蒙元世祖的召见,他向元世祖献上一偈:"过去诸如来,安住秘密藏。现在十方佛,成道转法轮。未来诸世尊,一切众生是。由妄想执着,结烦恼盖缠。迷成六道身,虚受三涂苦。惟念过现佛,不敬未来尊。与佛结冤仇,或烹宰杀害。不了众生相,全是法性身。昔有常不轻,礼拜于一切。言我不轻汝,汝等当作佛。若能念自他,同是未来佛。现世增福寿,生生生佛国。"①虎岩禅师意在向身为元朝帝国的忽必烈宣扬佛教不杀生之戒,以及众生本具如来法性身,人人皆可成佛的佛教教理。忽必烈阅后大悦,并问虎岩禅师:"从上帝皇有戒杀者否?"②虎岩禅师就告之以宋仁宗宁忍一时之饥,不忍启无穷之杀的典故,劝说元世祖切勿犯杀生之戒。元世祖很是欣赏虎岩禅师,不久即受帝师戒。

云峰禅师(1219—1293),字妙高,福建长溪人,是南方临济宗的传人。宋理宗景定年间,奉诏住蒋山太平兴国寺。1275年,元兵渡江,云峰禅师护寺,使寺免受刀兵之灾。元世祖十七年(1280),云峰禅师奉敕住径山,一边复兴临济祖师基业,一边竭力提倡宗乘。至元二十五年(1288),有人在朝廷诋毁禅宗。元世祖忽必烈诏请云峰禅师北上参加禅教辩论。忽必烈问云峰禅师:"禅以何为宗?""当何所求?"云峰禅师则回答说:"禅也者,净智妙圆体本空寂,非见闻觉知之所可知,非思量分别之所能解"③,而禅宗的宗旨就是明心见性,见性成佛。接着介绍禅宗的发展历史,并着重阐述临济宗的机锋棒喝、杀活自在的宗风。云峰禅师还向世祖帝强调:禅宗是"教外别传,以心传心",禅教本无矛盾,本为一体,"教是佛语,禅是佛心"。最后云峰指出:"正法眼藏,涅槃妙心,趣最上乘,孰过于禅!"④忽必烈对云峰禅师的回答非常满意,但仍然不能完全理解禅宗以心为宗的思想旨趣,他继问云峰禅师:得法的禅师能否"入水不溺,入火不烧"?⑤云峰很巧妙地回答:这是神通三昧,禅是修心的佛法,本无神通之事。云峰禅师廷辩后即辞别世祖帝回到南方祖庭,继续振兴禅宗的弘法事业,而禅教之争的风波从此得以平息。

元一禅师,蜀地人,生卒年不详。《佛祖历代通载》记载,元一禅师游

---

①②《续藏经》第86册,第532页。
③④⑤《佛祖历代通载》卷二二,《大正藏》第49卷,第720页。

西域回朝。忽必烈问他："西天佛有么？"元一回奏："当今东土生民主，何异西天悉达多。"①这显然有盛赞元帝之意，但也表达了佛祖本是求心、人人皆可成佛的禅宗旨趣。元一禅师还献给忽必烈一尊西域玉石佛像和一组贝页佛经。忽必烈将佛像置于万寿寺供养，并将佛经贮于七宝函中珍藏。后来他又多次召见元一禅师，讨论佛教教理。一次，他问元一禅师："孔老徒众何以至少？如来徒众何以至多？"元一禅师则回答说："富嫌千口少，贫恨一身多。"②意为，佛法普度众生，故信徒众多，显然是在抑儒扬佛。还有一次，忽必烈问元一："和尚还涉世缘么？"元一回奏道："不知法故犯，知法了应无。"③标明佛教徒超脱世缘的高蹈风范。元一禅师曾参加过历史上著名的佛道辩论。元一禅师向忽必烈陈述全真道的理论乃窃取释孔之言而成，这令忽必烈大为赞赏。

蜀僧圆证，生卒年不详。《佛祖历代通载》记载："蜀僧圆证见帝。帝问：汝何所习？回奏云：幼明三奇，长习佛乘。上悦，赐以碧玉香鼎，命崇香火。"④"帝诏蜀僧圆证，明六神之术。上曰：鬓发恐无灵验。回奏云：此六者，天地日月水火之神。菩提场中各说偈赞佛，得大解脱门，为华严之严卫。僧人昭事，神必钦依，鬓发无伤。帝然之。"⑤还有一次，一个看风水的相士告诉忽必烈，善恶由山水所主，忽必烈以此事召问圆证。圆证回奏道："善政治天下，天下人皆善。"⑥忽必烈听后大悦，对佛法更是推重有加。

定演法师(1236—1309)，河北三河人，七岁入崇国寺，从隆安和尚研习经典，尤精华严圆顿教旨。后住持五台山上方寺。隆安和尚圆寂后，在众人坚请下，回崇国寺开华严讲席，孜孜训众，学徒众多。世祖帝闻其名，特赐"佛性圆融崇教大师"尊号。至元二十四年，忽必烈将大都一块地赐给定演，并出资建成大都崇国寺。其后不久，忽必烈又诏请定演主

---

①②③《佛祖历代通载》卷二二，《大正藏》第49卷，第722页。
④⑤⑥同上书，第723页。

持燕京昊天寺。而定演法师屡蒙皇室眷顾,经常举办净檀大会,为元帝国祈福。每年六月十九日观世音菩萨成道日,定演也尽其所有饭僧、诵经、设供,以谢皇恩。

忽必烈与元代的慈恩宗人也有往来。慈恩宗入宋以后就传承不明,但到了元代,研习慈恩宗的僧人却不绝如缕。忽必烈非常提倡僧人读经,他出资倡印大藏经,并诏令天下僧人每岁行布施读大藏经。忽必烈就非常赞赏慈恩宗注重经典研习、提倡经典讲习的做法。慈恩宗英辩法师(1247—1314)在泰州景福寺大开讲习,摧伏邪见,声誉日隆。世祖忽必烈听说后,特降旨表示激赏。至元二十五年(1288),世祖忽必烈诏江淮诸路立御讲三十六所,并广招高僧大德出任讲席法师。他先后诏请龙兴寺志德法师(1235—1322)、普喜法师(生卒年不详)出任金陵天禧慈恩旌忠寺和镇江普照寺讲席法师,并御赐志德法师"佛法大师"号。正是由于世祖忽必烈对慈恩宗的支持,慈恩宗才会在有元一代得以复兴。这也为明代唯识宗的振兴埋下了伏笔。

3. 忽必烈的佛教信仰活动

元世祖早年接受过海云印简禅师受戒,成为佛家弟子,后又立八思巴为帝师,遂改信吐蕃佛教。但是他并不排斥汉地佛教,而是对汉地佛教与藏传佛教采取兼容并重的态度。世祖忽必烈说他是依佛法来治理国家,他常召群臣说:"朕以本觉无二真心,治天下国家,如观海东青取天鹅,心无二故。"[1]他平时自奉施食,每日都持珠念佛诵经。他在所居宫殿中挂着佛教中的梵字来表达对佛教的虔诚信仰,同时也表示汉地佛教禅宗"行住坐卧不离佛法"的宗旨。据《佛祖历代通载》中记载:有一次世祖帝问群臣:"每日还不放闲也无?"[2]众臣不明所以,无言以对。世祖帝就从长袖中抽出一串佛珠,表示他每日勤修佛法,而众臣受他的影响,"皆

---

[1]《佛祖历代通载》卷二二,《大正藏》第49卷,第724页。
[2] 同上书,第723页。

归至善"①。

世祖帝忽必烈在与众臣的交往过程中,经常不失时机地表达他对佛法的理解。他有一次诏集十名高僧到内殿供养,"帝端坐不动,诸大德亦复默然",他对诸高僧说:"此是真实功德。"②又有一次,忽必烈诏僧人到宫廷内殿念经行香,侍臣禀告说,僧人多不识字。忽必烈说,只要僧人展开佛经去除灰尘就有功德。有一个穅禅的僧人,背着禅杖来见忽必烈。忽必烈问他:"此杖何为?"僧人答道:"身有过失,以杖责之。"忽必烈对禅僧说:"过失在心,鞭身何益?与其责身,莫若责心。"③

忽必烈除了自己信奉佛教外,还积极推广佛教信仰,护持三宝,传播佛法。宋朝皇帝投降后,不久信奉了佛教,宋朝皇太后也削发为尼,诵经修道。忽必烈对他们"深加敬仰,四事供奉"。④ 忽必烈经常召集僧人举行诵经说法活动,在宫中举办无遮、资戒大会。《佛祖历代通载》中记载:"帝设资戒大会,随处放光。"⑤"帝诏诸华严大德,于京城大寺开演,彰显如来之富贵。"⑥"帝诏僧大内念经行香。"⑦

世祖帝忽必烈也致力于佛经的整理出版和传播事业。他曾召集汉地诸儒僧编写金字藏经,并诏令天下僧众每年都要集中阅读大藏经,《佛祖历代通载》记载:"帝以金为泥,命僧儒缮写大藏经一藏,贮以七宝琅函,流传万世。"⑧至元二十五年,"诏天下梵寺所贮《藏经》,集僧看诵,仍给所费,俾为岁例"⑨。他还诏命天下高僧重新整理大藏经,分大小乘,标号以颁布天下。忽必烈统一中国后,由于许多外邦他国归服于元朝帝国,他特地下诏印造大藏经三十六部,派遣使者分送各国,流通佛法。弘法寺藏经板历年久远,忽必烈就下诏命诸高僧大德,"校正讹谬,鼎新严饰,补足以传无穷"⑩。四川峨眉山普贤道场缺大藏经,忽

---

①②③⑥⑦《佛祖历代通载》卷二二,《大正藏》第49卷,第723页。
④⑧⑩同上书,第724页。
⑤同上书,第722页。
⑨《元史·本纪第一五》,《元史》,第181页。

必烈"命张大师径从驿迟相迎送"。①忽必烈主政期间,在全国各地广修寺宇,赐予寺院大量的田地财产,并免除僧人赋税杂役。至元十一年,建成大护国仁王寺。至正二十一年,忽必烈下诏"发诸卫军六千八百人给护国寺修造"②。至元二十五年,江淮释教总管杨琏真加,将宋朝宫室改造成寺院五所、佛塔一座,寺成,忽必烈"诏以水陆地百五十顷养之"。③

《佛祖历代通载》又记载:"帝问拣坛主,何处为最上福田?回奏云:清凉。帝云:真佛境也。乃建五大寺为世福田。"④世祖帝发愿要在山西的佛教圣地五台山建寺,但五台山有涧无水,据说"兴工之日,段张沿涧觅水,突然涌出,给济不乏"⑤。忽必烈又欲建大圣寿安寺,"制四方,各射一箭以为界至"。⑥

辽、金、夏以来,由于受到官方的压制,北地各处寺院多被废弃,僧道也日渐废弛。随着蒙古汗国入主中原,由于蒙元统治阶级在政治与经济上的支持,北地的佛寺得以复建,但僧众多不识字,"少护戒律,学不尽礼,身远于道"⑦。蒙哥汗曾想通过试经的方式来沙汰僧尼,以整饬僧纲,由于受到以行秀和海云禅师为代表的汉地僧人的反对而未果。到了忽必烈朝,出于政治上的需要和个人对佛教的虔诚信仰,忽必烈积极倡导僧人组织、参与读经活动,以改变"僧人多不识字"的现状。另外,他也以身作则,持守佛家戒律⑧,并要求僧人都要勤习戒法,维护僧纲。《佛祖历代通载》记载:"帝以俗制于僧失其敬,遍谕天下各主纲维主掌教门护持

---

① 《佛祖历代通载》卷二二,《大正藏》第49卷,第724页。
② 《元史·本纪一三》,《元史》,第147页。
③ 《元史·本纪一五》,《元史》,第168页。
④⑤《佛祖历代通载》卷二二,《大正藏》第49卷,第724页。
⑥ 同上书,第723页。
⑦ 同上书,第703页。
⑧ "帝万机之暇,自奉施食,持数珠而课诵。"《佛祖历代通载》卷二二,《大正藏》第49卷,第723页。

佛法。"①对触犯王法的僧人,忽必烈有时甚至不加王法,而是令其阅教忏悔。② 他经常诏令僧人举行资戒大会,从仪式上强化僧人的戒律意识。他曾下诏将菩萨戒本印造一千部,流通各地,让各地信众都能持守佛戒。

忽必烈经常命高僧设坛法仪轨,为天下消灾去害。《佛祖历代通载》记载:"帝命逸林上师,译药师坛法仪轨,为天下消八苦之灾,增无量之寿。"③他还出资刻佛像以利益天下。外邦贡献佛骨舍利,忽必烈则于京城南城彰义门高建门塔,将佛舍利置于其中,普令往来民众皆得观礼膜拜。

由于忽必烈朝的大力弘佛,到至元二十八年,元政府专门管理佛教事务的最高行政机构宣政院所统辖的寺院达到48 318所,僧、尼达213 148人。其中,汉地佛教占据了绝大多数。汉传佛教在忽必烈朝并不曾因元朝政府崇奉藏传佛教而受到排挤、压制,相反,它获得了自辽、金以来前所未有的发展,其地位要远远高于两宋时期。

三、世祖后诸帝与汉传佛教

忽必烈去世后,铁穆耳继位,谥号成宗(1294—1307年期间在位)。他继续推行对汉地佛教的扶持政策,以稳定忽必烈朝建立起来的与汉地佛教僧众的良好关系。

元世祖忽必烈曾发心要在五台山建寺,但直到临死也未能如愿。成宗铁穆耳继承其遗志,于五台山营建大万圣佑国寺。寺成之后,成宗诚邀华严宗文才法师主持该寺,并铸金印,署为"真觉国师"。文才法师(1241—1302),字仲华,清水(今陕西、甘肃两省交界处)人,俗姓杨。

---

① 《佛祖历代通载》卷二二,《大正藏》第49卷,第725页。
② 《佛祖历代通载》载:"帝见僧有过,不加王法,止令阅教忏悔。"(《佛祖历代通载》卷二二,《大正藏》第49卷,第723页。)
③ 《佛祖历代通载》第22卷,《大正藏》第49册,第724页。

曾受元世祖之诏命,出主洛阳白马寺,赐号"释源宗主"。他是元代最著名的华严宗传人。文才法师对成宗帝的邀请,力辞不受:"山僧荷蒙国恩,居白马寺亦过矣,何德敢主佑国?越分以居不详,不省而行不明。"①成宗帝则再发诏命,说他自己对于大圣佑国寺是"心亦勤且至矣,非师孰与?此系教门事,师善为之"。②在成宗帝的再三邀请下,文才法师不得已出住大圣佑国寺主持。他在该寺"大宏清凉之道,虽至老无怠"③。

成宗帝还曾诏请另一位华严宗僧人正顺法师出世,并授以"五路总摄"之职,但是正顺法师也是固辞不受。这反映了当时的汉地僧人对蒙古族统治者还是抱有一定的拒斥意识,而成宗的努力不过是在试图接近汉地僧人,通过政治上对汉地佛教的扶持以缓和汉蒙民族之间的对立情绪。成宗曾多次诏请汉地僧人出住国家寺院,并赐以封号。成宗大德二年(1298),下旨命临济宗竺西坦禅师出世主持华藏寺。大德年间,赐临济宗雪岩禅师"大圆禅师"尊号。律宗僧人法闻法师于长安义善寺开设讲筵,成宗闻其名,征其至京城,诏住大原教寺,授荣禄大夫司徒。不久,又诏住大普庆寺,加开府仪同三司大司徒银章一品,并赐辽世金书戒本。由于成宗帝的支持,一时间求戒者无不以能从法闻法师处受戒为荣,而律宗(南山律宗)也在有元一代得以复兴。

成宗帝的继位者海山,谥号武宗(1307—1311年在位),对汉地佛教的扶持更是甚于前朝。他在位期间,在全国各地大兴土木,营建佛寺,赐予巨额钱物,并成立负责佛寺营建工作的管理机构,给僧人封官晋爵。《元史》记载:"以皇太子建佛寺,立营缮署,秩五品。"④"以大都城南建佛寺,立行工部,领行工部事三人,行工部尚书二人。"⑤有时为了营建皇家寺院,成宗帝还不惜动用军队。《元史》记载:"皇太后造寺五台山,摘军

---

①②③《大明高僧传》卷二,《大正藏》第50卷,第906页。
④《元史》,第275页。
⑤同上书,第286页。

六千五百人供其役。"①

武宗帝去世后,他的弟弟爱育黎拔力八达继位,号仁宗(1311—1320年在位)。仁宗帝深受其业师李孟的影响,努力推行儒化政治,并大量地任用汉儒入朝为官,委以要职。对待汉地佛教,仁宗也予以很大的支持,认为佛教用以修心,儒家用以治国,二者可以会通,对于君主治国则缺一不可。《元史》称赞他:"天性慈孝,聪明恭俭,通达儒术,妙悟佛典。尝曰:明心见性,佛教为纲;修身治国,儒道为切。又曰:儒者可尚,以能维持三纲五常之道也。"②元仁宗最为赏识的汉地高僧就是中峰明本和尚。

中峰明本(1263—1323),俗姓孙,杭州钱塘人。自幼熟读《论》、《孟》儒典。至元二十四年,到西天目山,礼高峰原妙禅师为师,正式剃度出家。出世后,游历名山大川,先后结庵修行于庐州弁山、平江雁荡。大德九年(1305),明本回到天目山,应请住持狮子禅院。元仁宗在延祐三年(1316)派宣政院使到江南整饬佛教。使者到达杭州欲进山拜访明本,明本闻讯后,避走镇江。不久,明本应请住持丹阳大同庵。仁宗帝闻说后,嘱咐众臣:"朕闻天目山中峰和尚道行久矣,累欲召之来,卿每谓其有疾,不可戒道,宜褒宠旌异之。"③并赐号"佛慈圆照广慧禅师",赐锦襕袈裟,命杭州路对他要礼敬有加,使安心禅教。同时诏改狮子院为"大狮子正宗禅寺",命赵孟頫撰碑,追封明本禅师"佛日普明广济禅师"之号。

仁宗帝之所以尊敬明本禅师,乃是因其所述佛理与他有暗合之处。元代名儒赵孟頫(1254—1322)曾到明本禅师处问法。明本向他讲"防情复性"之说,认为佛教提倡"复性",儒家强调"防情",佛是出世法,儒是入

---

① 《元史》,第281页。
② 同上书,第331页。
③ 《祖顺:元故天目山佛慈圆明广慧禅师中峰和尚行录》,石峻编《中国佛教思想资料选编著》第3卷第1册,第548—549页,北京:中华书局,1987。

世法，二者可以会通。① 这就为仁宗帝在佛教与儒家看似矛盾的学说之间找到了一种介于个人修心与治国理念之间的平衡。

英宗硕德八剌（1320—1323年在位）对儒学与汉地佛教的热情不亚于他的父亲仁宗。他在位期间，积极推行政治改革，进一步加快元朝政治制度儒化的步伐，同时在政治上和经济上加强对汉地佛教的支持力度，甚至期图以佛教来治国。他曾经问对儒学有同样喜好的丞相拜住能否以佛教治国，但是得到否定的回答。② 他还亲自驾幸佛教圣地五台山，并命慈恩宗慧印法师（1271—1337）一起前行。登上南台之顶，又命慧印祈请嘉瑞。据说慧印法师入禅定后不久，就出现瑞相。英宗大喜，命随行太子及诸王公贵戚从慧印法师受菩萨戒，并授大司徒，官拜正一品。

至正二年，英宗帝下诏以金泥书写《大藏经》二部，命丞相拜住主持写经工作。因闻楚石禅师（1293—1370）擅长书法，故下诏命楚石赴京书经。也正是在书经期间，楚石禅师顿悟佛法真谛。

为了表示对佛教的支持和虔敬，英宗帝不惜投入巨资在各地兴修佛寺，并赐予佛寺大量的钱物。《元史》载："以寿安山造佛寺，置库掌财帛，秩从七品。"③"大永福寺成，赐金五百两、银二千五百两、钞五十万贯、币帛万匹。"④ 其中，花费最大的工程就是在大都西面的寿安山营建的大昭孝寺，前后共用了三年时间，并动用了数以万计的士兵从事工役。此外，英宗帝也经常在宫内做佛事，以祈佛护佑国家。有一次，英宗在上都，"夜寐不宁，命作佛事"，丞相拜住以"国用不足"而谏止之。⑤

泰定帝也孙铁木儿（1323—1328年在位）、元文宗图帖睦尔（1328—

---

① 参见《天目明本禅师杂录》，石峻编《中国佛教思想资料选编》第3卷第1册，第545—546页，中华书局，1987。
② 《元史·拜住传》载："有言佛教可治天下者，帝问之，对曰：清净寂灭，自治可也。若治天下，舍仁义，则纲常乱矣。"《元史》，第1848页。
③④ 《元史》，第340页。
⑤ 《元史·拜住传》，《元史》，第1849页。

1332年在位)和元朝最后一个皇帝妥欢贴睦尔,继续执行前代诸帝对汉地佛教的扶持政策。同前代诸帝一样,他们不惜花费巨资兴修佛寺、佛塔和大作佛事。《元史》载:"(泰定元年)甲子,作佛事,命僧百八人及倡优百戏,导帝师游京城。"①"(泰定三年)乙未,修佛事厌雷于崇天门。丙申,建显宗神御殿于卢师寺,赐额曰大天源延庆寺。"②"(文宗天历二年)己巳,命改集庆潜邸,建大龙翔集庆寺,以来岁兴工。""(文宗天历二年)丁酉,给钞万锭,为集庆大龙翔寺置永业。"③"(顺宗帝时)兴圣宫作佛事,赐钞二千锭。"④"遣使修上都大乾元寺。"⑤帝室大作佛事,营建寺院以及对佛教的施舍,给当时的社会经济发展带来很大的破坏。文宗天历二年,中书省臣进言:"佛事岁费,以今较旧,增多金千一百五十两、银六千二百两、钞五万六千二百锭、币帛三万四千余匹,请悉拣汰。"⑥顺宗对佛教的支持,由于社会动乱,自然灾害频仍,虽然其力度不如文宗,但无疑给当时已濒临崩溃的社会经济造成更大的负面影响。

同前代诸帝一样,泰定帝、文宗和元顺也对汉地僧人礼敬有加,经常性地大行赏赐,追加封号。这一方面是出于政治上安抚汉地民众的需要,另一方面也表示对佛教的虔信和礼敬三宝。

孚中禅师(1280—1357),讳怀信,浙江奉化人,俗姓姜。15岁出家,后师事于竺西坦禅师。由于他博通内典,文采斐然,被云外云岫赞为"洞宗赤帜,济室白眉"。⑦泰定帝闻其名,于1326年遣宣政院命孚中禅师出世住宁波观音院。三年后,迁住普陀山。后来,在丞相撒敦之奏请下,泰定帝又御赐"广慧妙悟智宝弘教禅师"尊号,并赐金襕法衣。元顺帝即位

---

① 《元史》,第358页。
② 同上书,第371页。
③ 同上书,第340页。
④ 同上书,第488页。
⑤ 同上书,第489页。
⑥ 同上书,第404页。
⑦ 自融、性磊:《南宋元明禅林僧宝传》卷一〇,《续藏经》第79册,第629页。

后,又命孚中禅师升住杭州中天竺天历永祚寺。

笑隐禅师(1284—1344),讳大䜣,江西南昌人,俗姓陈,九岁出家,遍阅大藏经。泰定二年(1325),应丞相脱欢之请,住持杭州中天竺寺。天历元年(1328年),元文宗闻其名,下诏将他在金陵时的府第改建为大龙翔集庆寺,并请笑隐禅师为开山第一代主持,封"大中大夫",御赐"广智全悟大禅师"尊号。

昙芳禅师(1255—1348),讳守忠,江西都昌人,俗姓黄,师事云居山德珍禅师。其师迁化后,昙芳守忠禅师移住蒋山太平兴国禅寺。泰定二年(1325),时为怀王的图帖睦尔抵达金陵。当夜,太平兴国寺被一场大火烧毁。图帖睦尔亲自赴蒋山,请守忠禅师主持复兴太平兴国禅寺。守忠禅师请求图帖睦尔给予经济上的支持,图帖睦尔欣然应允,并嘱咐在宝珠峰上再新建一寺,取名"崇禧"。后来,图帖睦尔多次上山问法,对守忠禅师道行和学问钦佩有加。1328年,图帖睦尔登基为元帝,改元之初,就遣使臣来蒋山拜谒守忠禅师,并赐金襕袈裟一套、白银五百两、黄金五十两。次年,又加封昙芳禅师"广慈圆悟大禅师"尊号,敕住大崇禧寺,兼领蒋山太平兴国禅寺。元顺帝登基后,闻其名声,于至正二年(1342)遣宣政院命昙芳守忠禅师迁住径山。至正五年(1345),又下诏命其升住大龙翔集庆寺。

第三节 元朝佛教的管理制度

一、元代佛教的僧官制

元代政府的崇佛政策,使佛教的社会地位空前提高,按南宋遗民郑所南所记:"鞑法,一官、二吏、三僧、四道、五医、六工、七猎、八民、九儒、十丐,各有所辖。"[1]寺院僧侣的社会地位仅次于官与吏,被列入第三等

---

[1]《郑思肖集》,第157—192页,上海:上海古籍出版社,1991。

级。元代佛教寺院数量之多、僧尼之众都是宋、金以来所未有的。至元二十八年(1291),天下僧尼达21.3万余人,到了元代后期,至少又增加了一倍。由于寺院、僧徒的增加,客观上需要政府设立专门的机构来管理僧尼事务。另外,元代的寺院经济也空前发达,寺院不仅兼并了大量的土地,而且还经营商业、矿业、高利贷等行业。这在客观上要求寺院有效地管理寺产和生产经营活动。这种特定的历史条件,促进了元代僧官制度的发展和完善。

元代的僧官制度比宋、金、辽更加复杂,僧官、僧署名目繁多,而且拥有更多的权力,各级僧官不仅拥有对僧众的管理权,而且还参与军政俗务的管理和司法权。可以说,元代的僧官制是集教权、政权和司法权为一身的、特殊的官僚体制。我们拟从中央、地方和寺产的管理机构三个层面论述元代的僧官制度。

(一)元代的中央僧署和僧职

元代中央一级的僧务机构先后有释教总统所、总制院、宣政院和功德使司等。这些机构一般都是政教通管的僧司。

1. 释教总统所

释教总统所是元代设置最早的中央僧务机构。早在蒙古汗国时期,成吉思汗的继位者贵由就在即位之初,诏命海云印简禅师"统僧"。[1] 辛亥年,蒙哥宪宗皇帝即位,颁降恩诏命海云印简"掌释教事"。[2] 与此同时,宪宗皇帝也诏尊密宗大师那摩"为国师,授玉印,统天下释教"[3]。这实际上是最高的中央僧司,是后来释教总统所的来源。不过,宪宗同时封海云和那摩统领天下释教似乎有所抵牾。野上俊静认为,海云所掌者乃是中原汉地佛教,而那摩则为最高僧官,统领整个大蒙古国的佛教。[4]

---

[1]《历代佛祖通载》卷二一,《大正藏》第49卷,第704页。
[2]《元史·本纪三》,《元史》,第21页。
[3]《元史·列传一二·铁哥传》,《元史》,第1717页。
[4] 参见张云《元代管理吐蕃地方的中央机构——总制院和与功德使司》,载于《青海社会科学》1995年第1期。

忽必烈登基后,即中统元年(1260),尊西藏八思巴为国师,授以玉印,任"中原法主,统天下教门"①。谢重光、白文固两位先生认为,中统元年就出现"僧总统"一职,担任此职的就是"法主"。② 史书上明确出现"僧总统"一职的则是在至元二年(1265)。《元史·本纪六》载:"诏谕总统所:'僧人通五大部经者为中选,以有德业者为州郡僧录、判、正副都纲等官,仍于各路设三学讲、三禅会。'"③这段记载明确表示,僧总统管理的就是全国的释教事务,包括僧人的选试、地方僧官的选拔等。到了至元三年,释教总统所的地位有所下降,因为担任"总统"一职的是一个名不见经传的僧人僧机,并不是国师,可见此时的"总统"已不是全国性的最高长官。联系到此时全国性的僧务机构总制院已经成立(至元元年,1264),可以断定,至元三年"总统所"已经成为总制院下辖的僧务机构。

作为隶属于总制院的下辖僧务机构,总统所可分为中央和地方两种。如至元十四年,世祖帝任命杨连真加为"江南总摄",后又称作"江南释教都总统"。④ 又如,释沙啰巴曾被忽必烈授为"江浙等处释教总统"。⑤ 大德三年(1299),元政府"命妙慈弘济大师、江浙释教总统补陀僧宁一山赍诏使日本"。⑥ 元政府还设置了西夏僧总统,《元史·本纪第三三》载:"西夏僧总统封国公冲卜卒,其弟监藏班臧卜袭职,仍以玺书、印章与之。"⑦这些都是地方性的僧署,所以一律在"总统"前面冠以地方之名。还有中央性的释教总统所,如至元二十八年(1291),"以陇西、四川总摄辇真术纳思为诸路释教都总统"⑧。这是指宣政院下辖的一个全国性的释教总统所,为了和地方性的相区别,故称之为"都总统"。释教总

---

① 《历代佛祖通载》卷二一,《大正藏》第 49 卷,第 707 页。
② 参见谢重光、白文固《中国僧官制度史》,第 210—211 页,西宁:青海人民出版社,1990。
③ 《元史》,第 51 页。
④ 《续藏经》第 87 册,第 441 页。
⑤ 《大明高僧传》卷一,《大正藏》第 50 卷,第 901 页。
⑥ 《元史·本纪一二》,第 235 页。
⑦ 《元史·本纪三三》,第 415 页。
⑧ 《元史·本纪一六》,第 188 页。

25

统所的主要官员除总统外,设有判官、参议、经历、都事、管勾等,均为僧俗并用。

关于总统所的罢黜,早在世祖末年就执行过,《大明高僧传》卷一:"(释沙啰巴)尝自叹曰:天下何事耶?吾人自扰之耳。朝廷设官愈多,则天下之事愈烦,况释教乎!今僧之苦无他,盖官多事烦耳,所谓十羊九牧可胜言哉。遂建言以闻,得旨尽罢诸路总统。"[1]元成宗于大德三年(1299年)又下令"罢江南诸路释教总统所"[2]。元仁宗即位后,有鉴于僧官冗吏过多,僧权过大,又再次下令"罢总统所及各处僧录、僧正、都纲司"[3],自此以后不再设置总统所。

2. 从总制院到宣政院

总制院是忽必烈于至元元年(1264)开始设置的管理全国佛教事务和吐蕃地区军政事务的行政机构,其最高长官称作"院使",由帝师兼领。[4] 总制院的设置是为了适应元政府在西藏地区建立行政机制,加强中央政府对于西藏地区的控制和管理有关。张云在《元代管理吐蕃地方的中央机构——总制院与功德使司》一文中交代了与总制院建立相关的两项重要举措:"一是元世祖令答失蛮于至元元年(1264)前往吐蕃置驿。答失蛮不负主命,从汉藏交界之处起直到萨斯迦以下,总计设置了二十七个大驿站。一是八思巴受命前往乌思藏建立行政机构,八思巴西归,次年初抵达萨斯迦,其目的是落实元朝在吐蕃地区的行政建制,委任各级地方官员。"[5]而身为掌管全国佛教的吐蕃僧人出身的八思巴,顺理成章地就成为入藏建制的最佳人选。至元元年,元世祖忽必烈赐国师八思巴"珍珠诏书",命令僧俗民众遵从上师法旨,悉心修佛,借此来加强帝师八思巴在宗教界的领袖地位,而在中央设置总制院并"领之于帝师",则

---

[1]《大明高僧传》卷一,《大正藏》第50卷,第901页。
[2]《元史·本纪二〇》,《元史》,第235页。
[3]《元史·本纪二四》,《元史》,第299页。
[4] 参见《续文献通考》卷五六《职官六》。
[5] 载于《青海社会科学》1995年第1期。

是进一步在政治体制上使帝师的政治权力合法化、制度化。

总制院的机构构成,从现有的史料来看尚不清楚。但是,作为中央最高的僧务及管理吐蕃事务的机构,显然是由其下辖一整套的政府机构来执行它的职能的。这些机构包括:总统所、僧录司、总摄所、僧正司、都纲司等。从蔡美彪《元代白话碑集》所载《大都崇国寺圣旨碑》可以看出总制院在处理具体事务时的各种相关机构的隶属关系,其文谓:"皇帝圣旨里,帝师法旨里,宣授大都路僧录司承奉总统所札付该:二十五日,大殿内总制官桑哥相公对崇国讲主省会本所官正宗弘教大师,属蓟州的般若院,系二百三十七处数内回付到院子。见无主人,您总统每将那院子便分付与大都崇国寺家,教做下院者。奉此,总所合下,仰照验,依奉桑哥相分钧旨处理事理,将般若院交付崇国寺,永远为主施行。奉此,使司除已行下蓟州僧正司依上交付外,所有崇国地收把执照,合行出给者……"①从碑文上看,此时总制院使是桑哥,而不是帝师,但前者仍要听命于后者,释教总统则受命于总制院使。涉及地方的具体事务,则由僧正司、僧录司去执行办理。对于藏区事务,总制院则直接参与地方行政的管理、组织军事征伐,以及行政官员的推荐和任免。如总制院官员答失蛮入藏置驿,总制院使桑哥率兵入藏平叛等。②

关于总制院使,《元史》中记载的只有一人,即桑哥。《元史·桑哥传》载:"至元中,擢为总制院使。"③《元史·世祖纪》又载:"(至元二十三年)总制院使桑哥具省臣姓名以上。"④又载:"以桑哥为金紫光禄大夫、尚书右丞相,兼总制院使,领功德使司事。"⑤张云在《元代管理吐蕃地方的中央机构——总制院与功德使司》一文中指出,担任总制院院使的并不是唯一的院使,在桑哥前,担任院使的是国师。帝师八思巴是

---

① 蔡美彪:《元代白话碑集》,北京:科学出版社,1955。
② 《汉藏史集》(汉译本)上册,第180—181页,陈庆英译,拉萨:西藏人民出版社,1986。
③ 《元史·列传九二》,《元史》,第2583页。
④⑤ 《元史·本纪一四》,《元史》,第158、165页。

第一任院使,其继任者为亦怜真、答耳麻八剌剌吉塔,而桑哥则是第四任院使。①

至元二十五年(1288),时任尚书省右丞相兼总制院使的桑哥以总制院所统西蕃诸宣慰司,军民财谷,事体甚重,宜有以崇异之,奏改为宣政院,秩从一品,用三台银印。②《元史·百官志》又载:"因唐制吐蕃来朝见于宣政殿之故,更名宣政院"③,由尚书右丞相桑哥兼院使,脱因同为院使。陈庆英在《元代宣政院对藏族地区的管理》一文中指出:"由释教总制院改为宣政院不仅是改变机构的名称,也不仅是为了提高官阶,更重要的是为了加强八思巴、达玛巴相继去世后中央政府对藏族地区的管理。"④宣政院设置后,总制院并未即刻取消,直到至元二十八年(1291)才"并总制院入宣政院"⑤。宣政院是元政府一个重要的政府职能部门,其地位与中书省、枢密院、御使台、徽政院相当。《元史·志五〇》中的一段记载就说明了宣政院在元政府职能体系中的地位之高:"诸大小机务,必由中书,惟枢密院、御史台、徽政、宣政诸院许自言所职,其余不由中书而辄上闻,即上闻而又不由中书径下所司行之者,以违制论。"⑥

宣政院的官僚体制是逐步得以完善的。起初仅有院使二员,同知二员,副使二员,参议二员,经历二员,都事四员,管勾一员,照磨一员。另设参议、经历二员,都事四员,管勾一员,照勾一员。至元二十六年

---

① 参见张云《元代管理吐蕃地方的中央机构——总制院和与功德使司》,载于《青海社会科学》1995年第1期。张云在该文中认为,至元二十四年(1287)可能是桑哥的初次任职时间。这种看法是错误的,因为《元史·世祖纪一一》记载:在至元二十三年,"总制院使桑哥具省臣姓名以上"《元史》,第158页。据此,桑哥初次任职时间至迟在至元二十三年,而不是至元二十四年。
② 《元史·列传九二》,《元史》,第2586页。
③ 《元史·百官志三》,《元史》,第1250页。
④ 载于《青海社会科学》1990年第4期。
⑤ 《元史·本纪第一六》,《元史》,第190页。
⑥ 《元史·志五〇》,《元史》,第1495页。

(1289)增设佥院、同佥各一员。元贞元年(1295)，增院判一员。至治三年(1323)，置院使六员。天历二年(1329)，罢功德使司归宣政院，定置院使十员，从一品；同知二员，正二品；副使二员，从二品；佥院二员，正三品；同佥二员，正四品；院判三员，正五品；参议二员，正五品。另有经历、都事、照磨、管勾等佐员。①

在宣政院的院使初设为二员，后增减不一，最少时是一员，最多是达十员。宣政院使由皇帝任命，发展的过程中，如果置院使二员，则一由帝师担任，一由尚书右丞相兼领；若置院使多名，多由中书省臣，枢密院知院事等兼领。宣政院用人原则坚持僧俗并用。《元史·释老传》载："其为院使居第二者，必以僧为之，出帝师所辟取，而总其政于内外者，帅臣以下亦必僧俗并用，军民皆属统理。于是，帝师之命，与诏敕并行于西土。"②就是说，第二院使必任命僧人担任，以确保僧人在政府中的地位，而其他院使及官佐，则是僧俗并用。宣政院使作为朝廷中的重要官员，则由皇帝直接任命。从现有的史料记载来看，宣政院院使一职一般由朝廷重臣兼任，如世祖时桑哥以尚书省右丞相兼宣政院使，成宗时脱虎脱以中书省左丞相兼宣政院使，仁宗时铁木迭尔以中书省右丞相兼宣政院使，顺帝时伯颜以中书省右丞相兼宣政院使。

宣政院使并非由帝师兼任③，这是因为宣政院是政府重要的行政机构，其最高官员由皇帝直接任命朝廷重臣而非僧侣担任，是为了确保政府职能机构的世俗性以及政府对宗教界和吐蕃地区的有效控制权。但

---

① 《元史·百官志三》，《元史》，第1250页。
② 《续通志》卷五八五《佞臣传》。
③ 谢重光、白文固在《中国僧官制度史》一书中说："宣政院使多由中书省长官或帝师担任。"这种观点有待商榷。根据陈庆英在《元代帝师制度及其历任帝师》一文中所载元代历任帝师名录，以及在《元代宣政院对藏族地区的管理》一文中所载宣政院使的名录来看，帝师从没有担任过宣政院院使一职。有关元代的史料中出现的"帝师领宣政院"之说，只是表明帝师对宣政院具有指导权(比如人事任免等)，而并不是兼任院使之意。实际上，宣政院使正使直接对皇帝负责，而帝师的管辖权主要体现在对第二院使的选送及任免，对宣政院的宗教事务及藏区行政管理的指导与参与。

是，在这个职能体系中，帝师的权力以及僧人在政府中的地位也得以确认。元政府赋予了帝师选拔、任免第二院使的权力，并确认第二院使必须由僧人担任的制度。帝师不仅具有第二院使的任免权，而且也领导宣政院的具体的职能工作。宣政院颁布的文书，前面都冠以"皇帝圣旨里，帝师法旨里"之名，表明宣政院接受皇帝的旨意和帝师的管辖。元代的帝师实际上是一种特殊的僧官制度，帝师的地位是"一人之下，万人之上"①，他的一项重要的义务就是为元廷举行禳灾祈福等佛事活动以及为元朝帝室成员举行授戒法事。由于帝师"领宣政院事"，所以帝师也全面参与了宣政院的政府职能和宗教事务管理，以及藏区的僧俗事务。帝师不仅选送宣政院第二院使，而且对汉地一些行省的行宣政院、释教总管府以及政府委任的释教总统，也有管辖权。对汉地佛教寺院，帝师可以颁发法旨，给予保护。对于藏区的行宣政院、宣慰司的官员，帝师也拥有一定的管辖权。②

宣政院的职能，一般来说要有两方面，一方面是"吐蕃之事"，包括当时全部吐蕃的军政宗教事务，诸如吐蕃地区的军事征伐、藏民的户口调查、驿站的设置、喇嘛的封赐等等。具体来说，主要有以下几个方面：一、举荐官员。元政府规定：藏族世袭贵族和佛教僧人任职的，多由帝师举荐，宣慰使、都元帅、达鲁花赤等世俗官职，多由宣政院举荐。二、增减改易在藏族地区的行政机构。桑哥曾改巩昌总帅府为宣慰司，宣政院奏改松潘叠宕威茂州安抚司为宣抚司。三、管理驿站。藏区外的驿站初为中书省兵部管理，1276年设立通政院掌管驿站。而藏区的驿站则专由宣政院负责管理。四、审理藏区案件。藏区外的案件由御史台和廉访司专门负责，但在藏区，则由宣政院派员进行清理、核查。五、负责藏区的军事行动。③ 元仁宗

---

① 叶子奇：《草木子》，第83页，北京：中华书局，1959。
② 参见陈庆英《元代帝师制度及其历任帝师》，载于《青海民族学院学报》（社会科学版）1991年第1期。
③ 关于宣政院在藏区的职能，参见陈庆英《元代宣政院对藏族地区的管理》，载于《青海社会科学》1990年第4期。

至大元年六月，敕宣政院："凡西番军务，必移文枢密院同议以闻。"同年，吐蕃犯永福镇，敕："宣政院与枢密院遣兵讨之。"①不久，元仁宗又下诏"敕西番军务隶宣政院"②。这说明，在元仁帝即位以前，西藏地区的军事行动由宣政院负责。六、有时也负责西南接近西藏的地区的治安。元成宗大德七年，云南黎州盗匪劫掠也速带而家属资产，元政府"命宣政院督其郡邑捕之"。③

另一方面是统领全国宗教事务，直接隶属于宣政院的官寺有三百六十所，各大寺院的佛像、幢幡、车鼓、旗号等皆由宣政院负责供给。宣政院还负责各全国各大名寺的主持选任、大型寺院的修建和维修、高僧大德的名号和紫衣的封赐等等。此外，宣政院还握有司法权。成宗四年，平阳僧察力咸多次犯法行恶，有司惮其豪强，不敢诘问，后至京师，中书省臣进言："宜捕送其所，令省、台、宣政院遣官杂治。"④《元史·成宗纪三》载："自今僧官僧人犯罪，御史台与内外宣政院同鞫，宣政院官徇情不公者，听御史台治之。"⑤不过，元仁宗即位初年，"罢宣政院理问僧人词讼"⑥。同时，还"罢总统所及各处僧录、僧正、都纲司，凡僧人诉讼，悉归有司"⑦。皇庆元年正月，元仁宗又再次下诏："诸僧犯奸盗、诈伪、斗讼，仍令有司专治之。"⑧此外，宣政院又拥有一些下辖机构如大都提举资善库，上都利贞库、大济仓、大都规运提点所和上都规运提点所。大都提举资善库，"掌钱帛之事"；上都利贞库，"掌饮膳好事金银诸物"；规运提点所则掌管营缮之事。⑨这样宣政院又具有主管钱帛粮谷、转运储藏的政

---

① 《元史·本纪二四》，《元史》，第302页。
② 同上书，第304页。
③ 《元史·本纪二一》，《元史》，第253页。
④ 同上书，第248页。
⑤ 《元史·本纪二〇》，《元史》，第243页。
⑥ 《元史·本纪二四》，《元史》，第305页。
⑦ 同上书，第299页。
⑧ 同上书，第306页。
⑨ 《元史》，第1251页。

府职能。① 可以说,宣政院是元代政府一个重要的职能部门,这是元代僧官制度的一个特色。

除宣政院外,元政府又设立行宣政院处理地方僧务。《禅林象器笺》载:"在朝廷曰宣政院,在诸道曰行宣政院。行,奉行也,谓遐方州县难通治,故置之,奉行宣政院事。"②元代行宣政院有文献记载的有三处:江南行宣政院(又称杭州行宣政院)、福建行宣政院和吐蕃行宣政院。《元史·本纪第二六》载:"立行宣政院于杭州,设官八员。"③《续文献通考》载:"顺帝元统二年,革罢广教总管府十六处,置行宣政院于杭州,除院使、同知、副使各二人,同金、院判各一人。至元二年,西番寇起,又置行宣政院,以也先帖木儿为院使,往讨之。至正二年,江浙行宣政院又设崇教所,拟行中书省理问官,以理僧民之事。"④

3. 功德使司

元政府于至元十七年(1280)设置功德使司,这是因循唐代僧官制度而设立的僧务机构,其职责是:"掌奏帝师所统僧人并吐蕃军民等事。"⑤《元史·世祖纪》载:"以桑哥为金紫光禄大夫、尚书右丞相,兼总制院使,领功德使司事。"⑥此时尚未设宣政院,因此,功德使司设立的时间要早于宣政院。起初功德使司是个政府重要的僧务部门,从"掌奏帝师所统僧人并吐蕃军民等事"这句话来看,其职能似与当时的总制院及后来的宣政院有重合之处。然而从《元史》及有关的史料的记载来看,功德使司的职能更侧重于处理佛教事务。主要表现为:一、修佛事。如,至元十九年(1282)十一月,政府罢免了功德使脱烈,原因是他"修设佛事妄费官

---

① 参见谢重光、白文固《中国僧官制度史》,第215页,西宁:青海人民出版社,1990。
② 《佛光山电子大藏经·禅藏杂集部·禅林象器笺一》。
③ 《元史》,第326页。
④ 《续文献通考》卷五六《职官六》。
⑤ 《元史·本纪一一》,《元史》,第118页。
⑥ 《元史·本纪一四》,《元史》,第165页。

物"①。黄溍《都功德使司都事华君墓志铭》载:"都功德使所掌祝厘禬禳,皆朝廷重事,每入对上前,都事则载笔以从,书其奏目及所得圣语。"②《陔余丛考》卷一八载:"至元中,内廷佛事之目仅有百二,至大德七年,再立功德使司,其目增至五百有余。"③二、释囚。如仁宗皇庆二年,"功德使亦怜真等以佛事奏释重囚,不允"④。英宗至治三年,"敕都功德使阔儿鲁至京师。释囚大辟三十一人,杖五十七以上者六十九人,放笼篱十万,令有司偿其值"⑤。三、佛经的辨伪与刊刻版。十八年九月,都功德使司脱因小演赤奏:"往年所焚道家伪经版本画图,多隐匿未毁,其道藏诸书,类皆诋毁释教,剽窃佛语,宜悉甄别。"⑥

与总制院相较,功德使司显然突出它的宗教管理职能。当时总制院管理的范围及规模都过大,尤其是随着世俗行政事务的增加,已不能充分行使原有的尤其是管理宗教方面的各项职能。在此一时期增设功德使司,以弥补总制院在管理宗教事务方面职能的缺失,加强佛教的影响力,显然是必要的。⑦

功德使司的主要官员称功德使,秩从二品,担任功德使司一职的先后有:(1)脱烈。《元史·世祖纪》载:至元十九年,"罢功德使脱烈,其修设佛事妄费官物,皆征还之"⑧。(2)桑哥。至元二十四年,以中书右丞相兼任功德使司。(3)亦怜真。《元史·仁宗纪》载:"功德使亦怜真等以佛事奏释重囚,不允。"⑨(4)阔儿鲁。《元史·英宗纪》载:"敕都功德使

---

① 《元史·本纪一二》,《元史》,第133页,长沙:岳麓书社,1998。
② 《金华黄先生文集》卷三七《都功德使司都事华君墓志铭》。《续金华丛书》本,第14页。
③ 赵翼:《陔余丛考》,第353页,北京:中华书局,1963。
④ 《元史·本纪二四》,《元史》,第310页。
⑤ 《元史·本纪二八》,《元史》,第351页。
⑥ 《佛祖历代通载》卷二一,《大正藏》第49卷,第709页。
⑦ 关于功德使司设立的背景及原因,张云在《元代管理吐蕃地方的中央机构——总制院与功德使司》一文中,对此有较为详尽的论述。该文载于《青海社会科学》1995年第1期。
⑧ 《元史·本纪一二》,《元史》,第133页。
⑨ 《元史·本纪二四》,《元史》,第310页。

阔儿鲁至京师。释囚大辟三十一人,杖五十以上者六十九人。放笼禽十万,令有司偿其直。"①从历任功德使来看,并不是由帝师兼任的,其任职官员主要是世俗官员。桑哥与亦怜真(也称"亦怜真班")在《元史》中均有传记,都是元朝重臣。脱烈与阔儿鲁生卒年均不详,《元史》中也没有列传,但从姓氏上来看,显然都是蒙古人,他们不可能任帝师之职,很可能也是世俗官员。元政府让世俗官员任功德使司最高长官,仍是意图通过行政体制将佛事活动及藏区僧俗事务掌控在政府管控之下,并利用佛教界的僧官来争取宗教界和藏区人民对元政府统治的支持。

功德使司建立后,历经废置与重设。功德使司是至元十七年创设的,成宗帝即位初年(1295),御史台臣言:"内外官府增置愈多,在京食禄者万人,在外尤众,理宜减并。"②不久即"诏罢功德使司"③。"大德七年,再立功德司"④,遂使政府诏帝师及西僧举行的醮祠佛事增至五百。元仁宗即位之初,大力改革行政体制,精简僧官机构,限制僧官的权限。如,禁宣政院违制度僧,罢江南行通政院、行宣政院,罢白云宗所摄所,罢总统所及各处僧录、僧正、都纲司,"凡僧人诉讼,悉归有司"⑤,罢宣政院"理问僧人词讼"⑥。也就是在这一年,元仁宗将掌修佛事的延庆司⑦改为"都功德使司"⑧,理由大概是其修佛事的职能与功德使司有重合之处,而把它改为隶属于功德使司下面的一个职能部门。到了天历二年正月,由

---

① 《元史·本纪二八》,《元史》,第351页。
② 《元史·本纪一八》,《元史》,第210页。
③ 同上书,第211页。
④ 《元史·列传八九》,《元史》,第2558页。
⑤ 《元史·本纪二四》,《元史》,第299页。
⑥ 同上书,第305页。
⑦ 延庆司,秩正三品,掌修佛事。使二员,正三品。同知一员,正四品。副使二员,正五品。典簿二员,照磨一员。至元二十一年置,隶詹事院。三十一年,隶徽政院。大德十一年,别立延庆司,不后于詹事院,品秩同上。至大四年,改延庆司为都功德使。延祐四年,复置延庆司,设官四员,升正二品。七年复为正三品。泰定元年,仍隶詹事院。天历元年,罢。二年,复立,增丞二员。参见《新元史》卷六〇《志二七》。
⑧ 《元史·本纪二四》,《元史》,第299页。

于历代元政府佛事频频,耗费惊人,中书省臣建言拣汰佛事活动。① 元文宗听从了中书省臣的建议,并于同年十一月下令"罢功德使司,以所掌事归宣政"②。从此,元政府不再设功德使司一职。

(二) 地方僧署与僧职

元代政府又设立一些与元朝的路、府、州、县的行政体制相应的地方性的僧务机构。具体来说,元在各路设僧录司、州设僧正司、府设僧纲司。这是沿用金国成制的一种地方性僧官制度,其职责是处理地方僧务,"上掌教门,护持佛法"③,并实行以试经铨选僧官的办法。《元史·世祖纪三》载:"谕总统所,僧人通五大部经者为中选,以有德业者充州郡僧录、判、正副都纲等官。"④

僧录司的主要僧官有僧录、僧判。僧正司的僧官有僧正,都纲司的有正、副都纲,皆享受政府发放的俸禄。到了皇庆二年(1313),元政府始罢州僧月俸,至此,地方僧署不再享受政府发放的俸禄。

元代的地方僧署管理一般性的宗教事务,对各地寺院的住持具有委任权。皇庆二年,御史台所奉圣旨说:"有各处寺院里住持的长老每委付呵有德行知佛法的众和尚保举的,经由有司教做。有如今罢了的僧官,更有罪过的,有媳妇孩儿,每和尚投托着宣政院官人。每奏了教他每各处守院里做住持,有俺商量来这般歹和尚,每教寺院里住了。呵侵使常住的粮坏了寺院去也。似这般不曾经由有司、众和尚不曾保举的,教省家行文书将他革罢了。"⑤这就是说,各地寺院的住持经由本寺众僧的保

---

① 天历二年正月,中书省臣言:"朝廷赏赉,不宜滥及冗功。鹰、鹘、狮、豹之食,旧支肉价二百余锭,今增至万三千八百锭;控鹤旧止六百十十八户,今增二千四百户。又,佛事岁费,以今较旧,增多金千一百五十两、银六千二百两、钞五万六千二百锭、币帛三万四千余匹;请悉拣汰。"(《元史·本纪三三》,第 404 页。)
② 《元史·本纪三三》。《元史》,第 415 页。
③ 《佛祖历代通载》卷二二,《大正藏》第 49 卷,第 725 页。
④ 《元史·本纪六》。《元史》第 51 页。
⑤ 《元典章》卷三三《释教保举住持长老》,《大元圣政国朝典章》,第 1226 页,北京:中国广播电视出版社,1998。

举、推荐,再由地方僧署审核批准。对那些未经有效程序批准,或有罪的、犯戒的寺院住持,地方僧署也有权吊销其主持任职资格。

除管理一般性的宗教事务外,元代地方僧署还包揽诉讼,干预司法过程,《元史·刑法志》规定:"诸僧人但犯奸、盗、诈伪,致伤人命及诸重罪,有司归问;其自相争告,从各寺院住持、本管头目过问;若僧俗相争田土,与有司约会。"①又载:"诏僧人犯奸盗诈伪,听有司专决。轻者与僧官约断;约不至者罪之。"②僧司对于世俗的民众,固然无权管理,但干涉民间诉讼是有的。至元四年(1267),"禁僧官侵理民讼"③。

元代地方僧署权限过大,僧官吏员众多,素质低下,以至权抗有司,扰乱政事,甚至恃权凌官,强夺田产。《元史·成宗纪》载:"常州僧录林起估,以官田二百二十顷,冒为己业,施河西寺。"④《元史·星吉传》载:"有胡僧曰小住持者,服三品命,恃宠横甚,数以事凌轹官府。"⑤《元典章》中的一段记载充分说明了元代地方僧署的不良现状:"各处僧道衙门所设书吏、贴书、祗侯、剌人等,俱无定额,另多系无籍泼皮,作过经断之人,不惟影占户役,僧道被扰多端。"⑥

元仁宗时,大臣李孟曾上书皇帝,痛陈僧官乱国,要求罢黜僧官。⑦元仁宗听从大臣李孟的建议,"罢总统所及各处僧录、僧正、都纲司,凡僧人诉讼,悉归有司"⑧。自元仁宗罢黜僧道衙门后,元政府不再设立僧录等地方性僧官机构。

元顺帝时,丞相脱脱主宣政院事。一些寺院主持上书请求恢复僧

---

①②《元史·志五〇》,《元史》,第1498页。
③《元史·本纪六》,《元史》,第56页。
④《元史·本纪二一》,《元史》,第258页。
⑤《元史·星吉传》,《元史》,第1928页。
⑥《元典章》卷三三《礼部六·释道·僧道教门清规》。《大元圣政国朝典章》,第1221页,北京:中国广播电视出版社,1998。
⑦《元史·李孟传》:"释老二教,设官统治,权抗有司,扰乱政事,僧道尤苦其扰。……僧、道士既为出世法,何用官府绳治。"《元史》,第2304页。
⑧《元史·本纪二四》,《元史》,第299页。

司,并且说:"郡县所苦,如坐地狱。"脱脱则严词回绝:"若复僧司,何异地狱中复置地狱邪?"①

除了一般性的地方僧署外,元政府还设立了一些专门的僧务机构,见于记载的有:广教总管府、白云宗总摄所、湖广头陀禅录司、崇教所和江淮诸路御讲所等。

1. 广教总管府

元文宗在1331年设广教总管府,"以掌僧尼之政"②。设置之时,共有十六所,即:京畿山后道、河东山后右道、辽东山北道、两淮河北道、湖北湖南道、浙西江东道、浙东福建道、江西广东道、广西两海道、燕南诸路、山东诸路、陕西诸路、甘肃诸路、四川诸路、云南诸路。秩正三品,府设达鲁花赤、总管、同知府事、判官各一员。官员则由宣政院"选流内官拟注以闻"③,惟总管则以僧为之。广教总管府设置时间不长,元统二年(1334),元政府就革罢广教总管府十六处,前后仅隔4年之久。同一年,又复置行宣政院。④ 这是以行宣政院来取代广教总管府。

2. 白云宗僧录司、总摄所

元政府特设的专门管理佛教白云宗的僧务机关。白云宗是元代华严宗的一个分支,成立于宋代,主张儒、释、道三教合流。南宋亡后,元廷曾应杨连真加之请,下令于宋故宫废墟上建立起五大寺院,即报国、兴元、般若、小仙林及尊胜五大寺,分别代表了不同的佛教宗派。般若寺就属于白云宗。元廷在江南设五大寺,是为了让佛教各宗"分宗以阐化"⑤,这说明当时的白云宗已和势力颇盛的禅宗以及备受元廷尊崇的喇嘛教处于同等的地位。当时,忽必烈下谕:"天下设立宣政院、僧录、僧正、都纲司,锡以印信,行移各路,主掌教门,护持佛法。"⑥其中,就安立了专司

---

① 《元史·脱脱传》。《元史》,第1873页。
②③《元史·本纪三五》。《元史》,第434页。
④ 参见《佛祖统记》卷四八。《大正藏》第49卷,第437页。
⑤ 黄溍:《凤凰山禅宗大报国寺记》,《金华黄先生文集》卷一一,《续金华丛书》本,第3页。
⑥ 《历代佛祖通载》卷二二。《大正藏》第49卷,第729页。

37

管理白云宗事务的白云宗僧录司。成宗大德十年,"罢江南白云宗都僧录司,汰其民归州县,益归各寺,田悉输租"①。

除了白云宗都录司,元廷还设有白云宗总摄所,主要僧官叫"总摄"。浙西豪民沈民仁曾担任总摄一职。史载:"浙西豪民即所居为佛庐,举家度为僧尼,号其教曰白云宗。日诱恶少,肆为不法,夺民田宅,奴人子女,郡县不胜其扰。"②元成宗大德七年(1303)秋,"罢江南白云宗摄所,其田令依例输租"③。武宗帝至大元年(1308)三月,"复立白云宗摄所,秩从二品,设官三员"④。至大二年三年,"罢杭州白云宗摄所"⑤。仁宗帝即位,御史台臣言:"白云宗总摄所统江南为僧之有发者,不养父母,避役损民,乞追收所受玺书银印,勒还民籍。"⑥得到元廷许可。但是,不久,白云宗又得到元廷的尊崇,沈明仁甚至还被仁宗授为"荣禄大夫、司空"⑦等爵位,秩从一品。沈明仁继续被称作"白云宗总摄"。但是由于白云宗势力过于强大,且不守国法,欺压百姓,民怨极大,官员多次上书请求严惩白云宗。仁宗延祐六年,中书省臣言:"白云宗总摄沈明仁,强夺民田二万顷,诳诱愚俗十万人,私赂近侍,妄受名爵,已奉旨追夺,请汰其民,还所夺民田。其诸不法事,宜令核问。"⑧仁宗帝最后下旨:"朕知沈明仁奸恶,其严鞫之。"⑨但事实上,他并没真正严惩沈明仁。一年后,又有江浙行省丞相黑驴言:"白云僧沈明仁,擅度僧四千八百余人,获钞四万余锭,既已辞伏,今遣其徒沈崇胜潜赴京师行贿求援,请逮赴江浙,并治其罪。"⑩同年,仁宗死,英宗即位,"白云宗总摄沈明仁为不法坐罪,诏籍江南冒为

---

① 《元史·本纪二一》。《元史》,第259页。
② 《滋溪文稿》,第166页,北京:中华书局,1997。
③ 《元史·本记二一》,《元史》,第250页,岳麓书社,1998。
④ 《元史·本纪二二》。《元史》,第275页。
⑤ 《元史·本纪二三》。《元史》,第283页。
⑥ 《元史·本纪二四》。《元史》,第299页。
⑦ 《元史·本纪二五》。《元史》,第318页。
⑧⑨《元史·本纪二六》。《元史》,第329页。
⑩ 同上书,第331页。

僧者为民"①。白云宗经英宗期间的按治之后,就全面走向衰落了。而白云宗总摄所,事实上当于仁宗时期被元政府正式取缔。

3. 头陀禅录司

"头陀"是佛教术语,意即去掉烦恼污垢,属于僧徒苦行之一。元代修苦行的佛教徒,又称作头陀禅师,主要集中于湖北境内。大德二年(1298),元政府下令李溥光为头陀禅总管,又设"诸路头陀教门都提点"②,掌头陀禅教事务。至大二年(1309),武宗帝下令,诏"罢杭州白云宗摄所,立湖广头陀禅录司"③。然而这一机构存在时期非常之短,两年后,仁宗即位,即被元政府罢黜。

二、皇家寺产的管理制度

元代新建的寺院分为皇家寺院和民间寺院两种。民间寺院多由僧人募化而建,或由王公贵族、地方官员乃至民间人士捐建。皇家寺院则由皇帝或后妃主持修造,当时一般称作官寺。至元七年(1270),忽必烈皇后察必在大都西郊高良河畔修建大护国仁王寺,这是元代皇家寺院兴建的开始。至元十六年(1279),忽必烈在大都城内修建圣寿万安寺,又称白塔寺,此后他又建兴教寺和宣文弘教寺。自此,新登基的皇帝兴建皇家佛寺,成为有元一代定制。这些皇家佛寺见之于史书的还有:天寿万宁寺(元成宗时修建)、崇恩福元寺(元武宗时修建)、大承华普庆寺(元仁宗时修建)、寿安山佛寺、大永福寺和大昭孝寺(元英宗时修建)、大天源延圣寺、殊祥寺(泰定帝时修建)、大龙翔集庆寺、大承天护圣寺(元文宗时修建)、铁幡竿佛寺、大觉海寺、人寿元忠国寺(元顺帝时建),清人赵翼《陔余丛考》载:"宣政院所辖官寺三百六十。"④可见元朝官寺之多甚于前朝。

---

① 《元史·本纪二七》。《元史》,第332页。
② 《补续高僧传》卷一九《志诚传》,《续藏经》第77册,第503页。
③ 《元史·本纪二三》。《元史》,第283页。
④ 赵翼:《陔余丛考》,第351页。

皇家寺院从建成之日起,就获得了大量的土地及各种财产,其后又不断地接受来自皇室和政府官员的大量捐献,不少寺院还经营典当、商店、酒店、旅馆、矿产、养殖等。元代的寺院经济的巨大发展,带来了一个新的变化,那就是国立的大寺院通常建在闹市区,而其拥有的田产往往分布在郊区,甚至散布在全国各地。这在寺院的管理上必然带来新的变化。在元代以前,寺院经济虽然也曾一度发达,但是寺院与其拥有的田产是连在一起的,寺院可以自行管理,自行生产。而到了元代,由于寺院与田产远距离分开,过去的那种寺院管理办法就很难适用。于是,元政府就采用了新的寺院管理办法,即"寺田官营"、"驰驿征租"的特殊管理办法。[①]

元代设置主管寺院主地财产的全国性机构是太禧宗禋院。其下辖若干机构统管各大寺院的土地经营、钱粮出纳、营缮役作事,并职掌朔望岁时祀祭典礼。各个国家大寺,可根据拥有的田地财产的多少设立都总管府、总管府、提举司或提领所等不同级的机构,管理本寺的财产。管理寺产的各级官员,均由政府来任命,有品有秩。

元政府设立的专营寺产的各寺官署可考的有：

会福总管府,秩正三品。至元十一年(1274),建大护国寺和昭应宫,忽必烈署"财用规运所",秩正四品。至元十六年(1279),寺成,改规运所为"总管府",掌管护国寺产业经营。至大元年(1308),又改为"都总管府",秩从二品。不久又升格为会福院,置院使五员。延祐三年,升正二品。天历元年,又改为会福总管府,正三品。

隆禧总管府,秩正三品。至大元年,建南镇国寺,初立规运提点所,二年,改为规运都总管府。三年,升为隆禧院。天历元年,改为隆禧总管府。

普安智全营缮司,秩五品。天历元年,以太玉山普安寺、大智全寺两规运提点所合并为普安智全营缮司。

---

① 参见白文固《元代的寺院经济》,载于《青海社会科学》1987年第6期。

佑国营缮都司,秩正四品。天历元年,初置万圣佑国寺营缮提点所。天历三年,改为营缮都司。

崇祥总管府,秩正三品。至大元年,立大承华普庆寺都总管府。至大二年,改延禧监。至大四年,升为崇祥院,秩正二品。泰定四年,复改为大承华普庆寺总管府。天历无年,改为崇祥总管府。

隆祥使司,秩正三品。天历二年,中宫建大承天护圣寺,立隆祥总管府。至顺二年,升为隆祥使司,秩从二品。

寿福总管府,秩正三品。至大四年,因建大圣寿万安寺,置万安规运提点所,秩正五品。延祐二年,升都总管府,秩正三品。不久,升为寿福院,正二品。天历元年,改立总管府,仍正三品。

普明营缮都司,秩正四品。天历元年,创大龙兴普明寺于海南,置规运提点所。天历三年,改为都司,品秩仍旧。

集庆万寿营缮司,秩正四品。天历二年,建龙翔、万寿两寺于建康,立龙翔万寿营缮提点所。天历三年,改为营缮都司。①

如果一寺的田产分散于各地,则可就近设置营田提举司或民佃提领所进行管理。如,大护国仁王寺就有襄阳营田提举司、江淮等处营田提举司、大都等路民佃提领所等;大承天护圣寺有平江善农提举司、荆襄等处济农香户提举司、龙庆州等处田赋提领所、平江集庆崇禧田赋提领所;大承华普庆寺有镇江稻田提举司、汴梁稻田提举司、平江等处田赋提举司。②

寺田官营是元代特有的一种制度,其基本模式是:产权国有,国家管理,寺院受益,"这是将国家职官制度渗入到寺院经济中的一种特殊形式"③。通过这种特殊的管理制度,元朝政府将寺院纳入国家的政治体制之下,其目的即在于争取佛教信徒对元朝统治的拥护,实现对佛教信仰

---

① 参见《元史·百官志三》,《元史》,第 1259—1264 页。
② 参见《元史·百官志三》,《元史》,第 1263 页。
③ 谢重光、白文固:《中国僧官制度史》,第 229 页。

活动的有效控制。

三、僧户与僧籍管理制度

（一）僧户

在封建社会中,户口的增减是社会生产发展水平的重要标志。同时,户口的统计与户籍的制度,又是封建国家向广大人民征收赋役的基本依据。蒙古建国之初,就建立具有游牧民族特色的户籍制度,在后来征服金、宋的过程中,出于管理被征服地区的民众,元朝统治者又先后进行过几次大规模的户籍清理。1235年,元太宗窝阔台在中原地区进行了第一次户籍清理。这次清理除了全面进行户口登记,让战争流民就地入籍贯,并且对户口进行分检外,又将社会职能不同、承担不同义务的人户在户籍上区别开来,分别立籍,划分了民、站、打捕鹰坊、屯田、僧、道等户记。其实,在元太祖时期,民户、匠户、站户以及僧道户等户记的区别已经出现,只是到元太宗1235年清理籍户时,其间的划分就正式出现于元代户籍制度中。

元代的僧户,大约是一处为一户,如昌国州(今浙江定海)寺观43处,至元二十七年,籍为43户。每个寺观所有的人口多少也不一样。至元二十八年(1291),天下僧尼21.3万人。此后,元代僧尼数不断增加,到了元代末期至少增加了一倍。

元代的僧户作为户籍制度中的重要一员,除了担当为元统治者"告天祝寿"之外,也要承担一定的赋税杂役。元代的寺庙并不仅仅是宗教场所,而且也拥有相当多的田产,此外也从事商业、旅馆、茶业、盐业和矿业等经济行为。由于元代历代皇帝崇佛,所以在一般情况下都对寺院僧尼实行优待政策,但起初并未对所有僧尼免去赋税杂私役。《大元通制条格·僧道》载:"僧道年五十以上者任便修行,五十以下戒行清高者并依例试经受戒,许为僧道。其余诈冒出家之人,依例应当科差。……其僧道种田作营运者,依例出纳地税、商税,其余杂泛科并并行免放。"①中统五年正月,中书省奏:"以前成吉思皇帝时,不以是何诸色人等,但种田者俱各出纳地税外,据僧、道、也里可温、答失蛮,种田出纳地税,买卖出纳商税,其余差役蠲免有来。"②可见,早期元政府只对戒行清净的僧尼完全蠲免赋税杂役,对于多数一般僧众来说,仍要履行赋税杂役职责。但是从贵由皇帝开始,一般僧众逐渐也不依例纳税。

中统五年,中书省的奏折说:"自谷由皇帝至今,僧、道、也里可温、达失蛮地税商税不曾出纳,合无依旧征纳事。"③

至元二十九年十二月,杭州省官人呈上文书说:"如今阿老瓦丁也说有,他每那省管的地面里,亡宋时分验着地亩纳税有气力的富家每并百姓每等,或见兄弟孩儿每里头教一个做了和尚先生呵,做属和尚先生的每的田地这般不纳税有。"④

至元三十年六月,省官奏:"海答儿管课程的说,做大买卖的是和尚,也里可温却不纳税呵,哏损着课程多有,执把着圣旨不肯纳税。"⑤

冯承钧《元代白话碑》中就常有这样的语句:"这的每寺院房舍里,使臣休安下者,铺马只应休拿,地税商税休与者。但属寺家的水土园林碾磨店铺席解典库浴堂人口头匹,不拣什么他的,休夺要者。"⑦

当然,一般僧众之所以敢于不纳地税,也有来自政府对于僧道的优待政策。至元三十年省官所奏"执把着圣旨不肯纳税"⑦就说明了这个问题。元成宗大德七年,也曾下诏"复免僧人租"⑧。英宗即位初年诏:"免僧人杂役。"⑨贵由以后的历届政府试图改变一般僧众不纳税的现象,而颁布僧道与民众一体输税的律令。中统四年,"敕也里可温、答失蛮、

---

① 《大元通制条格》,第341页,北京:法律出版社,2000。
②③④ 同上书,第342页。
⑤⑥ 同上书,第344页。
⑦ 冯承钧:《元代白话碑》,第52页,北京:商务印书馆,1931。
⑧ 《元史·本纪二一》,《元史》,第255页。
⑨ 《元史·本纪二七》,《元史》,第335页。

僧、道种田入租,贸易输税"①;至元元年,"命儒、释、道、也里可温、答失蛮等户旧免租税,今并征之"②;成宗帝时,"诏僧人与民均当差役"③;武宗帝时诏曰:"僧、道、也里可温、答失蛮,并依旧制纳税。""敕河西僧户准先朝定制,从军输税,一与民同。"④但是,这些政策的颁布并没有得到有效地执行,而这必然要影响政府的财政税收。另一方面,由皇帝命帝师及西僧频繁地举行各种佛事活动,以及对皇室成员、王公贵族的慷慨馈赠和多年的对外用兵,也使得政府的国用不足,频频告罄。⑤ 政府为了维持国家财政的运转和自身奢侈的生活,又不得不加重对其他阶层民众的盘剥。其直接后果就是导致大批民户为逃避租赋而遁入寺院,或富民假冒为僧,这反过来又加剧了政府财政收入锐减的现状,形成了恶性循环。

为解决这一社会经济问题,元政府主要采取了以下几种措施:

第一,严饬僧道,对拥有家室假冒为僧道者令其还民,承担相应的赋税杂役。至元十三年,"敕西京僧、道、也里可温、答失蛮等有家室者,与民一体输赋"⑥。泰定四年,"籍僧道有妻者为民"⑦。天历元年,敕"天下僧道有妻皆令为民"⑧。仁宗延祐元年,政府规定:"有妻室的每教当差发、税粮、铺马、扫里者,无妻室的和尚每休教当者。"⑨顺帝至元元年,政府命"凡有妻室之僧,令还俗为民"⑩。

第二,对宋时旧有寺院田产以及累朝官府所赐田地不予征租,这主

---

①②《元史·本纪五》,《元史》,第47页。
③《元史·本纪二一》,《元史》,第249页。
④《元史·本纪二二》,《元史》,第281页。
⑤ 如文宗天历二年,谕旨曰:"上都积贮,已为倒剌沙所耗,大都府藏,闻亦悉虚。供亿如有不足,其以御使台、司农司、枢密、宣徽、宣政等院所贮充之。"(《元史》第407页,岳麓书社,1998年。)同年,中书省臣言:"比因兵兴,经费不足,诸如武宗之制,凡金银五锭以上减三之一,五锭以下全之,又以七分为率,其二分准时直给钞。"(《元史》,第411页。)
⑥《元史·本纪九》,《元史》第95页。
⑦《元史·本纪三〇》,《元史》,第379页。
⑧《元史·本纪三二》,《元史》,第399页。
⑨《大元通制条格》,第340页。
⑩《元史·本纪三八》,《元史》,第466页。

要是针对民间寺院而言。元仁宗时,敕"僧人田除宋之旧有并世祖所赐外,余悉输租如制"①。又敕"僧人除宋旧有及朝廷拨赐土田免租税,余田与民一体科征"②。英宗帝时,敕"江浙僧寺田,除宋故有永业及世祖所赐者,余悉税之"③。泰定帝时,中书省臣言:"江南民贫僧富,诸寺观田土,非宋旧置并累朝所赐者,请仍旧制与民均役。"④文宗帝时诏:"诸僧寺田,自金、宋所有及累朝赐予者,悉除其租。其有当输租者,仍免其租。僧还俗者,听复为僧。"⑤

第三,官寺田产所收租由官府统一收入(输官),并以钱钞等返还寺院。元代官寺实现寺产官营,由国家设立机构来管理寺院财产,其收入用于封建国家的宗教支出。官寺所经营酒业、盐业、矿业等,其课税也要上交国家管理机构。如元文宗时诏:"诸王、公主、官府、寺观拨赐田租,除鲁国大长公主听遣人征收外,其余悉输于官,给纱酬其直。"⑥又诏:"官寺亦各有常产,其酒课悉令仍旧输官为宜。"⑦

总之,有元一代,寺院僧尼除一心修佛之高僧之外,从事土地、商业经营的僧侣原则上要与民一体输赋,上交田税、商税等。这主要是针对民间寺院而言,对于官寺,其产业由政府设专门机构经营,所得收入输官,然后由官府用于官寺的各项支出。政策是如此,但实际情况如何呢?我们从元朝历代皇帝屡屡颁诏令僧尼与民一体输税来看,在多数时候,元政府的政策是不能有效地得以实施的,这才导致寺院数目不断增多,僧户数不断膨胀,以至于到了元顺帝年代,僧户数已达到忽必烈朝的一倍以上。

(二) 僧籍管理制度

所谓僧籍管理,主要是指僧侣名册的编制、给牒办法、剃度制度问

---

① 《元史·本纪二四》,《元史》,第308页。
② 《元史·本纪二六》,《元史》,第326页。
③ 《元史·本纪二八》,《元史》,第345页。
④ 《元史·本纪二九》,《元史》,第364页。
⑤⑥⑦ 《元史·本纪三三》,《元史》,第416、414、416—417页。

题,这三个环节又表现为以度牒管理为核心的运转机制。① 度牒管理是由政府来确认僧人资格和身份,借以控制出家数量,对佛教实施有效地管理。纵观元代的僧籍管理情况,其经历了试经给牒剃度制、特恩剃度制、保荐剃度制、纳钞卖牒剃度制等形式。

1. 试经给牒制度

早在蒙古汗国建国初期,就有汉地僧人和佛教的传播。成吉思汗就曾接见过汉地僧人中观沼和海云印简,并让蒙古兵予以礼待。蒙古国灭西夏后,鉴于西夏国境内僧人众多,而且本国信徒日增,故窝阔台于1229年11月下令开始度僧,籍为僧道。1234年,蒙古汗国又吞灭金国,黄河中下游地区尽为其有。金国境内僧人更为众多,蒙古统治者在新占领地清理户籍,对僧籍也作了专门的整理,立僧户一项以与其他民众加以区分,并严格剃度制度。

《续资治通鉴》卷一六七载:端平元年五月,"蒙古主(窝阔台)大会诸王,申严条令,郭德海尝请试天下僧尼道士,选精通经文者千人。有能工艺者,则命小通事哈珠领之,余皆为民"②。次年,窝阔台又"差扎忽笃侍读选试经僧道"③。接着,窝阔台"诏集议出度牒"④,但是这次试经度僧并没有真正实施。

《佛祖历代通载》卷二一记载:"乙未朝廷差扎忽笃侍读,选试经僧道。万松长老叹曰:自国朝革命之来,沙门久废讲席,看读殊少,乃同禅教诸老宿请师董其事。师从容对曰:诸师当以斯激厉众僧习应试经典,主上必有深意。我观今日沙门,少护戒律,学不尽礼,身远于道。故天龙亡卫而感朝廷励其考试也,三宝加被必不辜圣诏。遂与华使相见之后,其处置法度悉从师议。"⑤可见,当汉地僧人初闻元政府"选试经僧道"时,

---

① 参见白文固《元代的僧籍管理》。
② 《续资治通鉴》,第938页,上海:上海古籍出版社,1987年。
③④ 《佛祖历代通载》卷二一,《大正藏》49卷,第703、702页。
⑤ 《大正藏》第49卷,第703页。

认为这是政府鼓励汉地僧人重视经教、重振僧纲的措施。但是当元政府以试经来沙汰僧尼（"识字者可为僧，不识字者悉令归俗"），却受到来自汉地僧人的反对。海云印简曾与执行这一政策的蒙古丞相进行一次有针对性的对话："师曰：山僧不曾看经，一字不识。丞相曰：既不识字，如何做长老？师曰：方今大官人还识字也无？于时外镇诸侯皆在。闻师之言皆大惊异。丞相复曰：必竟如何？师曰：若人了知此事通明佛法，应知世法即是佛法，道情岂异人情！古之人亦有起于负贩者，立大功名于世载于史册。千载之下凛然生气，况今圣明天子在上，如日月之照临。考试僧道如经童之举，岂可以贤良方正同科国家？宜以兴修万善敬奉三宝，以奉上天永延国祚可也。我等沙门之用舍，何足道哉？"①显然，这次对话对蒙古统治者拟实施的宗教政策产生了一定的影响，因为窝阔台听闻了丞相的禀奏之后，并没有严格执行试经沙汰僧尼的政策。虽然考试依旧进行，但并没有一个僧人因此而退出僧户。

到了元世祖忽必烈朝，元政府先后创设释教总统所、宣政院、行政院等僧官制，试经给牒剃度制才基本确立和完备。仿照金朝的僧籍管理制度，元政府规定，由尚书祠部掌全国释教政令及度牒发放，又由中央级僧署主持试经剃度事宜。《通制条格》对此有较详细记载："僧人每三年一次，试五大部经，仰总统所选择深通经义有名师德，于各路置院，选试僧人，就设蓝坛，大德登坛，受具足戒，给付祠部，然后许令为僧。仍将选中僧人造簿，申总统所累攒，呈省奏闻。"②又规定："遇有僧尼还俗者，仰元礼师长追取公据、袈裟、牒送本处官司，与民一体应当差役。"③

虽然建立了较完备的试经度僧制度，但是即使元世祖本人也并未能真正执行这一制度。有关度牒颁发、执牒准剃的规定主要是针对汉地僧人而设立，对西僧则听由私度，放任自流。元政府并没有真正实行每

---

① 《佛祖历代通载》卷二一，《大正藏》第49卷，第704页。
② 《大元通制条格》，第335—336页。
③ 同上书，第336页。

三年试经度僧一次,相反剃度无时,凡遇改元、大型法会、国立新寺筑成,皆度僧尼。试经一说也形同虚设,仍有大量不识文字、不识经教的人士流入佛门。民间私度现象也屡禁不止,大批规避赋税差役的民户也遁入佛门。有鉴于此,丞相阿合麻曾建议:"天下僧尼颇多混滥,精通佛法可允为僧,无知无闻宜令例俗。"①但是由于国师胆巴的反对而没有被世祖采纳。世祖帝本身还曾经为不识文字、不谙经教的僧人打圆场。《佛祖历代通载》卷二二记载:"帝诏僧大内念经行香。侍臣奏云:僧多有不识字者。帝乃云:但教舒展拭去尘埃,亦有功德。"②由此可见,试经度僧制度虽在文献上表现完备,但在实际操作过程中并未得到真正执行。也许此项制度起初行之,不久即已实际废弛。至元二十九年,杭州等处寺院报告中就说:"僧尼披剃,近年多有一等不识经教,不识斋戒,不曾谙练寺务,避役之人,用财买据,贸然为僧。"③

2. 保荐剃度制

针对民间私度现象严重,元政府又设保举制度,至元二十九年(1292),杭州行宣政院规定:"今后如有披剃之人,如是通晓经文,或能诵颂书写,或习坐禅,稍有一能,方许本寺住持耆老人等保明申院,以凭给据披剃,无得将孛兰奚、逃驱、避役军民、来历不明人等影射朦胧,请给文凭,披剃违错。"④后一段话明确了保举制度是为了限制非一心向佛,而是为了其他的目的遁入佛门的民户。

但是由于保举制度中度牒的发放、僧籍的认定权掌握在寺院住持及少数特权阶层手里,难免在操作过程中出现营私舞弊的现象,导致这一制度难以有效地执行,抱有其他目的逃入僧户的现象依然严重。元成宗时,中书省臣进言:"富户规避差税,冒为僧道,且僧道作商贾有妻子,与编氓无异,请汰去为民。"⑤大德八年(1304),元成宗重申保举

---

①②《佛祖历代通载》卷二二,《大正藏》第49卷,第725、723页。
③④《元典章》第33卷《礼部六·披剃僧尼给据》,《大元圣政国朝典章》,第1224、1225页。
⑤《元史·本纪一九》,《元史》,第229页。

制度,并明确了限制条件,他下诏书说:"军站民匠诸色户计,近年以来往往为僧为道,影蔽差徭,若不整治,久而靠损贫下人民。今后除色目人外,其愿出家,若本户丁力数多,差役不缺,及有昆仲侍养父母者,赴元籍官司陈告,勘当是实,申覆各路给据,方许簪剃,违者断罪,勒令还俗。"①以后的历朝皇帝继位后,又多次重申了保举剃度制,如仁宗帝至大四年(1311年)就下诏:"如今这里差人去,将原差去的人每教回来,披剃的每教止住,今次已披剃了的,教分拣,依在先宗完泽皇帝圣旨体例勘当了定夺。"②可以说,保举剃度制是有元一代执行时间最长的僧籍管理制度。

3. 纳钞卖牒剃度制

纳钞卖牒剃度制就是通过收取一定的费用来发放度牒,认可僧人的身份和地位的制度。这是一项旨在限制僧户的膨胀、增加政府财政收入的重要措施。中国古代把社会阶层分为士、农、工、商四个阶层,寺院僧侣作为一个特殊的阶层,通常被认为不事生产,徒于讲说、修行的社会财富的消耗者。但是,僧道的宗教理论劝人积极向善,提倡个人的道德修养的提高,无疑为社会的普通民众树立了良好的道德典范,并有效地维护了社会的稳定。寺院僧侣的存在,一方面增加了社会经济的负担,另一方面又给社会带来巨大的精神抚慰。历朝统治者往往都会采取纳钞卖牒剃度制来缓解这一矛盾,一方面可以把僧侣的数量控制在总人口的一定的比例中,另一方面又可适当地增加财政收入,缓解经济上的压力。

元朝纳钞卖牒之议早在元成宗时期就已出现。大德元年(1297),中书省臣进言:"富户规避差税,冒为僧道,且僧道作商贾有妻子,与编氓无异,请汰为民。宋时为僧道者,必先输钱县官,始给度牒,今不定制,侥幸

---

① 《大元通制条格》,第335页。
② 《元典章》卷三三《礼部六·披剃僧尼给据》。《大元圣政国朝典章》,第1226页。

必多。"①中书省臣的建议是仿效宋朝纳钞卖牒之制以避免假冒僧道的现象。成宗帝只是许以"卿等议拟以闻,军政与枢密院议之"②,但并未采取实际的措施。直到大德七年,郑介夫上疏,再次奏请实行纳钞卖牒之制:"仿宋时官卖度牒之例,除西番僧外,发下度牒三十万张,散之各路。凡为僧道,悉令倒给,自至元十四年始,截日终。出家者,每名入米十石,可得米三百万石";"今后出家者,每人纳米四十石,永着为令"。③ 郑氏的奏疏是试图使元政府全面推行卖牒办法以增加国家收入,但仍然没能得到朝廷回应。

元文宗朝,自然灾害加剧,陕西、河南、湖广、江浙行省都被严重而频繁的旱灾和水灾所扰,上百万人流离失所。政府为了赈灾,发放了大量的钱钞和粮食。而境内少数民族发动多次起义,政府不得不花费巨资来镇压这些起义,这就加剧政府的财政危机。史惟良的上疏反映了当时国库亏空、经济衰败的境况:"今天下郡邑被灾者众,国家经费若此之繁,帑藏空虚,生民凋瘵,此政更新百废之时。"④元政府实行卖官政策,对于僧道则考虑卖牒度僧,以解决日趋严重的经济危机。至顺元年,政府规定:"僧、道输己粟者,加以师号。"⑤至顺二年(1331),"浙西诸路比岁水旱,饥民八十五万余户"⑥。中书省臣奏请采取各种筹集钱粮的措施,其中就有"给僧道度牒一万道"⑦,得到元帝的许可。其他灾区也采取了类似的做法,如湖广行省的桂阳路(治今湖南桂阳)儒学教授张光大编写的《救荒活民类要》中说:"今朝廷亦降度牒,发下诸郡,但为僧道者每道纳免丁钱至元折中统钞五锭。朝廷将所度牒免丁钱改拟愿为僧道者每度牒一道以免丁钱约量出米若干,永著为令。在城者输之于路仓,属县者纳之于

---

① 《元史·本纪一九》,《元史》,第229页。
② 同上书,第229—330页。
③ 杨士奇:《历代名臣奏议》,第67卷。
④ 《元史·本纪三三》,《元史》,第413页。
⑤ 《元史·本纪三四》,《元史》,第418页。
⑥⑦ 《元史·本纪三五》,《元史》,第437页。

县廪,方许剃度。"①不过,纳钞卖牒的办法只是实行于少数灾区,并没有形成固定的制度。直到元顺帝时,由于僧户数量激增,加之财政危机更趋严重,所以这才全面推行纳钞卖牒制度。顺帝于元统二年(1334年)下令:"僧道入钱五十贯,给度牒,方听出家。"②这个价格要远远低于元英宗时的度僧价钱。③

元朝僧籍管理中度僧制度的特点是度僧形式齐全,凡是历史上出现的度僧制度元朝皆予以采用,其先后出现的度僧制度有试经度僧、保举度僧和纳钞卖牒度僧制,这种历史的先后次序也说明元朝在僧籍管理制度上,经历着由注重考察僧尼素质向注重考虑国家经济收益的政策变化。④ 但由于采用多种僧籍管理方法而无严格、固定的度僧制度,导致元代度僧制度宽纵而混乱。有元一代,其他民户规避赋税杂役而冒为僧籍的现象颇为严重,极大地影响了元政府的财政收入,破坏了社会经济的发展。同时由于僧道不严,大量不识文字、不谙经教的人士流入佛门,也导致佛教僧纲不振、戒律松弛,汉传佛教至元代各宗派都元气大丧,几至一蹶不振。而各种打着佛教旗号的民间宗教也乘虚而入,他们中的一些僧徒常常聚敛钱粮,更有甚者,作奸犯科,胡作非为,严重破坏了汉地佛教的社会声誉。如,大德七年,中书省御史台呈:"江北淮东道廉访司申,僧道既处净门,理宜洁身奉教,却有犯奸作盗,甚伤风化。"⑤至元二十五年五月,中书省御史台呈:"江南行台咨,监察御史体知各处新附寺院僧徒,例指兴建为由,聚集人众,拈阄射利。其始置备利物数十件,撰造懺筹千万枚,托散权豪势力之家转

---

① 《北京图书馆古籍珍本丛刊》第56册,第657页,北京:书目文献出版社,1995。
② 《佛祖统记》卷四八。《大正藏》第49卷,第437页。
③ 白文固在《元代的僧籍管理》一文中就对比了顺帝时与英宗帝时度僧的价格:"按元代的钞法,50贯折一锭,此时每道牒值仅等地数年前度牒价格的五分之一,若按当时米价折算,只相当于一二石米。"该文载于《佛学研究》第18期,1999。
④ 这是何孝荣的观点,参见何孝荣《试论元朝的度僧》一文,载于《内蒙古大学学报》(人文社会科学版)2006年第5期。
⑤ 《大元通制条格》,第337页。

行表卖,招诱新附徒众,约日大聚,远近云合,动以千计,僧收乔筹利,使之抽拈,探取利物。……初止城郭寺院如此,比来山林僻静僧寺亦复效尤不已。"①《陔余丛考》载:上都开元寺僧人强夺民薪,被抢者诉之于官府。正当留守李璧询问案情的时候,一群僧人手持棍棒冲入公堂,隔着案几将李璧揪住,摔倒在地,并将他拖到寺院关起来。过了许久,李璧才得以逃脱,并告之于朝廷。谁知行凶僧人竟然得以赦免。有些僧人甚至不把王室成员放在眼里。同样是开元寺的僧人龚柯等,在路上遇到合儿八剌的王妃,由于道窄而与之争道,并将王妃拉下座轿致其摔倒堕地,但官府并未因此问罪。② 元人吴师道也曾批评佛教:"是以惰游者入焉,无赖者入焉,退官豪民见惩于有司有入焉,假借以肆贪邪。"③显然,在有元一代,虽然佛教得到政府高度的重视和推重,取得了宋以来前所未有的政治地位,但是,汉地佛教至元代已呈严重衰落之势。吴师道曾对此作过评述,他说:

> 余闻二氏之教,以清净寂灭,离世弃俗为务。凡缘华盛严皆彼所禁而不得为者。今一切反是,则其教不行矣。二氏之立言,高者直指性命,为宕阔胜大之说,聪明者惑焉。卑者谈祸福缘业,辅以禳灾禁呪,愚昧者信焉。今之目之者曰:是能祈天永命也,是能救灾致福也。如是而已,不知其诞也,是尊信其粗而未始及其精也。夫能自主者在禁欲忍难,而其溺人心则性命之说焉,尤甚! 今也,为其徒而不知其道,尊其教而不及其精。徒曰佛老之盛,盖眩于耳目之外,而不察其实固未尝盛也。……彼之盛者,实则衰也!④

就是说,汉地佛教到了元代其教理教义被禳灾禁呪、祈天永命等带

---

① 《大元通制条格》,第341页。
② 参见赵翼《陔余丛考》,第354页。
③④ 吴师道:《礼部集》卷一〇。《北京图书馆古籍珍本丛刊/93/集部/元别集类》,第324页。

有迷信色彩的宗教仪式所淹没,而佛教所追求的清净寂灭、离世弃俗的生活方式也被现实中不守戒律的僧徒热衷于俗务、竞奔于名利场中的行为所取代。虽然有像行秀、明本、原峰禅师以及教界高僧的努力抗争,但汉地佛教整体的衰败已成不可逆转之势。

第二章 元代禅宗

元朝内地佛教以禅宗为主,宋代的禅宗五派中沩仰、云门与法眼三家均已不传。只有临济与曹洞宗两系,仍维持着一定的规模。其中又分为南北两大系,北方有海云印简一系的临济宗和万松行秀一系曹洞宗,南方有雪岩祖钦一系所传的临济宗和云外云岫、天童如净传承的曹洞宗。

第一节 海云印简与北方临济宗

海云印简是元代临济宗在北方传播者,被蒙元皇帝奉为"临济正宗"。就宗门的实际状况及对后世禅宗的影响而言并不是很大,但是海云印简在北方弘法,正值蒙元统治者统一中国的时期,他的传教活动无疑对保存汉文化,保护汉地佛教,以及对正处于草创时期的蒙元中央政权的汉化政策产生了重要影响。

一、海云印简与临济正宗

海云印简(1202—1257),山西岚谷宁远人,俗姓宋。据《佛祖历代通载》记载,印简幼而神悟,七岁时,其父教授以《孝经》开宗明义章,印简问道:"开者何宗,明者何义?"父惊异,知其非同尘世中人,就带他去见传戒严颜。颜欲考察其根器,授以石头希迁所作的《草庵歌》,至"坏与不坏主元在",印简就问道:"主在什么地方?"颜曰:"何主也?"印简答道:"离坏不坏者。"颜曰:"此客也。"简曰:"主聻。"(已死的意思)颜沉吟片刻而不语。其父又送简去拜访中观沼禅师,学习佛法。并于八岁剃度出家,十一岁受具足戒。

印简在中观沼门下习禅近五年,一日忽然有所悟,就去参问其师。沼禅师就示教说:"汝所欲文字语言耳,向去皆止之,唯身心若槁木死灰。今时及尽功用纯熟悟解真实,大死一场,体有余气,到那时节,瞥然自肯,方与吾相见。"意思是说,不要死参语言文字,要先习禅定,实修实参,直到功夫纯熟处,自会脱然有悟。简聆听师训,自此受教习定。

印简13岁时,蒙古大军攻陷宁远,印简此时正在宁远,蒙古统帅在民众中看到印简就让他"敛髻"。印简回答道:"若从国仪则失僧相",而驳回了蒙古统治者要求僧人"敛髻"的成命。

蒙古太祖十四年(1219),被成吉思汗封为"国王"、"天下兵马大元帅"、"太师"的木华黎率领大兵攻取岚城。印简时年十八岁,当兵临城下之际,四众纷纷逃难离去,惟有印简守护在中观沼禅师的身边。沼师对印简说:"吾迫桑榆,女方富有春秋,今此玉石俱焚,子宜逃生去。"印简泣曰:"因果无差,死生有命,安可离师而求脱乎?纵或得脱,亦非仁子之心也。"沼师见其诚恳,就对印简说:"子向去朔漠有大因缘,吾与子俱北渡矣。"

第二天,城破后,蒙古军主将史天泽、李七哥见印简气宇非凡,就问道:"尔是何人?"简答道:"我沙门也。"又问:"食肉否?"印反问:"何肉?"史天泽答:"人肉。"印简质问说:"人非兽也,虎豹尚不相食,况人乎?"史天泽又问:"今日兵及之下,尔能不伤乎?"简答道:"必仗其外护者。"史天泽对印简的回答非常满意。李七哥接着问印简是教是禅?简答道:"禅道乃僧之羽翼也,如国之用人,必须文武兼济。"李问印简偏向于禅还是教,印简答道:"二俱不住。"二人见印简应对自如,知非凡人,就一同去参访其师沼禅师,又被沼师的谆谆教诲和人格魅力所折服,于是拜沼为师,又与印简结为金兰之交。不久,沼与简一同随木华黎北上,至赤城。成吉思汗得知后下圣旨说:"尔使人来说底老长老(指中观)、小长老(指印简),实是告天的人,好与衣粮养活着,教做头儿,多收拾那般人,在意告天。不拣阿谁,休欺负,交达里罕行者。"木华黎便延请中观沼与印简师徒二人居兴安香泉院,封中观沼为慈云正觉大禅师,封简为寂照英悟大师,供给官俸。①

印简十九岁时,其师中观沼示寂,简收其顶骨舍利,建塔于西北角,日日乞食看塔。因夜闻空中有声,召师名,瞥然有省。后策仗行脚至幽燕之地,遇滂沱大雨,夜宿岩下,因击火石星散而豁然大悟。后又入燕拜谒大庆寿寺临济宗杨歧派传人中和璋,受印可。因璋禅师出自白云守端门下五祖法演一系,因而印简也被认为是临济杨歧派。印简出山后,受王臣之请,先后任持兴州仁智寺、沭阳兴国寺、兴安永庆寺和燕京大庆寿寺。印简深受蒙元统治者的赏识,曾多次向朝迁提出保护僧人、保护汉地佛教的建议,皆被采纳。印简曾应诏谒见世祖忽必烈,并为之说法授戒。定宗帝即位,下诏命海云禅师为僧统,执掌天下释教事。宪宗帝七年,海云禅师示寂,忽必烈命人建塔于大庆寿寺侧,谥号曰"佛日圆明大师"。②

印简被称为中兴临济的人物,元武宗至大二年(1309),翰林侍读学士赵孟頫敕撰写的《临济正宗碑》中说:"海云大宗师简公,……性与道合,心与法冥,细无不入,大无不包。师住临济院,能系祖传以道统,佛法盖至此而中兴焉。"③元武宗时,御赐给海云禅师的后嗣弟子西云安公以"临济正宗之印"的玉印。不过,海云印简一系的法统并不是很长。

---

① 以上引文均见《佛祖历代通载》卷二一,《大正藏》第49卷,第702—704页。
② 参见《佛祖历代通载》卷二一,《大正藏》第49卷,第702—704页。
③ 《佛祖历代通载》卷二二,《大正藏》第49卷,第727页。

二、海云印简的思想、禅风和传教活动

海云印简禅师著作今已佚失,思想详情不得而知,但从《佛祖历代通载》关于他的传记中可以看出他仍是继承了临济宗世间即佛法的根本思想。蒙古太宗七年(1235),蒙古统治者颁旨差官选试天下僧尼,以是否识字作为沙汰僧侣的标准。主持考试的厦里丞相向海云禅师征询意见,海云印简禅师当面表示反对,他说:"山僧不曾看经,一字不识。"丞相问他:"既不识字,如何做长老?"海云禅师反问他:"方今大官人还识字也无?"丞相又请教,这事毕竟如何办理?海云禅师答道:"若人了知此事通明佛法,应知世法即是佛法,道情岂异人情?古之人亦有起于负贩者,立大功名于世,载于史册,千载之下凛然生气?况今圣明天子在上,如日月之照临,考试僧道如经童之举,岂可以贤良方正同科国家。宜以与修万善敬奉三宝,以奉上天永延国祚可也。我等沙门之用舍,何足道哉?"①这就是说,通明佛法,非关文字。若落于知解之途,执文著句,就不能反观自性,究明自性是佛的道理,所以不可以识字与否来沙汰僧尼。海云禅师坚持了南宗禅的基本思想,这也是临济宗的基本主张。《坛经》载:"涅槃曰:始从鹿野苑,终至跋提河,中间五十年,未曾说一字。"②禅宗就自称,不立文字,教外别传,认为说似一物即不中,只要直指人心,就能见性成佛。所以,六祖有"诸佛妙理,非关文字"③之说。既然佛理非文字,那么如何认识和体会佛理呢?海云禅师认为,世法即佛法,道情不异人情,所以日常生活都可体现佛理。认识佛理,体达佛理,不需要做特别的事情,在平常的事情中,只要反观自性,任运自然,就能体认佛理。这体现了临济宗的"无事真人"的思想。海云禅师还不失时机地结合临济思想,向蒙元统治者进献有利于佛教发展的政治主

---

① 以上引文均见《佛祖历代通载》卷二一,《大正藏》第49卷,第703—704页。
② 《大正藏》第48卷,第347页。
③ 同上书,第355页。

张,希望上层统治者取消以考试沙汰僧尼的制度,并要求统治者"兴修万善,敬奉三宝"①,支持佛教的社会发展,并获得蒙元帝室的准可,结果"虽考试,亦无退落者"②。

太宗帝十四年(1242),忽必烈将海云禅师接到军营,请问佛法大意。海云禅师示以人天因果,次以种种法要开其心地,令忽必烈心生信心。忽必烈继续问佛法能否安天下,海云禅师答道:"包含法界孑育四生,其事大备于佛法境中。……若论社稷安危,在生民之休戚。休戚安危皆在乎政,亦在乎天,在天在人,皆不离心。而人不知天之与人,是其问别法于何行,故分其天也、人也。我释迦之法,于庙堂之论,在王法正论品,理固昭然,非难非易,唯恐王不能尽行也。"③这就是说,佛法无所不包,宇宙一切万事万物,包括休戚安危之政事,都是佛理的体现。只要能反观自心,自净自心,就能发之于外而施乎政,则民心安定,国运昌隆。忽必烈大为折服,欲受菩提心戒。接着又问:如何修持佛法?海云禅师示教说:"信心难生,善心难发,今已发生,务要护持。专一不忘,元受菩提心戒,不见三宝有过。恒念百姓,不安善抚,绥明赏罚,执政无私。任贤纳谏,一切时中常行方便,皆佛法也。"④这就是说,一切时中,常能反照自心,专一不忘,并施之于政,任贤纳谏,做到一切任运自然,就是行佛法。海云禅师将随缘任运、一切皆佛的思想用之于帝王的政治事功活动,这是对临济宗世间即佛法思想的发展。

海云印简还继承了临济宗峻烈险峭的禅风,或棒喝,或隐语,随机应用,杀活自在。《佛祖历代通载》记载了海云禅师曾和中和璋有一段机锋对白。僧问济:还有宾主也无?济曰:宾主历然。中和璋问海云禅师如何领会。海云禅师答道:"打破秦时镜,磨尖上古锥。龙飞霄汉外,何劳更下槌。"璋曰:"汝只得其机不得其用。"海云便掀翻禅床。璋曰:"路途

---

① 《佛祖历代通载》卷二一,《大正藏》第49卷,第703页。
②③④ 同上书,第704页。

之乐,终未到家。"海云禅师向空中打出一掌,说:"精灵千载野狐魅,看破如今不值钱。"中和璋打一拂子,说:"汝只得其用,不得其体。"海云上前一步,说道:"青山从寒色,月照一溪云。"璋说:"汝只得其体,不得其智。"海云答道:"流水自西东,落花无向背。"中和璋说:"汝虽善语言三昧,要且没交涉。"海云禅师便竖起拳复拍一拍,当时禅室震动。中和璋印可道:"如是如是。"海云禅师先是用暗语回答中和璋的问题,尽管他辩才无碍,应对自如,但璋仍说他"汝虽善语言三昧,要且没交涉"。最后直到海云禅师竖拳一拍,禅室震动,截断众流,破除了一切执著相,璋才说海云是真悟佛法。①《佛祖历代通载》还载,一次,海云印简于路上遇着几个僧人。问第一僧:哪里去?僧答:赏花去。师便打。问第二僧:哪里去?僧答曰:礼佛去。师便打。问第三僧:哪里去?答曰:哪里去。师便打。问第四僧:哪里去?僧无语。师亦打。问第五僧哪里去?答曰:觅和尚去。师云:觅他作么?僧曰:待打与一顿。师曰:将什么来打?僧云:不将棒来打。师连打四下说,这掠虚汉。众皆走,师召云:诸上座。众回首,师云:是什么。②海云痛打僧人是欲在当下的瞬间使僧人破除执著相,而顿悟自性。这也体现了海云禅师机锋棒喝、破除万执、卷舒自在的峻峭禅风。

　　海云禅师除了传播临济禅法外,对汉地的儒家学说也不排斥,相反还利用其政治影响力,不遗余力地帮助儒家文化在北方保存和传播。蒙古太宗八年(1236),孔子第五十一代孙孔元措,请求海云禅师劝说蒙元统治者能准予孔氏后人袭封"衍圣公"之爵,并恢复曲阜庙林之祀。海云禅师慨然应允,向当朝皇帝禀奏道:"孔子善稽古典,以大中至正之中,三纲五常之礼,性命祸福之原,君臣父子夫妇之道,治国齐家平天下,正心诚意之本,自孔子至此袭封衍圣公,凡五十一代,凡有国者使之袭承,祀

---

① 《佛祖历代通载》卷二一,《大正藏》第49卷,第703页。
② 参见《佛祖历代通载》卷二一,《大正藏》第49卷,第703页。

事未尝有缺。"①蒙元统治者采纳了海云印简的建议,并免除了儒生的差役之赋。海云禅师还建议蒙元统治者"宜求天下大贤硕儒,问以古今治乱兴亡之事"②。这个建议显然对蒙元统治者产生了重要影响,忽必烈就在海云的帮助下,给他的儿子取个汉文名字真金,并且指定姚枢、窦默和王恂——他的最好的儒家幕僚为真金的老师,学习儒家文化和治国之道,并任命王鄂、赵孟頫为政府的高级技术官僚、积极推行儒家的政治体制。

这里有一个疑问,作为佛教禅宗大师,海云为何要建议元朝统治者保护儒家文化,推行儒家治国之道呢?也许在海云禅师看来,社稷安危等政治事功活动本是发之于本心,从事政治事功活动不异修佛,这只是表明佛家本心乃是政治事功活动的心性根据,但是,在具体的技术层面的治国体制方面,则非佛教所能为,而须付之于儒家的修齐治平学说才能得以解决。或者说,佛教禅宗心性之说解决内圣问题,儒家则解决外王问题,心性内圣之说乃是政治事功外王之学的根据。海云禅师虽未明确表述此说,但也是题中应有之义。

当然,海云禅师建议蒙元统治者吸收儒家学说,推行儒家治国之道,或许也是出于其他的多种原因。忽必烈在早期接受过海云禅师的教导后,很快发现禅宗太深奥、太超脱,不符合他的追求。例如,当一位禅宗大师告诉忽必烈万法皆空时,看来他对实际事物毫不关心。而作为国家的最高统治者,如何处理好世俗的政治事务,才是忽必烈最感兴趣的话题。而许衡等儒者的经世治用之学、专心务实的态度显然得到忽必烈及其他蒙元统治者的欢悦。③ 作为佛教禅宗大师,为了给佛教禅宗谋求发展空间,海云印简也不得不采取调和儒释、支持儒学发展,以迎合蒙元统治者治世需要的策略。

---

①②《佛祖历代通载》卷二一,《大正藏》第49卷,第704页。
③ 参见《剑桥中国辽西夏金元史》,第467、469页,北京:中国社会科学出版社,1998。

三、海云印简一系的法脉

海云禅师门下嗣法弟子有十四人,其中以西云安禅师及俗弟子刘秉忠最为著名。

刘秉忠初名侃,字仲晦,邢州(今属河北)人。世侍辽,为官族。《元史·刘秉忠传》记载,秉忠生而风骨秀异,志气英爽不羁。八岁入学,日诵数百言。年十七为刑台节度使,以养其亲。居常郁郁不乐,一日投笔叹道:"吾家累世衣冠,乃汩没为刀笔吏乎?丈夫不遇于世,当隐居以求志耳。"①于是辞官出家,隐居于武安山。天宁寺虚照禅师闻之,遂招刘秉忠为徒,命掌书记。后秉忠游云中(今山西大同),留住于南堂寺。时逢海云印简禅师被忽必烈召请北觐,途经云中,见刘秉忠博学多能,遂请一同北上。拜谒忽必烈于府邸,"既入见,应对称旨,屡承顾问"②。由于秉忠学识渊博,"于书无所不读,尤邃于《易》及邵氏《经世书》,至于天文、地理、律历、三式六壬遁甲之属,无不精通,论天下事如指诸掌"③,所以深得忽必烈的喜爱,视之为内室谋臣。后海云禅师南归,秉忠遂留藩邸。几年后,奔父丧。服除,复被召到和林。秉忠生性耿直,善言纳谏。他陈书万言,申述"以马上取天下,不可以马上治"④的道理。主张改革吏治,明施教令,大赦天下,兴办学校,广开言路,举贤荐能,恢复庙堂祭祀等等,均被忽必烈采纳。

蒙古宪宗三年(1253),秉忠跟随忽必烈远征大理。次年,又从征云南。秉忠力劝他征战途中戒杀,所以攻克大理之日,不妄戮一人。后又伐宋,"复以云南所言力赞于上,所至全活不可胜计"⑤。

中统元年,世祖即位,问以治天下之大经,养民之良法,秉忠采祖宗

---

①②《元史》,第2066页。
③《元史》,第2066—2067页。
④《元史》,第2067页。
⑤《元史》,第2070页。

旧典,参以古制之宜于今者,提出了合理的治国良策,世祖均一一采纳。至元元年(1264),忽必烈下诏命秉忠为光禄大夫,位太保,参领中书省事、同知枢密院事。至元初年,忽必烈又命秉忠主建开平,继升为上都。四年,又命秉忠筑中都,始建宗庙宫室。八年,秉忠乞奏建国号大元。举凡颁章服,举朝仪,给俸禄,定官制,皆由秉忠主持制订,而为一代成宪。秉忠虽位极人臣,而斋居蔬食,终日淡然,不异平时。他极力举荐汉人,如当时的大儒许衡、姚枢等人入仕,增加元廷汉人的政治分量,后者皆成为元朝开国的一代功臣,从而对蒙元王朝的汉化起到了巨大的推动作用。

十一年,秉忠随从世祖至上都,其地有南屏山,筑精舍居之。八月,秉忠无疾而终缜,年五十九。世祖惊闻痛悼不已,谓群臣曰:"秉忠事朕三十余年,小心缜密,不避艰险,言无隐情。其阴阳术数之精,占事知来,若合符契,惟朕知之,他人莫得闻也。"①至元十二年,赐赠太傅,封赵国公,谥号文贞。元仁宗时,又进封常山王。翰林学士嘉议大夫知制诰兼修国史王磐奉旨撰《神道碑铭》,对刘秉忠做了中肯的评价:"公以高洁之资,慕空寂之教,轻宝贵如浮云,等功名于梦幻,曷曾有一毫荣利之念动于心乎?圣天子邂逅一见,即挽而留之,待以腹心,契如鱼水。……若夫辅佐圣天子,开文明之治,立太平之基,光守成之业者,实惟太傅刘公为称首。"②

刘秉忠在禅学思想上并无多少建树,不过他在蒙元王朝初期的政治事功活动,则是海云和尚所倡导的随缘任运、政治事功即是佛事的临济宗旨的实际运用。

海云禅师的另一再传弟子西云安禅师,于元贞元年(1295)被成宗铁穆耳诏迎住大都大庆寿寺,请讲佛法。至大二年(1309),武宗又赐西云

---

① 《元史》,第2071页。
② 《佛祖历代通载》卷二一,《大正藏》第49卷,第705页。

安禅师"临济正宗"玉印,封其为荣禄大夫、大司空,"领临济一宗事"①。刘秉忠和西云安禅师对海云一系临济正宗的确立,做出了不可磨灭的贡献。而他们的政治活动也使得汉地禅宗在蒙元社会中取得一定的政治地位,这对保存汉文化,促进禅宗思想在北方的传播起到了至关重要的作用。

第二节 南方临济宗

海云印简禅师所传承的北方临济宗虽然被蒙元统治者封为"临济正宗",但理论上并无多少建树,就宗门的实际状况以及对后世的影响来看,都不如南方所传临济宗。活跃在南方的临济宗主要就是雪岩祖钦一系。祖钦系由虎丘绍隆的再传弟子天童咸杰下化出。咸杰传松源崇岳和破庵祖先,祖先传径山无准师范。无准门庭播迁极盛,高足有断桥妙伦和雪岩祖钦,分别形成系统,传承不绝。祖钦有《语录》二卷流行于世,主张儒、佛一致说。其众多弟子中,以高峰原妙最为著名。原妙上百弟子中,佼佼者有中峰明本、天如惟则等。除了雪岩祖钦一系,活跃在南方的临济宗还有元叟行端一系和云峰妙高一系等。元叟行端在禅学理论提出新说,有所建树。云峰妙高则致力于禅教之辨,维护禅宗在政治、社会生活中的地位,为禅宗在元代的继续发展,延续禅宗的法胍做出了不可磨灭的贡献。

一、雪岩祖钦的禅学思想

雪岩祖钦,福建漳州人,5岁出家,16岁剃度,18岁云游各地。初参妙峰之善、石田法薰等禅师,后来又到净慈寺参访天童灭翁、天目文礼禅师。天目文礼禅师向他示以临济三顿痛棒的话头,但并未让他有所领

---

①《佛祖历代通载》卷二二,《大正藏》第49册,第727页。

悟。不久,雪岩禅师又上径山参谒无准师范禅师,追随他锐志咨参,胁不至席达数载。一日刚坐上蒲团,忽然面前豁然开朗,如地陷一般,眼前净裸裸地、静悄悄地,逾半月动相不生。后又与同道友人中石梁过天目佛殿前,抬头见一株参天古柏,顿时胸中滞碍顿消,犹如出暗室而见天光,从此不疑生,不疑死,不疑佛,不疑祖,方始悟得径山无准禅师禅学旨趣。

祖钦初住潭州(今湖南长沙)龙兴寺,历住湘西(长沙府湘潭县)道林、处州(今属浙江)佛日寺、台州(今属浙江)护圣寺及湖州(今属浙江)光孝寺。宋度宗咸淳五年(1269),应请主持袁州(今江西宜春)仰山法席,世称法窟第一。至元丁亥示寂,世寿七十有余。祖先门下有高峰原妙,及庵宗信、铁牛持定等,皆为德行高劭的禅宗大德,临济宗风也因此大振。

祖钦的禅学主要是继承了临济宗道在日用、无事真人的思想。他多次强调:"道在日用,日用不知"①;"行也得坐也得,著衣吃饭不是别人。山青水绿,夜暗昼明,昏沉散乱,生死涅槃,总是自家。纵横游戏,得大自在法门,无一法可弃,无一法可取。佛与众生俱是假名,殊无实义"②;要人"回光返照,自家真个是,那个成佛底面孔也无"③。祖钦说:"佛身充满于法界,而常处此菩提座,若谓释迦老子,曾本不灭,面前触目,无非同山河大地。草木丛林,桃红柳绿,燕语莺吟,毕竟那个是释迦老子。"④既然佛身遍在法界,所以一切有情与无情都本具佛性,众生自然也具有佛之知见。所以他说:"佛之知见,别也无他,只是你一切人,十二时中,一个折俯仰,见闻觉知而已。……一切孤明历历者是,自是你自信不及,不能直下承当,领个现成受用。"但是,佛之知见并不等于凡人见闻觉知,佛之知见即是心,"马祖谓即心是佛,即佛是心。心外无佛,佛外无心,佛是觉

---

① 《续藏经》第70册,第600页。
② 同上书,第610页。
③ 同上书,第614页。
④ 同上书,第595页。

义"①。此心又非肉团心、集起心,而是指妙用真心。他说:"此逸格绝尘之妙,不得思量拟议,不涉见闻觉知。又须知道,人人具足,个个圆成。"②而百姓日用不知,"只为无量劫来,为生死飘荡,无明业识蒙蔽。不得现前,不得受用"③。

由于众生本具佛之知见,本来是佛,故临济宗称众生"赤肉团上有一无位真人"④。而祖钦认为,既说赤肉团上,又说个无位真人,这是将众生与无位真人分为两橛,所以他主张不仅众生本来即无位真人,而六根、六识、十八界、二十五有,"莫非此无位真人得大自在,大解脱游戏之场"⑤。这样,无位真人就上升到无处不在的宇宙本体的高度,这与祖钦主张的心即理说有着密切的关联。

祖钦所说心即是指真心,但此真心不是个体之心,而是具有普遍意义的宇宙本体。《雪岩祖钦禅师语录》载:

> 理既无极,事亦无极。事本无名,因理而得。理本无形,因事而显。始自天开地辟,至于三皇五帝、历代君臣,一治一乱,一兴一亡,是事之无极也。事不自立,因理而显,理即心也。天地万物,生我心内,治乱兴亡,自此心中流出,故曰事本无名,因理而得,心即理也。即天地万物,四时代谢,治乱兴亡,以见此心,是理之无极也,故曰理本无形,因事而显。事即理也,理即事也。⑥

祖钦借用了儒家的无极,华严宗的理、事来说明心物(事)关系。无极就是无限定、无定性相的意思。理不是具体的有限事物(无形),就是说无限定性相,所以理无极;事也没有自身的定性相(性空),虽然事有名与之相应,但名是假名,不是定性概念,假名只是假以指向没有定性相的

---

① 《续藏经》第70册,第606页。
②③ 同上书,第610页。
④ 《镇州临济慧照禅师语录》,《大正藏》第47卷,第496页。
⑤ 《雪岩祖钦禅师语录》,《续藏经》第70册,第621页。
⑥ 《大藏新纂卍续藏经》第70册,第638页。

事物,所以事本无名,换句话说事也无极。正因为事无名,理无形,都没有定性相,所以理事相互为用,事不自立,事因理显;理本无形,理因事显。而理事相即的基础乃在于心即理,理即心。天地万物由心而生,治乱兴亡,自心流出,所以事因理而得;心又不是有限定相的心,必须在天地万物、治乱兴亡中才能见到此心,这就叫作理本无形,因事而显。此心即理之心(真心),显然就是指具有普遍意义的宇宙本体之心。

祖钦以真心说为基础,又提倡儒、佛一致说。他认为,儒家所说圣人之道与佛家如来之道相同,儒圣率性之道也即佛家见性之道。他说:"见性则可以明心,可以成佛,可以度众生;率性则可以正心,可以修身,可以治国平天下。虽率与见异,而性则同也。"①这就是说,儒家所说的心性与佛家所说的心性含义相同,儒家的正心诚意就是佛家的明心见性。祖钦还对儒佛、学说作了进一步会通,说:

> 事与理融,是为极也。……无极之极是为太极,太极乃中也。中也者,即天地万物,喜怒哀乐未具以前,清虚之至理也。然此清虚之理,含藏天地万物,与夫喜怒哀乐,是为中也。其为中也,圆同太虚,非欠非余,能平高下,不坠有无,即吾佛氏所谓正法眼藏,孟子所谓浩然之气,孔氏所谓一贯之道。是以融会儒之与释,虽门户不同,道之所在只一也。②

事无极,理无极,即事即理,理事相融,这在祖钦看来就是"极"。"极"可理解为宗极、根本的意思。佛法最根本的宗旨就是达到理事相融之境,这也叫做无极之极,或者叫太极。无极就是太极。无极是从否定方面来指称佛境,太极是从肯定方面来指称佛境。太极也就是儒家所说的"中"。"中"就是指天地万物、喜怒哀乐未具之前的清虚至理。但此清虚至理又不是独自存在,它包藏天地万物,又体现在人的喜怒哀乐之中。

---

① 《雪岩祖钦禅师语录》,《续藏经》第70册,第636页。
② 同上书,第638页。

所谓中在天地万物、喜怒哀乐之先是指逻辑的在先性,而不是时间的在先性。中如同大虚,无有边际,无有定相,既没有高下之分,也没有有无之别。整个宇宙就是中,就是太极。中(太极)就是宇宙本体。中,也就是佛家所说正法眼藏,孟子所说浩然之气,孔子所说一贯之道。儒、佛虽入道方式不同,但所说根本大道则无异。

在修禅方法上,祖钦继承了慧能南宗禅的禅非坐卧、明心见性的顿悟法门。他引怀让禅师的话来说明这个道理:"禅非坐卧,若学坐佛,佛非定相,于无住法,不应取舍。若学坐佛,即是杀佛。若执坐相,未达其理。"①祖钦认为佛教中的戒、定、慧三学皆是以心为宗,"慧即定,定即戒,戒能生定,定即生慧,也定也戒,祖乎一心"②。何为戒、定、慧呢?祖钦认为:"心不生即戒,心不动即定,心不昧即慧。戒、定、慧即此心之本具,初不待习而后得也。"③因此,戒、定、慧不是传统意义上的外在的修习方式,而无非是在本心上作功夫,以期明心见性,顿悟成佛。祖钦说:"戒、定、慧复从何得?然则不有而有,广若太虚,尽大千世界,草木丛林,鸟兽人畜,与夫八万四千尘劳,总即此心。"④若欲实现心性,心不动,心不昧,所谓戒定慧的状态,不须默坐澄心,而是要从身边的大千世界、草木丛林、鸟兽虫鱼,甚至是烦恼尘劳当中看到真心(即色见心),也即体证宇宙真心本体,才能真正做到心不生、不动、不昧而悟入佛境。

但是,祖钦又主张顿悟不废渐修,因为人有利钝,故明心见性有迟速之分。钝根之人须实参实悟,其方法是:"竖起生铁脊梁,向长连床,厚著蒲团,挺身而坐。尽三百六十骨节,与八万四千毛窍,并作一个无字,握两拳头,撑两眼睛,一提提起,便欲斩为两段。"⑤"一捏粉碎,直得虚空汗

---

① 《雪岩祖钦禅师语录》,《续藏经》第70册,第618页。
②③④ 同上书,第637页。
⑤ 同上书,第608页。

下,大地平沉始得。"①"若也未得这个力量,须是十二时中,著衣吃饭时,屙屎放尿时,单单提古人一则没意智底话头,如一座须弥山,顿在八万四千毫窍,三百六十骨节之间,心心相续,念念相承,忽于用力不及处,尽底一翻翻却,穷十方三际,是个大解脱场,是个大光明藏。"②

祖钦指出,宗门各派各种禅法不过都是明心见性的方便法门,本无对立矛盾之处。他说:"行棒行喝,指空话空,开三要玄门,分四种料拣,五位君臣,一镞破三关,两口无一舌,即色明心,附物显理,麻三斤,干屎橛,庭前柏树子,狗子无佛性,是皆一时方便。"③这些方便方法门无非是让人翻破疑情,当下明心见性,成就不思议佛境,"百千异流,咸归大海,百千异法,咸归此宗"④。因此,不可执着于方便法门,否则就会执筌忘鱼,以指为月,而不能见性成佛。

二、高峰原妙及其法胍

高峰原妙,讳原妙,江苏吴江人,俗姓徐。生于1238年,卒于1295年。据《高峰原妙禅师语录》载,高峰原妙十五岁出家,投嘉禾密印寺注住为师,十七岁受具足戒,十八岁如习天台教观,二十岁入杭州净慈寺改学禅。二十二岁参访断际妙伦,后者令参"生从何来,死从何去话头",于是,"胁不至席,口体俱忘"。虽力参用功甚勤,但仍未悟道。时雪岩祖钦寓北铜,遂怀香往扣之,"方问讯,即打出闭却门"。一再前往,祖钦方令参看无字。又一日,祖钦忽问:"阿谁与你拖个死尸来?"高峰未明其意。后高峰赴双径,参堂半月,偶于梦中忽忆断桥伦禅师所说"万法归一,一归何处"之语,疑情顿发。又一日,适逢达摩祖师忌辰,高峰随众诣三塔颂经,其间抬头忽见五祖演和尚真赞曰:"百年三万六千朝,返覆元来是遮汉",蓦然打破拖死尸之疑,直得"虚空粉碎,大地平沉,物我俱忘,如镜

---

①②《雪岩祖钦禅师语录》,《续藏经》第70册,第612页。
③④ 同上书,第613页。

如照",是年二十四岁。解夏,原妙赴南明造访祖钦,钦问:"日间浩浩时,还作得主么?"答:"作得主!"钦又问:"睡梦中作得主么?"答:"作得主!"钦最后问:"正睡着时,无梦无想,无见无闻,主人公正在什么处?"原妙语塞。祖钦于是嘱咐道:"从今日始,也不要汝学佛学法,也不要汝穷古穷今,但只饥来吃饭,困来即眠,才眠觉来,却抖擞精神,问我这一觉主人公毕竟在什么处安身立命?"五年后,高峰因闻同宿友人推枕坠地之声,廓然大悟。始知众生本来是佛,世间与佛界不二,此如远客还故乡,原来只是旧时人,不改旧时行履处。高峰晚年于杭州天目山西峰寺狮子岭上建小屋名为"死关",其室筑于悬崖之上,非梯莫登,撤梯则绝缘,门人弟子罕得一见。若有请益,则以三关语以验学者,曰:"大彻悟底人,本脱生死,因甚命根不断?佛祖公案,只是一个道理,因甚有明与不明?大修行人,当遵佛行,因甚不守毗尼?"据传四方学徒参请无虚日,僧俗受戒者数万人。高峰患胃疾数年,于成宗帝元贞元年,泊然而寂,世寿五十八岁。①

高峰原妙继承了临济宗无事真人的思想,并结合天台教观提出从参究疑情入手入无心三昧的禅修方式,逐渐形成了一定的特色。他说:"从上佛祖,一切差别因缘,悉皆透顶透底,佛法世法打成一片,腾腾任运,任运腾腾,洒洒落落,干干净净,做一个无为无事,出格真道人也。"②成就无事真人的理论基础仍在于道在万物之说,原妙主张,"山河大地,万象森罗,情与无情,悉皆成佛"③,所以只要"个个学无为"④,"吃茶不知茶,吃饭不知饭,行不知行,坐不知坐"⑤,就可"情识顿净,计较都忘"⑥,不起一念,顿成正觉。如何成就无事真人的境界呢?原妙反对执着于古人语

---

① 以上引文均见洪乔祖《高峰原妙禅师行状》,《中国佛教思想资料选辑》第三卷第一册,第503—507页,北京:中华书局,1987。
② 《高峰原妙禅要·示众》,石峻等编《中国佛教思想资料选辑》第三卷第一册,第480页,北京:中华书局,1987。
③ 《高峰原妙禅要·开堂普说》,石峻等编《中国佛教思想资料选辑》第三卷第一册,第478页。
④ 《高峰原妙禅要》,载于《中国佛教思想资料选辑》,第三卷第一册,第478页。
⑤⑥ 同上书,第480页。

句,而着重强调必须自然入于"无心三昧"。具体方法是:先将六情六识,四大五蕴、山河大地、万象森罗,总熔作一个疑团,顿在目前。如是行也只是个疑团,坐只是个疑团,疑来疑去,疑到省力处,便可"不动不摇,无来无去,一念不生,前后际断"①,从此"尘劳顿息,昏散得除"②,就可达到能所两忘,心境双泯,一如"夫子三月忘味,颜回终日如愚,贾岛取舍推敲"③的境地,而"此等即是无心之类"④。从勘破疑团入手自然入于无心三昧,是对马祖道一"无心为道"思想的继承和发挥。无心也即无为,无心能自然入道,无为能成就无事真人。无事真人并非脱离世间,其行为与常人无异,只是做事无心无为,其表现就是:终日著衣,未尝挂着一缕丝,终日吃饭,未尝咬着一粒米。就是说,做事以无心,做到往来无碍,去住自由,即是无事真人。

原妙早年习过天台教观,他也将天台教观纳入禅学体系。他说:"昏沉掉举,喜怒哀乐,即是真如佛性、智慧解脱"⑤,这即是天台性恶之说。原妙认为,禅宗所说明心见性,不过是透过无明恶法当下知非而彻见本来佛性。他说:"殊不知,只者昏觉掉举四字,当体即是佛性。堪嗟迷人不了,妄自执法为病,以病攻病,致使佛性愈来愈远,转急转迟。设使一个半个,回光返照,直下知非,廓然药病两忘,眼睛露出,洞明达磨单传,彻见本来佛性。"⑥原妙从勘破目前一念疑团入手,悟入无心三昧之境,实受自于天台观心法门的启发。天台止观是观现前一念无明心,无明即法性,此无明心即具三千法,由观现前一念无明心,可当体悟入实相之境。而原妙也说:"将六情六识,四大五蕴、山河大地、万象森罗,总镕作一个疑团,顿在目前。不假一枪一旗,静悄悄地,便是个清平世界。"⑦这是将山河大地、四大五蕴等三千世界融入现前一念疑团,而此即具三千

---

①②《高峰原妙禅要》,《中国佛教思想资料选辑》第三卷第一册,第481页。
③④同上书,第499页。
⑤⑥同上书,第490、486页。
⑦同上书,第490、486、481页。

世界的一念疑团实即是清平世界,勘此一念疑团也即是观现前一念无明心,借此悟入不思议禅境。

同祖钦一样,原妙也注重实修实悟。他将参禅实践归纳为三要:第一要有大信根,明知此事,如靠一座须弥山;第二要有大愤志,好像遇杀父仇人,直欲一刀两断;第三要有大疑情,如暗地做了一件极事,正在欲露未露之时。在十二时中,果能具此三要,定能克期功成,明心见性。三要中,原妙尤其强调立信根在悟道过程中的重要作用,他说:"大抵参禅不分缁素,但只要一个信字"①;"从上佛祖,超登彼岸,转大法轮,接物利生,莫不皆由此一个信字中流出"②。佛教以信愿为首,"信"是修学佛法的最主要的条件之一,"信为道源功德母"③;"佛法大海,信为能入,智为能度"④。信是走入佛门的基础,信不代表解证佛理,但却是解证佛理的基础。只有真切的信心,才会产生解证佛理的愿望和力量。《维摩经》说:"高原陆地,不生莲花,卑湿淤泥,乃生此花"⑤,讲的就是众生起信的重要性。原妙认为,"疑以信为体,悟以疑为用。信有十分,疑有十分。疑有十分,悟得十分"⑥。正因为对佛起大信心,所以才能产生疑团,正因为有欲露未露的疑团,才能获得大彻大悟。

原妙的门下有中峰明本、断崖了义。绍中峰之传者,有千岩元长和天如惟则。千岩元长又传万峰时蔚和松隐禅师。

明本,号中峰,晚年自称幻庵、幻住等,俗姓孙,生于1263年(宋理宗景定四年),卒于1323年(元英宗至治三年),钱塘人。十五岁决志出家,读《法华》、《圆觉》、《金刚》诸经,并持五戒。二十四岁时,参高峰原妙,甚相得,未几,读《金刚般若经》,恍然开悟。第二年即从原妙薙发为僧。又明年,受具足戒。至元二十六年,因观流泉有省,即诣高峰处求证,然被

---

①②③⑥《高峰原妙禅要》,载于《中国佛教思想资料选辑》第三卷第一册,第487页。
④《大智度论》,《大正藏》第25卷,第62页。
⑤《维摩经所说经》,《大正藏》第14卷,第549页。

痛棒打出。时民间讹传官选童男女,明本因问曰:"忽有人来问尚讨童男女时如何?"原妙答曰:"我但度竹篦子与他。"明本言下大悟。原妙特书赞之曰:"我相不思议,佛祖莫能视。独许不肖儿,见得半边鼻。"明本是原妙最为器重的弟子,淮僧子证尝问原妙诸弟子优劣,原妙答道:"若初院主等,一知半解,不道全无;如义首座,固是根老竹,其如七曲八曲;惟本维那,却是竿上新篁,他日成材,未易量也。"明本是继原妙之后元代最著名的临济宗师。明本传教声名远播,元朝皇室、官僚多次延请,中峰固辞不应。惟吴兴赵孟頫扣问心要,明本为说防情复性之旨。明本晚年结茅中佳山,名幻住庵。仁宗帝赐号佛慈圆照广慧禅师,英宗帝特旨赐香并金襕袈裟。至治三年(1323)春,明本自叙其出家始末,说六句幻迹,有去世意。有来看望者,明本即告曰:"幻住庵上漏旁穿,篱坍壁倒,不可久住也。"弟子请服药,则谢曰:"青天白日曲徇人情耶?"数日后写偈辞众说:"我有一句,分付大众,更问如何,无本可据。"置笔安坐而逝,世寿六十一。①

明本的禅学思想比较复杂,他既继承了原妙家风,又在禅理上深化了禅宗明心见性的思想。同原妙一样,他反对当时那种"但尚言通,不求实悟"②,以及机锋、棒喝的狂禅风气。他说:"今时学者之病,在速于要会禅,禅无你会底的道理,若说会禅,是谤禅也。……若不妙悟,纵使解语如尘沙,说法如涌泉,皆是识量分别,非禅说也。如今之禅学者流,多是商量个话头,皆不肯回头扣己而参,所以古人目禅语为野狐涎唾,良有旨也。"③禅法以悟为则,机锋言教只是"解禅语",与妙悟无关。修禅要实参实悟,只要人们在生死大事上决心参究,起大信心,则"久之纯熟,自然合辙"④,而取得"当念顿空生死无常,不存一点佛法知见"⑤的实悟。本着

---

① 关于中峰明本的生平及引文,见祖顺《元故天目山佛慈圆明广慧禅师中峰和尚行录》,《中国佛教思想资料选辑》第三卷第一册,第547—552页。
② 《续灯存稿》卷七,《续藏经》第84册,第727页。
③ 《天目中峰和尚广录》,《中国佛教思想资料选辑》第三卷第一册,第510页。
④⑤ 同上书,第530页。

临济一贯作风,他也反复强调佛法自身具足,要做个"本色道人",认为"禅是诸人本来面目,除此外无禅可参,亦无可见,亦无可闻"①。

那么,何为禅呢?明本区分了两种禅,一是教中所言修证之禅,一是达摩独指一心为禅。教中修证之禅,如二乘四禅八定,要依一切经法所诠,见闻所解,亦涉方便渐次。而达摩一心之禅,则不可见不可闻,不可觉不可知,不涉方便渐次,不依一切经法所诠,不依一切修证所得,"惟大心众生,夙熏佛种,不涉阶梯,一闻千悟,得大总持"②。因此,达摩之禅乃是心之别名,他说:"禅何物也?乃吾心之名也;心何物也?即吾禅之体也。达摩西来,只说直指人心,初无所谓禅,盖于直指之下,有所悟入。于既悟之间,主宾问答,得牛还马,遂目之为禅。钧禅非学问而能也,非偶尔而会也,乃于自心悟处,凡语默动静不期禅而禅矣"③;"禅不离心,心不离禅,惟禅与心,异名同体"④。

明本强调,"自己一片灵明之性,体与三世诸佛平等"⑤,只是众生生死情妄,则无始以来,迷失自心,轮转迁流,至今不息。若能妙悟本心,当念顿空,凡圣情尽,得大摩尼。本心不是实有,若执为实有也是妄念。明本说:"真无定体,悟之则圆,妄绝正形,迷之则著。全波是水,了知妄外无真,全水是波,毕竟真中绝妄。"⑥这就是说,真妄不二,世间与佛法不二。禅门"平常心是道"表达的就是这个意思,明本说:"古人道个平常心是道,两手分付,只贵一切平常,佛法世法,彼自无疮,勿伤之。"⑦明本强调,众生见闻觉知心不是真正的平常心,"当知平常心不属知,不属解,乃至不属一切和会领略,拟涉知涉解,则安有平常之理乎!"⑧而只有情解俱消,真妄两忘,随缘任运,于一机一境无不契证,才真正与平常心相应。

---

① 《天目明本禅师杂录》,载于《中国佛教思想资料选辑》第三卷第一册。石峻等编《中国佛教思想资料选辑》第三卷第一册,第 538 页。
②③④⑤⑥⑦⑧《天目中峰和尚广录》,石峻等编《中国佛教思想资料选辑》第三卷第一册,第 518、515、515、527、531、526、527 页。

与唐宋以来禅教界家普遍存在的调和儒释的立场不同，明本极力主张儒释之别，认为儒家是世间之说，佛家是出世之说，二者不可同日而语。当明本在平江雁荡山结庵时，时为江浙儒学提举的赵孟頫曾向他扣问心要。他就借此宣传防情复性之说，以揭示佛学高于儒学的旨趣所在。《天目明本禅师杂录》载有明本所作《防情复性》，论的开头即说：

> 性起为情，情生为业，业感为物。夫万物由情业之所钟，当处出生，随处灭尽，荣枯祸福，等一梦幻，此吾佛之教之所以示群生。虽一本乎性，而有世间出世之殊。世间之学，防情之谓也；出世之学，复性之谓也。防情，有为也；复性，无为也，二说不可相滥。①

就是说，情识由心性而起，情识一起就造业，业感缘起就为万物。由情识业力牵引的世间万物都是无常变灭，虚幻不实，等同梦幻。世间之学乃是在情识业力上做功夫，以防情识之泛滥；出世之学，则重在当念顿空，情识俱尽，而体证心性，故为复性之学。防情是有为，复性是无为，二说不可相滥。

世间之学即是儒学，出世之学即是佛学。明本认为，儒学核心乃中庸之学。何谓中庸？他说：

> 窃闻儒之所谓中庸者，必使人之情合乎至中，则经常之道可以传之无穷也，岂特人心为然？至若天地万物，一禀中庸而生化，微中庸，则至眇之物亦不能自育也。内而治身，外而治国，谓中庸者不可斯须忽忘之也。②

中庸就是指要使得精业的发动合乎至中的原则，不仅人心发动之情要合乎至中的原则，而且天地万物的运动变化，乃至治身、治国也要合乎

---

① ②《天目中峰禅师杂录》，石峻等编《中国佛教思想资料选辑》第三卷第一册，第545、545—546页。

至中的原则(按佛教的说法,天地万物、治身、治国也是人情业的发动)。至中的原则"施之于亲则谓孝,达之于君则谓忠,及之于物则谓仁,布之于人则谓教,以至传之于世则为道也"①。中庸乃发之于心,就中庸之体而言,"含容于喜怒哀乐未发之初,发而皆中节之谓和"②,就是说只有平时注意涵养本心,使之处于平和中正的状态,待情识发动之时才能合乎至中的原则,从而做到不偏不倚,无过无不及,"既中中庸之节,则知万物不期育而育,天地不期位而位"③。然而在明本看来,儒家中庸之说乃是意图把人之情业发动控制在合理的范围之内,并不是要消除情识业力,这样一来,"情业无尽,则生死何有已也"④! 可见,儒学并不能使人解脱生死,而仍是一种世间之说,"世间之说,极于此矣"⑤。而出世之学则异于此,明本说:

> 吾佛祖治出世之说,乃异乎其所闻。何则? 如六祖谓:不思善不思恶之际,孰为本来面目,乃复性之大旨也。子思谓:喜怒哀乐未发之谓中,发而皆中节之谓和之说,乃防情之极论也。然致中和,位天地,育万物,盖情业所感,非性理之有。⑥

佛家复性之说,乃在于让人去掉一切分别执著,连世间的善恶分别也去掉,这样才能体认本心自性,当然这并非要求人们百物不思,而是指于念不起念,对境不起心,于世间法来去自由,心无挂碍,达到超越世间一切分别相、对待相的无待的自由之境。而儒家中庸之说,仍有中节与不中节的分别,或者说有至中的原则与不合乎中道的分别,而落入世间的相待相,也就是说儒家中庸之说仍是处理情业所感之事的世间之说,与出世间的性理之说无关。所以这样说来,那种主张儒释可以会通的说法都是不正确的,"使二家之说不相悖,或不之辩,则至

---

①②③④⑤⑥《天目中峰禅师杂录》,石峻等编《中国佛教思想资料选辑》第三卷第一册,第546页。

理不胜其悖矣"①。

天如惟则,俗姓谭,生卒年不详,江西吉安人。早年辞亲,入禾山剃度出家。二十岁时,往杭州天目山参中峰明本为师,正逢一僧在向明本和尚请益:"大事未明,如丧考妣;大事已明,亦如丧考妣?"②问声未绝,即遭痛打。惟则在旁,疑情顿发,于是遵师教诲,外息诸缘,内忘情虑,历久参修,终至知解双泯,能所两忘而廓然开悟。元顺帝至元年间(1335—1340)惟则主持苏州师子林正宗禅寺,发扬明本以来的临济宗风,兼通天台教理和净土宗,影响甚大。朝廷敕赐"佛心普济文慧大辩禅师"尊号及金襕法衣。

天如惟则在思想上继承和发扬了中峰明本所强调的实参实悟,做个本色道人的作风。他说:"佛法本无玄妙,只要汝诸人各各知道眼鼻直便休。"③"人徒见其一闻顿悟之易,而未知其未悟之先,其功行亦未尝不离也。……但就其所参处加功进行,颠沛造次必于是,先办一种耐勒苦之心,甘守其难,不图速效,则其顿悟之易,不期至而蓦至矣。"④人人之所以能作本色道人,是因为人人本具妙圆觉性。此妙圆觉性"本性空寂,平等清净,廓若太虚"⑤,而一切山河大地、微尘刹土都是由妙圆觉性随情识之缘而成,"觉性虽能变现情识,而不与情识俱变"。此妙圆觉性也非实有,"本净本空","十方如来,体此性空成无上觉;一切菩萨,依此性空圆修圣道;无边众生,迷此性空,沉坠生死"。⑥众生若能于见闻觉知之际,于烦恼尘劳之上,即妄明真,达此性空之理,则"不离觉知知见,转而为清净智观;不舍烦恼尘劳,发而为神妙功用"⑦。

在禅教关系上,惟则主张禅教一致。惟则认为,禅宗所说人人本具之

---

① 《天目中峰禅师杂录》,石峻等编《中国佛教思想资料选辑》第三卷第一册,第546页。
② 南石广秀:《增集续传灯录》卷六,《续藏经》第83册,第348页。
③ 《天如惟则禅师语录》,石峻等编《中国佛教思想资料选辑》第三卷第一册,第553页。
④ 同上书,第568—569页。
⑤ 同上书,第565页。
⑥⑦ 同上书,第565页。

空寂真心,乃是教法上所说人人本具之性理。此性理又具四义:"当处即空,全体即有,非空非有,即空即有。"①四种性理中第一性理"当处即空",是指缘起性空,体理空理;第二性理"全体即有",是指性空理不离缘起事法,全性空理为缘起事法,而缘起事理本无自性,故为假有,这体现了假理;第三种性理"非空非有",是指缘起即性空,性空即缘起,这体现了非空非有之中道之理;第四种性理"即空即有",是指非空非有的中道之理又非独头理性,它即空即有,又表现在空、有之中。惟则所说教中四种性理是对天台宗所说三谛理境的引申:第一种性理"当处即空"对应于真谛;第二种性理"全体即有"对应于俗谛;第三种性理"非空非有"和第四种性理"即空即有"对应于中谛。在惟则看来,所谓教者,即是依此性理而起修法,"令依修法,以立观行,观行成,则如理而证,证其本具之理体而已耳"②。

惟则习学天台教,所以对天台教观非常推崇。他说:"修法固多,且以空、假、中三观论之,空观观真谛,假观观俗谛,中观观中谛。而中观有双遮空假、双照空假之二义。遮照相须,一心三观,观智谛理,理智一如,是名性修不二,圆妙之教法也。"③

这三种观法其实也依四种性理而修。空观观真谛即依"当处即空"之性理而修;假观观俗谛,即依"全体即有"之性理而修;中观观中谛则依"非空非有,即空即有"之性理而修。由空观观缘起无自性本空,破除缘起法的自性执相;再由假观观性空不离缘起假有,性空即假有,破除对空的定性执相;再由中观双遮空、假,双照空、假,破除对中道的定性执相,就能于一心中破除一切定性执相(执著相),而证入理智一如、三谛圆融的不思议佛境。

惟则认为,禅宗所谓别传之学,虽说教外,然未尝外乎教理,"特其功用趣向之稍别耳"④。他举证说禅宗所谓有心,无心,亦有亦无心,非有非

---

①②③《天如惟则禅师语录》,石峻等编《中国佛教思想资料选辑》第三卷第一册,第567页。
④ 同上书,第567页。

无心而求道,实与教中所说性理四义旨趣相同。

惟则不仅主张禅教一致,而且对宋代形成的禅门五宗也进行了调和。他说:"且达摩所传,单单只是以心印心之一法耳,后来流布既广,支为五宗,而宗各有旨。究其所指,则不离乎一法。"①五宗的表面分别只是师家曲顺机宜、见机设法的权便法门。因此,惟则要求世人知道"五家拈弄底皆略举其一端,用有万殊,体无二致"②,如是"便见一切异同之法,一切死活之机,到你透脱分上,事同一家,无一丝毫差别,了不可得"③,从而做到"尽大地人惑汝不得"④。

千岩禅师,俗姓董,讳元长,字无明,号千岩,生于1284年,卒于1357年,浙江萧山人。他十岁左右从昙芳学佛,十九岁正式剃度出家并受具足戒。《增集续传灯录》卷六载:千岩元长到杭州武林灵芝寺学习戒律,律师问道:"八法往来,片无乖角,何谓也?"元长答道:"何不问第九法乎?"律师赞叹道:"问律而答以禅,真大乘法器也!"后千岩拜中峰明本为师,明本令其参"狗子无佛性"话头。千岩便缚茅结庵于灵隐寺后山,刻苦参究三年。一日忽逢老鼠翻食猫器,堕地有声,顿时人法双忘,心识俱泯,蓦地翻破大地,撞破虚空,识得本来面目。⑤ 千岩禅师是元代著名的禅师,由于其道行高尚,教化有方,所以四方学者争相亲近,愿受其摄持。甚至是远隔千山万水的日本、韩国和越南也有人来慕名学道。元朝廷也很器重千岩禅师,诸王公大臣纷纷向他请益佛法,元帝还先后赐予"普应妙智弘辩禅师"及"佛慧圆鉴大元普济大禅师"之尊号,并赐金襕法衣。至正十七年(1357),千岩禅师示疾,书偈曰:"平生饶舌,今日败阙;一句轰天,正法眼灭。"⑥书讫,投笔安然而逝。

千岩禅师继承了明本的禅学思想,要求参禅必须以生死大事为急务,要自信众生本来是佛,不要向外驰求,他用月光来比喻人人本具的

---

① 《天如惟则禅师语录》,石峻等编《中国佛教思想资料选辑》第三卷第一册,第571页。
②③④ 同上书,第573页。
⑤⑥ 参见《续藏经》第83册,第348页。

佛性,说:"人人尽有这个月,几回圆兮几回缺;明时暗相在其中,暗时明相何曾灭!"因此,求佛不可向外求,而是回光返照,求之于己,直下休却一切妄念,当下便知佛与众生无异,"元来自己分上有这一段奇特大事,可以超生越死,可以超凡越圣,可以超佛越祖"①。同明本一样,千岩也主张实参实修,认为欲决了生死,须将知解情见抛弃净尽。他说:

> 你既要了这一件大事,把从前知见会束作一团,抛向他方世界,如腊月扇子相似,永不得拈着,永不得顾着。一切放下,便如死人一般、木石一般。只于行住坐卧,语默动静,上床下地,吃饭屙屎送尿时,单单提个话头,与之厮捱,捱到极处,不见有佛祖玄妙,不见有世界纵横,不见有话头可提,不见有提话头者。……正与么时也,只是工夫纯一之处,更须保养圣胎,自然会回机转位如大死人,却活于顶门。②

也就是说,在行住坐卧之间,始终参究话头,所谓"颠沛必于是,造次必于是",使胸中不存一丝杂念,廓如太虚,坚如金石,臻至功夫纯熟,自然情念顿消,翻破山河,觑见佛祖本来面目,所谓"啐地折,暴地断,绝后再苏,顶门眼活"③。

万峰禅师,讳时蔚,俗姓金,号万峰,生于1303年,卒于1381年,浙江温州人。他是千岩禅师门下弟子。万峰十一岁出家受具足戒,因诵《法华经》至"诸法从本来常自寂灭相"而有悟,遂云游四方。后于伏龙山千岩禅师门下,契机大悟,得其法嗣。后至平江邓尉,开创大圣恩寺。皇亲国戚、王公大臣皆仰慕禅师,纷至沓来,请咨佛法。而万峰禅师"性喜恬退",多不能奉命以往。禅师自壮至老,功课纤发不移,日理僧事,夜则跏坐,俨然达旦。洪武辛酉正月二十九日,集众说偈曰:"七十九年,一味杜田;悬崖插

---

①②③《千岩禅师语录》,蓝吉福主编《禅宗大全》第49册,第201、217、213页,台北:文殊文化有限公司,1989。

手,杲日当天"①,安然而化。万峰禅师的禅法十分注重以机风棒喝的方式来破除人们的知解情见,而翻破山河大地,廓若虚空,顿见自家本来面目,直成佛道。有一次,千岩禅师问万峰:"将什么与老僧相见?"师竖拳。千岩又问:"不是心,不是佛,不是物,是个什么?"师打一圆相,叉手而立。千岩又说:"莫要请益什么?"师一言不发,转身而出。又一日,千岩召众弟子说法,万峰震声一喝,拂袖而出。千岩赞曰:"郁郁黄花满目秋,白云端坐碧峰头,无宾主句轻拈出,一喝千江水逆流。"②

　　松隐禅师(?—1388),俗姓张,名德然,字唯庵,云间(今上海)人。幼年从无用禅师剃发出家,遍叩诸方,未有所契。后闻千岩禅师说法,豁然悟入。又见石屋清珙禅师,尊嘱返归云间,筑室曰松隐。松隐禅师勤修禅法三载,尝刺血书《华严经》,颇有天花满庭之灵异感应。千岩禅师迁化后,松隐禅师应请主持金华圣寿寺,一时间门庭辉映,声振丛林。洪武九年,松隐禅师赴天目山祖庭,于狮子岩重建狮子正宗禅寺,并立新规制,不久即成为丛林名刹。松隐禅师在禅法上继承了临济宗众生本来是佛、无事真人的思想,他说:"佛是众生界中了事汉,众生是佛界中不了事人。若欲决了此事,但向十二时中四威仪内,折旋俯仰与人酬错处,看是什么道理。忽尔妄想恶灭知见忘,突出自家一段光明,洞彻十虚无丝毫隔碍,始知佛与众生本性平等。"③在禅风上,松隐则喜运用峭拔的语言、机锋棒喝的方式来启发学人截断情识知见,廓然虚无,洞彻自家佛性,直成佛道。如,松隐示众曰:"德山棒,临济喝,拈入一边,诸人脚跟下,道将一句来,以拄杖画一画云:毗婆尸佛早留心。"④"江月照,松风吹,永夜清宵何所为?永嘉大师满口道了也。"⑤宋濂曾题其语录曰:"语言峭拔,铜关铁壁,利剑长矛。岂惟不可凑泊,亦无缝隙之可乘。"⑥

---

①②《南宋元明禅林僧宝传》卷一二,《续藏经》第79册,第637页。
③④《五灯全书》卷五八,《续藏经》第82册,第230页。
⑤《增集续传灯录》卷六,《续藏经》第83册,第349页。
⑥《五灯全书》卷五八,《续藏经》第83册,第349页。

三、元叟行端与云峰妙高

除了雪岩祖钦和高峰原妙一系外,在南方传承临济思想、较有影响的尚有元叟行端和云峰妙高。

元叟行端(1255—1342),台州临海人,俗姓何,世以儒显。母王氏,博通五经。元叟年幼时,王氏授《论》、《孟》。元叟虽辄能成诵,而不欲汩没于世儒章句之中。十二岁时,随叔父茂上人出家于浙江余杭化城院,18岁受具足戒。元叟聪明慧悟,一切文字不由师授,自然能通。之后,元叟于径山参访藏叟善珍。珍问:"汝是甚么人?"端答曰:"台州。"珍便喝,端展坐具。珍又喝,端收坐具。珍曰:"我泉南无僧。"端曰:"和尚聻。"珍便棒,端接住曰:"莫道无僧好。"珍点头表示许可,延入侍司。珍既寂后,元叟到杭州净慈寺,徜徉于西湖山水之间,自称寒拾里人。后元叟参访雪岩祖钦于仰山。祖钦问:"驾发何处?"答曰:"两浙。"钦曰:"因甚语音不同?"元叟曰:"合取口臭。"祖钦又曰:"獭径桥高,集云峰峻,未识者黎在。"云叟拍手曰:"鸭吞螺蛳,眼睛突出。"祖钦笑顾侍者点好茶来。叟曰:"也不消得。"祖钦知叟是道行高尚之人,于是以上宾之礼待之。①

元成宗大德元年(1297),元叟重回径山,为虎岩净伏禅师分座说法。大德四年,又住持浙江湖州资福寺。不久,学徒辐辏,名闻京师,朝廷诏赐"慧文正辩禅师"尊号。大德九年,中书平章政事张闾公,任行宣政院使,力荐元叟主持中天竺万寿寺。元叟禅师"为树门榜而正邻刹之侵强,治殿宇而还丛林之旧观"②。皇庆元年(1312),迁住灵隐寺。元仁宗设水陆大会于金山,请元叟升座说法,加赐"佛日普照"之号。英宗至治二年(1322),径山虚席,三宗四众皆谓非元叟莫能负其任。元叟又奉旨住持

---

① 《南宋元明禅林僧宝传》卷一○,《续藏经》第79册,第626页。
② 《续藏经》第71册,第547页。

径山兴圣万寿寺。因道行隆重,受诸方景仰,门下英才辈出。径山自大慧中兴后,代有名德,得师而其道愈光。泰定元年(1324),圣上降旨,降玺书作大护持。顺帝至正元年(1341)示疾,遂沐浴更衣,别众趺坐书偈曰:"本无生灭,焉有去来。冰河发焰,铁树花开。"①遂寂然化去,世寿八十八。

禅宗又称"佛心宗",元叟行端继承禅宗法脉,以心性为中心来展开他的禅学思想。元叟所说的心,是指遍在于宇宙万物的真心,宇宙间万事万物都是真心的体现。他说:

尽不可说不可说,微尘数世界是个金刚正体,净裸裸绝承当。尽不可说不可说微尘数世界是个真心,赤洒洒无空阙,如天普盖,似地普擎。如日普照,如风普吹,无一时不遍,无一处不周,无一理不圆,无一事不具。尘尘刹刹,八面玲珑,物物头头,十方通畅。②

此真心具有宇宙本体的意义,已不是慧能所说的具体现实心。此真心又不是一实体,若真以为有心可求,则与禅理不相应。他说:"有心用处还应错,无意求时却宛然。"③他还举二祖与达摩的一段对话来说明这个道理,《语录》载:"二祖问达摩云:诸佛心印,可得闻乎?摩云:诸佛法印,匪从人得。祖云:我心未宁,乞师安心。摩云:将心来,与汝安。祖云:觅心了不可得。摩云:与汝安心竟。"④既然真心非实体,所以修道之要,在于知无心,无心则能见道。他说:"向上一路,贵在心空。心若不空,如人夜行,东西南北,罔知所向。"⑤"从本无心无可传,何须掘地觅青天,无心恰似中秋月,照见三千与大千。"⑥

"无心"并不是说真心就是空无一切,无心是一种方法论意义上的实践心,无心所无的只是分别心、执取心,由无心方能与道为一,体验那无

---

① 《续藏经》第 71 册,第 547 页。
② 《元叟行端禅师语录》卷四,《续藏经》第 71 册,第 526 页。
③④《元叟行端禅师语录》卷一,《续藏经》第 71 册,第 515 页。
⑤⑥《元叟行端禅师语录》卷二,《续藏经》第 71 册,第 519 页。

处不在的真心本体。他说:

> 道人之心,其直如弦。但无人我是非、圣凡优劣、诈妄诌曲、诸等过患,自然得入无住心体。从本以来,不是人,不是我,不是凡,不是圣,不是心,不是佛,不是物,不是禅,不是道,不是玄,不是妙,只为一念妄心分别取舍,突然起得如许多头角,被他万境回换,十二时中,不能得个自由自在。所以道,寻牛须访迹,学道访无心。迹在牛还在,无心道易寻。①

这就是说,道人之心,贵在当下体证,与道合一。其前提条件就是空掉一切分别执著心,甚至心、佛等的执著也要破除。人不得解脱不得自由,就是由于人有诸多执著分别心。因此,学道贵在知无心,"无心道易寻"②,能无心则真心显现,自然成就佛道。

元叟行端还吸收华严宗理论来论证真心。他指出,真心即理,真心遍在也就是理彻于事,事收于理,所谓"理随事变,事逐理收,无一尘而不遍,无一刹而不周"③。而真心显现的境界,也就是一多交彻、事事无碍的法界。他说:

> 微尘数世界,是个宝觉真心,赤洒洒无空闲,如天普盖,似地普擎,如日普照,如风普吹,无一时不遍,无一处不周,无一理不圆,无一事不具,八面玲珑,物物头头,十方通畅,拈一茎草作丈六金身,将丈六金身作一茎草,腹中现百亿阎浮提,室内涌三万二千狮子座。④

> 法身无相,融摄十虚;法眼无瑕,包罗万象。净裸裸绝承当,赤洒洒无空缺。如天普盖,似地普擎。直得一为无量,无量为

---

①②《元叟行端禅师语录》卷五,《续藏经》第 71 册,第 532 页。
③《元叟行端禅师语录》卷四,《续藏经》第 71 册,第 525 页。
④ 同上书,第 526 页。

一,小中现大,大中现小。于一毛端现宝王刹。坐微尘里转大法轮。①

此即是在描述佛海印三昧所现毗卢遮那佛法身境界,也就是真心显现的佛法身境界。元叟行端指出,禅宗所谓明心见性,就是指明见此真心,开显此佛法身境界。而众生本具真心,与佛不二。他说:

> 自家宝藏,一切具足,使用自在,不假外求。②
> 一切众生,具有如来智慧德相。但以妄想执著,不能证得③
> 十方诸有情,三界众含识,当知此心体,本来相如是。④

所谓"宝藏"、"如来智慧德相"、"心体"都是指真心。此真心众生本具,只由无明烦恼丛生,所以不得显现。一旦去除无明,断掉烦恼,即可显现真心而成佛。他强调说:

> 灵光洞耀,迥脱根尘,体露真常,不拘文字,心性无染,本自圆成。但离妄缘,即如如佛,亦岂外此别有指陈也。⑤
> 即心便是佛,离心别无佛。外求有相佛,非汝本真佛。⑥

也就是说,众生本是真心,明此心见此心性就可成佛,不可向心外求佛。同慧能禅宗一样,元叟行端反对枯守静坐,面壁观心,而主张顿悟。他说:

> 光明寂照遍河沙,凡圣含灵共我家。一念不生全体现,六根才动被云遮。断除烦恼重增病,趣向真如亦是邪。随顺世缘无挂碍,涅槃生死等空华,只者便是明自本心,见自本性。到大休大歇、大安

---

① ④《元叟行端禅师语录》卷四,《续藏经》第71册,第526页。
②《元叟行端禅师语录》卷一,《续藏经》第71册,第515页。
③《元叟行端禅师语录》卷三,《续藏经》第71册,第523页。
⑤《元叟行端禅师语录》卷五,《续藏经》第71册,第529页。
⑥《元叟行端禅师语录》卷六,《续藏经》第71册,第537页。

乐田地。①

所谓顿悟,即由了知烦恼本空,真如亦空,而当下一念不生,顿悟心性而解脱。那种以默坐观心的方式渐除烦恼,执有真如可求可得的方法,实际上是执空为有的邪执,而并非是禅家见性法门。顿悟法门的特点在于一障一切障,一断一切断。元叟禅师说:

> 一切法中或有所疑,地即碍杀了你;一切法中或有所爱,水即淹杀了你;一切法中或有所瞋,火即烧杀了你;一切法中或有所喜,风即飘杀了你。……如今要得解脱,尽你三百六十骨节,八万四千毛窍,秉作一者,悉皆裂破。积生累劫,纵有多诸恶习,自为解脱矣。正恁么时,毕竟唤什么,作吹毛剑。②

这显然表达的是华严宗的一障一切障,一断一切断的解脱思想。华严宗创始人法藏就说:

> 若依圆教,一切烦恼不可说其体性,但约其用,即甚深广大,以所障法一即一切,具足主伴等故,彼能障或亦如是也。是故不分使习种现,但如法界一得一切得故,是故烦恼亦一断一切断也。③

华严宗认为,一切宇宙森罗万象,皆是相即相入,一多无碍,相资相入,而构成一整体的圆融法界。而且"随举一事,摄法无尽"④,也即遍收一切法界。所以,一事有障,一切法界也障碍,故说"一障一切障"⑤。若于一事上断无明妄念,则于一切事法、一切法界之上,顿断妄念,故说"一断一切断"。因此,华严宗断妄证真,不待渐断,而注重当下顿断顿悟。

---

①② 《元叟行端禅师语录》卷五,《续藏经》第71册,第530页。
③⑤ 法藏:《华严一乘教义分齐章》卷三,《大正藏》第45卷,第495页。
④ 法藏:《华严一乘十玄门》卷一,《大正藏》第45册,第518页。

元叟行端在其《语录》中还有多处表达了与华严宗相同的解脱思想。他说:"彼以恶来及以恶声名色,非理相干,但直下坐断,如初不见不闻。"①"向自己脚跟下,微细揣摩,忽一朝桶底子脱,自然海印发光。"②

由于主张真心遍在,元叟行端又主张日用即道,不离世间而成佛。《语录》载:

> 道远乎哉?触事即真。圣远乎哉?体之则神。山是山,水是水,僧是僧,俗是俗。③

> 佛法无功用处,一切平常,著衣免寒,吃饭止饥而已。④

这就是说,佛所做的事即是凡夫所做的事,并非有特殊的事情可做,但是佛所做的事意义不同于凡夫而已。凡夫有心做事,佛则无心合道。元叟作偈说:"无心恰似中秋月,照见三千与大千。"⑤无心即是无计较,无分别执取心,一切顺其自然。圣人无心合道,内心契合那无所不在的真心本体,就可达到解脱自在的涅槃境界。此所谓"随顺世缘无挂碍,涅槃生死等空华,只者便是明自本心,见自本性。到大休大歇,大安乐田地"⑥。

元叟行端禅风峭峻险拔,多以呵斥怒骂、当头棒喝的方式来接引、教化弟子。《塔铭》载:"师尝勘一新到僧云:何方圣者?甚处灵祇?僧云:临朕磇。师云:杜撰禅和,如麻似粟,参堂去。又勘一僧云:棋磐石斫破你脑门,盥盂池浸烂你脚板。僧拟答,师便喝。又勘一僧云:擘开华岳连天秀,放出黄河彻底清,即且置平实地上,道将一句来。僧拟开口,师便

---

① ②《元叟行端禅师语录》卷五,《续藏经》第 71 册,第 530、531 页。
③《元叟行端禅师语录》卷二,《续藏经》第 71 册,第 518 页。
④《元叟行端禅师语录》卷五,《续藏经》第 71 册,第 532 页。
⑤《元叟行端禅师语录》卷二,《续藏经》第 71 册,第 519 页。
⑥《元叟行端禅师语录》卷五,《续藏经》第 71 册,第 530 页。

打。其机锋峭峻,多此类。"①元叟采用这种机锋棒喝的方式,目的在于启悟弟子当下痛断一切烦恼障碍,待言语道断、心行灭处,当体契入真心本体,与道合一。

元叟在禅风上还体现出呵佛骂祖的作风,以破除人们对佛、菩萨等外在偶像的崇拜,他说:"达摩是老臊胡,释迦是干屎橛,文殊、普贤是担粪汉,等妙二觉是破戒凡夫,菩提涅槃是系驴橛,十二分教是鬼神簿,四果三贤、初心十地是守古塚鬼。真饶与么见得,也是错认定盘星。"②他要求人们返回自我,寻求解脱,"三世诸佛,拈向一边,六代祖师,置之一壁,十二时中,且要识取自家主人翁,随处作主,立处皆真"③。

在禅教关系上,元叟又主张二者根本宗旨相同。他说:"台衡以三观为正传,嵩少以一心为直指。会则事无两般,不会则千里万里。"教只是借以悟宗,是趣入心地法门的方便手段:"诸佛不曾出世,亦无一法与人,随病施方,遂有三乘十二分教。"④教的地位实际上低于禅,禅乃是教之根本,教只是入禅的阶梯。他说:"从教入禅今古有,从禅入教古今无。一心三观门虽别,水满千江月自孤。"⑤即是说,教可归入于禅,但禅不可归于教。

元叟对三教关系也作了融会,他说:

> 迦文以神道设教,故幽明无间。仲尼以人道设教,故彼此有殊。由性命言之,幽明不得不通。由形迹论之,彼此不得不分。伯阳清净无为,几乎声闻四谛之作。书曰:为道不同,同归于治。三圣之同,同于善世利人也。文中子曰:观皇极谠议,三教可一,其斯之谓乎?因陀罗以传记所载,耳目所接,幽明彼此之事,笔成此图,岂亦

---

① 《元叟行端禅师语录·附塔铭》,《续藏经》第71册,第547页。
② 《元叟行端禅师语录》卷一,《续藏经》第71册,第515页。
③ 《元叟行端禅师语录》卷二,《续藏经》第71册,第521页。
④ 《元叟行端禅师语录》卷五,《续藏经》第71册,第532页。
⑤ 《元叟行端禅师语录》卷六,《续藏经》第71册,第535页。

文中子之意耶。虽然,世之览者,切忌按图索骏。①

"神道"即佛教禅宗,佛教禅宗在阐明真心性命旨趣,其根本思想是真心遍在,触处皆真。所以从佛教禅宗的立场看,则"幽明无间"。而孔子儒学宣扬"仁义"之说,这是为"人道设教",是从形迹上讨论世间人伦秩序,所以从儒学的立场上看,则"彼此有殊"。而道教讲清静无为,追求精气神合一的永恒状态,实只相当于佛教声闻四谛之果。三教高下,昭彰于此。但三教都有着使民心向善,使天下治平的社会作用。若从真心本体的高度看,三教又何尝不同?所谓"皇极",就是指真心本体,《语录》载曰:"当今皇帝,以此正体,以此真心,克绍丕图,缵登大宝。百亿须弥卢,百亿香水海,日月所照,风雨所至,悉禀威灵,咸归化育。"②就是说,即使是世间帝王,也是以真心本体为立国之基。所以,从"皇极"的高度看,三教无非也都是以真心本体为立教之基,三教的根本目的无非在于开显真心本体。元叟告诫世人,千万不要停留在三教表面上的不同,而要体会三教的根本旨趣所在。

云峰禅师(1219—1293),字妙高,福建长溪人,自幼聪明好学,醉心内典,十六岁出家,受具足戒后,首参痴绝道冲,次于径山参学于无准师范。无准禅师很器重他,拟以传承衣钵,妙高叹道:"怀安败名。"遂离去。又至阿育山,谒偃溪广闻禅师。偃溪令其司藏钥。一日,偃溪禅师对妙高开示道:"譬如牛过窗棂,头角四蹄都过了,因甚尾巴过不得?"高峰闻之有省,答道:"鲸吞海水尽,露出珊瑚枝。"偃溪说:"也只道得一半。"③后出世住持宜兴大卢寺、江阴劝忠寺和雪川何山寺。宋理宗景定年间,奉诏住蒋山太平兴国寺,居十三载。由于其道行高迈,不久即四众知名,法席兴盛,三堂皆溢,先后来参访者达五千余人。南宋恭宗帝德祐元年,元兵渡江,入山逼云峰献金。云峰面无惧色,引颈曰:"欲杀即杀,吾头非汝

---

① 《元叟行端禅师语录》卷七,《续藏经》第 71 册,第 539 页。
② 《元叟行端禅师语录》卷四,《续藏经》第 71 册,第 526 页。
③ 《佛祖纲目》卷四〇,《续藏经》第 85 册,第 785 页。

砺刃石。"①元兵受到感化,遂弃刃而去。元帅伯颜对高峰禅师非常敬重,赐牛百头、斋粮五百石。元世祖至元十七年(1280),云峰禅师迁往径山,此前径山寺院曾被破坏,云峰禅师悉力兴建,使径山法席恢复旧观。第二年正月,又受火灾,一山归于灰烬。于是竭力再次营造,至至元二十九年落成。虽兴寺之时,不辍晨夕唱道,而学者也辐辏而至。

云峰禅师继承了临济宗人人本具佛性、个个无事道人的思想和杀活自在、当头棒喝的禅风。如他说:"世界未形,乾坤泰定,生佛未具,见体全真。"②"前念是凡,后念是圣。"③"着手不得处,正好提撕。措足无门时,方堪履践。直得山云澹泞,涧水潺潺,一曲无私,万邦乐业。"④但云峰妙高的禅学思想多谨守旧说,无多少创新之处。

第三节 万松行秀与北方曹洞宗

金元时期,曹洞宗仍然是活跃的禅宗流派。宋代青原一系的传人万松行秀就是在北方传承曹洞宗风的著名禅僧,万松的传教活动对金元统治者产生重要影响,万松的弟子耶律楚材就直接参与了元朝的政治统治。这使得禅宗能在金元时代取得较高的地位,并对金、元时期政治经济文化产生重要的影响。万松行秀的弟子中的还有雪庭福裕和林泉从伦,正是通过万松行秀及其弟子的传法活动,中国曹洞宗才得以传到明清以后。

一、万松行秀的生平及著作

万松行秀(1166—1246),俗姓蔡,河内(今河南怀庆)人。据《续灯存稿》卷一一载,万松行秀十五岁时就有出家之志,后离别父母到邢州净土寺,从赟允出家。受具足戒后,到达今北京(燕)一带访师参学,先到潭柘

---

① 《佛祖纲目》卷四〇,《续藏经》第85册,第785页。
②③④《续灯正统》卷一二,《续藏经》第84册,第478页。

寺,后至庆寿寺,投到胜默光门下学法。胜默光是曹洞宗雪岩满的传人。当时丛林盛行参叩历代禅师语录、公案,得悟禅法的做法。所以,胜默光就让万松参叩唐代景岑"转自己为山河大地"的禅语。行秀半晌不能领会。胜默光知其未悟佛法,就告诉他晚些时候参悟。行秀虽经参禅磨炼,但仍不能悟透景岑禅话,就去参访磁州大明寺雪岩满禅师。满禅师告诉他说:

> 你但行里坐里,心念未起时,猛提起觑,见即便见,不见且拈放一边。怎么做工夫,休歇也不碍参学,参学也不碍休歇。①

这是教导行秀参禅应以平常心来对待,不可有执著心,一有执著,就有分别心。要将参禅与休歇打为一片,在行住坐卧中,顿悟佛法。其方法是:"心念未起时,猛提起觑,见即便见,不见且拈放一边。"②佛法强调无分别心,也即无念。慧能禅宗即以"无念为宗"。由无念方能破分别心,由无分别心,方能灵光一现,顿具般若智慧。

此后,行秀就留在雪岩满处,担任寺院的书记。有一天,潭柘寺亨禅师访问大明寺。行秀夜扣其门,命侍者烧香请益佛法:"如何是活句?如何是死句?"亨禅师就告诉他:"书记若会,死句也是活句;若不会,活句也是死句。"③意为:死句与活句并没有区别,关键在于修佛者是否理解。行秀大受启发,参究更勤。一日,见鸡飞而大悟说:"今日不惟捉败沙老虎,亦乃捉败岑大虫。"④意为他不仅领悟了长沙景岑"转自己为山河大地"的玄旨,而且在悟境上也超过他。他将悟境告诉满禅师,并得到印可。两年后,满禅师将依钵偈传给行秀,将他认可为传法弟子,勉励他弘扬本门禅法,行秀从此名扬两河三晋。不久,行秀禅师回邢州净土寺,筑万松轩以自适,是以时人皆称之为万松老人。

后来,行秀应诸耆宿敦请,到金中都住持万寿寺。金章宗明昌四年(1193),行秀禅师奉诏入皇宫升座说法,皇帝亲自迎礼,宫中后妃以下,

---

①②③④《续指月录》卷七,《续藏经》第84册,第81页。

皆从而受法。章宗因闻法感悟，遂赐行秀禅师锦绮大衣。内宫贵戚也施以珍宝，并请他建普度会。

承安二年，行秀禅师奉章宗之诏，住持中都仰山栖隐寺。栖隐寺是先帝金世宗于大定四年（1164）创建，属皇家寺院。行秀住持皇家寺院，说明金室皇族对他的重视程度之高。自从行秀任栖隐主持后，玄风大振，名流来往络绎不绝。后来，行秀又移居燕京报恩洪济寺，一时道化隆盛。此后，行秀禅师一度在燕京报恩寺附近，筑从容庵隐居。其间，雪岩满禅师圆寂，行秀闻讣，不待车驾备齐即匆忙上路。金帝听说后感叹道："士人闻受业之师物故也，虽相去信宿之地，未闻躬与其祭者，岂千里奔丧者邪！佛祖之教，源远流长者，有自来矣。"①

禅宗史书称赞行秀说："于孔老庄周百家之学，无不俱通。"②耶律楚材为行秀《从容庵》作序也称赞行秀是"儒释兼备，宗说精通"③。行秀常常劝俗弟子耶律楚材把佛教的修心与儒家的治国结合起来。他还尝示众曰："衲僧之行履不异常途，惟临死生祸福得失是非之际，视死如生，受辱如荣。"④行秀千里奔丧的行为正是儒佛融合理论的印证。后会金章宗行秋猎于山，主事者向万松求索奇珍异宝，被断然拒绝。行秀还让人回话说："君子爱人也以德，岂可以此瑕类贻君主乎？"⑤章宗闻后不仅不生气，而且大为赞叹，认为行秀是个具有儒家精神气质的高僧大德。

金宣宗贞祐二年（1214），为避蒙古兵患，迁都开封。第二年，蒙古兵攻陷中都，行秀留守中都传法。元太宗（窝阔台）二年（1230），行秀奉诏再住中都万寿寺。二年后，行秀退居于报恩寺内所建的从容庵，由弟子福裕受命住持万寿寺。行秀在元朝入主中都时期的行迹记述不多，但也

---

① 《燕京大觉禅寺创建经藏记》，耶律楚材《湛然居士文集》第 198—199 页，北京：中华书局，1986。
② 《续指月录》卷七，《续藏经》第 84 册，第 82 页。
③ 《万松老人评唱天童觉和尚颂古从容庵录序》，《大正藏》第 48 卷，第 226 页。
④ 《请益录》卷下，《续藏经》第 67 册，第 497 页。
⑤ 《释氏新闻序》，耶律楚材：《湛然居士文集》，第 277 页，北京：中华书局，1986。

不是无所作为。相反,他利用僧俗二界的广泛影响,积极开展传教活动,争取元朝统治者的政治上的支持。他的多名俗家弟子如耶律楚材、陈时可、李纯甫等都是元朝重臣。他还和临济宗海云印简之间达到某种程度的联盟,使得佛教禅宗对信仰萨满教的蒙古人产生重要影响,并在元朝政治社会生活中取得较高的地位。万松在晚年还带弟子向禅宗异端糠禅(头陀)宣战,以维护禅门正统。他写作《糠禅赋》,另一禅师作《糠孽教民十无益论》,加斥糠禅头陀的弊端。通过禅门的努力,万松终于在新王朝中得到认可,当他于元太宗二年(1230)奉诏再主万寿寺时,实际上已成为中都地区佛教的最高领袖。

行秀于元定宗(孛儿只斤贵由)元年(1246)四月去世,年八十一岁。死前挥笔书偈曰:"八十一年,只此一语。珍重诸人,切莫错举。"①弟子收其舍利,建"万松老人塔"。

万松的著述较多,据《五灯会元》等禅宗史书记载,行秀在住持邢州净土寺,中都隐栖寺、报恩寺及万寿寺时,皆有语录传世。但从现存的禅宗史集中,只能看到其中的一小部分,大部分已经不存在。除语录外,据禅宗史书载,万松还著有《祖灯录》、《释氏新闻》、《鸣道集》、《辨宗说》、《禅悦法喜集》等等,但今多亡佚。今天,万松的著作仅存《从容录》(六卷)和《请益录》(上下卷)。

(一)《从容录》

全称《万松老人评唱天童觉和尚颂古从容庵录》,共分六卷。本书是行秀对曹洞宗天童正觉所作的颂古百则所作的阐释、评述和提倡,以行秀所居庵名为书名。书中对百则颂古一一加以"垂示"(点示公案意义),说明缘由和典故,然后加以评唱,即对所举公案和正觉的偈颂加以解释和评述。本书写作于蒙古兵攻占中都前后,即1213—1215前后。万松自述其著书经历说:

---

①《续指月录》卷七,《续藏经》第84册,第82页。

天童老师颂古，片言只语皆自佛祖渊源流出，学者罔测。……万松昔尝评唱，兵革以来，废其祖稿，迩来退居燕京报恩，旋筑蜗居，榜曰从容庵，图成旧绪，适值湛然居士劝请成之，老眼昏花，多出口占，门人笔受。①

文中提到兵革以来，即是指1213年蒙古兵围攻中都到1215年攻陷燕京及其以后一段时间。此时耶律楚材随元太祖西征东印度，他先后给行秀写过七封信，劝行秀及时将书作完，以启后学。行秀应请而将书作完，但表示自己"述而不作"，只是点评、注释前代师祖的语录公案，以示前人之博学，便于后人阅读。但是，从内容上看，毕竟是有所发挥，反映了曹洞宗在金元统治者的支持下继续发展着。

（二）《请益录》

全称《万松老人评唱天童正觉和尚拈古请益录》，二卷，是行秀对天童正觉所作拈古九十九则所作的阐释、评述和提倡。本书也是在耶律楚材的劝请下完成的，据行秀为本书所作的序说："自庚寅九月旦请益，才廿七日，不觉伎俩已尽。"②就是说，此书于庚寅年（元太宗二年，1230）九月不到一个月时间就完成。这一年正是他在燕京万寿寺任住持。

同《从容录》一样，行秀在《请益录》中主要引述，解释和评唱天童正觉的百则拈古，很少正面论述自己的禅学思想。但从内容上看，毕竟也有所发挥。

二、万松行秀的禅学思想

万松行秀在禅学思想上主要阐发曹洞宗真妄不二、事理双照的旨趣。他在说法中比较重视发挥华严宗的圆融思想，并继承和发展六祖佛法在世间、不离世间觉的解脱理论，提出衲僧不异常途，以中道不二法门

---

① 《万松老人评唱天童觉和尚颂古从容庵录序》，《大正藏》第48卷，第226页。
② 《万松老人评唱天童觉和尚拈古请益录序》，《续藏经》第67册，第461页。

把握禅宗无念的宗旨。

中国禅宗各派,特别是石头法系的曹洞宗、云门宗、法眼宗,都深受《华严经》和华严宗思想的影响。作为曹洞宗的传人,万松行秀也是如此。行秀年轻时,其时胜默光让其参悟唐代景岑和尚"转自己归山河大地"的禅语,他久久没能参透。这个禅语公案表达的就是华严宗的理事无碍的圆融思想。《请益录》下卷第65记载了这段公案:"举僧问长沙:作么生转得山河大地归自己去。沙云:作么生转自己归山河大地。"①长沙景岑曾有言曰:"尽十方世界是沙门眼,尽十方世界是沙门全身,尽十方世界是自己光明,尽十方世界在自己光明里,尽十方世界无一人不是自己。我常向诸人道:三世诸佛,法界众生,是摩诃般若光。光未发时,汝等诸人向甚么处委悉。光未发时,尚无佛无众生消息。何处得山河国土来。"②意思是说,十方世界中的万事万物之间是相即不二的,其中任一事物都含摄十方世界,十方世界也可纳于任一事物中,此即华严宗所说一多相即、事事无碍之圆融法界。在事事无碍的圆融法界,才可说转山河大地为自己,转自己为山河大地。事事无碍的基础就是众生本具真如佛性(摩诃般若光)。只有当众生真如佛性显性,以般若智光,破除一切分别执著相,破除万物之间的窒碍不通相,也即破除人与物、物与物之间的分别相,才能转万物为自己,转自己为万物。

后来,行秀在说法时常常引述和发挥这种思想。他在《请益录》中就长沙转物公案评述说:

> 混沌未分时,还有天地人不？父母未生时,还有自己身不？心念未起时,还有迷悟凡圣不？这僧如何转得山河大地归自己去？一大藏教,只说个三界唯心,万法唯识。肇法师云:会万物为自己者,其唯圣人乎！《楞严经》道:若能转物,即同如来。……谁问山河转,

---

① 《万松老人评唱天童觉和尚拈古请益录》卷下,《续藏经》第67册,第490页。
② 《五灯会元》卷四,《续藏经》第80册,第94页。

山河转向谁？圆通无两畔，法性本无归。①

这段话虽简短，但可以看出行秀的思想主张。

所谓"混沌未分时"、"父母未生时"、"心念未起时"，就相当于景岑所说的"般若未光时"，也即表示众生本具的真如佛性，当其未显时，就没有天地万物，没有众生、贤圣和凡人。这里需要交待的是，所谓般若光未显时，没有天地万物，没有凡夫圣人，是指没有一真法界圆融无碍之天地万物、凡夫、圣人。只有在一真法界中，才能谈得上转万物为自己，转自己为万物。凡夫妄念厚重，天地万物窒碍不通，当然不能转万物为自己，转自己为万物。而真能作为转万物为自己者，必是般若光显现，证见一真法界的圣人。实际上，在行秀看来，说转万物为自己，或者转自己为万物，还不是究竟的悟境。《续指月录》中即记载行秀早年见鸡飞而悟道，自认为比长沙景岑更能领悟佛法真谛，并得到满禅师的认可。② 在行秀看来，如果执著于转万物为自己，或转自己为万物，尚有分别心，未能真正做到无念，"只这欢喜地，犹成法爱，所以道忘他尚易，忘己最难"③。真正的悟境是："圆通无两畔，法性本无归"④，这才是会万物为自己的圣境。

行秀在其语录中还经常依据《华严经》来阐述禅法思想。他指出，《华严经》中"一切众生，具有如来智慧德相，但以妄想执著，而不证得"的经文说的是"开因性"，"开物性源"，论证一切众生皆有如来智慧（佛性），但被妄想遮盖而不自觉。⑤ 又尝示众说："一尘具万象，一念具三千。"⑥ "大小鳞毛普现色身三昧，劬尸罗长者见三尽而无尽，无边身菩萨穷上界而有余，无一时不现，无一处不遍。"⑦"山河楼阁人畜等物，一多无碍。"⑧

---

① 《万松老人评唱天童觉和尚拈古请益录》卷下，《续藏经》第67册，第490页。
② 《续指月录》卷七，《续藏经》第84册，第81页。
③④ 《万松老人评唱天童觉和尚拈古请益录》卷下，《续藏经》第67册，第490页。
⑤ 参见《万松老人评唱天童觉和尚颂古从容庵录》卷五，《大正藏》第48册，第269页。
⑥⑦⑧ 同上书，第269、248、249页。

等等,都是借华严圆融思想来阐发曹洞宗风。

由于世界万物包括人在内都是一真法界中彼此圆融无碍的存在,所以行秀又主张佛法在世间,修佛不必脱离日常生活。行秀在传法过程中,曾举个有趣的案例来说明这个道理。《请益录》载:

> 小参。举昔有跨驴人问众僧何往?僧云:道场去。人云:何处不是道场?僧以拳殴之云:这汉没道理,向道场里跨驴不下。其人无语。①

这段公案是说,一位骑驴人在路上看众僧,便问他们到什么地方去?众僧答道到道场。骑驴人就说:何处不是道场?众僧以拳击之,说:你既然知道何处不是道场,为何还骑驴不下。

行秀评论众僧其实并不真懂佛法,因为他们既然知道举足下足无非道场,为何不悟骑驴跨马无非佛事?要知道"道场惟有一,佛法本无多"②,所以日常生活中处处都是道场,事事皆行佛事。不可在世事之外寻求佛事。世间人多在"世法"和"佛法"之间划道鸿沟,其实都是执迷不悟,《从容录》卷三第五十一则的"示众"就说:

> 世法里悟却多少人?佛法里迷却多少人?忽然打成一片,还著得迷悟也无?③

就是说,世法里也能令人觉悟,佛法里也能令人迷惑。如果能将佛法与世法打成一片,去掉人的分别心,就能觉悟成佛。

《请益录》卷下第八十则记载行秀语录说:

> 衲僧行履不异常途。唯临生死、祸福、得失、是非之际,视死如生,受辱如荣,见其人矣。④

---

① 《万松老人评唱天童觉和尚拈古请益录》卷下,《续藏经》第67册,第495页。
②④ 同上书,第495、497页。
③ 《万松老人评唱天童觉和尚颂古从容庵录》卷三,《大正藏》第48卷,第259页。

就是说，觉悟者在日常行为中的表现与凡夫无异，而在像生死、祸福、得失、是非的关头，惟能表现出不同凡人的地方。出家人能看破生死大关，不计较名利得失，无是无非，在精神境界和人生修养上高于凡人。这是出家人看破红尘、体悟诸法性空的必然结果。

佛法与世间不二法门，是大乘佛教的解脱宗旨，禅宗的创始人慧能就继承了这一思想，明确提出"法元在世间，于世出世间，勿离世间上，外求出世间"①，这显然是要求人们在世间生活中摆脱一切分别心、执著心，"见一切法不著一切法，遍一切处不著一切处，常净自性，使六贼从六闻起出，于六尘中不离不杂，来去自由，见诸佛境界"②。行秀的"衲僧行履不异常途"显然继承的慧能禅宗的世间与佛法不二的宗旨。

主张佛法与世间不二，并不意味着众生不须修习就能自然觉悟。实际上，这只是就最高的悟境来说的。行秀把众生分成两类，一类是悟性极高的人，可以先悟后修；一类是悟性不高的人，是先修后悟。无论是哪一类人都要修行，即使是佛、菩萨虽达悟境，也不断修习。那么，对于烦恼、贪欲丛生的凡夫来讲，如何进行修证呢？《圆觉经》有这样一段话历来被视作修习入道的法门，其文曰：

> 善男子，但诸菩萨及末世众生，居一切时，不起妄念，于诸妄心，亦不息灭；住妄想境，不加了知；于无了知，不辨真实。彼诸众生，闻是法门，信解受持，不生惊畏，是则名为随顺觉性。③

这段话的本来意思是说，妄想本空，所以不要枯守静坐，不起妄念，若妄念起，也不息灭；住妄想境，也不加了知，妄想境空故；也不要将无了知作为思考对象。这样做就是因为诸法本空，妄想亦空，本无分别，对妄想、妄境产生缘虑，更不应分别哪是妄想、妄境，哪是非妄想、妄境，诸佛众生不可产生分别心，只有这样才能体诸法性空，而于现实世间获得解

---

①②《坛经》，《大正藏》第48卷，第342、340页。
③《大正藏》第17卷，第915页。

脱自在。

行秀认为,《圆觉经》的这段话容易让人误解,会使人放弃修行,不辨真妄。应在每句话的后面加个"不"字,改成:"居一切时,不起妄念不？于诸妄心,亦不息灭不？住妄想境不加了知不？于无了知不辨真实不？"①这就是以言遣言,前一个"不"以遣除对静坐、妄想、妄境的执著,后一个"不"是进一步遣除对前一个"不"的执著,这样更能体现佛法中道不二的法门。

《请益录》记载有位全真道士向行秀请教如何断除妄心:

> 近日有全真道士恳求教言道:弟子三十余年,打迭妄心不下。万松道:我有四问,举似全真辈。一问妄心有来多少时也？二问元来有妄心不？三问妄心怎么生断？四问妄心断即是,不断即是？其人拜谢去不再来。②

全真道士问如何断妄心,行秀则以反问的方式,启发全真道士悟道。他首先反问道士,元来有妄心否？意思是说,妄心本空,元来无有;接着又反问:妄心本来无有,又如何断除？接着说:妄心断即是佛,妄心不断也即是佛。就是说:妄心断与不断本无关紧要,关键在于是否体悟诸法本空的佛法真谛。在行秀看来,如果执著于断妄念而修佛,就会脱离世间,而这就违背佛法中的"烦恼即菩提,生死即涅槃"的"中道"宗旨。若真能体悟诸法性空,则妄心本即真心,烦恼本即菩提,行住坐卧无非是佛。他引用宋永明延寿的一句话来说明这个道理:"妄想兴而涅槃现,尘劳起而佛道成。"③这充分体现了大乘佛教的世间即出世间、生死即涅槃的中道学说。

行秀从传承上来看属于曹洞宗,他对门下弟子的说法重视讲授和阐释前人修行入道的案例,这就是所谓的参话头。禅宗史传中记载行秀当

---

① 《万松老人评唱天童觉和尚颂古从容庵录》卷三,《大正藏》第48卷,第256页。
② 《万松老人评唱天童觉和尚拈古请益录》卷上,《续藏经》第67册,第462页。
③ 同上书,第463页。

初参禅也是经由参悟前人公案而入道。行秀主张引导弟子循序渐进,不主张用"棒喝"的机俊严厉的手段。行秀还认为,"至道不可言说",因此只能借助于古人公案或者周围的事物来曲说禅法。《从容录》就载行秀示众说:"曲说易会,一手分付;直说难会,十字打开。劝君莫用分明语,语得分明出转难。"这体现在他对语录中对古人公案的模棱两可的解释当中。而这说明,"秀之语,《从容录》、《请益录》等所载,带当时之流弊"①。

总之,行秀是金末元初北方最著名的禅僧,在当时和以后的佛教界影响甚大。他的在家弟子耶律楚材在《万松老人万寿语录序》中对行秀给予了高度的评价:"万松老人得大自在三昧,决择玄徽,全曹洞之血脉;判断语缘,具云门之善巧;拈提公案,备临济之机锋;沩仰、法眼之炉烨,兼而有之,使学人不堕于识情、莽卤、廉纤之病,真间世之宗师也。"②

行秀的再传弟子甚多,俗家弟子中著名的就有耶律楚材和李纯甫。佛门弟子中,有林泉从伦、雪庭福裕,都是当时及后来佛教界很有影响的高僧。雪庭福裕又传嵩山文泰、还源福遇等,曹洞宗正是通过这一支而传至明清。

三、雪庭福裕与林泉从伦

雪庭禅师(1201—1275),字好问,号雪庭,因曾住和林(也称上都,蒙古建国早期国都,在今蒙古国鄂尔浑河上游的哈尔和林)北少林寺,晚年归隐住持嵩山少林寺,故又称"和林上都北少林嗣祖雪庭",也称"少林雪裕",尊称"少林长老"。太原文水人,俗姓张。禅宗史传说他五岁就能读懂圣贤书,日诵千言。九岁入私塾,读书过目不忘,被乡邻视作"圣小儿"。③

---

① [日]忽滑谷快天:《中国禅学思想史》下册,第631页,上海:上海古籍出版社,2002。
②《湛然居士文集》,第294页。
③《五灯会元续略》卷一,《续藏经》第80册,第456页。

金宣宗贞祐元年(1213),蒙古军围攻金中都,占领金所据有的河北、山东一带。第二年,再次围攻并占领中都及其他地区。金宣宗被迫迁都开封。在此期间,福裕的父母死于战乱之中。福裕当时年仅十四五岁,孤苦无依。路遇一位老比丘,劝令修佛,说:"汝诵得一卷《法花经》,则一生事毕。"①他反问老比丘:佛法仅此而已吗?有没有"向上消息在否?"老比丘认为他与众不同,便带他一起去仙岩拜谒休林和尚,向休林和尚推荐说:"此子龙象种也,得奉巾于左右,他日必成大器。"②休林闻之,欣然纳为弟子,为他剃发受戒。福裕在休林和尚处修学七年。当时行秀和尚住持燕京报恩寺,福裕未经介绍便独自前往参访。行秀在禅室接见福裕,问他:"子从何得个消息,便恁么来?"福裕回答:"老老大大,向学人手里纳败。"行秀又问:"老僧过在何处?"答:"学人礼拜,暂为和尚盖覆却。"③行秀不仅不生气,而且认为福裕不同凡人,便收纳他为徒弟。此后,福裕便在行秀处修佛达十年时间,道益隆,名益著。

元太宗四年(1232),元军攻破金陪都开封,两年后金亡。时少林祖刹遭兵燹而荒芜。福裕被海云印简和万松行秀推荐,赴少林寺振兴祖庭。在福裕的努力下,少林寺得以复建,香火日益兴隆。不久,又受印简之命,为尚未即位的忽必烈举行资戒大会。元定宗三年(戊申,1248),奉诏住持上都和林兴国禅寺。元宪宗蒙哥即位,诏福裕入宫问法,福裕"奏对称旨"④。后,蒙哥下诏命福裕"总领释教"。

金末元初,全真道教兴起,并发生与佛教冲突事件。全真道是由金朝王喆(字世雄,号重阳,自称害风,1112—1170)在宁海州创立。尝谓禅僧达性而不明命,儒人谈命而不言性,而今兼而修之,故号全真。其弟子丘处机,号长春真人,在元太祖十四年(1219)应成吉思汗之请,率弟子随同西征。元太祖曾三次向丘处机问取长生之药,丘处机借机向成吉思汗

---

①②《五灯会元续略》卷一,《续藏经》第80册,第456页。
③ 以上引文均见《续指月录》卷八,《续藏经》第84册,第87页。
④《续指月录》卷八,《续藏经》第84册,第87页。

讲说全真修养心性的教理，敦劝成吉思汗外修阴德，内固精神，戒杀，并在蒙古民众中推行孝道。丘处机西域论道，深得成吉思汗的敬重。成吉思汗下诏令丘处机掌管天下宗教，并下旨明令罢免全真道徒及其宫观的差发赋税。自此，全真道在北方迅速发展起来。当时正值金元交替，各地战乱频仍，宫观寺院大半处于荒废状态。全真道借机在北方各地接管，兴建宫观。到元宪宗时，发生了全真道侵凌佛教、强占寺院和土地的事件。全真道徒还极力宣传"老子化胡"说，并刻板刊行，以诋毁佛教。在这种情况下，少林福裕多次上书皇帝，力陈全真道侵夺寺院财产以及谤讪佛门的行为。于是，在元宪宗五年(1255)，元帝诏令以福裕和以李志常等入宫辩论。元沙门迈祥《辨伪录》记载了在这场辩论中福裕斥责全真道的言论：

> 道士欺负国家敢为不轨。今此图中说李老君生于五运之前，如此妄言从何而得？且史记老子与孔子同时出衰周之际，故唐初秀才胡曾咏史诗云：七雄戈戟乱如麻，四海无人得坐家。老氏却思天竺住，便将徐甲去流沙。此则周末时人明矣，何乃妄构此说谩昧主上乎？！①

> 道士欺谩朝廷，辽远倚着钱财壮盛，广买臣下取媚人情，恃方凶愎占夺佛寺，损毁佛像打碎石塔。玉泉山白玉石观音像先生打了，随处石幢先生推倒，占植寺家园果梨栗水土田地。大略言之，知其名者可有五百余处，今对天子悉要归还。②

元宪宗明确表示支持福裕，要求全真道教归还所占寺院，并表示同意将道教的《老子八十一化图》等伪经书焚毁。但是，全真道拒绝归还寺院，与佛教的冲突不断。

元宪宗八年(1258)，元帝召集两教僧徒在上都进行现场辩论。这场辩论僧人以少林福裕为首，西僧那摩为后盾，全真道徒则以大宗师张志

---

①②《辨伪录》卷三，《大正藏》第52卷，第766页。

敬为首,双方出庭人数各十七人。这场辩论又以全真道的失败而告终。元帝令全真道将所占寺宇山林水土四百八十二处一并归还释家,《老子八十一化胡图》等伪经及有雕底板木一并烧却。为缓和佛道冲突,福裕禅师上奏元帝,只收回寺院二百〇二处,其他的都让给了全真道。

1260年,元世祖忽必烈即位,不久,雪庭福裕再次奉诏与全真道辩论,得胜后焚毁道经四十五部,受赐"光宗正辨大师"号。雪庭还奉世祖之命,在故里修建精舍,曰报恩寺。元世祖还赐予大量田产,供养僧徒。福裕又应诸师之请,住持燕京万寿寺,不久又在和林、燕京、长安、太原、洛阳等五地新建少林寺。至元辛未春,元世祖诏令天下禅僧会集于燕京,福裕法系的僧众竟占了三分之一。

《五灯全书》记载:"师资颖悟,三阅藏教而成诵,诱掖后学无倦色,通群书,善翰墨吟咏。其上堂普说几十万言,播在丛林。"①其门人弟子请福裕将行教语录付梓出版,福裕坚辞说:"此吾一时游戏所发,安可以形迹为哉?"福裕在禅法上也认为至道不可言说,只可采取委婉的方式来间接地表达。以下是《续灯正统》卷三六记载的福裕几段语录:

僧问:如何是祖师西来意?师曰:待乳峰点头即向汝道。②

问:如何是向上尊贵一路?师曰:渔歌惊起沙汀鹭,飞出芦花不见踪。③

师问僧:道源不远,性海非遥。且道在甚么处?僧不契。④

从语录来看,福裕继承了行秀的禅风,主张曲示佛法,用模棱两可的语言来引导僧徒体会禅法真谛。福裕在禅学思想上只是继承前人之说,并无多少创见。他对禅宗的主要贡献在于向入主中原的蒙元统治者宣传禅法,使禅宗能在政治上取得一定的地位,得到蒙元统治者的认可。福裕曾上书元宪宗,介绍佛教教理说:"学其道者,持五戒则备于五常;修

---

① 《五灯全书》卷六一,《续藏经》第82册,第257页。
②③④ 《续灯正统》卷三六,《续藏经》第84册,第610页。

十善则杜其十恶,存者安于王道,亡者托于人天,其大则顿息生死之源,独出圣凡之表。"①这是意在说明佛教对于维护元朝政治统治具有重要的辅助作用。这也说明,福裕虽为禅僧,但是对于儒学还是采取吸纳融会的态度,认为能持佛教五戒,就能持守儒家仁义礼智信五常之德,并能阴辅王道。他虽然反对道教,但对于老子的道家学说还是给予较高的评价,说:"学其道者,虚心实腹,游于道德,黜于聪明,高蹈烟霞,迥出尘世,声利不能屈,刑势莫能移,虽二圣贤时有先后,教有浅深,观其圣贤之心,未尝有间也。"②在三教关系上,福裕并非等而视之,而是坚持佛教高于儒道的立场,认为佛祖释迦"冠其位于列圣之首"③。

福裕主持燕京万寿寺达十四年之久,晚年归隐于嵩山少林寺。至元十二年(1275)七月二十日示微疾,书偈而逝,俗寿七十三岁。福裕的弟子众多,其中有名的有中林智泰、足庵净肃、少室文泰等。万松一系的曹洞宗,主要是由福裕这一支传承到明清的。

林泉禅师(1213—1281),讳从伦,号林泉,家世不详。林泉从伦是万松行秀另一个德行高劭、戒行精严、体达玄旨的佛门弟子。《续指月录》卷八载,林泉禅师在万松门下时,因见佛陀十大弟子之一的阿那律尊者得闻天眼的故事,而悟道:"设使五眼俱瞎,又能开我向上天眼矣?"意思是说,见道乃由智证体悟,而不由天眼。他就此向行秀请教。行秀问:"如何是向上天眼?"答:"瞎。"行秀又问:"真个瞎?"答:"瞎瞎。"④行秀对他的回答非常满意,给以印可。后相继主持燕京万寿寺和报国寺。

元世祖至元九年(1272),林泉奉诏入内殿与帝师八思巴论道。《续灯正统》卷三六载:世祖命林泉讲解禅法大意,林泉引据宗密《禅源都诠集序》作答,说:"禅梵语也。此云思惟,修亦名静虑,皆定慧之通称。为万德之源故名法性,亦是众生迷悟之源故名如来藏,亦即诸佛万德之源

---

① ② ③《辨伪录》卷三,《大正藏》第52卷,第766页。
④《续指月录》卷八,《续藏经》第84册,第87页。

故名佛性。然不无浅深阶级之殊,其带异计,欣上厌下而修者名外道禅,正信因果亦以欣厌而修者是凡夫禅,悟我空偏真之理而修者是小乘禅,悟我法二空真理而修者是大乘禅。若顿悟自心本来清净,元无烦恼及与菩提,一切智慧本自具足,依此而修是最上乘禅,亦名如来最清净禅。达磨西来递代相传者是也。"①

世祖帝又问,过去禅僧说禅,说表示"无说",你今天却为何有所说?从伦答道:"理本无说,事则千差。"帝又问:"何谓理本无说?"答道:"理与神会,如人食蜜,若问蜜之色相,可以紫白言,若味则有难于启口。"八思巴帝师认为从伦所说与教门甚深般若相应。接着,世祖帝又问以师祖公案,林泉举慧能"非风幡动,仁者心动"的公案。八思巴对此表示异议,认为实是幡动,何来心动?从伦将手中拂子摇了摇问帝师:是什么动?帝师无语。从伦道:"一切唯心,万法唯识,岂非心动耶?"②世祖帝很是赞赏林泉的对答,遂接受了从伦的一些对禅宗发展有利的建议。

林泉从伦在元宪宗八年(1258)曾参加过佛道之间的辩论,是佛教方面的十七人之一。元世祖至元十八年(1281)十月二十日,元帝下旨在大都悯忠寺焚烧除《道德经》之外的道书,命林泉点火。林泉举火,打一圆相说:"诸仁者,祇如上清玉枢、三洞灵文,还曾证此火光三昧也无?若也证得,家有北斗经,人口保安宁。其或未然,从此灰飞烟灭尽,任伊到处觅,天尊急着眼看。"③遂点火焚烧道经。

林泉从伦在禅学思想上,显然也深受华严宗的影响。他在向元世祖讲说禅法的时候,就提出"理本无说,事则千差"④,"理以神会"⑤的思想,从他对门下弟子的说法来看,理事圆融是他的禅学思想的主旨。《续灯录》卷一记载:一僧问从伦:体会佛法须以境会,若不作境会,当

---

①②④⑤《续灯正统》卷三六。《续藏经》第84册,第610页。
③ 同上书,第611页。

如何体证佛法？林泉答曰："猿抱子归青嶂后，鸟啼花落碧岩前。"①意思是说，理在事中，事事皆是理，所以当从宇宙间事事物物中体证佛理。林泉又说："妙用纵横，智体不动"②、"一点灵明通宇宙"③。就是说，所谓理即是"智体"、"灵明"，也就是华严宗所说的真心。而"撒乾盖而本自无心"④，此真心乃无心之心，也就是遍在于宇宙万物的本体。真心本体"傲四时而莫可凋零，超万象而敢为主宰"⑤，万物依于真心本体而存在，"天得一清，地得一宁，衲僧得一鼻直眼横"⑥。在理事关系上，不可执理而废事，也不可执事而忘理，他说："语忌十成，正虽正而不应居正；机贵回互，偏虽偏而莫滞于偏。"⑦"正去偏来，无非兼带。这边那畔，不滞有无。"⑧"正"就是理，"偏"就是事，理事圆融，故不可偏执一边。

在举扬曹洞宗风的同时，林泉从伦还先后撰成《林泉老人评唱丹霞淳禅师颂古虚堂集》（简称《虚堂集》）六卷和《林泉老人评唱投子义青和尚颂古虚堂集》（简称《虚堂集》）六卷，以阐释丹霞子淳和投子义青的禅学思想。体裁、结构类似于万松行秀的《从容录》和《请益录》，虽标榜述而不作，实际上也表达了自己的禅学思想。

林泉从伦的嗣法弟子主要有鞍山月泉同新禅师。月泉禅师，字仲益，房山人，俗姓郭。禅史载："师一音才唱，万众欢呼，能于言下得旨者甚众。"⑨元世祖曾诏命其住持灵岩寺，后归隐鞍山，也是元朝著名的高僧。

第四节 南方曹洞宗

除了万松行秀及其弟子在北方传承元代曹洞宗外，南方也有云外云

---

① 《续指月录》卷八，《续藏经》第84册，第87页。
②③④⑤⑦⑧ 同上书，第88页。
⑨ 《续灯正统》卷三六，《续藏经》第84册，第613页。

岫及天童如净等传承曹洞宗风。云外云岫出自直翁德举一系,其传承系统为:丹霞子淳—明极慧祚—东谷明光—直翁德举,直翁德举门下即是云外云岫。而天童如净自雪窦智鉴一系,其传承系统为芙蓉道楷—长芦清了—天童宗珏—雪窦智鉴,最后传至天童如净。南方曹洞宗的法系并不很盛,但是对日本佛教的发展影响较大。

一、云外云岫及其法脉传承

云外禅师(1242—1324),讳云岫,别号方嵓,俗姓李,昌国(今浙江舟山)人。早年师事直翁德举禅师,究明曹洞宗旨。后遍叩丛林名宿,参透佛法真谛。出世初住浙江慈溪石门寺,其后又住持天宁寺,由于四众推挽,声望日隆,后继竺西坦升任天童寺住持。云岫说法擅长用譬喻旁引,对前来请益求法的学者则能因材施教,采用不同的方法阐明佛法。至于其机用奔轶绝尘,"虽鹘眼龙睛,亦无窥瞰分"①。《云外云岫禅师语录》记载云外禅师示众曰:"闹市红尘里有闹市红尘里佛法,深山岩崖中有深山岩崖中佛法。山僧昨日出城门,闹市红尘里佛法一时忘却了也。行到二十里松云,便见深山岩崖中佛法。大众且道如何是深山岩崖中佛法?良久云:白云山淡泞出没大虚之中,青萝寅缘直上寒松之顶。"②这充分继承了曹洞宗的"家风细密,言行相应,随机利物,就语接人"③的宗风。云外禅师道学高劭,声望隆盛,各地来参访者络绎不绝,三韩日本诸师亦向风趋慕。云外禅师德行甚高,平生不倨傲,不贪积,不私食,施主所施财物皆随送于人。圆寂后无余资,众禅僧集资送葬于天童寺侧。云外禅师的著述,主要有《云外禅师语录》和《宝镜三昧玄义注》。

云外禅师的禅学思想仍打上浓厚的华严理事无碍的烙印,他说:"夫履道一如者,内外明皎,异中有同,同中有异。如银与雪,如鹭与月,色虽

---

①②《云外云岫禅师语录》,《续藏经》第72册,第179页。
③《人天眼目》卷三,《大正藏》第48卷,第320页。

相类,体未同一。"①"夫夜半正明,当求明于暗。天晓不露,当求暗于明。若也暗中得明,暗不为碍。若也明中得暗,明不为碍。所谓如来坚密身一切尘中现。"②"夫至理者入邻虚而不知其小,摄世界而不知其大,与阴阳同一造化,理之妙也。不应律吕,道无与焉。所谓毫厘有差,天地悬隔。"③理即真如佛性,当于事中体证此真性,即可获得解脱。在体证真如佛性的过程中,不可执著于空,也不可执著于有(道),所谓"求寂者沈空,忘空者堕见。舍空求道,道不可得,空空于内"④。只有断除有无情见,断除世间的分别对待心,才能体证佛法真性,"當去彼取此以求真性"⑤。具体的方法是:"夫进之不可即,退之不可离。心如火聚莫能安立。到者里能悬崖撒手,竿头进步,前后际断,方为究竟。"⑥所谓"去彼此以求真性",并不是要脱离现实世间,而只是却除彼此之情见。因为真性理与现实事物是相即不二的,成佛必不能脱离现实世间。他说:"夫镜能鉴物从求,发现一无差惑。虽伪而真,虽真而伪。若能以真求伪,以伪求真,则真伪自见。"⑦这体现了佛法中的"中道不二"的宗旨。云外禅师认为,真性理体只能是智以冥会而不可言诠,所谓"到此者获自然智慧,不求言其言自至"⑧。但是,语言在接引教化众生的过程中又必不可少,禅宗中就有宗通和说通这两种教化方法。云外禅师说:"一切语言是提婆宗,以者个为主。然失之者丧其道,得之者污其道。"⑨因此,对于语言,正确的态度应是灵活运用。他在接引门人的时候就经常运用这种灵活的语言,后人形容他对语言的使用"奔轶绝尘,虽鹘眼龙睛,亦无窥瞰分"⑩。

禅宗有南北顿渐之分,慧能禅主张顿悟成佛,神秀主张渐悟成佛。云外禅师结合曹洞宗的理论对此二说作了调和,他说:

  夫正偏五位,君臣之分也。君视臣,臣奉君,君臣庆会,中道立

---

①②《宝镜三昧玄义注》,《续藏经》第63册,第211页。
③ 同上书,第212页。
④⑤⑥⑦⑧⑨《宝镜三昧玄义注》,《续藏经》第63册,第211页。
⑩《云外云岫禅师语录·附天童云外禅师传》,《续藏经》第72册,第179页。

矣。兼中至,从渐入顿,顺成者规也。兼中到,从顿入渐,逆成者矩也。不规矩不能见其道,观者当观规矩。①

"五位君臣"是曹洞宗用来说明理事关系的一种理论,有时也用以作为接引学人的一种教学方法。曹洞宗用"正"来代表理,用"偏"来代表事,用"兼"来表示非正非偏的中道,理事偏正回互,两相配合,便成五种形式。再配以君臣之位,就成"五位君臣"。曹山本寂曾将五种形式归结为:"君为正位,臣为偏位。臣向君,是偏正中;君视臣,是正中偏;君臣道合,是兼带语。"②就是说:正位,即君位,是理体;偏位,即臣位,是事相;偏正中,即臣视君,合事见理;正中偏,即君视臣,是背理见事;兼带,即君臣道合,为理事圆融,染净不二,这是最高的理想圣境。

云外禅师认为,君臣庆会,即理事圆融、染净不二就是佛法中的中道法门。他将兼带分成两种,一是兼中至,是从渐入顿;二是兼中到,是从顿入渐。顿渐二教皆以理事圆融、染净不二为宗旨。其区别是:兼中至是从凡入圣,由事中悟入理想圣境;兼中到则是从圣入凡,由理再回到事中,接引教化众生,所谓"佛性流入一切处,与其同事,引凡入圣,度众生而无怠"③;"佛以无为法用于有为法中,立言以化众生"④。

云外禅师阐发的理事圆融的理论,其目的无非是要人无心无执,自然解脱。他说:"此正中兼带理事准行,敲唱以鸣其道也。偏正互融事得理遣,触途无滞,故曰通宗通涂。出识不染诸缘,入识不居阴界。错然则吉,其或不然,则为犯忤。"⑤他认为:"夫学道者谛审先宗是何标格?着佛衣,诵佛书,行佛行,如是证之即佛也。香严击竹,灵云见桃花,雪峰辊球,秘魔擎权,如是悟之即祖也。佛祖之道人人本具,岂生佛之有异耶。"⑥这都是在教人学佛道不可别有所求,只于日常行事中无心任自然

---

① 《宝镜三昧玄义》,《续藏经》第63册,第212页。
② 《抚州曹山本寂禅师语录》,《大正藏》第47卷,第527页。
③④ 《宝镜三昧玄义注》,《续藏经》第63册,第211页。
⑤⑥ 同上书,第212页。

即可成就佛道。

云外云岫的嗣法弟子中著名的有大方聘、独木升、愚庵省、无印证、东陵珪五人。东陵禅师后入日本，开创日本禅宗的"东陵派"。无印禅师(1297—1361)，讳大证，鄱阳人，俗姓史。年十四出家，先师事荆石琬公，后赴天童寺入云外禅师门下学法。至治年间(1321—1323)，应诏北上以金书藏经，事毕，受赐织金屈眴之衣。泰定元年(1324)，返回江浙，丞相脱欢时兼掌宣政院，请无印禅师出住浙江衢州南禅寺，不久又住持光孝寺、祥符寺等。至正七年(1347)出住庆元定水寺，九年后迁雪窦山，居四年又退居定水之圆明庵。至正二十一年(1361)九月二十一日示寂。

二、天童如净及其法脉传承

曹洞宗芙蓉道楷的再传弟子长芦清了门下经天童宗珏、雪窦智览而出天童如净一系。如净(1163—1228)，俗姓俞，字长翁，明州苇江人(今浙江境内)人。出家后勤修禅法。十九岁登雪窦山参智鉴禅师，得道后云游四方。嘉定三年(1210)始，先后住持常州华藏褒忠禅寺、台州瑞岩净土禅寺、临安净慈寺、明州定海瑞岩寺等。宝庆元年(1225)移住天童。

宋以来形成的禅宗五家宗派中，曹洞宗提出五位君臣之说，来论证理事圆融，其说法则灵活自如，随机化导，以事显理，以理事圆融来指导修行实践，并不行临济、德山棒喝，也不多言说、玩弄禅机。而临济宗向以机锋峻烈著称，常以机锋棒喝来令学者打破迷执，顿悟佛理。天童如净禅师并不局限于曹洞绵密的禅风，而是兼取临济的机锋棒喝、杀活自在的教化方法。《天童山景德寺如净禅师语录》载："师因僧问：如何是祖师西来意？师云：古德问答来，多僧拟议。师云：问什么？僧云：西来意。师乃打，僧于此大悟。"[1]"师因请益。次承天莹公致问云：佛是幻化身，祖是老比丘，和尚还免得乎？师乃打，莹礼拜。师云：正是幻化底者。"[2]

---

[1][2]《天童山景德寺如净禅师语录》，《大正藏》第48卷，第136页。

"元宵上堂。打杀然灯佛,堕落黑暗狱,永劫无出期,衲僧歌一曲。其或未然,满天星斗辉华屋。"①由于吸取了临济的教学方法,所以如净所传曹洞宗自成一家,与北方曹洞宗注重参话头的禅风不同。如净强调,修禅法重在"脱落身心","只管打坐",他曾示众曰:"参禅者,身心脱落也。不用烧香、礼拜、念佛、修忏、看经,只管打坐而已。"②这显然是对弘智正觉提倡的默照禅的继承和发展。③

如净禅师兼用临济宗的机锋棒喝的教学方法,实也是挽救曹洞宗玄学化的倾向和执着语言文字的弊端。《天童遗落录序》中就说:"嘉定间净禅师,倡足庵之道于天童,惧洞宗玄学或为语言胜,以恶拳痛棒陶冶学者。肆口纵谈摆落枝叶,无华滋旨味,如苍松架壑风雨盘空。"④曹洞宗的五位君臣之说,是用来说明理事关系的理论,更是一种教学方法,目的在于让人在日常行事中无心任自然,而不可将它仅仅看作一种玄学理论。而曹洞宗所说一偈一颂一话一言,只是化导众生开悟的方便法,所谓"夫佛祖道实际理地,本离言语相。然佛事门中为物垂慈,则虽非有为又非无语"⑤,因此不可执取为实。如净禅师杀活自在的教学方式,其目的即在于破除人们的文字戏论,破除人们的玄思冥想,当下悟入佛法圣境。如净禅师的法嗣有鹿门自觉、雪庵从瑾、石林秀、孤蟾莹和永平道元等人。

道元禅师(1200—1253),日本京都人,村上天皇九世后裔。自幼聪明好学,七岁读《毛诗》、《左传》诸经史书,不同师训,自然通晓。十四岁时,母丧而守孝,观香烟缭绕念念散灭,始悟世事无常,遂从良显法师出家。不久,受具足戒,遍阅大小乘经论。听说大宋朝有诸禅师传佛心印,就欲渡海到中国求法。宋宁宗嘉定十六年,道元禅师于明州登陆,先后

---

① 《如净禅师语录》卷上,《大正藏》第48卷,第126页。
② 道元:《宝庆记》,转引自忽滑谷快天《中国禅学思想史》,第622页,上海:上海古籍出版社,2002。
③ 参见洪修平《中国禅学思想史纲》第259页,南京:南京大学出版社,1994。
④⑤《大正藏》第48卷,第133页。

参访无际派、浙翁琰等诸禅师,"莫不契机",随后又到天童参访如净禅师。道元与天童如净一见如故,就恳请如净收他为徒。如净见他态度诚恳,就答应了他的要求。于是,道元"昼夜精勤,胁不沾席者将及两载"①。道元师事如净四年,尽得曹洞宗禅法之要,于是告归故里。如净"付其伽黎顶相"②,嘱其弘扬禅法。道元回到日本后,住持兴圣宝林禅寺,其禅林轨则取法于天童。不久,道元禅师"德风远播,万指围绕"③,门徒遍及日本各地,当时的天皇嵯峨帝还赐以甚服徽号,以表彰他的德行。道元54岁时,未微疾,辞众书偈而圆寂。

道元禅师上传如净"脱落身心"的禅法,《续灯录》卷一记载:

> 一夜净巡堂见僧打睡,责之曰:参禅要身心脱落,何得只管打睡?师(道元)从旁闻之,当下身心脱落廓然契悟。天明入方丈烧香,净曰:子作么生?师曰:身心脱落。净曰:身心脱落脱落身心。师曰:这个是暂时歧路,和尚莫乱印某甲。净曰:我不乱印。师曰:如何是和尚不乱印底?净曰:脱落身心。师于言下释然,得大无碍。由是服勤四载,尽得洞上之道。④

所谓"脱落身心"就是指去掉任何执著心,在日常行事中任运自然,才能脱然顿悟。这是建立在曹洞宗理事圆融理论基础之上的。道元在其传法实践中,就处处体现佛法贵在平常的思想,他自述学佛经历说:"山僧历尽丛林只是等闲,最后见天童先师当下认得眼横鼻直,不被人瞒。便空手还乡,总无一毫佛法。只是任运过时,日日日东出,夜夜月沉西。毕竟如何?良久云:三年逢一闰,鸡向五更啼。"⑤在他看来,理在事中,无事非理,所以求佛不必远求,就在日常任运。他说:"佛殿僧堂溪声树影总为诸人说了……诸人闻得也未?若道闻得,说个甚么。若道不闻,辜负自己。"⑥佛殿僧堂溪声树影何以能说法?因为佛法身(理)遍在于宇宙万物(事),万物皆向人宣说着佛法。这是寂寞无声的大道之言,

---

①②③④⑤⑥《续灯录》卷一,《续藏经》第86册,第502页。

不是日常语言。日常语言是分别对待性思维的结果，按佛家的说法，是一种分别戏论。而法身透过宇宙万物而进行的无言的言说，才是根源性(理、真心,本体大道)的语言。人们只有脱落身心，放掉一切执著、戏论，才能领悟、聆听到这种根源性的语言。当人们面对"佛殿僧堂溪声树影"，不再把它们当作与人与别，与佛法身有别的无生机的事物，而是指它们，乃至身边的一切事物都看成佛法身时，佛法身、宇宙本体大道当下就随着天地万物而降临，人们也就聆听到大道之言。这是一种成佛的体悟之境，不待言说，所以道元说"若道闻得，说个甚么！"如果人们终生都不能聆听到大道之言，就不能领会佛法真谛，不能从佛法中受用，不得解脱，枉负了一生。所以，道元说："若道不得，辜负自己。"

　　道元禅师在日本传承曹洞宗，成为日本曹洞宗的创始人，嗣法弟子有慧弉、僧海、诠慧凡三人。曹洞宗在日本香火旺盛，至今传承不衰，而曹洞各支都以道元禅师为始祖。

第三章 元代天台宗的传承

宋元转折所带来的社会动荡对天台宗的发展有着相当的负面影响,但随着社会的稳定以及元朝政府"重教抑禅"政策的推行,作为汉传佛教之"教"核心的天台宗很快得到了恢复且有了新的发展。

第一节 宋元之际天台谱系

元代天台佛教主要是从南宋山家派南屏系统发展过来的,其中北峰宗印在其中起了很大的作用,正是他的传法弟子在宋元之际维系了天台佛教的命脉。宗印法嗣甚众,其中佛光法照、桐洲怀坦、剡元觉先、蒙泉了源、梅峰梵奎几支为盛,而前三个系统则构成了元代天台宗的主要法脉框架。宋元之际天台谱系传承如下。

佛光法照(1185—1273),台州黄岩人,字海岩,俗姓童。法照年少出家,三阅大藏。后谒北峰宗印,讲论授受泠然有得。北峰圆寂后,曾应请主持高僧堂,后迁讲多处。由于名声日隆,缁素争相延聘,法照多辞而不就。宋理宗闻其名,敕住上天竺寺,并召对内殿,请讲《华严》《般若》,得赐法号及紫金衣。宋度宗时,再敕其住上天竺,故法照主持上天竺前后达24年之久。法照学问渊博,禅律贯通,其代表作是《读教记》,对天台学说多有发挥。法照一生与名公巨卿多有往来,一直和中央政府维持着一种极为密切的关系。

怀坦的法嗣为永清(1215—1291)。永清,嘉兴海盐人,俗姓徐,字夷仲,号古源。永清年十二即依僧习《法华》,二十受具足戒。闻桐洲怀坦讲法于华亭,遂从其学五年,尽得其道。后永清又至上天竺见佛光法照,得其嘉许。淳祐年间永清出主常熟报慈寺,历时十年,"百废具举"。后迁杭州兴福寺,讲论不息,暇则科判《涅槃》,并置田产以用于施粥。由于声誉彻闻,曾应旨入殿讲《法华》。

觉先所传为云梦允泽、佛鉴。允泽(1232—1297),剡溪人,俗姓求,字立翁,自号云梦。允泽少即不类群童,举止庄重,不荤食,年十四出家,次年受具足戒,于《法华》等经典已悉通大义。侍从妙悟,尽得其道,一心三观之旨洞然无疑。年二十九,入住崇寿寺,意气风发。后主延庆讲席,大力整饬道场。曾受元世祖之召,咨问佛法大义,并被赐佛慧玄辨之号。由于允泽的道场屡被朝廷之赐,故而一时天台的风头盖过了禅宗。当时翰林张伯淳称允泽为"权实之教魁,圆顿之宗硕",可见允泽之地位非同寻常。允泽圆寂于元大德丁酉年(1297),其弟子有志安、元净、性澄、净真、宗渠等,其中著名者为性澄。

大致来说,元代天台谱系传承是在法照、怀坦、觉先三大系统中展开的。由于元代天台宗人有应讲多寺、转学他师之风,故法脉关系虽明,而实际之师承关系则更为复杂,不同系统之间时有交错。现将各法系弟子行状备述如下:

一、法照系统

师训(1282—约1354),四明(今浙江宁波)人,俗姓史,号子庭,世称柏子庭。师训曾谒上天竺佛光法照,闻心、佛、众生三无差别之旨,心地裕如。得法后,师训住持天台赤城,后继主四明延庆,弘扬台教。师训法嗣为东溟慧日。

慧日(1291—1379)，天台人，号东溟，为宋丞相贾似道之孙。慧日"志慕空门"，落发于本县广岩寺。后闻子庭师训讲法，遂从之。因梦食竹上之粥，遂结上下两天竺之缘，故受师命，谒上天竺竹屋净公(佛鉴)。佛鉴圆寂，性澄继席，对慧日赏识有加，擢为首座。至元四年(1338)出主荐福寺，至正元年(1341)迁主下天竺。慧日主持下天竺后，努力经营，修缮殿宇，甚有功绩。至正四年(1344)，慧日又迁上天竺，终验上下两天竺之征。正缘于此，慧日"夙夜注心，罔感怠遑"，将上天竺整饬一新。慧日的行为得到帝师的嘉奖，被赐普济大师之号及法衣。至正十六年(1356)，慧日隐退会稽山水之间，后应请再次还山，这样前后加起来，慧日主持法席两天竺达二十五年之久。元明政权更迭之后，慧日还曾奉昭入京师，明太祖问其以"升济沉冥之道"，慧日则"备述其故"，颇适太祖之意。由于慧日其时年高德重，又白眉朱颜，故太祖尊其为"白眉法师"，并命有不通经义者可以"质诸白眉法师"。后来慧日又借应召之机，向太祖陈以金陵瓦官故事，使瓦官寺得以重建。从慧日一生行经看，其于天台佛教贡献最大者在于恢复和保护了天台的重要道场，为元代天台宗的发展提供了必要的保障。

二、怀坦系统

蒙润(1275—1342)，海盐人，俗姓顾，号玉冈。蒙润少有佛缘，后依古源永清受天台教义，于《金刚錍》、《十不二门》已了其大义。不久，古源去世，蒙润复从竹堂传公以卒其业。后性澄至，蒙润又从其学。蒙润苦学异常，遂有怪疾而染，后修《请观音》忏法，七七四十九日而得愈疾，此后"心倍明利，勤说勤行"。① 蒙润初主海盐德藏，曾于夏天聚众讲演《法华》，每日总有上千听众，可见其对天台教旨的阐扬确已达到了很高的程度。后主演福寺，宗风益振。六年后，退居白莲花，修念佛三昧。曾誓言

---

① 《续佛祖统纪》卷上，《续藏经》第75册，第744页上。台北：新文丰出版公司，1994。

不再出山，因坚辞不勉，遂主下天竺。修葺堂舍，讲演不辍。三年后，复归白莲，于至正二年（1342）示寂。蒙润是元代天台佛教僧人中对义学较有贡献的一位，其所著《四教仪集注》颇行于世。

继承蒙润教学的是法师必才。必才（1292—1359），台州临海人，俗姓屈，字大用。必才少有家学，年十二即出家，十六岁谒见湛堂性澄于南天竺渲福寺，性澄一见，即以法器期之，"命典客寮"。此后必才即掩门苦读大藏，足不出户达十年之久，故而山家教典一经讲授便涣然冰释。当时蒙润为南天竺寺上座，感叹其当于灵山法会有宿缘，否则何能颖悟至此。其时蒙润门下也是英俊云集，有我庵、无绝、宗继、英声、伟望等绝出时流者，但要论"剖决宗旨，议定教章"，必推必才为上首。所以后来蒙润讲法于德藏，专门延请必才前去分座讲演。泰定甲子年，蒙润谢去，必才继之。至正二年（1342），必才迁主杭州兴福，次年又转至演福寺，大营殿堂，"法筵之盛，特冠诸刹"。不过必才仍以讲说流通为务，故而江浙贤士倾诚致敬，争相请其咨决法要。必才的德行亦得到中央政府的首肯，被赐佛鉴圆照大师。必才示寂之前，告诫弟子应以修持为务，切不可废往生净土之行。必才的主要著作有天台三大部的增治助文、《法华》《涅槃》讲义等。其弟子有：上竺大山、下竺良玉、白莲明德、普福元镇、能仁久怀等。

蒙润另一弟子为普曜，嘉禾人，俗姓陆，号天岩。普曜早依能仁义朗，年十六出家。后从蒙润习天台教观，有若宿习，蒙润视其为法器。因蒙润年事已高，遂又转从松壑寿公明一心三观之旨，于修大悲三昧期得悟诸法实相，此后辩才无碍。至正二年（1342），普曜曾应宣政院之起，主车溪广福，建法华忏院，偏修忏法。后结庵梦莲，专修净土。但不久普曜再次出山，主持慈感。三年后普曜迁主演福寺，三个月后即示疾而逝。

正寿（1290—1342），乌程人，俗姓徐，号松壑。正寿早年出家，持戒甚严。后从蒙润，成为蒙润首座。每岁季秋之月，即集同志修大悲忏，约期三七二十一日。另外建普贤道场,修法华三昧。至正二年示疾,以观心观佛净土法门策励门生。

子实,嘉兴人,俗姓仲,字印海,号相庵。子实年十三出家于海盐祇园寺,十九岁受具戒。后闻蒙润说法于演寿,即往询法要。蒙润器之,授以天台诸书,令熟诵之。后从蒙润迁演福、下天竺灵山诸寺,辩才大开。必才主演福寺时,延师居于首座。后归祇园寺建忏堂约期而忏,略感灵瑞。曾应嘉兴守之请,主德藏寺。明洪武三年(1370)应昭入对于京师,颇称上旨。子实于《楞伽》、《金刚》、《心经》敷畅,弘益颇多,故洪武十五年(1382)应居上天竺都讲,次年至下天竺,讲说经论前后达七年之久。后复归休奥,洪武二十四年(1391)示寂。子实虽未主持名大刹,但于天台山家论著用力极深,所谓"精研力索,不极其妙不止"①,所以子实之学能扶树教道,为一时所宗。子实的著作主要有:《楞伽略疏》、《圆觉文句》、《解〈指要〉问津》等。于著述之外,子实勤修忏法,皆得祯应。子实的弟子有法喜道忢、仁让一奇、如秩妙解。

大佑(1334—1407),生于姑苏(今江苏苏州),俗姓吴,字启宗,号大佑、遽庵。大佑早习华严,后学天台,因阅蒙润《四教仪集注》得悟,遂通达天台宗旨,故虽未师从蒙润,"遥禀玉冈"。大佑曾主北禅讲席,以讲说《楞伽》、《金刚》、《心经》三经为主,"提挈奥义,多士悦从"。后归西山,修习念佛三昧未尝暂废,明永乐五年(1407)示寂。大佑曾多次被明朝应昭,还被委以撰修释教史的职务。

三、觉先系统

佛海性澄(1265—1342),会稽(今浙江绍兴)人,俗姓孙,字号湛堂,别号越溪。性澄少有异才,四岁即能拈笔为佛像。元至元十三年(1276)出家,初依石门殊律师习律宗,次年受具足戒。至元二十二年(1285)复

---

① 《续佛祖统纪》卷下,《续藏经》第75册,第747页下—748页上。

从佛鉴学天台教观,石门示寂后,再从允泽。允泽时在南天竺,一见性澄,深器之,拔为要职。后性澄于大德元年(1297)出东天竺之兴源寺,至大元年(1308)迁住南天竺之演福。因其说法祈禳之济世利人之功而被朝廷嘉奖,皇上还曾召其入殿讲法,赐以佛海大师及袈裟等物。泰定元年(1324),性澄选住上天竺。晚年归居佛果,有志净业,至正二年(1342)示寂。性澄的主要成就是恢复了天台祖廷国清寺的讲寺地位,当时国清"易教为禅"已有年日,为此性澄不远数千里来到京师,向主管宗教事务的宣政院具白"建制之颠末",后朝廷下书,"命弘公主之辨证宗绪,扶植教基",国清遂得复其本来。此外,性澄还曾去书高丽,试图求取天台遗书,可见经过宋元更替,天台教典又有散失。不过高丽回书性澄,言无有天台佚书,性澄遂作罢。性澄的弟子主要有弘济、本无、允若、大安、善继等人。

弘济(?—1356),绍兴余姚人,俗姓姚,字同丹,别号天岸。弘济少即出家,二十受戒,持四分律。后忽然有感:"律可学,教不可学乎?"遂投四明延庆寺从半山全公习台衡之教,于修忏入定中得智者大师授以犀角如意,自是辩才无碍。时性澄董理演福寺,延弘济为首座。泰定年间,弘济开法于圆觉,大倡性澄之学,学人辐辏。次年,盐官沙洲崩塌,有司忧之,遂兴法事。弘济令修水陆大会,咒之以沙水,"足迹所按,土皆凝然"。后应讲于姑苏达六年之久,至正五年(1345)弘济归本郡主圆通,一时法事大盛。四年后,弘济隐退,专心念佛三昧。至正七年(1347),弘济年已八旬,杭之僧人坚请主大普福,遂赴。不久,因海内兵兴,故退归清镜阁,以净土为务。至正十六(1356)年,弘济圆寂。从弘济一生之行迹看,以行忏修净业为主。著述有:《四教义纪要》、《天岸外集》等。弘济所传弟子有:上竺道臻、超果允中、雍熙净琛、圆通有传等。

本无(1286—1343),台州黄岩人,俗姓陈,字极元,又号我庵。本无少习儒典,年十三依方山宝禅师出家于瑞岩。后得蒙润、性澄开导,遂致力于山家教典,得尽台教之渊奥。曾有感:"文字之学必待静默而后有所悟入",可见其体会之深。曾出住凤山崇寿、普福、延庆诸寺,多次得到朝廷奖誉,受赐法号。本无天性高洁,不耐俗事,过往从者多为名士大夫,至正三年(1343)示寂。著述有《楞严经集注》、《山意集》等。法嗣有弘道、慧隐、允中、大始等。

允若(1280—1359),绍兴人,字季衡,号浮休、若溪。允若少有家学,九岁能通《春秋》。后志求方外,依云门广孝元公祝发,十五岁受戒。曾谒大山恢法师,得授台教。后闻性澄讲法于南天竺演福寺,复往依止。允若对山家山外之争予以了特别的关注,"凡法智立阴观妄、别理随缘、究竟蛣蜣、理毒性恶等文,益推斥其义而沉涵之。至于恩清之兼业、昭圆之异说、齐润之党邪、仁岳之背正,亦皆察其非是及所以害道之故。心既有得,乃质之二师而复取正于澄公。声入心通,解行日著。澄公甚器之,俾历要职"①。允若的义学旨趣使得他成为元代台僧中为数不多的几个能深达山家教义中的一个。允若曾住昌源,极力经营寺宇,三年后应请为演福寺首座,摄众千人。泰定年中,受命主兴福寺。当时性澄几个弟子主于杭州诸刹,皆有重望,故允若与他们被时人称为佛海四天王。不久,允若退归云门,与诸师翱翔于山林,又被誉为云门三高。至正年间允若主持圆通寺,后应请主下天竺。时灵山璎珞泉水已涸,允若执锡而祝,泉复涌出,由此得名"再来泉"。允若说法如春雨化人,令闻者若饮醍醐。不久,允若以年高而再归云门,筑精舍以为净行,至正十九年(1359)因兵戈而遇害。允若有文才,元代文人多与之交往。弟子有集庆友奎、演福良谨等。

善继(1286—1357),浙江诸暨人,俗姓娄,字绝宗。善继少从叔父治《春秋》于山阴灵秘寺,遂得窥三藏诸书,由此感叹:"《春秋》乃世间法,欲求出世,非释氏将畴依",故即于此寺而出家。后从兴福寺大山恢公习台教。恢公后迁云间、延庆,善继复往南天竺演福就学于性澄。性澄即问

---

① 《续佛祖统纪》卷上,《续藏经》第 75 册,第 745 页中。

以《十不二门》的观法的归属、诸经之体的迷悟问题,善继所答均甚称教旨,对此,性澄喜不自胜,以为法脉有寄矣,后被性澄擢为首座。性澄后迁上天竺,蒙润补处,留善继主其职。天历二年(1329)出往良渚,日讲《光明经》,梦中得知礼提示。至正二年(1342),受命移住天竺荐福寺,至正六年(1346)升住天台能仁寺。善继三主名刹,以讲论天台三大部为主,力倡解行并驱,正助肩修。后因兵难而转以净业为务,系念佛名,昼夜不止。至正十七年善继安然而逝。弟子有:灵鹫怀古、延庆自明、崇寿是乘、演福如玘、能仁净昱等。

第二节 元代天台教学

较诸宋代天台,元代天台教学在义学上似乎并无特别突出之表现。但元代天台教学仍有其可观者:一是元代天台讲教风气颇盛,讲寺林立;其次则是涌现了一批如虎溪怀则、玉岗蒙润这样的义学高僧。

一、元代天台教学制度

元代台教的发展与元代天台的教学制度有密切之关系,其中寺院系统、讲教风气是两个特别值得关注的因素。

(一) 寺院系统

与两宋相比,元代天台佛教之发展呈现出一些新的特点,其突出表现在它的分布格局上。较诸宋代天台,元代天台的活动区域有从浙东转向浙西之倾向。其中杭州取代了四明,成为天台教学的中心,而除杭州以外的浙西其他之地(如海盐)亦成为天台教学的重镇。

天台宗分布格局的变化首先与宋元之际的战乱破坏有关,经过宋元交战,南方的许多寺院都遭到了破坏,天台宗也难逃此难,对此,《续佛祖统纪》已有论述。但与此同时,出于宗教统治的考虑,元朝实行"重教抑禅"之政策,故元政府既要扶持作为"教"门核心的天台宗,又要对之实施有效管理。为了便于控制作为"教"的天台宗,元朝政府自然希望天台的名寺重刹能建在大道通衢的大城市,杭州则是首选甚至是唯一。因为杭州曾是南宋的首都,乃政治、经济、文化中心,其重要性是江南任何一座城市难以与之相提并论的。故元代统治者极为重视杭州,力图通过一系列的措施控制杭州,从而有效经营南方中国。对于浸染于宗教氛围的元朝统治者而言,他们自然是意识到宗教事务管理在其中发挥的作用。所以,元代政府想方设法建立起与当地重要宗教派别的联系,通过制度化的行政手段与随机性的奖励赐封达到以教护政的目的。由于天台佛教在江浙一带独特的传统和重要性,元朝政府对天台佛教采取了大力扶持同时又有所抑制的政策。

元朝政府规定,行宣政院方才具有任命天台宗重要寺院住持人选的权利。对于佛教寺院的住持的遴选,元代政府并不事必躬亲,一一过问,但对于一些重刹名寺的人事变动则必加以控制。所以我们看到,元代台僧出主某一寺院往往具有两种形式,一是受命,这属于官方委派。二是应请,这算作民间运作(其中也包括地方行政长官的邀请)。受命的一般是名刹大寺,应请的则多为小庙小寺。这样的事例极多,我们不妨试举一二。

如玉冈蒙润早年出主海盐德藏讲《法华》,这是属于非官方性质的出任。后因名声鹊起,故"迁主演福"。演福是当时较为著名的寺院,蒙润得"迁"显然得到了政府的肯定。后来有一段时间,蒙润退归白莲花,专修念佛三昧,发誓不再出山。但这时元朝政府要求蒙润出山,"行宣政院强起之,主下竺灵山"①。下天竺灵山是当年慈云忏主的道场,有元一代与上天竺构成为天台宗的两个最著名的寺院。对于这样一个重要寺院的住持一职的人选,元朝政府自然要再三权衡,一旦确定人员,则采取行政命令的形式。如有必要,甚至要用强制的手段迫其就命。事实上,蒙润受命出主下天竺是要补前任性澄离去的空缺,如《续佛祖统纪》在记述

---

① 《续佛祖统纪》卷上,《续藏经》第 75 册,第 744 页上。

善继行迹时所说:"会湛堂迁上竺,而玉冈润公来补其处。"

湛堂性澄的情形亦然。性澄原先是在南天竺从学云梦允泽,曾出主东天竺,后于至大戊申年(1308)迁住南天竺,泰定甲子年(1324)又"选住上天竺"。性澄从"出主"到"迁住"直至"选住",体现了元代佛教选拔重要寺院主持之程序的严格。由于中央政府对名刹的控制,保证了名寺的住持绝非一无名小卒或与政府缺乏合作态度的僧人,也确保了寺院日常事务并不因住持之调离而有所影响。在这点上,元朝政府的确表现出很高的行政能力。

不过元朝政府处理宗教事务的高效率显然是以牺牲佛教自身权益为前提代价的,与宋代相比,元代天台道场自身的权利很小,绝少有由某一高僧主持一名寺重刹的情况出现,由此造成的结果是,元代天台宗难以形成如宋代一样的以某一高僧或重要道场为中心的学派,也缺乏一以贯之的道统传承。尽管事实性的天台法脉仍在延续,但道场的缺乏独立性使得宋代天台浓郁的家族性谱系不复存在。与此同时,由于元政府实行"重教抑禅"之政策,所以天台教学的义学讨论之风很盛。由此我们不难看到这样一个有趣的现象,一方面总体来讲,元代天台僧人在教学上没有新的突破,并未贡献出体系化的理论成果,另一方面仍涌现出如虎溪怀则、玉冈蒙润等义学高僧。

(二)讲教之风

相对于宋代,元朝政府推行重教抑禅之政策,故讲寺林立,这在很大程度刺激了元代佛教僧人对义学探讨的热情。作为教派的代表,元代天台宗的讲教之风尤其浓郁。

从元代天台僧自庆编修的《增修教苑清规》看,其所设之安居门中有"三科习读"、"锁试"等,这是教苑清规有别于禅苑清规之处,体现了天台宗的讲教特色。

元代天台宗讲教之内容乃是对宋代天台的继承,其讨论的教义主题基本不出宋僧范围,就此点而言,元代天台讲教并没有创造性。相对于宋代天台,元代天台讲教的特别之处在于其讲教的形式:从学的角度看,台僧虽有师承关系,但并不拘束于一师一所,而是转学多师多处,故其所学之"宗派"意识要淡于宋代天台。而一旦台僧学成,则往往因种种因缘而应讲于他寺,其中虽有长讲于某一寺院之情形,但更多的情况是遍讲诸寺。由于这种应讲制度,元代天台的讲教具有某种公共性的色彩。

我们以玉冈蒙润之法嗣大用必才为例说明之。必才出生于台州临海,年12即听闻越州嵊县报恩寺为剡元觉先法师讲教之所,遂往焉。觉先与必才不是一个时代的人,故文献讲其往嵊县,并未言其从觉先。事实上,嵊县报恩寺曾为天台重要讲寺,云梦允泽即是越州剡溪人,早年即出家于报恩寺,投剡元(源)妙悟法师,也就是剡元觉先法师。必才初从西江翟公出家,十六岁拜谒湛堂性澄于南天竺渲福寺。性澄乃云梦允泽的弟子,曾谒允泽于南天竺而为后者所器重,故被委以要职。其时蒙润亦在允泽座下,性澄去世后,必才即从蒙润。

从以上所述可以看出,必才十二岁即闻觉先讲寺之名而往之,反映了当时讲教之风的盛行和参禅之风的相对不振,此与宋代参禅风靡天下之情形相比,相去甚远;而必才所学虽是诸师,但都属于天台剡元觉先这一系统,这也反映了尽管当时台教支脉甚多,天台宗还是由几个主要派系支撑的状况。当然,元代天台佛学的这种派系没有宋代天台佛学极浓郁的"正统"意识,而更多表明一种主导性的师承关系。这样一种师承关系是在元代天台讲教体系下展开的,而不同于宋代天台的嗣法制度。故确认某一台僧属于某一系统,并不必然意味着其与其他系统中的台僧没有师承关系。譬如蒙润虽后从性澄,而其早年是从怀坦系统的古源永清习天台教,永清去世后,再转学性澄。可见,蒙润本身就是一个转学多师的例子。故此,当必才从学蒙润后,我们不可绝对地说其只是怀坦系统或剡先系统。事实上,在元代的情形下,讲教制度同嗣法系统分开后,师承关系更多与讲教活动本身有关。

必才初入性澄门庭,即有绝大之学术雄心,"乃执经入室,足不出户限者十年",如此,"山家部味教观,一经指授,意释心融"。① 由是,必才得到了蒙润的激赏。其时,蒙润门下,英俊齐集,我庵、无绝、宗继、英声、伟望等皆均为绝出时流者,在此氛围下,必才与诸生得以剖析宗义,议定教章,将自身的台教义学水平提升到一个新的高度。从必才学习台教的形式、内容可以看出:一方面是必才自身对天台经典的深入研读。必才为学可以足不出户达十年,较诸董仲舒的三年不窥园尤甚,这说明其对天台宗义有着浓郁的纯学术兴趣,也反映了当时的天台教学体系足以支持这样一种纯学术的教义学习;另一方面,必才不是独自一人闭门苦读,而是有老师之点拨,与同门的研讨,其处于一个公共性的学术环境下。事实上,与同门的研讨教义、相互激荡是元代台僧学习过程中的一个普遍现象,也可以说是元代天台教学制度的一个必要环节。如弘道本为如我庵本无法嗣,我庵去世后,"去从绝宗于荐福,与大璞、大彻辈,研究考核,其业益精"。② 由于同门之间形成相互砥砺之传统,即便他们日后各主一方,亦相从往来、声气相投,如性澄法嗣允若后应主兴福寺,"当是时,倡道杭之南北两山者,若天岸济、我庵无、玉庭罕与师皆有重望,人称为佛海四天王"。

后蒙润应主当湖德藏,必才随之,并在蒙润谢去后继之。此后,必才又曾主杭州之兴福、演福,惟以讲说流通为务。当湖德藏为元代天台著名讲寺,蒙润于此长夏讲《法华经》,"听者日千余人",可见讲席之盛。必才之继席是在蒙润主动引退情形下,这说明必才亦有极高的讲教经义之水平,否则其难以维持此讲寺的运转。尔后,必才之主兴福、迁演福则表明,必才得到教界首肯,故得以不断转讲更有名望之讲寺。这样一种"转讲"形式是元代天台讲教制度得以维系的重要方面,因为只有通过"转讲",讲僧间的教义竞争才得以一种制度化的形式予以评价,而天台教学

---

① 《续佛祖统纪》卷下,《续藏经》第75册,第746页下。
② 同上书,第750页上。

的公共性也就此表现出来。譬如杭州演福寺是当时天台著名的讲寺,号为教海,能主此讲寺者自然是代表了极高之荣誉,要达此位,讲僧必须经历相当之迁升程序。必才如此,其师蒙润亦是如此。蒙润在应主德藏前就在演福就学性澄,虽"升居第一座",仍要出主德藏。后因振名于德藏,故得"迁主演福"。当然,台僧以"转讲"而迁主要缘于个人的教义水平,但师承关系与元朝的行政体系也在其中起到一些作用,这也是我们必须考虑到的。比如演福寺前后为性澄、蒙润、必才所主,三人乃前后相继之师承关系,这虽不必然表明人事关系主导了"转讲迁主"过程,但至少也说明,人事关系是一个重要的背景因素。

元代天台的讲教之风推动了学僧对台教宗义的探讨,也使得元代天台义学在某些领域取得较大成就。其中,虎溪怀则的性恶论和玉冈蒙润的判教诠释乃是元代天台义学的典型代表。

二、元代天台的义学成就

(一)虎溪怀则的性恶论

虎溪怀则,浙江上虞人。从其行迹看,主要活动于宋末元初。怀则师承不甚明晰,但一般以之为允泽弟子,因而属于刹先系统。[①] 虎溪的主要著作为《天台传佛心印记》与《净土境观要门》,其中前者集中体现了虎溪的性恶思想,为他的代表性作品。

在文章之首,怀则即指出了性具思想为台教宗旨之所在:

> 只一具字,弥显今宗。以性具善,他师亦知。具恶缘了,他皆莫测。是知今家性具之功,功在性恶。若无性恶,必须破九界修恶,显佛界性善,是为缘理断九,非今所论。[②]

[①] 据《续佛祖统纪》中的"刹源先师法嗣"所记,允泽得法弟子有志安、元净、性澄、净真、宗渠等四十余人,并未特别提及怀则。

[②]《天台传佛心印记》,《大正藏》第46卷,第934页上。

怀则以为天台性具之关键不是具"善",而是具"恶",因此性具可以表述为性恶。此点只是祖述四明的观点,不能说怀则有多少发明。尤其需要指出的是,由于怀则在此处综合了智者与知礼的说法,故而在表述中内蕴着一种矛盾。一方面,怀则特别强调性具之功在于"性恶",但另一方面,他所说的性具恶又是指"具恶缘了"。我们知道,智者大师谈论性恶问题是围绕佛菩萨之化他而展开的,根据圆教的观点,佛菩萨在化他时不断性恶,因而修恶不断,从而能自在游戏化他,这不同于别教须作意为之。当然智者说佛不断性恶并不意味着佛性具"恶",因为化他是在缘了二性上展开的,说不断性恶是专就此言,而非对于正因佛性。从这个意义上讲,我们未尝不可说智者只是说"修恶不断"。

相对于智者仅以"性恶"作为化他法门,四明知礼则要突出"性恶"即是实相的思想。若此,则性恶不独在缘了之中,亦在正因佛性中,其主"理毒即性恶"即说明此点。当怀则将此两种说法并具于一文时,他也许没有注意到智者与知礼的微妙差别。不过这也许是怀则的有意为之,因为他的目的就是要把性恶论抬到天台传佛心印之高度,以对抗禅宗的传佛心印,就此而言,统一知礼与智者的思想是一种必然。对于此点,尽管我们以前关注不多,但怀则其实讲得很清楚。

首先,怀则坚持知礼的观点,以修恶即是性恶法门,并由此开掘智者思想中的这一因素。怀则是从观心圆融三谛角度切入的,他以为智者在《摩诃止观》中的观阴界入就体现了这一原则:"故《止观》所明十乘妙观,观于阴等十境,三障四魔,一一皆成圆妙三谛。"怀则以为智者观心不仅是出于观法简易之虑,其对观境的简择,"去丈就尺,去尺就寸,伐树得根,灸病得穴",目的是要即就阴识中的六识而观。若此,"方显九界三道修恶当体即是性恶法门"。

检索《摩诃止观》文本,智者只是强调观于阴识,并未由此推出修恶即性恶的概念,怀则这样做的目的显然是要建立起《止观》与性恶之关系。当然,智者的观心理论中也是存在着"性恶"思想的种子,所谓一念无明法性心就说明了此点,不过这似乎并未引导智者走向妄心观。因此我们只能说,怀则通过自己的诠释建构起智者与知礼的联系。

为了说明性恶论非仅是天台一家之旨,而更具有一种普遍性,怀则还指出佛教大乘经典乃是普谈性善恶。《华严》以随染净缘而生十法界,迷则十界俱染,悟则十界俱净。《法华》则是从诸法实相角度把握性恶,既然诸法实相不出权实,则诸法是同体权中善恶缘了,实相是同体实中善恶正因。《涅槃》认为阐提、善人俱有性善性恶。《请观音经》中则有消伏毒害概念。虽然诸经"立名不同,广略有异",只是为随机利顿而方便说法,勿可守语害义。究其实质,佛性三因互具,性恶不局在缘了修中,亦在正因性中,故而性修均俱恶。

由此,怀则将性恶论与天台一念三千的概念结合起来,故云:

> 故知善恶不出十界,十界性融互具成百界,界十如则成千如。假名一千,五阴一千,国土一千。如此三千现前一念修恶之心,本来具足,非造作而成,非相生而然,非相含而然。一念不在前,三千不在后。一念不少,三千不多。须知情可破,法不可破,执法成病亦须破。是则善恶净秽是法门理体,体本明净,不断纤毫。①

智者曾以心与三千法之关系批驳诸师之说,独标"具"义,而怀则通过性恶与一念三千的结合推出"如此三千现前一念修恶之心,本来具足",此即所谓理具(或理造)的概念。从表面上看,怀则依然还是复述四明的观点,不过在理解与论证上,他与四明似有不同。四明的理造即融事造是以湛然的随缘不变的思想作为中介而建立的,随缘不变为性,不变随缘为心,所谓的缘理断九非是随缘圆义,而是以其不明随缘应以"理造"为前提。与之相比,怀则并不特别重视"随缘"的概念,他的理体三千是由三千法与"一念修恶之心"的相合而成,因此他理解的"理具"更有"心具"义,而非"性具"之义。关于此点,怀则说得也很明白:

---

① 《天台传佛心印记》,《大正藏》第46卷,第934页中、下。

> 故用即空、即假、即中,达此一念修恶之心即是三千妙境。修恶既即性恶,是理具三千,而此修恶便是妙事三千。但观理具俱破俱立,俱是法界,自然摄得事用三千。三千皆实,相相宛然。事理本融,非头数法。①

怀则理解的理造即融事造是在一心三观意义上给出的,因为观一念修恶之心具三千而呈现空、假、中三种状态,故其为三千妙境,达修恶即性恶,故为"理具三千",而具体的三千乃妙事三千。理具三千摄得事用三千,乃是由圆融三谛之理所决定的,是"心"本身的三谛性统一了理具与事用。在此,我们看到怀则的性恶思想又是置于观心圆融三谛范畴之下的,尽管他也得出"三千皆实,相相宛然"的结论,但与知礼对性恶的凸显相比,怀则还是有所不同。

基于这一种性恶观,怀则对智者大师的"佛不断性恶,阐提不断修恶"予以自己的解读。以下便是他对智者《观音玄义》中论性恶一段文字的模拟:

> 问曰:阐提与佛断何等善恶? 答:阐提断修善尽,修恶满足。诸佛断修恶尽,修善满足。问:修善修恶既是妙事,乃属所显,何名所破? 答:修善恶即性善恶,无修善恶可论,斯是断义故。诸佛断修恶尽,阐提断修善尽,修善恶既即性善恶,修善恶何尝断,斯不断义。断与不断,妙在其中。问:阐提不断性善,修善得起。诸佛不断性恶,还起修恶否? 答:阐提不达性善,为善所染,故修善得起,广治诸恶。诸佛能达于恶,故于恶自在,恶不复起,广用诸恶化度众生,妙用无染,名恶法门。虽无染碍之相,而有性具之相。②

怀则在此段文字中关注的是修善恶的问题。在回答第二问:"修善修

---

① ②《天台传佛心印记》,《大正藏》第46卷,第934页下。

恶既是妙事,乃属所显,何名所破"时,怀则提出了"断"与"不断"两个概念。断是就修性相即而言,既然修善恶即性善恶,也就是把"修"还原为"性",则无有修善恶可论,斯为"断"义。"不断"也是从性修相即而论,同样是把"修"还原为"性",修善恶既为性善恶,而性不可断,则修自然也不可断。怀则对"断"与"不断"的辩证是要说明,修善恶有断、不断之妙义,显破并存,不可偏执。这样,怀则其实就把佛、阐提不断修恶善的基础"不断性善恶"转化为佛、阐提本不断修善恶。正因为阐提断修善,又未断尽,故能修善得起。诸佛断修恶,亦未断尽,故能修恶。

怀则对修善恶的断与非断的论述其实就是引出对天台除病不除法原则的强调。故此,怀则以为非但三千即三谛,而且三谛即三千。三千即三谛很好理解,指一念三千法具有空、假、中三性。而三谛即三千则是要消解三谛自身的实体化,进一步贯彻性恶原则,如怀则所云:

中谛者,统一切法;真谛者,泯一切法;俗谛者,立一切法。三千即中,以中为主,即一而三,名为本有所观妙境。以空假即中,三皆属性。中即空假,还归二修。①

如此,空、假、中三谛三法不是孤立独待的,而是在一种对待关系中展现的,故而不即不离,互具互入。在此基础上,空、假、中三观得到统一,一空一切空,三观皆空观;一假一切假,三观皆假观;一中一切中,三观俱中观。所以,"终日破相,诸法皆成;终日立法,纤尘必尽;终日绝待,二边炽然"。

显然,怀则同四明一样,达到了对"法住法位,世间相常住"的肯认。不过,知礼建立实相与世间相的当体相即,不是简单地由三谛互融互具而来,而是通过辩证否定的形式完成的。比较起来,怀则偏重

---

① 《天台传佛心印记》,《大正藏》第46卷,第935页上。

于诸法的三谛圆融。怀则根据以上所说以为，谈论三千之法最圆者当为《法华》，因为其他经典或有兼带之过，或有隔偏之失，《法华》则不然，"非但纯一无杂，复能开粗即妙。题称妙法，良在兹焉。是知用此绝待妙法为观体者，方譬日光不与暗共"。所谓绝待妙法即是三千妙境，也就是诸法实相，而性具实相的关键就是性恶，这样《法华》的诸法实相与性恶得以统一。

怀则的思想是四明之学在元代的延续与发展。怀则关注智者与知礼的结合，统一观心圆融三谛与性恶论，从而将四明一家之旨上升到天台传佛心印之高度。当然，怀则对天台性恶论的标识乃基于台禅对抗之背景而申明台宗正统之地位，故这样一种理论诠释维度也直接影响到元代以后天台教宗人对天台教旨的阐发。

（二）玉冈蒙润对《天台四教仪》的诠释

《天台四教仪》（下简称四教仪）为五代宋初高丽僧谛观所著的一篇关于天台学说的纲领性文章，文章首次提出"五时八教"概念，以此归纳天台智者的判教体系。由于此文是伴随着宋初天台教典自海东归华而在天台学界流传，且据志磐《佛祖统纪》所述，此文乃谛观禀《法华玄义》而录出，故其一般被理解为是对《法华玄义》的概述，而非谛观本人见解之表达。因此，此文对当时天台学者总体把握天台学说有一引领性作用，其效应一直延续到后世天台学界。虽然明末智旭对谛观《四教仪》有严厉批评，以为其割裂教观，五时论不善巧[①]，故有"《四教仪》流传而台宗昧，如执死方医变症也"之激烈言辞，不可否认的是，对《四教仪》的解说实际上构成了宋元天台学说发展的一个重要组成部分。后世对《四教仪》的主要注疏有宋代神智从义的《四教仪集解》，元代元粹的《四教仪备释》、玉冈蒙润的《四教仪集

[①] 参见释来华《蕅益大师的台宗思想略探》，杭州佛学院编《吴越佛教学术研讨会论文集》，北京：宗教文化出版社，2004。

注》，其中最为流行的是蒙润之作品。以下结合从义的作品，分析玉冈蒙润的《四教仪集注》，进而把握元代天台的判教理论。

《四教仪》的核心思想见于文首一段：

> 天台智者大师以五时八教判释东流一代圣教，罄无不尽。言五时者，一华严时、二鹿苑时（说四阿含）、三方等时（说维摩、思益、楞伽、楞严三昧、金光明、胜鬘等经）、四般若时（说摩诃般若、光赞般若、金刚般若、大品般若等诸般若经）、五法华涅槃时。是为五时，亦名五味。言八教者，顿、渐、秘密、不定、藏通、别、圆，是名八教。顿等四教是化仪，如世药方；藏等四教是化法，如辨药味。如是等仪散在广文。今依大本略录纲要。①

五时、八教等都是智者大师判教体系中已有的概念，不过智者并没有明确地提出以"五时八教"作为一完整系统的判教体系。故当谛观以五时八教作为智者之判教之"仪"时，其对智者原有之判教原则是一种偏离。对于谛观给出五时八教之说的合法性，宋元台僧均没有提出疑义，他们更为感兴趣的是：在接受五时八教这一模式之后，如何处理《法华经》与五时八教之关系？因为作为天台圆教的经典基础，《法华经》实乃天台判教的根据所在，故要维护天台圆教，即要确保《法华经》超出群经的独特地位。五时八教模式的给出与《法华经》这一独特性地位是一个冲突，故对二者关系必须要有一个合理的说明。由此，对"天台智者大师以五时八教判释东流一代圣教，罄无不尽"一句的解读便成为关键所在。

从义《四教仪集解》对"以五时八教判释东流一代圣教，罄无不尽"的解释是：

> 以者，用也。五时八教下文自列所以天台明五时者，意彰如

---

① 《大正藏》第 46 卷，第 774 页下。

来说法年代有次第也。立五味者,欲显如来化益群机也。举化仪四教者,为辨如来出世仪式也。言化法者,盖示如来化物之法也。故五时八教其旨若斯。①

显然,从义是把五时八教看作是释迦说法本身所具之次第仪式,故其强调天台智者是"用"(以)五时八教来"彰显"、"显示"释迦说法,这种"彰显"、"显示"也就是对东流一代圣教的判释。于下,从义便对"判释"予以解说:

> 判释者,判谓剖判、分判也;释谓解释、消释也。如以化仪判《华严》为顿,即用化法别圆解释。《华严》既然,余皆准说。故荆溪云:顿等是判教之大纲,藏等是释义之纲目。②

如此,从义认可五时八教乃一代时教本身给出之次第仪式,乃是一普遍法则,则《法华经》当如《华严经》一样,亦遵从此一仪式,并据此而被判释则。由此,作为一名天台学僧,从义面临着紧随而至的问题是:荆溪湛然突出了《法华经》的崇高地位,以为"《法华》超八"或"超八醍醐",则《法华经》不当在五时八教判释之范围内。③ 既然谛观确认"一代时教"均以五时八教而判释,则《法华经》虽为至尊,不得例外此一原则。

显然,确立以"五时八教"为天台的判释原则同天台宗传统的以《法华经》为中心展开判释的原则有所矛盾,故有疑问"判释为定四时,亦通《法华》",如何处理这一问题呢?从义的圆通是:

> 此须分别。若以化仪四教判,则判在四时。判既如此,释亦例然。今此文云以五时八教判释等者,是则判释亦通《法华》。何以故?以判《法华》为第五时故,非顿渐之仪式也。以纯圆之

---

①②《四教仪集解》卷上,《续藏经》第57册,第538页上。
③ 参见潘桂明、吴忠伟《中国天台宗通史》,南京:江苏古籍出版社,2001。

教解释故,非兼带之参杂也。若准此意,与荆溪之说小不同耳。①

从义以为当分别而说:假若只是在传统的"化仪"模式下说的话,则对佛之教法的判释但限于"四时",则判释不指向《法华经》,从而维持了《法华经》的独特性。如果是根据现有的五时八教模式来判释的话,则《法华》不得例外,即:《法华》属第五时,非顿渐之化仪,乃圆教之化法。从义的解释虽有两全之美,但同湛然的"《法华》超八"的说法还是有所违背,引来"若尔莫不违荆溪耶"的疑问。对此,从义补充道:"各有所以,安得相违?且荆溪因释《法华》如是我闻故,以判释在《法华》前,以《法华经》超八教外,出四时表,故云:若非超八之如是,安为此经之所闻。今此文中判释等者,乃是统将五时八教判释一代,所以通于《法华》、《涅槃》也。"根据这样的解释,五时八教是对一代时教的普遍判释原则,《法华》的"超八"意义必须置于此一原则之下。

对比从义的解说,蒙润对《四教仪》的阐释还是要坚持《法华经》的独特性,确保天台开权显实原则的有效性,从而维护天台宗的圆教地位。

蒙润首先要处理的问题是,必须区分事实性的佛之说法次第仪式与天台宗自身之判教原则,其强调《四教仪》之"仪"实指天台判释之仪,而非如来说法之仪。如蒙润所云:

> 仪者,天台一家四教判释仪式也。文末既云:自从此下略明诸家判教仪式,显今一书明判明释在乎天台,岂可谓如来施化次第仪式耶。②

故《四教仪》之仪非是佛陀讲法次第仪式,乃是天台判教仪式,此不同于从义的理解。基于此,蒙润接下来对谛观"天台智者大师,以五时八教判释东流一代圣教,罄无不尽"一句作了如下注释:

---

① 《四教仪集解》卷上,《续藏经》第57册,第3页上。
② 《天台四教仪注汇补辅宏记》卷一,《续藏经》第57册,第679页上。

五时八教本是如来所说之法,大师依义立名,用此判释一代圣教,故云以也。然上天台智者乃能判能释之人,东流圣教乃所判所释之法,五时八教乃判释之仪式也。①

"五时八教"本是一事实性的佛之说法仪式,天台则借此"事实性"之佛之说法仪式作为自己判释佛之说法的仪式,故虽同指"五时八教",其义已不同。显然,这是为了协调佛之说法仪式与天台之判教仪式的关系。因为不可否认,就天台宗来说,判教仪式虽是基于宗派建设之需要而给出的一个理论创造,但"判教"本身的声明仍然是,此乃对佛之说法次第的客观描述。故当蒙润确认五时八教乃智者的系统判教仪式时,其必须说明此仪式的合法性,由此要解说此仪式与如来之说法仪式之关系如何。蒙润的处理是,此乃智者"依义立名",将作为佛说法之仪的五时八教,转为自己的判释之仪。由此一来,蒙润倒点明了判教的意涵:不是对佛之说法仪式的客观描述,而是对佛之说法本身的判释。

既已确立了五时八教为天台智者的判释之仪式,则判释的过程就是:智者以作为判释仪式的五时八教来判释作为佛之说法的五时八教(东流一代时教)。既然五时八教成为智者的判释仪式,随之而来的一个问题便是:作为判释仪式的五时八教又是基于什么原则而组织起来的?这还是要回到"开权显实"原则,也就关联到了对《法华经》的定位。在佛之说法脉络中,《法华经》的意义乃是佛之说法次第中的第五时,是被客观描述的畅如来本怀的圆教经典,前四时所说之法均为权教,至说《法华经》,则为实。故此,《法华经》与前四时经典的关系乃是实/权,佛乃是"开"说权教,而后演示实说之《法华经》。而在天台判释之语境下,《法华经》则成为智者据以组织判释仪式的根本原则——开权显实所在。如蒙润所云:

---

① 《天台四教仪注汇补辅宏记》卷一,《续藏经》第57册,第680页上。

> 盖天台准《法华》意判释诸经，如《签》文云：判释准乎部教，部教之义唯在《法华》。判谓剖判，释谓解释。妙乐云：顿等是此宗判教之大纲，藏等是一家释义之纲目。如以化仪判《华严》为顿，以化法别圆解释，乃至判《法华》为非顿非渐，以纯圆独妙解释。①

这样，《法华经》便处于两种角色之下：一方面，《法华经》是佛之说法，其属于被"判释"对象；另一方面，《法华经》本身又是作为一判释原则而给出，其不在此范围内。那么，蒙润如何处理二者之关系呢？

与从义的处理不同，蒙润坚持《法华经》的特殊性，不将其纳入"八教"范畴中，而同时还是把《法华经》与五时对应起来。这样，就事实性的佛之说法次第仪式来说，《法华经》乃属于东流一代时教，故在第五时；而就天台之判释仪式而论，因《法华经》本身乃是判释原则之所在，化仪化法之八教乃是围绕《法华经》而组织起来的，故《法华经》本身是不被八教所范围的。这样，《法华经》与诸经的关系不仅是前后相继的佛之说法的次第关系，同时也是判释之原则与判释之仪式之关系。这就突出了《法华经》的"妙"出群经的意义。为此，蒙润以天台宗的相待/绝待妙概念解释之，如其云：

> 妙名一唱，绝待俱时。故相待论判，出前三教四时之上；绝待论开，复能开前，令皆圆妙。今文但云开者，盖上既云化仪四教齐此，则显《法华》出前四时，况复下文历部拣教即是判也。然待绝二妙，妙体无殊，约义而论，开为正意。②

据智者，粗妙概念的建立是基于对三谛关系的表达，"但法有粗妙。若隔历三谛，粗法也；圆融三谛，妙法也。此妙谛本有"。③ 由妙粗二

---

① 《天台四教仪注汇补辅宏记》卷一，《续藏经》第 57 册，第 680 页中。
② 《天台四教仪注汇补辅宏记》卷二，《续藏经》第 102 册，第 715 页中。
③ 《妙法莲华经玄义》卷一上，《大正藏》第 33 卷，第 682 页上。

者之关系,则妙亦有二:相待妙、绝待妙。待粗为妙者为相待妙,绝粗为妙者为绝待妙。依此,智者将二妙与五味教联系起来,从而在判教意义上确立《法华经》的"妙":就"判粗妙"言,则"约五味教者:乳教说三种三谛,二粗一妙;酪教但粗无妙;生酥熟酥皆具五种三谛,四粗一妙;此经唯一种三谛,即相待妙也"。就"开粗显妙"言,"决前诸粗入一妙三谛,无所可待,是为绝待妙也"。蒙润吸收了相待妙/绝待妙之概念,但其不是用之处理五味之教的关系,而是用以说明作为判释原则的《法华经》与作为判释仪式的五时八教之关系。具体来说,便是以《法华经》之相待妙论"判",《法华经》之绝待论"开"。就"判"而言,"故相待论判,出前三教四时之上",又云"此以《法华》相待之意,判前四时不出顿等八教,意显《法华》超八教外,出四时表"。四时八教与《法华》的关系乃是粗与妙,《法华》待此四时八教而为妙法,故为相待妙。这样,蒙润就把《法华经》与其他诸经区别开,突出了它的"超八"。而就"开"来说,则是:

> 凡论开权,有约部、约教、约界、约理等。今云顿渐者,乃约部通开。顿渐是权,属前四时;非顿非渐是实,即今《法华》。又三即是权,一即是实,故以开废会三而结云:故言开权显实等也。开者,发也,拓也。昔不言三是方便,故方便门闭。今言三是方便,故方便门开。废者,舍之别名。开已俱实,无权可论,义当于废。约法乃开时,即废约喻,必义须先开。若约理者,开废俱时,开时已废故也。①

约部而论,前四时之教分为顿渐,而《法华经》乃非顿非渐,故前为权、粗,后为实、妙,开废四教之粗即成《法华》之妙,此为绝待妙。当然,相待妙与绝待妙是就《法华》之判/开而分析出的两个概念,而二者实际一体、俱时,如示师之"补"所云:"然此二妙,缺一不可。若非相待以判,则不显

---

① 《天台四教仪注汇补辅宏记》卷二,《续藏经》第57册,第715页下—第716页上。

《法华》超过之说;若非绝待以开,则不知《法华》妙一切法。"故依蒙润,"如上相待论判,绝待论开。约教别与,约部通夺。翻覆抑扬,方显《法华》出诸教上,部圆,教圆,妙绝群经。出世本怀于此畅矣"。①

既然以《法华》作为判释之根本原则所在,而诸经均要依此而被判释,则《法华》妙出群经之地位不可动摇,其与《华严》之胜劣之别当下可判。这就为元代天台捍卫圆教地位提供了一个理论上的说明。故就《法华》对《华严》之开会,《四教仪》本文云:"所以者何?初顿部有一粗(别教)一妙(圆教)。一妙则与《法华》无二无别,若是一粗,须待《法华》开会废了,方始称妙。"蒙润注释云:"所以者何?此征起释出不畅本怀之意,皆由在昔不能开粗显妙。故此以下,历部拣教,明判明开。初顿部等,于此别明顿中粗教,须待开会者,以时人谓胜故也。"通过对《法华》与《华严》胜劣之判,蒙润呼应了宋代天台的义学讨论,认同了天台山家的立场。

关于通别五时。

谛观于《四教仪》中以五味对五时教,以五味有二义:一约教取相生次第,二约根性取其浓淡。当然谛观以为,由于根性不同、历味不等,故"约最钝根性具经五味",而上达根性则可味味得入法界实相。谛观将五味与五时教对应起来,突出了佛之说法化机之次第,但实际上,佛之教法的给出次第同经典内容所属并不一致,与众生根性之转化次第也并不对应,故谛观说法有不融通之处。

故此,蒙润于《四教仪集注》中对《四教仪》的五时说予以修正,提出"通别五时论":

> 然只一五时,论通论别。别则次第,通则互通,并是如来赴机之相。但于通中有文通、义通。若文通者,如结集经家乃取部类相从之文,收通归别,如时长华严、方等、陀罗尼等是也。若义通者,如莲

---

① 《天台四教仪注汇补辅宏记》卷二,《续藏经》第57册,第718页下。

华藏海,通至涅槃之后,与夫日若垂没、余辉峻岭等是也。此则不可收归于别也。然非别五时,无以见如来说法次第;非通五时,无以见教法融通。①

五时有通别,则佛说教法的次第与经典内容所属的不相应性可以圆容。蒙润既已给出通别五时之概念,则五味与五时可以对应起来。五味有约教、约机之不同,约教论相生,约机论浓淡,由于有通别五时之分,五味与五时教之关系得以协调,故其云:"今文教论相生,机论浓淡者,令易显故。其实约机、约教皆具二义。"后来智旭在《教观纲宗》中对通别五时问题有进一步的论述。

蒙润最后的结论是:"如是则显上一书判释仪式,在今天台。然所判是如来说法仪式,能判是大师判教仪式,两种不分而分,须善识焉。"②蒙润对《四教仪》的解说在于弥缝谛观所说不周之处,确保天台在判教体系中的圆教地位。

三、元代天台与诸宗关系

(一)天台与禅宗之争

台禅关系在元代进入到一个新的阶段。由于元政府推行的"重教抑禅"政策,作为教门代表的天台得到了相当的发展,故台禅的竞争关系有了新的表现形式。元代台禅之争主要有:元初国清寺归属之争、二宗的谱系之争。

首先是国清寺归属之争。

由于宋元政权更迭,天台宗祖庭天台山国清寺在元初已是"易教为禅"。随着元代天台宗的兴盛和禅宗的相对衰微,台宗人士展开了对国清寺的归属之争。在此过程中,湛堂性澄贡献最大。性澄对国清寺之归

---

① 《天台四教仪注汇补辅宏记》卷二,《续藏经》第 57 册,第 733 页下。
② 《天台四教仪注汇补辅宏记》卷一〇,《续藏经》第 102 册,第 975 页上。

属之争与元初天台的复兴有密切关系,故我们有必要介绍一下性澄之师云梦允泽所做的一些工作。根据《续佛祖统纪》之记载,允泽从剡元觉先学台教于剡溪报恩寺,时报恩寺为台教名寺,觉先主之而"从学者数百人"。学毕于觉先,允泽先后主崇寿寺、广福寺、延庆讲席,再后来又主持演福寺,大倡台教,故被时人誉为"教之冠于禅者,实师之功"。在台教复兴的过程中,允泽对天台寺院多有修缮和认定,其中就包括国清寺,"国清以禅宗革,师出而论定雨华之尘,乃授同门,基故宫以创,兴源而规划之,而阐扬之"。可见,国清寺当时已沦为禅苑,且原有建筑已有颓废,故允泽对国清寺的归属予以论定,且有所修复。对此,《续佛祖统纪》中的"冶堂模法师法嗣"一条可以有所佐证,如文云:"(子仪凤山)寻从冶堂于华泾,报本习智者教。冶堂迁台之国清,又侍焉,悉究其学。继游钱唐,谒云梦泽公于演福。"①由此段文字可知,冶堂曾主国清寺,其时国清已复为教寺。

  从以上的叙述可以看出,国清的回归天台是在元初天台恢复的背景下展开的,其中云梦允泽及其子弟起了关键作用,如此,性澄在此过程中的决定性贡献与整个允泽系统对此事的参与分不开。再看性澄是如何力争国清寺的归属权的。如文献所云:"天台国清寺实智者大师行道之所,或据而有之,且易教为禅。师不远数千里,走京师,具建置之颠末,白于宣政院,平复其旧。"②时性澄尚在允泽座下,居南天竺(演福寺)之要职,其为国清走京师之举显然不是其个人行为,当是得到允泽的支持。而性澄在京师的一系列活动则进一步说明,其走京师的具体目的是要恢复国清之教寺地位,但并不限于此,"以秘密教不传于东土因禀戒于胆巴上师,既入其室而受觉海圆明之号。又从哈尊上师,传修习法门而究其宗旨"。从性澄与元朝藏传佛教上师的频繁接触可以看出,性澄对藏传

---

① 《续佛祖统纪》卷上,《续藏经》第75册,第742页上。
② 《续佛祖统纪》卷上,《续藏经》第131册,第743页中。

佛教已有所接受,这样做既是出于对神补汉传佛教的考虑,也有联系藏传佛教、提升天台佛教之地位之用意。果不其然,不久,"元贞乙未,入觐于上京,赐食禁中。复以国清为言,宣政院为奏请,降玺书,加护命弘公,主之辨正宗绪,扶持教基,使来者有依庇焉"。显然,性澄的努力没有白费,他的回归国清行动得到了元政府的支持,获得了世俗权力的保护。此后,配合国清的回归,性澄试图再求天台遗书于高丽,而被答之无有,遂止。

国清寺之争虽然只是关涉到一寺归属问题,实牵涉到元初以天台为代表的教门与禅宗之间的紧张关系,通过允泽一系的努力,国清恢复了教寺身份。以此为标志,元代天台进入到一个繁盛时期。

其次为心印之争。

在《天台传佛心印记》中,怀则突出了"性恶"论作为天台宗旨的意义。当然,怀则之意,不单是独标天台性恶之旨,而更以"性恶"为天台传佛心印对抗禅宗。

为了将天台性恶论普遍化为整个佛教之传法旨所在,怀则回顾了佛教史,竭力说明此一法印的传承。首先他谈到了印度佛教的情况:

> 此乃终穷究竟极说,是为佛祖正传心印。佛以是传之迦叶,迦叶以是传之于阿难,乃至二十四代传之于师子比丘,师子比丘遇难,不得其传焉。是为金口祖承,皆见而知之者出《付法藏》。[①]

针对禅宗所说的传法谱系,怀则批驳道:"或有前加六祖,后添四祖。说偈付法,拈花微笑,唱为教外别传。经论无凭,人皆不许。"这些当然都是重复天台宗人的论调而已,未是新论。但值得注意的是,怀则以"性具"为主旨,将天台宗教义的发展贯穿起来。他说北齐慧文因探《大智度论》得悟一心三智,而与龙树契会。慧文授之南岳,后者得证法华三昧。南岳再传天台,天台得证大苏山。后智者又以三千绝待妙观传之灌顶,灌

[①]《天台传佛心印记》,《大正藏》第46卷,第935页中。

顶而下,二威左溪相继,直至湛然,复对天台之旨再作传记,以彰显之。此后,法难兵火不断,天台黯然。待至教典还复,教观复兴,四明中兴此道。这样,怀则就把知礼的教义与天台宗的宗旨,乃至整个佛教的究竟之说联系起来,从而确定了四明学的权威地位。

为了彰显此传佛心印的高妙性,怀则还以知礼的性具恶法与佛教诸宗之说进行比较。首先是诸宗不明"性具恶"义。华严只言性起,而无性具,故只有性具善,而无具恶。禅宗虽言烦恼即菩提,生死即涅槃,但有言无旨,因为它必须翻九界修恶证佛界性善。即便禅宗讲直指人心,见性成佛,也只是真心成佛,而非妄心成佛。由于诸师言即,均是指真即真,偏指佛界真心,故一破一立,则成别教缘理断九。其次是不明"性恶即法性异名"。法相唯识宗不明性恶即佛性异名,以烦恼心、生死色无佛性,故阐提不成佛,无情无性。华严虽有众生成佛,但隔断无情,"须破九界烦恼生死修恶,显佛界性善佛性",故但知果地融通,不了因心本具。如此,则会导致"非但无情无性,有情亦无"。怀则的解释是"须约真心说唯心,则成遮那有佛性真常色,说唯色则成寂光有佛性,何关有情烦恼心,无情生死色耶"? 在这点上,怀则批驳了他教对天台观法的谬解。他人云,天台教法固是高妙,但行法也不过是四禅八定而已,远逊于禅宗之行法。怀则以为不然,以为"良由他人见今家,立第六识为所观阴境,乃谓权教所诠,观第九识方同佛体,如斯指斥,谬之甚矣"。这其实涉及到真妄心观之争的问题,对此,怀则首先指出六识与阿摩罗识、阿梨耶识、末那识三识的相即性,但若直接以此心缘于佛界实相理则不行,因为六识既是修恶体,又是能观观法,为所显法体,正如湛然所云"忽都未闻性恶之名,安能信有性德之行"。由于修恶即性恶,故观心无惑可破,无理可显,亦非作意神通而起,乃是全性恶而起。怀则再三强调的还是天台性具善恶乃是圆融至极,故达具一切佛法即性恶也。

接下来,怀则又对"传佛心印"予以解说。何谓传?怀则说道:

> 故得山林之下,草泽之士,精究佛乘,弘宣圣化。或于师门耳提面命,见而知之。或于经疏研几索隐,闻而知之。见闻之间,两心相照,玄领默契,名之为传。我心本具,不从他得,名之为不传。①

传的具体方式有很多种,但概言之,不外见/闻二者耳。既是见闻,必然要涉及与另一主体的关系问题,故所谓的"以心传心"其实也是可以纳入这一体系中,因为不管怎样,即便他们不用语言,他们之间的传还总要通过某一特定语言。相对于此,"不传"是指非从他得,即没有和另一主体发生关系,完全是自心本具。虽然此不传具于心中,但一定要"点示方知"。显然,怀则对"传"的这番表述是要否定禅宗自诩的以心传心的独特性,因为以心传心其实并不别于一般意义上的传,而要"传",就要点示,因而"教"的意义就很重要。

怀则以为,此不传之妙如印即心,是名心印,"知此者,名妙解;行此者,名妙行;证此者,名妙果"。以上所说这还属于自行方面,因为对于迦叶而言,他是于譬说中,一闻即悟,未假修持。而从化他角度言,由于根性不等,证有迟悟,则教法有通别。因此佛陀涅槃前虽以法付嘱迦叶,非是说如来惟将心印传于迦叶,余皆不了,而是出于护持正法之考虑,怀则以为有其意有三:一、如来谢,迦叶缘生;二、迦叶苦行,能令佛法久住;三、附于小果,化导易行。最后怀则以为,了达佛教自行化他,即明传佛之旨。

显然,怀则确立性恶论为天台传佛心印乃是模仿禅宗之传法心印之做法,心印之争反映了元代台禅之争在一个更为宏大的叙述体系下展开。

(二)天台与净土的合流

元代天台与净土的合流可从理论与实践两个方面看。首先从理论上讲,宋代天台致力于将天台理论落实于净土法门,力图为净土法门确

---

① 《天台传佛心印记》,《大正藏》第46卷,第936页中。

定一个理论上的合法性。元代天台僧人继承了此一传统,将净土论组成为天台宗义的一个重要组成部分,试图统一天台观心法门与净土观佛法门。其次就实践上来说,元代台僧多修净土法门,志在念佛。

首先是台净合流的理论向度。

净土论为元代台僧理论创作的一个重要方面。我们以虎溪怀则为例说明此一问题。虎溪怀则的净土思想是基于天台观心,其净土论的代表作便是《净土境观要门》。首先怀则将净土法门的地位提到一个相当的高度,以为净土法门"乃末世机缘出生死之要路,横截五道之舟航,一生彼处,永无退转"。① 净土对于末世众生如此切要,但惜之"下劣凡夫贪著粗弊色声,甘心流浪生死,不求出离"。不过怀则进一步指出的是,虽然"厌苦求乐,发心念佛者多",而了知境观者少。怀则以为,以境观指导净土十分重要,如此方不致"徒劳苦行",显然,这是继承了宋代天台山家的净土观,体现了元代天台宗人欲更紧密地以天台思想统摄净土法门。

要以境观指导净土,则当了知"观境",这就涉及"观心"与"观佛"两个不同概念,怀则"境观"的核心即是要对观心与观佛的统一性予以重新合理的解释。故此,在文中,怀则提出要整合即心观佛与约心观佛,他说:"然而即心观佛亦明约心观佛者,约心就托佛边说,即心就本具边说论。由具故即也,各举一边,意必双含也。"怀则以为,辨析境观极为重要,因为宋代天台对此已是歧见迭出,所以他首先回顾了天台山家内部对此的讨论。净觉仁岳以为"摄佛归心然后用观名为观佛",广智尚贤则云:"摄心归佛名为观佛,此乃直观于佛,祖师何名心观为宗?"二师相执不下,质之于四明知礼。知礼兼收二说,指出:不是摄佛归心也,亦非摄心归佛也,乃是约心观佛。原因何在呢?缘于"弥陀净土既是我心本具,是故托彼果佛三十二相,熏我自心本具法身性体,观智若成,自然发现"。《妙宗钞》对此亦言之甚明:"托彼依正,熏乎心性;心性易发,即此义也。"

---

① 《净土境观要门》,《大正藏》第 47 卷,第 289 页下。

既以佛"具"于本心,又以"托"佛之相可"熏"本心之法体,则约心观佛就在心与佛之间建立起如下关系:由本具故可托,由可托故可熏,由可熏故可现。明了此点后,怀则又对此观境之真妄作了说明,以为"祖师(四明)虽有唯心观立之言,正是唯于妄心所造之境",如此方能避免约心观佛成为摄佛归心。

怀则在复述知礼思想的同时,其境观之说亦有新意,这就是约三谛三观而显能所二观。如在以三观三谛解释唯心净土与十万亿刹净土的矛盾时,怀则说道:

> 就不失自体,东西宛尔,边何妨在十万亿刹之外,即妙假也;就同一性体,不隔毫厘,边即妙空也;就不一不异,二相亡泯,边即妙中也。亦是一即一切,故不妨远;一切即一,故不妨近;非一非一切,故不远不近。以例取舍,不取不舍。①

依此,则净土之相无非三谛之显,未可偏执一边。因此,谈唯心净土并不废西方实有,但只有坚持天台性具理论,以理造即融事造,方可论事用三法。所以怀则说:"何故《妙宗》引《般舟三昧经》三力为证:一佛力、二三昧力,此二非事用耶?三者本功德力,此非理具耶?"②

从这个意义上讲,怀则约境而观其实也是一种"方便",非是究竟,如其云:"然末代行人而欲立行造修,须拣入理之门、起观之处。以众生在迷,未悟理故。故至第七正修章中,方论阴等十境,的拣所观。"③ 如此,则境观虽是行法之要,亦不可执,故四明极端的妄心观重被纳入到三观体系中。

再者是台净合流的实践层面。

元代台僧修习净土法门的个体性很强调,且有专修净业之倾向。从《续佛祖统纪》所叙元代天台诸师列传看,元代台僧普遍修习净土法门,

---

① 《净土境观要门》,《大正藏》第47卷,第291页中。
②③ 同上书,第291页中、下。

尤其是在生命的晚期,往往以修习净业为己任,其中又以怀坦系统、觉先系统修净之行为最为突出。

先看怀坦系统。义学名僧玉冈蒙润乃古源永清之法嗣,其在天台讲教方面取得很大成就,亦曾主持名刹,但于"宗风益振"之后,却是"退归白莲,修念佛三昧",而依之者益众。后虽复主他寺,晚年则"复归白莲,老焉",往生前"骤称佛号数考",泊然而世,可见蒙润志在净土。蒙润弟子大用必才,"以观行精励,虽祁寒隆暑,不亏其程"。而一日示疾,则"杜门,谢绝人事,厉称佛号不暂辍",且告其弟子,"人生一世,要在末后一著,如等勿谓修持无验,吾净土缘稔,今将行矣",①可见其对净土之修的信心。至于蒙润弟子普曜则有"谢饭结庵,曰梦莲,修净土行终焉之"之举。而正寿去世前,要求弟子"为我建净土期,以助西归"。另外弟子子实、大佑均期心净土,晚年专以念佛为业。再看觉先系统。元代义学名僧性澄乃云梦允泽嗣,曾"三住名山,逾三十七年",讲学不辍,而至晚年,则"荐志净业,晨昏系念,虽病不废。曾屏绝左右,修一心不乱观门七昼夜,屡感瑞应"。②性澄修的显然是观想念佛法门,其"晨昏系念"也与宋代天台发展出的念佛仪式是一致的。其弟子天岸弘济、允若、善继虽均以义学名世,而无一例外倾心净土。弘济曾主名寺多所,但志在修净土,曾引退故土"专心念佛三昧","当会心处不知念而非念非念而念也"。弘济晚年退归清净阁,逝前"进诸徒,申净土法门"。性澄另一弟子允若,"以高年退居云门筑,深居精舍,以法华观慧三昧为暮年净行"。③ 至于善继,则因时局变化,"且以无常迅速,严修净业,系念佛名,昼夜不辍"。④

从元代台僧的净土修行来看,其有别于宋代台僧之处在于:其一是,晚年专修净土的情形特别突出;其二是,修习净土偏重个体性的清修,大

---

① 《续佛祖统纪》卷上,《续藏经》第75册,第746页下。
② 《续佛祖统纪》卷下,《续藏经》第75册,第743页下。
③ 同上书,第745页下。
④ 同上书,第746页中。

规模的结社念佛行为少见。如何解释元代台僧净土修行的这两个特征呢？我们大致的理解是，元代天台义学发达，讲教流行，故当时台僧之名世基本上是通过教学的形式。不过讲学毕竟不能满足其宗教解脱上的需求，故元代台僧往往是于晚年特别地专修净土，甚至也有在声名显赫、如日方天之时，急流勇退、归隐修净之举。如此，相对于宋代来说，元代僧人的天台教学与自我净土修行在时间上似乎有一个明显的前后阶段差别，其生命的前期为讲学为主，晚年则偏于净土。其次，较诸宋代天台佛教，元代天台佛教的宗教自主性要逊色不少，其对世俗社会的参与能力也远不及前者，故宋代天台以净土法门大规模介入世俗的情形不见于元代天台，这样，元代台僧的净土实践更多是局限于自我的清修。

事实上，当我们说天台僧人的净土之行偏于个体性时，并非否定天台佛教对元代净土法门制度建设的贡献。我们可以看到，在天台理论的支持下，元代净土有一宗派自觉的诉求，其典型表现便是普度对白莲宗的复兴。而禅宗在吸收天台的净土仪式后，也将禅净合流推进到一个新的层面，譬如天如惟则的工作。这样，尽管表面上看来，元代天台对净土的制度建设不如宋代天台，而实质上，元代的禅净合流整合了台净合流的因素。正因为如此，元代台僧与净土的结合表现为台僧个体性念佛法门的突出。

第四章　辽、元华严宗的弘传

辽元时期(包括金及西夏)凡五百余年间,北方地区的佛教活动,同样与赵宋时期(960—1279)南方佛教义学复兴的历史趋势相同步,其中,尤以鲜演(？—1118)、觉苑(11世纪)、道㲀(11世纪)和文才(1241—1302)等辽元学僧对华严教典的义理阐释为典型。这些兼弘华严的佛教学僧,在援引华严教理时,颇为关注唐代祖师清凉澄观的《华严经》疏、钞之释,从而表现出与宋代华严阐释转向关注贤首法藏甚至智俨等人的华严教典有所不同。在具体的华严阐释中,辽元学僧或引唯识,或引天台,或引密教,充分彰显华严教理的融通性格,并且没有呈现出宋代特别是南宋时期有关华严教义阐释的内部争论。上述情形的出现,说明华严教学在辽元时期的北方佛教界仍然保持相当的思想影响,但其华严阐释的问题意识却迥然不同于宋代"华严四家"为代表的经院式阐释。

自晋水净源(1011—1088)之后,宋代华严阐释之所以转向围绕贤首法藏的《华严五教章》阐释性关注,其主要目的乃是出于通过确立华严祖统世系,而与当时更为强盛的天台教学齐头并进。但在北方地区,则由于天台宗教势并未取得类似江南地区的优势地位,因此使北方佛教界的华严阐释更具开放性,不同于江南华严教面对外部压力却特别强调华严教义的内在一致,反倒局限了宋代华严的社会影响力。此外,北方地区华严阐释的兴盛,辅之以五台山佛教的广泛影响力,还对元代推行崇教抑禅的政策产生了一定的影响。

鉴于本书的"辽代佛教"已对鲜演、觉苑和道殿的佛学思想有专门的论述,本章着重论述、阐析元代的华严教学。

第一节 回归唐代华严:文才与元代华严的阐释

自辽代以降,随着北地华严的持续阐扬,更加巩固了山西五台山的华严中心地位。至元代,五台山同样保持其作为北中国华严教学中心的重要性。五台山既是北地佛教综合活动的圣地,同时也是华严信仰及其活动的传统地域。特别是辽代以来,宫廷佛教活动的典型地区,至有"两宫圣地,尤注意台山"之说。辽、元的宫廷皇室,利用地缘之便,在五台山或兴建佛寺,或举办仪式,在当时社会的佛教活动有着重要影响。此外,五台山作为汉族地区显密两大传统的圣地,更扩展其社会影响。

从元代佛教的大势上看,除禅宗继续保持兴盛之外,唯识、华严、天台等诸宗也得到了一定程度的重视,甚至可以说是盛行一时。据念常《历代佛祖通载》卷所述,当时把天台、华严和唯识三宗,视为教家之学的代表宗派,"教自隋唐之后,传者各宗其说,遂派而为三。由止观之门,观假而悟空,观空而趣中,以入于实相者,为天台宗。会缘入实,即俗而明真者,为贤首宗。穷万有之数,昭一性之玄,有空殊致而同归乎中道者,为慈恩宗"①。作为"崇教抑禅"元代佛教政策的一种现实呈现,文才是元代五台山华严系的最具影响力的代表学僧。

文才(1241—1302),字仲华,号松堂,俗姓杨,清水(今陕西)人。据《历代佛祖通载》卷二二所载,文才早孤,事母甚孝,"于书无所不读,性理

---

① 念常:《历代佛祖通载》卷二二,《大正藏》第50卷,第730页中。

之学尤其邃也"①。对儒家性理之学涉猎颇深,"至与士君子谈接,其辞辩,其事详,其理尽,出入经史,滔滔然若河汉之决,莫窥其涘"。出家受具足戒后,以修习华严教义为主。因文才一度隐居于成纪(今甘肃天水)修学佛法,并在户外植松,故人称"松堂和尚"。

文才后受元世祖之诏,担任洛阳白马寺主持,因中国佛教始兴于白马寺,故赐号"释源宗主"。元成宗时,于五台山建万圣佑国寺,经帝师迦罗斯巴举荐,被诏为开山第一代住持,并铸金印,署为"真觉国师"。由于文才身兼白马寺与万圣佑国寺住持,故其佛教撰著署名为"五台大万圣佑国寺开山住持释源大白马寺宗主赠邦国公海印开法真觉大师长讲沙门文才述"。

文才一生,以"大弘清凉之道"为己任,著述颇多,分别撰有《悬谈详略》五卷、《肇论新疏游刃》三卷、《肇论略疏》三卷及《惠灯集》二卷,成为元代北地阐扬华严教学的代表僧人之一。

文才是具有佛教义理思辨深度的义学沙门,博学多才。史载:"其讲授经论,得旨言外,不屑屑为名数。尝曰:'学贵宗通,言欲会意,以意逆志,为得之矣。语言文字,糟粕之余也,岂有余味哉?彼狃于文字,味其糟粕,徒骋知见,以记问自多,殊不知支离其知,穿凿其见,愈惑多歧,不能冥会于道,听其说适足以熟耳而已,岂能开人惠目乎?'"②

据文才自述,"予近禀下,上师西域乌思人,少出家,诵五分律并诵诸部般若,学《瑜伽》、《显扬》、《摄大乘》等诸论。中年遇帝师拔思巴上师,又禀密藏灌顶主戒,常课晓夕禅定三十余次,说法施食,日无少暇,亦尝再四问师所解,以经律论及密藏略出五百部,盛业不能尽述"③。

大德六年(1302),文才示寂于返归洛阳白马寺途中,世寿六十二岁。后由其徒归葬于五台东山之麓,封邦国公。④

---

① 念常:《历代佛祖通载》卷二二,《大正藏》第49卷,第725页中。
②④ 念常:《历代佛祖通载》卷二二,《大正藏》第50卷,第725页中。
③ 文才:《肇论新疏游刃》卷中,《续藏经》第54册,第304页中。

作为元代著名学僧,文才的华严阐释,似乎多据于清凉澄观的新华严经义学。不过,由于文才所撰《华严悬谈详略》5卷未见于世,故其对于唐代华严教典的阐释难悉其详。据记载,其所撰著,皆内据佛经,外援儒老,托譬取类,辞达旨简。主要佛教著述有《肇论新疏》、《肇论新疏游刃》各3卷等。就《肇论新疏》与《肇论新疏游刃》的关系而言,后者是前者的钞析之作,有似于净源《中吴集解》与《中吴集解令模钞》之关系。文才是继宋代华严中兴之祖晋水净源以后,援华严教学以释《肇论》的一代学僧。

文才对《肇论》评价甚高,认为此论虽为终教所摄,却是研习华严教理、阐释性海的先导,归属于"理事无碍宗"。"且论之渊粹简蕴,见称所自来,其辞文其施辩,非深入实相踞乐说善巧之峰者,莫之为之。予固以为开方等之巨钥,游性海之洪舟,运权不之均车,排异见之正说,真一乘狮子吼之雅作,欲乎吾人之性学者,先著鞭于此,此而通,则大方之理弗虞而妙获者矣。"出于对《肇论》的赞许,文才历经多年,先后获读云庵达禅师疏、唐光瑶禅师及宋代净源法师二家注记,深感这些前人的肇论疏释之作,尚多有未洽之处,故"反复参订醇疵纷错,似有未尽乎论旨之妙伙矣"。文才注意到,《肇论》思想曾在中国佛教的历史演进中具有重要影响。就唐代华严教学而论,贤首法藏、清凉澄观、圭峰宗密等华严诸祖,"皆援之以断大义",只是由于这些华严祖师对《肇论》义理的发挥未能直加疏释,曲尽其要,致使后人诸说纷纶,莫知所裁。有鉴于此,文才"因暇日谨摭诸先觉之说,别为训解,以授座下"①。据此,《肇论新疏》是文才给门下弟子讲解的记录。

据文才所判,佛教之论,具有二种类型。一是"宗经立义"之宗论,如《起信论》、《唯识论》等。二是"随经解释"之释论,如《大智度论》等。《肇

---

① 参见文才《肇论新疏》卷上,《大正藏》第45卷,第201页上。

论》即属于"宗经立义"之宗论,而非"随经解释"之释论。① 这就充分肯定了《肇论》阐释佛教思想的创造性。

在文才的《肇论》诠释中,除引述净源肇论疏释之作外,还征引杜顺、法藏、宗密等华严祖师的著述。特别是对于清凉澄观,更称"清凉圣师",推崇之意,无以复加。文才在《肇论新疏游刃》中,基于华严判教论,明确指出:"论通大小,此论唯大。大通权实,唯实非权。五教之中,唯一乘终教摄也。五宗之中,理事无碍宗也。"②其意甚明,《肇论》属大乘论藏,唯实非权。在华严义分五教中,摄归于一乘终教。在华严理开五宗中,高于如来藏缘起宗,属"理事无碍宗"。文才所述的"华严五宗",即由清凉澄观在法藏"四宗义"基础上所作的进一步判释。这种对《肇论》的义理分判,最明确地表达出文才阐释的华严立场。

当然,文才在疏释《肇论》义理时,还援引了华严教学中有关法与义、理与事、本与末、真与妄等关系论范畴,更充实了阐释《肇论》的华严内容。如文才在阐释《肇论》"宗本义"时指出:"四论所崇曰宗,本谓根本,通法及义。法有通别,通者,即实相之一心。中吴净源法师云,然兹四论,宗其一心。然四论虽殊,亦各述此一心之义也。别者,即四论所宗各殊。所以尔者,非一心无以摄四法,非四法无以示一心,即一是四,即四是一。义谓义理,依前法体,以显义相,法通义通,法别义别。"③"四论"指《肇论》四篇。文才认为,《肇论》主旨在于以一心为宗本,据此阐明一心实相或实相一心之法义。这种评析,显然是有取于澄观华严学的一心法界义。

由一心实相之法义,故有心之寂照、事修与理悟。对此,文才引法藏、澄观、宗密等唐代华严祖师而阐论《肇论》一心实相论的旨趣所在:

所言法者,谓众生心,复由此心从本已来,清净无染,离喧扰之

---

① 文才:《肇论新疏》卷上,《大正藏》第45卷,第201页下。
② 文才:《肇论新疏游刃》卷上,《续藏经》第54册,第274页下。
③ 参见文才《肇论新疏》卷上,《大正藏》第45卷,第201页中、下。

相，故曰寂也；具灵明觉知，故曰照也。圭峰云，心寂而知，目之圆觉。然求证此心，一悟，二修。悟则达其本来所有之真，从先所无之妄，依其悟彻之智，修其缘起之行。此行约事门修之，则不修而修，万行毕备。约理门修之，则修而无修，一心寂寂。此之二门，亦不可先后。故始以止观统之，则止观皆通事理，久之乃成定慧，则定慧各通止观，终证此心，谓之寂照。寂照者，心境不二，权实双含，体用融，空有绝，当此融绝之处，何容分个寂照之异邪？此实性理之要，故略叙之。然皆依贤首、清凉等义，非胸臆也。①

既然《肇论》之地位，等同于《起信论》等"宗经立义"之论，那么《肇论》所宗之经义为何，即是一个核心问题。从文才所引证的经义来看，《楞伽经》、《华严经》都在其范围之内。而文才引经证论中，往往结合华严教义进行整合。如对《肇论》中著名的"物不迁论"，文才依据华严终、顿二门教之分判而疏释称："今约终顿二教之义，略示玄妙。初终教者，谓随缘之理起成诸事，即事同真，故迁即不迁。此中曲有三门，一以理从事理亦随迁，况事法邪？……二以事从理，事且不迁，况真理邪？……三此二无碍，同时镕融，非一非异，迁与不迁，亦非前后……清凉云，因乖常理，遂成三界无常，苟悟无常之实，即无常常矣。下论大义皆是此理。后顿教者，谓法法本真，妄见流动，若一念不生，前后际断，法非生灭，非迁非不迁，仍名不迁也。《华严》云，一切法无生云云。若依圭峰略钞解，缘生之法，相同遍计，似生似灭，性同圆成，不生不灭，亦终教意也。"②

由于文才所撰著的《华严悬谈详略》五卷今佚无存，故后世不得知其对于华严教学的总体阐释。通过文才有关《肇论》的疏释之作，华严教学显然是其理解佛教的基本理论。或者说，文才通过引华严入《肇论》，成为其阐释华严教学的立场体现。

---

① 文才：《肇论新疏游刃》卷中，《续藏经》第54册，第306页下—第307页上。
② 参见文才《肇论新疏》卷上，《大正藏》第45卷，第201页中、下。

此后,继文才而兴华严的学僧,北方地区阐扬华严教学者,尚有大林了性(？—1321)与幻堂宝严(1272—1322)等人。据《大明高僧传》记载:"嗣法有普宁之弘教、普庵之幻堂。"①

了性,俗姓武,号大林。早年随从文才学,后游学关中河洛诸地,遍访名僧,历参柏林潭、关辅怀、南阳慈等僧。《历代佛祖通载》卷二二,称此三人"皆以义学著称"。《大明高僧传》卷二则更谓此三人"皆以贤首义学著称一时"②。

元至大年间(1308—1311),了性奉诏住五台山普宁寺,为开山住持,凡十余年,直到示寂,时称"大普宁寺弘教大师"、"普宁寺讲主"等。"公为人刚毅,颇负气节,不能俛仰随世嫔悦于人,虽居官寺,未尝至城府造权贵之门,或谓公少和气。公曰,予以一芥苾刍,天子不以人之微处之大寺,惟竭诚夙来匪懈,图以报国而已,夫何求哉?"③

宝严,讳宝严,字士威,号幻堂,与乃弟金一同出家修学。《历代佛祖通载》卷二二称,"其讲说深有宗通理味,后嗣真觉国师,传贤首宗教,以师承既高,见解益明。"④宝严随文才多年,后奉诏继文才任万圣佑国寺席。此后,再奉诏转任普安寺住持,故号称"荣禄大夫司徒大玉山普安寺住持"。

文才一系的华严修学,传续唐五代辽宋的五台山弘传华严教学的历史,巩固了五台山作为元代北地华严教学中心的地位,对后世华严产生了一定的影响。

第二节 元代南北的华严学弘传

自辽代以降,北方地区华严与密教的结合,逐渐蔚然成风。及至元

---

① 如惺:《大明高僧传》卷二,《大正藏》第50卷,第906页中。
② 参见文才《肇论新疏》卷上,《大正藏》第45卷,第203页中、下。
③ 念常:《历代佛祖通载》卷二二,《大正藏》第50卷,第733页下。
④ 同上书,第734页上。

代,由于朝廷着力于崇教抑禅的行政导向,更助长了显密会通的佛教思潮。华严与密教修行的结合,无疑是北方地区华严学阐扬的主要特点。辽、元北方华严的阐扬,通过与密教的结合,突出了华严观行的实修性,因此表现出不同于宋代注意教学阐释的内容特征。

元代北方地区的华严修学,主要以五台山及元京城大都为中心区域。这是与其佛教弘法中心的地位相应的。元代五台山传扬华严教学者,主要是文才一系为主体。同时也有正顺、善柔、定演等沙门阐扬华严教旨者。不过,除文才有相关阐释华严教学的佛教撰著外,北方的专弘或兼弘华严的沙门学僧,却甚少有华严相关的撰著传世。

正顺,蔚州人,俗姓高。初从五台山寿宁用为行童,圆具戒后,结庐深树间,屏绝诸缘,只读《华严经》,数满千部。据记载,正顺"常入华严观,……有契入觉,行住坐卧,了无一物为障碍,无一念为起灭,身心荡然,与法界合。为人演说,言如涌泉,皆契法界深义。因于岭头,建大阁,阁下为海水,出大莲华,华上坐毗卢遮那佛满月像,每对佛入观,五七日方起,故人以'华严菩萨'称之"。其临终偈有谓:"无尽刹海,不离当处,妄情未瞥,悟入无时。"①正顺之行化,有如唐代华严初祖杜顺和尚,专修华严法界观门,而多有证入。

至于京城大都等北方地区传扬华严的沙门,则多属兼弘性质。其代表僧人有善柔及其门下、达益巴、妙文、德谦、等人。

善柔(1198—1269),俗姓董,河北德兴之永兴人。七岁师事永安广行,默诵《金刚》、《楞严》诸经。二十岁,修华严圆顿法门,领广严传戒大师戒法。其修行,日课《金光明经》一部,礼佛百拜,深惟静念。元宪宗赐其号为"弘教通理大师",尝奉诏主五台山清凉大会。

善柔尝住河北涿鹿水西寺,后受释教都总统宝集坛主秀公之聘,善柔摄华严讲席于京师,又传菩萨戒,修缮蔚罗黄楼诸刹,刊刻佛经,修桥

---

① 明河:《补续高僧传》卷四,《续藏经》第77册,第395页上。

完路，多修福德。其影响日甚，门人日进，时称"法道半天下"。善柔终寂于圣州法云寺北堂，僧腊三十八年。① 其弟子定慧尝请程钜夫撰有《奉圣州法云寺柔和尚塔铭》，收于《雪楼集》卷三。

善柔所度弟子有定慧、和纯、顺遇等七人，其嗣法弟子有行育等二十余人。

有关行育（？—1293）的记载，在明末如惺所撰的《大明高僧传》及明河撰《补续高僧传》，皆未见收录。②

据行育嗣法孙法洪撰于大德七年（1303）《龙川和尚舍利塔志》载，行育，女真族人，姓纳合氏，得度于宝应秀，受业于永安善柔，元世祖赐赤僧伽梨，加封"扶宗弘教大师"之号，诏令总摄江淮诸路僧事，帝师八思巴甚器重之。诏谥鸿胪卿、赠司空、护法大师。门弟子分舍利建塔于燕、云、奉圣、蔚、杨、安西诸地。其弟子有讲经沙门了应、了悟及海祐、海贵、海信、海智、海志、海应等数十人。

因行育尝住龙门，故署称"龙门讲主"。至元九年（1272），行育撰写了《大元华严寺重修大唐华严新旧两经疏主翻经大教授充上都僧统清凉国师妙觉塔记》。这就是著名的《妙觉塔记》，从中可以看出对唐代"华严疏主"清凉澄观的推崇之意。

达益巴（1246—1318），出身未知其详。早年从学于帝师八思巴（1239—1280），先后达十三年，"凡大小乘律论及秘密部，皆得乎理之所归"。后至甘肃临洮，师从绰思吉十九年。一度住秦中古佛寺，终住于京城大都庆寿寺，大宣法化。据《大明高僧传》卷二本传记载："其六波罗蜜，靡所不修，兼通贤首之教。于是名誉四表，道重三朝。"元武宗践祚，尝召问法要，特赐号"弘法普济三藏"，命铸金印及紫方袍，"勅王公大臣

---

① 明河：《补续高僧传》卷四，《续藏经》第77册，第392页下。
② 有关行育的研究文献，可参见竺沙雅章《元代华北的华严宗——行育及其后继者们》，《南都佛教》第74、75号（1997）。

皆咨决心要"。谥"佑圣国师"。①

妙文(1237—1319),蔚州人,俗姓孙。九岁出家,十八岁受具足戒。尝游学于云朔燕赵之境。二十一岁,抵京师大都,依大德明和尚学华严圆顿之教,先后长达十一年。后因众请出世弘法,升座讲经。四十八岁,往住蓟州云泉寺,"勤俭节用,老者怀其德,少者严其教,故众睦而寺治,廪有余粟以赈饥民。蓟人称之"。元世祖忽必烈召见,称之为"福德僧",诏居宝集寺。妙文弘化,"性相并驱,僧俗溥济",教乘法席,盛极一时。有见于当时海内讲席纷纷方胶锢于名相凝滞于殊途,妙文独大弘方等,力振华严圆宗。晚年则专修念佛三昧。②

释德谦(1267—1317),号福元,俗姓杨,宁州(今甘肃)定平人。出家后,游学于齐魏燕赵之邦,遍参诸方。据载,德谦"初受般若于邠州宁公,习瑞应于原州忠公,受幽赞于好畤仙公,学《圆觉》于乾陵一公,究《唯识》、《俱舍》等论于陕州顽公,听《楞严》、《四分律疏》于阳夏闻公。凡六经四论一律,皆辞宏旨奥,穷三藏之蕴,而数公并以识法解义声名远闻,谦皆亲熏炙之,而必臻其道。后至京都受《华严》于大司徒万安坛主。"③

德谦教弘清凉,颇受大司徒万安坛主器重,号称京城"讲主"。先奉诏居万宁寺,后迁住崇恩,前后十年。德谦博通内外,虽居京城,却淡泊名利,"未尝以荣显宠遇改其志","唯恬退为高尚",有"处世而遗世者"之名。谥"佛护宣觉宪慈匡道大师"。④

在此顺便一提的是,元代出现了华严与唯识结合的修学沙门。在唐代华严宗初创过程中,华严与唯识之间的交涉颇深。因此,这种趋势同样可以表明对唐代华严学的一种回归。据《补续高僧传》卷四载,释慧印(1271—1337),关西人,俗姓张,自幼信佛乘出家。从河东普救月公学

---

① 参见如惺《大明高僧传》卷二,《大正藏》第50卷,第906页下、第907页上。
② 参见如惺《大明高僧传》卷二,《大正藏》第50卷,第907页上。
③ 如惺:《大明高僧传》卷二《京都崇恩寺沙门德谦传》,《大正藏》第50卷,第906页下。
④ 参见如惺《大明高僧传》卷二,《大正藏》第50卷,第906页下。

《圆觉了义》，从洛阳白马寺大慧国师学华严圆极之教，学《唯识论》于栖岩益。其后，更研《四分律》、习因明等论、讲《华严疏》。前后二十年间，"游戏教海，无不叩之门，无不穷之理"。慧印兼通华严，其学虽终以唯识为归，尝入太行山，修唯心识定七年。为得根尘虚静。至治二年，成为元英宗的菩萨戒师。①

至于元代江南的华严修学，则与北方地区稍有不同。大致来说，江南地区的华严修学，一则承宋代华严之余绪，或宣讲华严教理，或依经修行；二则注重华严与禅修法门的结合，倾向于教禅双行的华严禅。在地域分布上，元代江南的华严修学，仍以浙江杭州、嘉兴为中心地区，正如北方地区以五台山为华严中心一样，体现了历史的延续性。

元代的江南华严修学者，主要集中于浙江杭州、嘉兴等地。这种地区分布，显然与宋代华严复兴传统具有一定的历史相关性。不过由于弘法环境的相对动荡，这些华严义学沙门的现存著述鲜见。据相关僧传与佛教史文献，元代江南阐扬华严者虽不乏其人，但著述存世却甚少。其中，史载传扬华严者，约有如下数人。

盘谷禅师，号丽水，嘉兴海盐人。其貌不扬，却志气超迈。为学博览经史，性耽山水之乐。至元年间（1280—1294），游五台、峨嵋、伏牛、少室名山胜地，自称"足迹半天下，诗名满世间"。当时，元世祖附马高丽王子王璋，闻师德望，具书聘请，于华严传统教院杭州慧因寺，宣讲华严大意。师展四无碍辩，七众倾伏，王大悦，声价益重。晚年隐归于松江精舍，勤修净业，日课弥陀佛号，年七十余，无疾而寂。有《游山诗集》三卷行世。②

释浦尚（1290—1362），字希古，晚号杂华道人，檇李（今浙江嘉兴）人。十二岁，见紫微山惠力海公，祝发为沙弥。既长，往参景岩福公于住崇德（今浙江桐乡）常乐寺。据称，浦尚随景岩学，昼夜究华严观，颇受其

---

① 明河：《补续高僧传》卷四，《续藏经》第 77 册，第 390 页中。
② 幻轮：《释氏稽古录续集》卷一，《大正藏》第 49 卷，第 904 页下。

赞赏,称"异日树教东南者,必尚也"。此后,景岩往住杭州高丽寺(即宋代著名的慧因教院),代为教授,被举为都讲。天历戊辰(1328),奉宣政院命,返住常乐寺。当时,常乐寺废弃已久,浦尚葺而新之,复振其盛。

至元四年(1338),迁皋亭崇先寺,益阐其秘,名闻于朝,元惠宗敕旨赐号"慈峰妙辩大师"。退居后,一度往住御溪别峰兰若。至正十年(1350),行省丞相遣使,请浦尚往住杭州高丽寺,特授御制金襕袈裟。至正二十二年秋九月(1362)示寂,其遗偈称:"七十三年住世,只为佛祖出气。今朝打个散场,惊得虚空落地。"

浦尚晚年自号"杂华道人",以记其宗归华严之志,存续华严一脉。嗣其法者,不下数十人。其中,以学古海、滋泽翁最为著称,前者继浦尚住持皋亭崇先寺,后者则住持西湖妙心寺。①

元代时期,除兼弘华严的南北学僧之外,还有一些禅僧继承唐代以来华严与禅相会通的"华严禅"传统立场,把华严经教的重要义旨引入禅法修学中。其中,最为典型的是万松行秀(1166—1246)及其《从容录》(全称为《万松老人评唱天童觉和尚颂古从容庵录》)六卷、《请益录》(全称为《万松老人评唱天童觉和尚拈古请益录》)二卷等。②

据其相关传记文献,行秀"恒以《华严》为业",可能以诵读《华严经》为常课。③ 而其俗家弟子、元代名臣耶律楚材(号湛然居士,1190—1244)则在《从容录序》中称行秀"儒释兼备,宗说精通,辩才无碍"④。在《从容录》中,行秀征引经教,主要为《楞严经》、《圆觉经》、《金刚经》和《华严经》。《圆觉经》与《华严经》,都是唐代华严祖师所注重阐释的教典。其

---

① 参见《补续高僧传》卷四《解义篇》本传,第388页中。
② 据忽滑谷快天所述,行秀的其他著作,还有《祖灯录》62卷、《释氏新闻》、《鸣道集》、《辨宗说》、《心经风鸣》、《禅悦法喜集》等若干卷,以及《净土》、《洪济》、《仰山》、《万寿》四会语录。参见《中国禅学思想史》,第631页,上海古籍出版社,1994。
③ 参见《五灯会元续略》卷一、《五灯严统》卷一四等。有关万松行秀对华严思想的知解与判释,参见木村清孝《中国华严思想史》第8章,第248—262页。
④ 《从容录》卷首,《大正藏》第48卷,第226页中。

中,卷五第67则"华经智慧"条引正觉禅语称:"举:《华严经》云,我今普见一切众生,具有如来智慧德相,但以妄想执著,而不证得。"①这里所引的经文,出于《八十华严》卷五一《如来出现品》。在《六十华严》中,此品即为著名的《如来性起品》。在行秀的阐释中,相当明确地指出经文的出处,并且分别援引澄观《华严经疏》和《普贤行愿品疏》中的疏释,称:

> 师云,《华严大疏》首尾,清凉大师科此段经,名开因性。《普贤行愿疏》,名开物性源。如何开耶?《出现品》云:"佛子,无一众生而不具有如来智慧,但以妄想颠倒执著。而不证得。若离妄想,一切智、自然智、无碍智,则得现前。"便举一尘包含大千经卷之喻。前颂"万象之中独露身,离念见佛,破尘出经",正是此科经也。

上引行秀评唱中的行文,几乎是教家作派。在下文中,行秀同样引述《八十华严》经文:

> 又云:"尔时如来以无障碍清净智眼,普观法界一切众生,而作是言,奇哉奇哉。此诸众生,云何具有如来智慧?愚痴迷惑,不知不见。我当教以正道,令其永离妄想执著,自于身中得见如来广大智慧,与佛无异。"清凉大疏云,众生包性德而为体,揽智海以为源,但相变体殊,情生智隔,今令知心合体,达本忘情,故谈斯经而为显示。

> 释曰:此则兼明众生迷真之由也。譬如福德智慧具足相貌之人,忽然梦见贫病苦身,即相变也。不见本身,即体殊也。执认云是我身,即情生也。不信自身福德端正,即智隔也。僧问报慈,情生智隔,相变体殊。情未生时如何?慈云,隔。诸方罔知出处,多以相为想,就便辨之。学者应知,仰山勘香严,如来禅许师兄会,祖师禅未梦见在。且道,如来禅相去多少?试将华严经文,参我天童颂意。②

---

① 《从容录》卷五,《大正藏》第48卷,第269页上。
② 同上书,第269页上、中。

行秀如此大段引用澄观《华严经疏》的引用,可见其对这部《八十华严》疏释之作的倚重。

除了上面行秀对《八十华严》经文的引述,还有撮其意旨地引述《入法界品》善财入弥勒楼阁所体验的无碍境界,以及《四十华严》最为著名的《普贤行愿品》,阐论"一微尘中入正受,一切微尘三昧起"之境。

在《从容录》及《请益录》中,行秀对澄观著作的引述,时有所见。如行秀引澄观《心要法门》称:"至道本乎其心,心法本乎无住,无住心体,灵知不昧。"①对于澄观在《华严经疏》所常用的"帝网"之喻、水波之喻、性海之说、理事圆融论等华严阐释教理的表述,更是耳熟能详。如称"帝释殿宝珠成网,光影互现,重重无尽",又称"波必有水,水或无波,性海无边,心波自涌",再如"具备三昧性海",以及"理圆言偏,言生理丧"等等,都是具体的例证。②

对于唐代华严诸祖师,行秀除征引清凉澄观《华严经疏》、《心要法门》等撰著之外,还援引了法藏、宗密等人之说。如称法藏:"贤首国师,只立一尘变态,说百门义海,高名夷齐也,勋业太公也。"③对于宗密的学说,行秀引用了《华严原人论》、《圆觉经大疏》中的某些表述。如《从容录》第1则《世尊升座》称:"圭峰道,元气亦由心之所造,皆阿赖耶识相分所摄。万松道,此曹洞正宗,祖佛命脉。"④再如第45则《觉经四则》,引用了《圆觉经大疏》中的表述,"举《圆觉经》云,居一切时不起妄念(不),于诸妄心亦不息灭(不),住妄想境不加了知(不),于无了知不辨真实(不)。师云,圭峰科此一段,谓之妄心顿证,又名忘心入觉。万松下四个不字,谓不起、不灭、不知、不辨……"⑤不过,行秀把圭峰宗密主要是归为禅师,

---

① 《从容录》卷五,《大正藏》第48册,第273页下。
② 参见《从容录》卷三,《请益录》卷下。
③ 《从容录》卷三,《大正藏》第48册,第250页下。
④ 参见《从容录》卷一,《大正藏》第48册,第228页上。
⑤ 参见《从容录》卷三,《大正藏》第48册,第256页上。

而非为华严祖师。① 当然,颂古以参禅为归,行秀之所以引述华严教说,同样坚持以禅宗为主体,并不等于他完全认同华严宗的思想。

至于唐代华严别系的李通玄思想,行秀同样有所留意,特别是李通玄对于"不动智"的识见,也对其华严禅思想有着一定的影响。

以行秀为代表的元代禅僧,在当时流传一时的禅林颂古撰著中如此广泛征引华严教典,至少可以看出当时华严禅的风行情形,也可见当时华严教典的流行状况。这种情形的出现,不止完全是出于迎合士大夫参禅问道的需要,同时也反映了华严教学中基于清净心性的法界圆融统观及"圆顿一乘"的修行论,成为禅林颂古、拈古加以对照的重要素材。反过来说,在当时禅教会通下的华严宗思想,不同程度地受到了禅宗修证论的深刻影响。这种禅教互证的趋势,成为明清及近代华严禅思想演进的基本路向。

---

① 参见[日]木村清孝《中国华严思想史》,第257页。

第五章 元代的律学撰述与唯识的研习

第一节 元代律学

元代佛教分属于两个系统,一是传统的汉传佛教,二是藏传佛教。与之相应,元代的律学也大致分为传统汉传佛教的四分律学和藏传佛教的律学两种内容。一般说来,藏传佛教戒律内容和精神正式进入传统中国律学系统,也正是从元代开始的。在元代一些律家和僧人的律学理论中,这两种思想也有着一定程度的融合与渗透。

一、元代的律师与撰述

由于社会文化的变迁,在元代,传统四分律学的发展受到了严重的影响,律师谱系传承已经不明,律学活动也因之堙于他宗僧人的活动之中。元代的律师很少,见于史籍中的主要代表即是光教律师和惠汶律师。

光教律师(1260—1317),俗姓严,名法闻,陕西宁州定平人。七岁时从德辉禅师学习,十五岁出家为僧,二十岁受具戒。光教曾游于汴汝河洛一带,历诸讲肆,广究教乘。光教也曾从大德温公学《法华经》、《般若经》《四分律》以及唯识、因明等。因其三次阅藏五千卷,受到帝师褒奖,并受命讲般若和因明。光教后被召居京师太原寺、大普庆寺。当时从他受戒的僧俗很多,帝师曾有如此之叹:"孰谓汉地乃有此僧耶!"光教还曾被赐辽世金书戒本,求戒者皆从其受。逝后,仁宗赐币数万缗以葬,诏大臣护丧有司备仪卫旌盖送之。①

临坛大德惠汶律师(1260—1332),俗姓张,驱乌之岁即入沙门,二十进具,从大德温公受菩萨戒。后道誉鹊起,从学者众。惠汶持戒严谨,鸡鸣而起,坐以待旦。两河之间从化求戒法者,盖以万数。惠汶律师说法数十余年,升坛授戒四十余会,大臣接以师敬之礼。②

另外,元代还有一些研读《四分律》或律藏的著名僧人,他们是性澄、德谦、弘济、慧印等人。

释性澄(1265—1342),字湛堂,号越溪,浙江会稽人。元至元十三年(1276,南宋景炎元年),投石门殊律师受具。其师导之以三世诸佛戒为根本的思想,乃教其探究律藏。性澄也笃志净土,并修一心三观。因天台国清讲寺曾被易讲为禅,性澄随赴京师,奏请回复旧制,后国清讲寺被元世祖恢复。至大元年(1308),性澄奉诏校正大藏,被赐号"佛海大师",并赐金襕衣。性澄的主要著作有《金刚经集注》《消灾经注》《阿弥陀经句解》《心经注》等。③

释德谦(1267—1317),号福元,俗姓杨,宁州定平人。德谦曾游于北方诸寺,从邠州宁公受般若,从乾陵一公学习圆觉,从陕州颀公究唯识、俱舍等,于阳夏闻公听《楞严经》和《四分律疏》等,凡六经四论一律皆体达领悟,因而声名远闻。德谦示寂后,元帝赐镪五十缗赙葬,敕有司备仪卫。④

---

① 《佛祖历代通载》卷二二,《大正藏》第49卷,第731页下。
② 《佛祖历代通载》卷二二《惠汶传》,《大正藏》第49卷,第735页中。
③ 《续佛祖统纪》卷一《性澄传》,《续藏经》第75册,第743页上、中、下。
④ 《大明高僧传》卷二《德谦传》,《大正藏》第50卷,第906页下。

释弘济(1270—1356),姓姚,字同舟,别号天岸,浙江余姚人,年幼从宝积寺舜田满和尚出家,年十六为大僧,日持《四分律》,蹞步之间不敢违越绳尺。后因认为:"戒固不可缓,而精研教乘以资行解,又可后乎?"于是往鄞地(今浙江宁波)习天台教观。弘济也曾修法华、金光明、净土等忏法。元泰定元年(1324)住万寿圆觉寺。其著作有《四教仪纪》和《正天岸外集》各若干卷行于世。①

慧印(1271—1337),俗姓张,关西人,出家后曾学华严、唯识等,受大戒后又从师讲学《四分律》和因明等。元英宗曾命太子诸贵人从慧印受菩萨戒,并敕赐司徒一品。②

与唐宋两世的律师们动辄几卷、几十卷的著作不同。有元一代,僧人们不仅可能对律宗典籍没有深究,甚至也没有能力对律藏加以深究。因此,传统意义上的律学著作极为贫乏,更没有重要的律学撰述。在至元年间被诏入内殿供养的十大德中,有许多僧人都是文盲。③ 甚至于被委任领掌天下僧事的印简也是不识字的。成宗初,朝廷要选经以考试僧道,其标准是却是识字者可为僧,不识字者悉令归俗。相反,唐宋之世,都是要求欲出家者需要诵经许多种、多卷才能得以出家的。所以万松长老对此曾叹曰:"自国朝革命之来,沙门久废讲席,看读殊少。"④

造成这种现象的原因可能有多种。比如,其一,南宋以来禅宗和净土等修行理论和方式的影响;其二,秘密戒的影响;其三,这可能也是更为重要的,由于社会文化的变迁,元代僧人的文化水平整体落后于唐宋之世。

在《大正藏》中,共有元代译撰评编等颂古类、义学类、史传类、禅修类和仪规类经典近三十种,其中仅有《敕修百丈清规》十卷与戒律有关。

---

① 《大明高僧传》卷二《弘济传》,《大正藏》第50卷,第905页中。
② 《补续高僧传》卷四《慧印传》,《续藏经》第77册,第390页中。
③ 《佛祖历代通载》卷二二,《大正藏》第49卷,第723页中。
④ 《佛祖历代通载》卷二一,《大正藏》第49卷,第703页下。

在《续藏经》中,仅有省悟编述、嗣良参订的《律苑事规》五卷尚是传统意义上的律学著作,其他均为清规。

二、《律苑事规》

《律苑事规》的作者为省悟。省悟,生平不详,曾为四明(今浙江宁波)演忠律寺住持。他在《律苑事规》中称曾编有《禅林备用清规》的泽山一咸为师兄。① 省悟以其编集的《律苑事规》而在中国律宗史上占有一席之地。

《律苑事规》为省悟苦心二十年编就,于元泰定二年(1325)书成付梓。他编写《律苑事规》有两个直接原因,其一,补充南山律学的内容不足。他在《律苑事规》的序中说,虽然南山、灵芝两位律师的撰、钞、疏、记已经讲习多年,且又在宋咸淳年间被诏准编入大藏而广行天下,但是他们对于行事仪式却没有著述,因此省悟应众律师之请而披钞疏、咨律海编成此书。② 其二,省悟不满意禅林清规,认为其不合律制,所以编《律苑事规》以之。如他说:"百丈大智禅师采取律制以为禅林清规,举世盛行,而吾家律学者及不及焉然。"③ 他在本书"百丈绳规"一节中也议论道:"南山圣师有云,一方行化,立法须通处众,断量必凭律教。若法出恒情,言无所据,科罚同于鄙俗,教网唯事重粗,能施已是于非所被固多喧乱,如是能令众法速灭。不值佛世生,地狱如箭射,如今丛林若有知法者,须行律中七九治罚,方符佛制。"④

《律苑事规》全文按千字文的字序编排体例,共十卷并有备用要语,详细说明了律宗僧侣之行事仪式。从内容上说,本书涵盖了律寺日常修行的方方面面,从律徒内部的结界、落发、受具、布萨、安居、自恣、启建至与外部交往的诸山相访、官员相访、诸庄监收都作了具体的要求。第一

---

① 《律苑事规》卷四,《续藏经》第60册,第110页上。
②③ 《律苑事规》序,《续藏经》第60册,第92页下。
④ 《律苑事规》卷八,《续藏经》第60册,第125页下。

部分是结界仪,第二部分是落发仪,第三部分是受具戒策发仪,第四部分是五戒仪,第五部分是受十戒仪,第六部分是受具戒上坛仪,第七部分是布萨仪,第八部分是安居仪,第九部分是自恣仪,第十部分为圣节启建。

《律苑事规》中的仪式内容的来源主要有三种:第一,是来源于诸律本和南山律学的规范和宗旨。对于律本中或南山诸钞中没有的习惯或说法,他都不予采纳。如对于"自恣仪",有人说安一蒲团在住持上肩拟圣僧位,他则说"钞中无文不可立也"。① 第二,是吸收前代律师或同时代律师所确立的行为仪规。如第一部分的"结界仪",省悟即采用了宋咸淳年间四明沙门文英律师所集的结界仪,自己又重新撰写普说、白席、祝香、结坐语等。对于南山道宣和灵芝元照的祖忌,则采用允堪律师作的《南山祖师礼赞文》和则安律师出的《灵芝律师礼赞文》。第三,省悟律师吸收了几本禅苑清规的内容。如对于启建、满散、佛祖诞忌等日用诸仪式,律中无文,他则采用泽山的《禅林备用》的仪式。至于白佛回向右语等,因为其文谨严切也予采用。但对于其中的上堂、入室、告香、备香、问讯等法则除去,以律苑事相改而补其中的禅宗公案。省悟对无量寿禅师的《日用清规》也有取用。他对此评价道:

> 夫律乃戒也,禅乃定也;非戒则不生定,非律制则不成禅规,其实皆一也。无量寿禅师宋嘉定间分座信之龟峰而笔《日用清规》多符律范,余令取其相同者以备日用,庶完吾宗行事中,间或有新学得个入处,而三千威仪、八万细行自然而然矣。②

显然,《律苑事规》的形成也反映了禅宗及其清规的强盛已经影响到传统律学精神了,而省悟作《律苑事规》也正是要对这种倾向作出一些纠正。

---

① 《律园事规》卷三,《续藏经》第60册,第108页中。
② 《律苑事规》卷八,《续藏经》第60册,第126页上。"信之龟峰",即信州(今江西上饶)之龟峰山。

三、藏传佛教的律学

7世纪初,佛教从中国内地汉族地区、印度和尼泊尔传入西藏地区。由于认为在诸部佛教戒律中,小乘说一切有部最适合西藏,所以遣人去印度请比丘十二人,在西藏地区即是授别解脱戒。此后又从印度迎请班智达至于西藏,从律藏中译出说一切有部的律藏。[1]

10世纪,朗达玛的七世后裔也协坚赞(或译意希坚赞)为了复兴卫藏地区的佛教,即派遣卢梅·楚臣喜饶等十人至丹底从喇钦·贡巴饶赛学习佛教理论,尤其是律学。此律学即是属于先前离开卫藏地区的藏饶赛等人所带走的部分,藏文史籍称为"前期律学"。

在不同的时期,藏传佛教各宗派的律学精神也各具特色。强调护持"菩提心"为主的宁玛派,其戒律与传统的律学相比即较为宽松。噶举派律学较有名的理论即是止贡巴的三律仪思想。

至于萨迦派,其教义强调,僧人在初皈依佛法僧、接受基本的佛教礼仪和技能学习后,应当向精于哲学和玄学的僧人学习,请他授初戒。此后,还要受如下的戒仪:(1)将装着命水或永生水的圣水壶放在受戒人的头上;(2)密宗的受戒仪式;(3)说了密语戒仪;(4)知识与聪明为其结果的戒仪。受戒者得站在受全戒的僧侣中宣誓三种誓言,其中第三誓言即为密宗誓言,学习并实践二百五十三条僧侣法的条规,如此便得到全戒。然后即进入七种神秘图解的戒,此种戒以萨迦派额巴寺院的为标准,并受保护神或怖金刚神、极乐佛和其他神祇的戒仪。除了佛教戒律之外,萨迦派的僧侣还必须遵守该教派的教规:(1)抄经典圣书;(2)敬礼经典;(3)向旁人传达经典的说教;(4)听取旁人关于经典的说教;(5)念经典;(6)学习经典,接受经典的教导;(7)宣讲经典;(8)背诵经典;(9)想

---

[1] 五世达赖喇嘛:《西藏王臣记》,刘立千译注,第43页,北京:民族出版社,2000。

念经典;(10)静观经典。① 萨迦派的律学思想因为其第五代祖师八思巴成为元代的帝师,而对元代佛教的律学有着重要的影响。

藏传佛教中最重要的律学著作是《律宗论》。《律宗论》共有九卷,分为十七事,说的是二百五十三条戒规。《律宗论》总摄有部律藏,依出离戒广释一切应止应行律学法要,因此被认为是一切律藏之母本。《律宗论》讲述了学佛的目的是要获得佛果正见,要获得正见,就要出家、学戒、修戒、持戒。后世,藏传佛教学者对《律宗论》的注释有多种,如格鲁派即有措那哇著的《律经释日光论》、却珠的《律经密意释宝鬘论》等。

藏传佛教的律学特点是西藏地区特殊的地理和文化环境决定的,这一点与汉传佛教的戒律有着明显的区别。如,本地僧人的服装颜色大都采用绛紫色、暗红色等以作教派的标志。僧人不仅可以着皮衣皮裙以利于在寒冷的地区生存,甚至也是可以吃肉以维护在高寒地区的生存和佛事活动。

由于本地区政教合一制度的影响,西藏佛教戒律精神也渗透到政治和社会生活之中。松赞干布正是根据佛教十善戒的精神制定出了藏区第一个法典,即二十法规。②藏传佛教传统,出家者学习典籍的顺序依次是《因明论》、《般若部》、《中论部》、《俱舍部》和《律学部》。这与印度原始佛教和汉地佛教的要求都是不同的。例如《十诵律》中即要求,五夏以前的比丘应专精于律部。

秘密戒的思想和精神对元代的律学发展也有着一定的影响。汉地僧人受秘密戒者也较为普遍,尤其是在西僧活跃的京师和中原、北部地区。如释性澄即曾从胆巴上师禀受密戒、从哈尊上师研喇嘛教。③ 京师大宝集寺妙文入灭时即跏趺结三昧印。同时,这种秘密教一些真言咒语偈也对汉地僧众的日常行为仪轨有着明显影响。如明代性祇编纂的《毗

---

①② 文字见于察仓·尕藏才旦《中国藏传佛教》,第 65—68、52 页,北京:宗教文化出版社,2003。
③《续佛祖统纪》卷一《性澄传》,《续藏经》第 75 册,第 743 页中。

尼日用录》和如馨的《经律戒相布萨轨仪》都采用了一些咒语。

四、八思巴的律学思想

八思巴是西藏佛教萨迦派的第五代祖师。在汉文藏经中,八思巴的主要律学著作有《彰所知论》、《根本说一切有部出家授近圆羯磨仪范》和《根本说一切有部苾刍习学略法》。

《彰所知论》原文可能为藏文或蒙古文,现已不存,由沙罗巴译为汉文。它是八思巴特为皇太子真金写的佛教纲要入门书,其宗旨是要"彰其所知,造其所论,究其文理,推其法义"①。其内容和教理主要依《俱舍论》及流行于吐蕃地区旧译佛藏而成,中译本两卷共五品。《根本说一切有部出家授近圆羯磨仪范》一卷,八思巴集于至元年初,今《大正藏》本前有序写于至元七年(1270)冬,并说是奉元世祖之命而译成汉语的。《根本说一切有部出家授近圆羯磨仪范》,"近圆"即具足戒之意,本文主要说的是授优婆塞戒、受三归和五戒的仪范、授出家仪范、授沙弥律仪轨范、授沙弥戒仪范和具足戒仪范。另外还说了三衣仪范、示钵仪范、守持波怛罗仪范、屏教师仪范、授近圆戒初作仪范、授近圆根本仪范、依世间喻说仪范等。《根本说一切有部苾刍习学略法》一卷,从其后附言知其可能成于至元八年(1271)。其后,《根本说一切有部苾刍习学略法》还被译为维吾尔文字。

八思巴的律学思想有几个明显的特点:

第一,重视戒律的作用。八思巴传承的是萨迦派的思想,十分重视佛教戒律的作用。这在其《彰所知论》的第二卷"道法品"和"果法品"中可以看出。如他说:"道者,谓彼少欲知足;具种性者,身心远离种种群杂,住近事戒等。"②他在《根本说一切有部出家授近圆羯磨仪范》的序中

---

① 廉复:《彰所知论序》,《大正藏》第32卷,第226页上。
② 《彰所知论》卷下《道法品》,《大正藏》第32卷,第233页下。

也说:"欲以自佛相承,师资继踵,迄今不替,正戒仪轨,为拳拳从善之行人,俾一一恒持于净戒,精练三业,坚守四仪。此实圣皇匡正佛法之睿旨也。"①

第二,八思巴的戒律学理论基础是说一切有部思想和《俱舍论》,这也是贯彻其《彰所知论》的主旨。因此,八思巴也依据《俱舍论》强调"无表色"有三种,一者是与善心等起之无表色,称为律仪,它能遮灭恶戒之相续;二者是与不善心等起之无表色,称为不律仪,它能遮灭善戒之相续;第三者即是非此二律仪者,称为非律仪非不律仪。

第三,坚持萨婆多部律。这也正是他集《根本说一切有部出家授近圆羯磨仪范》和《根本说一切有部苾刍习学略法》的原因。在《根本说一切有部苾刍习学略法》的一开始,八思巴即指出其集文的目的。他说:"教示增上戒学律藏有三种:第一未得令得仪范,第二已得律仪不犯、护持方便,第三若有犯者令修补法。"②他指出,"未得令得仪范"其意有四:能为得律仪作障,能为安住律仪作障,能为增长德业作障,能为端严众作障。③他说,如果此四种违缘均无,则能以归处形相身体思念仪范。若要做到律仪不犯,应当具有五种"顺缘",这五种因缘是:一、依依止师护持,即应作不应作,一切事业应问师,随教所行;二、以对治想护持,于一切时中念知不放,成就善法;三、了知应舍相违护持,对总集为五篇二百五十三戒律时时检点;四、净自戒律护持,为净自戒故作布萨法、为除灭自他身命恶灾难、结夏安居三月安居竟作自恣;五、依安乐住缘护持,即一切服饰饮食住处医药都要远离奢乐极苦二边,以处中而住,此是第五依安乐住。值得指出的是,八思巴这种"远离奢乐极苦二边,以处中而住"的持律观是很有新意的,与以往的说法大有不同。所以他自己也说"此有差别义",并让参阅其先前写的羯磨仪范文或学习《广毘奈耶》。④

---

①《根本说一切有部出家授近圆羯磨仪范》序,《大正藏》第45卷,第905页上。
②③④《根本说一切有部苾刍习学略法》,《大正藏》第45卷,第912页上。

在南山律学流传了五百余年后,说一切有部(萨婆多律)律仪又受到重视,可能有三个原因:第一,因为藏传佛教重视的是说一切有部的律学,显然八思巴本人也是重视小乘思想的,或者说他重视的是说一切有部的思想以及《俱舍论》。他作《彰所知论》即可证明这一点。第二,由于南宋以后,传统律宗典籍大都散佚,各种注疏难以寻得。第三,这也可能是第二种现象的结果,元世祖可能重视的也是萨婆多部,由于认为"佛遥远僧戒全亏",他才要八思巴"可选诸路高僧,赐红黄大衣,传授萨婆多部大戒"。①

八思巴在其著作中对出家作法及受具足戒作法的强调,与义净所译的《根本说一切有部百一羯磨》中的受具足戒作法的精神是一致的。

第二节 元代唯识宗

唯识宗入宋即传承不明,但是各地仍有研习唯识宗的僧徒。有元一代,研习唯识学的僧人有英辩、志德、普喜、栖岩益和慧印等。元代唯识学人,主要是讲习唯识经典,少有撰述,对唯识思想也少有发挥。

英辩法师(1247—1314),号普觉,俗姓赵。七岁出家,二十五岁依柏林潭公习唯识经典,而后即成为元代唯识宗主,一生皆以传持唯识宗旨为务。英辩"为人真纯,如美玉含璞"②,深受时人爱敬,有"无佛之世足为佛"③之美誉。元世祖闻其高风降旨褒奖。仁宗延祐元年(1314年),英辩无疾而辞众示寂,世寿六十有八。

志德法师(1235—1322),号云岩,山东东昌(今聊城)人,俗姓镏。十二岁随顺德海闻和尚出家,后投龙兴寺法照禧法师习慈恩宗,尽得其蕴。至元十二年(1288),元廷诏江淮诸路立御讲三十六所,志德被世祖召见,受赐紫衣方袍,奉诏主天禧、旌忠二刹讲席。志德法师日诵《法华》、《华

---

① 《佛祖历代通载》卷二二,《大正藏》第49卷,第724页下。
②③ 释明河:《补续高僧传》卷四,《续藏经》第77册,第389页。

严》《金刚》《唯识》等疏三十一年。元帝嘉其德行，特赐佛光大师之号。志德持戒精严，每与七众授戒，必同时对其父母兄弟宣说，令其相教无犯，还要受戒者热香顶指为终身自誓。他还约束徒众，若私用常住物者，误一罚百，有故犯者，摈除寺院。居天禧三十余年，一衲一履终身不易，午过不食，夜则危坐达旦。至治二年（1322）二月七日，志德法师圆寂，世寿八十八。大学士赵孟頫为之作碑铭。

普喜法师，号吉祥，山东人，早岁恳请父母允其出家，父母责以不孝有三无后为大的古训，于是娶妻育二子，不久才得允许出家。精究慈恩相宗，研习《唯识》《瑜伽师地论》《因明》等相宗经典。至元二十五年（1288），忽必烈设立江南御讲所，诏请普喜主持普照寺讲席。普喜除开设讲席外，每日勤诵华严大经，以十卷为常课。普喜法师素与享有唯识学巨擘之称的云南端无念相从甚密。端无念法师"或有少失师以正言救之，端亦为诚服而称之"①。

栖岩益和尚（1243—1315），河南郑州人，俗姓刘。早年出家，随真定净公学华严圆顿教，不久又随大梁孝严温公学唯识教。学成后退隐于明月山，筑室修壁观。后应僧众坚请，出住许州大洪济寺，敷演唯识宗旨，作讲疏记三十余部，共一千三百余卷。又开唯识讲席，声振远近，前来听讲者达千余人。自黄河以南一心求法者都慕名而来。在栖岩和尚的经营下，大洪济寺"敝者新，无者有，庄严殊甚，如天宫殿。信度檀田，出入衍溢"②。

栖岩和尚持戒精严，终身坏衣粗食，然孜孜究心佛理，不敢稍有懈怠。开唯识讲席四十余年，其德风所至，影响所及，"上之王公贵人，下之樵儿牧叟，无不敬礼信向。四方欲究穷了义者，皆以师为归"③。栖岩和尚曾受元庭赐号"佛性圆明普炤大师"，延祐二年（1315）四月示寂，世寿

---

① 幻为如惺：《大明高僧传》卷一，《续藏经》，第77册，第553页。
②③ 释明河：《补续高僧传》卷四，《续藏经》，第77册，第389页。

七十三。

慧印法师,陕西人,俗姓张,自幼信佛出家,先后师从河东普救寺月和尚习《圆觉经》、河南白马寺大慧国师学华严教,栖岩益和尚学法相唯识宗。二十二岁受大戒,并师从秀和尚精研四分律,从心崖和法师习因明论,又跟从大通验和尚讲华严疏。于二十年间,"游戏教海,无不叩之门,无不穷之理"①。然独归心于唯识,尊栖岩益和尚为师。后又入太行山隐居修习唯识观法达七年之久。

元仁宗延祐元年(1314),受命为五台山大万圣佑国寺住持。至治二年(1322),英宗硕德八剌游五台山,诏慧印一起登顶。因见慧印入禅定显瑞相,即命太子诸王公贵人从师受菩萨戒,并敕赐司徒一品之职,后慧印坚辞不受,乃止。至元三年(1337),慧印示寂,世寿六十有七。

---

① 释明河:《补续高僧传》卷四,《续藏经》第77册,第390页。

第六章 元代净土宗的延续及禅教一致

第一节 净土的宗派自觉与禅净关系

净土法门在宋代极为兴盛。由于天台宗的推动和禅净合流的影响,净土在宋代的发展十分迅猛。但也正因为如此,净土法门还是更多傍依于台教或只是作为对参禅法门的补充法门,其作为宗派的独立性尚未表现。入元后,净土法门有了新的发展,这突出表现在净土的宗派自觉与禅净关系的新开展。

一、普度的"念佛三昧"说

入元之后,兴起于宋代的白莲宗得到进一步发展,但因为后来发生了白莲宗利用弥勒净土教义起事,白莲宗遭到了政府的镇压。由于净土法门与白莲宗的密切关系,元政府也加强了对净土宗的管理,禁断白莲社,以结社念佛为非法,故净土法门在元初受到重创。净土在元代的复兴则是伴随着净土的宗派自觉意识的萌醒而展开的,其中普度在其中发挥了关键作用。

元代"中兴"莲宗者为普度(？—1330)。普度,丹阳(今江苏镇江)

人,俗姓蒋。普度少时即往庐山东林寺专修念佛三昧,当时白莲宗的发展呈现出鱼龙混杂之景象,为了使白莲宗走上健康发展之轨道,普度撰《莲宗宝鉴》(成书于1305年),试图通过对白莲宗之祖茅子元思想的阐发来重新确定白莲宗的正宗教义,以明正邪。① 在他的努力下,被视为非法的白莲宗一度恢复了合法地位,其本人也得到了元朝的优遇,但不久,白莲再次遭到禁毁,由此即转入秘密活动的状态。由此可见,普度的中兴莲宗只是昙花一现,未能根本改变元代以来净土的发展态势。

普度编辑《莲宗宝鉴》一书的目的即是要确立念佛三昧作为莲宗之旨的地位。念佛很好理解,属于修习净土的法门。三昧,又作等持、定,指在修行中止心一处,不令其散乱外驰。普度将念佛与三昧相连的原因在于:

> 所谓念佛三昧者,梵语佛陀,此云觉者。自觉觉他,觉行圆满,故名曰佛。如睡梦觉,如莲花开,为令有情返照回光。净念相继,久久纯熟,惑尽障除,一念不生,前后际断。悟此觉性,内无能念之心,外无所念之境,能所两忘,生佛无二,故曰念佛。梵语三昧,此云正定,谓思专想寂,神智明妙也。经云:若念佛者,当知此人则是人中芬陀利华。②

念佛的目的是要由念而觉,达于三昧,这不同于世俗对念佛的误解。为此,普度指出从庐山慧远到智者大师,乃至法照、省常等莲宗诸祖,自行化他无一不是为悟此道。显然普度是要以"念佛三昧"作为莲宗之纲来整齐净土,凸显"念佛"之真义,这与宋代以来的净土主流思潮颇多异趣。如普度所云:

> 普度滥叨释裔,无补教门。尝见称莲宗者,未谙念佛旨趣,弃本逐末,著相修行,净业正因,逮将沉没。皆是怀宝迷邦,背真向伪。

---

① 参见陈扬迥《中国净土宗通史》,南京:江苏古籍出版社,2000。
②《莲宗宝鉴叙》,《大正藏》第47卷,第304页上。

> 从其事者纷如牛毛,具正见者眇若麟角。致令上慢之徒轻忽吾祖之道。悲夫,去古时遥,法久成弊。正道湮微,邪法增炽。人多错解,蹉入邪途。不思净土一门,乃出轮回之捷径。其直如弦,其明如日。奥旨在于经忏之间,不遇明师启迪,犹若群盲摸象,各说异端。从冥入冥,永缠邪见,可痛惜哉。翙今恭遇佛心天子,正法治世,乃君臣庆会之时,正佛法流通之际,得不以祖师念佛三昧开示人天,用作将来眼目,俾同悟入佛知见哉?①

可见普度乃以明师自居,要用念佛三昧来拯救已入邪途的莲宗。

下面我们具体来看此书各卷的内容。

卷一为念佛正因说,此为入室之户。普度首先要表白的是,念佛乃正心之要,深信极乐真解脱之妙门。普度以为念佛之要实在"心法",所谓心法,"弥纶于万行,会通于群数。盖以心无常法,乘善恶而迭用,以罪福为影响,故因果不相违"。因果是真实的,故而要深信因果。而"念佛法门,出世间之因;九品化生,净土成佛,出世间之果也",因此念佛即是净心,"欲得净土,但净其心"。普度从唯心角度理解念佛净土并非是要否定净土的真实性,恰恰相反,他竭力反对的正是"贬净业为权乘,嗤诵持为粗行"。因为因果是真实有效的,若无毫芒之发、始足之行,则无合抱之木、千里之行。只有深信因果,以信、愿、行三者投入到净业中,方能达唯心净土之境。

卷二为念佛正教说,此乃"示念佛法门,渐偏顿圆,使进修者随根器而归乎至道也"。在此卷中,普度要调合念佛与言教之关系。普度以为言教为如来对治众生之病而开出的药方,但众生日用不知,故而于群经中"偏赞西方",因此念佛也是一种言教。为此,普度以莲花出水之喻来说明"莲宗之教以是名焉",以示莲宗有权实之法、体用之义。显然,这是借鉴了台教的说法。此卷是本书之主要内容,收录了子元的圆融四土图

---

① 《莲宗宝鉴叙》,《大正藏》第47卷,第304页中。

等白莲宗的重要文献。

卷三为念佛正宗说,"盖示念佛三昧,正心之理,俾修习者明其宗而达其本也"。于此卷中,普度欲确立莲宗作为佛教正宗之地位。针对禅宗、天台相互竞争之状况,普度提出了批评:

> 然非其祖宗素不明不正也,后世学者不能尽考经论而校正之。乃有束教者,不知佛之微旨妙在乎言外,诸禅者不谅佛之所诠。概见乎教内纷然,自相是非,古今何尝稍息。①

普度以台教束缚于言语,禅宗不通达于言教,二者均有其失误。有鉴于此,普度突出了净土的意义,要以净土超越了禅教,因为"净土一宗,念佛之法,有实有权,有顿有渐,皆以显如来所证之实理,廓众生自性之本源。以念佛三昧摄一切人,明心见性,入于佛慧"。虽然普度的权/顿/渐概念明显取于天台,且其也谈到了智者大师以观心统摄念佛的意义,但他最终他还要摆脱天台对净土的束缚,而单独以莲宗为佛教正宗,这显示了"净土"宗派意识的觉醒。

卷四为念佛正派说,"盖明佛祖暨诸宗师得道之本末,欲令后学知有其自也"。基于上卷以莲宗为正之说,此卷以弘道在人而述历代高僧大德皆以念佛为务,以证普觉妙道为旨归。卷中所列大师有:慧远、昙鸾、智者、善导、法照、少康、省常、宗赜、延寿、遵式、宗坦、慈照,著名居士则有文彦博、杨杰、王日休、王古。值得注意的是,普度将茅子元列入莲宗诸祖的行列,而把智者、遵式等天台大师与莲宗诸祖并列。通过这种方式,普度巧妙地凸显了净土一宗传承的独立性。

卷五、六、七为念佛正信、正行、正愿说,此为"俾信正法,修正法,发正誓而求生西方也"。这三卷是要贯彻茅子元修净土以信愿行三者并具的思想原则,如在《劝发大愿》一文中,普度引子元的话说:"慈照云:有行无愿,其行必孤。有愿无行,其愿必虚。无行无愿,空住阎浮。有行有

---

① 《庐山莲宗宝鉴》卷三,《大正藏》第47卷,第317页上。

愿,直入无为,此乃佛祖修净业之根本也。"①子元强调的是要发大愿而念佛,如此念佛、深信、发愿是信、行、愿三不亏也。

卷八为念佛往生正诀说,"盖示临终生净土之路也"。此卷,普度以天台之性具唯心说指出佛正佛依皆是心具、心造,但这并不导致一种虚无主义,因为要了达"心具",须磨铜成镜,假施功力,如此方可尘尽像显。因此佛正佛依作为所显之"像"得以显现正是表明行人已透达实相,即所谓的不思议观也。若证此道,则"视死如归,岂不庆快"?可见普度临终往生的核心是要行人由念佛之因达往生净土之果,得证实际,从而不畏生死,安然而往。为此,普度还在《临终四关》中引录子元对往生的"技术性"要求,其主旨是要"专想寂念念弥陀,全身放下。但能坚此一念,便可碎彼四关"。普度对临终往生的论述体现了净土行法与普通民众具体的现实需求的结合。

卷九为念佛正报说,"盖明修行所得净土依正之功德庄严也"。

卷一〇为"盖引诸佛诚言,破群邪异见,欲令改不善而从善也"。此卷实为普度自己的佛学札记集,汇集了他的念佛正论说、西方弥陀说等25篇文章,其中既有专论净土之文,又有诠说佛教名相之论。普度之所以要作此论乃在于,其以为佛教已久而生弊,具体表现在:一是师授不明,二是戒法不行,三是教理未彰,四为行愿不修。为了匡邪纠谬,普度"询求大教,参考玄文。楷定正宗,破诸异说",可见普度不仅是要整顿莲宗自身,而且还要用他的思想整齐全体佛教,这的确显示了普度的大雄心。

综合上面十卷的内容,我们可以得出这样的结论:普度的思想基础来源于白莲宗茅子元,突出了基于天台行法的佛教修行法门与民间社会的结合。在此基础上,普度要进一步以茅子元的思想为原则来统摄莲宗,从而确立莲宗在佛教中的正统地位。普度的努力体现了净土法门试

---

① 《庐山莲宗宝鉴》卷七,《大正藏》第47卷,第336页上。

图摆脱以天台为主之教界之控制,独立展示本宗意识的觉醒。当然,这也从侧面反映了元代天台对净土法门影响的减弱以及其开拓与世俗社会交往能力的下降。

二、临济与净土

(一)中峰明本与禅净融通

中峰明本(1263—1323),浙江钱塘(今浙江杭州)人,俗姓孙,号中峰。明本早习儒典,后喜诵佛经,曾于20岁时往浙江天目山问法高峰原妙,后从原妙出家。原妙去世后,明本行脚于江南各地,修法于江苏、安徽、浙江等地,后长期住于天目山幻住庵。明本为元代著名禅宗,时有江南古佛之美誉。明本对融通禅净的贡献主要表现在两个方面:一是在理论上论证了禅教(净?)一致的合法性,二是在实践层面通过清规之制度建设涵摄净土因素。

首先是明本对禅净一致的理论说明。

在明本所赋之《怀净土诗》中,明本说道:"禅外不曾谈净土,须知净土外无禅,两重公案都拈却,熊耳峰开五叶莲。"明本以为禅外无净,净外无禅,这就在禅净之间建立了相即关系。相对于以往对禅净关系的整合,明本禅净一致论的特质表现在:不是单从修行法门的必要性角度谈禅之互补相依,而是就禅净二宗的修行根本一致来说。明本这样一种处理是有其历史背景的。事实上,相对于宋代,元代佛教有一个简化之倾向,禅宗主要表达为参话头,而净土宗则突出了持名念佛。如此,禅净关系实主要表现为参话头与持名念佛二者的关系。为此,明本一方面大力提倡参话头,甚至将参话头确立为禅人证悟的唯一法门,舍参话头外,别无其他方便。明本的做法在形式上似乎是对净土之持名念佛的绝对排斥,但事实恰恰相反,明本于唯参话头之同时,亦提倡绝对的念佛,其赋有《劝念阿弥陀佛》、《怀净土》等诗,竭力提倡净土法门,鼓吹念佛。于明本来说,参话头之与念佛不惟是并行不悖,且就是一个东西,参话头参到究竟处就是念佛,念佛到根本处也就是参话头。如其有诗云:"弥陀西住祖西来,念佛参禅共体裁。积劫疑团如达破,心花同是一般开。"又有:"迷时无悟悟无迷,究竟迷时即悟时。迷悟两头都拽脱,镬汤元是藕花池。"以上诗句都很清楚地表明明本对参禅与念佛法门一致的确认。

正是基于对禅净一致的确认,明本对禅净二分,有高下之别的议论予以批评,这就涉及其对永明延寿"禅净四料拣"的勘辨。四料拣有云:"有禅无净土,十人九蹉路,阴境忽现前,瞥尔随他去。无禅有净土,万修万人去,但得见弥陀,何愁不开悟?有禅有净土,犹如戴角虎,现世为人师,来生作佛祖。无禅无净土,铁床并铜柱,百劫与千生,没个与依怙。"此偈作者虽署名延寿,而颇有人怀疑之[①],对此我们暂不予讨论,但看明本对此偈的勘辨,其云"夫永明拣禅净为四句,乃曲徇机宜,特方便抑扬耳。盖教中所谓于一乘道分别说三土之意也"[②]。明本基于禅净一致的理论立场,指出分禅净为二之说法不可取,而为了融通延寿之说,乃以禅净二分比之佛教三乘,实为一法。当然,明本不认同禅净二分主要还在于,料拣在禅净关系上强调了净土的优越性,这自然不为作为禅人的明本所接受。由此也可以看出,明本的禅净一致还是基于禅宗的立场整合禅净二宗。

其次为制度上的涵摄净土因素。

如前所说,明本曾行脚江南各处,于止处结庵修行。由于明本道风所被,学者辐辏,明本制定清规以规范丛林,并以其所住"幻住庵"名命此清规为《幻住庵清规》。此清规虽为禅宗丛林之规矩,而对净土仪法颇多吸收。如此清规中"为病人解释念诵"之条,尤其对重病之人称念阿弥陀佛号,文云:

[①] 参见纪华传《江南古佛:中峰明本与元代禅宗》,北京:中国社会科学出版社,2006。
[②] 《山房夜话》上,《天目中峰和尚广录》卷一一上,《宋版碛砂大藏经》第37册,第419页上,台北:新文丰出版公司,1987。

> 阿弥陀佛真金色,相好端严无等伦。白毫宛转五须弥,绀目澄清四大海。光中化佛无数亿,化菩萨众亦无边。四十八愿度众生,九品咸令登彼岸。大众长声念阿弥陀佛十声、四圣名号,回向云:伏愿某人诸缘未断,早遂轻安,大命难逃,愿生安养十方三世。①

这是对病僧所行之念佛法门。另外对亡僧后事的安排也有详细地规定,其中包括讽经念佛以助亡僧往生净土。

除《幻住庵清规》外,明本另有"三时系念"之制,对日常念佛予以制度化的安排。所谓三时系念是指,于一日中之三时:初日分(早晨)、中日分(日中)、后日分(日没),系念佛号,即称名阿弥陀佛,以此往生西方净土。这样的念佛仪式虽然是由僧界主持,主要是应俗界之请,为度亡灵往生西方净土而展开的,所以我们可以把三时系念看成是禅宗以此念佛形式制度化地参与到世俗中。明本关于三时系念之制主要见于其所著的《中峰国师三时系念佛事》和《中峰三时系念仪范》。

从《中峰国师三时系念佛事》看,"三时念佛"的主旨乃是念佛度亡,如文中所云:

> 法王利物,悲智普遍十方,冥阳靡隔。今蒙斋主某恭为某屈逢某之期,特请山僧登座,依凭教法作三时系念佛事,乃尔亡灵遭此胜缘,自宜严肃威仪,来临座下,恭聆妙法,一心受度。②

此三时念佛不是孤立的念佛行为,而有一个复杂的程式,其中法师、维那、众僧与斋主各有所司,共同参与到这一"念佛"仪式中。我们以第一时为例说明之。先是维那举"南无莲池海会佛菩萨"三声,然后大众念诵《佛说阿弥陀经》。念后,称念往生咒、莲池会三遍,继之法师以提纲、鸣尺开示,然后维那师举以"阿弥陀佛真金色,相好端严无等伦。白毫宛转五须弥,绀目澄清四大海。光中化佛无数亿,化菩萨众亦无边。四十八

---

① 《幻住庵清规》,《续藏经》第 63 册,第 585 页下。
② 《续藏经》第 74 册,第 56 页上。

愿度众生,九品咸令登彼岸"。举毕,大众念佛百声,维那又举赞,然后又是法师之讲演、鸣尺。之后,维那举阿弥陀佛号,法师与大众齐旋绕念佛千声,至亡灵前,收佛号,举观音、势至清净大海众菩萨名,念十大愿,接赞。然后法师念佛上座,鸣尺,于中指出"人人分上本有弥陀,个个心中总为净土。了则头头见佛,悟来步步西方。上来启建三时系念净业道场,今当第一时佛事已圆。如上殊勋投入弥陀大愿海中,专为亡灵某求生净土"。然后,法师再指出众生造业之因,求生净土当凭借发愿,故法众当为亡灵至心忏悔发愿。发愿毕,师再鸣尺对亡灵开示,当信有往生净土之分。此为第一时。第二、三时程序与之一致,只是法师之对亡灵的鸣尺开示的内容略有不同。

相对《中峰国师三时系念佛事》,《中峰三时系念仪范》的程式性不如前者,但忏法色彩更浓,如在三时念佛之前列有"举咒"、"祝香举香光王如来然香供养和"、"祝水"等条目。此外值得注意的是,于每一时佛事毕,均另有一仪式接续:第一时毕,为斋佛仪式;第二时佛事毕,乃弥陀忏仪;第三时佛事毕,则附劝人念佛、念佛正因说。

明本对念佛的提倡强化了元代的禅净一致,也使得禅宗藉此法门参与到世俗社会中去。

(二)天如惟则与念佛法门

天如惟则(1276—?),庐陵(今江西吉安)人,俗姓潭,号天如。惟则幼即出家,后往天目山,从明本习禅法。后惟则应苏州居士之请住苏州狮子林,弘传净土念佛法门,影响极大。惟则虽为禅宗巨匠,而提倡净土不遗余力,其对净土的主要贡献在于:以持名念佛法门为中介将净土与禅宗更紧密地结合起来,同时将此法门普遍性地落实到广大居士层面,从而使得念佛成为居士的日常净业。惟则对净土的阐发主要见于其所著《净土或问》,于中,惟则自为宾主,设以二十六问,将净土之旨诠说殆尽。

首先,惟则对禅宗人士之修净土法门的合法性予以了系统的理论说明。针对丛林对延寿四料拣的议论①,惟则以为永明延寿主张净土无过,反功于禅宗。不过延寿"但举其纲,而发明未尽",故"未能尽遣禅者之疑也"。缘此,惟则要对禅人之修净土予以进一步地说明。其以为,净土"本是易行易入之方,亦是难说难信之法"。惟则特别强调净土之"难信",因为净土难信,故更要对之起信。净土为何难信呢?"良由净土教门至广至大,净土修法至简至易。以其广大而简易故,闻者不能不疑焉",原因在于,净土教法广大而修法简易:所谓广大,在其普被一切根机;所谓简易,在其但持名念佛即得往生。正因净土法门有这样一种普遍有效性,其反不容易为众生相信接受。显然,惟则对净土法门的理论说明带有浓郁的禅净合流之色彩,同时又部分吸收天台学说:一方面是对净土教法普遍性的确认,这是对禅宗传统净土权教观的进一步突破;另一方面是突出持名念佛修行法门的必然有效性,这实是禅宗对净土修行法门的简约化。

基于对净土这样的理论说明,惟则予禅宗人士之修净土法门的合法性以更为细致的说明。大致来说,我们可以把其所论述的方面分为以下几类:

(1) 悟后求净土的合法性。

(2) 唯心净土与西方净土的调和。

(3) 净土修法。

(4) 华藏世界与净土世界之关系。

(5) 观想与忆念法门之所感相的同异。

(6) 关于净土之四土。

(7) 偏推阿弥陀佛之缘由。

(8) 欣厌取舍之方。

(9) 临终念佛之效应。

---

① 参见杨曾文《宋元禅宗史》,北京:中国社会科学出版社,2006。

(10) 念佛之现世之利。

(11) 专修持名念佛。

从全文的内容看,惟则对净土法门的解说有天台学说的背景,如关于净土之四土、十念回向之法明显取之于天台宗,反映了其对天台学的吸收。自然,我们必须清楚,惟则对天台学的吸收乃是吸收台净合流的部分,故吸收天台也就是吸收净土,这表明了惟则对净土法门的全面把握。当然,基于禅宗的本位,惟则还是突出了禅净合流的理论向度,这特别表现在其对持名念佛法门的表彰。对此,下面做一具体解说。

惟则既要独彰持名念佛法门,则其首先要解释偏推阿弥陀佛之缘由。惟则以为其故有三:"一誓愿深重,二娑婆有缘,三化道相关也。"这三点其实可以总地归纳为阿弥陀佛与娑婆秽土有缘,故要特别推崇阿弥陀佛。基于此,惟则强调持名念佛之效应,甚至重罪之人临终念佛亦得往生,原因在于"此乃全藉弥陀不思议之大愿力也"。也正是依着弥陀之大愿力,带业往生者亦不再退转。惟则如此强调临终念佛之效应自然是凸显了大愿力的不思议性,但也会让人产生误解,滋生苟且取巧之心,以为不妨"且做世间事业,直待临终念佛"。对此,惟则做了一个理论上的澄清。惟则指出,其所谓的临终念佛之效应自然是没有疑问,但问题是有此缘者又有几人,"向所谓逆恶凡夫临终念佛者,乃是宿有善根福德因缘,方遇知识,方得念佛,此等侥幸,万万人中无一个半个"[①]。正因为如此,不是每个人都有"临终念佛"之机会,所谓"世间有十种人,临终不得念佛"。这样,临终念佛看似易行道,实为难行道。如此,惟则强调临终念佛之效应反倒是要求世间俗人早早念佛,不可平日里经营世俗之业,到老方想到念佛,故云:

> 当思人生在世能有几时,石火电光眨眼便过,趁此未老未病之前,抖擞身心,拔弃世事,得一日光景念一日佛名,得一时工夫修一

[①]《净土或问》,《大正藏》第47卷,第299页下。

时净业。由他临终命时，好死恶死，我之盘缠预办了也，我之前程稳稳当当了也。若不如此，后悔难追，思之思之。①

在此我们看到，惟则突出了日常念佛的意义，其不是要俗人完全抛弃世俗之业，而是"拨弃世事"，也就是说，虽务俗业，而心志要转向念佛，故对俗业但是维持而已，于净业则要专注。这样，日常念佛就与俗业/净业的紧张对立联系起来。

当然，惟则以为念佛不止关联身后事，亦得现实之利，以此说明念佛法门之普遍意义。其据佛典指出，"持佛名者，现世当获十种胜利"，此"十利"包括得佛、菩萨、天神等之日常守护、种种灾害得避免、梦常现阿弥陀佛、临终得见阿弥陀佛等。此十利既维护了居士日常生活的稳定安宁，又确保了临终往生的有效，故惟则云："既是现生来世皆有利益，然则世出世间紧要法门无如念佛者矣。"

自然，行人修净业的关键是要持之以恒，无有间断，但由于众人定力不够，常有懈怠，如何对治呢？对此，惟则提出三种鞭策之法，以加固净业之修，这三策是报恩、决志、求验。

首策报恩。惟则云：

> 既修净土，当念报恩。佛恩、国恩故未暇论，只如父母养育之恩，岂非重恩？师长作成之德，岂非重德？尔最初出家，便说要报重恩，后来行脚，又说要报重德。离乡别井二三十年，父母师长艰难困苦，尔总不顾，父母老病，尔又不看，及闻其死，尔也不归。如今或在三途受罪受苦，望尔救他，望尔他，尔却念念间断，净土不成，自救不了。自救不了，如何救他？既不能相救，尔是忘恩负义大不孝人。②

僧人以出家修行为最大之孝，此乃中国佛教早有之传统，但在此，惟则进一步将孝与净土修行结合起来，以念佛不成而报恩不成，故为大不孝人。

---

①②《净土或问》，《大正藏》第47卷，第300页下、302页上。

由此,修净土已不纯是个体之清修解脱,而与伦理情感的有效表达联系起来。

二策决志。惟则云:

> 若学专修,志须决定。尔一生参禅,禅既不悟,及乎看教,教又不明。弄到如今,念头未死,又要说几句禅,又要说几句教,又要写几个字,又要做几首诗。情挂两头,念分四路。祖师道:毫厘系念,三途业因,瞥尔情生,万劫羁锁。尔却志无决定,情念多端,因此多端间断正念。然则一念间断之心便是三途羁锁业也。①

有志于修而不专,则正念间断,念佛专修不行。不惟如此,由于修念间断,便造恶业,故念佛决非儿戏。

三策求验。惟则说:"既学专修,当求灵验。尔如今发白面皱,死相现前,知道临终更有几日,须在目前便要见佛。"修净业应在现世即有验证,若心无间断,则见佛不难,否则决不见佛。不得见佛也就是与佛无缘,则行者难生净土,必堕恶道。灵验的存在使得日常之修有一判定尺度,也就对念佛行为有一警策之功。

从以上三种鞭策可以看出,其意均在使念佛之心无有间断,念无间断故,则念佛有灵验。可见念佛之灵验虽然终得于佛之大愿力,而必须借助念者之念,前者为外在他力,后者为内在自力,他力与自力在惟则那里合而为一。如惟则所云:

> 当自痛鞭,使其念不离佛,佛不离念,感应道交现前见佛。既见乐邦之佛,即见十方诸佛。既见十方诸佛,即见自性天真之佛。既见自性天真之佛,即得大用现前。然后推其悲愿,广化一切众生。②

禅净合流而成之形态,惟则称为净土禅,又名禅净土。

---

① 《净土或问》,《大正藏》第47卷,第302页上、中。
② 同上书,第302页中、下。

三、禅与净土的融合

元代禅净一致还突出表现在禅净主题的融合上。其时,禅宗将自性成佛之修行主旨落实为对生死问题的解决上,这就与净土宗以往生净土摆脱生死的旨归一致起来。

明本对生死颇有感怀,其诗文中对生死问题有颇多涉及,如其有以"生老病死"为题的诗五首,其一云:"火风地水忽分离,正是年穷岁尽时。口里乍无三寸气,眼前徒有万般奇。业从识变非人与,魂逐缘飞不自知。抛却蕴空皮袋子,茫茫三界竟何之。"①这是以诗的形式表达"死"之事亦大矣,故了达生死为禅人修行的根本目的。又如其在《示喜禅人》诗中云:"参禅学道为生死,生死未明须急参。一个话头如不在,无边生死又包含。"②参话头本是要破除概念思维的束缚,而证达空性。明本则将参话头与参悟生死等同起来,从而将生死作为一个一生要始终参究的"话头"而给出,故云:

> 须真个把生死大事横于胸中,塞于意下,情方欲生而遭其障,想将拟变而遭其夺矣。你若不以生死大事切于胸中,看话头必于证悟,但一向遏捺它情想之不生不变化,是犹元气既丧而事吐故纳新,奚为哉?古人有参禅无秘诀,只要生死切,斯言诚贯通三际,学道之大本。苟不以生死无常为己重任而孜孜于欲会禅会道而参究之,是犹使辟谷五事其旼获而不知非所务也。③

在此我们可以很清楚地看到,明本将参禅与切于生死大事联系起来,将切于生死置于参禅的中心地位。

明本将参禅与生死之切紧密关联,实与其对当时禅宗修行之状的反

---

① 《天目明本禅师杂录》卷上,《续藏经》第70册,第719页上。
② 同上,第719页下。
③ 《示正闻道人》,《天目明本禅师杂录》卷中,《续藏经》第70册,第725页上。

思有关。自宋代文字禅发展以来,禅人多以参究话头为务,然时移世异,此参究之法日久生弊,多流于形式,堕为知解的"相似禅",从而使参禅陷于无效。如何对治相似禅呢？从明本诸多"示禅人"之文看,其所指有异,但强调参禅修道不可投巧生偷心则是一致的,参禅需要的是"不惜身命,忘死向前,猛做一回。做到著力不得处,用心不得时,正好用心,久久与么捱,与么行,十个有五双管取心空及第去"。① 禅人参禅要克服根浮脚浅、无有主宰之状,必须猛下工夫,下真工夫,那也就是要真正把参禅与行人之所急联系起来,而了生死即为行人之急。这样一来,切于生死问题实成为禅宗修行法门自身的要求。故此,明本以为参话头必须参到极处,不可有勉强之情：

> 若有半点奈何之心,皆堕情计,非真工夫也。此事要与生死大事为对,不是世间可学、可求、可用心之事。参禅如咬铁橛子相似,正当咬时,有甚奈何处,你若耐得许多没奈何,便是有力量,真辨道人操志也。②

明本以参禅不可有丝毫勉强之意,实将参话头这一禅宗修证形式极端化、激烈化,由此,话头也就由一普遍性所指,转向一特殊性所指,即"生死"。生死成为唯一之话头,参禅要破的就是生死之疑情。所以明本云："参者单单只是不奈自己有个生死无常大事何,所以参到话头破处则生死大事与之俱破,生死大事明处,则一切语言文字与之俱明。离死生外别无话头,离话头外别无生死。"这样,生死本身即为话头,参话头落实到了脱生死本身。如此,明本以为古之参生死悟道与今之人参话头悟道无异,将参话头与参生死统一起来,以此建立起了对参禅的唯一依恃,即参禅之外别无他途,其云：

> 正当疑话头时也,莫求方便,须信参禅无方便也;莫求趣向,须

---

① 《示本色道人》,《天目明本禅师杂录》卷中,《续藏经》第70册,第728页中。
② 《示禅人〈雄藏主〉》,《天目明本禅师杂录》,《续藏经》第122册,第729页上。

知参禅无趋向也;莫求把柄,须知参禅无把柄。其所言方便者,即个话头便是方便,即个话头便是趣向,便是把柄。但只要信得及,靠得稳,此生参个话头决定要就此话头上打彻。①

对参话头的唯一依持也就是对生死问题的唯一关注,明本将参禅的极端化也就与净土宗对持名念佛法门的绝对奉持对应起来,明本本人写有"劝念阿弥陀佛"一诗正说明此点。禅净土二宗在修行主题上的一致使得两种形式相反的修行法门在一极端对立形式达成了一致。所以针对"禅自禅,净土自净土"之说,明本指出:"参禅要了生死,而念佛亦要了生死"②,既同为遣除生死,则禅/净无别。

第二节 元代的禅教关系

由于元代政府推行尊教抑教宗之宗教政策,故有元一代,禅宗较为消沉,但也正因为如此,禅宗加强了与教门的联系,禅教融合程度更为深入。元代禅教关系主要表现为禅教人士间的日常互动,也体现于禅教之教法、修法之融通。

一、禅教之间的互动

元代禅教二门组成人员之间互动频繁。由于元代讲教风气的兴盛,禅宗人士早年多有接触教门之经历,如著名禅师妙高早年曾"从云梦泽公受具戒"、高峰原妙"十八习天台教"。③ 相对于由教入禅之状,元代佛教亦有由禅入教之例,如台僧我庵本无早年依寂照,习禅于中天竺。后本无复见湛堂性澄公,精研教部。寂照惜之,曾寄以偈曰:"依教入禅今古有,从禅入教古今无。一心三观门虽别,水满千江月自孤。"由禅而教

---

① 《示海东渊首座》,《天目明本禅师杂录》卷中,《续藏经》第70册,第732页上、中。
② 《法语》,《天目中峰和尚广录》卷五下,《宋版碛砂大藏经》第37册,第404页中。
③ 《释鉴稽古略续集》卷一,《大正藏》第49卷,第908页上。

情形的出现,反映了元代教门的兴盛。

当然禅教人士的互动不仅表现在僧人对禅教二门的抉择,更反映在禅教人士的日常往来。试以天如惟则说明之。

从小师善遇所编之《师子林天如和尚语录》看,天如惟则与教界人事尤其是天台宗、华严宗人交往颇多。这些交往形式大致包括:诗文酬对、教义论辩等。

首先是诗文酬对。惟则长于诗文,与僧俗二界文字书信往来频繁。其中关涉天台宗的居多,如《赠天台宗无碍辨师》、《上天竺如庵法师塔铭》、《普照智讲主住崇寿天台教寺山门疏》等。于《赠天台宗无碍辨师》中,惟则借赠诗无碍法师而言佛教义旨,巧妙地将天台宗之无碍宗义表达出来,这既体现了其对台教的深入了解,也表明了其与无碍辨师交谊非浅。《上天竺如庵法师塔铭》一文则是惟则应请为天台宗人撰写塔铭。如庵为元代著名天台宗僧人,曾主杭州上天竺寺。如庵逝世五十年后,其弟子化城永寿寺住山景福遣弟子师训求塔铭于惟则,惟则阅如庵之行状,感其德业,故为之书塔铭。惟则与如庵不属于同一时代,自然无从交往,但如庵弟子求铭于惟则这一事实表明惟则与台宗人士颇有往来,否则教界人士不会唐突以此事求之。除台宗人士以外,惟则与华严宗人也有较深的友谊,如其曾撰有《蕴首座住大慈贤首教寺江湖疏》。

其次为教义论辩。惟则虽为禅师,而对教宗之义极为熟悉。其不唯只是闭门阅藏,且能与教僧往来,共同探讨教义。这样一种禅教聚会的因缘得于元代义学探讨蔚然成风,缁素均热衷于此。比如松江居士吕子润为荐度徐了心居士,而建七日华严盛会,请惟则讲《华严经》大意。惟则为临济宗禅师,居士请其开讲华严,自然反映了惟则在华严经上的造诣为世人所首肯,同时也说明了当时义学讲教之风的兴盛。在七日讲经中,间有僧人就经义问询惟则,如第一日,有僧问:"无边刹境自他不隔,毫端既有自他,因甚不隔?"惟则答以:"怀州牛吃禾,益州马腹涨。"问僧不置可否,再进一问:"十世古今终始不离当念,既有终始,因甚不离?"惟则答曰:"天下觅医人炙猪左膊上。"这是典型的禅语,故僧人颇为不满,直接说道:"此会翻宣教典,毋劳说禅,且望禅师直谈教义。"惟则不为所动,只云"山僧何曾有两个舌头"。僧人则不顾,坚持问道:"一真法界、十种玄门还有自他终始也无?"惟则喝道:"那得许多骨董来?"僧人就此再问:"既无许多骨董,华严所说何义?"惟则云:"说华严。"僧又问:"离却法界玄门,华严经还在甚处?"惟则对云:"现在诸人手里。"僧云:"与么则见者、闻者、存者、亡者皆得信受奉行去也。"惟则云:"赠汝三文买草鞋。"对此,僧礼拜,示以敬服。

此段文字生动地描绘了惟则开讲佛经,教僧问难,禅教互动的场景。自然,惟则在此乃基于禅宗立场,以参禅而通华严,故不直讲教义,但既然应请讲经,则不可单举话头,不就经典义旨本身展开,所以下面就逐日讲解华严教义,共计七天。惟则之开讲华严反映了元代禅教人士通过教义探讨而展开互动。

二、临济宗与教门的融通

元代江南禅宗以临济宗为主。临济在进一步展开禅净合流的同时,亦加强了与教门的融通。元代禅教融通在中峰明本的语录中表现得十分明显。

明本主张禅教一致,其曾有云,"有文字相是谓教,离文字相是谓禅",又云:

> 如一佛之垂化,观万法惟一心,一心即万法,所以彰万法为教,标一心为禅,名常异而体常同。教即文字,而禅离文字也。究其所以,特不过破情执之迷妄混入一心之灵源而已。以即文字、离文字之执未化,而教与禅宛如冰炭,盖有离、即之二也。至若教非教,禅非禅,虽圣人亦不能不敛衽而退缩矣。①

---

① 《东语西话》下,《天目中峰和尚广录》卷一八,《宋版碛砂大藏经》第37册,第472页中。

明本基于一心,以文字为中介,将禅教联系起来,所谓"教即文字,而禅离文字也"。明本的这一思想颇类似延寿的"立心为宗"的主张,但区别于后者的是,明本不仅是要将诸教法统一于心(禅),消解教法之间的差异性,而是同时指出"即文字"、"离文字"均有"执"之倾向,故不应对立禅教。事实上,明本对禅教的统一乃是建立在其参禅法门基础上,因为参禅修证不力,故有禅教的分离,如其在《示逸禅人》对禅教隔别之状予以批评:

> 古今天下所传佛法,安有教内、教外之分?古佛出现不奈众生迷失自性,妄逐轮回,于无言象中演出一大藏教,更无一字不与人破除生死,令自悟本性。嗟,一等学者,不本圣人之本意,各专其所学、所解,自谓会佛法,肆口而说,殊不知不曾悟自本性,其说益多其迷益重。以故少林初祖眼不耐见,直指其见性成佛,脱去知解。今之禅林诸师,又泛引临济三玄、洞山五位,重入其知解之门,所以有隔。去此知解,只把个无义味话教你,立决定信心,尽其形命参取。你又信不及,又要老僧指示教内教外之说,引起知解。你用心若如此,颠倒驴年也未会悟在。①

根据明本的解读,佛教之本旨乃是自悟自性,了脱生死,禅宗的教外别传正是为对治教门中不悟自性,执于文字做知解之况而出,若禅宗亦但知模仿古德之法门,同落于知解之中。明本最终要求的是行人对参禅的信念、对参话头的坚定投入。如此,我们可以看到,明本作为一名禅僧,自然是认同教外别传之说,但认同之目的不在于隔别禅教,而在于树立以参禅了生死的绝对性。这样的话,教外别传实际上就不是表现为刻意分别禅教,而是落实为参话头,能够将作为"话头"的文字参悟,也就摆脱了知解。而摆脱了知解,则禅教的对立反而消解。故明本以文字为中介,以"即"、"离"文字将禅教联系起来,只是表明禅乃在于"离"文字相,既然

---

① 《天目明本禅师杂录》卷下,《续藏经》第70册,第743页上。

教为"即"文字相,则禅之别于教乃是在"文字相"的共同前提下给出,二者之别乃成法门之别。禅教由此在一个更高层面上得以统一。

三、天如惟则对天台的吸收

天如惟则的净土禅或禅净法门的给出反映了禅净融合程度的深入,在此过程中,惟则对天台教义与修行法门多有吸收。从《净土或问》一文可以看出,惟则除对天台智者及荆溪湛然的作品多有援引外,对宋代天台学僧的思想极为熟悉,举凡知礼、遵式、智圆、仁岳等天台名僧多被提及。这一情形表明,惟则对净土的理论建构很大程度上有赖于天台宗义。

首先是关于净土之四土说。

禅宗本执唯心净土之说,没有西方净土说,如何从理论上将西方净土纳入到唯心净土说中呢?惟则借助了净土四土说。四土说乃源于天台智者,其分净土为四类:凡圣同居、方便有余、实报无障碍、常寂光。天台对四土说的解说基于的是天台性具论,强调的是四土互具。作为禅人,惟则吸收四土说的目的则在于平衡唯心净土与西方净土之关系,确立唯心净土之正义。如惟则指出,"当知净土唯心,心外无土,如大海之现群沤,无一沤能外海也。唯心净土,土外无心,犹众尘之依大地,无一尘不名地",显然惟则谈唯心净土不是否定净土的实在性,乃是说明净土为心之呈现,不可外心而谈净土。故其引用天台四土之说时,突出的是"一心具四种土",其中凡圣同居、方便有余为应身佛土,实报无障碍为报身佛土,常寂光为法身佛土,四土虽有层次之别而为一心所具,以此"所谓十方微尘国土者,惟吾心中之土也;三世恒沙诸佛者,惟吾心中之佛也。知此则知无一土不依吾心而建立,无一佛而不由吾性而发现。然则十万亿外之极乐独非唯心之净土乎?极乐国中之教主独非本性之弥陀乎?"西方极乐净土属于凡圣同居净土,而凡圣同居净土乃是一心所具,其在境界虽异于其他三土,而实在体上不别于其他三土,所谓"当知三土不离同居,特身境受用递递不相同耳",这样提倡西方净土与表明唯心净土就不冲突了。基于此,惟则进一步指出了舍秽土求极乐净土的意义,这是对禅宗转向净土修行的一个理论上的回应。针对"既云此土四土具足,只消就此辗转修行,反欲舍此而生彼国何耶"的疑问,惟则指出,"此方虽具四土,奈何秽业难除。夫欲舍秽取净,势须彼国求生",然后援引四明知礼之言说明为避免退转,当"藉彼胜缘",故求生极乐国土。至于"同居净土其类甚多",为何偏指西方极乐?原因在于,对比娑婆秽土,"彼国众生无有众苦,但受诸乐"。惟则对同居土之净/秽的乐/苦予以一系列的比较,由此得出结论:"二土较量,境缘迥别,而乐邦之胜其数无穷,未暇悉举也。其境胜者可以摄众生取净之情,其缘胜者可以助生者修行之力。虽同居净类甚多,惟极乐修行缘具,故偏指也。"因为极乐净土正是对比秽土而来,其与秽土众生因缘殊胜而助力社甚大,故偏推西方净土之行。

其次为天台观想法门。

惟则将净土修法略分为三:观想、忆念、众行。三者有别,而"皆依极乐弥陀以为之主也"。观想法门原指以观佛相好而展开的佛教修行法门,其本不拘于某一宗派,然天台宗特以天台一心三观之法与之结合,将之落实为修习净土之行,从而发展为天台宗特有之修习净土法门。惟则虽主持名念佛,而对天台观想法门多有吸收。因为惟则虽坚持唯心净土说,而不废西方净土,故于修法上必须将悟自性弥陀与称念西方弥陀有机地结合起来。于此,天台的观想法门对惟则颇多影响。在《净土或问》一文中,我们看到惟则对天台智者、四明知礼有关观想念佛的论述均有摘引,尤其是对知礼的思想予以特别地关注。如惟则引知礼《妙宗钞》中论观法一段:"今之心观非直于阴观本性佛,乃托他佛显乎本性,故先明应佛入我想心,此明佛身全是本觉。故应佛显,知本性明,托外义成,唯心观立。"就知礼来说,其约心观佛乃是要统一观心与观佛,借助弥陀依正之缘,熏发心性所极乐依正,由此终日观心终日观佛,所以知礼以为

"是知今经心观为宗,意在见佛"①。而依知礼,此经本为韦提厌同居秽求同居净,故感同居净土须三观,而不只是用事行,虽正为生同居土,而随其断惑深浅,自然感得其余三土,故云"一妙观能净四土"。通过对知礼文本的引用,惟则强调了观心对修西方净土之行的意义,指出:"如上所明一心三观能破三惑,能净四土,其或未破而生安养同居者,托胜增修,则有余等三净可待。且教有云,五浊轻重同居净秽,而圆观轻浊所感,同居依正最净,比修戒善及余经众善感安养土,其相天殊。故天台宗以圆观为定善也。"

再者为十念回向。

惟则特重念佛法门,于中提到十念回向之法。其云:

> 十念者,每日清晨,面西正立合掌,连声称阿弥陀佛,尽一气为一念,如是十气名为十念。但随气长短,不限佛数多少,唯长为久,气极为度。其佛声不高不低,不缓不急,调停得中。如是十气连属不断,意在令心不散,专精为功。故名此为十念者,显是藉气束心也,尽此一生不得一日暂废。此为十念。②

此为十念。再看回向者:

> 回向者。念佛既毕即云:弟子某一心归命极乐世界阿弥陀佛,愿以敬光照我,慈誓摄我。我今正念称如来名,为菩提道求生净土。佛昔本誓,若有众生欲生我国,至心信乐乃至十念,若不生者不取正觉。愿此念佛因缘得入如来大誓海中,承佛慈力,众罪消灭,净因增长。若临命终,自知时至,身无病苦,心不贪恋,亦不颠倒,如入禅定,佛及众圣手持金台来迎接我,如一念顷生极乐国,花开见佛,即闻佛乘,顿开佛慧,广度众生满菩提愿。③

---

① 《观无量寿佛经疏妙宗钞》卷一,《大正藏》第37卷,第197页下。
②③《净土或问》,《大正藏》第47卷,第301页中。

惟则所修之十念回向法门显然得于天台宗。北宋天台名僧慈云遵式于《往生净土决疑行愿门》中明确提出"十念门",为了便于比照,我们将之录之如下:

> 每日清晨服饰已后,面西正立合掌,称阿弥陀佛,尽一气为念,如是十气名为十念。但随气长短,不限佛数,惟长惟久,气极为度。其佛声不高不低,不缓不急,调停得中。如此十气连属不断,意在令心不散,专精为功。故名此为十念者,显是藉气束心也。①

此为十念。再看发愿回向:

> 我弟子某甲一心归命极乐世界阿弥陀佛,愿以敬光照我,慈誓摄我。我今正念称如来名,经十念顷,为菩提道求生净土。佛昔本誓,若有众生欲生我国,至心信乐乃至十念,若不生者不取正觉。唯除五逆诽谤正法,我今自忆此生已来,不造逆罪,不谤大乘,愿此十念愿得入如来大誓海中,承佛慈力,众罪消灭,净因增长。若临命终,自知时至,身不病苦,心无贪恋,心不倒散,如入禅定,佛及众圣手持金台来迎接我,如一念顷生极乐国,华开见佛,即闻佛乘,顿开佛慧,广度众生,满菩提愿。②

于此文结束处,另有小字:"作此愿已,便止不必礼拜,要尽此一生,不得一日暂废,唯将不废,自要其心,得生彼国。"

将遵式原本与惟则文本比较可以看出,除了个别语词用法的差异和部分内容损益外,两个本子完全相同,表明后者乃是源于前者。当然,惟则之十念回向法虽取于天台,其用意并不完全同于后者,因为同样一个文本的意义必须置于各自相关的语境中来考察。就遵式而言,"十念门"乃是在"正修行愿门"中给出的,所谓正修行愿门有四门:一者礼忏门,二

---

① 《往生净土决疑行愿门》,《大正藏》第47卷,第147页上。
② 同上书,第147页上、中。

者十念门,三者系缘门,四者众福门。四门是基于对修行的总体考虑次第而出的:礼忏门乃是要"先礼佛忏悔,净除业障,身心皎洁",如净良田;次修十念,定心成行,乃立誓植往生正因,如下种;系缘门则为淫以膏雨,有所浇灌;众福门为假众福而令修业繁茂,速成华果。限于实际情形,遵式以为四门不必均具,但强调十念必不可少,"于日日中修十念法,以十念是净因要切,必不可废"。从四门的设计看,十念法有很浓郁的忏法背景,正体现了天台行法的特质。较诸遵式,惟则的十念法乃是基于"念佛"的语境。惟则强调念佛的有效性,故对念佛之法有所思考,其云:"称佛之法必须制心不令散乱,念念相续,系缘佛号,口中声声唤阿弥陀佛,以心缘历,字字分明。称佛名时,无管多少,并须一心一意,心口相续,如此方得一念灭八十亿劫生死之罪。若不然者,灭罪良难。"以下即引出十念法。可见,对惟则来说,十念法构成了一单独的修行法门,其不需要其他法门与之配合,只要确保对佛号之念的"正念",则念佛灭罪之效即可显发。

总而言之,惟则在继承其师中峰明本念佛说的基础上,通过吸收天台教义与行法,将元代禅宗的净土修行法门制度化。

第七章 元代的寺院经济

第一节 元代寺院经济概况

元代,由于历代蒙元统治者的大力扶持,佛教寺院经济得以复兴,并取得了前所未有的发展。蒙元政权在尚未入主中原的时期就已经崇尚佛教,《元史》就载:"元起朔方,固已崇尚佛教。"①后来,成吉思汗在攻灭西夏和金朝的军事斗争中,广泛地接触了中原地区的道教和佛教,并认识接受汉地宗教,对拉拢汉地官僚和知识分子,赢得政治上和文化的支持具有重要意义。他每到一地,都广泛交结汉地佛教高僧,并赐以名号,馈赠钱帛。元朝建国后,忽必烈奉行崇佛政策,制订了一系列有利于佛教发展的政策。他自己首先接受汉地佛教的受戒仪式,成为皇室佛门弟子,身体力行,以示对佛教的崇信。不久,他又将藏传佛教确立为国教,建立国师制,奉藏传佛教高僧为帝师,命妃嫔、皇亲国戚和满朝文武大臣对其顶礼膜拜,并命帝师掌握管理全国佛教事务以及西藏地区的行政事务。忽必烈还将僧尼编为僧户,并在中央设宣政院,在地方设16所广教

---

①《元史·释老传》,《元史》,第2556页。

第七章 元代的寺院经济

总管府,由僧尼充任僧官,对全国僧尼加以专门的管理。忽必烈还在各地大兴土木,广建佛寺,并大行封赏。忽必烈之后的统治者,也都奉行崇佛政策。

元朝统治者还以法律的形式确立对佛教的支持。他们规定:不准毁坏寺院[1];世俗闲人"不得辄入寺观,骚扰僧道"[2];地方官署"除僧赋,禁扰寺宇"[3];驿传官僚、役卒,不得借食宿于寺庙;僧尼除了犯有奸、盗、杀人罪之外,其他犯罪犯戒者均归僧司处理;犯奸、盗等罪由地方官府会同僧司审理,不得在僧司尚未介入的情况下擅自拘捕犯事者;僧尼在佛事时,可向官府请求释囚[4];凡是侵夺寺院田产者一律归还寺院。忽必烈朝还规定僧尼一律免除赋税和各种杂役。忽必烈后的元朝皇帝也都对寺院僧尼给予较大的免税和免杂役的特权。

在元朝政府的大力扶持下,佛教寺院经济得以恢复。佛教寺院不仅占有大量的良田,而且还拥有数目庞大的依附民。寺院不仅经营土田,雇佣依附民和佃农,收取高额地租,而且还经营手工业、商业、采矿、信贷业等,出现了多元化的经营模式,这在前代是未曾有的。据《元史》记载,到元世祖忽必烈至元二十八年(1291),全国僧寺就多达 42 318 所,僧尼达 210 148 人。[5] 而至元顺宗时代,寺院和僧尼数都翻了将近一倍。由此,元代的寺院经济出现了史上少有的繁荣。《至正集·乾明寺记》就指出:"海内名山,寺据者十八九。"[6]《吴礼部文集》也说明了元代寺院经济

---

[1]《元史·本纪九》载:诏"名山大川,寺观庙宇,并前代名人遗迹,不许拆毁"。《元史》,第93页。
[2]《元典章·礼部》僧道教门清规,《大元圣政国朝典章》,第1221页,北京:中国广播电视出版社,1998。
[3]《元史》,第99页。
[4]《元史·本纪二一》载中书左丞相答剌罕言:"僧人修佛事毕,必释重囚。有杀人及妻妾杀夫者,皆指名释之。"《元史》,第248页。
[5]《元史·本纪一六》,《元史》,第195页。
[6]《北京图书馆古籍善本丛书》第95册《集部·元明别集》,第218页。

199

的盛况:"驱其徒率占民籍十三,财产半。有司之赋,商贾世家,无异众庶。"①清代人赵翼也说:"古来佛事之盛,未有如元朝者。"②"此(佛寺)财产之富,虽藩王国戚不及也。"③

寺院经济的发达,也使得僧尼阶层的社会地位得以提高。元朝民间社会有十个阶层的划分,即一官、二吏、三僧、四道、五医、六工、七猎、八民、九儒、十丐。这并非是元政府的阶级体制,但很能反映当时僧、道社会地位之高。僧官制度及帝师制的设立,使上层僧侣不仅具有宗教上至高无上的权威,而且也拥有很高的行政权力,成为政治上的新贵。元政府规定,新的皇帝登基之前,必先参拜帝师,受戒七次。皇帝上朝,百官两班站立,唯独帝师可坐于一隅。皇帝向帝师降的诏书,则"字以络珠为之,御宝以珊瑚印之"。帝师奉使而出,则"乘传累百,所过供亿,无敢慢","比至京师,则假法半仗为前导",而省台各级高官都要出城远迎,礼部尚书则要亲自督办迎接事宜。佛教以最高行政机构颁布的命令则与皇帝颁布的诏书并行。④上层僧侣的政治地位之高,由此可见一斑。而拥有土地的一般僧侣阶层,"永资有田,驱使有户"⑤,成为经济上的权贵。

总之,元代寺院经济特别发达,使僧侣阶层成为仅次于元朝皇室经济和世俗地主富豪的封建地主阶级权贵阶层,构成元代社会主要经济势力之一。

第二节 元代寺院财产的主要来源

在封建社会,土地是财富的象征,而获取地租又是积累财富的主要

---

① 《北京图书馆古籍善本丛书》第93册《集部·元明别集》,第324页。
② 赵翼:《陔余丛考》,第351页。
③ 同上书,第354页。
④ 参见赵翼《陔余丛考》,第351页。
⑤ 《金石萃编》卷下《峨嵋兰若记》。

手段。元代寺院经济是在元朝政府的直接扶植下发展起来的,元代寺院意识到土地兼并对于积累财富的重要性,通过各种渠道来获得更多的土地,从而完成原始始累,成为元代最大土地占有者之一。同时,依靠其宗教信仰的垄断地位,元代寺院还获得来自政府和民间捐赠的钱款,以及通过其他手段攫取的巨额财富,这反过来又为土地兼并提供了雄厚的经济基础,并为寺院从事商业贸易提供的原始的资本。考察寺院土地及其他财产的来源,主要有以下几种。[①]

（一）赏赐

皇帝从官田中拨出一部分土地赏赐寺院,动辄百千顷、万顷使寺院拥有大量的土地。《元史》及相关史料记载了元代各大寺院所得赐田的情况,如下表：

赐田时间	寺　院	赐田数(顷)
中统二年(1261)	僧子聪	150
中统二年(1261)	庆寿寺、海云寺	500
至元二十五年(1288)	杨连真加新修五寺	100
世祖时(?)	华严寺	100
大德五年(1301)	兴教寺	99
大德五年(1301)	干元寺	600
大德五年(1301)	万安寺	120
大德五年(1301)	南寺	800
至大四年(1311)	普庆寺	100
皇庆元年(1312)	上方寺	100
皇庆元年(1312)	崇福寺	290
延祐三年(1316)	开元寺	100

[①] 关于元代寺院财产的来源形式,参考了李干、周祉征《元代寺院经济初探》一文中的观点。该文载于《思想战线》,1986年第5期。

续表

赐田时间	寺　　院	赐田数(顷)
延祐三年(1316)	华严寺	100
延祐三年(1316)	普庆寺	170
泰定二年(1325)	永福寺	100
泰定三年(1326)	殊祥寺	300
泰定三年(1326)	延圣寺	1 000
天历二年(1329)	万寿寺、集庆寺	150
至顺元年(1330)	护圣寺	400
至顺元年(1330)	护圣寺	162 090
至正七年(1347)	护圣寺	162 000

注：本表来源于赵继颜《元代的寺院经济》一文(载于《山东师范学院学报》1959年第5期)，主要根据《新元史》、《续文献通考》卷六《田赋》、《元史》以及《陔余丛考》等书有关材料编成。

上表所列元代赐给各大寺院的土地已高达329 320顷，因为史料的欠缺，上表所列并不是寺院所得赐田的全部，但可以大至说明了元代各大寺院通过赏赐而占有土地的情况。通过元朝政府的慷慨赐赠，元朝的各寺就占有了大量的田产，并依靠田产，收取地租。

寺院占有大量的土地田产，此外各地寺院还占有山林、湖泊为寺产，就挤占了有限的社会资源。比如，全州有土地二千九百余顷，寺院及道观就占了一千余顷。苏天爵《新城县学田记》载"邑方百里，北去京师二百里，士卒屯戍列其左右，公卿分地交于前后，而官府民庶公私之田及朝廷颁赐释、老为永业者又不与也。夫一邑之中，其地如是之多，欲无侵渔争夺之患，盖亦难矣"①，则从一个侧面反映了寺院对当时的社会资源的挤占情况。寺院田产虽归寺院所有，但并不为所有僧户所有，国家官寺的田产实际上归各级僧官控制，而民间寺院田产则归少数寺院持有人控

---

① 苏天爵：《滋溪文稿》，第52页，北京：中华书局，1997。

制。属于地主阶级的只是各级僧官和上层僧人,而下层僧户及隶属于寺院的佃户则是寺院经济体制下被盘剥的农民阶级。

元朝皇帝不仅赐给寺院大量的土地,而且还捐赐钱帛、库藏、奴仆、畜牧,甚至是邸舍、酒店、湖泊等财物,如:仁宗时,"赐大普庆寺金千两,银五十两,钞万锭,西锦、彩段、纱、罗、布帛万端……邸舍四百间";"赐大乾元寺钞万锭,俾营子钱,供缮修之费"①;文宗帝时,"命田赋总管府规税银输大承天护圣寺"②;"籍锁住、也里牙等库藏、田宅、奴仆、畜牧,给大承天护圣寺为永业"③。

元人苏天爵对于元政府对寺院的赏赐情况作了这样的概括:"自佛教之入中国,穹宫以奉其身,良田以食其众,优养可谓至矣。……余官礼曹,每见朝廷崇奉释氏,兴建梵宫,岁新月异。又割江南腴田,赋其租入,以供祝发。"④元朝政府对寺院慷慨的捐赠和赏赐巩固了佛教在元代社会经济中的地位,奠定了元代寺院经济的基础。

(二) 侵夺

掠夺土地及其他财产也是寺院经济发展的重要来源。元朝建立以前,由于战乱或其他原因,原本属于寺院的田产被世俗地主或平民或道教占据。元朝建立国,政府下诏命被侵占的土地要归还佛寺,这在元代叫做"归侵疆"。佛教寺院在元政府颁布的"归侵疆"的诏命下,将大量土地收归佛寺。同时,佛寺僧侣也打着"归侵疆"的幌子,与官府勾结,行侵夺土地之实。如江南释教总统杨连真加侵夺民田达 2.3 万亩⑤,清州一地有 40 余户民田被寺僧侵占。⑥ 大量民田被寺院侵夺,意味着政府税收减少。仁宗帝时,有鉴于寺院侵夺民田之重,政府曾下诏:"禁诸僧寺毋

---

① 《元史·本纪二六》,《元史》,第 328 页。
② 《元史·本纪三五》,《元史》,第 436 页。
③ 《元史·本纪三四》,《元史》,第 426 页。
④ 苏天爵:《滋溪文稿》,第 59 页。
⑤ 《元史·释老传》,《元史》,第 2557 页。
⑥ 《至正集·御史宋公墓志铭》,《北京图书馆古籍珍本丛刊》第 95 册《集部·元别集类》。

得冒侵民田。"①但由于寺院和地方官府勾结,这一措施并没有得到有效地贯彻实施。

寺院不仅侵占民田,还据官田为己有。官田是政府掌握的土地,在北方主要是金时屯田军遗留下的土地,南方则包括南宋的入官田。元政府把这些官田的一部分作为军队屯田,一部分作为官吏职田,一部分用来赏赐王公贵族和寺观僧侣,剩余的由政府直接招佃耕种。寺院僧人对官田也公然侵吞,如,至元二十一年(1284),中书省臣言:"江南官田为权豪寺观欺隐者多。"②成宗帝时,"常州僧录林起祐,以官田二百二十顷,冒为己业,施河西寺"③。

除官田外,寺院侵占学田。学田是元政府拨给学校,以解决学校办学经费来源的一种官田形式。其经营方式是出租给无地或少地的农民,以收取地租。学田制始于北宋,《文献通考》卷四六载:"仁宗即位之初,赐兖州学田已而又命藩辅皆得立学,其后诸旁郡多愿立学者,诏悉可之,稍增赐之田如兖州由是学校之设遍天下。"④到南宋时期,由于民间书院的兴起,政府所赐学田也惠及私人书院。《文献通考》卷四六载:"是时,未有州县之学先有乡党之学,盖州县之学有司奉诏旨所建也,故或作或辍,不免具文,乡党之学贤士大夫留意斯文者所建也。故前规后随,皆务与兴起,后来所至,书院尤多,而其田土之赐教养之规,往往过于州县学。"⑤此时,学田数量不断扩大,很多州县学田达数千亩之多。

元朝建立后,元世祖忽必烈接受耶律楚材、许衡等人的建议,积极推行"汉法"。他认识推行儒学教育对于争取和笼络汉族知识分子的支持具有重要的意义,非常重视兴办学校,并设学官负责学校的管理。《续文

---

① 《元史·本纪二四》,《元史》,第305页。
② 《元史·本纪一三》,《元史》,第146页。
③ 《元史·本纪二一》,《元史》,第258页。
④⑤《文献通考》卷四六《学校七》,《中华再造善本丛书》,北京:北京图书馆出版社,2005。

献通考》载:"世祖既定天下,国子祭酒许衡请自都邑至州县,皆设学校资善。大夫王鹗奏立十道提举学校官。"①元政府也沿承宋制,给学校提供"资善",保留或赐给学校以土地田产,以解决学校的办学经费和日常开支。元朝统治者在征服南宋的过程中,曾强占了许多学田,至元二十三年,元世祖诏令"复给本学,以便教养"②,学田制度得以正式恢复。时,江浙行省"算钱谷甚急,鬻所在学田输其直于官利用",监臣使江南见之,谓曰"学田有以供祭祀、育贤才,安可鬻哉?"遂奏呈罢之。③闰二月,元世祖又下诏江南各路儒学提举司稽考江南学田收入的余额贮之于集贤院,"以给育才艺之士"。至正二十七年正月,立举文署掌经籍版及江南学田钱谷。二十九年正月诏江南州县学田其岁入听其自行掌握。元政府政策上给予学田以支持,世祖帝曾明确诏令:"其赡学地土产业及贡士庄田,外人毋得侵夺。"④苏天爵《滋溪文稿》载:维扬郡有学田九万一百九十亩,由于年来政令松弛,或为豪民冒种,或妄言为江水淹没,或以贫瘠换其膏腴,导致"岁入不足,学者失其所养"。至元四年,郡侯不华亲自督察侵占学田之事,才使学田复其旧地,政府又增拨田地一万三千一百七十亩,使本郡学田总数达十万三千三百六十亩,使学宫"岁入有余,士获其养,而学制益修矣"⑤。元仁宗延祐年间,"复斟酌旧制行之故,其时有学田,有贡士庄田,凡为养士计者意甚盛也"⑥。

但是,在元政府大力崇佛的政策保护之下,寺院对学田土地也敢公然进行侵占。如,赛典赤瞻思丁在云南拨田五顷以供学校祭祀教学之用,他死后,田为大德寺所占有。⑦庆元路"郡泮旧有当前涂田三百一十

---

① 《续文献通考》卷六《田赋六》。
② 《元史·本纪一四》,《元史》,第 155 页。
③⑥ 《续文献通考》卷六《田赋六》。
④ 《元典章》卷三一《学校》,《大元圣政国朝典章》,第 1180 页。
⑤ 苏天爵:《滋溪文稿》,第 22 页。
⑦ 《元史·赛典赤瞻思丁传》,《元史》,第 1713 页。

二亩有畸……为近境育大王慈寺僧所据有"①。常州路学有学田二十六顷,"久为僧会豪家所夺,求直有司,十年不能决"②。明正书院学田"夺于浮屠老年者什七八,有司漫弗加省也"③。灵岩寺僧数寺石鼓书院田,"事既闻,有司但受僧赂,易置曲直,前后数十年,田三复书院两夺之"④。儒生对于寺僧侵夺学田十分不满,但是由于寺僧暗地里与官府相勾结,而且僧人受政府的政策保护,所以也无可奈何。

寺院为了攫取更多的财富,甚至冒天下之大不韪而掘人冢墓,强取财物。如,江南释教总统杨连真加挖开历代宋朝皇家陵墓及大臣冢墓共110所⑤,金陵僧人云住也挖民坟墓盗取财物。⑥ 陶宗仪则称:"释氏豪横……各处陵墓发掘殆尽。"⑦寺僧掘墓取财的做法,激起了极大的民愤。

(三) 买进

买进土地也是元代寺院兼并土地、发展寺院经济的另一种重要途径。元代民间私有土地可以自由买卖,而且成为常见的和频繁发生的经济现象。当时民间流传的谚语就说:"贫富无定势,田宅无定主,有钱则买,无钱则卖。"元代的寺院就利用手中的大量资本经常性的买进土地,以达到兼并土地的目的。元朝政府对土地买卖有一定的限制,至元六年七月,元政府颁布的法律规定:"诸典卖田宅及已典就卖,先须立限取问有服房亲,次及邻人,次见典主。"⑧元政府还规定,寺院、道观"不为邻",官人百姓等不得将土地田宅卖与寺观。⑨ 不许寺观为邻,是对寺观兼并

---

① 《两浙金石志·庆元路儒学涂田碑》。
② 《(康熙)常州府志》卷三六《重修常州路儒学碑记》。
③ 《黄金华文集》卷八《明正书院田记》,《黄溍全集》上册,第284页,王颋点校本,天津:天津古籍出版社2008。
④ 傅若金:《傅与砺文集》卷五《衡府判于公复学田序》,《四库全书》集152册,第324页下。
⑤ 《元史·释老传》,《元史》,第2557页。
⑥ 《元史·杨景行传》,《元史》,第2568页。
⑦ 《南村辍耕录》,第165页,北京:中华书局,1997。
⑧ 《元典章·户部五·典卖》,《大元圣政国朝典章》,第749页。
⑨ 同上书,第752页。

土地作一些限制。①

至元八年三月,济南路延安寺院主张广金状告邻人段孔目将相邻该院的田产卖给了杨官人。政府按相关法律规定,"官人、百姓不得将奴婢、田宅舍施卖与寺观,违者没官田宅奴婢还主",而认为寺院主张广金"虽是地邻,不合批问成交"。② 到了元泰定帝时,政府则颁令:"禁僧道买民田,违者坐罪,没其直。"③

但是,这些法律规定并没有达到限制寺院兼并土地的实际效果。实际上,元政府对寺院买进土地的行为多是采取放任纵容的态度,而默许了寺院通过种种手段购进了大量的土地的行为。元初,平江路报恩万岁寺买民田 580 多亩,天目山大觉正寺先后置田业二百余顷。《越中金石志》卷八《南镇庙置田记》载:南镇庙买进湖水田一百一十八亩一角五步。《两浙金石志》卷一四《元湖州路报恩光孝禅寺置田山记》则载:"盖自陵谷变更,田皆增量倍税,有产之家,急于脱去,寺遂得而有之。"《滋溪文稿》载,真定奉恩寺旧有邸舍百余间,田二百八十亩,该寺后购进田地三百四十亩,又买真定常山里田一百六十亩,原头里墓田三十亩,"岁收其租,月取其直"④。这些擅自买地的有违相关法律规定的行为都没有得到有效地制止,从而使得寺院僧侣通过买进的方式兼并土地的行为更加有恃无恐。

(四) 施舍

由于佛教许诺给予佛教寺院施舍的人将获得福报,所以官吏、富豪对佛教寺院大行施舍,以换取今世或来世的福报。如丞相脱脱向佛寺捐献私财 12.2 万锭建大寿元忠国寺,副都元帅刘元礼也向佛寺捐财助役,并捐舍两名家童去佛寺做役工。给佛寺捐资助役的不仅有达官贵人,还有不少拥有私田的小生产者为了逃避繁重的赋税而捐田入寺,或削发为

---

① 这是陈高华的观点,参见陈高华《元代土地典卖的过程和文契》一文,载于陈高华《元史研究新论》,第 1—25 页,上海:上海社会科学院出版社,2005。
② 参见《大元圣政国朝典章》,第 752 页。
③ 《元史·本纪三〇》,《元史》,第 379—380 页。
④ 苏天爵:《滋溪文稿》,第 59 页。

僧尼。前一种情况可继续享有土地耕种权,后一者情况则仍可据有私产。如杨万四郎将其所据有的田产捐给东岳行宫后成为该寺的佃农①,普济寺僧人施其田产入寺而成为寺院田产的主人。② 大德七年,元代人郑介夫就曾指出:"圣朝踵金弊政,僧道全免徭税,愚民多以财产托名诡寄,或全舍入常住,以求避役。"③大德八年,皇帝下的诏书也称:"军、站、民、匠诸色户计,近年以来,往往为僧为道,影蔽门户,敬避差役。"④由于大量的民户捐地入寺,或削发为僧尼,导致政府税收急剧减少,但是另一方面却有力地促进了寺院经济的发展。当然,绝大多数小生产和农民不堪忍受元政府的剥削,才纷纷向佛寺捐献土地和财产,以换取佛寺的保护。当然也不排除部分平民百姓是出于对佛教的信仰,向佛寺捐财施地,来减少今生的苦难,换取来世的福报。

第三节 元代寺院经济的结构及经营形式

在中国历史上,佛教寺院经济一般来说均以经营土地为主,但同时也经营商业、手工业、矿业等等。到了元代,这一现象更为突出,元代的一些较大的寺院除了兼并土地、收取地租外,还经营手工作坊,开采矿产,开办旅馆酒店,进行商业贩卖等经济活动。这构成了元代寺院经济特有的现象。

从寺院占有土地来看,元代寺院占地之庞大,历史上甚为罕见。当时人称邑邑有寺,寺寺有田,"大者一寺田至万亿,小者犹数百千"⑤。大承天护圣寺一寺的田地在三十二万千顷以上,大护国仁王寺有水陆田地10.6万多顷;交城玄中寺在元代拥有属寺四十多所,寺僧称田产有数万顷。

---

① 《两浙金石志·长兴州修建东岳行宫碑碑阴》。
② 《越中金石记·普济寺舍产净发记》。
③ 黄淮、杨士奇:《历代名臣奏议》,第67卷。
④ 《大元通制条格》,第335页。
⑤ 傅若金:《新淦州建兴寺施田碑》,《傅与砺文集》卷三,《四库全书》集152册,第313页上。

昌国全境田地，寺产几居其半。江南释教总统杨连真加，有田近 2 万亩。《元史》中有确数记载的就有官府赐田 6.7 万顷。一些明人的笔记当中所载元代寺院中的二百余所拥有田产五千余顷。据学者估计，元代寺田的总额最低不少于三十万顷，约占全国耕地总面积的二十分之一。①

寺院土地经营与管理完全是封建式的，寺院就属于地主权贵阶层。一般来说，拥有较多土地的寺院都将其土地租给无地或者少地的农民耕种，收取地租。如《大德昌国州图志三》记载天宁万寿禅寺的情况说："至正四年……置薪荡二百余亩，经理诸庄隐没之田二百余亩，创寺务司……受各庄之岁入。"寺院对土地的经营管理分工较细，"寺务司"就是寺院里专司土地经营管理的机构。在较大的寺院中，通常由"庄主"来管理寺院庄田，其职责是"视田界至，修理庄舍，提督农务，抚安庄佃"。② 根据寺田的多少，庄主可由多人担任。较大的寺院，庄主须到离寺较远的庄田任职。庄主之下，还设有"诸庄监收"、"甲干"等职，具体负责监督耕作、收取地租之事。③

租种寺院土地的佃农要按照租佃契约向寺院交纳地租。元代的地租一般分为分成租和定量租两种。分成租一般采用对半分制，即收取每年收成的 50%："窭人无田，艺富民之田，而中分其粟。"④定量租则是亩产量来确定租额，由于田地的贫瘠情况不一，不同地区、不同寺院收取的定量租并不相同，优等田租额显然高于次优田。如湖州路归安县的报恩光孝禅寺，"其田每亩租米一石"⑤；嘉兴路大中祥符寺每亩租米 0.6 石。⑥杭州路慧因寺每亩最高为 0.811 石，最低为 0.666 石。⑦ 一般来说，定量租也是按亩产

---

① 参见白文固《元代的寺院经济》一文，载于《青海社会科学》1987 年第 6 期。
②《敕修百丈清规》，《大正藏》第 48 卷，第 1133 页。
③ 翟国强《元代江南寺田的租佃关系》对元代寺院的租佃情况有详细的论述。该文载于《内蒙古大学学报》(哲学社会科学版)1989 年第 1 期。
④ 宋濂：《宋学士文集》卷九《元故王府君墓志铭》，《宋濂集》第 4 册，第 1605 页，杭州：浙江古籍出版社，1999。
⑤⑥《两浙金石志》卷一四《元湖州路报恩光孝禅寺置田山碑》。
⑦《慧因寺志》卷七《高丽众檀越布施增置常住田土碑》，第 37—38 页，杭州：杭州出版社，2007。

量的50%来确定。寺院土地所收的田租并不高于同时期的官田、学田和私田。①

寺院与租种田地的佃农之间的关系并不完全是契约关系,这一点我们可以从史书没有相关的契约文书看出来。没有文书契约的约束,佃农与寺院地主之间就不可能存在对等的关系,寺院可以单方面的延长租期,或者解除租期,这样一来,佃农的权益就得不到有效保障。佃农在这种不对等的关系中,甚至连自由迁徙的权利也没有,他们处的地位更像是一种失去自由的依附民。由此,寺院的财产不仅包括所拥有的大量的土地田产,而且也包括大量的从属于寺院的依附民。如当时著名的大护国仁王寺,就有内外人户37 059户。②《通制条格》载:"杭州省里管着寺家的佃户,约五十万户有余";杨连真加"私庇平民不输公赋者二万三千户"③;文宗帝时,"以晋邸部民刘元良等二万四千余户隶寿安山大昭孝寺为永业户"④。即使县邑小寺也有僮仆数百人。

除了佃农外,寺院还拥有大量的完全失去人身自由的奴仆,其主要来源是政府向寺院的馈赠,以及富户向寺院的捐赠。如:元文宗就曾"籍锁住、野里牙等库藏、田宅,奴仆、牲畜给大承天护圣寺为永业"⑤。《寓庵集·创修玄真观记》就载:"副都元帅刘公元礼,输赀助役,为功德主,仍舍家僮二人以为其徒。"寺奴如同牲畜一样,属于寺院的财产,他们除负责寺院日常打杂外,也参加土地的生产和经营,构成了寺院土地经营的一个重要组成部分。

寺院土地经营实际上是一种地主经济形式,通过对依附民(佃农、寺奴)的剥削压榨,元代的寺院积聚了大量的财富。泰定三年(1362),中书

---

① 参见翟国强《元代江南寺田的租佃关系》(载于《内蒙古大学学报》哲学社会科学版)和赵继颜《元代的寺院经济》(载于《山东师范大学学报》1959年第5期)。
② 《程雪楼文集》卷九《大护国仁王寺恒产碑》影印洪武本,第6页左。
③ 《元史·释老传》,《元史》,第2557页。
④ 《元史·本纪三五》,《元史》,第433页。
⑤ 《元史·本纪三四》,《元史》,第426页。

省称"江南民贫僧富"①。致和元年(1328),"御史杨倬等以民饥,请分僧道储粟济之"②。寺院经济的雄厚可见一斑。

元代佛教寺院除了经营土地外,还经营手工业。元代的许多寺院从事酿酒业,制作烧酒。寺院在酿造烧酒的过程中,往往偷工减料,以牟取暴利,曾一度引起政府的不满而下令禁止。寺院在酿酒的同时,也开设酒馆,兼营旅馆。如大护国寺就有酒馆一百四十一所,襄阳、江淮等地有酒馆一百四十所。而涿州城,当时有寺院五十八所,全部经营旅店和酒业。《滋溪文稿》也载,真定奉恩寺"建居屋八十间,浴室二区,酒肆一区。岁收其租,月取其直"。③

元代寺院经营的手工业除了酿酒业外,还经营制茶业、冶炼业。寺院拥有大量的茶场,并采用最先进的水磨技术制作茶叶。元政府广开山林海泽之禁,听任僧俗民众开采各种矿产资源。较大的寺院在其所属的矿区往往经营玉、石、银、铁、铜、盐、硝硵、白土、煤炭等开采、加工和生产。不少寺院还设有专门的管理机构,如山西五台山灵鹫寺就设铁冶提举司,负责寺院的矿业经营管理。这是前代寺院经济所没有的形式,由此可见元代寺院经济繁盛之一斑。

元代的寺院还经营盐、茶贸易和丝织品的商业贸易。盐、茶都是元政府明令实行专卖的商品,元律规定:犯私卖盐者杖七十、徒二年,没收一半财产。但是,僧人常常走私贩卖盐茶。元曲《玉壶春》称"一任金山寺摆满了贩茶船";《青衫泪》也称:"我则道蒙山茶有价例,金山寺里说交易。"这反映了元代僧侣非法经营、垄断茶市的情况。④ 元朝政府有时也查禁寺院走私茶业的行为,《元典章》卷二二《户部·和茶罪例》载:大德元年(1297),江西行省榷茶运司捉获僧人张了兴贩私茶事。但这只是个

---

① 《元史·本纪二九》,《元史》,第364页。
② 《元史·本纪三〇》,《元史》,第382页。
③ 苏天爵:《滋溪文稿》,第59页。
④ 参见蒙思明《元代社会阶级制度》,第119页,上海:上海人民出版社,2006。

别的现象,实际上,在多数情况下,元政府对于寺院的走私贩卖之事采取放任自流的政策。一些南方大寺多贩丝品到大都、上都,以牟取暴利。此外,寺院也经营养殖业,东南沿海和内陆沿河流湖泊的寺院一般都设有渔场,从事水产养殖。

抵押借贷为主的金融行业是元代寺院经济的另一种典型性的形式。宋元时期,商品经济得到发展,抵押借贷为主的金融行业在元代极为活跃。寺院普遍经营借贷业,当时这种行业叫"常住库"、"长生局"、"度生局",有时又直接称之为"解典库"。经营抵押借贷业,需要雄厚的资本。元代寺院主要通过皇帝赐予、檀越施舍、俗众及僧侣将钱寄存而成的合股资本、以及寺院本身的田产、工商收入等等来经营抵押借贷业。"解典库"主要采取以物质钱、实物供贷以及耕牛的措贷、租赁来获取利润。此外,寺院依靠其雄厚的资本还经营高利贷,利息高达一年本利相等,第二年连本带利加一番。著名的大护国仁王寺"贷民间钱二十六万余锭"[1]。通过"解典库"经营的抵押借贷和高利贷,寺院获得了丰厚的利润,使得寺院经济得到空间的发展。[2]

元政府扶植佛教的发展,对寺院的经济行为一般采取优待政策。对于寺院的地税、商税都作了特别的规定,给予一定的优免权。蒙古汗国时期,对于僧尼的地税、商税采取全部优免政策。忽必烈登基后,对寺院僧尼的税收政策几经变化,中统五年(1264),实行寺院僧尼与民一体纳地税的政策,但到了至元中期,又实行寺院僧尼免地税政策,直到至元二十八年(1291),才确立寺院僧尼的总的税收政策:"江淮寺观田,宋旧有者免租,续置者输税。"[3]到仁宗帝时,则明确规定:"僧人田除宋之旧有并世祖所赐外,余悉输租如制。"[4]这种地税政策是忽必烈后元政府长期执

---

[1]《元史·本纪四一》,《元史》,第488页。
[2] 参见刘秋根《试论宋元寺院金融事业》一文,载于《世界宗教研究》1992年第3期。
[3]《元史·志纪四二》,《元史》,第1348页。
[4]《元史·本纪二四》,《元史》,第308页。

行的政策,也是元代寺院僧尼享有免地税权的反映。关于商税,如前所述,忽必烈中统五年(1264)以前,实行优免商税,直到中统五年,才令僧道与民一体纳商税,只有极少数国立大寺经皇帝降旨可豁免商税。① 忽必烈后的元朝诸帝也多次重申了寺院经营商业须纳税的政策。仁宗元祐七年,"禁京城诸寺邸舍匿商税"②。泰定帝元年,"税僧道邸舍积货"③。致和五年正月,"禁僧道匿商税"④。文宗帝下诏令:"僧、道、也里可温、术忽、合失蛮为商者,仍旧制纳税"⑤,"官寺亦各有常产,其酒课悉令仍旧输官为宜"⑥。文宗至顺二年,中书省臣上疏:"乞凡僧道为商者,乃征其税。"⑦

虽然如此,在寺院实际的经营活动中,逃税现象比较普遍。元成宗大德四年就有中书省臣奏疏:"僧、道、也里可温、答失蛮,将着大本钱开张店铺做大买卖,却不纳税。"⑧而元成宗大德八年中书省的一个奏折更说明了僧人逃税现象的普遍性和长期性:"自谷由皇帝到今,僧道也里可温、答失蛮种田呵,不纳地税,做买卖不纳商税。"⑨由于元政府对寺院经济活动实行特殊的优待政策,元代寺院经济得到空前的发展,不仅拥有大量的固定财产,而且从事的商业活动也为寺院带来的巨额利润,使得寺院成长为拥有雄厚经济基础的封建社会经济权贵。

第四节 元代寺院经济对社会经济的影响

寺院经济本来是封建社会地主阶级经济形式之一,寺院僧侣不

---

① 白文固《元代寺院僧尼的赋役问题》一文对这一问题有详细的论述。该文载于《中国经济史研究》1998年第1期。
②③④《续文献通考》卷一八《征榷一》。
⑤《元史·本纪三三》,《元史》,第407页。
⑥ 同上书,第416—417页。
⑦《续文献通考》卷一八《征榷一》。
⑧《大元通制条格》,第344页。
⑨ 同上书,第343页。

仅占有大量的土地和民户,而且在政治和经济上拥有特权,尤其是僧侣可以免除赋税杂役的特权,更是对元代的社会经济造成很大的破坏。

首先,僧侣阶级构成一个庞大的、不从事生产的权贵阶层。至元二十八年(1291),宣政院统计:全国有寺宇 42 318 区,僧、尼 213 148 人。① 寺院僧侣拥有大量的土地,从事封建地主阶级的土地经营,收取高额地租。人量的土地和劳动力被寺院占有,使得元代土地兼并现象日趋严重,加剧土地资源的紧张。如大护国寺有地产超过十万顷,大承天护圣寺拥有田产超过三十万顷。这种情况必然导致福财富高度集中在少权贵阶层,人民生活日益贫困。泰定三年,中书省称"江南民贫僧富"②。致和元年,"御史杨倬等以民饥,请分僧道储粟济之"③。《至正集》载许有壬言称:"海内名山,寺据者十八九,富埒王侯。"④当时的寺院僧侣极为富有,由此可见一斑。

其次,元朝政府对寺院实行免赋免徭役的优待政策,导致政府财政收入锐减,造成财政经济的严重危机。

元朝各届政府均对宗教教会及信徒实行减免税政策,以扶持宗教的发展。元朝政府虽然在忽烈朝后期开始,在法律上制订了寺院僧侣与民一体输税的政策,但是并没有得到严格的执行,尤其是一些比较大的官寺,更是享有政策上明文规定的免税权。由于寺院明里或暗里享有免税的优待政策,所以许多民户施产入寺观,剃发为僧,以逃避赋税。大德七年,郑介夫奏称:"圣朝踵金弊政,僧、道全免徭役,愚民多以财产托名诡寄,或全舍入常住以求避役。"⑤大德八年之诏也称:"军、站、民、匠诸色户

---

① 《元史·本纪一七》,《元史》,第 195 页。
② 《元史·本纪二九》,《元史》,第 364 页。
③ 《元史·本纪三〇》,《元史》,第 382 页。
④ 《至正集·乾明寺记》,《北京图书馆古籍善本丛书》第 95 册《集部·元明别集》,第 218 页。
⑤ 《历代名臣奏议》,第 67 卷。

计,近年以来,往往为僧为道,影蔽门户,苟避差役。"①遁入佛门、逃避徭役的人,不仅有一般的民户,而且也有大量的富户。孛罗欢就称:"富户规避差税,冒为僧道。"②至元二十九年,中书省臣奏:"亡宋时分验着地亩纳税来的有气力的富家每并百姓每乖,或见兄弟孩儿里头教一个做了和尚、先生呵,做属和尚、先生的田地,这般不纳税有。"③这些逃避赋税的民户分为两种情况:一种是普通民户,他们将自己有限的田产转交给寺院,每年向寺院交纳一定的赋税,而不再承担国家的赋税责任;另一种是拥有较多田产的富户,他们通常遁入佛门,冒为僧道,以逃避政府的赋税,虽身着袈裟,但并非真正的信徒,实际生活起居与普通人无异。《元史》载:"富户规避差役,冒为僧道;且僧道作商贾,有妻子,与编民无异。"④此外,一些世俗商人也常与有商税豁免权的寺院相互勾结,从事商业贸易而逃避商税。这种种现象必然导致政府税收急剧减少,引起严重的财政危机。元朝历届政府为了解决财政危机问题,不得不制定一些限制寺院经济的政策,如,至元二十八年,"命江淮寺观田,宋旧有者免租,续置者输税"⑤;仁宗帝时,"敕僧人田除宋之旧有并世祖所赐外,余悉输租如制"⑥;英宗帝时,"敕江浙僧寺田,除宋故有业及世祖所赐者,余悉税之"⑦。但是都不能有效地得以实施。

再次,元朝政府对佛教寺院大行赏赐,大兴土木兴建寺院,举行奢华的佛事,也耗费了大量的人力物力,导致民间怨声载道,国库亏空。

元朝历代皇帝都对佛教僧侣寺院大行赏赐,赏赐之财物无所不包,诸如金、银、钞、帛、矿产、邸舍、酒店、湖泊、库藏、田宅、奴仆、牧畜、农夫、耕牛等都是用以赏赐的财物。元政府对佛寺的大量赏赐,使得"国家经

---

① 《大元通制条格》,第 335 页。
②④ 《元史·本纪一九》,《元史》,第 229 页。
③ 《大元通制条格》,第 342 页。
⑤ 《元史·志四二》,《元史》,第 1349 页。
⑥ 《元史·本纪二四》,《元史》,第 308 页。
⑦ 《元史·本纪二八》,《元史》,第 345 页。

费,三分为率,僧居二焉"①。

元政府还在各地不惜投入巨资兴建佛寺,其建寺工役之需,往往由军民来充当。世祖帝时,御史台臣言:"五台山造寺伐木,及南城建寺,凡役四万人。"②文宗帝时,中书省臣言:"陛下不用经费,不劳人民,创建大承天护圣寺。臣等愿上向所易钞本十万锭,银六百锭助建寺之需。"③又"诏:龙翔集庆寺工役、佛事,江南行台悉给之"④。天历中,元文宗以建康潜邸为佛寺,穷极奢华,"毁民七十余家",致使不少人户"家破产荡"。⑤元朝政府大修佛寺,不仅耗费了大力的钱财,而且也消耗了大量的劳力,进一步加剧了政府的财政危机,给人民生活产生了很大的影响。武宗帝时,中书省臣言:"今铨选,钱粮之法尽坏,廪藏空虚。中都建城,大都建寺,及为诸贵人营私第,军民不得休息。"⑥泰定帝时,中书省臣进言:"养给军民,必藉地利。世祖建大宣文弘教等寺,赐永业,当时已号虚费,而成宗复构天寿万宁寺,较之世祖,用增倍半。若武宗之崇恩福元、仁宗之承华普庆,租榷所入,益又甚矣。"⑦文宗帝时,隆祥司使晃忽儿不花建言则说:"海南所建大兴龙普明寺,工费浩穰,黎人不胜其扰,以故为乱。"⑧

元朝诸帝崇信佛教,参与佛事活动,频频在宫中举行佛事,耗费也相当惊人。清人赵翼《陔余丛考》载,至元中内廷佛事之数目每年只有一百有二,而到了元成宗大德七年政府再立管理佛事活动的功德使司后,其数目就增至五百有余。⑨延祐元年(1314),宣徽院使所言颇能反映宫中举行佛事的浪费行为:每岁内廷佛事所供,其费斤计者,面四十三万九千

---

① 《归田类稿·时政书》,《四库全书》集部131册,第491页。
② 《元史·本纪一二》,《元史》,第135页。
③ 《元史·本纪三五》,《元史》,第435页。
④ 《元史·本纪三四》,《元史》,第432页。
⑤ 《元史·苗盖传》,《元史》,第2405页。
⑥ 《元史·本纪二二》,《元史》,第280页。
⑦ 《元史·本纪三〇》,《元史》,第375页。
⑧ 《元史·本纪三六》,《元史》,第446页。
⑨ 赵翼:《陔余丛考》,第353页。

五百,油七万九千,酥二万一千八百七十,蜜二万七千三百。① 延祐五年,以各寺作佛事日用羊万头。②文宗帝时,中书省臣言:"佛事岁费,以今较旧,增多金千一百五十两,银六千二百两,钞五万六千二百锭,币帛三万四千余匹。"③

　　元朝政府扶植佛教,本来是为了拉拢汉地民众,维护封建统治,但是巨额的费用支出,以及寺院经济的空前膨胀,严重阻碍了社会经济的发展,在社会有机体的内部不断侵蚀着元朝封建统治,严重地危害着元朝政府的社会稳定,激化各种社会矛盾,最后动摇自身的统治基础,这一点也许是元朝统治者始料未及的。

---

①② 赵翼:《陔余丛考》,第353页。
③《元史·本纪三三》,《元史》,第404页。

第八章 宋元佛教徒的信仰与生活

经过唐末五代的酝酿和融合,宋元时代的佛教以一种新的面貌和形态出现,尤其是禅宗在江南的兴起与发展,促进了佛教本身的庶民化和社会化,佛教的忏法、净土信仰以及慈善事业等蓬勃发展,宋元佛教与社会建立了更深切的关系。

第一节 宋元佛教徒的信仰与仪轨

宋代佛教以实践修持者居多,其中以禅、净二宗最为流行。同时,随着从高丽求得重要典籍,和一批精研教理、行持高远的高僧如知礼、遵式、智圆、仁岳的出现,宋代天台宗得以复兴。由于受到净土教法的兴盛以及修行忏法祈求往生净土之思想影响,又有知礼大师中兴天台,除教义的阐扬外,更重视观行之实践,尤其依循智者大师所创,借着忏仪修持以达灭罪、得证三昧的思想。故使得宋代天台宗人之礼忏风气盛行,并且制作不同于隋唐时期之忏悔仪轨。[①] 宋代天台宗重视礼忏的风气,对后来的明清佛教,乃至民国以来经忏流行的现象,都产生了重要影响。

---

① 释大睿:《天台忏法之研究》,第284—285页,台北,法鼓文化事业股份有限公司,2000。

有宋一代，僧人多半讲、忏并重，知礼撰有《修忏要旨》，遵式被称为"慈云忏主"、"天竺忏主"，宋代是忏法的全盛时代。就现存的宋代佛教忏仪来看，知礼撰有《大悲忏》、《金光明最胜忏仪》、《礼法华经仪式》等，遵式撰有《金光明忏补助仪》、《请观音忏》、《炽盛光道场念诵仪》、《往生净土忏愿仪》、《小净土忏》、《智者大师斋忌礼赞文》等，智圆、仁岳、允堪皆撰有《南山祖师礼赞文》，仁岳另撰有《释迦降生礼赞文》、《释迦涅槃礼赞文》等，志磐撰有《水陆仪轨》，智肱撰有《华严清凉国师礼赞文》，净源撰有《华严普贤行愿仪》二种、《圆觉经道场修证仪略本》、《首楞严坛场修证仪》等，材料丰富，种类繁多，遍及天台、华严、净土和律宗。

一、宋代天台宗的忏法制作与实践

慈云遵式作为宋代天台忏法的实践者，虽然在义学上的成就不如知礼，但是在忏法的实践上具有重大的贡献。自从智𫖮制订四部忏法以来，经过会昌法难及唐末五代的动乱，天台忏法的文献多有散失，即使遗存下来，也有文字错讹、文义篡改之处。而且，不同的时代在实践法门上有新的需求，制订新忏法也是势在必行。另外，以忏法作为自行化他的重要行门，需要天台学人去推广、弘扬。

（一）整理与制订忏法

遵式对天台忏法的完善，一方面表现在对原来的天台忏法文献给予整理、校订，这是对天台忏法传统的继承与再诠释。北宋时代，随着天台典籍的回归，也有一批忏法文献得以重新面世，于是整理、校勘忏法文献成为重要的工作，我们现在看到的许多忏法典籍基本上都是经过遵式等人整理的。

宋初天台教典回归中土的史实，虽然有高丽说、日本说两种。[①] 但

---

① 沈海波：《北宋初年天台教籍重归中土的史实》，《中华佛学研究》2000年第4期，第187—205页。

是,《方等三昧行法》是日僧寂照入宋所携,遵式记其始末于序。① 《方等三昧行法序》说:

> 山门教卷,自唐季多流外国,或尚存目录,而莫见其文。学者思之,渺隔沧海。《方等三昧行法》者,皇宋咸平六祀,日本僧寂照等赍至。……今时或坛场延袤,形像巍峨,行法则半任臆裁,律范则全由心匠。纵谓七众阶节,宁逾上首之科。虽曰像多无妙,要符表法之便,将恐未除故业,更贻新戒,染衣增垢,良用悲夫。然此行法六篇,后二不载者,修行备《百录》、《止观》。受戒具出本经,存篇目者,令知法有始终也。②

《方等三昧忏》有三种版本:一、《摩诃止观》半行半坐三昧中之"方等三昧",二、《国清百录》所收之"方等忏法",三、别行本之《方等三昧行法》。其中,前二部在仪轨形式及思想方面比较一致。③ 而《方等三昧行法》虽未能确定为智者大师作品,且流传史不明,但其行法中对忏悔的解释及"见善恶相"、"具六缘"、"调适"等皆与《释禅波罗蜜次第法门》类似,故仍认为是智者大师作品。④

此行法是遵式在咸平六年(1003)请寂照付梓而流传于世。遵式看见当时方等忏法的不合理处,如行法任意裁减,不按照仪轨而布置坛场,认为实有失忏法的本意。《方等三昧行法》本有六门,后二门"修行"、"具戒"仅存篇目,无有内容。其实,从忏法的设立来说,其根本在于"修行"、"具戒",失此二者可谓舍本取末,难怪遵式感慨忏法的末流。

在智者大师四大忏法中,对中国佛教忏法影响最大的是《法华三昧忏仪》,宋、明各种忏仪大多依《法华三昧忏仪》的"十科"组织、修忏理则

---

① 日本文献记载遵式曾撰"后序",今《大正藏》无存。木宫泰彦《中日佛教交通史》,陈捷译,《世界佛学名著译丛》第49册,台北:华宇出版社,第164页。
② 《方等三昧行法序》,《大正藏》第46卷,943页下。
③ [日]大野荣人:《天台止观成立史の研究》,第392页,京都:京都法藏馆,1995。
④ [日]佐藤哲英:《天台大师の研究》,第190—220页,京都:百花苑,1979。

而制定。① 现行《法华三昧忏仪》为宋代遵式勘定本，遵式所见流行本颇多，或"引经文系乎卷末"，或"滥回粗注，错其篇内"，才勘定众本，刻板印行。如遵式《法华三昧忏仪勘定元本序》说：

> 有于坐禅观法加成五句者，今列示之。文云：为因心故心，为不因心故心，为亦因心亦不因心故心，为非因心非不因心故心（元文），为非非因心非非不因心故心（近加）。且山家凡约句法、用观，只但至四，未知五句出自何文。又当推检之际，第五句下准何为境？如何用观？《辅行》自云，彼别行文但推四句，故今文中广修象观，以广于彼（辅行正文）。况彼象观犹是历事，而正观一门全今四句。②

当时流行本中出现"五句观心"，而天台历来传承只有四句观心，遵式引用了湛然《止观辅行传弘决》作为证明。③

《金泽文库》本中便出现"五句观心"④，可见"五句观心"在当时流行本中确实存在。我们将《大正藏》本与《金泽文库》本对照如下：

《大正藏》本　T46/954a	《金泽文库》本
云何名观一切法空？行者当谛观现在一念妄心随所缘境，如此之心，为因心故心，为不因心故心，为亦因心亦不因心故心，为非因心非不因心故心。	云何名观一切法空？行者当谛观现在一念妄心随所缘境，如此之心，为因心故心，不因心故心，亦因心亦不因心故心，非因心非不因心故心，非非因心非非不因心故心。

因此，可以看出遵式时代《法华三昧忏仪》存在多种流行本。另外，令人不解的是，隋代天台宗文集《国清百录》收录的智者大师所制定的行法中，竟然没有《法华三昧忏仪》。但是，我们在《佛祖统纪》卷三三中发

---

① 释大睿：《天台忏法之研究》，第130—133页，台北：法鼓文化事业股份有限公司，2000。
② 《法华三昧忏仪勘定元本序》，《大正藏》第46卷，第949页上一中。
③ 《止观辅行传弘决》卷第二之二，《大正藏》第46卷，第192页中。
④ 一本题记为"弘安九年（丙戌）(1286)八月十四日于常乐寺一校了，静慧"；另外一本为"文保元年（丁巳）(1317)十月十三日于金泽寺书写毕，剑海"。见[日]佐藤哲英《天台大师の研究》，第142页。

现一段记载:"智者制《法华三昧仪》(《国清百录》载),荆溪述《补助仪》以资观想。"①志磐认为《国清百录》记载有《法华三昧仪》,可能他所见《国清百录》与现行本有所不同。经过池田鲁彦先生的研究,《国清百录》除了现行本以外,确实还存在《广百录》。②

遵式在勘定忏法文献过程中,不但校订文字的错讹,同时对当时忏法活动中忽视"理观"的现象进行批评,他说:"患其稍易旧章,或亡精要。且十科行轨,理观为主,倪一以误,九法徒施。"③忏法的实践,不但需要事相方面的仪轨,更需要"理观",失去"理观",忏法只是一种形式。遵式的忏法文献整理,不但为后世奠定了可依的文本,同时希望能够回归到忏法实践的本怀,回到智𫖮对忏法的定位——忏罪清净、成就三昧、发慧解脱。

遵式不但整理、勘定已有的忏法,而且自己还根据需要而制定新的忏法。遵式的忏法著作,记载不一,列表如下:

《佛祖统纪·山家教典志》④	《佛祖统纪·法门光显志》⑤	《大正藏》现存
《金光明护国仪》(依百录本)	《金光明护国仪》(依《百录》述补助)	《金光明忏法补助仪》(简称《补助仪》)
《请观音忏仪》	《请观音忏仪》	《请观世音菩萨消伏毒害陀罗尼三昧仪》(简称《请观音忏仪》)
《往生净土忏仪》	《净土忏仪》	《往生净土忏愿仪》(简称《大净土忏》)
《小弥陀忏仪》	《弥陀忏仪》	《小净土忏》(原为《往生净土决疑行愿门·礼忏门》)
《炽盛光忏仪》	《炽盛光忏仪》	《炽盛光道场念诵仪》(简称《炽盛光忏仪》)
《法华三昧忏仪》		《智者大师斋忌礼赞文》

---

① ⑤《佛祖统纪》卷三三,《大正藏》第49卷,第319页上。
② [日]池田鲁彦:《国清百录の研究》,第15—16页,东京:大藏出版社,1982。
③《法华三昧忏仪勘定元本序》,《大正藏》第46卷,第949页上。
④《佛祖统纪》卷二五,《大正藏》第49卷,第259页下。

《法华三昧忏仪》为遵式所勘定的忏法,并非其所著;《智者大师斋忌礼赞文》,各种资料皆未见记载,从《智者大师斋忌礼赞由序》来看,遵式有感于当时弘传天台教观的学人,在纪念智者大师远忌时缺乏礼拜之法,故作此礼赞文,以表伸诚。

《补助仪》是遵式增补《国清百录》"金光明忏法"而成,因"金光明忏法"乃依北凉昙无谶译本《金光明经》,仪轨简略不详。① 义净所译《金光明最胜王经》,能够补旧仪轨之不足。除仪轨方面问题以外,还有现实行事的问题:

> 今时行事,多将此法,准同《法华》、《方等》。初日已后,废请三宝,直尔诵咒,甚缺次第。又《百录》不出五悔,后人滥用,今并补助,非徒然也。②

行者在举行"金光明忏法"时,都依《法华三昧忏仪》、《方等忏法》的仪轨为准,失去"金光明忏法"的特色。而依《法华三昧忏仪》,除第一天"奉请三宝",以后可以省略;但"金光明忏法"奉请后是诵咒,因此每天都不能省略。旧轨没有"五悔",遵式将"五悔"加入《补助仪》。

知礼也曾制作《金光明最胜忏仪》,其中主要内容与《补助仪》相同。知礼自咸平二年(999)后,即专务讲忏,常坐不卧,足不外出。在此时期,修"金光明忏"七日期二十遍。咸平三年(1000),知礼与遵式二师,同修"金光明忏"祈雨。③ 因此,《金光明最胜忏仪》是依《金光明最胜王经》,制作时间应该在999年以前。

乾兴元年(1022),章懿太后请遵式为国行忏,遵式著《金光明护国道场仪》。④《释门正统》记载此事后,又说"师凡遇安居之初,则励其徒行光

---

① 《金光明忏法补助仪》说明旧"金光明忏法"缺四:"一、缺别明奉饮食供施天女,二、缺分洒散别施诸神,三、缺明散食处所,四、诵咒时节似未次第。"《大正藏》第46卷,第957页中。
② 《金光明忏法补助仪》,《大正藏》第46卷,第957页中—下。
③ 《佛祖统纪》卷八,《大正藏》第49卷,第193页下、192页上。
④ 《佛祖统纪》卷一〇,《大正藏》第49卷,第208页上。

明忏法,以七昼夜为程。又补《百录》光明三昧行法之说,以正学者。"①遵式于天圣二年(1024),奏请天台教典入藏所作之《天台教随函目录》,其中只有《金光明护国道场仪》一卷,并且释题:

> 《护国道场仪》者,即遵式纂集本经,并《国清百录》、义净新译行用之法,以备人王祈福之仪也。事出圣教,文非臆说,故编付之。②

大睿法师视《金光明护国道场仪》与《补助仪》为两种忏法,并且认为《补助仪》的制作时间在1024年之后。③ 但是,仔细分析两种文献,尤其是《天台教随函目录》对《道场仪》的解释,《护国道场仪》是遵式纂集旧译《金光明经》、《国清百录》、新译《金光明最胜王经》而成,这与遵式在《补助仪》"缘起"所说一致。另外,从"金光明忏法"本身来说,不仅是个人灭罪、灭业的实践仪礼,同时在"国家佛教"的背景下,变成护国的灭业仪礼。④ 其实,二者是并行不悖的,尤其在中国"率土之滨,莫非王土"的情境下,遵式既然为国行忏,当然鼓励安居期间继续行"金光明忏法";同时,一种忏法的制作,需要不断完善,所以遵式在著《金光明护国道场仪》后又有所补充,这是正常的。所以,我们认为《补助仪》即是《金光明护国道场仪》,遵式在1022年完成此忏法后,后来又有所补充,最后成为《补助仪》。

《炽盛光忏仪》是遵式依唐不空所译《炽盛光大威德消灾吉祥陀罗尼经》而制成。根据灵鉴《炽盛光道场念诵仪拾遗序》的记载,灵鉴在整理遵式著作时,发现《炽盛光忏仪》未曾流布,所以采集诸文加以补充,使始末完整;并且,增加"示方法"、"释疑"二科,将五章增补成为七科。⑤ 可

---

① 《释门正统》卷五,《续藏经》第130册,第836页上。
② 《天竺别集》,《续藏经》第101册,第265页下。
③ 释大睿:《天台忏法之研究》,第299页。
④ [日]藤谷厚生:《金光明经にもとづく忏悔灭业の仪礼について》,《印度学佛教学研究》第41卷第2号,1993年,第25—27页。
⑤ 《炽盛光道场念诵仪拾遗序》,《大正藏》第46卷,第978页中。

见,《炽盛光忏仪》是遵式生前还没有最后完成的忏法。

《大净土忏》是遵式于大中祥符八年(1015)治定完成,但在"后序"提到:

> 此法自撰集,于今凡二改治。前本越僧契凝已刊刻广行。其后序首云:予自滥沾祖教等是也。圣位既广,比见行拜起易劳,忏悔禅法皆事攻削,余悉存旧。今之广略,既允似可传行,后贤无惑其二三焉。刊详删补,何嫌精措,时大中祥符八年,太岁乙卯二月日序。①

此忏仪经过两次改治,而且前本已经刊刻流通,前本与今本相比,削减"忏悔"、"禅法"二科,今本十科完整。因此,《大净土忏》的完成应在1015年以前。

《小净土忏》是遵式在天禧元年(1017),为侍郎马亮所撰《往生净土决疑行愿二门》一书中,行愿门之第一"礼忏门"。

《请观音忏仪》是遵式于端拱元年(988),在天台山国清寺初集;咸平四年(1001),于慈溪大雷山再治。② 其缘起是宝云入寂后,遵式回到天台,因苦学而得病呕血。于是,入大慈佛室,行"消伏咒法",即《请观音忏法》,满七七四十九日,并且颇有感应。遵式在行《请观音忏法》过程中,发现《国清百录》中仪轨太简单,甚至有许多不明之处,而且今人随意添削仪轨,或者私安注字,如增添《法华三昧忏仪》中"四悔"于其中,或有删除观慧等文。所以,重新再制,并"尽取观慧诸文安于事后",以便礼忏时运念观想。

在遵式所制的忏法中,一部分是对天台忏法的完善与整理,如《补助仪》、《请观音忏仪》;另一部分是为了满足信仰需求,适应时代潮流,如《大净土忏》、《小净土忏》、《炽盛光忏仪》,这与北宋时代净土信仰的流行、密宗经典大量翻译有关。最后,还有一种是为了现实需要而制的忏法,如《智者大师斋忌礼赞文》。

---

① 《往生净土忏愿仪后序》,《大正藏》第47卷,第494页下。
② 《佛祖统纪》卷一〇,《大正藏》第49卷,第207页上一中。

(二)忏法的修行与弘扬

遵式不仅整理、校订忏法文献,制作、增补新忏法,而且还对忏法的修行与弘扬不遗余力。他在雍熙元年(984)至四明宝云寺,就义通学天台教。智者讳日,燃顶终朝,誓力行三昧;端拱元年(988),于天台国清寺大慈佛室,行"请观音忏法";咸平三年(1000),四明大旱,师同法智、异闻,率众行"请观音三昧";咸平五年(1002),归东掖,于其西隅建精舍,造无量寿佛与众共修念佛三昧;大中祥符四年(1011),东山结忏会;乾兴元年(1022),于山中为国行忏。

遵式对忏法的修行,不惜生命,《佛祖统纪》说:

> 常行三昧,以九十日为期,于行道四隅置镬炽炭,遇困倦则渍手于镬,十指唯存其三。其建光明忏殿,每架一椽甃一甓,辄诵大悲咒七遍以示圣法加被,不可沮坏之意。①

这是指遵式在行般舟三昧时,以九十日为一期,在坛场内四角放置热炭,如果身体困倦,便将手放入热炭中,以消除疲倦,以至于十指只剩下三指。他在建光明忏殿时,对于房屋的一椽、一壁,都诵《大悲咒》七遍,以表示圣法加被。可见,他对忏法修持的精进与虔诚。正因为其熏修精进,章懿太后才会令他为国行忏。

他不但率领僧众行忏,更结忏会,使得忏法流行民间,从《炽盛光忏仪》最后"劝诫檀信"可知。随着忏法的普及和民间化,忏法在实践的过程中逐渐出现混乱状态,成为一种商业行为,这必然会损害忏法的宗教神圣性。他说:

> 近见檀越之家,深有信向,请僧归舍,设食读经,望其福慧。势力损财,无善仪则。敬慢不分,是非宁别。或倚恃豪富,或放纵矜高。反言衣食庇荫门僧,请唤道场便言恩幸,趋瞻失节朗责明诃。铺设法筵,

---

① 《佛祖统纪》卷一〇,《大正藏》第49卷,第208页下。

稳便驱使。门僧无识,恐失依栖,苦事先为,免劳施主,纵有法则,岂敢辄言。檀越不询,门僧不说,讹谬之迹,自此滋彰。不扫厅堂,便张法席;未断荤秽,辄请圣贤;至于迎像延尊,殊不避座,旋踵致敬。①

北宋时期,礼忏法会已经在檀越家中实行,才会出现遵式所说的现象。一些富豪贵族,倚仗钱财,对僧人不但不生恭敬之心,而且以为请僧人举行法会,是对僧人的恩惠;而部分僧人无识,惟恐失去衣食庇荫,无视施主轻慢放纵之陋习,故仍迁就放任。这种法会不仅未具忏法的理观精神,即使在形式上也是草率、混乱。

遵式希望能够通过自己的努力呼吁,规范忏法制度,清净忏悔道场,虔诚恭敬行事,他制定了五种规定,作为行持的标准:

> 第一,欲陈法会,家中长幼,尽须同心,去其酒肉五辛等物,施主每日随僧礼佛,陈吐忏悔。第二,当斋僧次,躬须给侍,不得坐于僧上,称是主人,放纵谈笑。第三,佛前供养,须倍于僧,凡圣等心,事事精细。第四,尽其所惜,施佛及僧,勿得隐细用粗,世世招失意果报。第五,道场缓急,不得使僧,此是福田,翻为僮仆,岂得然乎?②

遵式的五项原则,主要是为了维护佛教的神圣性,保持道场的庄严、清净以及僧格的尊严与清高。在佛教化世导俗的过程中,导俗而不失神圣,适应而又不丧原则,这是佛教发展的关键。对于忏法实践来说,保持忏法的实践精神尤其重要,遵式希望能够回归到忏法的本怀。但是,明清以来,经忏佛事的形式化、商业化、鬼神化,已经成为令忏法"蒙羞"的外衣。③

遵式不仅强调忏法实行的神圣性、超越性,而且对天台忏法的抄写提出严格要求,保证忏法文献的神圣性。他在《补助仪》中劝嘱后学:

---

① 《炽盛光道场念诵仪》,《大正藏》第 46 卷,第 982 页中。
② 同上书,第 982 页下。
③ 圣凯:《论中国佛教忏法的理念及其现代意义》,《法音》2003 年第 3 期。

> 凡欲传写,并须首尾全写,对勘分明,勿令脱误。多见《法华》、《观音》等忏文,多削前后,及观慧之文。但抄佛位及忏悔文,单题礼文,深可悲痛。若不能者,宁可莫写,免得毁散行法全文。一事不周,便亏行相,深诫!深诫!①

随着忏法的流行与普及,忏法文本需求量增多,而且可能为了普行于大众修持,而有将仪轨随意添削、抄写浮滥的情形。如此,对忏法行相来说是一种损失,并且障碍修持。遵式深切告诫后学,不可不慎。

二、宋代华严宗的忏法实践

净源(1011—1088)被称为宋代华严宗的"中兴教主",致力于以华严教义解释其他较流行的佛教典籍,促动华严学在整个佛学中的运行。他曾经跟从长水子璿学习《楞严经》、《圆觉经》、《起信论》,对子璿的《楞严经义疏》推崇备至。他针对华严宗缺乏实践法门的问题,专门撰述《华严普贤行愿仪证仪》、《圆觉经道场略本修证仪》、《楞严修证仪》。

净源删略宗密的《圆觉经道场修证仪》,他在《略本修证仪》中"总叙缘起"时说:

> 吾佛之唱圆觉也,开一心法而被乎三根者,斯盖障之有深浅,机之有利钝矣。是故通别观门,离之为二,道场忏悔次其第三;亦犹出厩良驹,已摇鞭影,蘸尘大宝,须设治方耳。然则忏之为义,有理忏焉,有事忏焉。若陈罪相以精勤,责妄心而愧切,此事忏也;念实相以宴安,耀慧日以霜露,此理忏也。汉魏以来,崇兹忏法,蔑闻其有人者,实以教源初流,经论未备(方等诸经、婆沙等论)。西晋弥天法师,尝著四时礼文,观其严供、五悔之辞,尊经尚义,多撼其要,故天下学者悦而习焉。陈隋之际,天台智者撰《法华忏法》、《光明》、《百

---

①《金光明忏法补助仪》,《大正藏》第46卷,第958页下—959页上。

录》,具彰逆顺十心,规式颇详,而盛行乎江左矣。有唐中吾祖圭峰禅师,追弥天之余烈,贯智者之遗韵,备述《圆觉礼忏禅观》。凡一十八卷,包并劝修,揆叙证相,故道场法事之门有七,而礼佛忏仪之门有八,其所伸引,冲邃瀚漫(多用《佛名》文及《华严经》等意),盖被三期限内修证耳。余以像法之末,遇兹遗训,缅怀净业,其亦有年。由是略彼广本,为此别行,法类相从,盖尽一席之(车兀)矣。既而观其辞,虽异于弥天;唱其声,似协于智者。后之末学,继而修之,则圭峰劬劳之德,亦报之之万一也。①

净源在"总叙缘起"中,主要说明了三个问题:一、忏悔的地位及其类别,因为众生的根机不同,所以法门有别,而忏悔适应根机钝者。忏悔分为事忏与理忏,事忏是发露罪相,生大惭愧苛责自心;理忏则观照实相,以智慧观罪性空。二、中国佛教忏法的发展,从道安法师制定四时礼文开始,忏法流行天下;到了陈隋之际,智者大师制定天台忏法,仪轨已经完备。三、《修证仪》的成立与删略,十八卷《修证仪》多引用《佛名经》忏悔文以及《华严经》之意,所以显得深邃、广博。净源为了在像法末世,令众生能够实践此忏法,所以才略出一卷,流行天下。

净源将《修证仪》三门二十三种仪轨,简化为十种:第一,总叙缘起;第二,严净道场;第三,启请圣贤;第四,供养观门;第五,正坐思惟;第六,称赞如来;第七,礼敬三宝;第八,修行五悔;第九,旋绕念诵;第十,警策劝修。这样,大大略化了许多仪轨,其中最主要的是删除了大量《圆觉经》的偈颂、《佛名经》忏悔文、无常偈以及其他经典的文字,使《略本修证仪》成为日常行仪。

净源对《修证仪》作出如此删节,除了《修证仪》本身确实难以实践的原因以外,跟宋代佛教忏法流行有很大关系。尤其是天台忏法,经过慈云遵式、四明知礼的努力,在社会上引起轰动。净源作为中兴华严宗的

---

① 《圆觉经道场略本修证仪》,《续藏经》第129册,第1页上—下。

学者,也必须为本宗的实践作出努力,而华严宗本身缺乏实践性,唯一可以作为实践行仪的便是《修证仪》,于是净源不得不将十八卷删为一卷。但是,这样无形中减少了华严宗忏法本身的重理性、重思想的特色。

同时,净源制作了《楞严修证仪》,他对《楞严经》进行了高度评价,认为是"九界交归之要门,一乘冥会之妙道",如果从事相来说,可以围坛诵咒;从禅观证果来说,则可以观心坐禅。净源在子璿门下学习《楞严经》时,只是研究义理、编述钞文。① 熙宁四年(1071),他于青墩宝阁兰若讲授《楞严经》,综合子璿、智圆、仁岳等疏、钞,详细考察坛场布置的要求以及持咒、忏悔的方法,于是撰成《楞严修证仪》。

《楞严修证仪》是依十门而修习忏法,我们将《楞严修证仪》与《圆觉经道场略本修证仪》的十门比较列表如下:

《楞严修证仪》	《圆觉经道场略本修证仪》
1. 坛场方轨	1. 总叙缘起
2. 启请贤圣	2. 严净道场
3. 供养观门	3. 启请圣贤
4. 称赞如来	4. 供养观门
5. 礼敬三宝	5. 正坐思惟
6. 围坛诵咒	6. 称赞如来
7. 涤业规品	7. 礼敬三宝
8. 忏悔发愿	8. 修行五悔
9. 旋绕念诵	9. 旋绕念诵
10. 析通观法	10. 警策劝修

《楞严修证仪》与《圆觉经道场略本修证仪》在忏法结构上基本相同,前者将"析通观法"作为第十门,而后者将"正坐思惟"作为第五门,其实宗密《圆觉经道场修证仪》是将"正坐思惟"放在"旋绕念诵"后面,这与《楞严修证仪》是相同的。另外,《楞严修证仪》多了"围坛诵咒",这是因为《楞严经》特有的持咒法门的缘故。

---

① 《首楞严坛场修证仪》,《续藏经》第95册,第1074页上。

(1) 坛场方轨。指布置坛场的要求与方法,这是依据《楞严经》佛陀对阿难开示的内容而建立。① 以香泥筑成方圆丈六的八角坛,坛心放置一根金银铜木所造莲花,在莲花中安放一只钵,钵中盛上八月露水(或用净水),水中随安所有花叶,取八只圆镜各安其方围绕花钵,镜外建立十六朵莲花,十六只香炉放在花间,取白牛乳置十六器,以及种种供养品。于坛室中,四壁敷设十方如来及诸菩萨所有形像,在当阳处中间挂上卢舍那、释迦、弥勒、阿閦、弥陀及诸大变化观音形像,兼金刚藏,安其左右。帝释、梵王等护法神于门侧左右安置。取八镜悬挂在虚空中,与坛场中所安之镜方面相对,使其形影重重相涉。

这种坛场布置具有一定的表法意义,子璿说:

> 欲使行人熟此境界,则于事事无碍法界之理易得证耳。若时若处,一念之中,遍游十方,遍见诸佛,遍行佛事,遍得供养。一念既尔,尘尘皆然。②

子璿从华严宗来解释《楞严经》,所以从事事无碍法界来理解坛场的布置。通过镜中的光影重重相涉,表明理上的无碍法界。

诵咒仪轨方面,要求在初七日,顶礼十方如来诸大菩萨,恒于六时围坛行道,常行诵《楞严咒》一百零八遍;第二七日,专心发菩萨愿;从第三七日开始,专持《楞严咒》,十方如来能够出现在镜子的交光处。经过一百天,利根的修行者能够证得初果。

(2) 启请贤圣。启请卢舍那、释迦、弥勒、《首楞严经》、诸大菩萨、贤圣僧等以及护法神降临坛场。

(3) 供养观门。观想以此香花等,供养十方三宝,诸佛三乘圣众能够慈悲感应。

---

① 《首楞严经》卷七,《大正藏》第19卷,第133页中—下。
② 《首楞严经义疏注经》卷七,《大正藏》第39卷,第916页中。

(4) 称赞如来。这是《楞严经》中的赞佛偈。①

(5) 礼敬三宝。即礼敬前面所启请三宝及护法神。

(6) 诵咒围坛。即诵《楞严咒》,净源提出"诵咒方法具如慈云式师念诵仪,此文亦厉声诵之,令声不得有间"②,所说遵式《念诵仪》应该是指《炽盛光道场念诵仪》。遵式对诵咒的要求概括有几点:一次必须满一百零八遍,若有急事,回来后必须继续;在诵咒时,不得与人言语,或者手在做其他事;在诵咒的期限内,不得离界,必须在界内或跪或坐;收摄身心,注意饮食。③ 华严宗的忏法,在忏法结构与思想方面都来自天台思想,宗密的《圆觉经道场修证仪》便是依《法华三昧忏仪》及天台止观而制作成的。

(7) 涤业规品。因为现存《卍续藏》本《楞严修证仪》在第六门"若能读诵"下,脱失十八行,每行十九字,导致第七门"涤业规品"不完整。在这一门中,主要说明罪业的品类以及忏悔的种类,列表如下:

	三品罪		三种忏门
上品罪	方便心重,作时作已,三时皆重,心境相应;复是逆罪,谤方等经,一阐提等,作业数利,迷因谬果,不识于犯,又不识法,名为上品。	伏业忏	依三乘局教,悔初四篇,但伏而不起,名之为忏;既经发露,本罪不增,无隐过覆藏等罪,应生不生,名之为伏。
中品罪	方便正作,二时心重,作已心轻,境重心微;又非三极,利而不数,不迷因果,名为中品。	转业忏	以促时换长时,用轻苦偃重苦;于三恶道中,若应受报,愿于今身偿,不入恶道受,此名转业忏也。
下品罪	前后心重,正作是轻,境与心违;又非出众之犯,数而不利,识法识犯,明信因果,名为下品。	灭业忏	必须观解明白,深发大菩提心;无始以来,所造诸罪,犹如暗室;忏悔正慧,喻如明灯;明灯一照,昏暗皆除,不以暗多,能拒灯也。迷因谬果,具造诸愆,佛性潜辉,故如暗室;发真慧火,事等明灯,灯起暗除,解生惑丧,业无不灭也。

---

① 《首楞严经》卷三,《大正藏》第19卷,第119页中。
② 《首楞严坛场修证仪》,《续藏经》第95册,第1074页上。
③ 《炽盛光道场念诵仪》,《大正藏》第46卷,第979页中—下。

犯罪的品类高下,是依作前、作时、作已三时的心的轻重,以及对罪是否识法、识犯;忏悔的高下,是指灭业作用的不同,依伏而不起、重罪轻受、长罪短受、彻底灭罪而分成三种忏悔。

关于忏悔的种类,天台智者依三种罪提出三种忏悔法①:第一、作法忏悔,是破违犯戒律的声闻罪;第二、观相忏悔,是破业缘的体性罪;第三、观无生忏悔,是破无明烦恼,究竟除去众罪的本源。智者大师以持戒清净为基础,将作法忏悔、观相忏悔、观无生忏悔与戒、定、慧三学相配,表示一切佛法都不在忏悔之外。② 但是,道宣则提出事忏与理忏的不同功用:

> 然忏法多种,若作事忏,但能伏业易夺;若作理忏,则能焦业灭业。先论利根依理断业,如《涅槃》云:若有修习身戒心慧,能观诸法由如虚空,设作恶业思惟观察,能转地狱重报现世轻受;若于小罪,不能自出,心初无悔,不能修善,覆藏瑕玼,虽有善业,为罪垢污,现世轻报,转为地狱极重恶果,是为愚痴……二者钝根依事忏者,若依大乘,则《佛名》、《方等》具列行仪,依法忏悔要须相现,准教验心;若依律宗,必须识于罪名、种、相,随有牒忏。若疑不识,不合加法,唯除不学者,随犯结根本,此但灭犯戒罪也。③

道宣认为,事忏能够伏业不起,即净源所说"伏业忏";理忏能够焦业(即"转业忏")、灭业(即"灭业忏")。"理忏"观诸法性空,罪性本空,由此能够转重报轻受,乃至灭除罪业。事忏包括观相忏悔和作法忏,"观相忏悔"即依《佛名经》、《方等忏法》,必须有瑞相显现;"作法忏"即依戒律的羯磨法,依罪的不同作不同灭罪法。所以,净源的伏业忏、转业忏、灭业忏是继天台的三种忏悔,经过道宣的转化而最后提出来的。

---

① 《释禅波罗蜜次第法门》卷二,《大正藏》第46卷,第486页下。
② 圣凯:《论天台忏法的思想及其形成》,中国佛学院学报《法源》总第20期,2002年,第105—108页。
③ 《昙无德部四分律删补随机羯磨》卷下,《大正藏》第40卷,第506页下。

(8) 忏悔发愿。忏悔自己所造罪业,从而发愿断除;同时,依六根发愿,成就六根清净功德。忏法只是外在的仪轨,修忏需要内心的观想,净源提出运心的方法:

> 既知罪有三品,忏有三门。次端一心,正身威仪,虔敬互跪,烧诸名香,存想观音菩萨,无量庄严,眷属围绕。为忏悔主,如对目前,发露无量劫来,所造一切恶业,断相续心,更不复造。而以正慧,观罪性空,不在内外,敬发大菩提心,摧灭恒沙烦恼。应一心念言:我与众生,无始所作,一切罪障,惟愿三宝哀愍拔济,顿见真性,等佛法身,三业罪愆,成三解脱,六根重障,翻作六通。①

以观世音菩萨为忏悔主,发露忏悔;同时,以般若智慧观罪性本空,不在内,不在外,发菩提心,灭一切罪障,证得法身,转身、口、意三业成空、无相、无作三解脱,转六根成六通。

同时,净源非常重视天台忏法的逆顺十心,逆顺十心是天台忏法运心的根本②,净源在《楞严修证仪》中说:

> 当运逆顺十心,即念《清凉偈》云:自从无始起无明,亦值恶友增我情,无随喜心善永灭,纵自语意恶渐生。心心遍布触处染,念念相续日夜营,不欲人知藏过失,不畏恶道任纵横。无惭无愧魔罗网,拔因拔果阐提坑,如是顺流背本已,生死苦海浩然盈。幸识由来长者子,今欲逆流舍贫里,正信因果破阐提,惭愧人天破无耻。恐怖恶道破不畏,发露罪业破覆疵,断相续心破常念,发菩提心破遍起。修功补过破纵恣,守护正法破无喜,念十方佛破恶友,观罪性空破结使。上之六偈,初三顺生死十心,以为所治;后三逆生死十心,从后

---

① 《首楞严坛场修证仪》,《续藏经》第95册,第1079页上。
② 《摩诃止观》卷四上:"若欲忏悔二世重障行四种三昧者,当识顺流十心,明知过失。当运逆流十心,以为对治。此二十心通为诸忏根本。"《大正藏》第46卷,第39页下。

翻破。①

"顺流十心"指众生由此十心,随顺烦恼,流转生死,即无明昏暗、外加恶友、善不随从、三业造恶、恶心遍布、恶心相续、覆讳过失、不畏恶道、无惭无愧、舍无因果;"逆流十心"指修行者由此十心,可翻除由顺流十心所造之恶法,即深信因果、生惭愧心、生大怖畏、发露忏悔、断相续心、发菩提心、断恶修善、守护正法、念十方佛、观罪性空。这顺逆十心,后来成为中国佛教忏法修习的心要,华严宗的澄观、宗密都加以引用。② 所以,净源亦同样运用于《楞严修证仪》中。

(9) 旋绕念诵。即在坛场内旋绕念诵佛、菩萨圣号,净源指出念诵的方法以及其他注意事项:

> 夫右绕者,顺向殿重,瞻望不足也。如是三匝乃至百匝,亦无定数。次诵《观音圆通》,声德者举云《首楞严经》观世音菩萨圆通法门。其或修一席之仪,只于道场讽经。如以七日为期限者,须于道场外置禅观堂,将入坛场,讽经规式,亦如《行愿仪》辨之。③

旋绕念诵必须右绕,同时次数不定。旋绕念诵完以后,必须诵《楞严经》卷六"观世音菩萨圆通法门"。这是因为《楞严修证仪》是以观世音菩萨为忏悔主,同时,观世音菩萨信仰的普遍性也是一种原因。

(10) 析通观法。主要是辨析修习观世音菩萨耳根圆通法门的原因及重要性,净源说:

> 或谓:系念数息,实乃内行根本,三乘要道,今兹忏仪,何不遵禀? 答曰:夫观法之设,有方便门,有称实门;方便则局乎偏修,称实

---

① 《首楞严坛场修证仪》,《续藏经》第95册,第1079页上。
② 《大方广佛华严经疏》卷四八,《大正藏》,第35卷,第867页下—868页上;《大方广佛华严经随疏演义钞》卷七八,《大正藏》第36卷,第610页中—611页中;《圆觉经修证仪》卷二,《卍续藏经》第128册,第740页上—下。
③ 《首楞严坛场修证仪》,《续藏经》第95册,第1080页下。

> 则通于圆证。今经虽有数息方便,局而不通,乃为文殊所夺。故经云:鼻想本权机,只令摄心住,住成心所住,云何获圆通。若乃称实圆证,通而不局,即为妙德所与。故经云:此方真教体,清净在音闻,欲趣三摩提,实以闻中入。既宗观音一门为最,自余诸方便,非是长修习。吾之所以不取数息者,识此也。

净源突出《楞严修证仪》的特色,指出此忏仪的禅观法门是"观世音菩萨耳根圆通法门"。按照一般禅观法门,都是以观照念头或数息作为修习的初门。但是,《楞严经》指出这两种禅观法门有其局限性,不能证得圆通。所以,净源强调应该修习圆通法门。

最后,净源指出忏法仪轨与止观的关系:"矧以修法垂范,导利有缘,而礼觐供养,其福与六十二亿河沙菩萨正等,岂胜言哉!若以称实,摄于方便,则数息亦修止观二门。今经根尘结解门,决定修乎止;因果同异门,决定修乎观。厥或造修者,于道场中,行诸法事,瞥起妄念,则失于止也;暂时忘照,则缺于观也。夫然,则寂照双流,止观齐运,方为正修,其诸事仪,皆为助行耳!"净源首先强调,修习忏法中种种仪轨的功德,然后强调在修习忏法中,能够不起妄念,随文入观,则止观双运,寂照双流。这是事相与理观的统一,也是中国佛教忏法的特色之一。

三、宋元佛教的社邑与净土结社

宋元佛教的社邑继续发展,而且结合各种信仰,成为信仰团体。唐中期以来,随着弥陀净土信仰的流行,逐渐出现"西方社"、"九品往生社"等。吴郡包山福愿寺僧人神皓(715—790)晚年设置"西方社",祈求往生弥陀净土。① 唐文宗开成五年(840)五月,浙江会稽禹寺请玄英法师在余姚平原精舍讲《金刚经》,法师在讲经会中劝募1 250人,结成"九品往生

---

① 《宋高僧传》卷一五,《大正藏》第50卷,第803页上;《全唐文》卷九一八,清昼《唐洞庭山福愿寺律和尚坟塔铭并序》,第4242页。

社",并且刻石记事。沙门处纳撰《结九品往生社并序》说:

> 夫为善者,迷于所趣,无量寿佛,返念不息。遗民挂冕,康乐投簪,史氏称之,其风不泯。吴公学我真教,把其遗踪,施有等差,阶陈九品。①

这是依社人捐资多寡而列品,虽然碑文称法师募1250人,实际上题名者仅有125人,其中有13名比丘、14名比丘尼。

宋代的佛教结社中经会特别普遍,有"金刚经会",施主散施经本,并请僧人讲说;另有"看经会"和"诵经会"等,看经会的成员主要为官吏士绅,如李纲(1085—1140)与京师太平兴国寺堂头和尚璨公结"看经社"②,宋代舒岳祥《游天王寺》诗云:"经社千人会,燃灯七佛深。松行喧万籁,僧定不知音。"③姚勉(1216—1262)《市心重建观音阁缘化榜语》叙述阁中的活动:"此阁成就,岂徒美观? 禅衲律僧,经社道友,或此习定,或此诵经,随所修为,种种方便。"④可见此阁是诵经社的活动场所。

宋代的佛教结社以净土念佛结社最具代表性。《佛祖统纪》卷四三说:

> 杭州西湖昭庆寺沙门省常,刺血书《华严·净行品》,结社修西方净业。宰相王旦为之首,参政苏易简百三十二人,一时士夫皆称净行社弟子。比丘预者,千众人。谓庐山莲社,莫如此日之盛。⑤

省常(959—1020)慕庐山慧远结念佛之传说,结社专修净业,取《华严经·净行品》之意,名为净行社。宰相王旦为社首,翰林学士苏易简等士大夫预其会者前后132人,都投诗颂,自称净行社弟子,还有信众千余人

---

① 陆增祥:《八琼室金石补正》,第506页。
② 李纲:《梁溪集》卷一〇八,《四库全书》集部65册,第307页上。
③ 舒岳祥:《阆风集》卷三,《四库全书》集部126册,第362页上。
④ 姚勉:《雪坡集》卷四六,《四库全书》集部123册,第327页下。
⑤ 《佛祖统纪》卷四三,《大正藏》第49卷,第400页下。

参加,时人以为庐山结社不如其盛。

苏易简撰写《施华严经净行品序》的时间为"淳化二祀(991)季秋二十有四日",所以省常建立净行社的时间为淳化二年(991)。《施华严经净行品序》说:"以为沥恳莫若刺血,传信莫若篆版。乃印是经,凡一千卷,结八十僧社,散施念诵期于无穷"①;宋白《大宋杭州西湖昭庆寺结社碑铭并序》说:

> 杭州照庆寺僧曰省常,身乐明时,心发洪愿;上延景祚,下报四恩;刺血和墨,书写真经。书之者何?即《华严经·净行》一品也。每书一字,必三作礼,三围绕,三称佛名。良工雕之,印成千卷,若僧若俗,分施千人。又以栴檀香,造毗卢像,结八十僧,同为一社。②

省常自刺指血和墨,写《华严经·净行品》,每写一字,三拜、三围绕、三称佛名。刊版印成千卷,分施千人。

省常自撰《西湖净社录》,失佚。宋白《大宋杭州西湖昭庆寺结社碑铭并序》说:

> 尔时经像成,乃膝地合掌,作是言曰:我与八十比丘、一千大众,始从今日,发菩提心,穷未来际,行菩萨行。愿尽此报已,生赡养国,顿入法界,圆悟无生,修习十种波罗蜜多,亲近无数真善知识,身光遍照,令诸有情得念佛三昧,如大势至;闻声救苦,令诸有情获十四无畏,如观世音;修广大无边行愿海,犹如普贤;开微妙甚深智慧门,犹如妙德;边际智满,次补佛处,犹如弥勒;至成佛时,若身若土,如阿弥陀。八十比丘,一千大众,转次授记,皆成正觉。我今立此愿,普为诸众生。众生不可尽,我愿亦如是。伟矣哉!上人之言如是,志如是。③

---

①②③《圆宗文类》卷二二,《续藏经》第58册,第563页上。

这是净行社的发愿文,表明净行社是以《华严经》为中心的结社,融合念佛思想与净土往生思想。

省常之后,大中祥符六年(1013),知礼于四明延庆寺发起念佛施戒会,每年循例举行,知礼亲自制作疏文。① 仁岳的门人灵照于熙宁年中(1068—1077),住华亭的超果寺,元丰以后,开净业社,每年春首为期七日念佛,参加其会者常达二万人。② 汾州人文彦博,历仕仁宗、英宗、神宗、哲宗四朝,前后五十余年,官至太师,尝兼译经润文史,封为潞国公。仁宗时,于京师与净严禅师建净土会,结僧俗十万人念佛。③

宣和年中,齐玉住苕溪宝藏寺,每年岁末兴净业社。择瑛门人思净住钱塘北关,集万人结净土会。思照、宗利等,处处启建净土道场。在宋代,以江浙为中心,结社念佛非常盛行。

四、涅槃会与《涅槃礼赞文》

随着佛教传入中国,有关佛教的各种节日便开始在中国出现。东汉末年,便出现佛诞节的行事。在佛诞节,除了浴佛以外,还有行像。但是,从目前文献保留下来的节日来看,似乎没有看到有关佛陀涅槃日的纪念活动。以敦煌文献为中心,考察晚唐五代时期的敦煌寺院,其佛教节日记载比较详细的有正月十五日燃灯、二月八日行像、四月八日大会、七月十五日盂兰盆会、十二月八日腊八节。④ 但是,仍然可以找到一些与涅槃会有关的文书,证明唐五代时期,敦煌寺院举行了涅槃会。

随着《涅槃经》在汉地的流传,讲说、注释、诵持《涅槃经》十分盛行,形成"涅槃师"。同时,出现了以《涅槃经》为中心的"涅槃忏",而且在南

---

① 《四明尊者教行录》卷一,《大正藏》第46卷,第857页下。
② 《佛祖统纪》卷二一,《大正藏》第49卷,第242页中。
③ 《佛祖统纪》卷五三,《大正藏》第49卷,第469页中。
④ 郝春文:《唐后期五代宋初敦煌僧尼的社会生活》,第229—235页,北京:中国社会科学出版社,1998。

朝时代颇为盛行。在《广弘明集》卷二八"忏悔篇"中，便收集有梁简文帝所撰《谢敕为建涅槃忏启》、陈文帝所撰《娑罗斋忏文》。这些是通用于各处所行法会的文疏，修忏的目的在于除障、去病、祈求护念国土、广增福田等现世利益，这是从符合中国人的要求的角度，将现世安稳、远离诸难与忏悔灭罪结合起来。① 祯明二年(588)冬天，摄山栖霞山慧布法师临终时，徐孝克曾为他建"涅槃忏"。② 由于文献的缺乏，我们无从了解"涅槃忏"的详细情况。但是，根据陈文帝的《娑罗斋忏文》，可能是在涅槃日所举行的无碍大会：

> 寻夫真解脱者，本自不生；实智能者，今亦无灭。故知鹤林变色，非变易之文；鹫山常在，实常住之法。……熙连河侧，晨朝之色忽明；娑罗树间，中夜之声便寂。最后功德，是日兹辰。弟子有缘阎浮，属当重任。愍群生之颠倒，嗟庶类之愚迷。常愿造六度之舟，济之于彼岸；驾一乘之传，驱之于中道。今谨于太极殿，设无碍大会，百僧一夕，娑罗大斋。③

陈文帝设立娑罗斋的原因，在于积集功德、续佛慧命、广度众生。虽然没有明确说明这是在涅槃日所举行的无碍大会，但是说"最后功德，是日兹辰"，这可能就是指涅槃日。当然，"涅槃忏"只是一种忏仪，可以不限定在佛陀涅槃日举行，娑罗斋忏可能是在涅槃日举行，但文献的记载不是很明确。

然而，中国民俗在二月十五日有寒食节，引起我们的注意。寒食节是在夏历清明前一两天，不举火，吃冷食。圆仁《入唐求法巡礼行记》记载，他在扬州开元寺(开成四年)、文登赤山新罗院(开成五年)和长安资

---

① [日]盐入良道：《中国佛教仪礼における忏悔の受容过程》，《印度学佛教学研究》第11卷，第2号，第733页，1964。
② 《广弘明集》卷三〇，《大正藏》第52卷，第357页上。
③ 《广弘明集》卷二八，《大正藏》第52卷，第334页下。

圣寺(会昌二年)度过三个寒食节。① 这说明晚唐寺院已经认同中国习俗,而且寺院设乐与百姓、官僚共欢。如敦煌文书 S.381《龙兴寺毗沙门天王灵验记》记载:"大番岁次辛巳闰二月十五日,因寒食,在城官僚、百姓,就龙兴寺设乐。"

在寒食节期间,中原出现"寒食祭墓"的行事,这就是后世"清明祭墓"的滥觞。② 如圆仁记载,会昌二年寒食节,家家拜墓。③ 在寺院中,二月十五日设斋,不限人数。④ 同时,圆仁还记载了在开成六年(841)二月八日至十五日期间,长安寺院设斋、举行佛牙供养:

> 又大庄严寺开释迦牟尼佛牙供养。从二月八日至十五日,荐福寺开佛牙供养。蓝田县从八日至十五日设无碍茶饭,十方僧俗尽来吃,左街僧录体虚法师为会主,诸寺赴集。各设珍供,百种药食,珍妙果花,众香严备,供养佛牙。及供养楼廊下,敷设不可胜计。佛牙在楼中庭,城中大德尽在楼上,随喜赞叹。举城赴来,礼拜供养。……如是各各发愿布施,庄严佛牙会,向佛牙楼散钱如雨。求法僧等十日往彼随喜,登佛牙楼上,亲见佛牙,顶戴礼拜。⑤

从以上记载可以看出,在二月八至十五日,长安各大寺院举行佛牙供养、设斋的盛况。虽然圆仁没有明确指出是涅槃会,但这应该是属于涅槃会的情形。

敦煌文献中保存了敦煌僧团举行涅槃会所用的一些文书,可以看出唐宋时期涅槃会的一些形态。S.2832、P.2631 卷中有关岁时部分记载:"仲春二月,十五半旬,双林入灭之岁,诸行无常之日。人天号哭,自古兴悲;世界虚空,于今尚痛!""双林"指释迦涅槃地点在摩罗国拘尸那城的

---

① 白化文等校注:《入唐求法巡礼行记校注》,第 113、216、396 页,广州:花山文艺出版社,1992。
② 张弓:《汉唐佛寺文化史》(下册),第 944—945 页,北京:中国社会科学出版社,1997。
③④⑤ 白化文等校注《入唐求法巡礼行记校注》,第 396、209、373—374 页,广州:花山文艺出版社,1992。

娑罗树间。这说明敦煌将此忌日列入岁时活动中。① S.2832《二月十五文》云:

> 时到双林奄神,士庶惊哀,天地失色。自日月逾深,霜星屡改,空存忌日,试用追崇。门徒才亲奉意珠,花叶相映,想像尊仪,攀慕如昨。无以远托,惟福是资,谨于此辰,追斯福佑。时雨初霁,纤尘不飞,凉风自来,预隔炎暑。陈众味,具甘鲜,热解脱香,展无生盖。惣此良田,伏愿神居极乐,惠(慧)眼遥观,道证无生,远垂加护,提拔我群品,舟楫我生灵。同证真师,资门人才,代代不绝,灯灯转明,惠(慧)命遐长,色身坚固。

《二月十五文》明确指出"空存忌日",说明二月十五时,已经有纪念释伽涅槃的活动,即涅槃会。而且,这件文书说明二月十五的天气、风景等,并且指出举行涅槃会的目的,在于祈求能够往生极乐,证无生忍,度化众生,正法久住。

另外,P.2940《斋琬文》有《叹佛德·示归寂灭》:

> 二月十五,斯乃青祇式序,彼律惊辰,金河泛八解之澜,宝地秀七花之藻。于时一音遐震,吼百亿而雷奔;五色光飞,照三千而电发。藻(澡)鸳池之德水,标鹤树之祥林,严绮阁于云心,庄净芳于镜面。遂乃金棺焫起,佛日于是沦辉;银椁烟飞,慈云以之罢润。遂使尘方力士,仰生地以驰魂;沙界含灵,俯提河而洒血。可谓善逝调机之夕,能仁控(空)寂之辰,启方便之幽关,示薰修之胜轨。

"青祇"就是青帝,这里指春天,春为青阳,立春日在东郊祭青帝。"七花"即"七净花",以花比喻七种净德,第七种为涅槃净,证得涅槃,远离尘垢。"鹤树"指如来于娑罗双树间入般涅槃,双树皆悉变白,犹如鹤

---

① 谭蝉雪:《敦煌岁时文化导论》,第 92 页,台北:新文丰出版公司,1998。

色,故名鹤树。① 从这件文书可以看出,敦煌寺院在二月十五日,有设供祭奠,"能仁空寂之辰,启方便之幽关,示薰修之胜轨",并且寄托哀思,以此追福。

中国佛教史上明确出现涅槃会,不是在北宋时代,唐五代时期已经出现了。② 我们推测,涅槃会的出现跟寒食节有关系。因为佛陀涅槃日与寒食节都是在二月十五日,而且中国民俗在寒食节有拜墓的传统,这是对祖先的怀念。那么,佛弟子对佛陀的怀念与仰慕,刚好能够随顺习俗而举行。所以,确定二月十五日举行涅槃会。天禧三年(1019)道诚所集《释氏要览》卷下说:

> 二月十五日佛涅槃日,天下僧俗,有营会供养,即忌日之事也。俗礼君子,育终身之孝,忌日之谓也。又谓不乐之日,不饮乐故。③

《释氏要览》向我们透露出,儒家君子重视孝道,慎终思远,作为佛弟子也应该在佛涅槃日纪念佛陀,因此设立涅槃会供养。此一行事在宋代成为天下寺院的共同做法,可见当时的盛况。而且,《释氏要览》指出,当时僧团丧葬礼仪主要是读《涅槃经》及诸律,穿丧服则完全是为了随顺中国的儒家文化。④

咸淳七年(1271)刊行的《佛祖统纪》记载:"如来于周穆王五十三年(壬申)二月十五日入灭。凡在伽蓝必修供设礼,谓之佛忌。"⑤北宋崇宁二年(1103)刊行《禅苑清规》卷三"监院"条提到,监院应于二月半设斋,这可能是指"涅槃会"。⑥ 南宋景定四年(1263)成立的《入众须知》明确记载于涅槃会举行"出班拈香"、叹佛、宣疏等仪式。⑦《校定清规》(1293年

---

① 谭蝉雪:《敦煌岁时文化导论》,第93页。
② 永井政之先生认为中国佛教史明确出现涅槃会,是在北宋时代。《中国佛教成立的一侧面——三佛忌の成立と展开》,《驹泽大学佛教学部论集》第25号,1994年,第149页。
③④《释氏要览》卷下,《大正藏》第54卷,第309页下、307页下。
⑤《佛祖统纪》卷三三,《大正藏》第49卷,第319页中。
⑥《禅苑清规》卷三,《续藏经》第111册,第890页下。
⑦《入众须知》,《续藏经》第111册,第964页下。

成立)则记载了于佛陀涅槃日,住持升座、祝香、敷座说法、举咒回向,而且有法语。① 《备用清规》(1311年成立)亦详细记载涅槃会的仪轨。② 年代越往后,涅槃会的仪轨越是完整、隆重,一直到《敕修百丈清规》(1336年成立),最后得到确定。③

这些清规只是记载涅槃会的仪轨次第,但是没有"法语"内容,因此无法了解当时禅林设立涅槃会的原因以及用意。但是宋代以后,在一些禅师的语录中保存了大量涅槃会上堂时的"法语",为我们进一步深入考察涅槃会提供了资料。

云门宗慈受怀深(1077—1132)的《慈受怀深禅师语录》卷三"佛圆寂日上堂",属于比较早的"法语":

> 佛圆寂日上堂云:大觉世尊,二千年前,二月十五日,入般涅槃。今之弟子,每至斯辰,而生悲仰。敢问诸人,且道,果曾入灭耶?不曾入灭耶?若定当得,方明佛法旨趣。若定当不得,任是波旬也皱眉。记得,唐顺宗皇帝问西京如满禅师:佛从何方来?灭向何方去?既言长在世,只今在何处?满云:佛从无为来,灭向无为去,法身等虚空,长在无心处。师云:好,诸人者,龙牙云:君今欲得易成佛,无念之心不较多。然虽如是,因甚僧问洞山:如何是佛?山云:麻三斤。僧问首山:如何是佛?首山云:新妇骑驴阿家牵,到者里,如何和会?如何商量?听取蒋山注脚,妙中妙,玄中玄,须信壶中别有天。铁树花开春气早,晓来风雨满山川。④

禅师上堂的"法语",不但表现了悼念佛陀的涅槃,而且更主要在于体会到"佛"的存在,从而悟入佛道。

曹洞宗自得慧晖(1097—1183)的《自得慧晖禅师语录》卷一"二月望

---

① 《禅林校定清规》卷二,《续藏经》第112册,第49页下—50页上。
② 《禅林备用清规》卷一,《续藏经》第112册,第64页上—下。
③ 《敕修百丈清规》卷二,《大正藏》第48卷,第116页上—中。
④ 《慈受怀深禅师语录》卷三,《续藏经》第126册,第606页上—下。

日佛涅槃上堂"：

> 二月望日，佛涅槃上堂云：竺士之大仙，今日告涅槃；鹤林之末子，当下得枯偏，且道是同是别。四木有相身，如来丈六躯；四木无相身，如来一实见。时人见灭，山僧见生；时人见生，山僧见死。于此中间，有不生不灭理。遂大觉，对饮光，棺中出双趺。是什么心印妙文。①

自得慧晖利用佛陀的涅槃日作为契机，说明超越生死、不生不灭之理。

但是，这种上堂说法很容易成为一种例行法事，并没有多少新意。如虚堂智愚(1185—1269)在涅槃会上的上堂法语：

> 佛涅槃上堂：释迦老子二千年前，做一个梦，至今未醒。引得儿孙，向梦中说梦，狐魅后人。报恩寡不敌众，只得换手椎胸，道苍天、苍天。

> 佛涅槃上堂：今日则有，明日则无。释迦老子，一生卖峭，临死自纳败缺。致令后代儿孙，个个以鍜为目。万松丈人，屋上之乌，与之救看，拈起主杖，吹一吹。②

南宋禅宗"文字禅"很流行，上堂法语如果没有真正抓住佛陀涅槃的真意，便无法体现涅槃会的精神。

北宋禅宗寺院在涅槃日，住持上堂说法，乃至行拈香、宣疏、诵经等仪式。但是我们仍然对涅槃会缺少详细了解。《梦梁录》卷一记载：

> 仲春十五日……崇新门外长明寺，及诸教院僧尼，建佛涅槃胜会。罗列幡幢，供养种种香花异果，挂名贤书画，设珍异玩具，庄严道场。观者云集，竟日不绝。③

---

① 《自得慧晖禅师语录》卷一，《续藏经》第 124 册，第 915 页上。
② 《虚堂和尚语录》卷一，《大正藏》第 47 卷，第 987 页上、993 页上。
③ 《梦梁录》卷一，第 7 页，北京：中国商业出版社，1982。

《梦粱录》为我们了解当时涅槃会的盛况提供了很好的资料,说明了涅槃会的庄严、隆重。

　　北宋时代涅槃会的盛行,促使北宋天台学僧净觉仁岳(992—1064)专门为举行涅槃会,制作了《释迦如来涅槃礼赞文》。他曾在知礼与遵式门下学习,而知礼、遵式极其重视礼忏,并且制作了大量的天台忏法。① 仁岳除了制作《释迦如来涅槃礼赞文》以外,还制作了《释迦降生礼赞文》、《南山祖师礼赞文》、《楞严忏仪》(佚失)、《罗汉礼赞文》(佚失)。② 因此,仁岳依天台忏法的仪式,制作了举行涅槃会的礼赞文。《释迦如来涅槃礼赞文》的仪轨次第:跪唱、一心奉请、一心顶礼(共十二礼)、五悔(至心忏悔、至心劝请、至心随喜、至心回向、至心发愿)。③

　　在《释迦如来涅槃礼赞文》中,以叙述佛陀涅槃的经过、赞叹佛陀的功德为中心,将佛教义理融入礼拜、赞叹的仪式中,这是中国佛教礼仪的特色。尤其是十二礼,每一礼都说明佛陀涅槃的一个过程,然后再用一首偈颂加以赞叹。第一礼,"一心顶礼涅槃教主堪忍世界现声光集众时身释迦文佛";第二礼,主要叙述"受纯陀施食"。偈颂说明如下:

　　　　如来久证遮那体,权现临终应供养;能与毛端变化身,受兹华氏粳粮食。六尘虽谓空无相,五果当知结有缘;我今追远奉粢盛,愿证真常同妙义,故我一心归命顶礼。④

佛陀因受纯陀供养的食物而引起身体不适,而净觉仁岳认为这是佛陀的示现,是化身接受纯陀的供养。

　　第三礼以下依次是:卧宝床现病,入月爱三昧,示人天相好,观世间寂定,入四禅灭度,入金棺白氎,示饮光在柩,入香楼火化,涅槃会上所集圣贤缘觉僧众,涅槃会上所集圣贤声闻僧众。通过这些礼拜赞叹文,将

---

① 有关知礼、遵式对天台忏法的提倡,见释大睿《天台忏法之研究》,第279—284页,台北:法鼓文化事业股份有限公司,2000。
② 《佛祖统纪》卷二一,《大正藏》第49卷,第241页中。
③④ 《释迦如来涅槃礼赞文》,《卍续藏》第130册,第184页上—188页上。

佛陀涅槃的经过叙述出来，而且说明涅槃的真正意义，从而悟入不生不灭之理。《释迦如来涅槃礼赞文》说明了涅槃会在北宋时代的盛行，因其盛行，才专门制作了涅槃会使用的忏法。

涅槃会在中国的成立与展开，跟中国民俗"寒食节"有一种内在的关联。但是，涅槃会只局限在佛教寺院内部，并没有对民间社会产生很大的影响。尤其是涅槃会的上堂说法，不仅为了纪念佛陀的涅槃，更是为了利用涅槃作为禅机，开示学人。

五、水陆法会的演变与发展

水陆法会，全称为"法界圣凡水陆普度大斋胜会"，略称为"水陆会"，又称为"水陆道场"、"悲济会"，是中国佛教经忏法事中最隆重的一种。据明代莲池大师所作《水陆仪轨》卷一说，"法界"是指诸佛与众生本性平等，通称为"法界"。"圣凡"是四圣（佛、菩萨、声闻、缘觉）六凡（天、人、阿修罗、地狱、饿鬼、畜生），实际上泛指一切众生。"水陆"是指众生受报之处，即水、陆、空三界，尤其水、陆二处众生的苦难更为深重，所以称为"水陆"。"普度"是使六道众生悉受度化，使之解脱。"大斋"是指施食，"胜会"是指如此救度者与被救度者集会于一堂，食与法都在一起，普摄受苦众生。

启建水陆法会的主要目的，是要通过佛法的巨大威力，以食施、法施为手段来救度一切众生，特别是要救度陷于水陆之处，蒙受深重苦难的六道众生，使皆得解脱。水陆法会以其殊胜的功德，千百年来一直是中国佛教最重要的大法会之一。

根据宋代宗鉴《释门正统》卷四记载，水陆法会是源于梁武帝在梦中见到一位神僧告诉他：六道众生受无量苦难，为什么不作水陆大斋普济群灵？梁武帝醒来后，问当时许多高僧，都不知道水陆大斋。只有宝志和尚劝梁武帝广泛查寻经论，必然可以知道其中的因缘。梁武帝于是搜寻经论，于法云殿早晚阅读。后来，见到阿难尊者遇面然鬼王建立平等斛食的因缘,于是便制作仪轨,于润州(今江苏镇江)金山寺修设。梁武帝亲自来到坛场,命令僧祐宣读文疏。梁武帝制作"水陆"的年代,各典籍记载不一,《事物纪原》认为是天监七年(508),《佛祖统纪》认为是天监四年(505)。

梁武帝所制作的"水陆"仪轨在陈隋时代,早已隐没不传。《释氏稽古略》卷三记载,到了唐代咸亨中(670—673),西京法海寺道英禅师,从大觉寺僧义济得此仪文,于是再兴法会于山北寺。但是据《广弘明集》的记载,梁武帝于天监三年(504)才舍道事佛,不可能在天监四年以前已经披阅经论达三年之久。《水陆仪轨》的文辞完全是依据天台的理论而撰述的。其中所有密咒出于神龙三年(707)菩提流支译《不空羂索神变真言经》,这不仅是梁武帝所不能见,也是咸亨中道英所不能知的。现在通行的水陆法会分内坛、外坛,内坛依照仪文行事,外坛修《梁皇忏》及诵诸经。所谓梁武帝亲撰仪文及道英常设此斋,可能只是指《慈悲道场忏法》而言,至于水陆仪文则是宋代才开始制作的。

"水陆法会"的最早制作应该是宋代熙宁年间(1068—1077)东川杨锷所撰水陆仪轨(又称为"杨推官仪文"),流行于四川,这是较早的水陆仪轨的完成形态,但是已经佚失了。宋代宗晓《施食通览》中所记载"出自杨锷水陆仪"的内容,有初入道场叙建水陆意、宣白召上堂八位圣众、水陆斋仪文后叙等,由此可粗略得知《杨锷水陆仪》三卷的概况。

宗赜所撰《水陆缘起》对于水陆法会的说明,叙述得非常详细。他说水陆供养成的对象分为上、中、下,上就是供养法界诸佛、诸位菩萨、缘觉、声闻、明王、八部、婆罗门仙;中就是供养梵王帝释二十八天、尽虚空宿曜一切尊神;下就是供养五岳河海大地龙神、往古人伦、阿修罗众、冥官眷属、地狱众生、幽魂滞魄、无主无依诸鬼神众、法界旁生。所以,六道中所有的四圣六凡,普通供养。通过这些供养,使未发菩提心者,因为水陆胜会,而发菩提心;未能解脱苦轮者,因此而得不退转;未成佛道者,因为水陆胜会,使他能得成佛道。

宋元丰七、八年间(1084—1085)，佛印(了元)住金山时，有海贾到寺设水陆法会，佛印亲自主持，大为壮观，遂以"金山水陆"驰名，"金山水陆"又称为"北水陆"。绍圣三年(1096)，宗赜删补详定诸家所集，完成《水陆仪文》四卷，普劝四众，依法崇修。现在，《水陆仪文》已经失传，仅可从其所撰《水陆缘起》一文，略见一斑。

元祐八年(1093)，苏轼为亡妻宋氏设水陆道场，并且撰《水陆法像赞》十六篇。苏东坡在《水陆法像赞序》中说，水陆道场随后世而增广，唯有四川保存有古法，而且各种画像及设施仍然保持着原来的风格。因为他本是四川眉山人，所以他作的《水陆法像赞》就被称为"眉山水陆"。

南宋乾道九年(1173)，四明人史浩曾经经过镇江金山寺，慕水陆斋会的盛况，于是布施田地百亩，在四明东湖月波山专建四时水陆，用来报答四恩；并且亲制疏辞，撰集仪文。宋孝宗听到这个消息，特别颁赐以"水陆无碍道场"寺额。月波山附近有尊教寺，师徒道俗三千人，布施财产，购买田地，遵奉月波山四时普度之法。大众又诚心请志磐续成《水陆新仪》六卷，大力推广斋法，并且劝十方寺院重视斋法，大兴普度之道。

水陆法会自从宋代流行以后，很快地普及于全国，特别成为战争以后朝廷上下经常举行的一种超度法会。宗赜《水陆缘起》中说，现在供养一佛、斋一个僧人，尚且有无限功德，何况普同供养十方三宝、六道万灵，不但能使自己得到利益，而且能够恩沾九族。所以，在江淮、两浙、四川、广东、福建，水陆佛事从古以来十分盛行，如果有人祈求平安而不施设水陆，那么就会有人认为他不善；如果追悼怀念长辈而不设水陆，就有人认为他不孝；如果救度卑微、幼小的众生而不设水陆，那就是不仁慈。所以，在这些地区，富贵有钱人独自举行水陆斋会，贫穷者则共同出钱修设法会，这也就是后世所谓"独姓水陆"和"众姓水陆"的来源。

元代延祐三年(1316)，朝廷设水陆大会于金山寺，命江南教、禅、律三宗诸师说法，参加僧众一千五百人，径山元叟行端有《朝廷金山作水陆升座法语》。《元史》卷二八记载，英宗至治三年(1323)，下令在京师万安寺、庆寿寺、圣安寺、普庆寺、扬子江金山寺,五台山的万圣祐国寺作水陆佛事七昼夜;这时,月江正印禅师住持金山,他的《语录》中有《朝廷金山寺建水陆法会普说》,就是指这件事情。这一次法会规模十分大,有四十一位善知识、一千五百比丘僧。此外,大都(今北京)昊天寺、五台山、杭州上天竺寺等南北各地,都曾举行盛大的水陆法会。《大明高僧传》卷一记载,元代四川华严学者痴庵祖觉住眉州中岩寺,尝修《水陆斋仪》流行于四川。

明初洪武元年至五年(1368—1372),相继在南京蒋山设广荐法会,即水陆法会,其中以洪武五年(1372)正月所修法会之规模最大。前后法会均请四方高僧大德参加,如楚石梵琦、季潭宗泐、来复见心、东溟慧日、梦堂昙噩等,均曾应邀赴会说法,参加僧众常达千人。明太祖曾命令宗泐作《赞佛乐章》八曲,使太常奏曲歌舞;太祖与群臣都到法会礼佛。这次的法会仪式,具体的内容见于宋濂《蒋山寺广荐佛会记》。

明代江浙之间,有北水陆和南水陆之分。明末云栖袾宏法师,认为金山寺的《水陆仪文》前后错杂,很难理清始终的头绪,而且行者也是随意而作,不是很恰当;而志磐法师所辑的《水陆新仪》不但精密而且简易,精密而不会有碍于隆重,简易而不会有所缺漏。所以,云栖袾宏将志磐的《水陆新仪》重新加以修订,以广流通,这就是现在的六卷本《水陆仪轨》。

第二节 宋元佛教的慈善事业

宋代佛教的慈善事业非常发达,出现了收养贫病老人的居养院和安济坊,收养遗弃婴孩的慈幼局,帮助贫苦人家抚养婴孩的举子仓以及专业葬尸机构漏泽园等多种慈善设施。因为僧侣在社会上原就扮演着举足轻重的角色和领导地位,僧侣之卓越品质、坚忍情操,加之寺院经济之富厚,使他们有能力承担重任。宋代地方财政困难,公益事业无法顺利展开,要仰赖地方士绅和佛道教团体协助。其中佛教教团之努力和贡献显著。佛教积极参与公益事业,项目繁多,举凡桥梁、水利,道路修筑到地方治安巡逻等都不辞辛劳,出钱出力。至于地方上之救济事业如养老、济贫、饥饿、慈幼和医疗等项目,也多由官方责成寺院之僧侣负责行政管理工作,使得宋代官办慈善事业得以顺利进行。

一、宋代佛教的社会救济事业

宋初继承唐代的悲田坊、养病坊的制度,在开封设立东、西福田院,英宗时增置南北福田院,共有四福田院。① 宋代福田院亦由僧人负责,因为根据范祖禹于哲宗元祐二年(1087)十二月二十日《乞不限人数收养贫民札子》所说:

> 臣窃见四福院条例,逐院每年特与僧一名紫衣,行者三人剃度,推恩至厚。……亦乞详酌立定分数,每存活若干人即与剃度一名,如死损及若干人即减剃度一名。②

当时每个福田院以三百人为限,每所福田院逐年给予紫衣僧人一名,和剃度行者三名。所以范祖禹上奏,希望不限人数,制定考核标准,这样能管理福田院的出家人,有所奖惩。蕲州五祖戒禅师《抽顾颂》说:"时念弥陀三两声,追荐东村李胡子生西天,山里孟八郎强健,福田院里贫儿叫唤,乞与我一文大光钱"③,可见福田院类似今天的慈幼院。崇宁元年(1102),"福田院"改名为"居养院",但是职责没有太大的变化。"居养院"在全国各地,或称为"利济院"、"养济院"等,如《阿弥陀经疏钞问辩》

---

① 这方面的研究,见金中枢《宋代几种社会福利制度——居养院、安济坊、漏泽园》,《新亚学术年刊》第10期,1968年,第127—169页;王德毅《宋代的养老与慈幼》,《宋史研究论集》第2辑,台北:鼎文书局,1972年,第371—401页;黄敏枝《宋代佛教社会经济史论集》第九章《宋代佛教寺院与地方公益事业》,台北:台湾学生书局,1989年。
② 范祖禹:《范太史集》,《四库全书》卷一四《乞不限人数收养贫民札子》,第6页下—8页下。
③ 《禅宗颂古联珠通集卷》卷三二,《续藏经》第65册,第672页下。

说:"今养济院,俗曰孤老院"①。许多地方还设有慈幼庄、慈幼局、婴儿局等,专门收养和抚育弃儿或贫儿。

绍兴元年(1131),徽州太守徐谊创居养院,其制与元符体制大略相同,有如小兰若,置田三百亩以养之,命令僧人主管其事;吴兴于绍兴三年置利济院,拨田养之,岁收租米赡养,差遣僧、行各一名主管收支事宜。② 另外,建康则设有养济院,嘉定五年(1212)黄公度所创办,规模小,收养不多;景定年间(1260—1264),于城南北并置两所居养院,每院度一僧掌管,收养贫民以500人为限,并且取得宋兴寺废寺额,择僧住持,总督其事。地方政府拨户绝田590余、山519亩,以供僧行;又捐钱千缗就宋兴寺置质库,这样,质库的赢余每三年就可以买祠部度牒,作为有功之行者剃度之用,再来掌管两院事务。③ 可见,地方政府不仅支持居养院的救济事业,而且以现钱置质库以为该寺行者将来剃度购买度牒之用,这样后继有人,使居养院能够正常运作。行者在宋代佛教的社会救济事业中具有重要的作用,因为僧人虽然能够管理居养院或者慈幼庄的庄田收支等,但是具体的事务仍然需要行者来承担。所以,地方政府要安排质库以供行者买度牒之用。

但是,福田院、居养院、慈幼庄等都是由官方委托寺院僧行经办,有一定组织和规程,是相当制度化的救济制度。如宋代吴自牧《梦梁录》卷一八记载:"局侧有局名慈幼,官给钱典雇乳妇,养在局中,如陋巷贫穷之家,或男女幼而失母,或无力抚养,抛弃于街坊,官收归局养之,月给钱米绢布,使其饱暖,养育成人,听其自便生理,官无所拘。若民间之人,愿收养者听。官仍月给钱一贯、米三斗,以三年住支。更有老疾孤寡,贫乏不能自存,及丐者等人,州县陈请于朝,即委钱塘、仁和县官,以病坊改作养济院,籍家姓名,每名官给钱米赡之。此见朝家恤贫救老如此。"可见,慈

---

① 《阿弥陀经疏钞问辩》,《续藏经》第22册,第698页上。
② 《弘治徽州府志·恤政》,《天一阁明代方志选刊》卷五,第51页上。
③ 梅应发:《开庆四明续志》卷四,第26页上—下。

幼院、养济院等慈善组织，具有政府官方背景，而地方政府亦委托寺院举办，由僧人管理。

另外，收留乞丐等无家可归者是寺院的善举之一，李若谷任江宁知府期间，"民丐于道者，以分隶诸僧寺，助给舂爨"①。寺院收留乞丐，同时乞丐帮助寺院干些舂米、做饭等杂务。

同时，僧人以医术济世，寺院开设药局施药等，也是宋代佛教的慈济事业。如北宋长沙医僧洪蕴（963—1004）出家后，"习方伎之书，后游京师，以医术知名"；宋太宗在太平兴国年间，下诏购求医方，洪蕴"录古方数十以献"；真宗尚在藩邸时，他以方药谒见；他最擅长的是汤剂，王公大臣有病亦请他诊视。② 宋代的寺院亦设立药局，如青州一辨禅师（1081—1149）到江西仰山太平兴国寺时，听说当地有擅长医术的新公，就去度他为僧，邀请他来主持寺院的药局；而在新公去世之后，又以新公之子接掌药局。元好问《少林药局记》说：

> 少林英禅师为余言：昔青州辨公，初开堂仰山，自山下十五里负米以给大众。其后，得知医者新公，度为僧，俾主药局。仍不许出子钱致赢余，恐以利心而妨道业。新殁，继以其子能。二十年间，斋厨仰给而病者亦安之。故百来以来，诸禅刹之有药局，自青州始。③

药局的经费来源主要是信徒的布施，而不是由寺院出资经营取利。药局不仅医治本寺禅僧，也为寺外俗人服务。金宣宗兴定（1217—1222）末年，东林隆禅师主持少林寺，得到信徒的一大笔檀施，于是仿效青州一辨禅师，继任的住持性英禅师请元好问（1190—1257）记载此事。

宋代居养院与安济坊皆由寺院管理。作为管理者的僧侣，每三年一轮换，在任期间可领取薪金，如管理业绩显著，可得到政府颁授紫衣、师

---

① 《宋史》卷二九一《李若谷传》，第 9739 页。
② 《宋史》卷四六一，第 13510 页。
③ 元好问：《遗山集》卷三五，文渊阁《四库全书》集部第 130 册，第 402 页。

号或度碟。院内具体工作,如管理金钱、米谷账簿等事项,由所在州县胥吏担当,有些地方让厢军士兵从事炊事、打扫及其他各种杂役。与此相应,居养院经费,由官府拨给没官田地、雇人耕作、收取、和课以充,若其不足,则由常平仓支出。可知其以寺院为主体,以僧人为首脑,沟通官府与民间,以一种具有相当完善性、整体性的机制,实施运作。

二、宋代佛教的地方公益事业

宋代的许多地方建设事业,因为地方财政窘迫,于是需要士绅或宗教团体来承担。抚州乐安县安浦桥原为大桥,屡建屡毁。理宗端平二年(1235)又毁于水,郡守黄烓主张改建为石桥,乃责成绿源寺僧日章负责督造;迭石址三,上铺以木板,之上又铺石板,石板上面则铺层砖,覆以屋十一间,费钱一千五百缗则来自官府。① 湖州武康县有12座桥是宋代僧侣所建,其名称分别是:(1) 崇武桥,乃绍兴间僧智坚建;(2) 万安桥和(3) 南津桥皆绍兴间僧善诚建;(4) 念佛桥是开禧时僧杰大翁建;(5) 华严桥是元祐时僧通建;(6) 禺山桥则是嘉定时僧智德建;(7) 普安桥乃绍兴间僧净玉建;(8) 众善桥是嘉定间僧妙智建;(9) 善利桥是淳熙时僧善利建;(10) 黄山桥和(11) 永安桥皆是绍兴时僧法词所建;(12) 郭林桥则是僧道益于建炎间建。福州长乐县有八座桥亦成于宋僧之手,包括:(1) 善照桥:治平间僧光觉造,明、嘉靖重修;(2) 豸桥:嘉定间僧人造,凡三间,长三丈,阔八尺,明正德重建;(3) 延祥斗门桥:淳化时延祥寺僧造,长一丈四尺,有闸以蓄延祥湖水;(4) 仙桥:淳祐二年新城寺僧造,凡三间,长六丈,阔八尺,清乾隆重修;(5) 灵源桥:元祐二年甘泉寺僧造,一间,长二丈二尺,宽五尺;(6) 溪上桥:元祐二年僧造,凡四间,雍正时重修;(7) 资福桥:宣和三年资福寺僧造,凡二间,长二丈,宽八尺;(8) 望河

---

① 许应钟等重修、谢煌等纂:《光绪抚州府志》,台北:成文出版社方志丛书,清光绪二年(1876)刊本影印,第25页上一下。

桥:绍圣二年(1095)甘泉寺僧淳照募建。① 僧人参与桥梁的兴建,一方面得到地方政府的支持,另一方面有信徒的帮助,如嘉祐五年(1060)《万安渡石桥记》:

> 泉州万安渡石桥,始造于皇祐五年四月庚寅,以嘉祐四年十二月辛未讫功。絫趾于渊,酾水为四十七道;梁空以行,其长三千六百尺,广丈有五尺;翼以扶栏,如其长之数而两之。靡金钱一千四百万,求诸施者。渡实支海,去舟而徒,易危而安,民莫不利。职其事,卢锡、王寔、许忠、浮图义波、宗善等十有五人。既成,太守莆阳蔡襄为之合乐,晏饮而落之。明年秋,蒙召还京,道繇是出,因纪所作,勒于岸左。②

万安渡石桥的建造是在政府的领导下,僧人义波、宗善参与其事,可能是因为他们对化缘有号召力,比较容易成为领导人物。

在家佛教徒在佛教教义的号召下,也会从事佛教慈善事业。如端平二年(1235)《顾迳市井栏题字》:

> 顾迳市龙王庙西居住,奉佛弟子张□,谨发诚心,施财收买砖灰,命工砌造义井一口,所将功德专用追荐亡妻陶氏三四娘子,洗涤秽尘,早超净土,成就往生者。端平二年(1235)三月□日,孝夫张□谨题。③

张姓的佛弟子将造井的功德,回向给他的妻子,愿往生净土,可见佛教参与徒慈善事业在宗教意义上的目的。

宋代的寺院亦为旅游者提供食宿,有专门为接待游僧而设之接待院,或接待朝拜佛教圣地的士庶之所,如五台山之普通院等。由潮州至

---

① 黄敏枝:《宋代佛教社会经济史论集》第 415 页,台北:学生书局,1989。
② 郑振满、丁荷生编:《福建宗教碑铭汇编·泉州府分册》(上),第 14 页,福州:福建人民出版社,2003。
③ 陆增祥:《八琼室金石补正》,第 842—843 页,北京:文物出版社,1985。

惠州途中,由漳州至潮州南路一百里至漳浦县有僊云驿,又南行百九十里有临水泽,路远驿少,无寸木滴水,行人寄宿无所,有司乃斟酌道里远近随铺立庵,命僧主之,以待过客,且置田赡僧,俾僧守庵。于是南路共有十三庵,包括木棉铺庵(贾似道即被杀于此庵)、甘棠铺庵、横章铺庵、仙云驿庵、默林庵、无象庵、黄土庵、云霄庵、径心善护庵、大悲铺庵、半沙铺庵、临水淹、竹林庵,皆郡守傅伯寿所创置,时孝宗淳熙末年(1189)。

宋代佛教寺院与地方公益事业的紧密关系,展现了寺院在社会上所扮演的积极角色,更彰显出宋代佛教对社会的功能和意义。

第三节 宋元佛教的放生习俗

放生习俗的开展,成为宋代以后佛教深入社会的重要传统之一。放生习俗的形成,既有佛教戒杀护生的思想根源,同时亦受到儒家好生思想的推动。南北朝以来,在皇权贵族的支持下,逐渐以天然海湾为放生池的屏障,形成中国佛教的放生习俗;宋朝以后,僧人在寺院设置放生池,供民众放生,使放生习俗深入民间。

一、放生习俗的渊源

先秦时期,孔子以舜为好生榜样,强调环境保护;孟子则强调恻隐之心,并以仁义思想启发梁惠王;《吕氏春秋·异用》、《列子·说符》等已经开创戒杀放生的风气。佛教传入汉地后,昙无谶译《金光明最胜王经·流水长者子品》为佛教放生提供了理论依据。

商汤之所以讨伐成功,除了擅用万物之外,更因为懂得珍惜生灵,不让一切生命被赶尽杀绝,其治国所行仁爱之风,由"成汤解网"事迹可见一斑。《吕氏春秋·异用》记载:

> 汤见祝网者,置四面,其祝曰:"从天坠者,从地出者,从四方来者,皆离吾网。"汤曰:"嘻!尽之矣。非桀其孰为此也?"汤收其三

面,置其一面,更教祝曰:"昔蛛蝥作网罟,今之人学纾。欲左者左,欲右者右,欲高者高,欲下者下,吾取其犯命者。"汉南之国闻之曰:"汤之德及禽兽矣。"四十国归之。人置四面,未必得鸟;汤去其三面,置其一面,以网其四十国,非徒网鸟也。①

成汤仁民爱物,强调放生上合天心,下顺民意,因不忍见猎人四面布网,认为有违上天好生之德,于是去除三面,仅存一面;并更改祝祷词,化杀戾气为和祥之气。此事说明统治者若行放生将比杀生更易获得民心。

"成汤解网"对后世影响很大,明代莲池《戒杀放生文》仍然引用其故事。《列子·说符篇》记载了"周简子正旦放生"的故事:

> 邯郸之民,以正月元旦献鸠于简子。简子大悦,厚赏之。客问其故。简子曰:"正旦放生,示有恩也。"客曰:"民知君之欲放之,竞而捕之,死者众矣。君如欲生之,不若禁民勿捕。捕而放之,恩过不相补矣。"简子曰:"然。"②

由此可知,邯郸在春秋时代已经出现专门捕鱼鸟以供放生的风俗,但是民间放生主要是表示对生灵的恩惠,先捕生灵然后再放之,则功过难以相抵。当时,周简子听众门客劝导,将"捕物放生"的做法改为"禁民捕捉",这是中国禁止屠钓的早期记载。

春天生物滋长,古人已有保护生物措施,《礼记·月令第六》说:"孟春之月……命祀山林川泽牺牲毋用牡,禁止伐木,毋覆巢,毋杀孩虫、胎夭、飞鸟,毋麛毋卵。"③在春天万象更新之际,切勿伐木营生、覆巢嬉戏、残害幼苗等,否则有失大地万物生存之道。

"成汤解网"和"正旦放生"说明了放生习俗在中国文化具有深厚的思想背景。昙无谶译《金光明最胜王经·流水长者子品》为佛教的放生

---

① 吕不韦:《吕氏春秋》卷一〇,第五篇《异用》。
② 杨伯峻:《列子集释》,第172页,香港:太平书局,1965。
③ 《礼记》,第201页,长沙:岳麓书社,2001。

提供了内部理论资源,内容简录如下:

> 流水长者子不忍鱼为日所曝,乃求其国王,与以二十大象,暂往负水,济彼鱼命,王允其请。长者子乃及请二子,至象殿中,随意取二十大象,双从酒家多借皮囊,往决水处,以囊盛水,象负至池,泻至池中,水即弥满,还复如故。流水长者子救起濒死之鱼,予之水、食,为其解说大乘经典,诸鱼闻经后,皆生忉利天。①

《流水长者子品》对佛教的放生习俗具有重要的影响,如十二因缘法、诸佛菩萨圣号、放生功德偈、放生程序、放生仪轨等。流水长者子救鱼放生的情节,增进了中原人士对佛教放生思想的理解,使之更易于被接受和传播。

儒家的放生思想源于恻隐之心,如"子产畜鱼"等,具有影响力。佛教的放生借力于儒家的号召力,于是能够顺利推行于民间。

二、宋以前的放生活动

南北朝以来,放生习俗逐渐流行。北魏献文帝下敕,勿用牲畜祭祀天地宗社,每年活七万五千牲畜的性命。北齐文宣帝实践佛教的慈悲教法,积极断绝肉食。天保七年(556)五月,文宣帝认为肉食违反慈悲,故不食肉。天保八年(557)四月庚午颁诏禁取虾、蟹、蛤、蚬等,只准捕鱼;同月乙酉,不论公私禁绝以鹰、鹞猎狩。天保九年(558)二月下诏,限令在阴历十一月和一月允许烧野,此外一律不准用火。②

梁武帝撰写《断酒肉文》,下敕以蔬果为宗庙祭祀用品。而且,梁武帝造十三无尽藏,实践放生与布施二科。萧子显《御讲摩诃般若经序》说:

> 别敕至到张文休,日往屠肆命切鼎俎,即时救赎济免亿数,以此为常。文休者先为运吏,辄散运米与贫民,应入大辟,上愍其一分,

---

① 《金光明经》卷四,《大正藏》第16卷,第352页中—353页下。
② 《北齐书》卷四,第61、63、64页。

恻然不许。非唯赦其重辜,乃加以至到之目,既非凭暖之市义,又无汲黯之请罪。人微宥重,过于昔时。文休既荷嘉贷,未尝暂息,日中或不得食,而足不得息,周遍京邑,行步如飞,击鼓扬幢,负担驰逐,家禽野兽殚,四生之品,无不放舍焉。是时朝臣至于民庶,并各随喜。①

梁武帝命令张文休每天去屠宰场,买下即将被杀的生物,然后放生。王公贵族以及市民受梁武帝的影响,积极参与、推广放生。

梁元帝(551—554在位)下诏建立放生亭,并且撰写《荆州放生亭碑》:

鱼从流水,本在桃花之源;龙处大林,恒捻浮云之路。岂谓陵阳垂钓,失云失水;庄子悬竿,吞钩天饵。虽复元龟夜梦,终见取于宋王;朱鹭晨飞,尚张罗于汉后。譬如黄雀伺蝉,不知随弹应至;青鹮逐兔,讵识杠鼎方前。北海之食,鹦鹉未始,非人西王之使传信,谁云贼鸟。故知鱼鸟之观,俱在好生。欲使金床之鹰更返,衡阳之侣,雪山之鹿,不充食萍之宴。②

梁元帝将古人好生的典故重新整理诠释,显出他怀仁心以治天下,欲广收教化民心之功效。

陈宣帝太建十三年(581),智𫖮劝请陈宣帝下诏禁止采捕。智𫖮目睹民众以捕鱼网罟相连四百多里,于是购买江海湾典型段为放生池;并且为渔民讲《金光明经》,渔民闻法改行转业,好生从善,并献临海江沪溪梁63所,达三四百余里,为放生池,徐陵树碑阐明因缘。③

时至唐代,放生习俗非常盛行。《续高僧传·道胄传》记载,道胄于

---

① 《广弘明集》卷一九,《大正藏》第52卷,第237页下。
② 原收入《古今图书集成·博物汇编神异典》第212卷《放生部》,见蓝吉富主编《大藏经补编》第16册,第822页,台北:华宇出版社,1986。
③ 《隋天台智者大师别传》,《大正藏》第50卷,第193页下。

诸州建造放生池一百余所,多有灵感。① 安史之乱后,政局动荡不安,人心惶惶,民生凋敝,饥荒四起。唐肃宗于乾元二年(759)下诏,设立放生池81所,从山南道、剑南道、黔中道、荆南道、岭南道、江西道、浙江道诸道,一直到升州的江宁、秦淮太平桥及临江带郭上下五里,颜真卿撰《放生碑文》。② 诏书中所谓的临江海一带上下五里各置放生池,与智𫖮以天然的海湾为放生池屏障之形式相雷同。

三、宋代放生习俗的流行

宋代以来,放生在朝廷的推动和民众的参与下更是盛行。宋太祖下诏,民间二月至九月不许采捕弹射。宋真宗天禧三年(1019),杭州天竺灵山寺慈云遵式上奏朝廷,以西湖为放生池,而且自制"放生慈济法门"。《佛祖统纪》卷四四说:

> 宰相王钦若出镇钱唐,率僚属诣天竺灵山,谒慈云法师遵式,请讲法华。叹曰:此道所未闻,此人所未见也。即为奏锡天竺旧名。师奏请西湖为放生池,每岁四月八日,郡人会湖上纵鱼鸟,为主上祝寿。③

放生为慈悲济世法门,为求皇帝延年益寿、长命百岁,所以恳求于每年四月八日佛诞节时,大行放生会,为天子祝寿,获得恩准。

《金园集》收录了遵式的《放生慈济法门》,序言的开篇说:"儒冠五常谓之仁,释御四等谓之慈,皆恶残去杀,推惠广爱之谓也。然后果五福之曰寿,证四德之曰常,实唯不杀,放生之大统也。"④这是以放生融合了儒家的"五常"和佛教的"四无量心"。遵式以叙由、呪水、请加、归依、称佛、说法、忏愿七章,制订了放生的仪轨。

---

① 《续高僧传》卷二二《道胄传》,《大正藏》第50卷,第623页上。
② 颜真卿:《放生池碑》,蓝吉富主编《大藏经补编》第16册,第822—823页。
③ 《佛祖统纪》卷四四,《大正藏》第49卷,第406页中。
④ 《金园集》卷中,《续藏经》第57册,第8页上。

放生的流行不仅受到政府的支持,而且在宗教信仰上获得灵感。守尚书屯田员外郎知越州诸暨县事潘华撰《梦鱼记》,潘华依《普贤观经》,令人不得捕池沼江湖内鱼。景德四年(1007),潘华奉诏还阙,梦江湖中鱼哭泣。① 这种灵感故事的流行,说明了放生在宋代的盛况。

天圣三年(1025),四明山延庆寺知礼亦奏请在佛诞节放生,为皇帝祝寿,并请求以南湖为永久放生池。知礼为了使放生法会顺利进行而制订放生仪轨,并撰《放生文》以定其仪轨,当时的枢密使刘均奉敕为此撰写碑文,记载这种盛事。②

遵式、知礼奏请皇帝赐放生池,显示了僧人主动影响皇帝;而天禧元年(1017),宋真宗下诏重修放生池,并禁止在淮州郡淮水上下五里内捕鱼,这可能是受当时修建放生池风气的影响。欧阳修撰写《跋放生池碑》,显扬宋真宗对万物的恩德:

> 右放生池碑,不著书撰人名氏,放生池唐世处处有之,王者仁泽及于草木昆虫,使一物必遂其生而不为私惠也。惟天地生万物所以资于人,然代天而治物者,常为之节使其足用而取之,不过万物得遂其生而不夭三代之政,如斯而已。易大传曰:庖犠氏之王也,能通神明之德,以类万物之情,作结绳为网罟,以佃以渔,盖言其始教民取物,资生为万世之利,此所以为圣人也。浮屠氏之说,乃为杀物者有罪,而放生者得福,苟如其言,则庖犠氏遂为人间之圣人,地下之罪人矣。③

宋代的放生习俗延续了唐朝传统,并且扩展到民间百姓的生活中。

各地放生池的兴衰,亦反映出当地佛教发展的盛衰。自从智𫖮首创放生池以来,当佛教兴盛时,如唐肃宗、宋真宗则下令扩展放生池;当佛教没落时,放生池则成为捕捉鱼族之区。

---

① 《四明尊者教行录》卷一,《大正藏》第46卷,第864页上一中。
② 《放生文》和《敕延庆院放生池碑铭》,见《四明尊者教行录》卷一。
③ 蓝吉富主编:《大藏经补编》第16册,第823页。

第九章 元代与东亚的佛教文化交流及其影响

第一节 元代与东亚佛教文化交流概述

元朝统一中国的近百年间,尽管蒙元朝廷长期推行征战政策,但在此过程中,却不乏"通问结好"之举。元初时期,元世祖忽必烈即曾先后七次遣使持国书前往日本,希望能够两国通交,但均遭到日本幕府的冷淡拒绝,最终导致元朝廷于至元十一年(1274)和至元十八年(1281)先后两次发兵讨伐。由于元兵不善海战,这两次征讨最终都以元朝廷惨败而告终,但两国交战对各自的社会政治、宗教文化等方面都产生了重要影响。其间,中日交流有十余年处于断绝状态。此后,元代开始调整邦交政策,遣王积翁及普陀山沙门思溪、如智等渡海赴日。因王积翁死于非命,此行最终无功而返。

13世纪间,日本因元兵往侵而曾经和中国国交中断。至大德三年(1299),元成祖再遣江浙释教总统、普陀山僧一山一宁和弟子石梁仁恭及曾到日游化过的平山万寿寺禅僧西涧子昙等人,前往日本通好,受到日本朝野的欢迎和崇敬。他们并请一宁住建长、圆觉、净智、南禅等大禅寺。一宁于1317年在日圆寂,被谥为国师。子昙也被请住圆觉、建长等寺,1306年在日圆寂,谥号"大通禅师"。

正如入元僧与入宋僧的求法参学活动相关联一样,入元僧与入明僧之间同样有着相关性。明初时期,日本渡海修学者,仍相当活跃,于此可见入元僧的历史影响。元代后期(1333),正是日本镰仓幕府灭亡的时期。在此期间所形成的"镰仓新佛教",正处于盛衰交替的转型之中。而承宋代两国佛教交流繁盛的余绪,元代与日本之间以禅宗为主体的佛教文化往来仍有所推展。从佛教文化交流史看,元末时期达到了相对鼎盛时期,并影响到明初的佛教文化交流。

至于元代与朝鲜半岛(高丽王朝)之间的佛教文化交流,元朝以高丽僧人善于书写金字经典,元世祖至元二十七年(1290),即遣使往高丽国征写经僧。时高丽僧统惠永率领写经僧一百人入元都,寓庆寿寺,用泥金写大藏经。惠永还应请在万安寺讲《仁王经》,"决辨悬河,四众景仰"。翌年,金字大藏经写毕,元帝赐赠甚厚,遣使送还本国。成宗大德元年(1297)、六年(1302),元帝又遣使往高丽征写经僧。大德九年(1305),元使忽都不花又至高丽,仍选僧百人偕往元都,参与写经。至大三年(1310)、至顺三年(1332)高丽均遣使来元赠送佛画。可见当时高丽佛教的经像书画,很受中国方面的珍重。

其时,作为元代最知名的禅僧之一,中峰明本在西天目山弘扬禅法,元驸马高丽王子太尉沈王璋,于延祐六年(1319)九月赍御香紫衣入天目山,向中峰明本谘决心要。同时杭州慧因寺沙门盘谷,博通经史,驸马高丽沈王闻师盛名,具书于慧因寺请讲《华严》大意。江南禅僧绍琼于元大德八年(1304)泛海前往高丽,高丽王迎请于寿宁宫演说开示,高丽僧圆明、冲鉴从受其禅法,并施行百丈清规,教化甚盛。

第二节 日本入元僧的修学活动及其影响

自中国禅宗传入日本后,至平安朝末期,宋日航海贸易的频繁展开,镰仓(1185—1333)新佛教文化产生了重要影响,而明庵荣西是日本禅宗的始祖。宋代新佛教运动的蓬勃展开,禅宗更是成为日本室町时期(1333—1573)最具代表性的佛教宗派。而日本镰仓佛教的一大特点,就是对宋元时期中国佛教所通行的五山十刹丛林制度的仿效。

当时中国禅学风范仍普遍受到日本禅僧的崇慕,元代赴日僧清拙正澄在日圆寂后,其徒众25人曾同时入元参学。大拙祖能于1343年入元游学时,他的同参一行数十人也相偕入元参习。

南宋以后,中日禅僧往来密切,日本禅僧到中国各山寺参访的人数众多,而当时中国江南的径山、灵隐、天童、净慈、育王等五山,和中天竺、道场、蒋山、万寿、雪窦、江心、雪峰、双林、虎丘、国清等十刹,也成为日本禅僧所经常挂锡的祖庭。入元之后,禅学在日本继续得到弘传,乃至日本各禅刹中,也有所谓五山十刹的仿设。其各禅寺的构造、禅堂的设备乃至日常生活,也多模拟宋地禅刹式样,甚至在其开示语录中亦多杂有宋语,而中国禅门诗偈在日本禅林中也非常流行。所有这些,都是镰仓禅宗佛教受至宋代禅宗影响的表现内容。元代临济禅法持续传入日本,分派别系,促进了日本五山禅林的全面鼎盛。

日本对于宋代五山制度的仿效,其确切时间虽不可详考,但至晚在元至正十四年(1354),《建长兴国禅寺碑文》就有关于"拟中国之天下径山为五岳之首"的记载。此后,镰仓幕府后期,即有五山禅院的称号,尽管具体名称仍各有所指。

南宋灭亡,元朝兴起后,京城从临安迁至北方的大都(即北京),但杭州(南宋的都城临安)仍然是当时的文化中心。

当时日本入元僧选择参禅问道,早已不再是唐宋之际的巡礼忏罪求法之行,而是呈现出多元化的类型。大多数入元僧,主要属于受元代赴日禅僧的影响及日本前辈入元僧的影响两种类型。当然,还有第三种类型,即日本僧人入元是其自主选择的结果。

从入元僧参学的活动区域而言,仍以乐游江南禅刹为主,这同时也表明与当时日本禅僧入元参学活动所具有的民间性或自主性。木宫泰彦引述日本建仁寺别源圆旨《送僧之江南》一诗,甚为恰当地表达了江南之于入元僧的"文化江南"情结。诗曰:

> 闻兄昨日江南来,珣弟今朝江南去。故人又是江南多,况我曾在江南住。
>
> 江南一别三十年,相忆江南在痳瘠。十里湖边苏公堤,翠柳青烟杂细雨。
>
> 高峰南北法王家,朱楼白塔出云雾。雪屋银山钱塘潮,百万人家回首顾。
>
> 南音北语惊叹奇,吴越帆飞西兴渡。我欲重游是何年,送人只得空追慕。①

入元僧的"江南佛教"情结,相比于此前的入宋僧而言,其地区范围有所扩展。北抵金陵,南及八闽,皆有日本入元僧留下游历参学的足迹。在这些入元僧的"江南情结"中,尤其典型地体现于南宋以来所形成的江南"禅林十刹"中。入元僧的南询参学,除向慕中国禅僧的修学风范因素外,对江南山川风物之美的向往,甚至出于观光游历的体验,也是相当普遍的情形。②

从入元僧选择参学的地域上看,从余杭的径山转向了天目山。这种转向,与元代著名禅僧高峰原妙与中峰明本的影响力相关。其时日僧登天目山参叩中峰明本的人数很多,其中著名者有远溪祖雄、可翁宗然、嵩山居中、大朴玄素(1288—1346)、复庵宗已、孤峰觉明(1271—1361)、别源圆旨(1294—1364)、明叟齐哲、平田慈均(?—1364)、无碍妙谦、古先印元(1295—1374)、业海本净(?—1352)、祖继大智(1289—1366)等人,可见两国禅学的亲缘关系。此外,还有金陵古林清茂禅师,随其参学的

---

① 别源圆旨:《南游东归集》,引见[日]木宫泰彦《日中文化交流史》,第465页。
② 参见[日]木宫泰彦《日中文化交流史》第465页,胡锡年译,北京:商务印书馆,1980。

日本入元僧亦多达30余人。其弟子竺僊梵仙更东渡日本,传扬禅法。由于元代推行崇教抑禅的佛教政策,江南为禅宗兴盛之地。入元僧的构成主体,即以禅僧为主,故其修学也多以江南为中心地域。

注重禅僧修行方法的有效性,无疑是日本入元僧最注重的选择原则。据统计,当时入元参禅的日本僧人几乎占入元日本僧人的一半以上。元代禅修法门的继续兴盛,使中国佛教对于日本僧人仍然保持着宋代以来的吸引力。

中峰明本(1263—1323)为元代江南第一流禅师,属临济宗杨岐破庵派,世称"江南古佛"。元仁宗(1314—1320在位)尝赐以"佛慈圆照广慧禅师"之号,把师子禅院赐名"师子正宗禅院"。除随中峰明本修学外,其他著名禅僧如天宁灵石如芝(临济宗杨岐破庵派禅僧)、凤台古林清茂(临济宗杨岐破庵派禅僧,1261—1329)、净慈雪岩祖钦(临济宗杨岐破庵派禅僧,?—1287)、百丈东阳德辉(临济宗僧)、育王松月正印(临济宗虎丘派)、金山即休契了(1269—1351)等,亦是日本入元僧随侍参学的代表人物。

上述形象表明,与入宋僧主要参学径山无准师范的情形相比较,入元僧选择中国禅僧的对象更为扩大。这与当时日本禅僧入元参学的目的是密切相关的。

据文献记载,入元僧巡游浙江婺州双林寺,为宋元十刹第八,东渡赴日僧明极楚俊尝住此寺,后有入元僧铁印景印、寂室元光、大拙祖能尝游历此寺。

庆元府(明州、宁波)雪窦寺(资圣禅寺),十刹第五,中岩圆月等入元僧到此。

天台华顶寺,可翁宗然、孤峰明觉、别源圆旨、寂室元光、友山士偲、古先印元、祖继大智等入元僧挂锡者甚多。

婺州智者寺(智者广福禅寺),为金华府首刹,挂锡者有大朴玄素等。

温州江心寺(龙翔禅寺),十刹第六,入元僧大拙祖能尝游历此寺。

嘉兴天宁寺,楚石梵琦于元末住持于此,入元僧东林友丘、约庵德久、寰中元志、无我省吾等尝居留此寺,参访者众多。

湖州道场寺(护圣万岁禅寺),十刹第二,雪村友梅一度游历于此。

福州雪峰寺(崇圣禅寺),十刹第七,无梦一清、古镜明千、友山士偲等曾挂锡于此。

江苏则有平江(苏州)万寿寺(报恩光孝禅寺),十刹第四,为江东第一禅林,入元僧挂锡者甚多。

苏州虎丘寺(云岩禅寺),十刹第九,龙山德见入元时尝游历于此。

承天寺,别源圆旨、友山士偲、无我省吾等尝住此。

金陵(建康、江宁)蒋山寺(宋代太平兴国禅寺、元代灵谷寺),十刹第三,入元僧嵩山居中等人访此。

保宁寺,有月林道皎、中岩圆月、别源圆旨、石室善久等三十余人,赴日僧竺仙梵僊亦出古林清茂门。

江西龙兴府百丈大智寿圣福禅寺,大朴玄素、无林一清、中岩圆月等僧尝住。

据上所述,日本入元僧的江南情结,似乎多与前两种类型相关。而扩展到十刹之外及北方地区的参访游学,则更多地属于相对自主选择的入元僧。其中,比较典型的就是泰定四年(日本嘉历二年,1327)入元的古源邵元。

古源邵元(1295—1364),号"如幻道人",别号"物外子",嗣法于双峰宗源。是入元僧中交游最广泛的僧人之一。入元之初,朝礼天目山,参中峰明本,后参断崖了义,并随樵隐悟逸习禅。遍游江南禅刹后,邵元继续北上,巡礼五台圣迹。入嵩山少林寺,尝为天庆义让(息庵禅师)撰《道行碑》。后往大都,曾预选入宫传大藏经。邵元在中国先后参学二十年,1347年归国,历住大圣、等持、东福等寺。

从入元僧选择参学元僧上看,则以临济系禅僧为主体,反映了明元代禅宗传播与分布的总体格局。从人脉关系上看,日本入元僧与四川籍僧人交往颇多,这与宋代所形成的传统具有相关性。①

从参学时间上看,由于选择自主性的影响,入元僧居留中国的活动更具弹性,自由度更大。据木宫泰彦所述,入元僧留元的时间,一般大约有十年左右。在中国生活大半生的入元僧大有人在,如龙山德见留元长达四十五年,敕住隆兴兜率寺;无涯仁浩为二十四年,椿庭海寿为二十三年,雪村友梅为二十二年,赐宝觉真空禅师,敕住长安翠微寺;复庵宗已为二十一年,古源邵已、古镜明千也居元长达二十年。

孤笠只身,一衣一钵,行脚参方,成为大多数日本入元僧的参学写照。诚如入元僧不闻契闻诗云:"孤筇远人异云乡,满耳语音浑不分。唯有簷头深夜雨,萧萧犹似旧时闻。"②

不过,若与入宋僧对于日本禅宗二十四流的影响相比较,入元僧对于日本禅宗的影响实难比肩。入元僧之所传者,仅有愚中周及(1323—1409)、别传妙胤、古先印元、大拙祖能、中岩圆月所传之五流而已。当时的日本入元僧中,时常流露出一种"无过我师"的狂妄之见。如天岸慧广(1273—1335)招请径山竺仙梵僊东渡赴日,声称"我观此土,皆无丛林,唯日本尚有。若不信,则同往一观而回"③。又如梦窗疏石弟子默庵周谕等人入元,觉得"元代大德无过我师",遂归国。性海灵见入元参访,竟称元代禅僧"不及我师虎关师錬"。这种情形,有些评论认为,也许这只是当时一些"庸缁之辈"的日本入元僧之"我慢之见"。实际上,最具中国化佛教特色的禅宗传入日本后,通过与神道文化、武家文化等本土思想观念的结合,日本禅宗保持着相对兴盛的格局,涌现了大批具有一定影响力的禅僧,以至于出现了日本禅宗史上所谓"二十四流"。

从影响上看,入元僧携归日本宋元版《大藏经》,虽宗"教外别传"之印心,选择以"参禅行脚"为修学方式,但入元僧归国时,携回宋元版《大

---

① 参见[日]木宫泰彦《日中文化交流史》,第465—466页。
② 同上书,第470页。
③ 引见释东初《中日佛教交通史》21章,第554页。

藏经》却不止一二部。元代官版《大藏经》版有大普宁寺版,因刊刻于临安余杭白云宗南山大普宁寺,故称。其他宋版大藏经,及至后来明代的私版大藏经,日本寺院收藏者都不止一二部。这种情形充分表明了日本对中国佛教藏经的内在需求,以及中国佛教典籍文化对日本的巨大影响。

如果与此前的入宋僧及以后的入明僧相比较,入元僧中虽多以个体性的参访修学为主,但从入元僧整体来看,却对于输入元代佛教文化交流作出了重要的贡献。如镰仓净妙寺的太平妙准,原为高峰显日的法嗣,于嘉历元年(1326)遣其徒安公赴元请求大藏经。东福寺刚中玄柔遣僧十人,赴元请求大藏经,获得二部藏经而归。除东福寺收有福州开元寺版藏经外,增上寺、鹤冈八幡宫及京都南禅寺都藏有元版大普宁寺版藏经。

除宋元版《大藏经》等大型佛典集成外,更大量的宋元禅典,亦由入元僧相继传入日本。这些典籍传入日本后,或重刻流通,或再行刊印。如入元僧俊侍者,归国后印行《天童别山和尚四会语录》,并请台州瑞岩净土禅寺希叟绍昙撰序。东福寺的白云晓惠("佛照禅师"),则刊行了其师希叟绍昙禅师语录。日本僧人正见刊行了《断桥妙伦禅师语录》,椿庭海寿刊行了《了庵清欲禅师语录》的续集。始于镰仓时代(1186—1333)的日本佛教刻经活动,正是在许多入元僧的积极推动下,达到了历史上的另一个高潮时期。

从入元僧的行实记述中可见,他们在留元期间,参与丛林刻经活动,时有所见。尽管当时日本正处于南北朝时代,兵乱不断,但在入元僧推动下,佛教刻经活动日渐活跃,特别是宋元刊本的禅典得以大量刻印流通。如《景德传灯录》、《禅林类聚》、《五灯会元》、《宗镜录》及其他文献典籍,都得以刻印流通。此外,日本入元僧还积极资助中国禅籍的刊刻事业。如禅典名著《五灯会元》,即获日本入元僧圆月的资助,在较短时间内就迅速得以刊刻完成。

再如日本历史的出版大家之一、创建京都相国寺的春屋妙葩("普明国师"),在入元僧的大力协助下,刊刻了大量中国禅籍。他最先刊刻了元代大禅师古林清茂语录,正是由于清茂门下众多日本入元僧的缘故。此外,春屋又在天龙寺云居庵、金刚院等处,陆续刊刻了中国禅籍,其数量多达12种。《雪峰和尚语录》、《明教大师辅教编》、《五家正宗赞》、《蒲室集》、《虎丘和尚语录》、《破庵和尚语录》、《无准和尚语录》、《宗镜录》、《应庵和尚语录》、《佛光国师语录》、《佛德禅师语录》及《梦窗国师语录并年谱》等。这些禅典及禅僧语录的刊刻印行,皆反映了宋元禅宗文化的兴盛景象,及其对日本禅宗文化发展的影响。

日本入元僧的刊刻禅典,得益于元代雕板技术发达及雕刻工人的支持。如东山湛照在三圣寺开板刊印《雪窦明禅师语录》(1289),其第一册、第二册末有刊记"四明徐舟刻"、"四明洪举刊",徐舟、洪举应是当时东渡日本的元代雕刻技工之名氏。再如春屋妙葩刊刻《宗镜录》,总共一百卷,凡二十五册,每册皆列有雕工名氏,共有三十余名雕工参与其中。[①]

入元僧的足迹所及,从五山(径山、灵隐、天童、净慈、育王)扩展到十刹,进而扩展到更多的地区。此外,如庆元香山(智度寺)、大慈寺(教忠报国禅寺),平江(今江苏)枫桥(普明寺),温州雁山(能仁普济禅寺),袁州仰山(太平兴国禅寺),江州(今江西九江)东林(太平龙兴国寺)、圆通(庐山崇圣禅寺),亦留下了日本入元僧的游历足迹。

日本入元的参学僧,居留中国者的时间大都相当长。当时日本的入元僧,仍像南宋之于日本入宋僧,往往受到朝廷的优待礼遇,或特赐禅师、大师之封号,或敕住名山大寺。其中,较著名者有雪村友梅居中国达二十二年,赐号"宝觉真空禅师",敕住长安翠微寺。大朴玄素赐号"真觉广慧大师",铁舟德济赐号"圆通大师"。约庵德久敕住嘉兴圆通寺,无我省吾敕住建康牛头山,皆为其事著昭昭者。

[①] 引见释东初《中日佛教交通史》21章,第568—571页。

有元一代，普遍推行崇教抑禅的政策。受此影响，日本入元僧居留中国，多以参禅修学为主导。其他习教之僧，则罕闻其名。于此也可以想见元代佛教义学的衰落情形。

日本禅师入元参学者络绎不绝，虽不乏燥然入元的庸缁之辈、无名之徒，但仍有不少学有所成者。其中，尤为特出的则为龙山德见、雪村友梅等著名禅僧。

龙山德见为元初赴日弘法僧一山一宁的弟子。1305年入元，参东岩会，后又历参诸方，复应请住隆兴兜率寺。德见在元参学长达四十五年，于1349年归国，受足利幕府归依，历住南禅、天龙等寺。

远溪祖雄(1286—1344)于1306年(元成宗大德十一年)入元，登天目山，师事中峰七年，并嗣其法。1316年(延祐三年)归国后，开高清寺。据中峰明本《幻住家训》、《幻住庵谕》等，汇编成《大幻门下规条》。

雪村友梅(1290—1346)，俗姓源，号"幻空"，尝师事一山一宁于建长寺，后至京都建仁寺修学。1307年(元成宗大德十一年)渡海入元，历访虚谷希陵、晦机元照、古林清茂诸名宿，后依止湖州道场山护圣万寿寺叔平隆禅师。曾被请住长安翠微寺，元文宗天历元年(1328)，赐号"宝境真空禅师"。翌年，随明极楚俊、竺僊梵仙一行返归日本。归国后，历住信浓慈云寺、嵯峨西禅寺、建仁寺、南禅寺等诸大禅刹，相继开创了信浓德云寺、播磨法云寺和宝林寺等。1343年，应足利幕布府之请，住京都万寿寺。贞和元年(1345)，更奉诏出住建仁寺。

雪梅诗文俱佳，且擅长书画，是日本五山文学的代表学僧之一，著有《岷峨集》四卷行世。其诗法，颇具李白、苏轼等唐宋诸大家之风。其画法，则师承牧溪、颜辉等人的禅画之风。

嵩山居中(1277—1345)，俗姓源。出家后，师事入日僧西涧子昙及入宋僧南浦绍明、高峰显日等人。元武宗至大二年(1309)渡海入元，至天童山参谒东岩净日禅师。不久归国，礼一山一宁为师。元仁宗延祐五年(1318)，居中再度入元参学，曾为蒋山昙方忠会下的第一座，后赴天目山,参中峰明本,呈其心要,得蒙印可。明本寂后,于1323(元英宗至治三年)归国,历主南禅寺、建仁寺、圆觉寺、建长寺诸名刹,弘传高峰原妙、中峰明本的禅法。有《少林一典》四卷行世。

复庵宗已(1280—1358),出家后参学多方。元武宗至大三年(1310)渡海入元,师事天目中峰明本九年,得其心印。明本寂后于1322年归国,开创实相寺、华藏寺等。晚年时,法席隆盛,其门下的禅众常二千人。寂后敕谥"大光禅师",著有《大光禅师语录》一卷。

无隐元晦(？—1358),1310年,与复庵宗已一同入元,遍参诸方,最终嗣法于中峰明本。元晦居留中国十六年。1326年,因清拙正澄赴日弘法,遂与明叟齐哲、古先印元等人随同归国。正澄应请主法建仁寺时,元晦出任首座之职。其后,历主显孝寺、圣福寺、圆觉寺、建长寺、南禅寺等名刹。寂后敕谥"法云普济禅师"。

古先印元(1295—1374),原为圆觉寺桃溪德悟之弟子。1318年(延祐五年),与石室善玖(1294—1389)、无涯仁浩等人一道入元,历事华顶无见先睹、天目山中峰明本、金陵古林清茂及月江正印等名宿。1326年,邀同清拙正澄赴日弘化。后历主惠林、京都、镰仓等地的真如寺、万寿寺、净智寺、圆觉寺、建长寺诸大名刹,并创兴普应寺、天宁寺、长寿寺、愿胜寺诸刹。寂后赐谥"正宗广智禅师",被尊为日本禅宗二十四流之"古先派"之祖。因其直承中峰明本禅师,故亦称"幻住派"或"中峰门徒"。

寂室元光(1290—1367),出家后,师事约翁德俭、一山一宁、东里弘会、东明慧日等禅师。1320年(延祐七年),与可翁宗然(？—1345,谥"普济大圣禅师")等人一道渡海入元,历参中峰明本、元叟行端、古林清茂、清拙正澄、灵石如芝、绝学世诚、无见先睹、断崖了义诸禅德。1326年归国,后开永源寺。有《永源寂室和尚语录》二卷行世。

物外可什(？—1351),师事南浦绍明。1320年(元仁宗延祐七年)渡海入元,遍游江浙禅林。1329年(天历二年),邀同元僧明极楚俊到日弘化,曾应请历住崇福、建长等寺。寂后谥"真照大定禅师"。

东洲至道为圆尔辨圆的法嗣,入元在大都创大觉寺,后寂于中国。

月林道皎于 1322 年入元,师事古林清茂八年,并嗣其法。元文宗赐号"佛惠智鉴大师"。他于 1330 年归国后,开创了长福寺。

中岩圆月(1300—1375),号"中正子"。出家后,随虎关师炼参学。1324 年(泰定元年)渡海入元,历访雪窦、天宁、凤台、道场、净慈诸寺,谒灵石如芝、古林清茂等尊宿。后至江西百丈山参东阳德辉禅师,得授法印。

宁宗至顺三年(1332),中岩圆月归国,并历住万寿寺、建仁寺、崇福寺诸名刹,并创吉祥寺,开日本禅宗二十四流之"中岩派"。圆月汉语功底深厚,饱学多识,诗文俱佳,有语录、诗集等行世,成为日本五山禅林文学中的最知名者之一。

不闻契闻(1302—?),号"万林叟",嗣法于东明慧日禅师。1326 年(泰定三年)入元,游历天台、灵隐、净慈等两浙丛林,参谒无见先睹、东屿德海、灵石如芝等禅僧。他于 1333 年(元统元年)归国后,历住武州瑞应寺、骏河清见寺、相州圆觉寺和建行寺。

无文元选(1323—1390),身为皇室之子,出家后,依止入元僧可翁宗然、雪村友梅等人参禅究道。后投礼嗣法于中峰明本的无隐元晦,发心入元。1343 年渡海入元,抵温州。后至金陵,参龙翔寺住持笑隐大訢禅师。此后,更参建宁参古梅正友、天宁楚石梵琦、大觉了庵清欲、天目千岩元长等元末大禅僧。元选得法于古梅正友,于 1350 年 8 月归国后,开创方广寺,为日本临济宗"方广寺派"之祖,敕谥"圆明大师"、"大慈普应禅师"等。明治天皇追赠"圣鉴国师"之号。有《无文元选禅师语录》一卷行世。

愚中周及(1323—1409),号"高沙弥",从梦窗疏石出家,后随春屋妙葩参禅。元顺帝至正元年(1341)渡海入元,先师事月江正印,后随金山即休契了参禅,终蒙其印可,得嗣其法。与楚石梵琦亦有诗文往来。1351 年,契了禅师入寂,周及遵嘱归国。后历住南禅寺、万寿寺、栖贤寺等名刹,并开创京都紫金山天宁山、安艺佛通寺,大畅禅风。应永十四年(1407),成为幕府将军足利义特的皈依师,获赠紫衣。1409年示寂,谥号"佛德大通禅师",有《语录》六卷及《禀明钞》一卷行世,被尊为日本禅宗二十四流"愚中派"之祖。

大拙祖能(1313—1377),出家圆戒后,历参东明慧日、梦窗疏石等禅德。1343年(至正三年)入元,到福州参无言宣、东阳德辉,后嗣天目山中峰明本法嗣千岩元长。1358年(至正十八年)归国,历住肥后永德寺、筑前显孝寺等,风化九州。又移关东,开宝林寺、楞严寺,四方从学者多达三万余人。受幕府将军足利义满的皈依,并住持圆觉寺(第40世主持)、建长寺(第49世住持),为日本禅宗二十四流"大拙派"之祖,赐谥"应圆明鉴禅师"。

此外,无我省吾于1348年和1363年两次入元,历参诸德,后在中国圆寂。

除入元僧与赴日僧的直接交流外,元代与日本之间还有一些通过文字的交流活动。两国僧人间诗文往来,序跋之作,颇为盛行,客观上推动了日本五山文学的繁荣。由于入元僧多数众多,且入元参学的目的不一,从文化移入上看,元代的文学、儒学、史学、书法、绘画、印刷、茶道等文化样式,由日本入元僧带回日本的情形,是相当普遍的。①

第三节 元代赴日僧活动及其影响

承南宋与日本佛教文化交流的余绪,宋末入元之际,仍为繁盛。

南宋末年,在大批日僧入宋摄取宋学的同时,渡日宋僧们也致力于将宋学介绍给日本。由于他们原本是中国禅林的学者,儒学素养一般比较雄厚,因此,他们于宋学的传播上,着重于义理的阐发,这比主要是引

---

① 参见[日]木宫泰彦《日中文化交流史》,第494—495页。

进著作的日僧深入了一步。宋末元初渡日弘法的无准弟子兀庵普宁,讲授心性之学尤为得力,多用儒学语言。元代渡日僧中,无学祖元、一山一宁无具备极高的儒学修养,经常以儒释禅,宣扬宋儒学说。

宋学的出现,对于镰仓时代武家文化的形成,产生了较大的影响。一山一宁以后,日本所以会形成"禅僧无不兼儒,蔚成禅学与儒学之一大合流,禅儒合一,参禅者无不倾心宋学"①的局面,是与圆尔辨圆、无学祖元等入宋僧、赴日宋僧的不懈努力不可分割的。

赴日弘法的元代禅僧,史书有载者,就达十三人之多,其他于史无考者,尚不在此数。在这些赴日僧中,当以一山一宁、大休正念、无学祖元的影响为最著。

赴日僧持续进行,当与其时执政北条氏的态度密切相关。如北条时赖从圆尔辨圆受"禅门菩萨戒",并尝"问道"于赴日僧兀宁菴。此后,北条时宗礼遇无学祖元、大休正念,北条贞时优待一山一宁等,这些公开举动,推动宋代禅在日本的传播,促进了禅宗文化的影响,同时也扩大了中华禅宗文化对于日本佛教僧人们的吸引力。

自平安后期以来,日本佛教的社会影响力日渐扩展,成为与公家、武家齐驱的"寺家"。其间,元政府对日本发动文永、弘安二役,皆以惨败而告终,几乎全军覆没,由此亦阻隔了元朝与日本的官方政治往来。两国之际的渡海往来,主要依赖于两国佛教僧人与商贾的民间力量。而元朝政府认识到日本民俗"尚佛"之习,"倾向佛乘,欲聘有道衲子,劝诱以为附庸"②。

1299年,元僧一山一宁赴日后,受其感化者甚众。其弟子龙山德见首先入元,有时甚至多达数十人大举渡海,如在正澄圆寂后,其徒友石清交等二十五人一同入元,盛况空前。正平六年(1351),又有大初启原、宗

---

① 朱谦之:《日本的朱子学》第39页,北京:人民出版社,2000。
② 师𬭎:《一山国师行记》、《一山国师语录》卷下,《大正藏》第80卷,第231页下。

献等十八人同入元境。元代建朝凡九十二年间，日僧入元人数之众，可以想见。据木宫泰彦的调查统计，入元日僧有史可据者，即达二百二十余人以上。没名无彰者，其人数尚不知凡几。见诸当时著名禅师语录，频现日本某禅人、某上人，或以禅寺职务称之者，如某知客、某首座、某书记、某维那、某藏主、某侍者等。① 于此可见当时日僧入元之风之盛行。由于他们人数过多，其中不乏庸碌之辈。如虎关师錬尝评论当时日僧入元之风习时称："近时此方庸缁，燦然例入元土，是遗我国之耻也。"②那些"燦然例入元土"的日本"庸缁"，有些客死元土，有些归国后没名无彰，既远不及入唐、入宋之求法修学僧，甚至亦不及巡礼忏罪之修行，更多的是增其行历、阅历而已。

从地域上看，入元僧主要集中于江南地区，但亦有游历北方大都等地者。浙江的径山、天目山、天童山仍为入元僧前往参学的主要选择，从中可以看出元代禅宗修学中心的相对稳定性。入元僧是入宋僧之后的一个高潮，对于日本禅宗佛教的最终成型，有着重要的影响。

一、大休正念与西涧子昙之赴日

随着蒙古势力在北方的崛起，特别是灭金之后（1234），控制了中国北方。宪宗八年（1258），更以大兵对南宋施压。偏安江南的南宋政权，岌岌可危。在此形势下，江南禅僧相继转赴东瀛。除兀庵普宁于南宋景定元年（1260）东渡日本外，咸淳五年（1269），径山石谿心月的法嗣大休正念亦乘商舶赴日弘化。

大休正念（1215—1289），浙江永嘉（今浙江温州）人。初参灵隐寺的东谷明光，习曹洞宗禅法。后师事径山寺的石溪心月，嗣临济宗松源派

---

① 对于入元僧的具体情形，可参见[日]木宫泰彦《日中文化交流史》第4篇第5章《入元僧和文化的移植》、释东初《中日佛教交通史》第21章第1节、魏荣吉《元日关系史之研究》第4章第3节等。
②《海藏和尚纪年表》，转引自[日]木宫泰彦《日中文化交流史》，第421页。

法系。在径山参禅其间,正念与日本入宋僧无象静照同门,得知日本朝野好禅,于1269年东渡传法。

与普宁一样,大休正念抵达日本后,颇受兰溪道隆的礼遇,被请主禅兴寺。此后,历住建长、寿福诸名刹,其门下俊才辈出。著有《念大体禅师语录》二卷行世。大休在日传法二十年,他圆寂后,因谥号"佛源禅师",故其法系在日本称为"佛源系",或以其号称"大休派"。

正念承临济松源系之法,兼通儒、道之学,知识渊博,又擅长文笔,与当时执政北条时宗、贞时等人关系密切。他弘扬禅法,不仅把兴禅与护国联系起来,更倡导儒家经世济用与佛教功德修行,在主张"孝悌忠信为根本,君臣父子分尊卑"的同时,提出"更思积世崇佛氏,贤子贤孙植福基",进一步促进了宋代禅宗文化与日本武家文化的结合。

继大休正念后,又有天童石帆惟衍的法嗣西磵子昙(一说士昙),于咸淳七年(1271)渡日弘法。

西磵子昙(1249—1306),俗姓黄,临海人(一说仙居人)。少出家,后得法于天童山石帆惟衍,传嗣临济宗的松源法系。南宋咸淳七年(1271),年仅二十三岁的子昙来日,游历京都、镰仓间,凡七年之久。他在日本期间,受到了圆尔、道隆等人的欢迎。

子昙赴日,在京都、镰仓间游化七年间,却不肯主持一刹。景炎三年(1278,弘安元年)回国,子昙于天童环溪惟一门下任藏主。元大德三年(1299),再随一山一宁赴日本,受到了执权北条贞时的厚遇,先后历住圆觉、建长等寺。曾应请多次向后宇多上皇献法语,并力传所承之禅法。德治元年(1306)去世,享年五十八岁,被谥为"大通禅师"。子昙的法系,在日本古代禅宗二十四派中是一个小流派,被称为"西磵派"。其门下弟子嵩山居中(1277—1346),曾入元求法。

同年七月,宋高僧道隆在日圆寂,日幕府即遣禅僧德诠、宗英二人入宋,迎请无准师范门下的高德无学祖元莅日,主持建长寺。

二、无学祖元(1226—1286)之赴日

祖元,字子元,号无学,俗姓许,明州鄞县(今浙江宁波)人。十三岁入杭州净慈寺,从居简禅师门下出家和受戒。翌年,登径山寺,师事无准师范,参究"公案禅",得其印可。此后,游历江南名山诸寺,遍参临济大慧、虎丘两大禅系中石溪月心、虚堂智愚、物初大观、退耕德宁等大德尊宿有得。其间历任诸寺书记、藏主、净头、首座、住持等,逐渐声名大起。南宋咸淳五年(1269),因道行高洁,宰相贾似道闻其名,请主台州(今浙江临海)真如寺。自此长住七年,大弘禅风,成就其"老婆禅"之学。南宋亡国后,祖元往住天童寺,辅佐住持环溪惟一,出任首座之职。

随着一批批志气高远的日本入宋僧相继越海东来,宋代达到鼎盛的中国禅宗法系最终得以东传日本。

弘安元年(1278)七月,赴日禅僧道隆寂于建长寺。执政北条时宗遣使入华延请高僧继位,其请贴云:"时宗每忆树有其根、水有其源,是以欲请宋朝名胜助行此道。"并专门派遣德诠、宗英二僧赴宋。祖元与辨圆、普宁等人,同为径山无准师范门下之俊杰。及见时宗请帖,游心顿动。至元十六年(1279),赵宋灭亡,祖元遂偕法侄镜堂觉圆(1244—1306)、弟子梵光一镜及日僧桃溪德悟(道隆弟子)等渡海赴日。到镰仓住建长寺,与住寿福寺的大休正念两相呼应,宣扬宋代禅法。当时自执权时宗、武藏守宗政以下镰仓武士,参谒祖元者甚多,时宗更是"执弟子礼"。①

无学祖元在日本,备受幕府优遇。镰仓圆觉寺创立后,祖元出任开山第一祖。由于他经常针对日本禅林的情况,能够契合于时局鼎革之势,注重济生渡世及现实社会的结合,这与如道元一系的曹洞禅法形成了鲜明的比较。祖元从自己的亲身体验亲切地传禅,故其"老婆禅法"长期受到日本禅林的喜爱。特别是在日本与元兵交战的"弘安之役"中

---

① [日]木宫泰彦:《日中文化交流史》,第420页。

(1281),祖元为日本求佛祈祷,极大地激发了当时日本民族抗击元兵的精神,对于推进宋代禅宗精神与日本武家思想的结合,作出了独特的贡献。

鉴于祖元在日本临济宗发展上所作的贡献,死后赐谥"佛光禅师"。其门下有高峰显日(1241—1316)、一翁院豪(1210—1281)、无象静照(1234—1306)、规庵祖圆(1261—1313)等人,盛传一时。其法系在古代禅宗二十四派中称"佛光派",成为镰仓末期及室町时期最有影响的禅派之一。近代以后,日本临济宗的十四派之一的"圆觉寺派"更奉无学祖元为开山祖师。其弟子编辑有《佛光禅师语录》十卷行世,内容较多,包括祖元在台州真如寺和镰仓建长寺、圆觉寺时的传禅语录及普说、法语、诗偈等,最后还附有祖元的行状、年表等。

无学祖元及其日本同门圆尔辨圆,在其传禅活动中,对《华严经》、《楞严经》、《圆觉经》等佛教经典多有引用,反映了当时禅法思想与佛教经义的结合。其中,华严禅的推展,正是宋代禅教一致论的重要表现之一。此外,注重文字禅的教化效应,教禅一致、儒佛合解、三教同归等宋代佛教思潮,对于当时的日本佛教都有较大影响。日本祖元禅系的禅师们撰有大量的诗文集,成为日本五山文学的重要构成内容。

三、一山一宁(1247—1317)之赴日

一山[①],名一宁,俗姓胡,台州临海人。自幼出家,先于本乡浮山鸿福寺,师事无等慧融,学临济宗大慧法系禅法。又入四明普光寺,从神悟处谦习《法华经》,受天台教义。因嫌"义学之支离",继上天童寺、阿育王寺诸刹,就简翁居敬、环溪惟一、藏叟善珍、东叟元恺、寂窗有照、横川如珙等禅师参禅。最后往普陀山,得法于顽极行弥,嗣虎丘法系中的曹源派

---

① 记载一山一宁禅师生平行实的主要文献,可参见《一山国师妙慈弘济大师行记》、《一山国师语录》、《金泽蠹余残篇》、《北条九代记》、《官公事抄》等。

禅法。元至元二十一年(1284),出主四明祖印寺,居十载。至元三十一年(1294),由愚溪如智举荐为普陀寺的住持,清谨自持,为道俗所尊仰。

大德二年(1298),元政府拟再派名僧为使,赴日以"通二国之好"。第一次出使未果的愚溪如智,由于年事已高,力荐一宁担任使者。于是,元成宗敕宣慰使阿达剌等五十余人至普陀寺,宣读宣慰使手书及僧录司官书。其旨称:"三月癸巳……命妙慈弘济大师、江浙释教总统补陀僧一山赍诏使日本,诏曰:有司奏陈,向者世祖皇帝尝遣补陀僧如智及王积翁等两奉玺书通好日本,咸以中途有阻而还。爰自朕临御以来,绥怀诸国,薄海内外,靡有遐遗,日本之好,宜复通问。今如智已老,补陀僧一山道行素高,可令往谕,随商船以行,庶可必达。朕特从其请,盖欲成先帝遗意耳。至于惇好息民之意,王其审图之。"①成宗不仅赐"妙慈弘济大师"称号,命充"江浙释教总统",更赐一宁金襕袈裟,搭乘商船,以"元使"身份再渡出使日本。

大德三年(正安元年,1290),一山一宁奉命搭乘日本商船东渡日本,于博多登岸。随其同往日本者,尚有石梁仁恭和曾经渡日弘化的禅僧西磵子昙。

作为使者的一山一宁,刚踏上日本九州博多的土地,即为当时镰仓幕府的执权北条贞时软禁于伊豆国(今静冈县)的修禅寺。日本朝野人士对此议论纷纷,规劝贞时说:"沙门者,福田也……在元国,元之福也。在我邦,我之福也。"②贞时原本就崇奉禅宗,一宁则是著名的禅师,因而也就顺应众议改变决定,任一宁为建长寺住持。三年后迁于圆觉寺,在职二年。又回建长寺,后曾一度出主净智寺。

对于一山一宁的日本之行,虎关师练在日本德治三年(1307)时有这样一段记载:"伏念堂上和尚(一宁)往己亥岁,自大元国来我和域,象驾

---

① 《元史》卷二〇《成宗纪三》,第 426—427 页。
② 《一山行记》,引见杨曾文《日本佛教史》(新版),第 351 页。

侨寓于京师,京之士庶奔波瞻礼,腾沓系途,惟恐其后。公卿大臣未必悉倾于禅学,逮闻师之西来,皆曰大元名衲过于都下,我辈盍一偷眼其德貌乎。花轩玉骢,嘶惊辖驰,尽出于城郊,见者如堵,京洛一时之壮观也。"①

一宁博学多才,精通诸子百家之学,又工书法,交游十分广泛。日本正和二年(元仁宗皇庆二年,1313),后宇多法皇下诏关东,邀请一宁入京主持南禅寺,亲询法要。自此,一宁的禅法大行,朝廷官员、贵族及僧俗信徒等,纷纷前来参禅问道。后以老病,屡请退隐,乃潜遁越州。为此,法皇还特地下诏,慰谕使归。文保元年(1317),一宁遗书后宇多法皇,其偈语称"横行一世,佛祖钦气,箭既离弦,虚空落地",泊然而化,世寿七十一岁。有《一山国师语录》二卷行世。

一宁圆寂后,后宇多法皇赐谥"一山国师妙慈弘济大师"之号,简称"一山国师"。又敕将其塔建于龟山上皇庙侧,并亲撰"宋地万人杰,本朝一国师"像赞,以示怀念之情。

身为元使,一山一宁的访日,阐明朝廷修复中日睦邻友好本意,结束了当时中日之间的战争状态。他留居日本近二十年,为日本佛教界造就了一大批颇有影响的人才。木宫泰彦评论说:"……固高僧也。来日之后,在镰仓、京都张法筵,前后凡二十年。上下之尊信极笃,所住之处,缙绅士庶之随喜者,门庭如市。其及于日本精神界之影响极著。弘安以来,几乎断绝之中国留学,所以能再盛者,全由一宁刺戟而成。"②

一山一宁在日所传禅学法系,为古代日本禅宗二十四个流派之一,号"一山派"。其主要弟子有龙山德见、雪村友梅、无著良缘、无相良真、无惑良钦、蒿山居中、东林友丘、梦窗疏石、虎关师铼等。其中雪村友梅最为出名,门下约占一山派的八成。雪村友梅等人及其门徒雪溪支山、太清宗渭、太白真玄、万里集九、季琼真蕊等,都是室町时期五山禅林中

---

① 参见[日]木宫泰彦《日中文化交流史》,第411页。
② 同上书,第412页。

的活跃人物。

一宁在镰仓、京都盛扬禅风,前后近二十年。继一宁赴日后,元日佛教文化的往来,转入一个新阶段。大批日本僧人入元寻师求法,礼拜祖庭,重事参究,前后多达二百余人。① 其中不少人归国后,各化一方,为中日文化交流作出了巨大的贡献。

随同一山一宁赴日的西磵子昙(1249—1306),俗姓黄,字子昙,浙江仙居人。自幼出家于紫箨山广度寺。其后,历参苏州承天寺、杭州净慈寺等,得法于石帆惟衍。南宋咸淳六年(1270),随惟衍迁住宁波天童寺。次年,应日本幕府执政时宗的招请赴日弘法。先后在镰仓、京都等地行化七年,于至元十五年(1278)归国。

大德三年(1299),奉敕随元使一山一宁再度赴日,受北条贞时的归依,先后主持相模圆觉寺、建长寺等,开创了日本禅宗二十四流中的"西磵派"。其门下弟子,较著名者有嵩山居中、明岩正因、耘云克原等人。大德十年(1306,日本德治元年)示寂于建长寺,敕谥"大通禅师"。

四、其他赴日禅僧的活动

一山一宁重启元僧赴日弘化之风后,应请前往日本弘化的元代禅僧,先后有东里弘会、东明惠日、灵山道隐、清拙正澄、明极楚俊、竺仙梵仙等人,都为日本临济宗的传播培养了大量人才。

东里弘会禅师于武宗至大元年(1308)东渡日本弘化,受请住禅兴、建长等寺,各方禅衲参请不绝,1318年(仁宗延祐五年)在日圆寂。

东明惠日(一作慧日,1272—1340),浙江定海人,俗姓沈。九岁出家,十七受具足戒。受学于曹洞宗大德直翁德举,遍参于天童、灵隐、蒋山、承天等江浙名刹。尝住明州白云寺开法。武宗至大元年(1308),因日本北条贞时的书聘,渡日弘法。历住禅兴寺、圆觉寺、建长寺、万寿寺、

---

① 参见[日]木宫泰彦《日中文化交流史》,第420页。

东胜寺、寿福寺等,行化三十年,朝野崇敬。惠日于1340年在日圆寂,开创了日本禅宗二十四流中的"东明派"。其门下弟子有别源圆旨、不闻契闻、月蓬圆见、少林如春、大虚契充等"五山学僧",闻名一时。

灵山道隐(1255—1325),浙江杭州人,于仁宗延祐六年(1319,日本元应元年)东渡日本。北条高时迎以厚礼,住持建长寺,寺规严整,七众崇敬,对于当时日本佛教界影响颇大,梦窗疏古曾前往就参。道隐于泰定二年(1325)在日本示寂,醍醐天皇赐其号为"佛慧禅师",开创了日本禅宗二十四流之一的"佛慧派"。

清拙正澄(1274—1339),号正澄,俗姓刘,福建福州连江人。十五岁于报恩寺披剃出家,入开元寺受具戒。尝参鼓山法席,后遍历诸刹,道誉甚隆。正澄与古林茂、东屿海、竺田心、断江恩等禅僧齐名,并称僧界英俊,为元代临济宗杨岐破庵派著名禅僧。日本入元僧天岸慧广、无著良缘、平田慈均、寂室元光、古先印元等先后从其学,故驰誉于日本禅林。元泰定三年(1326),日本执政北条高时遣使招请,遂与弟子永琪等人,随入元僧无隐元晦、明叟齐哲等六人一同渡日,抵博多,经京都,至镰仓。北条高时请住建长寺,后住净智、圆觉二寺。再奉醍醐天皇诏,迁住建仁寺(二次)、南禅寺等。

清拙正澄驻日期间,还受请创建开善寺,为其开山始祖。史传评价称:"大凡东渡宗师十有余人,皆是法中狮也。至大鉴师,可谓狮中主矣。"①"大鉴"即为正澄赐号,成为元代赴日弘化的代表禅僧。

正澄于元统元年(1333)示寂,世寿六十六,法腊五十三,住日本十四年。谥"大鉴禅师",有《清拙和尚语录》二卷及《清拙和尚禅居集》二卷等行世。其门下弟子众多,较著名者有天境灵致、古镜明千、大翁清纯等人。

正澄于日本禅宗影响最巨者,在于他把宋代成熟的丛林清规引入日

---

① 师蛮:《本朝高僧传》卷《正澄传》。

本丛林。正澄结合宋代宗赜《禅苑清规》、惟勉《丛林校定清规总要》(《婺州清规》)和元代泽山一咸《禅林备用清规》等,又根据日本禅林现状,编定了《大鉴清规》。其影响甚至被及世俗社会,"丛林礼乐于斯为盛",促进了禅宗文化与日本武家礼法的结合。顺便一提的是,由于正澄寂于中国禅林清规的首创者百丈怀海禅师的忌日,这一巧合,被时人视为"百丈再来"的确据。其法派被称为"大鉴派"。

正澄在日本去世后不久,日本禅僧入元参学达到了一个高潮。正澄门下弟子就曾有二十五人同时入元参学。在这些日本禅僧中,包括龙山德见、雪村友梅、大拙祖能等人。

明极楚俊(1264—1338),庆元府(明州)昌国人,俗姓黄,号明极。十二岁出家,礼竹窗喜落发受具,后参育王山横川如珙得悟。其后,尝侍灵隐虎岩净伏,继嗣其法,为临济宗杨岐松源派禅僧。入天童,侍止泓道鉴,历住灵隐、天童、净慈、径山,偕徒懒牛融与竺仙,及物外可什、天岸慧广等人一道,于正澄赴日后三年(元明宗天历二年,日本元德二年,1329)。历住建长、南禅、建仁诸刹。

楚俊居日期间,颇受醍醐天皇的尊崇,赐号"佛日焰慧禅师"。其法系称"明极派"。室町中期日本著名学僧惟肖得岩,即出于这一法系。

竺僊梵仙(1292—1348)为金陵保宁寺古林清茂之弟子,浙江象山人,俗姓徐,号"来来禅子"、"寂胜幢"、"思归叟"等。十岁出家,十八岁受具足戒。历参晦机元熙、云外云岫、元叟行端、中峰明本等人。后至金陵保宁寺,礼古林清茂为师,蒙其印可,得嗣其法。

天历二年(1329),梵仙随明极楚俊一行渡海赴日。抵日本后,颇受朝廷及幕府的礼遇,历住净妙、净智、南禅、建长等寺。特别是建武元年(1334),楚俊于南禅寺奉敕以此寺为日本全国第一山,位于五山之上,可见其影响力。梵仙则为足利尊氏及其弟直义笃的归依师,公乡武士从其学者甚众。先后住持净智寺、南禅寺、建长寺等。

梵仙传禅与习文,学识渊博,撰著有《梵仙禅师语录》七卷及《补遗》

一卷,另有《天柱集》、《来来禅子集》、《来来禅子尚时集》、《来来禅子东渡集》等诗文集各一卷行世。其诗文集之多,冠东渡元僧之最。其弟子有椿庭海寿、大年法延、云梦裔泽等人,对日本五山文学、印刷文化、禅林音乐(梵呗)等贡献甚大。其法派在日本禅宗史上称为"梵仙派"。

东陵永玙(?—1365)曹洞宗宏智派禅僧,号东陵,四明人(今属浙江宁波)。出家后遍参诸方,终为天童山云外云岫法嗣,悟明洞上宗旨。尝住天宁寺。

至正十一年(1351),永玙东渡日本弘化。应梦窗疏石招请,住天龙寺。后往住天龙寺、南禅寺、建长寺、圆觉寺等。东陵永玙是元代曹洞宏智派禅法传入日本的著名禅僧,接引学人,化导甚广,敕谥"妙应光国慧海慈济禅师",并开创了日本禅宗二十四流之一的"东陵派"。

元代赴日弘化传法的禅僧们,大都德才并具,博学多识,禅儒兼通,且工于诗文书画,他们在传播禅法的同时,也有力地扩大了中华文化在日本的弘扬。

第四节　元代与朝鲜的佛教交流及其影响

自义天以降,高丽入宋僧即由盛转衰。及至蒙元立国,取得了对高丽的强势监控,并积极推行崇教抑禅的佛教政策,高丽入元僧渐兴。

元泰定年间(1324—1328),高丽僧指空见天子于难水之上,尝论佛法称旨,史称"泰定之遇"。辞行而东游高丽,礼金刚山,兴道场弘法。指空"胡僧指空说戒于延福寺,士女奔走以听,鸡林府司录李光顺亦受无生戒"。"空棒喝并行,禅机峻峭……其梵僧中之临济、德山乎"[①]。

元仁宗延祐元年(1314),高丽驸马都尉沈王璋奉诏遣使修缮杭州慧因寺(俗称"高丽寺"),同时出资助印大藏经五十藏,分赠于浙江名刹,如

---

① [日]忽滑谷快天:《韩国禅教史》,第213页,朱谦之译,北京:中国社会科学出版社,1995。

杭州的上天竺寺、下天竺寺、集庆寺、仙林寺、演福寺、慧因寺、崇寿寺、妙行寺、青莲寺、惠力寺等。1318年(延祐五年),元代佛藏写经活动,与其说是佛教修学活动,不如说是政治化的行为,成为其崇教抑禅政策的一个构成部分。因此,高丽僧人相继应请入元写经,并非属于严格意义上的佛法修学活动。

据入元参学的高丽学僧,除元朝廷所礼请的写经僧外,还有许多禅僧北游参访。这才是高丽入元修学的主体。高丽禅僧入元修学,官方以参与写经为主,而民间则以禅修为主。

当时入元的高丽沙门,计有海圆、玄印、冲鉴、元湛、崇安、法云、善谨、善月、达正、达牧、戒明、法参、法珍、景闲、普愚、慧勤、自超、智泉、千熙等数十人。其中,在高丽禅宗发展史上较为著名者,有普愚、慧勤及其门下自超、智泉等人。

景闲(1298—1374),号白云,全罗道古阜人。天历二年(1329)入元,至大都参梵僧指空和尚。其后,南下转赴浙江湖州霞雾山天湖庵,师事临济宗祖先系石屋清珙禅师,终受其印可。归国后,历住松都性觉庵、海州安国寺、神光寺、兴圣寺诸刹。有《佛祖直指心体节要》及《白云和尚语录》等行世。

普愚(1301—1382),初名普虚,俗姓洪,洪州人。十三岁出家后,历参诸方,先究"万法归一",后究"无"字。通过参话头而臻悟,并仿永嘉《证道歌》而作歌一首。

至正六年(1346),四十六岁的普愚入元参学。先居燕京大观寺,访求知识。翌年,转赴湖州霞雾山,参石屋清珙,蒙授心印,传衣表信,称"衣虽今日,法自灵山,流传至今。今付与汝,汝善护持,毋令断绝"。普愚由江南回到燕京时,元顺宗请他于永宁寺开堂说法,赐金襕衣。至正八年(1348,高丽忠穆王四年),普愚东还高丽弘化,历住重兴寺、奉恩寺、广明寺、凤岩寺、宝林寺等,颇受宫廷钦崇,敕封为"王师",赐赠优渥。1382年,普愚示寂于小雪山,谥号"圆证"。

普愚是高丽末期的著名禅僧,直承元代临济禅法。其门下弟子众多,据称达千余人,其知名者有"普觉国师"混修(1320—1392)、"智鉴国师"粲英(1328—1390)等人。

慧勤(1320—1376),本名元慧,号懒翁,俗姓牙,宁海府人。二十岁出家,历游诸山,于桧岩寺参禅有省。

元顺帝至正七年(1347)入元。抵燕京法源寺,参与高丽佛教因缘甚深的梵僧指空和尚,随众修学。后离京南下,历游通州、杭州、明州、婺州等,巡访育王山、普陀山等佛刹,寻参平山处林、悟光、雪窗、无相、枯木荣及婺州伏龙山千岩元长等禅师,并于千岩元长处得许入室,受传心法。

慧勤北上后,返燕京法源寺。指空和尚以法衣、拂子等付嘱:"百阳吃茶正安果,年年不昧一通药,东西看见南北然,明宗法王给千剑。"①

至正十五年(1355),慧勤奉敕住大都广济寺,开堂说法,获赐紫衣及香币。翌年,即谢院事,再度行脚访道。

1358年,慧勤再谒指空,获示"汝还本国,择三山两水间居之,则佛法自然兴矣"。遂东还高丽,隐居台山象头庵。

1361年,慧勤一度奉敕入内说法,请住海州神光寺。其后,历住九月山金刚庵、金刚山正阳庵、清平寺、台山灵感庵、广明寺、桧岩寺诸刹,大弘教化。明太祖洪武四年(1371),获封"王师"之号,敕住"东方第一道场"松广寺,寂后谥"禅觉"。

慧勤一生传弘宋元盛行的"看话禅",其嗣法弟子有无学自超、竺源智泉、高峰法藏等三十余人。有《懒翁和尚语录》(《普济尊者语录》)一卷、《懒翁和尚歌颂》一卷等行世。

千熙(1307—1382),号雪山,兴海人。十三岁于华严寺出家。十九岁受具戒后,参究禅道。元顺帝至正二十四年(1364),航海入元,寻访知

---

① 参见[日]忽滑谷快天《韩国禅教史》,第239页。

识,朝礼苏州设有蒙山德异禅师真堂的休休庵,继赴苏州邓蔚山大圣恩寺,参谒中峰明本的法孙、千岩元长之嗣万峰时蔚禅师,获其印可,得受法衣。

千熙返国后,入山隐修。至正二十一年(1361),受高丽恭愍王之请,赴京城弘化,盛传中峰明末本的禅法,受尊为"国师"。明洪武五年(1372),于浮石创寺传法。1382年示寂,谥号"真觉"。有《三宝一镜观》一书行行世。

自超(1327—1405),俗姓朴(一说成),号无学。十八岁出家,因阅《楞严经》而有省。

正至十三年(1353)秋入元,诣法源寺,参梵僧指空和尚。翌年正月,诣法泉寺,再参慧勤。其后数年,历游南北丛林,遍参尊宿,学业大进。返归燕京后,赴西山灵岩寺,再谒慧勤,终蒙印可,得嗣其法。

1356年,自超东归。先住天圣山元晓庵。1359年,慧勤归国后,得授拂子。十二年后(明洪武四年,1371),更获衣钵付嘱。1392年,被李朝的创建者李成桂拜封为"国师"。历住桧岩寺、金刚山真佛庵、金藏庵等。有《无学秘诀》、《佛祖宗派之图》、《无学国师语录》等行世。

智泉(1324—1395),号竺源,俗姓金,载宁人。十九岁出家,至正十三年(1353),与法侣自超一同入元,抵法源寺参礼指空和尚。后谒慧勤,随侍历游南北。在五台山,获当时名士赵仲穆"竺源"相赠,遂以此为号。1356年(至正十六年),智泉东还高丽,仍然历游诸山,以隐修为务,晚年更隐居云山。或向其咨决所疑,则应答如流。1395年去世,李成桂赠谥"正智国师"。

元代时期,藏传佛教系统的喇嘛教盛行一时,并对于朝鲜半岛的产生了一定影响。据《佛祖历代通载》称:"佛法流于中国久矣。三乘之教,风靡九州岛,其道至焉。唐宋间,始闻有秘密之法。典籍虽存犹,未显行于世。国初,其道始盛西鄙。统元中,天子以大萨思迦法师有圣人之道,尊为帝师。于是,秘密之法,日丽乎中天,波渐于四海。精其法者,皆致重于天朝,敬慕于殊俗,故佛氏之旧一变于齐鲁。"①引文中所说的"波渐于四海",也包括了朝鲜半岛。

据高丽文献记载,忠宣王受册继位后,蕃僧在高丽的活动一度相当频繁。高丽王室仿效元帝室,召请蕃僧为受戒师,甚至尊为国师。忠宣王继位初年(1298),先有蕃地僧人八哈思等十九人应请赴高丽,忠宣王与公主受戒于蕃僧。稍后,忠宣王及其公主又与太上忠烈王一道,再次受戒于蕃僧。据文献记载,元帝必须从帝师受戒九次,然后才能继位。忠宣王再度受戒于蕃僧,或许就是仿效元帝室的这种制度。不过,高丽王室对元代喇嘛教的崇信活动,主要还是限于宫廷之内,并未在高丽民众社会中产生较大影响。据《高丽史·后妃传》记载:"有吐蕃僧自元来,自言'帝师遣我为公主、国王祈福'。宰枢备旗盖出迎,闾巷皆焚香。其僧食肉饮酒,常言'我法不忌酒肉,唯不迩女色'。无何,潜宿倡家。又请设置曼陀罗道场,令备金帛鞍马鸡羊,以面为人,长三尺,置坛场中。又以面作小儿及灯塔,各百八,列置其旁。吹螺击鼓,凡四日。僧戴花冠,手执一箭,系皂布其端,周回踊跃。车载面人,令旗者三,甲者四,弓矢者三十,曳弃城门外。"②蕃僧中的戒行及其佛事活动,与当时高丽佛教主流的汉传佛教系统(特别是临济禅)之间的巨大差异,导致了元代喇嘛教不可能在高丽产生广泛的社会影响。

---

① 念常:《佛祖历代通载》卷二二,《大正藏》第49卷,第732页上。
②《高丽史》下册《列传》卷二《后妃二》,第20—21页。

第十章 中国南传上座部佛教

上座部佛教是由印度本土向南传到斯里兰卡(Sri Lanka。锡兰)、缅甸等地而形成的佛教体系,因其地理位置处于印度之南,在传播路线上是向南,故称"南传佛教"。南传佛教所传诵的三藏经典使用的语言属于巴利语,所以也称为"巴利语系佛教"、"巴利佛教"。

巴利语是由佛陀在世时摩揭陀国一带使用的方言变化而来,它属于与古印度正统的雅语——梵语(sanskrit)——相对的民众方言的一种。佛陀在世时鼓励信徒们用方言弘扬佛法,后来以巴利语为主要语言的佛教向南传入东南亚一带,故东南亚一带保存着较为完整的巴利语系佛教系统。

约在公元前3世纪时,在阿育王第三次结集后,其子摩哂陀奉命至锡兰弘法,为该国国王天爱帝须(Devānampiya tissa)宣说《象迹喻小经》(Culā hatthipadopamasuttā),国王对其十分敬重,乃于城南的大云林结界,为其建造房舍、浴池等,并作为该国佛教的讲学地。当时,这是上座部佛教的唯一中心。摩哂陀在此创建了大寺派。5世纪时,印度的觉音尊者于摩诃那摩王时(410—432)到达了斯里兰卡,住在大寺,专研巴利三藏和僧伽罗文的注疏,并用巴利文著述了很多书。觉音依据大寺派的传统思想理论,对巴利三藏圣典都写了重要的注释,并用巴利语写了著名的《清净道论》,系统地论述三藏和义疏的精要。他对南传上座部佛教的长期流传是有很大影响的,其所著《清净道论》一书在整个南传佛教发展史中具有划时代的意义。随着东南亚各国政治、经济与文化的相互交往,上座部佛教开始广泛流传于东南亚。在经历了与大乘佛教、密教、婆罗门教等宗教的相互消长、相互融合的并存局面后,在13、14世纪后,上座部逐渐成为东南亚地区主要的佛教信仰。

今天的上座部佛教主要盛行于斯里兰卡、缅甸、泰国、柬埔寨、老挝等东南亚国家,以及中国云南省的傣族、布朗族、德昂族、阿昌族、部分佤族和彝族居住地区;19世纪末与20世纪初,上座部佛教也传播到欧美等地,并有持续发展之势。

南传上座部佛教经由泰国、缅甸传入我国云南边疆少数民族地区后,经过长期的发展演变,逐渐形成了独具中国特色的南传上座部佛教,与此同时还形成了一个覆盖面较广、与东南亚南传佛教文化圈有较深渊源的中国南传佛教文化圈。它主要分布在云南的南部、西部和西南部,现在的行政区划属于西双版纳傣族自治州、德宏傣族景颇族自治州、思茅市、临沧市、保山市、红河州这六个地州管辖。就中国南传上座部佛教的信仰民族而言,主要有傣族、布朗族、德昂族、阿昌族、佤族、彝族等民族。其中,对于南传上座部佛教傣族、布朗族基本上是全民信仰①,德昂族、阿昌族是大部分地区信仰,而佤族和彝族则是部分地区信仰。信仰南传上座部佛教的傣族主要居住于西双版纳傣族自治州,德宏傣族、景颇族自治州和临沧市的耿马、孟定、双江、思茅地区②的孟连等地;德昂族主要散居在云南省德宏傣族景颇族自治州的潞西县、盈江、瑞丽、陇川、梁河和临沧地区镇康县、耿马等县,其他分布在保山市龙陵等地,与傣

---

① 傣族虽是信仰的主体民族,但分布金沙江沿岸流域和元江流域的傣族不信奉南传上座部佛教。
② 临沧地区已于2006年更名为临沧市,思茅地区已于2006年更名为普洱市。

族、景颇族、傈僳族、佤族、汉族等民族交错而居;布朗族主要聚居在云南省西部的西双版纳傣族自治州勐海景洪县和临沧市的双江、永德、云县、耿马以及思茅地区的澜沧、墨江等县;阿昌族大部分聚居在云南德宏傣族景颇族自治州的陇川、潞西等县,其余分布在盈江、保山市龙陵等县;信奉南传上座部佛教的佤族主要聚居在思茅市的孟连,临沧市沧源、耿马、双江、镇康、永德等县,部分散居在西双版纳傣族自治州和德宏傣族景颇族自治州境内。而信奉南传上座部佛教的彝族只居住于临沧市沧源县等地。其中,在信仰南传上座部佛教的民族中,傣族是主体民族,在中国南传上座部佛教文化圈的形成和发展过程中发挥了重要的作用。

第一节 南传上座部佛教传入云南的媒介与时间

一、传入时间

关于南传上座部佛教从东南亚国家进入中国云南境内的时间,学术界一直存有争论,尚无定论。[①] 一般说来,在学术界主要有以下几种观点:

第一,公元前传入说。

王懿之先生认为,早在公元前,南传上座部佛教就开始传入我国西双版纳地区。王懿之先生据于1982年在西双版纳勐海地区发现的一部傣文史籍《帕萨坦》记载:"相传远在释迦牟尼成佛前,佛主的师兄阿祖打腊西就带着旁杰特温、多曼那旁(懂天文)等三个弟子,从印度的吉都打纳腊广出发,经海路到兰戛(斯里兰卡),通过火傣(泰国)、景线、兰掌,到缅甸勐阮(景栋)、勐抗传教时,与管辖那里的魔王阿腊哇经过长期辩论

[①] 在本部分的写作过程中,由于很多学者在文章中按照过去传统,将南传上座部佛教称为"小乘佛教",虽然现在学术界已经一称为"南传上座部佛教",但为了保存原文原貌,笔者在引用资料的过程中,未将之全部改写为"南传上座部佛教",而是仍然沿用作者的写作习惯。特此说明。

获胜后,才由西双版纳的大勐龙地区进进入阿腊维(景洪),当地世俗众生喃叭黑带头用甘蔗、芭蕉、椰子赕佛。但当时只用沙造塔,还没有经书、和尚和佛寺,每月于初八、十五、二十三和三十(或二十九)四天'念经'。后经过一年传教,率其弟子沿澜沧江北上,经过勐仑、么黑、勐准、火勾、列戈火比(据说现德宏境),然后从勐町(畹町)出境"。另外,勐卯傣文史书《嘿勐沽勐——勐卯古代诸王史》中记载的西双版纳盛行佛教的情况也可以在傣文史书《帕萨坦》中得到佐证:佛历319年(公元前225年),泰国祐巴亚阿那罕皮朗板雅到印度,经过勐兰戛(斯里兰卡),接回三船经书(用巴利文记录的贝叶经),拿到泰国的巩听保存,后又分传到缅甸。佛历419年(公元前115年),西双版纳首次派代表前往缅甸景腔和愿贡两地迎接佛像和佛经。佛历630年(公元76年),西双版纳首领叭格那派12个僧侣路经缅甸、泰国,前往哈利捧宰亚那广观摩取经,后到兰戛(斯里兰卡)布塔火鲊听寺学习。佛历636年(公元82年)期满升为佛爷后,带着《维乃》、《书典达》、《阿皮堂玛》、《诺贺波坦》(《本生经》)等佛经,由斯里兰卡取道泰国、缅甸勐阮(景栋),经过西双版纳大勐龙,最后回到阿腊维(景洪),把上述书藏于弯竜庄董(后宣慰街大佛寺)。王懿之先生由此推断在公元前,南传上座部佛教就开始传入我国西双版纳地区。①

第二,5世纪传入说。

有些学者认为南传上座部佛教入滇是5世纪前后,但8世纪后因密教在斯里兰卡与缅甸得势,上座部佛教在云南也销声匿迹。后来直到11世纪后半叶,蒲甘王朝再度兴起上座部佛教,才重新传入云南。②

第三,7世纪左右传入说:

有学者认为与云南接壤的缅甸骠国,早在5世纪就有上座部佛教,

---

① 王懿之:《西双版纳小乘佛教历史考察》,《贝叶文化论》,第408、411页,昆明:云南人民出版社,1990。
② 史继忠:《西南佛教的典型意义》,《思想战线》2000年第5期。

约7世纪左右,这个派别从这里传入到今傣族居住区,后来情况不明。①另外,颜思久先生在《小乘佛教传入云南的时间和路线》一文中提出,从已知的各种史料、传说以及有关的事实来看,都足以说明云南边疆地区的小乘佛教是从友好邻邦缅甸传入的。小乘佛教既然已于公元5世纪左右流传于缅甸南部,因而7世纪以后佛教就逐渐传入我国西双版纳地区乃是顺理成章的事。因此,佛教最早传入云南傣族聚居地区应在7世纪的隋末至唐初时期,但其兴盛和发展却在13世纪以后。但由于过去记录西双版纳古代情况的汉文资料甚缺或极其简略,故欲了解该地小乘佛教的传入情况和时间,主要靠傣文记载和今后的考古发掘资料。据查,西双版纳有一本经书名叫《尼板纳素》,是用缅纸写成,其中一段记载着关于景洪袜坝姐的事(按:"袜"为寺,"坝"为森林,"袜坝姐"意为森林里的佛寺),可惜此经书中无此佛寺的年代记载。袜坝姐遗址在景洪县曼厅寨边。20世纪50年代尚存两根挂大鼓的木桩,据民间传说这是景洪地区最古老的佛寺。据20世纪50年代尚存于勐混总佛寺内的《佛陀之教史话》(傣语"旦南布塔沙萨那")中记载:佛教自缅甸孟族地区传入西双版纳,建立这里的第一所佛寺——袜坝姐(Wabajie)时为祖腊历纪元前23年(即615年,隋朝末年)。勐海县佛教协会的康朗庄介绍说:"勐海大佛寺的大殿柱上有该寺的建造年代。此佛寺从祖腊历十三年(公元651年)开始动工,(公元671年)因此勐海大佛寺建造至今已有1 315年的历史(中间又经若干次修建)。曼拉闷佛寺与勐海大佛寺是同年建成的。"刀永明又告诉颜思久先生,说他亲自见到曼拉闷佛寺(座落在勐海城边)内靠后的第二棵厅柱上贴有一百片金箔:这些金箔是一个名叫"南麻达纳干宰"的人捐献的,其目的是祈求"帕拉阿尼松"佛拯救自己。此外,柱上还用傣文记载说:"尼板纳巴宰约,混独婼尼战,33年。"(按:"尼板"即是死去,"纳巴宰约"即是平安直到生命完结,"混独婼"即

---

① 杜继文主编:《佛教史》,第298页,南京:江苏人民出版社,2006。

是为止,"尼战"即是真正。)全句连贯起来的意思就是"祈求能真正得到佛主保佑,直到死为止。33年"。傣历33年即是公元671年,正值唐代初叶。又勐海土司府所收藏的《地方大事记》手抄本中有这样一段记载:"我勐海总佛寺于祖腊历33年完工,举行隆重的开光法会时,将到景洪敬请……总佛寺大僧正长老亲自前来主持法会。同年,勐海城子佛寺亦在达谢海(daxiehai)建成。祖腊历75年(713年),达谢海寺迁至靠近城边的新寺(瓦迈,Wamai,在今县委会所在地),因同一城有两所佛寺,僧侣和信众常有争执,于祖腊历113年(约公元771年)撤销新寺,合并到总佛寺来,……在蒲甘王朝的劫掠战争中,总佛寺被毁。祖腊历375年(约公元1013年)全勐民众齐心合力,在原址重建砖木结构的瓦顶佛寺,扩大了范围,建立了布萨堂、两所藏经亭、两所鼓房、两院僧舍,随后又修建了两座寺塔。"此外,据松领勐混和刀学兴根据佛经《列罗》所载情况介绍说:"召苏扎多"将"引达叭"升为佛爷,并对他说,佛教在我们景迈已经得到发展,应该让景栋人也懂得佛教。乃率"引达叭"携佛经"桑比打戛"去景栋传教,又去景列建佛寺,升和尚。事毕,"召苏扎多"回景迈,"引达叭"留景栋,于是景迈、景栋、景列人彼此往还升和尚,拜佛,四时不绝。以后有"召帕有"者,领其子七人来景栋当召勐(即一地区的土司)……傣历八十六年(公元724年),"召帕有"派佛爷"西维苏坦麻书那"自景栋来景洪宣扬佛法……经过佛主和他的门徒反复宣扬,佛教在西双版纳大大发展……上面松领勐混、刀学兴所讲述的佛教传入西双版纳的时间——724年,比勐海县曼拉闷寺内柱上记载的年代——671年只差53年。由此可见,小乘佛教由缅甸最初传入西双版纳大致在7世纪初的隋末唐初时期。[①] 此外,王海涛先生在《云南佛教史》一书中也提出南传上座部佛教大约在7世纪首先由泰国勐润经缅甸景栋传入。作者较认同颜思久先生所引用的资料,并补充了一则文物资料:西双版纳文管所藏有一尊

[①] 颜思久:《小乘佛教传入云南的时间和路线》,《西南民族学院学报》1987年第3期。

青铜佛像,1981年从勐腊收购而来,这是一尊头顶有尖状王冠的标准上座部佛像,莲座上刻有"傣历一一七年"字样,即公元755年,唐天宝十四年。因此,王海涛先生根据文物和傣族文献资料推断,大约在7世纪南传上座部佛教传入西双版纳。[①] 刀永明先生也根据汉文史料、傣文文献以及傣族佛寺大殿柱子上的铭文等文物,认为云南傣族地区的上座部佛教是6、7世纪时从缅甸传入的,8、9世纪以后日渐兴盛。[②]

第四,盛唐传入说

张公谨先生认为南传上座部佛教应该是在盛唐时期入滇的。他认为傣族记历法必然要有文字,既然傣历元年为公元638年,傣文的产生也不会晚于这个时代。而傣文又是随南传佛教的传入而产生的,由此推断南传上座部佛教北上入滇的时间在盛唐。[③] 此外,邓殿臣先生也认为,上座部佛传入的时间,上限为公元前3世纪,下限为17世纪。上下近千年,跨度颇大。而上座部佛教在傣族、布朗族、阿昌族等民族居住的大部分地区开始传播和受到信仰,应该是在6世纪到8世纪之间。这200多年是傣族社会飞速发展的时期。[④] 刘扬武先生也认为中国南传上座部佛教的润派是最早传入的佛教派别,它于767年由泰国沿澜沧江传入德宏。

第五,13世纪末传入说

赵橹先生以为巴利语系上座部(小乘)佛教传入车里傣族地区(今西双版纳州),是在13世纪末,到14、15世纪逐渐普遍盛行;而传至金齿、耿马傣族地区(今德宏州),是在15世纪,兴盛于16世纪。就整个云南傣族聚居地区而论,小乘佛教之传播及其普及时代,上限为13世纪,下

[①] 王海涛:《云南佛教史》,第388页,昆明:云南美术出版社,2001。
[②] 刀永明先生在1982年"上座部佛教传入中国"学术讨论会所发表的观点。
[③] 张公谨:《傣历史的纪元纪时法》,载张公谨《傣族文化研究》第139—165页,昆明:云南民族出版社,1988。
[④] 邓殿臣:《南传佛教史简编》,第188页,中国佛教协会出版,1981。

限为16世纪的300年间。①

第六,14世纪传入说:

陈保亚、木镜湖先生根据文献和语言学资料,认为南传上座部佛教入滇年代应该在明朝。他们认为汉文献中有关西双版纳佛教情况的记录较少。根据李佛一先生1949年翻译的老傣文《泐史》(该书记录了1180年叭真建立景龙金殿国至1864年西双版纳傣族的历史状况)所记载的资料:十三世祖时,"当地人民群诣佛寺,面对佛像、佛经、住持三个佛之代表(即佛、法、僧)宣誓,并将誓词铭刻于寺中,一部分贴金。礼毕,大家遂各归本土安居"。十三世祖登位时间大约在明代天顺元年,即1457年左右,因此,至少在明代中叶,即15世纪中叶,西双版纳地区的傣族已经普遍信仰佛教。作者认为,从老傣文文献记载来看,西双版纳地区的傣族信仰南传上座部佛教是在明代初年以后,到明朝中叶才普遍流行。此外,根据语言年代学理论,在明代时期原始傣语群发生过一次大分化,一支为西双版纳傣族,一支为德宏傣族,一支为元江流域傣族,一支为金沙江流域傣族。由于元江流域傣族和金沙江流域傣族不信仰佛教,而西双版纳傣族和德宏傣族尽管都信仰佛教,但记录经文的文字并不一样,教派也不尽相同。这就是说,原始傣族族群并不信仰佛教,否则后来的各支系应有同一文字的经文,均信仰南传上座部佛教,至少应该保留佛教的痕迹。由于原始傣语族群的大部分分化是在明代,因此,佛教北上入滇的年代不太可能早于明代,至少西双版纳和德宏傣族全民信佛的事不会早于明代。②

第七,14世纪末、15世纪初传入说。

谢远章先生根据泰文、傣文文献和1949年以后西双版纳地区的调查材料,认为西双版纳的上座部佛教是从泰国北部古代的兰那国(今清迈地区)传入的。兰那国13世纪接受了上座部佛教,14世纪下半叶佛教

---

① 赵橹:《略论佛教传入傣族地区的时代》,《云南社会科学》1982年第11期。
② 陈保亚、木镜湖:《南传上座部佛教入滇考》,云南大学中文系编《东南亚文化论》,第33页,昆明:云南大学出版社,1994。

在兰那扎根与普及。14世纪末、15世纪初,兰那的上座部佛教经过景栋传入西双版纳。①

关于南传上座部佛教传入云南时间的以上诸说,由于各自都引用了相关的资料来论述自己的观点,且都有一定的根据,这里不拟一一进行评论。但是我们认为,云南境内的南传上座部佛教与东南亚南传上座部佛教一起共同组成了南传上座部佛教文化圈,它们是整个南传上座部佛教文化圈不可分割的一个组成部分。中国南传上座部佛教的发展与东南亚南传上座部佛教的发展紧密相连。因此,在研究南传上座部佛教传入中国云南的时间这一问题时,如果打破现有的国家政治疆域和国家地理疆域乃至区域性行政区划区域的概念,同时把佛教的传播与民族的分布、迁徙和定居特点联系起来考虑,就会发现,要研究中国南传上座部佛教的传入时间,必须先要熟悉东南亚南传上座部佛教发展的历史,这是研究南传上座部佛教传入中国的时间的前提和背景。同时不能孤立地去看待佛教传播的问题,事实上,民族迁徙与文化的传播是同步的,少数民族的迁徙地带也是文化传播的地带。民族族源之间的文化共通性为文化的传播提供了某种可能。历史上南传上座部佛教的传播就是以民族文化的传播为载体进行的。因此,在考察南传上座部佛教的传播过程时就必须要与民族的迁徙、民族文化的传播联系起来。此外,不能将中国南传上座部佛教的发展与少数民族的发展割裂开来,以静止的眼光去研究动态发展的事物。总之,对于中国南传上座部佛教的研究必须从其与东南亚的族群、南传上座部佛教之关系等方面入手进行研究。要研究东南亚南传上座部佛教传入中国的时间,首先必须要对东南亚南传上座部佛教有一个简单的认识,对与中国南传上座部佛教有直接联系的泰国佛教,尤其是泰国北部南传上座部佛教以及缅甸南传上座部佛教等周边国家在每一个历史时段中佛教发展的特点有一个基本了解,对与南传上

---

① 谢远章先生在1982年"上座部佛教传入中国"学术讨论会所发表的观点。

座部佛教的传播有密切联系的各民族的迁徙、分布及其文化的形成有一个全面的认识。

二、东南亚南传上座部佛教圈的形成及其传入云南的媒介与时间①

学术界对于东南亚南传上座部佛教传入中国云南的路线已经基本达成共识。大家一致认为中国南传上座部佛教主要是从泰国和缅甸传入的。从中国南传上座部佛教信仰的区域来看,至今流传于西双版纳地区的南传上座部佛教主要是从泰国清迈经过缅甸的景栋传入的;至今流传于德宏地区的南传上座部佛教有从西双版纳传入的,也有直接从缅甸传入的;临沧地区南传上座部佛教有从西双版纳传入的,有直接从缅甸传入的,也有从德宏地区传入的。其中,西双版纳的润派佛教是较早传入的,它是从泰国北部兰那地区经过现在的缅甸景栋传入的。② 那么,要考察佛教传入的时间,只需要解决几个问题:第一,泰国、缅甸佛教传入中国云南的传播媒介和传播方式。第二,东南亚南传上座部佛教圈的形成问题;第三,泰国北部兰那地区佛教发展状况;第四,缅甸(含景栋地区)佛教状况。围绕着这几个问题,具体论述如下。

(一) 云南与东南亚民族的族际间民族文化交流是佛教传入中国云南的重要传播媒介

历史上南传上座部佛教的传播就是以民族文化的传播为载体进行的。因此,在考察南传上座部佛教的传播过程时就必须要与民族的迁徙、民族文化的传播联系起来。

1. 东南亚民族格局的形成和稳定是南传上座部佛教文化圈形成的重要背景

现在,在东南亚大陆地区分布着上百个民族,这些民族可以大致分

---

① 参见薄文泽《东南亚大陆地区民族的源流与历史分布变化》,《东南亚研究》2006年第12期。
② 详细参考本书"中国南传上座部佛教派别"一节。

成几个集团:有使用南岛语系语言的澳大利亚-美拉尼西亚诸民族和马来诸民族;有使用南亚语系语言的孟-高棉诸民族,如孟人、高棉人、北部高棉人、越南人、克木人、佤人等;还有汉藏语系中使用藏缅语族语言的缅甸、克伦、克钦、拉祜、阿卡族人,使用侗台语族台语支语言的泰、傣、老挝、掸、侬、土族人,使用苗瑶语族语言的苗、瑶族人等。

通过最近几十年来的田野调查,民族学者已经对壮泰系各民族在文化传播上的链环有了比较清楚的认识。薄文泽先生对于东南亚大陆地区民族的源流与历史分布变化做过一个详细的考证,他认为:"大抵西进的泰、傣诸民族,由于经历过与文化上比自己先进的孟-高棉民族的接触,所以都和孟-高棉各民族中的先进民族一样,信奉佛教,其中泰族受孟人和高棉人影响较深,在佛教信仰中保留了比较多的印度教因素,语言里面有比较多的孟-高棉语借词;而老族、傣族、掸族的佛教信仰则融合了比较多的自然崇拜因素,其语言受孟-高棉语的影响成分也少一些;这些民族普遍使用以孟或高棉文为基础创制的文字。在老挝、越南的北部及中国云南红河流域以东、以北地区的壮泰族群,如处于越南北部的黑傣(Black Tai)、侬(Nung)、土(Tho)和中国境内的壮、布依等民族,尽管在语言上与泰、老、掸等民族接近,但长期受汉文化影响,普遍不信仰小乘佛教,而以自然崇拜为信仰的主要内容,也不使用源自巴利文的文字系统。在这两大文化系统交融的过程中,居住在越南、老挝北部和中国云南南部与越南、老挝交界地区红河流域的白傣人(White Tai)在文化上呈现出一种特殊的面貌:白傣人在1949年前读汉文文书,至今在信仰上奉行自然崇拜,但是记录本民族语言所使用的文字是与老挝文、傣文接近的源自印度的字母系统。这种文字至今还在越南的白傣民族中通行。以白傣人的分布区域为界限,往西往南的泰、傣族受印度文化影响较大,而往北往东的民族群体则受到中国文化比较大的影响。不管是缅人还是泰人、老挝人,这些源于中国的民族在与中南半岛的孟-高棉民族发生接触以后,其本身在文化上都迅速地孟-高棉化,接受了孟-高棉人介绍进来的印度字母作为本民族语言的书写工具,用先进民族的文化来丰富了自己民族的文化。在缅人、泰人进入东南亚后的几个世纪里,由中国西南地区向东南亚大陆迁徙的趋势保持了比较长的时间。

源于中国南部地区的壮泰系民族,虽然较早就到达了中南半岛北部,但他们向中南半岛腹地大规模迁徙的时间则开始得比较晚。10世纪左右,泰、掸等民族先后来到中南半岛的北部,建立了景线、景龙等小的政权。13世纪,素可泰人在湄南河上游流域获得了统治权,与比它早建立的兰那、景龙等政权共同组成了泰、傣民族的政治势力,14世纪,老挝人建立了澜沧王国。此后,经过阿瑜陀耶王朝以来的反复经营,泰人征服了孟族和高棉族的政治势力,确立了泰族在湄南河流域的统治。①

薄文泽先生对于东南亚大陆地区民族的源流与历史分布变化的考证,可以为我们提供两个方面的信息:第一,可以为解释云南境内的傣族未能全民信仰南传上座部佛教的现象提供依据。它帮助我们对于云南境内居住于红河流域和元江流域的傣族没有像其他区域的傣族信奉南传上座部佛教的情况作出了比较合理的解释。② 第二,在东南亚各个民族的迁徙过程中,源于中国南部地区的壮泰系民族,虽然较早就到达了中南半岛北部,但他们向中南半岛腹地大规模迁徙的时间则开始得比较晚。在1世纪前后到10世纪这个历史时期,东南亚各地出现了数十个早期国家。印度尼西亚群岛各地虽然出现了不少国家,在这一时期的后期还出现了一些较为强大的国家如室利佛逝,但远远谈不上出现一个统一的国家;在中南半岛,越南北方直到10世纪初还是中国封建王朝统治区域的一部分,缅甸和泰国在公元最初几个世纪就出现了一些小国,到6世纪以后出现了地域发展更广的骠国、堕罗钵底等国家,但直到这一时期末,都还没有出现主要由缅族或泰族建立的统一国家;只有柬

---

① 薄文泽:《东南亚大陆地区民族的源流与历史分布变化》,《东南亚研究》2006年第6期,第82—86页。
② 对此情况,笔者有专文论述,在此不再赘述。

埔寨的高棉人当时就已建立了自己的国家——扶南及其之后的真腊、吴哥，其地域范围超过现在的柬埔寨。从10世纪开始，泰、掸、傣族等民族就打破国家政治疆域和国家地理疆域，而一直在以大的民族集团建立自己同一族源的统治势力，到13、14世纪时，泰、掸、老、傣族等同族源民族文化圈基本形成，其中包括南传上座部佛教文化圈的形成。据研究，在中国宋朝以前，云南傣族与泰国、缅甸、老挝之间还没有现在这样的国家疆域界限。① 今天的东南亚各国疆界是在19世纪末到20世纪初才最终基本形成的。第三，由于东南亚民族分布格局，尤其泰、掸、老、傣族等同族源民族文化圈是从10世纪开始逐步形成，因此，要在10世纪以前就在泰、掸、老、傣族等同族源民族文化圈内传播已经相当成熟的南传佛教文化是不可能的，尤其是要传播成熟于13、14世纪时才逐渐成熟的南传上座部佛教文化更是不可能的。②

2. 云南跨境民族格局的分布及民族文化交流是佛教传入中国云南的有利条件③

云南是中国少数民族类别最多的一个省。除汉族以外，5 000人以上的少数民族云南省有25个。据2000年第五次全国人口普查，云南省少数民族人口有1 433万人，约占全省总人口数的1/3。其中，人口在100万以上的有彝、白、哈尼、傣、壮、苗等6个民族，人口在10万以上100万以下的有傈僳、回、拉祜、佤、纳西、瑶、景颇、藏等8个民族。云南又是与多国为邻的一个省，分别与缅甸、老挝、越南接壤，与泰国、印度等国相邻。云南省与毗邻国的边界长达3 207公里，其中中缅边界1 997公里，中老边界500公里，中越边界710公里。云南省有117个县和县级市，其中有27个县市分别与缅甸、老挝和越南相接壤。在云南的26个民族中，有众多的人口跨中

---

① 范宏贵:《壮、傣、老、泰族的渊源研究》,《广西民族学院学报》2002年第3期。
② 笔者注：传入中国云南的南传上座部佛教是较为成熟的，不属于早期南传佛教发展形态，这突出表现在云南南传佛教的佛教派别方面。对此，笔者将在佛教派别部分进行详细论述。
③ 参见方铁《云南跨境民族的分布、来源及其特点》,《广西民族大学学报》(哲学社会科学版) 2007年第9期。

国与邻国的边境地区居住。云南边疆以及邻国相邻地区的稳定与发展,与这一地区的跨境民族及其状况有十分密切的关系。

这16个跨境民族人口与分布的情况大致如下:

苗族:一般自称"毛"或"蒙"。云南省有苗族104万人,分布在87个市县。其中以文山州人数最多,其次是红河州和昭通地区。越南称苗族为赫蒙族,有41.1万人,分布在越南北方,以封土、奠边府、高原、黄树皮、顺州等地较为集中。老挝有苗族20万人,居住在北部,以川圹、丰沙里、桑怒、会晒、琅勃拉邦等地人数最多。苗族在缅甸有1万人,主要居住在萨尔温江上游两岸山区,以果敢地区最为集中。泰国有苗族7万人,80%的人口分布在清迈、清莱、达、黎、碧差汶等5个府。

瑶族:一般自称"瑶"。云南省有瑶族19万人,主要住在红河、文山两个州的南部。越南有瑶族34万人,大都分布在西北部的高平、凉山、北太等省区。老挝有瑶族2万人,主要住在中老、越老边界老挝一侧的地区。

彝族:通常自称"罗罗"。云南省有彝族470万人。彝族在云南分布广泛,以楚雄州、红河州居住较为集中。在云南省南部红河、文山、思茅、西双版纳、临沧等5个地州,彝族人口上万的县有16个。彝族在老挝、越南各有2000人,当地称之为"倮倮"。这两个国家的彝族人口,主要住在靠近中国边境的地区。

哈尼族:一般自称"哈尼"。云南省有哈尼族142万人,绝大部分住在元江与澜沧江下游之间的地区,以元江、墨江、红河、元阳等县分布最为集中。缅甸有哈尼族6万人,称之为"高",大部分住在东掸邦,以景栋地区人数最多。越南有哈尼族9500人,居住在越、中、老三国交界越南一侧的地区。泰国有哈尼族2万人,大部分住在清莱府。老挝有哈尼族1万人,称为"卡果",主要居住在丰沙里、琅南塔、乌多姆塞等3省。

景颇族:有"景颇"、"载瓦"等自称。云南省有景颇族13万人,主要聚居在德宏州。缅甸称景颇族为"克钦",有56万人,主要住在克钦邦,在掸邦北部和邻近中国、印度边界的地区,也有少量人口分布。

傈僳族:自称"傈僳"。云南省有傈僳族61万人,主要聚居在怒江州,在丽江、迪庆、大理、保山等地州也有少量散布。缅甸有傈僳族4万人,大部分住在掸邦和克钦邦。泰国有傈僳族1.5万人,主要居住在清迈、清莱、夜丰颂等3府。

拉祜族:自称"拉祜"。拉祜族在云南省有45万人,在滇西南诸县均有分布,主要聚居在澜沧县和孟连县。缅甸有拉祜族5万人,称为"么舍",大部分住在掸邦东部。泰国有拉祜族3万人,以清迈府居住最为集中。在清莱、夜丰颂、达府等地亦有分布。越南有拉祜族4 000人,大都住在靠近中国的边境地区。老挝有拉祜族2 000人,分布在琅南塔省。

佤族:大部分人自称"佤"或"阿瓦"。云南省有佤族38万人,分布在临沧、思茅地区的西南部,以西盟、沧源两县居住最为集中。缅甸有佤族8万人,大部分住在掸邦。泰国有佤族1.2万人,分布在清迈、夜丰颂、达府等地,以清迈人数最多。老挝北部也有少量佤族人口。

德昂族:自称"德昂"或"鲁迈"。云南省有德昂族1.7万人,居于西南部边境地区,70%的人口分布在德宏州沿边各县。德昂族在缅甸称"崩龙",有24万人,主要分布在克钦邦和掸邦。

怒族:大部分人自称"怒"。云南省有怒族3万人,主要住在碧江、福贡、贡山等3县。缅甸有怒族1万人,住在与中国、印度毗邻的地区。

独龙族:自称"独龙"或"俅"。在云南省有6 000万人,主要聚居在贡山县。缅甸有独龙族1 200人,住在恩梅开江上游一带。

回族:自称"回回"。云南省有回族64万人,回族在云南的居住相当分散,大都住在城镇和交通沿线,居住回族人口上万的县有13个。在云南南部也分布有一些回族人口。如:红河州有回族4.9万人。西双版纳州有回族3 000万人(1990年),主要住在勐海县。德宏州和迪庆州也各有回族1 000万人。据西方研究者估计,居住在泰国、缅甸、老挝北部原籍为云南的回族,大约有10万人。其中,泰国清迈、清莱、南奔3府的回族,约有2万人。

布朗族:自称"布朗"。云南省有布朗族9万人,分布在保山、临沧、西双版纳3地州邻近缅甸的地区,以勐海县居住最为集中。老挝有布朗族数千人,居住在丰沙里地区。①

从上面所引资料来看,中国云南跨境民族与东南亚各国民族有着千丝万缕的联系,正是这割不断的亲情让这些民族千百年来来往不断,共同创造着世界民族的辉煌。

从分布与来源情况来看,云南境内外跨境民族的一个明显特点,是云南省国界两侧跨境民族的类别与人口较多,这种20个以上的跨境民族,在某一地区密集分布于国界两侧的情形,在中国乃至全球也不多见。分布在云南及4个相邻国家的跨境民族,有壮侗语族的诸民族以及汉族、苗族、哈尼族、拉祜族和回族,分布在云南及2—3个相邻国家的跨境民族,有瑶、彝、景颇、傈僳、佤、布朗、克木等民族。除汉族、回族在中南半岛北部多数居住在城镇附近,德昂族、彝族在云南边境一侧或两侧分布较分散,致使境内外居住区不甚相连外,其余跨境民族主要的聚居区,基本上是跨越中国与邻国的边界,简言之,即大部分跨境民族,有相当多的人口在中国与邻国国界的两侧毗邻而居。据统计,云南省地处与邻国毗连区域的县市,面积约占云南省总面积的23.47%,除腾冲、龙陵、镇康等3县以外,其余县市均为民族自治地方。居住云南边境诸县市的少数民族人口约有350万,约占当地总人口数的60%,其中跨境民族人口占当地少数民族人口数的98%以上;在分布与来源方面,云南境内外跨境民族的第二个特点,是一些跨境民族虽有范围较大的聚居区,但各民族交错杂居与插花式分布的情形也十分普遍;云南境内外跨境民族在分布与来源上的第三个特点,是各跨境民族长期友好相处,相互关系较融洽。这不仅体现在诸跨境民族相互的关系方面,也表现在居住云南境内外同

---

① 详参方铁《云南跨境民族的分布、来源及其特点》,《广西民族大学学报》(哲学社会科学版) 2007年9月第29卷第5期;以及赵廷光主编《中国跨界民族研究》,1999年版。

一跨境民族内部。云南省的跨境民族在境外普遍有亲戚和朋友。①

值得注意的是,在这些跨境民族中,还有一类可以称之为"亲缘民族"的族群。② 这些民族有共同的族源关系,以后因迁徙或国界变动等原因,其中主要的部分逐渐向不同的方向发展,并产生了明显的差异,目前其整体是否为同一民族,其成员以及相关研究者持有不同看法,可称为中国与邻国的"亲缘民族"。这一类民族有如中国的傣族、布依族、侗族、壮族,以及中南半岛北部的泰族、佬族、掸族、佬族、岱族等。这些"亲缘民族"跨区域而居,但是其文化内在的传承性和共同性却让这些民族相互学习、相互交流,在文化和经济等方面共通有无,他们共同构成了同一族源文化体系。例如,傣族与东南亚地区同一族源的泰族、掸族、老族之间经常进行民族族群文化交流,人们将这一明显具有"亲缘关系"的族群文化统称之为"傣泰"民族文化。应该说,正是云南拥有这样的跨境民族,尤其是"亲缘民族"的族群,才使得在历史的长河中,它们与东南亚民族之间相互的交往更为便捷。③

但是,如果仔细研究,我们会发现云南与东南亚跨境民族,尤其是与东南亚的亲缘民族格局并不是很早就有的,是在历史发展长河里民族迁徙的过程中逐渐形成的。因此,考察东南亚民族格局,尤其是傣泰掸老族民族分布格局的形成是很必要的。

3. 傣泰掸老族民族分布格局是南传上座部佛教文化传入云南强有力的文化保障④

在云南的跨境民族,尤其是"亲缘民族"的族群中,傣泰掸老族等民

---

① 方铁:《云南跨境民族的分布、来源及其特点》,《广西民族大学学报》(哲学社会科学版)2007年9月第29卷第5期。
② 关于"亲缘民族"一词的争论问题,请参考方铁《云南跨境民族的分布、来源及其特点》(《广西民族大学学报》(哲学社会科学版)2007年9月第29卷第5期),笔者同意这一观点。
③ 笔者注:当然,我们同时也要意识到,云南跨境民族与东南亚民族之间的交往并不是中国与东南亚国家交往的唯一方式,因为我们诸多史籍已经记载了在历史的长河中中国早已开始了与东南亚国家的友好往来。
④ 参见何平《泰语民族的迁徙与现代傣、老、泰、掸诸民族的形成》,《广西民族研究》2005年第6期。

族的分布格局对于南传上座部佛教的发展,尤其是对中国南传上座部佛教的发展有非常重要的促进作用。因为其民族分布格局的形成对于民族文化的传播起着重要的保障作用。我们甚至可以说傣泰掸老族民族分布格局是南传上座部佛教文化传入云南强有力的文化保障,因此,研究傣泰掸老族民族的分布格局对于研究中国南传上座部佛教文化的传播是很重要。

国际泰学界所说的泰语民族(Tai-speaking Peoples)是更大的壮侗语族群中的一个分支。随着研究的深入,越来越多的证据表明,泰语民族的发祥地是在今天的广西、云南和越南交界一带地区,其先民是后来辗转迁徙到今天他们居住的这一带地区并形成今天分布在中国云南和东南亚的傣、泰、老、掸诸民族的。①

泰语民族的先民在向中国云南西南边地和中南半岛迁徙的过程中,逐渐分化,并在分化的过程中,不断与当地其他民族融合,逐渐形成了一些新的支系,最终形成了我们今天见到的这些虽然关系密切却又有差别的新的民族。泰族先民进入今天泰国北部地区的时间大概是从8世纪或更早一点的时候才开始的,但不会早得太离谱。进入泰北的这些泰人后来被他们的邻居称为"(泰)阮人"(Yuan)或"(泰)允人"(Yun)或"(泰)庸人"(Yon),传说中的"庸那迦"(巴利文拼写为 Yonaka,泰文拼写为 Yonok)即是从这个名称来的。最初,泰阮人居住在今天的缅、老、泰三国交界一带地区乃至更北边的一些地区。②

泰阮人历史上最有名的国王就是孟莱王。孟莱于1259年20岁时在清盛继承父位为王。当时,孟人的势力已经衰落,高棉人的势力也迅速退却,因此,孟莱王的势力得以向南面发展,并于1292年一度占领了

---

① 范宏贵:《壮、傣、老、泰族的渊源研究》,《广西民族学院学报》2002年第3期;何平:《泰语民族的迁徙与现代傣、老、泰、掸诸民族的形成》,《广西民族研究》2005年第2期(总第80期)。
② 何平:《泰语民族的迁徙与现代傣、老、泰、掸诸民族的形成》,《广西民族研究》2005年第2期(总第80期)。

孟人城市南奔。

最初进入泰北地区的泰阮人没有自己的文字,也不信佛教。在与孟人接触之后,泰阮人才从孟人那里接受了他们的宗教和文化,并加以改造,从而创造出了自己的文字和形成了自己的文化。与孟人文化接触后,泰阮人开始使用两种字母来书写:一种为世俗体,即采用孟文字母来拼写泰阮人的方言;另外一种叫作"达摩"(Dhamma)字母,泰阮人用泰话发音为"檀"(Than),主要用于佛教经文的抄写。

据泰国北部的编年史记载,1296年,孟莱王又建立了一座新城,即清迈(清迈的意思就是"新城")。1327年,孟莱王的孙子昭三听又在孟莱王原来即位的地方清盛再建了一座城市,即今天见到的清盛。以后,清迈逐渐发展成了泰北的政治、经济和文化中心,泰北各地泰人的小勐如难、帕等均归附了清迈,泰北由此被称为"兰那王国"或"兰那泰"。① 1400—1525年期间是兰那王国的黄金时期。这一时期,兰那泰阮人的文化对周边地区产生了很大的影响。以今天老挝的琅勃拉邦为中心的南掌王国(澜沧王国)、缅甸景栋的泰坤人(又译为泰艮人)、云南西双版纳的傣泐人,都采用了兰那泰的泰阮人的"达摩"(Dhamma)或"檀"(Than,泰文对"达摩"的异写)字母,此后,泰国北部、老挝西北部、缅甸掸邦东北部一部分地区和中国云南西南部的西双版纳傣族地区便形成了一种相通的、一直延续到今天的"达摩字母文化"。泰庸人的一支后来还进入了今天缅甸东北部的景栋一带地区,与当地民族融合后形成了今天缅甸东北地区的掸族的主体。②

1292年,中国元朝征服了车里(即西双版纳地区),置车里军民总管府,正式将西双版纳纳入元朝的统治领域之中。之后,元朝改变其对八

---

① "八百媳妇国"、"八百大甸"是中国对孟莱王所建立的国家之称呼,而他们自己则称之为"清迈国"。在13、14世纪时,"八百媳妇国"的正式名称是"清迈国",至于被称为"兰那国"则应该是在明朝。详参段立生《泰国文化艺术史》第159页,北京:商务印书馆,2005。
② 何平:《泰语民族的迁徙与现代傣、老、泰、掸诸民族的形成》,《广西民族研究》2005年第2期(总第80期)。

百媳妇国进行武力征讨的策略,改而为外交接触,"遣使招徕,置八百大甸军民宣慰司"。从此,八百媳妇国臣服元朝。但是,在孟莱王统治时期,八百媳妇国虽然名义上臣服元朝,但却时常联合车里来作乱。根据《招捕总录》"车里"条记载:"大德二年(1298年)三月,小车里结八百媳妇为乱,经时不下,遣使奉诏,招之不听。""至大四年(1311年),云南省上言八百媳妇、大小车作乱。"元朝多次派出军队征讨都未见显著成效。《新元史》的《八百媳妇传》记录:"仁宗皇庆初(1312年)八百媳妇再寇边,帝降诏招抚之,始献驯象、白象,继遣其继子昭三听来朝。"这里所说的"昭三听"就是孟莱王之孙。孟莱王于1317年逝世,由其子浑乞滥继位(1317—1327年在位)。浑乞滥原来统治昌莱,并在那里接待过元朝使节。他主张与元朝修好,遂派其子昭三听访问中国。1327年昭三听继位为王,于次年重修昌盛城,然后把首都迁往昌盛城。此后,八百媳妇国与中国元朝、明朝一直维持着正常的外交往来。直至明朝嘉靖年间(1522—1566年)为缅甸兼并。曼谷王朝初期,清迈国正式被划入泰国版图。①

值得注意的是,孟莱王等历代国王除了积极进行国力建设之外,还努力建立与其他国家的姻亲关系。因为"在那个时期,国家的强大并不表现在疆域的辽阔上,而是表现在一国国王是否德高望重以及和其他国家的亲戚关系如何。亲戚关系促成了各国之间在战争时期的互助关系。亲戚多了,其威力自然较他人为强。例如,孟莱王颂扬坤兰甘亨国王的国威隆盛,实是因为他和吴哥、洛坤和阿约他耶邦各国都有亲戚关系的缘故"②。正是在这样的建设和发展策略下,八百媳妇国(或者说是兰那泰)逐渐发展成为泰国北部直接与中国云南接壤地带较为强大的国家。这为东南亚南传上座部佛教从泰国兰那传入中国云南打下了厚实的基

---

① 段立生:《泰国文化艺术史》,第161页,北京:商务印书馆,2005。
② 室萨·旺里颇隆:《华富里的泰东北》,《泰国星暹日报》1997年号,转引自泰国黎道纲《泰国古代史地丛考》第221页,北京:中华书局,2000。

础,使之成为强有利的保障。

此外,在泰人先民迁徙的过程中,另外还有一些支系进入了湄南河流域,一些人与当地的孟人和高棉人统治集团成员通婚融合,逐渐形成了一个新的族群——泰暹人或暹泰人。泰国学者黎道纲先生认为:"湄南河流域的各个王系,由于文化相同,彼此通婚联合,逐渐形成一个单一民族,这个民族就是高棉人、占婆人和周边国家人们口里的 Syam 人。所谓 Syam 人也就是今日泰国境内的暹泰民族。"暹泰人或者叫泰暹人大概在13世纪40年代控制了素可泰城,但直到兰甘亨于1279年左右继承其兄为王之后,素可泰才真正成为了一个暹泰族的政治中心。当时,素可泰通过扩张兼并了周边许多高棉人的城邦和已经居住在当地的泰人的小勐,形成了一个规模较大的泰人国家。在兰甘亨统治时期,素可泰成为了一个富裕而强大的中心,国王兰甘亨是一位虔诚的佛教徒,大力弘扬南传上座部佛教,使南传上座部佛教取代了早期的原始宗教而成为了国教。在著名的兰甘亨碑铭中,兰甘亨向世人炫耀他的王国如何如何的富足,"水里有鱼,田里有稻",人民可以自由地往来和做生意,王国的赋税很轻,国王执法严明公正。碑铭还说,向素可泰表示归顺的有来自朗勃拉邦、南乌河以及湄公河两岸的老族人。还有记载说万象和勐骚也在归顺素可泰的泰老民族的小邦的行列。①

值得注意的是,与兰那王国一样,素可泰王朝历代国王除了积极进行国力建设之外,还努力建立与其他国家的姻亲关系。例如,史料显示,素可泰王朝就与兰那泰有过姻亲关系,因为约在1400—1406年间,素可泰王朝就因兰那国势力南伸,改由立泰王的兰那妃子所生之子赛吕泰为王。② 同样的道理,正是在这样的建设和发展策略下,素可泰国(或者说是兰那泰)逐渐发展成为泰国北部较为强大的国家。这也为东南亚南传

---

① 何平:《泰语民族的迁徙与现代傣、老、泰、掸诸民族的形成》,《广西民族研究》2005 年第 2 期(总第 80 期)。
② [泰国]黎道纲:《泰国古代史地丛考》,第 222 页,北京:中华书局,2000。

上座部佛教从泰国兰那传入中国云南打下了厚实的基础,使之成为强有力的主体保障。

1351年,另外一支暹泰人的统治者拉玛提婆迪以阿瑜陀耶为中心,建立了阿瑜陀耶王朝,阿瑜陀耶取代了早期的暹泰王国素可泰以后,控制了今天泰国中部最富庶的地区。此后,暹泰人势力日益壮大,逐渐发展成了今天泰国的主体民族。向西迁徙到今天云南西部和缅甸北部一带的另外一些泰人支系,逐渐形成了泰语民族中的大泰这一支系。据大泰人的史籍记载,他们早在6世纪甚至更早就在瑞丽江流域建立了国家。但是,直到13世纪时,以勐卯为中心的大泰民族的势力才真正崛起建立了强大的勐卯王国即麓川政权(详见下一部分)。明代"三征麓川"以后,大泰地区归属中国中央王朝。后来,缅甸东吁王朝崛起,四处扩张,控制了一部分大泰人地区,这一部分地区的大泰人也就成为了今天缅甸北部地区的掸族的主体。① 这样的民族格局为将来东南亚南传上座部佛教传入中国云南提供了强有力的主体保障。

4. 缅族先民的迁徙与现代缅族的形成②

考诸整个东南亚南传上座部佛教发展史,在1044年即位建都于蒲甘的阿那律陀王(1044—1077)统一缅甸后,大力发展佛教,为整个东南亚南传上座部佛教的发展作出过功不可没的贡献。东南亚南传上座部佛教曾经伴随他的政治统治策略而在东南亚传播得到净化并巩固发展。他还曾经以兰那和南掌为中心,对差不多整个泰国进行统治。③因此,要全面了解南传上座部佛教文化圈的形成过程,就不能不提缅甸在其中所起的作用。因此,首先考察缅族先民的迁徙与现代缅族的形成,有助于我们进一步了解东南亚南传上座部佛教发展的情况。

---

① 何平:《泰语民族的迁徙与现代傣、老、泰、掸诸民族的形成》,《广西民族研究》2005年第2期(总第80期)。
② 参见何平《缅族先民的迁徙与现代缅族的形成》,《东南亚研究》2006年第6期。
③ [日]佐佐木教悟作:《泰族佛教源流——印度文化圈佛教的传播》,《东南亚纵横》1990年第4期。

虽然藏缅语民族很早就进入了缅甸，但现代缅族则是在9世纪以后才正式形成的。在骠人统治时期，可能已有一些缅族的先民进入了缅甸。这个时候，缅族可能只是一些原始的部落，只能把他们称为缅族的先民或原始缅族，其作为一个真正意义上的民族，是在这个群体以蒲甘为中心建立政权以后才形成的。研究缅甸历史的学者多认为，至迟从9世纪起，缅族的先民或原始缅族的势力就以蒲甘为中心发展起来了。在蒲甘城建立以前，缅族的先民可能只是以一个个部落的形式分散分布在一些地区。832年，骠国遭到南诏的攻伐，史书记载说，南诏还从骠国的都城掳掠了三千民众到拓东城（今昆明）（《新唐书·骠国传》）。从此以后，骠国便日趋衰落。到9世纪中叶时，骠人的国家已经瓦解。这时，缅人以蒲甘为中心，开始登上缅甸的历史舞台，缅人的名称也开始见诸史书。缅人建立了蒲甘城以后，势力迅速壮大。到11世纪初，缅人所统治的地区，以蒲甘为中心，北到密铁拉、杰沙，南到敏巫、吻外，西起蒲甘，东到皎克西（叫栖），大约从南到北约三百公里，东西一百余公里。在当时的缅甸中部和北部广大地区，一些强大的骠人部落仍然在活动。可能一些傣掸民族的部落已在北部和东北部的广大地区日渐崛起；南部沿海地区是历史文化悠久的孟人国家，其中最主要的是直通王国，而西部的阿拉干仍然是独立的国家。因此，蒲甘国王阿奴律陀在1044年即位后，经过十多年的经营，巩固了缅人建立的蒲甘王国的地位后，便开始进行统一缅甸的战争。1057年，阿奴律陀率军南下，进攻南方的孟人国家并最终攻陷了孟人的政治、经济和文化中心直通城。孟人国王摩奴诃俯首投降，直通王国从此并入蒲甘的版图，其他一些孟人国家如勃固等也归附了蒲甘。南方的征服，使蒲甘王国获得了出海通道。而阿奴律陀把在直通得到的许多南传上座部佛教的经典和珍宝以及众多的僧侣带回蒲甘，则对蒲甘缅人文化的发展产生了重大的影响。阿奴律陀征服了南方孟人地区后，又率军翻越西部的阿拉干山脉，征服了阿拉干的北部地区。在东北方向，阿奴律陀把他的统治扩大到与今天掸邦交界的地区，在杰沙、太公、曼德勒、八莫等地建筑了一些要塞,以防止掸族南下。阿奴律陀发动的统一战争使缅人的势力得到巩固。

此后,经过阿奴律陀、江喜陀和阿隆悉都等几位国王的经营,缅人在吸收骠人文化和孟人文化的基础上,发展了他们自己的文化。到了阿隆悉都国王时期,缅人文化已经流行,缅人开始有了自己的文字。这一时期缅甸碑铭的文字也逐渐以缅文为主。因此,有的历史学家认为,自阿隆悉都国王即位开始,蒲甘文化就进入了缅人时期。

正是在这一过程中,早期的缅人在吸收当地各民族文化的基础上,创造了自己的新的文化,反过来又利用这种文化不断同化其他民族,并在血统上融合其他民族,一个新的现代缅族便从此以主体民族的身份出现在中南半岛的历史舞台上,并不断发展和壮大。①

5. 云南境内傣族分布及其变迁②

如果说与云南相关的东南亚佛教文化圈的传播主体的民族迁徙及其分布格局之形成对于民族文化的传播起着重要的保障作用的话,那么作为东南亚佛教文化圈的接受主体——傣族的民族迁徙、分布乃至政治、经济、民族文化的高度发展,才使得东南亚佛教文化的传入成为可能。在云南境内的傣族有四个主要支系,其中西双版纳的傣族和德宏的傣族都先后产生过影响很大的政权。

在西双版纳境内,很长一段时间若干傣族部落各自占据一定的地域生活,但彼此之间没有统辖关系。这一局面一直到1180年才得到改变。根据傣族文献《泐史》记载,1180年,傣族部落首领叭真在西双版纳地区建立了"景龙金殿国"(也有人称之为"泐国"),这是西双版纳地区第一个统一的国家。对于这段历史,《泐史》是这样记载的:

---

① 详参贺圣达《缅甸史》,北京:人民出版社,1992;何平:《缅族先民的迁徙与现代缅族的形成》,《东南亚》2006年第2期。
② 笔者注:云南信仰南传上座部佛教的民族很多,因傣族是主要的民族,故此以傣族为主要讨论对象。

叭真于祖腊历五四二年（宋淳熙七年，1180年）入主勐泐。其父给与仪仗武器服饰多件，诏陇法名菩提衍者，则制发一虎头金印，命为一方之王，遂登大宝，称景龙金殿国至尊佛主。五五二年（绍熙元年，1190年）六月白分初十日乙丑，星期六，建都于景兰，因此前彼处有一地管名爱兰者，遂名焉。

叭真战胜此方各地之后，兰那、猛交、猛老皆受统治。时天朝皇帝为共主，有猛交酋名那剌毗朗玛，景龙酋名蒙猛，兰那酋名菩提逻阇喑者，以及剌隗、金占、喑崖、埭腊、珑南，崆岢等名酋长，俱会商劝进，举行滴水礼，推叭真为大首领。①

虽然这段史料记载还有进一步剖析的必要，但它却叙述了一个傣族部落联盟成立的历史。应该说叭真只是傣族部落联盟的首领，他建立的景龙金殿国只是征服或联合了境内各部落而组成的一个傣族部落联盟，但这一部落联盟并没有取消境内各个部落内部固有的组织结构。在其于1180年建立景龙金殿国后的10年后，叭真战胜此方各地，兰那、猛交、猛老皆受统治。叭真后来分别让自己的儿子去治理兰那、猛交、猛老等地。根据《泐史》记载，该国在最盛大时有人口844万、白象9000头、白马9.7万匹，足见国势之强。这统一的政权有利于内部各邦以及同东南亚各个民族之间的文化交往和相互融合。

至于德宏地区的强大的勐卯王国即麓川政权，则在傣族文献和汉文历史文献中有详细的记载。所谓麓川，即今云南省德宏傣族景颇族自治州的瑞丽、陇川、遮放及瑞丽江南岸一带。在10世纪前后，云南西部出现了一个由木邦、孟养、勐卯和勐底四大掸族傣族部落组成的一个的强大的部落联盟，在这个部落联盟中勐卯部族就是麓川。在中国元朝初年，建立金齿六路时，把勐卯建为麓川路，所以勐卯又被称为麓川。在傣族文献《勐卯思氏谱牒》中叙述了麓川政权的传位世系，言其1256年（南

---

① 《泐史》，转引自江应樑《傣族史》第117页，成都：四川民族出版社，1984。

宋宝祐四年)芳罕为第一任统治者开始统治。后来麓川政权不断发展扩大,随着这一区域经济的发展,麓川政权不断地发动大规模的兼并战争,疆域不断扩大。明朝李思聪《百夷训》中曾经叙述过麓川的领地:"百夷即麓川平缅也,地在云南之西南,东接景东府,东南接车里,南至八百媳妇国,西南至缅国,西至嘎里,西北连西天古剌,北接西番,东北接永昌。"可以说当时云南境内的傣族分布区域除了车里(即西双版纳)、元江、景东外,几乎完全被麓川政权所兼并。麓川政权虽然表面上接受中央政府的统治,但其不断地扩张自己的势力,最终导致在明朝时期,明朝政府三征麓川政权,并在正统九年(1444)革麓川宣慰司,以原麓川所属之陇把地建陇川宣抚司,授夷目恭项为陇川宣抚。同时,在经历了长期艰苦的战斗之后,明朝政府最终消灭了麓川政权,将麓川政权的最后的统治者思氏赶到孟养一带。后来,虽然思氏后裔多次来朝贡,但朝廷拒绝不纳,致使孟养长期陷入纷乱之中,最终沦为异域。

综观云南境内的傣族在历史上都有过强大的政权,经济发达,文化也得到充分地发展,其与东南亚之间的关系往来十分密切,如根据泰北的《清迈纪年》的记载,兰那王国孟莱王出生于泰北清盛地区的恩央王国(又译银扬王国)的统治家族,他的父亲老蒙(Lao Meng)长得非常英俊。老蒙长大以后,其父也就是孟莱王的祖父召老芒(Cao Lao Moeng)派人到统治今天西双版纳地区的景洪王匋陇建仔(Thao Rung Kaen Chai)处为儿子求婚。匋陇建仔很高兴,就把女儿帖帕罕凯(Theppha Kham Khrai)嫁给了老蒙。老蒙在32岁时继父位统治恩央王国以后,把景洪王匋陇建仔的女儿帖帕罕凯升为王后,其地位"高于其他500位王妃"。① 另外,傣族有关文献,如《佛教圣事大记》等也对此有所记载,西双版纳第四代召片领(即宣慰使)匋陇建仔将女儿嫁到了泰国北部地区。后来生子,

---

① "The Chiang Mai Chronicle", translated (from Thai into English) by David K. Wyatt and Aroonrut Wichienkeeo, Silkworm Books, Chiang Mai, 1995, pp.14–15.

即兰那王国的孟莱王。在孟莱王统治时期,对他的外祖父母非常孝顺,每年都有大批的礼物送给自己的外祖父母。甸陇建仔也非常疼爱自己的外孙,在自己外孙生日的时候都有很厚重的礼物回赠。因此,这一时期的泰国兰那王国和中国云南西双版纳地区的关系非常好,这为佛教从泰国兰那地区传入西双版纳地区打下了良好的基础。在此后的时间里有大批的巴利语佛经和注释被译为了泰润文,在泰族、傣族、掸族和老族地区流通,促进了这一地带佛教文化的又一次大交流、大融合。① 此外,在16世纪时,缅甸东吁王朝的莽应龙还和西双版纳联姻。在1569年缅甸公主喃巴杜麻波罕(民间称之为"金莲公主")嫁给西双版纳第19代宣慰使刀应勐为妻。当时缅甸方面派出了大批随行人员,其中还有一个佛教使团,携带了大量巴利文三藏经典和佛像,来西双版纳弘法。在金莲公主的努力下,西双版纳地区的佛教得到了迅速发展,大批佛寺拔地而起,其中以金莲公主命名的佛寺至今犹存。这一切都成为东南亚佛教文化传入云南的必要保证。

(二)东南亚南传上座部佛教文化圈的形成是南传上座部佛教文化传入云南的重要前提

如果说以上的讨论旨在说明南传上座部佛教文化圈的传播主体和接受主体的话,那么以下对于南传上座部佛教文化这一重要的传播对象的讨论就显得尤为重要。因为只有东南亚南传上座部佛教文化圈形成并向四周传播,它才有可能传入到云南。按东南亚南传上座部佛教文化圈与中国云南南传上座部佛教文化圈关系最密切的国家是尤其以缅甸和泰国为代表。因此,考察缅甸南传上座部佛教文化圈的形成与传播、泰国南传上座部佛教文化圈的形成与传播就显得很重要。兹分别叙述如下。

---

① 邓殿臣:《南传佛教简史》,第191页,中国佛教协会出版,1991。

1. 缅甸佛教情况①

上座部佛教很早就传入缅甸南部孟族地区,尔后虽有衰落,但未曾灭绝。3—4世纪时上座部佛教沿伊洛瓦底江北上,传入骠国。之后,大约在4世纪左右大乘佛教由水陆两路从印度传入中部地区。稍后锡兰的上座部佛教开始传入缅甸。大约从7世纪开始,印度的密教和中国的藏传佛教也对缅甸产生过影响。11世纪中期以前,大乘阿利僧教派还曾在蒲甘流行。可以说,从佛教传入缅甸到1044年蒲甘(Pugan)王朝的建立,是缅甸佛教的早期发展时期。

1044年以前,缅甸境内存在着许多独立小国。阿奴律陀登王位后征服了各路诸侯,统一了缅甸。他整饬教派,发展农业,为蒲甘王朝的发展奠定了基础,也为佛教的兴盛创造了条件。由于在佛寺隐居多年,阿奴律陀深受佛文化的熏陶。继位后又受到来自直通的孟族高僧阿罗汉的影响,他立下了改革教派,弘扬佛教的志向。阿罗汉长老精通三藏,为弘法来到上缅甸地区。他经人引荐,见到了阿奴律陀国王。长老的学识及对佛理的领悟深得国王的敬重。1056年阿奴律陀王采纳阿罗汉的建议扫荡了阿利教势力,废除了大乘、密宗、婆罗门等教派,定佛教为国教,尊阿罗汉长老为国师。由于阿罗汉初至蒲甘时未携带完备的三藏经典,便建议国王遣使直通,向孟王摩奴诃请赐三藏经典和佛舍利,但遭拒绝,引起了阿奴律陀的不快。于是阿奴律陀派兵进攻直通,围城三个月后攻陷直通城。击败孟王摩奴诃后,阿奴律陀王令人将直通的三藏经典及注释用三十二头大象运回蒲甘,同时将五百名高僧及众多的能工巧匠带到了蒲甘。征服直通是缅甸文化史上的重大事件,它使蒲甘的佛教、文化艺术和手工业都得到了前所未有的发展。征服直通后,阿奴律陀王又与锡兰通好,派遣僧团前往锡兰迎请完备的三藏经典。他还广建佛塔寺院,塑造佛像,改革佛教,使其盛行全国。1058年始创缅文字母,音译了上座

---

① 参见钟智翔《缅甸的佛教及其发展》,《东南亚研究》2001年第4期。

部佛教三藏典籍,奠定缅甸上座部佛教的基础。

阿奴律陀还大肆扩张疆域,向东征服了掸族诸邦,并纳一掸族公主为妃,密切了蒲甘和掸区的关系。发达的蒲甘佛教文化很自然地传向掸区,又通过掸区传到泰、老、傣族地区。

江喜陀王继位后,仍大力推崇佛教。江喜陀去世后,其外孙阿隆悉都继位。阿隆悉都也一如其先辈,在各地广建寺塔,保持了佛教的昌盛局面。由于有历代国王的大力扶持,此时的蒲甘已成为整个东南亚地区的一个佛教中心。

1173年那罗波帝悉都登位。缅甸与锡兰间的宗教往来仍十分频繁。国师般他求也西渡锡兰,在锡兰求法六年,于1173年回国。此后,缅甸佛教开始较多地受到锡兰大寺派的影响。般他求的弟子、后来的国师乌多罗耆婆长老也于1180年率领众僧赴锡兰求法,受到大寺派接待,长老本人也被誉为"遍历锡兰第一法师"。乌多罗耆婆长老回国时,留下了孟族沙弥车波多。车波多在锡兰大寺受比丘戒,留学十年,1190年返缅。与他一同返缅的还有四位外国比丘:尸婆利、多摩陵陀、阿难陀、罗目侯罗。他们在蒲甘创立了缅甸的大寺派。由于大寺派戒律严格,因而受到了国王的青睐。在那罗波帝悉都王的支持下,大寺派在缅甸获得了较快的发展。缅甸的佛教从此分成了两派:车波多的锡兰派,又称为后宗和前国师阿罗汉所传的缅甸派,又称作前宗。乌多罗耆婆和车波多两位长老赴锡兰求法归来后,大大地促进了缅甸佛教的发展和佛经的研究。车波多长老学识渊博,论著丰富,深受那罗波帝悉都王的赏识,被封为国师。车波多的重要著作有《经义释》、《阿毗达磨简释》、《行者明灯》、《律兴起解释》、《戒本明解》、《戒坛庄严》、《发趣论注》、《法集论研究》等。其中以《阿毗达磨简释》和《行者明灯》最为著名,是各国研究上座部佛教论藏的重要参考经论。可以说11—13世纪的蒲甘王朝是缅甸佛教发展的黄金时期。经过几代国王的热心护法,传教长老的竭力弘法,直通孟族地区的上座部佛教传统在全缅发扬光大。从锡兰引进的上座部大寺派传统也从一个侧面促进了蒲甘佛教的纯洁。蒲甘威名远扬四方,更使得佛教精要汇集于蒲甘。蒲甘的壁画、雕刻、建筑艺术在繁荣的佛教的推动下有了长足的进步。蒲甘成为当时东南亚名副其实的佛教艺术中心。

上座部佛教经过蒲甘王朝的辉煌后继续蓬勃地发展。佛教从孟缅地区向境内其他少数民族地区的传播取得了更好的成效。1287年元朝蒙古军队南下,推翻了蒲甘王朝。缅北的掸族乘机南下,把势力扩展到中部和南部地区。缅甸出现了群雄割据、互相征战的混乱局面。

北方掸族王国邦牙聚集了许多阿奴律陀时代被驱逐的阿利教僧侣,上座部佛教十分微弱。后来上座部比丘小罗汉和天眼来邦牙弘法,得到国王的崇信和扶植,佛教才开始发展起来。1324年乌那继位后,建立七十七座佛寺供养来自蒲甘的阿罗汉派和阿难陀派僧侣。两派发展,人数增至数千。1364年实皆王他拖弥婆耶战胜邦牙并迁都阿瓦。由于国王信奉阿利教,上座部佛教又受到暂时的压制。1368年明吉斯伐修寄王登位,礼请其师大寺派高僧差摩遮罗长老担任国师,佛教才得以快速发展。1429年斯里兰卡高僧室利萨达磨楞伽罗和信哈罗摩诃萨弥带着五佛舍利来缅弘法,受到勃固国王的冷遇。阿瓦国王闻讯后派遣四十艘船只亲迎其来阿瓦弘法。斯里兰卡僧人与原有三派僧侣和合共住,探讨佛法,阿瓦佛教逐渐兴旺起来。1540年阿瓦国王思洪发感到佛教太盛,危及其统治,加上他认为各地佛塔与佛法无关,只是帝王藏宝之处,于是下令各地拆毁佛塔,遭到各方强烈反对。这更使思洪发感到了佛教的威胁,决定剪除佛教。他设计在阿瓦附近的刀巴奴举行斋僧大会,邀请阿瓦、实皆、邦牙等地的3 000名比丘赴会。正当僧侣们用斋之时,埋伏在四周的军队一齐出击,杀死了360位比丘,其余比丘则侥幸逃脱。随后,思洪发下令毁佛塔、烧经书,致使阿瓦佛教遭到重创,史称"思洪发灭佛运动"。在南方的勃固地区,1453年女王信修浮继位。由于女王贤明,国泰民安,勃固佛教蒸蒸日上。信修浮王在位八年后让贤给附马达磨悉提。达磨悉提是位还俗和尚,在位二十年。他统一了当时勃固的六个佛教派别,改革勃固王朝的佛教。1475年他派僧团赴斯里兰卡受戒。僧团归国后，他择地创设"结界"之地，下令各派比丘重新依照锡兰大寺派传统受戒。经过3年的整饬，有800位高僧、14 265位青年比丘、601位沙弥受戒。在他的推动与参与下，以往300年来的派别对抗自此统一于大寺派的传统之下。①

16世纪以后，缅甸历代君王都热心护法，佛教一直繁荣兴盛。特别是东吁王朝的莽应龙王，笃信佛教，护持佛法。在位30年，广建寺塔，供养各方僧众，同时大量印发经书，鼓励研习。他严禁杀生，要求境内的掸族和穆斯林全部皈依佛教，把上座部佛教推广到缅北边境地区，使佛教盛极一时。莽应龙统一了缅甸后，又远征泰国，攻陷清迈，在那里发展佛教。

贡榜王朝时期，孟云王于1802年派5位比丘赴锡兰传法，建立阿摩罗补罗教派，成为大的佛教派别之一。1856年敏东王继位后的第3年，为了弘扬佛法，决定兴建新都曼德勒城。在兴建新都的同时，大批佛教寺塔、经楼、戒堂也拔地而起。敏东王全身心地弘扬佛法，1871年他召集2 400名僧侣在曼德勒结集，对巴利文三藏经典加以校订。这次结集以律藏为重点，史称"第五结集"。僧侣们用5个月时间齐诵一遍三藏之后，又花5年时间将其刻于729块大理石上，使经文得以长存，佛法永驻。

在部派争论方面，15世纪后期根据勃固国王达磨悉提的旨意而统一起来的僧团，由于对戒律理解的不同而孕育着分裂的迹象。僧团间的争论在18世纪达到了高潮。1700年东吁王朝娑尼王时期，求那比兰伽罗长老认为披袈裟袒右肩和用棕榈叶扇遮阳不违反戒律，因而受到排斥，僧团由此分裂成两派：偏袒派和被覆派。东吁王朝时被覆派势力较大，而到贡榜王朝时主张偏袒右肩的阿杜罗长老出任雍籍牙王的国师，偏袒派占了上风。到孟云王时期，由于国王认为偏袒派论据不足，命令其与

---

① 钟智翔：《缅甸的佛教及其发展》，《东南亚研究》2001年第2期。

被覆派统一。1784年两派结束部派之争,重归统一。①

纵观缅甸佛教的发展,可以说13世纪后期至19世纪中叶是缅甸佛教的大发展时期,具体表现为佛教向边缘少数民族地区的传播、佛教的深入人心、僧侣学者对佛经研究风气的日盛、缅甸佛教在锡兰民众中威望的不断提升等。部派纷争的平息和教派的多次统一也展示了佛教强大的一面。②

2. 泰国南传上座部佛教③

从13世纪开始,在泰国北部的"八百媳妇"国(又称兰那国)逐步形成了以清莱为中心的北部地区和以清迈为中心的南部地区两大区域。在历史发展的长河里,清迈渐渐发展成了泰北的政治、经济和文化的中心,据《新元史》卷一四九《八百媳妇传》:"每村建一寺,每寺建塔,约以万计。"大规模地修建寺塔,既说明了佛教发展的规模,同时也显示出一个国家经济的繁荣和国力的强盛。其中,在兰那王国的历史上,有两位君王对佛教发展的贡献尤其显著。其一是孟莱王,他是一个虔诚的佛教徒,一方面在南奔、清迈等地广造佛寺,一方面又派以应达班(Yingdabanyo)为首的一批比丘到斯里兰卡深造。这批比丘回国后,建立了莲花塘寺(Wabayobo),持阿兰若律(即林居派的戒律)④就是直到今日仍然影响很大的莲花塘寺派的发端。⑤ 后传入中国云南。第二位是哥那王,哥那王(Keu Na 1355—1385年)统治时期是整个泰国北部南传上座部佛教发展的重要阶段。在他的支持下,兰那地区的南传上座部佛教得到巩

---

① 详参本书"佛教派别"部分。
② 钟智翔:《缅甸的佛教及其发展》,《东南亚研究》2001年第2期;净海:《南传佛教史》,北京:宗教出版社,2001。
③ 关于泰国佛教情况,请详参第二章"佛教派别"部分;同时因为本章的目的主要是论述佛教传入云南的时间,考虑到泰国佛教对云南早期佛教的影响主要是在15世纪以前,所以对于15世纪以后泰国佛教的发展就略而不谈。
④ 又有一说为斯里兰卡长老亲到清迈建立该寺。见邓殿臣《南传佛教简史》,第191页,中国佛教协会出版,1991。
⑤ 邓殿臣:《南传佛教简史》,第191页,中国佛教协会出版,1991。

固和发展。哥那王把自己的花园献给苏摩纳(Sumana),作为弘法道场和阿兰若派僧团的基地。所以,人们又把苏摩纳所弘扬的佛教派别称为"花园寺派"。后来"花园寺派"传入中国云南西双版纳地区,于是"花园寺派"就在中国云南流播开来。在兰那王国的早期,兰那泰的上座部佛教经缅甸的景栋传入云南的西双版纳地区。1369年,清迈派出一个七百僧人组成的使团到景栋布教,后又从景栋来到西双版纳。1373年,清迈又有一僧团来到版纳弘法。总之,兰那泰佛教和我国傣族地区的佛教之间有着极其密切的关系。

与此同时,泰国南部的素可泰王朝在13世纪时期得到了飞速的发展。国王兰甘亨于1279年左右继承其兄为王之后,素可泰才真正成为了一个暹泰族的政治中心。当时,素可泰通过扩张兼并了周边许多高棉人的城邦和已经居住在当地的泰人的小勐,形成了一个规模较大的泰人国家。在兰甘亨统治时期,素可泰成为了一个富裕而强大的中心,国王兰甘亨是一位虔诚的佛教徒,大力弘扬南传上座部佛教,使南传上座部佛教取代了早期的原始宗教而成为了国教。素可泰王朝昆罗康恒王在位时期(1277—1317),因礼请锡兰大寺派僧侣来泰说法、传戒,始确定南传上座部为主要信仰。这一时期佛教最大的进步在于:在国王的支持下,逐渐取代了原先占据统治地位的原始宗教。它的意义绝不仅仅在于取得了优势本身,而是在于南传佛教在傣泰掸老族等这些亲缘民族文化中开始占据重要地位,佛教文化的高度发达性得到了认可和弘扬。它开始随着素可泰王朝的政治、经济势力的扩展而在思想意识领域影响人们。

(三) 南传上座部传入云南的时间

傣泰掸老族民族的迁徙方向与东南亚南传上座部佛教文化传入云南的方向是相反的。傣泰掸老族民族的迁徙是从云南、广西等地向西、向南的迁徙,而东南亚南传上座部佛教文化却是从东南亚向北、向东传播。

显然,在这逆向的民族迁徙和文化传播过程中,还存在一个过程:傣泰掸老族等的民族迁徙和宗教文化转换完成。同时，民族迁徙的完成并不意味着宗教文化形态的转换也完成。由于傣泰掸老族民族早已有原始宗教的信仰传统，因此，要完全接受佛教，让佛教与自己本民族固有的原始宗教相融合，显然还需要过程。例如，现存傣族民族文化中就有很多原始宗教与佛教发生冲突的故事，最著名的莫过于傣族"谷魂奶奶"的故事。① 但经过一个长期的冲突、排斥之后，佛教逐渐成为在民族文化中占重要地位的宗教。

总之，东南亚南传上座部佛教文化圈的形成必须要等到傣泰掸老族民族迁徙基本完成，并在当地完成宗教上由原有的原始宗教向南传上座部佛教的转变后，才可能再以政治、民族、文化交流等多种渠道将南传上座部佛教传入到云南。

通过以上分析，可以看到从10世纪开始，泰、掸、傣族等民族就打破国家政治疆域和国家地理疆域，一直在以大的民族集团建立自己同一族源的统治势力，到13、14世纪时，泰、掸、老、傣族等同族源民族文化圈基本形成，其中包括南传上座部佛教文化圈的形成。东南亚南传上座部佛教文化圈的形成在11—14世纪，而中国南传上座部佛教文化圈的形成却是在14、15世纪左右，较为成熟的南传上座部佛教文化传入中国云南的时间应该在13、14世纪。

第二节 中国南传上座部佛教的发展

一、中国南传上座部佛教的区域性特征

中国南传上座部佛教深受东南亚南传上座部佛教的影响，但由于传入的教派不同、文字不同、接受文化影响的程度和方式不同，形成了以西双版纳为中心的西双版纳-思茅地区的区域特点、以德宏为中心的区域

---

① 详参郑筱筠《佛教与云南民族文学》一书，北京：新华出版社，2001。

特点以及以临沧为中心的区域特点。同时,由于信仰南传佛教的民族不同,各个区域的佛教又形成了独具特色的民族性特征。中国南传上座部佛教的民族化过程不是一个简单的短期行为,它是在历史发展的长河中,随着南传上座部佛教在云南这一多种民族文化立体交错并存的复杂格局中慢慢发展完善、逐渐成熟,最终形成民族化、本土化特征的。

在傣族地区广为流传的《谷魂奶奶的传说》,从一个侧面反映出外来的佛教文化与当地本土文化发生冲突碰撞,并逐步融合的过程。据傣族古老的传说,佛教初传之时,天神称佛祖是至高无上的尊神,谷魂奶奶则说只有谷魂才是主宰世界的唯一神。双方争执不下,谷魂奶奶愤而出走。于是人间一片饥荒,找不到一粒粮食。最后佛祖终于让步,亲自把谷魂奶奶请了回来,并承认谷魂奶奶的重要地位。从此,谷魂奶奶与佛祖彼此相安无事,共同管理人间。这一传说虽只是个文学故事,但却记录了佛教传入之初,佛教与当地稻作文化、民族文化冲突、妥协与融合的情形。同时我们还可以从这一传说中捕捉到一个信息——南传上座部佛教开始民族化、本土化。这是南传上座部佛教融入当地宗教文化、民族文化和社会生活的开始,但这一过程却是很艰难的。正是经过一个长期发展的艰难历程,南传上座部佛教逐渐民族化,并最终完成了本土化过程。

在中国南传上座部佛教文化圈内各个区域在恪守南传上座部佛教传统的同时,又有一定的差异性,这主要表现在制度层面上的差异,例如奉佛习俗、形式等方面的不同。以西双版纳-思茅地区为例:主要以南传上座部佛教润派为主,属于古代兰那王国的法统,因此,在制度层面上的变化就相对来说显得单纯一些。过去在傣历二月份的豪干节,全体比丘以勐为单位集中在中心佛寺的空地上搭建茅棚,精进用功,时间十天十夜。上午、初夜、午夜三次坐禅,早、晚集体上殿礼佛诵经,正午集体进布萨堂自恣,然后列队出堂,各人左手持贝叶团扇,右手持禅杖,偏袒右肩,赤脚行走,胸前挂钵,结队到村寨乞食。信众们则集中在村边供僧,完全模仿古代僧伽生活方式,这是西双版纳"润派"上座部佛教所特有的。

而在德宏地区,却因为有四个佛教派别流行而显复杂。其中,摆庄、多列、左抵派是直接从缅甸传入,"润派"佛教是由泰国沿着澜沧江传入德宏地区的。德宏地区的"润派"佛教与西双版纳"润派"上座部佛教派别基本相同,所用经文文字全用西双版纳经文,在佛事活动中,与西双版纳同。但是其余三派——摆庄、多列、左抵派的经文全是用德宏傣文写成,每一教派因戒律有所区别而与"润派"佛教在佛事活动中表现出一些差异。

临沧地区属于西双版纳与德宏地区佛教影响的中间地带,兼有两个区域的特点,但同时在长期的发展过程中,又融入了本土性和民族性特征。在佛事活动中,既有德宏地区佛教特征,又有西双版纳地区特征,同时由于历史上多列、左抵派是直接从缅甸传入的,所以也具有缅甸佛教相关派别的特点。

临沧市的润派和尚要升僧阶时,还要躲到山上的树林中,让百姓去寻找,找到之后,又用花轿抬着下山,然后才进行其他程序。这是临沧市润派佛教所特有的。

二、中国南传上座部佛教派别

现存云南的南传上座部佛教派别主要有润派佛教、摆庄派、多列派和左抵派四个佛教派别。就其分布而言,润派佛教主要分布于西双版纳地区、德宏地区、临沧地区,其中尤其在西双版纳地区占有绝对优势。另外,摆庄派、多列派和左抵派在德宏地区、临沧地区都有分布。兹分别论述如下。

(一)润派佛教

润派佛教是中国南传上座部佛教派别分布最广的,几乎在中国南传上座部佛教佛教各个区域都有分布,其中尤其在西双版纳地区占有绝对优势,在德宏、临沧和思茅地区都有润派佛教的信徒。润派佛教主要是从泰国北部兰那地区经由缅甸景栋传入中国云南境内的。历史上，云南与泰国北部的"八百媳妇国"关系十分密切，佛教能够从泰国兰那地区传入缅甸的景栋，又进一步传入到中国云南西双版纳地区。就其传入的佛教派别而言，由缅甸、泰国传入中国云南的上座部佛教，主要分为林居派和村居派，林居派是住在山林中，村居派是住在村落或寨边，这两派都从泰国清迈传入缅甸的景栋，据傣族文献和相关资料记载，其中村居派又从景栋传入西双版纳的勐龙、景洪、勐腊、勐捧、易武、勐养、勐旺的傣族地区；林居派主要流行布朗族和部分傣族地区。而后来这两派界限缩小，林居的僧人越来越少了。后来，泰国北部的兰那王国的孟莱王派以应达班（Yingdabanyo）为首的一批比丘到斯里兰卡深造。这批比丘回国后，建立了莲花塘寺（Wabayobo），持阿兰若律（即林居派的戒律）①，此派是经泰国清迈先传入缅北的景栋，再由景栋传入，主要在西双版纳的西定布朗山区和勐遮、勐海、勐混、大勐龙、景洪、勐罕等傣族地区流行。泰国北部兰那王国的哥那王时期，兰那王国出现了苏摩纳所弘扬的佛教派别——花园寺派。花园寺派也传入中国云南西双版纳地区，并在中国云南流播开来。这两派由于在戒律问题上发生分歧，莲花塘寺派主张严守林居派戒律，花园寺派则主张改革。于是分别建立寺庙和布萨堂，分别组织佛事活动。再往后，润派佛教才传入德宏、临沧地区。

润派佛教的经典源于巴利语，在云南地区流传的润派佛教经典主要有西双版纳地区古傣文和德宏地区古傣文两大类。用西双版纳地区古傣文写的叫"经"，傣语称"坦"。经又有大经小经之分，但无论是大经还是小经，它们的内容大多是音译过来的，内容多为教规戒条；而德宏地区古傣文书写的叫"书"，傣语称"利勿"，主要是注疏，是对经的解释。由于经的内容很深奥，又是用老傣文抄写的，因此，真正能解释其含义的僧侣

---

① 又有一说为斯里兰卡长老亲到清迈建立该寺。见邓殿臣《南传佛教简史》，第191页，中国佛教协会出版，1991。

已经不多。根据规定,在寺院里,大本的经、书都是用木支架固定的,念诵者必须端坐诵经。诵经时每一位僧侣都要大声吟唱,但在读大经和小经时又有区别,读大经时要全体一起读,在读小经时,自己可以手持经书念诵。

润派佛教因在戒律上稍微有分歧,又分为四个小的佛教派别。

1. 摆孙派

摆孙,傣语"花园房屋"的意思。其寺院多建立在平坝区的村寨里,所以人们又称之为"田园派"。该派的僧人可以住在楼房里,持戒较宽,可以吃荤,可以拥有田产,同时还允许经商。因此,此派僧团经济条件较其他派别好,僧侣和信徒较多。

2. 摆坝派

摆坝,傣语"山林房屋"的意思,人们习惯称之为"山林派"。该派寺院大多分布在山林里,远离村寨,民间常称之为"野佛寺"。僧人持戒较严,不茹荤腥,严格恪守过午不食的规定,不置田产,主张苦行。

3. 摆润派

该派主要流行于云南临沧地区。根据傣族文献记载,在傣历八二五年(公元1473年,明朝成化九年),据说有忙雨寨百姓波岩望等四人往励良经商,因参与赌博,悉将银钱输光。四人闲游至勐坑一缅寺,听得诵经之声抑扬悠雅,乃访该寺长老,长老告以佛事诸多好处。波岩望等即向长老求得佛像一尊,并由英达、转达二位佛爷护送至耿马。当时正值耿马土司罕边法在位。土司见之甚喜,乃于傣历八三五年(公元1473年)建寺于东门之半满燕。于是,摆润派佛教经缅甸掸邦的勐艮(今景栋)地区传入耿马。后来佛教又传播到耿马的勐角懂、勐撒、孟定等地。至傣历910年(公元1548年,明嘉靖二十七年),土司罕庆法时建盖景戈大佛寺(汉译称洼佛寺)以及袜广、袜蝶、袜允相、袜回坎等佛寺。至土司罕朝瑗以后又建盖袜坎(睡佛寺)、袜墨(小街佛寺)、袜勒(甘东寺)、袜楞(官佛寺)、袜东户(野佛寺)、袜吾(观音阁)等寺。于是佛教就在耿马全县的傣族、佤族、布朗族、德昂族等民族地区传布开来。接着,临沧县①、沧源县的傣族、佤族等也接受了佛教。至清末民初,佛教在临沧地区发展到鼎盛时期。②

4. 摆顺派

摆顺派是17世纪从缅甸贺南地区传入云南耿马地区的。最初在南蚌河的四坪建寺。它是介于摆润派和多列派之间的佛教派别,其经典、教义与摆润派和多列派相通。但此派人数极少,20世纪60年代仅有比丘二人、信徒五十余户、佛寺一座。③

一般说来,润派佛教的各个支系在举行佛教仪式时还有一些区别,例如:摆孙派由和尚晋升佛爷,在举行升和尚仪式时,晋升者要躲到园子里,然后被人找回来再举行仪式;摆坝派晋升者要事先跑到山上躲起来,然后群众背着刀枪,敲锣打鼓,鸣放鞭炮,吵吵嚷嚷地去找。找到后,再请回佛寺举行仪式。据说,升佛爷时,事先躲起来是表示谦虚,并且每晋升一次都要如此行事。临沧地区的润派佛教和尚晋升"佛爷"时要藏在山林。村民找到他以后,用扎着鲜花的轿子抬回来,再举行晋升仪式。以此说明他很想过林居生活,在群众的请求下随缘而至。

此外,在德宏地区广泛流传着佛祖的很多传说,相传佛主"果他麻"即将外出传教,他那已怀孕的妻子要求随同前往。果他麻应允,二人行到缅甸的锡袍(近腊戍)地方,妻即分娩。当地百姓在一寺中搭一伙房,让她住下抚养孩子。不久,佛主的妻子又要求跟随布教行善。果他麻又答应了妻子的请求,但提出两个条件:第一,只能穿白衣而不能穿黄衣,以示区别男女;第二,女人为佛行善限期至二千年为止。故后来的尼姑庵就是从那时开始流传下来的,迄今已二千余年了。据说"从前瑞丽尼姑亦多,由于超过佛主规定的时间,所以尼姑日益减少"。又传说:当佛

---

① 现在的临沧市临翔区。
② 临沧地区民族宗教事务局编:《临沧地区民族志》,第66页,昆明:云南民族出版社,2002。
③ 王海涛:《云南佛教史》,第395页,昆明:云南美术出版社,2001。

主的孩子长大后,他日夜思念父亲,想和父亲相会。但佛主认为出家人不能承认自己的儿女,就叫儿子去找地方官——混贺罕,并佯称混贺罕即是他的父亲。混贺罕收养了佛主的孩子,买鞋给他穿,不料他竟穿着鞋跑进佛堂。有人把情况告诉佛主:"穿鞋进佛堂违反了教规。"佛主回答:"小孩子没关系。"后来混贺罕买长刀给孩子玩。孩子挂着长刀闯入佛堂。有人去告诉佛主,佛主仍说没关系。混贺罕又给孩子买一匹马,他竟骑马冲进佛堂。佛主依然用同样的话回答了前去告状的人。不久,混贺罕缝制了黄单,送孩子去奘房当和尚,后来就成为润派。故此派比较随便,能挂长刀、骑马,可杀生,可养家禽家畜等。所以百姓往往称这派为有钱人的派,或称作官家的教。①

（二）左抵派佛教

左抵派创始人洼拉是缅甸芒海人,为曼德勒比丘。清朝末年,左抵派分为两条线路传入云南。一条线路是有缅甸的仰光传入德宏的芒市,另外一条线路是从缅甸南罕传入德宏瑞丽和临沧的孟定地区。佛寺建在村外,允许妇女出家,妇女受戒后,被称为"雅好"（沙弥尼）,因着白色衣服,故又被称为"白衣女"。妇女一旦成为"雅好"后,就必须严格遵守教规。寺院里专门为"雅好"设置的房子,以便"雅好"居住和修行。左抵派佛教持戒最严格,僧侣终生不茹荤腥,过午不食,不准抽烟喝酒,并绝对不能吸鸦片。更不准杀生,除了可以留一只用于报晓的公鸡外,不养牲畜家禽,且不能让禽畜闯入寺中。寺院大门有很高的门槛,并设有经常关闭的木栅以防牲畜进入。禁止屠夫进寺。僧侣生活简单,除经常披一件黄红色布袈裟外,不许再穿衣服;即使冬天夜卧也不能用被褥;睡觉时不用被褥,也不挂蚊帐。僧侣一般无故不出门,更不许入民家。如果有事要出寺门,必须赤足而行。人们见到大佛爷须叩首礼拜,俯伏在大佛爷的身前为之搓脚捏腿,然后始能与大佛爷谈话。

---

① 张建章:《德宏小乘佛教教派及改革》,《世界宗教研究》1990年第1期。

这一派规定：佛寺中供奉的佛像不能分送他处。而且供佛的箭尾无弓和弦,仍保留箭的式样,供佛只能用鲜花,不能用纸花、绢花或塑料花等替代物。①

僧侣没有永久的固定寺院,一般不能久住于一个寺院,每隔一段时间,大佛爷就会带着弟子们离开寺院到其他地方,然后再在另一个地方居住一段时间,又再离开。

全派僧侣结合成一个大集团,统属一个大佛爷率领,过着全体一致的生活。每到一地,不住佛寺,信奉此派的民众便为之建一僧侣住宅区（或称寺院),住几年又迁徙他去,寺院便空下来,一直要等到这个大集团有机会再游徙原地时,这座寺院才再有僧侣居住。中缅两国左抵派的活动中心一直固定在掸邦勐密和仰光。左抵僧侣大集团财富充裕,原因是该派只有这两个集团。而信奉的人民则各地皆有,有缅族、掸族、茶山（景颇族的一个分支)、德昂族等民族信奉。该集团所到之处,日常生活自有寨民供给,而远方的信奉者,都积储了银子来供奉,因此他们的财富便愈积愈多。凡左抵僧侣集团所到的村寨,不仅不再需要人民供应,且有余钱周济寨中贫户,所以各地人民以至土司都多方派人迎请,以期借助他们财富使村民得到一些经济上的好处。

左抵僧侣集团要迁往它处时,有一项特殊风俗：把一个火盆放在佛殿前,火盆里插一支村人供奉的剪纸小幡,便表示要离此他去了。村人见了此种表示,便当诚心挽留。若殿前火盆里的佛幡撤回去了,便是接受挽留的表示;若是未撤去,尚可再度挽留;若小幡加多为二支,是表示去志甚坚,但仍可挽留;倘若火盆中插上三支佛幡,那是表示去意已决,挽留无效,村人便准备欢送了。

左抵派佛教仅流传于德宏地区的芒市、瑞丽和临沧地区的孟定境内,因其持戒过严,信徒人数较少。后来在德宏地区因为受到摆庄派的

---

① 张建章：《德宏小乘佛教教派及改革》,《世界宗教研究》1990年第1期。

排挤,于是在民国时期,长老就率领信徒迁徙到缅甸境内,从此云南境内的左抵派佛教就一蹶不振①,很多教徒后来就改信多列派佛教。

1988年芒市镇东里教长肖二和思华章等老人讲述了左抵教来源的传说:很久以前,有位傣族佛爷,叫洼腊左抵。他眼见佛门教规不严,世风日下,便叛逆而去,决心严格遵循教义,另立教派,弘扬佛法。他只身来到缅北八莫一带,寻到一个幽静的三岔洞,便留此修行。一日有位傣族猎人在幽暗的洞中发现一头"大黄麂",他立即弯弓搭箭,瞄准射击,但奇怪的箭头却飞至右侧岩壁下。他又射击第二箭,箭头又惊异地落入左侧石旮旯里。他大惑不解,并意识到倘若再射第三箭,肯定利箭会穿透自己的心脏!这时,那头"神麂"突然发话了:"你这个臭虫啊,杀牲害命是背罪过的!"猎人这才认出不是大黄麂,而是位相貌不凡的佛爷。他吓得倒头便拜,佛爷用佛经训导猎人,猎人皈依了佛门,猎人以箭为香,顺手采了束野花供佛。猎人回寨一宣传,村人皆感神奇,于是敲铓击鼓,集队前往佛洞,请佛爷入寨传教。有信徒问佛爷:"此教可有教名?"佛爷沉思道:"我叫洼腊左抵,就以我的名字作教名吧!"

德宏州的左抵寺院平时无僧侣。1949年前,曾有来自缅甸掸邦勐密的游方僧人到寺院小憩。寺院的寺务由教长主持,教长每年初春均赴缅甸勐密忏悔和捐送功德线。据1956年潞西县法帕区曼应金寨曾到过勐密的帕戛说:勐密是个二十余户的掸族村落,但勐密佛寺的占地面积却比民房面积大一倍以上,住着一百多个和尚。②

左抵派佛教是非常特殊的,不仅和尚有极严格的戒律,就是信奉此派的民众在日常生活上也须受到宗教戒律的约束。凡信奉此教派的民众要严格遵守下列诸戒条:

---

① 王海涛:《云南佛教史》,第402页,昆明:云南美术出版社,2001年。
② 张建章:《德宏小乘佛教教派及改革》,《世界宗教研究》1990年第1期。

(1) 绝对禁止饮酒。

(2) 禁杀生,但可食肉(见杀不吃)——他人杀死者可购买来吃。

(3) 家内不许养鸡、猪、猫、狗。牛可畜养——因为这是耕田不可少的,但不能屠宰。

(4) 禁止打猎及捕鱼。旁观他人打猎及捕鱼亦在禁止之列。

(5) 禁止售卖犯物——系指足以用来致人于死的物件。例如:火柴可以用来引火焚死人,刀可以杀死人,绳索可以勒死人,棍棒可以打死人,水可以溺死人等,都属于犯物之列。此诸物只可买来自用,不可转卖给他人。

(6) 不信鬼,不上坟。

(三)摆庄派佛教

摆庄派又称耿龙,是明朝中叶从缅甸传入的,主要分布于德宏地区的芒市、瑞丽、遮放、盈江、陇川、连山等地。根据德宏地区的长老介绍,此派是从缅甸的瓦城传入德宏地区的。①

摆庄派与润派中的摆孙派有些接近,戒律较宽松。僧侣可以养牲畜家禽,允许信徒杀生、食荤腥,也可以吸烟饮酒。寺院多建于村寨中,有寺产。摆庄派在德宏地区的傣族、德昂族、阿昌族等民族中拥有较多的信徒。② 当地信徒传说,摆庄派有八大罗汉:嘎沙拉阿、苏巴拉、沙拉吉雅、玛玛法、管定牙、欧哈里苟达、阿路勒他、雅沙。前四位已经涅槃,后四位依然健在,住世人间。因此,信徒们信念坚定,要让摆庄派传法永驻人间。③ 其经典、戒律以及佛教仪轨与润派佛教较接近,尤其是与润派佛教中的摆孙派接近,村民们见到佛爷后可以自由交谈,没有严格的礼节和界限。

关于摆庄派的来历,有这样的传说:从前有两个和尚外出化缘,路过

---

① 邓殿臣:《南传佛教史简编》,第196页,中国佛教协会出版,1991。
②③ 王海涛:《云南佛教史》,第397、400页,昆明:云南美术出版社,2001。

一片山林地时已近黄昏,他俩决定露宿。忽见一年轻妇人在林间呼救,并恳求二僧做伴。小和尚坚决不肯。大和尚却可怜她身陷困境,同意了她的请求。入夜,小和尚爬上树丫歇宿,偷偷监视躺在树下休息的大和尚与妇人的动静,无异常发现。翌日返寺,小和尚即向佛报告大和尚不守教规,与妇女有私交。佛反驳:"你疑心大,别人无错,错在于你。"佛又对大和尚说:"你和妇人同一地歇宿是有罪的,除非做一次摆才能消除罪过。"做摆叫摆中,所以形成后来的摆中派。因谐音关系,即成摆庄派。①

(四) 多列派佛教

多列派又称摆多派、耿章。傣语为"好山",意思是好的山林。相传明朝中叶从缅甸传入,主要流行于临沧、德宏的傣族和德昂族地区,其中尤其以临沧地区耿马县孟定的傣族信仰人数最多。多列派的创始人阿拉含师出斯里兰卡大寺派门下,后来到泰国传教,另立门户。阿拉含弟子众多,因对教义教规各持己见,而发生分裂,形成多列派、左抵派、摆庄派等。其中多列派在上座部佛教中属于较保守的教派。相传此派创始人因为违反了戒规。他的师傅就以钵盛水,在钵底捅一孔,让水一滴滴地滴落下来。师傅命其将钵挂于脖颈前行,水滴尽时,方可以在所到之处居住。于是,这弟子走到山林时,水刚好滴完,他便在山林里建寺修行,创建了多列派。多列派的寺院一般建立于山林之中,不在村寨里。但是它又与润派佛教的摆坝派那样把寺院建在远离闹市的山林村寨之中,而是离村寨不近不远,大约有数百米的距离。同时允许妇女出家,妇女受戒后,被称为"雅好"(沙弥尼),因着白色衣服,故又被称为"白衣女"。妇女一旦成为"雅好"后,就必须严格遵守教规。寺院里专门为"雅好"设置的房子,以便"雅好"居住和修行。僧侣过午不食,但可以食荤腥,凡不是自己杀的猪、鸡、鱼等军可以吃。佛寺不得留宿外人。僧侣和信徒入寺必须要脱鞋和洗脚,妇女只能在外堂行礼。

---

① 张建章:《德宏小乘佛教教派及改革》,《世界宗教研究》1990年第1期。

多列派在缅甸北部非常兴盛,一时成为佛教发展的中心。但后来由于对戒律的理解方面有发生细微的分歧,多列派又分为四个小的派别:达拱旦派、舒特曼派、瑞竟派、缅坐派。此四派分别是:

1. 达拱旦派

达拱旦,傣语"左搭袈裟"之意。该派僧侣习惯将袈裟折叠搭于左肩,故人们以此称之。其派大约于明朝传入云南,主要分布在德宏地区的盈江、梁河、连山、陇川、芒市、遮放一带。当地的傣族和德昂族多数都属于达拱旦派。但后来在民国时期,此派受到润派佛教的排挤,有的信徒就改信摆庄派,慢慢地此派就不再传。据调查,到20世纪60年代时,仅有芒市、遮放一带还有佛寺和信徒,其余地方已经渐渐无存。

2. 舒特曼派

于清朝从缅甸传入,起初仅仅在德宏地区的瑞丽、陇川两地流传。到民国初年,连山的摆庄派比丘乌丙巫德到缅甸参学后,就该信仰"舒特曼",他回到云南后就在连山和盈江地区传法,于是此派就在这些地区流传起来。

3. 瑞竟派

其传播区域主要集中在德宏和临沧地区两地。相传在傣历九〇八年(公元1546)缅甸"瑞竟"派高僧塔马撒拉、麻哈撒朱二人到临沧孟定传教,云南始有"瑞竟"派的流传。后来该派在孟定允景等地建立了十一座佛寺。民国初,缅甸"瑞竟"派又有二人到德宏地区的盈江传播,于是盈江十三村的摆庄派信徒全部改信"瑞竟"派。以后又有连山比丘伍已腊也到缅甸学习瑞竟派,他在20世纪40年代初回到连山传法。一时影响甚广,但到20世纪60年代后就慢慢归于沉寂。[①]

4. 缅坐派

缅坐派大约在清朝末年从缅甸传入德宏,但只是在瑞丽地区流行。

---

① 王海涛:《云南佛教史》,第396页,昆明:云南美术出版社,2001。

因该派僧侣常常有将坐垫麂皮折叠搭于肩上的习惯,因此人们就以此称之为"缅坐"。其派与达拱旦派相似,流传不广,影响也不大。

多列派佛教在明末清初一度非常繁荣,仅仅在临沧地区的孟定、勐简就有很多所寺院。但在清朝道光年间,多列派佛教和润派佛教发生矛盾冲突,多列派佛教受到排挤,部分僧众就迁往免得,寺院中心转移到弄门。到清末和民国初年,多列派佛教寺院又多次遭遇兵火之灾,至1949年前仅仅余少数寺院。1951年临沧地区允景的英德嘎长老从缅甸勐束学成回国,重新开始弘扬此派。在临沧地区以允景佛寺为中心,发展多列派佛教。多列派佛教寺院在临沧发展到11所,僧侣135人。1958年,英德嘎长老被选为云南省佛教协会副会长,离开耿马来到昆明。1967年后,寺院被毁,1980年得以恢复。1982年,有寺院12所,僧侣203人,其中长老7人、和尚196人。1980年后,临沧地区的多列派佛教主要由孟定滚来佛寺长老苏米达主持。1987年,苏米达长老被选为全国佛教协会理事、云南省佛教协会副会长。① 直至今日,笔者前往临沧调研的过程中,发现临沧地区的多列派佛教现在主要集中于孟定一带。此外,在德宏地区仍然有流传。

三、中国南传上座部佛教的主要经典

(一)中国南传上座部佛教三藏②

与东南亚巴利语三藏相似,中国上座部佛教保存着丰富的经典,号称有八万四千卷之多。佛教典籍按照经、律、论来分类。《经藏》,傣语称为"苏点大比打嘎";《律藏》,傣语称为"维乃压比打嘎";《论藏》,傣语称为"阿皮坦玛比打嘎"。但傣文佛典的经、律、论,与小乘佛典律、经、论的分类顺序不同。此外还有很多藏外典籍,数量也很多,包括教义纲要、三

---

① 临沧地区民族宗教事务局编:《临沧地区民族志》,第66页,昆明:云南民族出版社,2002。
② 参见刀述仁《南传上座部佛教在云南》,《佛音》1985年第1期。

藏注释、史书、诗文等著作,是各个时期增添积累的,其中包括很多傣族僧人根据佛教教义加以阐发的著作,有的佛经还记录了许多傣族地区的历史、地理、语言、文学材料。这些经典中有一部分是用傣文字母音译巴利语的写本,保存了小乘佛典比较早期的面貌。

傣文贝叶经是 13 世纪以后才开始出现,主要包含以下几个方面:所用经典主要是对巴利语《三藏》的傣语音译本。西双版纳及孟连等地的傣文经典大多刻写在贝叶上,称为"贝叶经",主要是以傣泐文来刻写佛经。其他各地多写在当地制作的构皮棉纸上。贝叶经的刻写行数和格式通常分为三种,即"兰哈"(五行贝叶经)、"兰贺"(六行贝叶经)和"兰别"(八行贝叶经)。

云南上座部佛教傣文经典具体内容主要包含以下几个方面。①

1. 经藏,共分为五个部分:

(1)《长部阿含经》共有三编三十四经。戒蕴编有十三经,大编十经,波梨编十一经。

(2)《中部阿含经》共三编一百五十二经。根本五一十经(篇),包括五品,即根本法门品、师子吼品、譬喻法品、双大品和小品,每品各十经。中分五十经(篇),也分为五个品:居士品、比丘品、普行者品、王品和婆罗门品,每品各十经。后分也分为五品,共五十二经:天臂品十经、不断品十经、空品十经、分别品十二经、六处品十经。

(3)《相应部阿含经》包括的经典最多,共有二千八百六十三种经。按经典的内容分为五篇五十六相应:①有偈篇(包括十一相应),②因缘篇(包括十相应),③蕴篇(包括十三相应),④六处篇(包括十相应),⑤大篇(包括十二相应)。但傣文的相应部经,20 世纪 50 年代后所保存的已为数甚少,许多经仅有目录而已。

---

① 详参刀述仁《南传上座部佛教在云南》,《法音》1985 年 1 期。另外,在写作本书的过程中,承蒙刀述仁会长赠送多年积累的资料,特此感谢!

(4)《增一部阿含经》共分为十一集,每集又分为若干品,每品又包括若干部经,据说巴利原文共有二千三百多种经。但傣文译本并不多,从目录看,仅有百余种,可能没有全部译出。

(5)《增一部阿含经》是一部内容丰富、性质不同的经集,经文内容一般较短,共有十五种。傣文的小部经除了音译的巴利文之外,还有不少注释和傣语译本。最为人们熟知的佛教文学作品《本生经》就是属于小部经的第十种,共有547个佛本生故事。《本生经》中的《维先多罗本生经》流传最广,深受各族信众的崇敬,无论在佛事活动或日常生活、文化艺术、风俗习惯等方面,都有很大的影响,被当作宗教轨范来遵循。这一仅有13个章节115首偈颂的本生故事,被编成详略不同的三种本子,大本32卷,包括巴利原文音译和傣译文,以及疏释,是最为详尽的本子;中本24卷,是在大本的基础上的删节本;小本16卷,是仅附有注释的傣文译本。按照习惯,每年的佛诞节都要诵读这部经,寺院内的壁画及民间绘画、织帛等工艺美术品几乎全以这部本生经的故事为题材。

2. 律藏,也包含五个部分:

(1)波多夷品(比丘戒解说)227条;拔腊已戛4条,与汉族佛教比丘戒四波罗夷法完全相同。

(2)波逸提品(比丘尼戒解说)500条。

(3)大品(包括有关佛传、雨安居、冬季住茅棚或大树下十天苦修、医药、酒服等十章)。

(4)小品(包括羯磨、灭诤、卧具、仪法、佛典结集等十二章)。

(5)附录(比丘戒、比丘尼戒解说,及大品小品的注释)。

3. 论藏,包括七部作品:《法聚论》、《界论》、《双论》、《发趣论》、《人施设论》、《论事论》、《摄阿毗达磨义论》。

藏外典籍只有属于其他部分的《弥兰陀问经》、《岛史》、《大史》、《小史》、《清净道论》等(仅限于已有傣文本的)。

傣文南传三藏,除音译的巴利典籍之外,一般重要经典都有傣文的译本和注释。此外,还有为数不少的各民族历代高僧学者的著述,包括的范围十分广阔,诸凡天文、历算、医药、历史、语言、诗歌、民间传说以及来源于佛经的故事等,虽然不属于正式佛典的范畴,但都被视为佛典的形式而流传。

由于历史上的种种原因,云南上座部佛教用于书写佛典的傣文共分三种,第一种是润派佛教所使用的文字,在西双版纳称为傣泐文,思茅、临沧地区叫佛经文,德宏傣族景颇族自治州叫润文,这是佛典最多、使用地区较广的一种傣文。第二种是傣纳文,也叫德宏傣文,通用于德宏州、临沧和思茅的部分地区,使用地区也较广,在译成傣语文的佛典方面居于第二位。第三种文字称为傣绷文,国内使用范围不广,仅在临沧耿马县孟定、思茅孟连少数僧侣中使用,典籍很少。上述三种傣文佛典全部是手抄本,还没有印刷本。历史上主要用贝叶刻写佛经,近代只有少数人用贝叶刻写,已普遍使用纸张书写佛典。

值得注意的是,如果与现行巴利三藏的内容相比,云南南传上座部佛教三藏有其自身的特点:

现行巴利三藏的律藏由经解说、犍度和附篇三部分组成。经藏由5个部分组成,即:(1)《长阿含经》3品34篇;(2)《中阿含经》为根本50经、中分50经、后分50经,共15品、152篇;(3)《相应部经》有5品2 800多篇;(4)《增一阿含经》2 308篇;(5)《小部经》包括小诵经、法句经、长老偈、本生经、譬喻经等内容短小的15种小部经典;律藏,分为《经分别》、《犍度》、《附篇》三部分;论藏由7部论典组成,即:《法聚论》、《分别论》、《界论》、《双论》、《发趣论》、《人施设论》、《论事论》。

与之相比,云南南传上座部佛教三藏最大的不同在于:虽然论藏中包含七部论,但缺少巴利文三藏中的《分别论》,而是将《摄阿毗达磨义论》入藏。此外,云南南传上座部佛教藏外典籍中也未包含律藏重要的论疏——《善见律》,也没有《导论》和《藏释》。同时,它却包含了大量记录傣族地区的历史、天文、地理、语言、文学、文化等方面内容的材料。

(二)云南上座部佛教仪式中常颂的佛经

在云南南传上座部佛教地区,佛教仪式中《守护经》是必不可少的念颂经文。《守护经》(巴利语 Paritta)共有八部,都是很短的经文,是用于消除灾难、疾病或喜庆节日念诵的。分别是:《三宝经》(Rattana sutta)、《五蕴护经》(Khandha paritta)、《孔雀护经》(Mora paritta)、《幡幢护经》(Dhajaggam paritta)、《阿吒囊胝护经》(Atanatiya paritta)、《央崛摩罗护经》(Angulimala paritta)、《大吉祥经》(Maha mangala sutta)、《慈经》(Mettaya sutta)。念《守护经》时,一般是请十几位佛爷来到家中念诵,晚上念诵时亲朋好友、邻里齐集一堂,听佛爷念颂经文。最常念的是《三宝经》、《慈经》、《大吉祥经》。

《三宝经》内容如下:

> 集于此处诸鬼神,无论地上者、空中者一切诸鬼神,欢喜热心闻我之所说。
>
> 受我教而来,是故一切鬼神!皆须谛听。垂慈昼夜奉献供祭之人众,是故有意护彼等。
>
> 于人间世界,或于他世界,虽有如何之财宝,或则天上之胜宝,亦无比拟于如来,此于佛为最胜宝。此为真理故,一切有幸福。
>
> 寂静释迦牟尼世尊,已至尽烦恼、离贪欲、成不死、殊胜法,任何亦无比拟此法者,此亦于法最胜宝。此为真理故,一切有幸福。
>
> 最胜之佛所称赞,谓清净不断之三昧,无有等此三昧者,此亦于法最胜宝。此为真理故,一切有幸福。
>
> 于诸善人中,被称赞者有八人,此等是四双。彼等善逝之弟子,有受供养价值人,布施此等有大果,此亦僧伽最胜宝。此为真理故,一切有幸福。
>
> 专念而持坚固心,信奉瞿昙之教者,何得最高之涅槃、入不死、获无偿,享受寂静乐,此亦僧伽最胜宝。此为真理故,一切有幸福。

譬如市门之巨柱,钉入大地时,如于四风不动摇,我说犹如甚深观察圣谛人,此亦僧伽最胜宝。此为真理故,一切有幸福。

依甚深之智慧,善能理解妙说圣谛人,则使大为放逸者,亦决不受第八生。此亦僧伽最胜宝。此为真理故,一切有幸福。

彼俱成就正见舍三事。即为身见、疑、戒禁取见。彼离四恶趣,不犯六逆罪,此亦僧伽最胜宝。此为真理故,一切有幸福。

彼虽为身、语、意恶业,不于隐匿彼;此称为见涅槃人,此亦僧伽最胜宝。此为真理故,一切有幸福。

犹如夏初,林中诸树之开花,如是彼为施最上之利益,说至涅槃最胜法。此亦于佛最胜宝。此为真理故,一切有幸福。

最胜而知最胜、与最胜、运最胜之无上士,说最胜之法,此亦于佛最胜宝。此为真理故,一切有幸福。

尽前之生,不起新生,于未来之生无贪求生,断"生"之种子,不望生长,贤人之彼等如灯尽而涅槃,此亦僧伽最胜宝。此为真理故,一切有幸福。

集此处诸鬼神,地上者、空中者一切诸鬼神,如是皈命神人所尊佛。愿彼等有幸福。

集此处诸鬼神,地上者、空中者一切诸鬼神,如是皈命神人所尊法。愿彼等有幸福。

集此处诸鬼神,地上者、空中者一切诸鬼神,如是皈命神人所尊僧伽。愿彼等有幸福。

《大吉祥经》是上座部佛教中日常念诵的经文之一。云南南传佛教信仰地区,在举行任何佛教活动时,僧人们都要念诵《大吉祥经》。在家的信徒也经常礼请出家人到家中念诵,信徒们都非常喜欢听。《大吉祥经》词意内容是这样:

勿近愚痴人,应与智者交,尊敬有德者,是为最吉祥。居住适宜处,往昔有德行,置身于正道,是为最吉祥。多闻工艺精,严持诸禁戒,言谈悦人心,是为最吉祥。奉养父母亲,爱护妻与子,从业要无害,是为最吉祥。布施好品德,帮助众亲眷,行为无瑕疵,是为最吉祥。恭敬与谦让,知足并感恩,及时闻教法,是为最吉祥。忍耐与顺从,得见众沙门,适时论信仰,是为最吉祥。自制净生活,领悟八正道,实证涅槃法,是为最吉祥。八风不动心,无忧无污染,宁静无烦恼,是为最吉祥。依此行持者,无往而不胜,一切处得福,是为最吉祥。

《慈爱经》(Metta Sutta)鲜明地体现出佛教的慈悲思想,深受各族群众欢迎:

> 欲获得寂静的善行者应具足:能干、坦诚、绝对正直、谦恭、温文、不骄傲、知足、易于护持、事务少、俭朴、摄受诸根、谨慎、不粗鲁、不执着俗家、不论多微小的过失,只要会受到智者指责的,他都不犯上。
>
> (他应当祝愿)愿一切众生心生欢喜、快乐、平安。所有呼吸的众生,不论强弱,长或大,中等,短或小,可见或不可见,住在近处或远方,还会再生或不会再生的:愿一切众生心生欢喜。愿无人欺骗他人,或在任何地方轻侮人;愿他们不互相怀恨,不思挑拨与敌对。
>
> 因此,恰如为母者不惜生命地保护其独子,他亦当如此保持无量慈爱心,与于一切众生。让其慈爱遍满无量世界,于上方、下方及四方皆不受限制,完全没有瞋恨。无论是立、行、坐、卧,只要他不昏睡,便应培育这种(具有慈心的)觉醒。他们说,这是现前的梵住。
>
> 他不堕入邪见,具足德行,圆满智见。止息对欲乐的贪爱,他肯定不会再投胎。

在觉音尊者著的《清净道论》详细论述了修持慈心观可以得到的 11 种功德:

(一)"安眠"——即不像他人那样辗转反侧及作鼾声睡得不安,却能安眠;其入眠如入定相似。

(二)"安寤"——没有他人那样呻吟、欠伸、辗转反侧的不安而瘠的现象,犹如盛开的莲花,安乐不变而瘠。

(三)"不见恶梦"——能见吉祥之梦,如礼塔庙、作供养及闻法等。不像别人梦见自己为盗贼所围,为野兽所追及坠于悬崖等。

(四)"为人所敬"——为人喜悦,如挂在胸前的珠饰,如头饰及花蔓相似。

(五)"为非人所敬"——如为人爱敬一样亦为非人爱敬。

(六)"诸天守护"——为诸天之所守护,如父母保护儿子一样。

(七)"不为火烧或中毒或刀伤"。

(八)"心得迅速等持"——住于慈者,心得迅速等持,不是迟钝的。

(九)"颜色光彩"——他的颜色光彩,如欲离蒂而落的熟了的多罗果相似。

(十)"临终昏迷不醒"——住于慈者,没有昏迷而死的,必能不昏迷如入眠一样的命终。

(十一)"不通达上位"——慈定不能证得阿罗汉的上位,然而死后生于梵天,犹如睡醒一般。①

《三宝经》《慈爱经》和《吉祥经》成为信徒们最熟悉的经文。正是在佛教的影响下,道德宗教化成为云南信仰南传上座部佛教地区少数民族社会道德伦理的重要特征。其中,慈悲善良、忍让布施成为伦理道德的重要内容。

第三节 中国南传上座部佛教的组织制度

一、组织制度

(一)中国南传上座部佛教的组织制度与社会组织之关系

南传上座部佛教自传入中国云南境内后,就一直在努力适应着云南

---

① 觉音尊者著,叶均译:《清净道论》,第283页,中国佛教协会,1991。

多民族多宗教的多元文化环境。在经历了一个冲突、对立、适应和融合的漫长发展过程后,中国南传上座部佛教逐渐形成了不同于汉传佛教、藏传佛教乃至东南亚南传上座部佛教的具有鲜明民族特色和本土化特征的体系。中国南传上座部佛教的组织制度作为这一体系的重要支柱也逐渐发展完善起来。① 其获得巨大发展大致是与元代土司制度的建立同步。

就中国南传上座部佛教的组织制度与傣族社会组织制度之关系而言,它们之间逐渐形成了较为密切的互动关系。中国南传上座部佛教为世俗社会组织制度提供着神圣性身份认同和政治认同,而世俗社会组织制度则从信仰支持以及经济支持等角度来影响佛教的发展。从中国南传上座部佛教的角度而言,作为制度化宗教,中国南传上座部佛教具有独立于社会组织制度之外的僧团,但在其传播发展的历史长河中,它以傣族地区封建领主制社会行政组织系统为范本,逐步形成了自己独特的组织管理制度。其等级特征之鲜明、制度之严密是中国南传上座部佛教与汉传佛教乃至东南亚南传上座部佛教之最大的不同。中国南传上座部佛教这一组织制度的运行管理系统是与傣族地区封建领主制社会行政组织系统紧密配合的,其运行机制的执行却极大地有赖于社会行政组织系统。而从社会组织制度角度而言,中国南传上座部佛教一进入傣族世俗化社会制度和社会生活之后,就赋予了世俗社会制度一种神圣的特征,并以宗教特有的功能有力地支撑着世俗世界和习俗。而社会组织制度,尤其是其最基层的组织单位——村社则从寺院经济、寺院供养体制、乡规民约等方面有力地保证着佛教的发展。可以说中国南传上座部佛教组织制度与社会组织制度之间的关系是相互的,它们相互支持,相互

---

① 由于在中国南传上座部佛教文化圈内最具有代表性的是傣族佛教信仰系统,因此在本部分,以傣族地区佛教和社会行政组织系统为例来进行分析。

制约,形成了非常密切的关系。①

1. 神圣世界对世俗世界的神圣性身份认同

中国南传上座部佛教进入傣族世俗化社会制度和社会生活之后,就赋予了世俗社会制度一种神圣的特征。世俗社会的社会秩序和政治秩序都被置于佛教认可和佛主保佑的光环之下,世俗社会政治集团最大的统治者——召片领在这一神圣认同之下获得了神化身份——"至尊佛主"。根据傣族史籍《泐史》记载,在1180年,傣族部落联盟首领叭真在西双版纳建立"景洪金殿国"时就自称"至尊佛主"。显然,在傣族人民的眼里,自己世俗社会的最高首领与佛教的关系是最密切的,他甚至成为世俗社会与神圣社会的最高沟通者和神圣社会神圣意志的体现者和颁布者。例如在云南西双版纳,佛教僧侣僧阶的最高等级——"阿嘎牟尼"只能由召片领担任,而"祜巴"以上各级的佛爷只能是由召片领的亲属担任。②

为了在世俗社会中充分地展示这一神圣身份的认同,傣族社会在任命官员的时候都要选定重要的佛教节日在相应等级规格的寺院中举行一定仪式。官员的分封仪式,傣族人民称之为滴水礼,这是举行宣誓效忠的仪式,是君臣关系重新建立和巩固的仪式,也是显示臣属们对于召片领忠诚与否的仪式。因此,这一仪式对于召片领和各级官员来说是很重要的,它的举行是召片领向臣民们公布自己神圣统治秩序和伦理秩序的正式建立,也是大臣们在人民面前向召片领表示自己忠诚的机会。但正因为它如此重要,这一仪式需要更高层次上的精神世界的认同,而这样的认同最好的莫过于神圣世界的宗教认同。于是这样的分封仪式都固定在每年的傣历9月15日关门节和傣历2月15日开门节期间在寺院

---

① 关于中国南传上部佛教的组织制度与社会组织制度之关系,详细请参郑筱筠《历史上中国南传上座部佛教的组织制度与社会组织制度之互动》一文,《世界宗教研究》2007年第4期。
② 西双版纳地区僧侣僧阶被分为十级,"阿嘎牟尼"最高,其下为"松列"、"帕祜召"、"常卡拉嘎"、"祜巴"、"都龙"等。一般说来,由于种种原因,平民出身的人最多只能升到"祜巴"一级,而"祜巴"以上各级的佛爷只能是由或召片领的亲属担任。

里举行。

以分封仪式为例,每年9月15日,召片领就带领议事庭官员及各勐的召勐到全区的中心佛寺拜佛,举行滴水礼,即在大殿内将水慢慢滴进滴水盆内,祭祀召片领的祖先和佛主,祈求保佑。9月16日,召片领等人到大佛寺拜佛,向全区最高等级的佛爷祜巴勐献袈裟(帕干厅)。这天清晨,议事庭官员及各勐召勐、头人代表等事先到议事庭集中,然后在仪仗队的护送下,召片领率领大家走到大佛寺。当召片领一行来到大佛寺后,鸣炮三响,侍从们将召片领揿下大象,这时鼓乐齐鸣,人们发出"水"、"水"、"水"的喝彩声,迎接召片领进入大殿。随从、亲兵、仪仗队则在大殿外等候。这时在大殿外等候多时的佛爷、议事庭官员及各勐召勐、头人代表待召片领步入大殿时,全都肃穆低头静坐,向召片领致敬。召片领点燃蜡条拜佛,佛爷诵经祷告,然后召片领向佛爷献袈裟。献毕,召片领滴水祭祀祖先。礼毕,再鸣炮三响,列队护送召片领还宫。16日下午,就在议事庭举行加封任免会议,报召片领批准。9月17日,在召片领宫廷内举行委任仪式。被委任加封者端着内装蜡条的银盘,膝行到召片领宝座下,俯伏跪拜。召片领接过盘内蜡条,依次轻轻抚摸受委封者的头额,以体现召片领对被委任加封者的恩赐,而受委任加封者的虔诚跪拜,则表示对召片领的无限忠诚。仪式结束时,由文书念颂词,集体朝拜召片领。此后,各级官员由左到右依次从召片领宝座下跪拜而过,召片领抚摸朝拜者的头顶,以示赏恩。至此,加封仪式结束。①

如果说官员的分封仪式的佛教色彩还不是太浓烈的话,那么召片领即位时的受洗仪式就鲜明地体现出佛教色彩。一般说来,西双版纳的最高统治者去逝后,新的统治者继位,要举行承袭仪式。承袭仪式一般在傣历1月举行,如果原来召片领去世的时间不在1月份,而且距1月尚远,则由其子先行袭位,后面再举行正式的继位仪式。举行仪式的日期,

---

① 详参曹成章《傣族社会研究》,第103页,昆明:云南人民出版社,1988。

一般都是由佛寺的佛爷选定。

召片领即位时,首先要举行受洗仪式。由议事庭官员引领着承袭的召片领及其夫人来到佛寺宝座坐定,由礼官将银盆里的"金花水"经过芭蕉叶做的水管,流到一个布兜中冲出,再从承袭者的头上流到全身。受洗毕,召片领夫妇穿上新衣,然后步行返回宣慰司署,加戴金银冠冕及金银披肩,坐入殿堂之宝座。这时礼官捧出印玺,放在桌案上;桌案上还放着召片领所管辖的地名清册,世传御用宝刀、金伞、月牙斧、金瓜仗、孔雀尾以及各勐召勐和议事庭所献之礼物。礼官将所献的礼品一一唱名,献给召片领,由领唱人领唱颂歌,礼成。随即举行加封官员的仪式,由新上任的召片领加封委任各勐召勐和属官,重新建立君臣关系。

值得注意的是,此承袭仪式不但要先在寺院里举行,还必须在寺院举行灌顶仪式才能表明国王的神圣身份却是深受佛教影响之后形成的。国王即位必须举行灌顶仪式本是印度传统,后经佛教为传播载体,此仪式也为傣族地区统治阶层所接受,并通过这一仪式而赋予了傣族最高首领——召片领神圣身份的象征。这一宗教世界的神圣认同使得召片领及其统治系统获得了神圣性特征,从而在世俗世界的管理中取得了某种程度的合理性和不可侵犯性。

2. 傣族世俗社会组织制度对神圣世界的法律支持

傣族社会组织制度从世俗的角度在乡规民约甚至傣族法律等方面,为中国南传上座部佛教组织制度的合理性提供行政保证,来保障佛教的发展。

为了保障中国南传上座部佛教组织制度的充分运行,傣族社会组织制度从乡规民约甚至法律等方面,对社会组织体系中各层面的管理者和群众的权限、权利和义务都作了明确的规定。

例如,在《西双版纳傣族封建领主的法律》中,明确规定了村民们对待佛爷和尚和佛教应该具有的态度:"那些想反对佛爷、和尚的人,不懂道理,来告时不给他赢";在"犯上"一条中规定:"卡(奴隶)想反土司,和尚想反佛爷,家奴想反主人,儿子想反父亲,这些人都忘恩负义,不懂道理。来告时不给他赢,对那些不反对的人,就要保护,好好对待。"而在民事诉讼中要充当证人必须信佛,他们必须是"有福气的人"、"忠实于佛的人"、"不偷抢和守佛礼、爱劳动的人"、"经常赕佛和施舍穷人的人"、"经常听经念佛的人"等等。

在《喜广召》中规定:知道孝敬父母、孝敬师父和孝敬头人、波朗、佛爷、贵族的人,是聪明的、懂道理、有出息的人,应该加以保护;刺杀官家者,斩首示众,所有儿女都做管家奴隶;拆毁佛寺、佛像、佛塔、砍伐菩提神树者,杀害僧侣、祭司者,重者杀头,轻者罚为寺奴。其子女也罚为寺奴。

如果说在《西双版纳傣族封建领主的法律》中明确规定了村民们对待佛爷和尚和佛教的权利和义务外,那么为了进一步保护佛教的利益,西双版纳的社会组织制度不但在乡规民约、在法律法规方面对群众有约束,同时对社会组织制度的各层面的管理者也有约束。在《召勐头人必须遵守的规则》中就对头人的权利和义务作出了相应的规定:当头人不懂教规、赕规和头人规以及无视族礼族规都有罪无礼。[①]

值得注意的是,在这里明确地把不懂教规、赕规(傣族佛事活动的规则)作为评判头人行为是否有罪的一个标准,无疑既是对社会组织制度内在机制的一种鞭策,也体现出社会组织制度对佛教的全方位的支持。

3. 世俗社会对神圣世界伦理道德观念的认同

在佛教的影响下,傣族人民追求的是有"戒"、有"德"、有"福"的精神境界,而忍让、修身、积善行德、敬香赕佛成为云南傣族社会伦理道德观念基本内涵。道德宗教化成为傣族封建社会秩序伦理道德的重要特征。就佛教解脱之路而言,遵守戒律乃是一切善法的基本前提。戒律不仅是

[①] 参见杨胜能《西双版纳封建地方性法规浅析》附录,《首届全国贝叶文化学术研讨会论文集》(下册)第523页,2001年4月,西双版纳。

对信众的约束,也是他们的修行法门。"五戒"、"八戒"、"十戒"等戒律的观念随着佛教的传播已经深入民心。人们认为只有信佛并且遵守戒律的人能得到善报,反之则受到恶报。在著名的《四方戒》(共1 422行的宗教训诫诗)中就表达了这样的意思:"十条佛戒要牢记,要当作座右铭。三宝五戒不践踏,赕佛修行不间断。以便明灯照前程,登天路上不离开。没有三宝携在身,怎能腾空上天国,只有涅槃才能上天国。没得到涅槃的人,只在人间轮回生。人人积德为后路,人人行善为下世。喂养牲畜勿践踏,所有动物勿气压。杀生害命不吉利,仇缘结下转来世。来世道路还方长,两冤相遇必相报。不杀生,不害命,是戒律第一条。杀生害命结冤缘,转生来世仇必报。"①在傣族社会著名的四部伦理道德书——《爷爷教育子孙》、《土司对百姓的训条》、《父亲教育儿子处世的道理》、《教育妇女做媳妇的礼节》,都深深地打上了佛教伦理道德观念的烙印。

在信仰南传上座部佛教的云南傣族地区,傣族人民在处理各种社会关系时,是否信佛、是否遵守佛教戒律首先是人们区分善恶的标准,然后才是各类世俗道德标准。而对个人而言,认为只有遵守佛教的教义教规,并且在生前多行善事,广积功德,诚心诚意地拜佛以修来世,才会解脱生死烦恼。南传佛教的伦理道德观念已经深入人心,对傣族人民的伦理道德体系的完善产生了重要影响。②

(二) 佛寺组织管理制度

作为制度化宗教,中国南传上座部佛教具有独立于社会组织制度之外的僧团,但在其传播发展的历史长河中,它以傣族地区封建领主制社会行政组织系统为范本,逐步形成了自己独特的组织管理制度。③ 其等级特征之鲜明、制度之严密是中国南传上座部佛教与汉传佛教乃至东南

---

① 伍雄武、岩温扁:《傣族哲学思想史》,第95页,北京:民族出版社,1997。
② 关于南传佛教与云南傣族社会伦理道德之关系,请详参郑筱筠《南传佛教与云南傣族社会伦理道德》,2006年"第三届全球伦理国际学术研讨会"会议论文,北京,2006。在此就不再赘述。
③ 关于中国南传上部佛教的组织制度与社会组织制度之关系,详细请参郑筱筠《历史上中国南传上座部佛教的组织制度与社会组织制度之互动》一文,《世界宗教研究》2007年第4期。

亚南传上座部佛教之最大的不同。这一特征鲜明地体现在佛寺管理系统方面。

中国南传上座部佛教组织管理系统形成了非常奇特的金字塔型的管理模式。它不是一个简单的金字塔型的管理模式,是由很多小金字塔型管理模式层层累加,最终组合成一个稳固的大金字塔型模式。所谓金字塔型模式是这样分布的:在金字塔尖是总佛寺,总佛寺下面是中心佛寺,中心佛寺下面是各个村寨佛寺。总佛寺负责管理中心佛寺,中心佛寺又负责管理其下面的各个村寨佛寺,层层管理,分工明确,逐步形成一个稳定而封闭的管理模式。在佛寺的组织管理系统方面,它具有鲜明的等级制度特征。例如,西双版纳傣式佛寺曾分为四个等级:(1)最高一级为设在召片领所在地——景帕杭,称为拉扎坦大总寺,是统领全西双版纳的总佛寺;(2)在总佛寺下设十二个版纳拉扎坦总寺和36个勐总佛寺;(3)由四所以上村寨佛寺组成的中心佛寺——布萨堂佛寺;(4)最基层一级为村寨佛寺。另外还有拉扎坦大总寺直辖的召片领府的几个"内佛寺"。如下图所示:

西双版纳地区金字塔型管理模式示意图					
级别	名称		数目	相应的社会行政级别属地	备注
最高一级	洼龙	"洼扎捧"	1	召片领	"洼龙"总佛寺下面有"洼扎捧"、"洼专董"两个佛寺协助管理
		"洼专董"			
第二级	勐级"洼龙"		36	勐级	
第三级	中心佛寺		若干		以四个村寨佛寺为一个单位
基层	村寨佛寺		若干	村寨	

整个西双版纳地区最大的总佛寺——"洼龙"。洼龙总佛寺位于原景洪宣慰街,统辖着整个西双版纳的佛寺。洼龙总佛寺下面有洼扎捧、洼专董两个佛寺,也在宣慰街,成为"洼龙"总佛寺的左右手,协助

总佛寺管理全境内的中心佛寺佛教事务。在洼扎捧、洼专董这两个佛寺下面又与封建领主制的行政区划相对应地设有各个勐的洼龙佛寺,设在各个勐的土司府所在地。各个勐的洼龙佛寺相当于每一个勐的总佛寺,其下又以四个村寨佛寺为一个组织单位设中心佛寺,中心佛寺下面就是各个村寨的佛寺,中心佛寺负责管理村寨佛寺事务。

据20世纪50年代初调查数据显示,景洪佛寺组织管理系统分为内外两类。属于内部系统的共有九座,都在原宣慰街及其附近:

第一座佛寺:洼龙总佛寺。是整个西双版纳地区的总佛寺,统辖着整个西双版纳地区的所有佛寺,也是整个西双版纳地区的地位最高的长老所在寺院。20世纪50年代时是当时西双版纳地区最高僧阶的祜巴勐所在佛寺。

第二座佛寺:洼专董佛寺,位于总佛寺的右边,当祜巴勐因故不能处理佛教事务时,就由"洼专董"佛寺祜巴代为处理。

第三座佛寺:洼扎捧佛寺,位于总佛寺的左边,当总佛寺的祜巴勐因故不能处理佛教事务时,可以在征求"洼专董"佛寺祜巴意见的基础上,代为处理佛教事务。

第四座佛寺:洼科松佛寺,位于曼沙,在总佛寺的前面,但其地位比"洼专董"佛寺和"洼扎捧"佛寺这两座左右佛寺的地位低,即使总佛寺的祜巴勐因故不能处理佛教事务时,也不能代为处理佛教事务。

第五座佛寺:洼曼勒佛寺,位于总佛寺的后面,地位相比之下稍低,当总佛寺需要商量事情时,不一定参加。

第六座佛寺:洼宰佛寺,位于曼嘎,是属于宣慰使的佛寺,在每年的开门节和关门节时,宣慰使都会来此赕佛(一般情况下,宣慰使赕佛两天,第一天在洼宰佛寺,第二天就到洼龙总佛寺赕佛)。

第七座佛寺:洼功佛寺,位于曼书功,由曼书功寨负责。

第八座佛寺:洼贺纳佛寺,位于曼贺那,由曼贺那寨负责。

第九座佛寺：洼浓凤佛寺，位于曼浓凤，由傣猛和鲁朗道叭两寨共有的佛寺。①

从西双版纳地区的景洪佛寺组织管理系统可以看出，中国南传上座部佛教寺院的金字塔型管理模式是模仿傣族社会组织制度建立起来的，具有等级森严、分工明确的特点。首先，就管理范围来说，各个等级的佛寺权利和职责非常明确，相互之间不存在侵权或是管理混乱问题。一旦明确了各个佛寺的界限和管理范围，该寺院就会以此为依据，坚决不越权，绝不干涉自己管辖范围外的其他佛寺的事务。其次，就管理方式而言，中国南传上座部佛教寺院的金字塔型管理模式采取的是自上而下，层层管理，等级分工明确的管理方式。上一层组织的佛寺负责管理下一层组织的佛寺，下面一层组织的佛寺则服从上一层组织的佛寺管理。这有利于建立行之有效的管理权威，权力相对较集中，不分散，有助于有序地管理佛教事务。

值得注意的是，当佛寺组织管理体系建立之后，各级佛寺之管理权限和职责范围也有了固定的分工。其中金字塔总佛寺，负责协调佛教徒的佛事活动，颁布有关宗教法规，形式上批准僧人僧职的晋升，以及为新述职的官员、较高级别的土司举行宗教仪式活动。下属各勐的总佛寺是二级寺院，负责勐内的宗教事宜。同一地区的四个寺院或四个以上的村寨组成的若干个中心布萨堂是三级寺院，负责每月法定日的佛事活动和监督比丘持戒的情况，批准及考核沙弥晋升比丘等事宜。各村寨的佛寺是最低级别的寺院，负责村民日常的礼佛诵经的活动，以及对年轻人进行佛教教育、文化培训的工作。

（三）佛塔的建立与管理

一般说来，在佛教发展的最初阶段，傣族地区的塔是佛寺建筑的中

---

① 参看王懿之《西双版纳小乘佛教历史考察》，《贝叶文化论》，第 416 页，昆明：云南人民出版社，1990。

心,随着中国南传上座部佛教体系的建立和逐渐完善,佛寺体现出强烈的等级色彩,因此,在佛教发展的后期,佛塔就逐渐成为佛寺的附属物,建塔不一定要建寺,但塔一经建成,则必须有佛寺和村寨来供养,而且还必须有专门的佛寺来负责管理保护。值得注意的是,不是所有的寺院和村寨都有管理和保护塔的资格,只有中心佛寺或者是建筑历史悠久的佛寺才能够具有管理佛塔的资格,但一般的佛寺和村寨都可以供养佛塔,在供养佛塔方面就没有任何等级制度的限制了。这一佛寺管理制度的形成显然是与佛寺等级制度的形成密不可分的。

在佛塔管理体系方面,与寺院金字塔型的管理模式相对应,西双版纳地区的南传上座部佛教在塔的组织管理系统方面也是具有严格的金字塔型的管理特征。如以西双版纳景洪勐龙地区为例,据调查,该地有佛塔16座,分别属于59座佛寺71个村寨[1],按照佛寺的等级进行供养,塔由中心佛寺来管理:

龙布蓝塔——由城子四寨、曼宏仗、曼沙湾、曼董、曼允、曼康、曼打黑、曼坎、曼景勐、曼宽等13寨11所佛寺供养,其中城子四寨负责管理保护;

曼飞龙塔——由曼飞龙、曼景勐、曼纳因、曼贵、曼銮等5寨4佛寺供养,其中曼飞龙负责管理保护;

庄塔尖——由曼坎南、曼庄尖2寨2寺供养,同时负责管理保护;

庄塔纳——由曼纳龙1寨1寺供养和负责管理保护;

曼迈塔——由曼迈、曼妹勒、曼害、曼费、曼弄叫、曼栋、曼景坎7寨6寺供养,其中曼妹勒负责管理保护;

蚌囡塔——由曼嘎1寨1寺供养和负责管理保护;

共罕塔——由曼先罕、曼红、曼兵、曼撒、曼亮撒、曼约6寨6寺

---

[1] 参见《西双版纳傣族宗教情况初步调查》,载《傣族社会历史调查(西双版纳之三)》,昆明:云南民族出版社,1983。

供养，其中曼先罕负责管理保护；

庄改塔——由曼改、曼远、曼别、曼卖板、曼龙扣、曼养坎、曼景坎、曼迷、曼勒、曼景发、曼别、曼帕12寨12寺供养，其中曼改、曼远负责管理保护；

庄冷塔——由曼蚌1寨1寺供养和负责管理保护；

庄燕塔——由曼燕子1寨1寺供养和负责管理保护；

龙三哈塔——由曼老、曼降、曼景板、曼亮散代、曼岛、曼仲9寨9寺供养和负责管理保护；

康湾塔——由曼康湾1寨1寺供养和负责管理保护；

摩西塔——由曼亮散勒1寨1寺供养和负责管理保护；

庄龙塔——由曼掌、曼汤、曼养勒、曼弄叫4寨4寺供养，其中曼掌负责管理保护；

曼清塔——由曼清、曼且、曼尚等4寨4寺供养，其中曼清负责管理保护。[1]

从上述资料可以看出，中国南传上座部佛塔的管理是井然有序的，它是与中国南传上座部佛寺的组织管理系统相对应，按照不同的等级而得到供养。但是，在中国南传上座部佛教传播区域内，几乎每一个村寨都有一个佛寺，但并不是所有的佛寺都能建有佛塔，它必须征得该区域内的世俗社会组织制度体系的同意，符合神圣世界组织管理体系的相关要求，由村寨代表向该村佛寺所属的中心佛寺提出申请，而其所属的中心佛寺则会根据需要，同时考虑到村寨或该区域整体经济发展水平和承受能力以及信众的情况等来定。如果该区域的经济实力雄厚，信众虔诚信仰佛教，就可以建塔供养。佛塔一经建好，就成为佛教最明显的象征符号，人们对塔就要礼敬供养。于是，对塔的维修和供养也就成为负责供养佛塔

---

[1] 参见《西双版纳傣族宗教情况初步调查》，载《傣族社会历史调查（西双版纳之三）》，昆明：云南民族出版社，1983。

的村寨佛寺们的责任,而上一级佛寺也要时时督促、检查。同样的道理,在中心佛寺所在区域内建立的佛塔也是由其所属的上一级佛寺组织来负责监督。以此类推,可以说,在中国南传上座部佛教传播区域内,佛塔的修建、供养和维修以及围绕佛塔而形成的一系列佛事活动,都鲜明地体现着中国南传上座部佛教组织管理体系的严密性特征。

时代变迁,佛教组织形式也有了变化。目前在村寨(自然村)一级通常设有佛寺管理小组,负责管理本村佛教事务。佛寺管理员接受村民小组和佛寺管理小组双重监督,佛寺管理员、佛寺管理小组与村民小组同期换届,用民主选举的方式产生。佛寺管理小组的上级组织为县级佛教协会,县级佛教协会的上级组织为州佛教协会。县、州佛教协会理事和领导成员,与佛寺管理员、佛寺管理小组成员一样,都经由民主选举产生。选举时大家基本上都实事求是,不徇私情,做到公推公选。如果某个职位的候选人未能当选,那么宁缺毋滥,这一职位暂时空缺,另选他人暂时代理,直到下次选举时再行决定。云南上座部佛教组织制度中体现的民主作风,正反映了佛陀时代僧团民主羯磨制度的古风。

二、僧伽制度

如果说中国南传上座部佛教佛寺和佛塔的管理体系的等级特征更多地是体现在组织制度的建立和完善方面,那么僧伽管理系统的建立和完善主要更多的是基于此等级森严的组织制度体系之上的人事系统的管理。这体现在羯磨制度以及寺规的制定方面。

(一)羯磨制度

布萨羯磨,巴利语 Uposatha Kamma 是佛教古老的仪式,是出家众最重要的一种宗教生活。比丘必须每半个月在布萨堂集中,举行比丘集会。中国南传上座部佛教一直恪守印度原始佛教古老的传统,非常重视每个月布萨羯磨仪式。比丘们每个月在傣历每月四个斋日(初一、初八、十五、二十三)或者十五日与二十九日(小月)或三十日(大月)(因地域和派别不同而有区别)自觉地集中到"布萨堂"进行布萨羯磨活动。即使外出做活动,也会及时赶回来,集中到"布萨堂"中进行布萨羯磨活动,这已经成为每一位比丘重要的宗教生活内容。比丘们在"布萨日"都要诵《别解脱律仪》,然后对自己在这半个月里所犯过失进行忏悔。"布萨堂"里所做的忏悔是严格保密的,任何人不准泄露。在"布萨日"的"布萨堂"里参加布萨羯磨的人只能是比丘一级的僧人。一般的小沙弥和俗人都不得参加,而妇女更是不能靠近"布萨堂"。事实上,笔者 2007 年在云南临沧地区调研时,就有寨子里的老人说,就是在平时,妇女们也被告知"布萨堂"是不可以靠近的,而在"布萨日"更是严格禁止妇女靠近"布萨堂"。中国南传上座部佛教的僧团从古至今一直都严格地遵守着这一规矩。

值得注意的是,并非所有的佛寺都有"布萨堂",它是严格按照中国南传佛教组织管理体系来设置的,即只有中心佛寺才能有。"布萨堂"成了中心佛寺的标志。在调研过程中,老百姓告诉笔者,民间衡量一个佛寺是否中心佛寺,只需要看其寺院里是否设置有"布萨堂"即可。这就意味着中心佛寺下辖的几个村寨佛寺的僧侣们要参加布萨羯磨仪式,就必须集中到自己所在地中心佛寺。而每半月都定期到中心佛寺集中布萨羯磨,既有利于整顿僧团的纪律,保持南传上座部佛教的纯洁性,同时有助于强化中心佛寺以及上级佛寺的权威地位。作为制度化宗教,中国南传上座部佛教具有独立于社会组织制度之外的僧团,对僧团的管理非常重要,尤其是对僧团进行组织有序的管理同样非常重要。在某种程度上,可以把中国南传上座部佛教的布萨羯磨这一古老的制度看作中国南传上座部佛教组织管理体系对僧团反复强化管理的方式。

此外,在雨安居时期,持五戒、八戒的优婆塞、优婆夷们就会身穿白衣色服,带着行李到寺院大殿内进行禅定修行,傣语称之为帕瓦那(Bhavana)。

(二)寺规的制定

中国南传上座部佛教除了严格执行布萨羯磨制度外,还制定了种种

寺规对僧侣进行严格的管理。例如,在西双版纳地区就有著名的《巴维尼西哈》(寺规15条)①:

1. 出家僧侣不得挪用寺内佛衣、佛具。

2. 僧侣、召勐、头人都必须尊重和严格遵守教规教义,不能用新教规取代原来的教规。违者有罪。

3. 不能动用佛寺内的砖瓦、木料去盖房子、修仓库。

4. 出家修行的佛爷和尚不能谈论国事、勐事、寨事,不许制作金银首饰,不许玩弄妇女,不许做买卖经商。

5. 佛爷和尚不许参与来往俗人谈论男婚女嫁、丧葬和有关牛马牲畜活动的事。

6. 佛爷和尚不能改穿衣裤或披毯子去串姑娘;

7. 寺内佛爷在无人接替时,不能私自还俗和逃离佛寺,违者必须赔偿佛寺内的一切损失。

8. 不满一百户的村寨内的佛寺晋升祜巴有罪无礼。

9. 大佛爷不能歧视寺内的二佛爷,也不能歧视其他佛寺的佛爷。

10. 佛爷违背巴维尼西哈和佛祖传下的教规、损坏经书有罪无礼。

11. 毫瓦萨、奥瓦萨时,青年佛爷应集中进城向松溜和其他高僧松马(祝福、忏悔之意)。

12. 佛爷和尚玩弄妇女罚"盆闷硬版"(黄蜡万两、银子千两);在寺内修行不行善及作恶者罚"盆版硬怀"(黄蜡千两、银子百两)。

13. 出家修行的和尚不应该死在家里,若死在家里,必须要请佛爷念经、送神、祭鬼,一切费用由和尚父母承担。

14. 无亲戚的佛爷升天(逝世)时,安埋费用由全寨各户分担。

15. 高僧升天时,全勐百姓应举行大赕(隆重的佛事活动),欢送

---

① 参见杨胜能《西双版纳封建地方性法规浅析》,《首届全国贝叶文化学术研讨会论文集》(下册)第523页,2001年4月,西双版纳。

高僧进入天堂。

僧侣必须严格执行,如有违反,轻者受罚,重者则被勒令还俗,赶出寺院。

三、居士制度

在信仰中国南传上座部佛教的少数民族村社,一般说来,当人们年龄满了40或50岁时就不再承担任何赋税负担,有的老人在家里甚至就不再从事家务劳动了。没有任何负担之后,人们就可以专心地念佛、拜佛、坐禅,定期到寺院参加宗教活动。人们常常把这些老人称为优婆塞、优婆夷。一般说来,每个月他们按照世俗社会组织制度的行政区划,定期到自己所在村社所属的寺院参加宗教活动,接受"五戒"或"八戒"。其膳食由各家各户自理。一般说来,信徒又有"五戒"信徒和"八戒"信徒之分,大多数信徒是"五戒"信徒。

在德宏地区,由于受到内地大乘佛教的影响,没有形成严格的佛教僧阶制度,但却在居士信众中形成了特殊的居士制度。与出家众的僧阶相对应,很多信仰者都希望举行一定的仪式来获得不同等级的称号,并将此视为对佛的最大的虔诚和自己积累福德的最佳途径。因此在中国南传佛教传播区域内也形成了一种特殊的居士制度,这是中国汉传佛教所没有的。

在云南德宏地区,南传上座部佛教居士等级称号主要有坦木、帕嘎、帕嘎体、帕嘎软四级。

"坦木"是最低一级,其仪式简单易行,只要用钱买一部经书送到寺院,请长老念经后即可获得。因此,几乎每一个老年信佛者都能取得。

获得"帕嘎"的仪式叫作"帕嘎摆"。举行此仪式的人家首先要购买佛像、抄写经文、制作佛幡佛伞,供奉在家中临时设置的佛堂上,请僧侣前来颂经焚香,同时宴请乡邻亲朋,几天后将佛像等物送至寺院,布施钱或物,然后由长老念经赐封"帕嘎"称号。所需要的费用数额从几百到几千元不等。

若还想晋升更高一级——"帕嘎体",又必须再做一次"帕嘎摆"。

而最高一级僧阶"帕嘎软"是虔诚的佛教徒一生追求的理想,只有具有"帕嘎体"称号的人再做一次"帕嘎摆"才能获得。

一个人一生中连续几次做摆,所需财力人力是一般家庭难以承受的,所以只有极少数家境富裕的人获得这个僧阶称号。

信仰南传上座部佛教的傣族群众普遍存在一个观念,谁的名字前被冠以"帕嘎"以上称号,谁就有较高的社会地位,受人尊敬。谁获得"帕嘎软",就预示着谁已功德圆满,日后可得涅槃。20世纪80年代以后,在经济发展、群众生活日趋富裕的地区,一个村寨几户人家同时或分别做"帕嘎摆"已屡见不鲜。如在潞西县,据统计1980—1989年间有近200户人家举行过上述仪式,仅芒市镇①就有20余家,时间多为3天,费用一千元或几千元不等。②

此外,在临沧多列派的傣族信徒也分为两类:"布来"和"扒嘎"。其中"布来"一级较高,又分三等九级,每升一级都要做一次赕。而"扒嘎"一级较为普遍,只要做一次小赕,由佛寺赐给"扒嘎"的身份。人们都相信至少要成为"扒嘎",不然就白做人了。

中国南传上座部佛教在德宏傣族景颇族自治州和临沧市沧多列派的傣族信徒中所形成的信众居士制度的特点在于:这虽然有不同的等级,且等级越高越受人尊重,但不是特权制度,不同等级的居士都不具有特权,大家彼此之间永远是平等的,他不可以管理其他等级的居士。与僧阶制度相比,其最大的特点就在于居士在宗教生活中享有更多的功德,在世俗生活中享有更高的声望。就中国南传上座部佛教管理体系中信众的管理而言,居士制度的等级化无疑会成为信众努力的方向,更加注重道德自律,在管理方面能更加有序。

---

① 芒市镇现已经为县级市。
② 张建章:《德宏宗教》,第184页,德宏民族出版社,1992。

四、僧阶制度

中国南传上座部佛教组织管理系统的严格也同样反映在僧侣等级制度上。中国南传上座部佛教僧阶制度之严格、等级分类之多,是其他南传上座部佛教国家所未有,而且也是大乘佛教无法相比的。在云南,一般说来,僧阶是按年龄、戒腊、学行来划分的,但是僧阶只是一种荣誉,并不意味在神圣世界或者在世俗世界享有一种特权。

例如,在西双版纳傣族地区,按年龄、戒腊、学行来划分僧阶。僧阶大体可分帕(沙弥)、都(比丘)、祜巴(都统长老)、沙密(沙门统长老)、僧伽罗阇(僧王、僧主长老,这一僧阶长期来虚职无人)、帕召祜(阐教长老)、松迪(僧正长老)、松迪阿伽摩尼(大僧正长老)等八级。或在帕之前增帕诺(行童)一级,在都之后增都龙(僧都)一级则为十级。自五级以上晋升十分严格,最后两级在整个西双版纳地区只分别授予傣族和布朗族各一个,成为地区最高宗教领袖。一般说来,做了大佛爷之后,他不仅是寺院里最德高望重、学识渊博的人,而且也是整个村寨中地位最高的人。即使是去到本村寨以外的其他地方,也是深受人民尊敬的。在政治地位上,大佛爷可以和土司平等对话,在宗教场合里,土司见了大佛爷之后,还要非常恭敬。

而在云南德宏傣族景颇族自治州和临沧市,僧阶的划分却没有这么多的等级。例如,多列派僧阶只分四级:召尚,相当于润派佛教的帕;召闷或闷召,相当于润派的都或都龙,民间习惯称之为佛爷;召几,相当于润派的祜巴;召崩几,相当于高级僧阶的荣誉称号。临沧市的孟定多列派还曾经实行过三等九级僧阶,即一等芽宝、芽金、芽银;二等叶宝、叶金、叶银;三等花宝、花金、花银,但现未流传下来。[①] 摆庄派僧阶也是四级,与多列派相似,但称号不同:嘎比(可以看作是预备和尚)、尚旺(相当

[①] 参见邱宣充《耿马县小乘佛教》,载《云南少数民族社会历史调查资料》(五),第348页,昆明:云南人民出版社,1985。

于沙弥)、召们(比丘)、召几(长老),而左抵派只有比丘一级,分为大和尚、小和尚。值得注意的是,随着南传上座部佛教在各个区域的本土化进程越来越深入,有的区域也出现了自己的僧阶体系,例如临沧市的沧源县其多列派把僧侣分为四等:长老、佛爷、和尚和预备和尚,而润派则对僧侣的划分较细,分为三等九级:和尚为三等九级;小佛爷和大佛爷分为二等八级和七级;四长老、三长老、二长老、大长老、副卯长老、卯长老为一等,分别为六、五、四、三、二、一级。①

一般说来,对僧侣按年龄、戒腊、学行来划分僧阶,这是对僧侣自身学识修养和品德、修行深浅的一种神圣性认同,它虽然只是一个荣誉,并不意味着任何的特权,但是,对于僧侣来说,进一步地晋升僧阶既是在佛教体系内部对自己精进不懈、勤修佛法的整个修行实践行为的神圣认可,同时也是世俗社会对其本人的神圣权威的一种认可。因为僧侣晋升僧阶并不是由僧侣本人提出来,而是由其所在佛寺所属的村寨或者是某一区域的信众们认为其已经符合晋升的条件,经过慎重考虑后才提出来的,经过相当复杂的程序,最后该僧侣同意,并且经该僧侣所在佛寺的大佛爷同意之后,村寨举行隆重的升和尚仪式,才逐步晋升的。选拔和申请晋升和尚的整个过程是在僧团制度之外进行的,是世俗社会在自己的组织管理机构内部,以自己的管理方式对佛教僧侣的神圣性认可,但是其选拔的结果却必须要得到神圣世界的同意方可。而就中国南传上座部佛教管理体系而言,逐级晋升、等级分明的僧阶制度是对僧才的认可,也是对僧才进行严格管理的一种制度,有助于进一步有序地管理佛教事务。它更是中国南传上座部佛教体系成熟的一个体现。

五、戒律

在长期的发展过程中,为了更好地适应西双版纳傣族社会生活,南

---

① 陈卫东主编:《沧源佤族自治县统战史》,第36页,昆明:云南民族出版社,2006。

传上座部佛教在戒律方面开始逐步傣族化。南传上座部佛教非常重视戒律,以戒律来约束信徒的言行。南传上座部佛教的戒律主要分为五戒、八戒、十戒和具足戒四级。一般说来,云南南传上座部佛教信众都按照佛经规定的戒律持戒,但在具体实施的过程中,又结合当地实际情况,对戒律的内容进行了些许改动。

以西双版纳傣族地区的南传上座部佛教为例,例如佛经规定的八戒内容是:第一,不杀生;第二,不偷盗;第三,不邪淫;第四,不妄语;第五,不饮酒;第六,不坐高广大床;第七,不观听歌舞音乐;第八,不非时食(过午不食)。有的傣族地区就把最后一条改为:不准做生意,不能贪财。

佛经规定的十戒内容是:第一,不杀生;第二,不偷盗;第三,不邪淫;第四,不妄语;第五,不饮酒;第六,不坐高广大床;第七,不观听歌舞音乐;第八,不非时食;第九,不涂饰香蔓;第十,不蓄金银。而西双版纳傣族地区的佛教十戒律略有差异:第一,不杀生,不伤害人;第二,不偷盗;第三,不邪淫,不调戏妇女;第四,不欺骗人;第五,不饮酒;第六,过午不食;第七,不准唱歌跳舞;第八,不准戴花打扮;第九,不准坐比老人、佛爷更高的位子;第十,不准做生意,不能贪财。① 在这里佛经中规定的"不坐高广大床"似乎被改为了"不准坐比老人、佛爷更高的位子",这样的改动含义是巨大的。它首先反映出此时的西双版纳傣族地区的佛教已经具有了严格的等级制度特征,僧阶地位中的等级决定了佛爷、和尚在神圣空间和世俗空间的地位。而"不准坐比老人更高的位子"这一规定,显然是具有了世俗伦理道德的色彩。这从另外一个角度也表明了南传上座部佛教在西双版纳傣族地区世俗化的特点。此外,佛经中规定的第十戒"不蓄金银"被改为"不准做生意,不能贪财",显然也是结合当地实际而制定的。

---

① 王懿之:《西双版纳小乘佛教历史考察》,《贝叶文化论》,第 413 页,昆明:云南人民出版社,1990。

而在布朗族地区的南传上座部佛教的"星西卜"(即十戒)内容是:第一,不准杀生;第二,不准偷东西;第三,不准乱搞男女关系;第四,不准说假话;第五,不准喝醉酒;第六,不准吃晚饭,而且过午不食;第七,过年过节不准舞刀及棍棒;第八,不能带刀、戴花和银饰物;第九,不准同长辈平起平坐;第十,不准穿戴有银饰物的东西。显然,在布朗族地区的戒律与傣族地区的戒律又稍微有了不同。总的来说,在戒律的遵守方面,中国南传上座部佛教都比较宽松。对于傣族布朗族一般信教群众,只是劝其自觉遵守佛教戒律。信教群众可以自己选择要遵守五戒、八戒还是十戒。遵守的戒律越多,对佛越虔诚,所积的功德就越多。因此,一般情况下,村寨中50岁以上的老人大都自觉遵守十戒,多数中年人大都自觉遵守五戒。而其他的村民主要是用戒律及其伦理道德体系的主要精神来规范自己的世俗伦理道德生活。

同样是几乎全民信仰南传上座部佛教的德昂族在戒律的执行方面,由于接受的佛教派别不同而又具有复杂性特征。德昂族主要散居在云南省德宏傣族景颇族自治州的潞西县和临沧地区镇康县,其他分布在盈江、瑞丽、陇川、保山、梁河、龙陵、耿马等县,基本上是全民信仰南传上座部佛教,但他们却分别属于南传上座部佛教的润派、摆庄派、多列派和左抵派这四个主要的佛教派别。由于各个佛教派别所遵守的佛教教义基本都是相同的,它们的不同仅仅表现在戒律方面的一些细小差异。因此,虽然德昂族信教群众同是一个民族,信仰同一种宗教,但在戒律的遵守方面却有差异。

在德宏傣族景颇族自治州畹町的德昂族信教群众属于润派,潞西勐嘎乡茶叶箐的德昂族信教群众属于摆庄派,这两个派别在教义教规方面较接近,允许信教群众家中饲养猪鸡,年轻人可以杀生。

而信仰多列派的居住在潞西三台山的邦宛、楚东瓜、勐丹、南虎、冷水沟、梁河县的二古城、盈江县的松山、瑞丽的雷门、贺兰卯这些村寨的德昂族信教群众,与信仰左抵派的居住在临沧地区镇康、耿马等地的德昂族信教群众在戒律方面的要求就较严格,这两个派别要求信众家中不得饲养猪、母鸡以及其他家禽,但允许饲养一两只雄鸡用于报鸣。信众不得杀生,反对吸食鸦片,反对饮酒等。①

此外,德宏地区寺院里普遍遵守的戒律是:和尚有教规75条,佛爷有227条,但最基本的只有四条,即不杀生、不淫乱、不说谎、不偷盗。僧侣如违犯其中一条,重者开除;轻者则威信受影响,升级时将受到限制。结过婚再为僧者,只能升到二佛爷,即使学问很高亦不能再晋级,而且念经时不能坐正座。为僧期间调戏妇女即被开除。僧侣走路不能左顾右盼,只能看脚前三拃远;不能大笑;走路不能甩手,即使下雨也不能跑;不能唱歌,不准跳舞。

临沧地区的傣族摆润派的戒律却非常严格,僧侣走路要目不斜视,不许左顾右盼。不准喝酒,严禁吃狗肉。到人家走访,僧侣要端坐讲话,小和尚不许插嘴。妇女遇见僧侣,要主动绕路走,不许踏着僧侣的身影。和尚犯了过失,轻的罚面壁,跪一天一夜;情节严重的,开除出寺,另外罚腊条若干。②

六、安章③

安章是中国南传上座部佛教流传区域内的宗教活动中专管佛教事务之人。他是由群众推选产生,其选择标准是:首先,曾经在佛寺里当到过佛爷一级、后来还俗的人;其次,通晓宗教文化习俗,尤其是精通佛理之人;再次,德高望重者,在社会上享有很高的声望。符合这几条标准的人由群众推荐,经本寨佛寺或头人批准,就可以成为安章,履行安章的职责。安章是佛教寺院的管理者,管理寺院经济,管理佛寺、佛塔的修建和维修,但他却属于世俗之人,平时不脱离生产,未享有任何宗教特权,参

---

① 《德昂族文化大观》,第48页,昆明:云南民族出版社,1999。
② 临沧地区民族宗教事务局编:《临沧地区民族志》,第65页,昆明:云南民族出版社,2003。
③ "安章"是临沧地区的称呼;在西双版纳,称之为"波章";在德宏地区,人们称之为"贺路"。

加宗教活动时也无任何报酬。

一般说来,由于中国南传上座部佛教流行区域内,南传佛教始终与各个少数民族原有的宗教信仰并存。所以各个少数民族在宗教活动的管理方面都有严格分工,安章负责管理佛教事务,召曼管理寨心祭祀活动,波摩管理祭神事务,他们各司其职,互不干涉。安章的职责是负责管理与佛教相关的事务,他不能管理其他宗教事务。在具体管理佛教事务时,安章却表现出多方面的出色才能,他既是佛事活动的组织者和管理者,又是佛教仪式的主持者,是神圣世界和世俗世界的沟通者。

首先,在中国南传上座部佛教徒的宗教生活中,安章是重要的活动组织者和管理者。他是信众的组织者和管理者,负责组织和管理群众参加赕佛祭祀活动,同时还得监督信众在进行宗教活动时严格执行佛教戒律。比如,笔者在2006年8月参加云南临沧市耿马总佛寺念大经仪式时,明显地感受到安章出色的组织能力和指挥能力。由于这是耿马总佛寺一年一度的念大经活动,所以来的人非常多。此次念大经耿马县总佛寺附近几乎所有的中心佛寺的主要僧侣都要来参加,虽然总佛寺僧人只有二十人(佛爷长老九个,和尚十一个),但是参加活动佛爷和尚共计123人,可以想见这次活动是如何的重大。正因如此,前来参加赕佛活动[①]的群众络绎不绝,但却未出现一丝混乱。

经过与临沧市佛教协会秘书长暨耿马总佛寺的安章安明先生的交谈得知,早在这次活动前,安明就与耿马总佛寺寺院管理小组的其他安章和老人们一起,召集了下属的几个中心佛寺以及邻近村寨的村寨佛寺的安章们几次开会讨论如何组织信众赕佛的问题。会上就信众的组织管理问题、信众以及包括僧侣在内的所有参加念经活动的人的饮食问题作出了安排(按照中国南传上座部佛教活动的习俗,所有来寺院参加佛

---

① "赕"即布施之意。中国南传佛教地区的信众在参加佛教活动时,都会布施钱财或其他物品给佛寺。

事活动人都可以在寺院里免费就餐,而所有的饮食全部由负责供养该佛寺的村寨群众平均分担)。经过研究,耿马总佛寺的安章们做出决定,在公历 8 月 9 日念大经的这一天,上午可以来 5 个生产队的人参加活动,下午再来 5 个生产队的人来参加活动,这样就会避免因人员众多而出现拥挤的情况。至于饮食问题,上午由五个生产队负责做好送到佛寺,下午再由另外的 5 个生产队的负责送来。大家轮流参加活动,同时也轮流负担饮食问题。下午 5 点左右全体在佛寺吃饭。饭后 7 点左右开始念经。由于事先就经过了这样的精心安排,这是耿马县一年中最隆重的佛事活动,来参加的群众非常多,有的村寨几乎是倾巢而出,全都来赕佛。但从秩序的管理上来看,却可以做到秩序井然,有条不紊。大家按照所属区域的组织安排来参加活动,在就餐时也直接到事先规划好的指定地点就餐;从后勤的角度来看,所有的参加者,包括外地来的旅游者或是城里来看热闹的群众,全部人都可以在佛寺中吃到免费的饭菜。

至于在参加赕佛活动中的所有开支,则主要是由安章和老人们一起掌管。值得注意的是,中国南传上座部佛教的寺院管理机制具有强烈的时代特征,现在基本上已经由原来的具有政教合一性质的管理机制逐步形成群众自己有序管理的寺院管理机制。原来的寺院管理机制是佛教僧侣或是封建领主、头人与波章(安章)[1]共同或者直接由安章进行管理寺院。这一管理体制随着 20 世纪 50 年代封建领主制的消亡而逐渐被 20 世纪 80 年代以后出现的寺院管理小组体制所取代,现在的寺院管理小组是由群众自己进行选举德高望重的老人(一般情况下,大部分都是"安章"或者是"康朗"[2])来进行管理。在经济方面有序、公开、透明,每一笔经济支出都用红纸写好,清晰地贴在墙上接受群众的监督。如果有剩余的钱就有最德高望重的安章或寨里的老人负责保管,在下次活动时又

---

[1] 关于"安章"角色问题,详参郑筱筠《中国南传佛教组织管理体系中的安章角色》,"第二届世界佛教论坛"论文(2009 年)。
[2] "康朗"是傣族人民对做过佛爷、后来还俗者的称呼。

拿出来，没有任何一个人会把这笔钱占为已有。像上面提及的耿马总佛寺就直接由寺院管理小组来管理，但其成员仍然是安章或是德高望重的老人。

其次，安章又是佛教仪式的主持者，是神圣世界和世俗世界的沟通者。

在村民的眼中，安章在进行佛事仪式时就是神圣世界和世俗世界的沟通者。安章在佛教仪式中的重要作用是上请法师主持法会、讲经说法，下领信众念诵经文圣号。如果在举行佛事仪式时，安章没有来是无法进行的。以上述2006年8月笔者参加的耿马总佛寺一年一度的念大经活动为例，在傍晚7点左右，耿马总佛寺的安章安明宣布念大经活动正式开始，这时，事先安排好的鞭炮和放傣族自制的、一般在节庆活动中才会使用的土炮马上响起，一时震耳欲聋。在响声中，佛爷和尚以及安章、信众都来到大殿门前。在中国南传上座部佛教佛事活动开始前，首先是请神下凡[①]，有的地方还要请各个少数民族原有的神灵下凡。在大殿门口佛爷与安章进行着一问一答。首先由安章唱经文去请各路神灵，当佛爷问是否请来时，安章回答："请到！"安章这时扮演的是神圣空间和世俗空间的沟通者角色，只有他才去神圣空间表达群众请神的愿望，才能够把神从神圣空间请到世俗空间。每次一问一答之后都要放鞭炮或者是放土炮，然后才继续下一个问答。只有经过这样一个请神仪式之后，真正佛教意义上的念经大会才能开始。当此念经仪式进行到一定时候，大约在深夜12点或者是零时2点左右，佛爷和尚就开始逐渐离开去休息了，而这时的安章却不能休息，他和信众一起继续在大殿中。显然他已经开始成为下半段念经活动中的主角了，他继续念着经，只不过这时的经主要是一些佛经故事。因此，讲的人有滋有味，听的人聚精会神，听得入迷，没有倦意。这样的活动持续到早上6点左右才由安章宣告

[①] 此仪式因地域和民族不同而有差异。

结束。

　　当然,由于中国南传佛教具有明显的民族性和区域性特征,安章的管理权力在不同民族或不同区域稍微有些不同。例如,笔者2006年在云南临沧市沧源县班老乡调研时发现(班老乡几乎全是佤族),其寺院管理主要是由原来佤族寨子里的寨主负责,也可以由安章代管,但是寨主权力更大。佛寺活动必须有寨主到了宣布开始才可以开始。它的管理体系似乎还在沿袭佤族旧有的村社管理体系——即重大事情都由寨主说了算。但是,在具体的佛教仪式开始的过程中,还是由安章来具体负责。如当时我们参加的是上班老村总佛寺关门节时期的念经滴水活动,主持念经的主要就是安章,而不是寨主或佛爷。①

　　值得注意的是,安章角色的设立对于中国南传上座部佛教来说是非常重要的一个发展标志,意味着中国南传上座部佛教的发展已经进入到一个良性循环的阶段。首先,从佛教与当地各民族固有宗教的关系来看,佛教与各少数民族固有宗教已经和谐相处,安章与少数民族固有宗教祭司之间的职责权限划分非常清楚,分工明确,这一职责权限划分也表明着佛教事务和原始宗教事务之间的界限(这一界限迄今还保持完整);其次,就佛教事务管理的角度来看,安章是佛教仪式的主持者,是神圣世界和世俗世界的沟通者。在举行佛事活动仪式时,他是举足轻重的人物,甚至在某种程度上具有神圣的权威性。他还要参与佛教寺院、佛塔的管理工作,对佛寺、佛塔的建立、维修以及相关事项负责,对寺院的经济负责或参与管理,负责组织信众进行佛事活动,在中国南传上座部佛教管理体系中发挥着特殊的重要作用。但是,他却属于世俗之人,在平时他们不脱离生产,未享有任何宗教特权,参加宗教活动时也无任何报酬。他可以管理信众,却不得管理佛教内部事务,不得干涉管理僧团。这一悖论性的现象出现在安章这一人物身上,却未引起任何的争议或不

---

① 对此,笔者另有专文,在此不再赘述。

满,这充分说明中国南传上座部佛教成功地解决了神圣世界与世俗世界之间在管理方面的难题。神圣与世俗在这里找到了完满的结合点。因此,可以把安章角色的设立看作中国南传上座部佛教发展史上非常重要的一个发展标志。他是中国南传上座部佛教管理体系与世俗管理体系在管理层面上的沟通者和融合者,是它们关系密切、融洽的体现者,是中国南传上座部佛教管理体系在中国南传佛教信仰区域内良性循环发展的一个说明。

七、寺院供养制度

世俗社会对神圣世界的经济支持是宗教发展的强有力的保障,而世俗社会对神圣世界的经济支持逐步形成了寺院经济。从宗教寺院经济的角度而言,同样依赖于世俗社会的供养,中国南传佛教的寺院经济明显地逊色于汉传佛教和藏传佛教,没有形成自己独立运行的寺院经济体系,几乎完全依赖于世俗社会的供养,并因此而形成了独具特色的中国南传佛教寺院供养体制。

中国汉传佛教和藏传佛教可以接受信徒们供养的金银钱财,甚至地产,可以拥有自己的庙产,同时可以在规定的范围内发展自己的寺院经济,有的寺院经济实力还可能相当雄厚。而藏传佛教寺院经济也同样发达,历史上藏传佛教不少寺院就有经商的传统。典型的如甘孜大金寺在1949年以前以经营英国、印度货物为主,其商业网点遍布康定、玉树、昌都、拉萨、重庆、上海等地乃至国外。① 由于经商,积累了资金,寺院经济也逐渐发展起来。

中国南传上座部佛教寺院的寺院供养体制不同于中国汉传佛教,也不同于中国藏传佛教的寺院供养体制。南传上座部佛教一直保持着原始佛

---

① 杨健吾:《藏传佛教寺院经济的变化——四川甘孜、德格两县寺院经济活动的调查》,见"中国藏学网"www.tibetology.ac.cn/article2。

教的纯洁性,恪守着僧侣不蓄金银的戒律。任何僧侣无论其僧阶高低,都不蓄金银。各个寺院无论其级别高下对此都在寺规中作出了严格的规定,例如在《西双版纳巴维尼西哈》(寺规15条)中就明确规定:

1. 出家僧侣不得挪用寺内佛衣、佛具;
2. 僧侣、召勐、头人都必须尊重和严格遵守教规教义,不能用新教规取代原来的教规。违者有罪;
3. 不能动用佛寺内的砖瓦、木料去盖房子、修仓库;出家修行的佛爷和尚不能谈论国事、勐事、寨事,不许制作金银首饰,不许玩弄妇女,不许做买卖经商。①

可以看出,中国南传上座部佛教没有雄厚的寺院经济实力,几乎完全依赖于世俗社会的供养。因此,世俗社会的经济支持对中国南传上座部佛教来说是非常重要的。②

傣族社会对中国南传上座部佛教的经济支持同样是依靠社会组织制度来运行的,即通过社会组织制度各级行政机构层层往下布置安排,承担宗教负担。

从社会组织制度而言,西双版纳的各级权力机构是多层次的,各级成员之间的职责和义务非常清晰,也是非常紧密的。这一紧密性特征就使各级社会行政组织严格遵守古制,认真履行自己在世俗社会组织制度中应该承担的义务和职责,并按照世俗社会组织制度规定的严格等级制度进行世俗生活和神圣生活。这一特征体现在宗教生活中,最明显地莫过于由各"勐"下属的各个村社共同承担以"勐"为单位组织的宗教活动的经济开支。摊派宗教负担时,下一级行政组织机构要负责落实上一级行政组织进行宗教活动的所有开支,即召片领一级的最高统治者所有宗

---

① 参考杨胜能《西双版纳封建地方性法规浅析》附录,《首届全国贝叶文化学术研讨会论文集》(下册)第523页,2001年4月,西双版纳。
② 虽然后来有的寺院开始拥有了寺田,甚至还有寺奴,但这样的寺院毕竟是少数。

教活动的开支基本上要由下一级行政组织——勐来承担,而勐这一级行政单位则直接把这样的负担继续往下摊派,这样层层摊派下来后,最终的宗教负担则基本上是由傣族社会组织制度中最基层的行政组织单位——村社来共同承担了。

一般说来,社会行政机构的基层组织——村社要承担的宗教负担主要有几种类型:一是村社以上的各级行政组织的宗教开支;二是各个寺院平时的供养;三是村社自身开展宗教活动时的经济负担。

就村社以上的各级行政组织的宗教开支类型而言,各个村社在行政区划范围内共同承担已成共识。事实上,早在佛教传入之前,当召片领或各"勐"级行政机构组织各种宗教活动时,其经济开支具体落实到由各村社共同承担已经成为一个不成文的规矩。所有村社都自觉地遵守这一规则。例如,在历史上,祭祀勐神(地方神)是全勐各村社共同的事。勐笼、景龙三年一祭勐神,祭祀所需劳务和实物都由有关村社分担,其劳务分工如下:龙勤挑祭品到祭祀地点;曼秀负责挑饭;曼达负责端盆;曼两伞负责抬篾桌;祭祀时,曼破、曼养派人去值勤;曼达、弄罕派一人去看守祭祀用的牛;曼宰派二人去看守拴牛、拴白马的桩子;曼达负责搭祭勐神的祭台……而祭品的分担是这样的:曼桑负责出土锅、扇子;曼破、曼养负责出汤锅、菜碗、竹筒、竹碗、竹饭盆、拌糯米饭用的木盆等;曼景脸、曼景罕负责饭碗和洗牛用具;曼宰提供酒、米……此外,祭祀的其他费用也由各村社平均承担。① 正是因为在历史上已经形成了这样的古规,因此,佛教传入之后,佛教沿袭了世俗社会组织制度特有的经济负担运行体制,所有佛事活动的开支仍然按照原先宗教惯例,上级行政机构组织的活动几乎都由各村社平均分担。

平时寺院的供养类型是指村社要按照世俗社会组织行政机构的安排,承担寺院的供养,即各个佛寺僧侣每天的饮食也由村社成员轮流供

---

① 《傣族社会调查资料》之五,第26页,昆明:云南人民出版社,1985。

应。在历史上西双版纳地区南传上座部佛教曾实行过托钵制,即每天清晨由小沙弥托钵外出,到村寨里挨家挨户化缘,后来逐渐也改为由村寨各成员轮流供养。例如西双版纳景洪曼占宰寨在1957年时,本寨佛寺有佛爷、和尚9人,其中14岁者有2人,16—17岁的有7人,此外还有很多"预备和尚"。全寨要向佛寺里的佛爷、和尚9人以及"预备和尚"多人提供生活食用,每年至少要谷子180挑。大小赕佛活动每次以5000元人民币(旧币)来计算每家每年要用8挑谷子,全寨共需要352挑谷子。一年下来全部佛教方面的开支需要532挑谷子。[①] 这些全部分摊到村社各户。

各个村社平时也按照行政区划进行宗教活动,主要是围绕寺院、佛塔开展各种佛事活动,自己本村分配宗教负担。例如修建佛寺、佛塔,塑造佛像,村寨集体送小孩入寺当和尚,和尚升佛爷、祜巴等重大宗教活动,一般家庭是不可以组织或承担的,也不是个别家庭的事情,而是全村社的共同事务,是村社的集体事业,所有的宗教开支全部由村社成员共同负担。因此,无论是上级行政组织机构组织的宗教活动开支还是各村社范围内自己的宗教活动开支,都是由村社全体成员共同负担。如赕佛活动是傣族人民表达其宗教情感的主要方式,但赕佛活动的组织却在极大程度上依靠村寨势力的执行。赕佛活动的所有宗教开支全部都要经过村社组织机构研究后分摊到具体村社成员头上。

值得注意的是,后来随着佛教的日益发展和僧侣的增多,在村社分担宗教开支制存在的同时,也有一些封建领主直接采取经济措施支持寺院的情况。首先,用领主的权力硬性规定每年每户应向佛寺交纳一定数量的谷物。如西双版纳的勐阿土司就规定,凡种田的农民每年每户缴纳"波占谷"一挑,不种田者缴谷半挑。其次,领主还将霸占的土地中的少部分赠给某些佛寺,这类土地称为佛寺田,由寺院出租给农民耕种,收取

---

① 《傣族社会历史调查》(西双版纳之九),第223页,昆明:云南人民出版社,1985。

一定数量的地租。如西双版纳勐遮的曼根寨有佛寺田20亩,占该寨土地总面积的2.7%;勐满有佛寺田十亩,由城子寺奴耕种。耿马城内的甘东寺有寺田二十多亩;孟定城子佛寺有寺田三十亩,悉租给农民耕种,每年收取地租。① 此外,领主还将其占有的专为领主家庭服各种劳役的家奴寨赐给寺院,替寺院服务。如勐仑有曼梭黑、曼锐两个寺奴寨(卡袜)共三十二户,耕种部分塔田(纳塔),这两寨农奴专门负责守护和维修白塔。召片领出巡到勐很,进城内拜佛时许愿把曼支龙寨赠给勐很佛寺当寺奴。此后,曼支龙寨就每年每户轮流去佛寺服役五天,任务是割马草、烧开水、煮饭、代耕佛寺田等。又如耿马土司把弄抗、那棉、芒雨、芒费等寨划分为寺奴寨,免去其向土司署应缴纳的赋税,专门替佛寺服以下几项劳役:在佛寺节日期间清扫寺院环境;在朝拜佛塔前,为僧侣和司署官员搭好凉棚;大长老出行时当侍从。② 佛寺直接拥有一些经济资源,诚然可以在一定程度上减轻村社供养制的经济负担,但由于这样的情况还不多,因此,在大部分中国南传上座部佛教文化圈内村社供养制还是最主要的一种形式。

总之,由世俗社会来承担神圣世界的经济开支,而不是由神圣世界内部自行管理是傣族社会南传上座部佛教寺院经济的特色,也是中国南传上座部佛教供养体制和寺院经济不同于汉传佛教和藏传佛教之处。这是世俗社会组织制度从世俗社会的角度对神圣世界进行着经济支持的表现,还是中国南传上座部佛教得以发展的最根本的世俗社会保障。

当然,我们也应看到正是由于中国南传上座部佛教寺院经济的这一特点使得中国南传上座部佛教在发展过程中没有形成强大的寺院经济支柱,不能直接掌握经济大权,或者说缺乏经济的强有力支撑。其所有的经济来源和经济开销必须要依赖世俗社会。这就使之与世俗社会组

---

① 颜思久:《云南宗教概况》,第39页,昆明:云南大学出版社,2000。
② 杨学政主编:《云南宗教史》,第40页,昆明:云南人民出版社,1999。

织制度产生了最为直接的密切联系——寺院的发展及僧侣的供养必须依靠信教群众和世俗社会的供养,而世俗社会经济发达程度在某种程度上就直接制约着宗教的发展。这是世俗社会组织制度对佛教发展的消极作用。

自20世纪80年代以来,它已从村社供养制为主的单一经济模式逐渐转变为多元化的供养模式。传统村社承担的寺院活动开支仅占寺院收入的一小部分,而来自社会各界的捐赠善款则成为寺院经济的主要支柱。其中来自东南亚国家的善款捐赠首先打破了过去单一的村社供养制的寺院经济传统模式,促进多元化供养模式的寺院经济发展。

由于中国南传佛教信仰区域群众与东南亚各国人们有着天然的地域、民族血缘及历史文化联系,民间往来不断。改革开放以来,东南亚一些国家政府部门及民间社会团体经常到西双版纳傣族自治州、德宏傣族景颇族自治州以及临沧市、普洱市等地访问,同时也会有一些捐赠。近几年,仅西双版纳傣族自治州就接待了大量国外来访团体近八百人,每次都能得到大量捐款。大量来自国外的捐赠款有效地改善了中国南传佛教寺院经济发展不足的状况。

除了国外的大笔布施善款外,政府对寺院维修的拨款和来自全国各地的群众功德捐赠也是寺院经济收入的主要来源。值得注意的是,近年来随着交流的扩大,中国南传佛教佛事活动也吸引着国内外大量的群众前往参加,甚至很多内地企业家也纷纷参加,并慷慨捐赠。因此,与过去传统的村社供养制相比,现在很多南传佛教寺院经济模式已经多元化。

总之,南传佛教进入中国云南后,就一直不断地在自我调适,最终形成了迥异于东南亚佛教的本土化特点,成为佛教文化体系中不可或缺的一个重要组成。

第十一章 后弘期藏传佛教及其主要派别

978年①,佛教再次从多康回传西藏,由此开始的佛教在西藏的重新传播时期被称为"后弘期"。后弘期佛教已经完成了和以本教为代表的本土元素的融合,正式形成了具有独特风格的藏传佛教,并出现了几个重要的派别:宁玛派、噶当派、萨迦派、噶举派、格鲁派等。

第一节 佛教在西藏的再度复兴

达玛被刺身亡后,吐蕃贵族围绕着其后裔云丹(yum-brtan)和斡松(vod-srung)形成两个集团,厮杀不止。原来隶属于吐蕃的吐谷浑、党项等部,也脱离了吐蕃的统辖。在混战的过程中,吐蕃的奴隶又在卫藏地区发动了大暴动,社会形势更加动荡。吐蕃社会出现的割据、混战的局面,大约持续了半个世纪左右。到了9世纪末,斡松的后人被云丹的后人驱逐到后藏西部和阿里一带,吐蕃统治者之间的战事才算暂告一段落。但社会上的混乱和纷争仍旧在持续,大大小小的割据者拥兵自立,

---

① 关于"后弘期"开始的时间,历来说法不一,此处采用的是王辅仁编著的《西藏佛教史略》中的观点。

强霸属民,互相抢掠。奴隶制生产方式已经开始崩溃,一些河谷地区,农业有了一定的发展,封建主和农奴这两个对立的阶级逐步产生。到了10世纪后半期,经过一系列的弱肉强食式的兼并,卫藏和阿里地区出现了几个能左右一方的封建割据势力。他们迫切需要建立新的、稳定的社会秩序,发展生产。而胁裹在战乱漩涡中、苦不堪言的下层百姓,也热切地希望能摆脱目前的困境。于是,佛教得到了再度流传的契机,佛教在西藏又逐渐复兴起来了。

一、在多康的复兴

据藏文史料记载,达玛灭佛时,在曲卧日有三名僧人:藏·绕赛(gt-sang-rab-gsal)、博东巴·约格迥(bo-dong-ba-gyo-dge-vbyung)、堆隆巴·玛·释迦牟尼(stod-lungs-pa dmar-shākya-mu-ne)于修行之际,看到僧人在打猎,经询问方知藏王灭佛的情况。于是,他们用一头骡子驮着《毗奈耶》等经书,逃往阿里,然后由阿里辗转逃至入回鹘。由于语言不通,他们由回鹘东向至朵甘藏区,抵达一个名叫丹底水晶寺(dan-tig-shel-gyi-lha-khang,今青海化隆一带)的小寺。当地有一位本教徒之子穆苏塞巴(mu-zu-gsal-vbar)对他们心生信仰,前去请求跟随他们学习佛法。

911年,由藏·绕赛等三人和两名汉族僧人革邦(ke-dbang)和金帕(gyim-phag)为穆苏塞巴授比丘戒。后因他精通佛教教义,又被称为贡巴绕赛(dgongs-pa-rab-gsal,思想渊博者),还因为他对西藏佛教复兴的特殊贡献,又被称为拉钦(大喇嘛)。据记载,他在受比丘戒前已经对密法、发菩提心法、中观、因明以及瑜伽等内容有所涉猎。在受比丘戒以后,贡巴绕赛又北去甘州(今甘肃张掖),从果绒僧格札(go-rong-seng-ge-grags)学习律藏。接着,贡巴绕赛又到康区跟随一位在尼泊尔学法归来的僧人学习《十万般若波罗蜜多经》及其注释等大乘经论十二年之久。后来受丹底的"侏儒九兄弟"迎请,他重返丹底,并一直住了下来。贡巴绕赛得到当地藏族上层人物的支持,供施云集。而当时这一带有许多汉地的禅宗僧人,他们只讲明心见性、顿悟成佛,而不重视建寺立塔之事、布施之举以及因果报应之说。贡巴绕赛凭借其财力、人力和地利、人和的优势,多建寺塔,宣传善恶因果。当地一些头人都随他受戒出家,他的名声逐渐地传扬开了。到他的晚年的时候,前藏的鲁梅楚臣喜饶(klag-pa-lam-pa-klu-mes-tshul-khrims-shes-rab)、征益西云丹(vbring-ye-shes-yon-tan)、热希楚臣迥乃(rag-shi-tshul-khrims-vbyung-gnas)、巴楚臣罗追(sba-tshul-khrims-blo-gros),后藏的洛敦多吉旺秋(lo-ston-rdo-rje-dbang-phyug)、聪尊喜饶僧格(tshong-btsun-shes-rab seng-ge),阿里的巴·卧杰(pa-vo-brgyad)、者敦熏奴楚臣(vbre-ston-gzhon-nu-tshul-khrims)、窝东巴邬巴岱噶瓦(bo-dong-pa-u-pa-de-kar)等十人闻名前来拜师,并跟随他受戒出家。

大约在978年,他们又陆续回到卫藏和前藏,成为卫藏地区弘扬佛教的根本力量。其中,鲁梅等五人回到了桑耶地区,并入住吐蕃时代留下的一些小庙中,做了寺主。后来,他们又陆续到拉萨,鲁梅楚臣喜饶在前藏修建寺庙,收徒传法。他的弟子很多,有四柱、八梁、三十二椽等称号,最重要的是四柱(所谓柱,乃是言其在"后弘期"佛教界中,如房屋的柱子,极为重要),即香那囊多吉旺曲(zhang-sna-nam-rdo-rje-dbang-ph-yug)、俄强曲琼乃(rngog-byang-chub-vbyung-gnas)、兰益西喜饶(klan-ye-shes-shes-rab)、朱梅慈成琼乃(gru-mer-tshul-khr-ms-vbyung-gnas)。这四个人也很有作为,"四柱"之一的香那囊多吉旺曲先建了一座名为热擦(ra-chag)的小庙,1012年,他又创建了杰鲁拉康寺(rgyal-lug-lha-kgang),即后来著名的杰拉康,以此为道场,遂形成"香派";"四柱"之二的俄强曲琼乃修建了十余个小庙,并修缮了吐蕃时代的旧寺——叶尔巴寺,以此为道场,遂成"俄派";"四柱"之三的兰益西喜饶建甲萨岗寺(rgya-sar-sgang),以此为道场,遂形成"兰派";"四柱"之四的朱梅慈成琼乃,建塘波且寺(thang-po-che,这是11—13世纪几百年间有名的大寺),

以此为道场,遂形成"塘派"。以上四派统称"鲁梅支系"。

前藏五人之中的巴楚臣罗追建兰巴吉乌寺(lan-pa-spyi-bu),以其为道场,遂形成巴曹支系;热希楚臣迥乃在墨竹建昌俄寺(phrang-vog),以其为道场,遂形成"热曹支系";征益西云丹建安兰吉摩寺(ngan-lam-spyi-mo),以其为道场,遂形成"征曹支系"。

上述鲁梅、巴、热、征等四个支系,到11世纪中期,逐渐在拉萨一带发展起来。到了13世纪,他们为了各自寺院的经济资源,争夺收入,而不断地发生战争,说明当时这些派系已经具备了一定的实力。

与此同时,洛敦多吉旺曲、聪尊喜饶僧格、者敦熏奴楚臣也返回后藏,建寺收徒,他们的弟子和再传弟子也分别在后藏建立了一些小庙。

总之,鲁梅等和他们的弟子及再传弟子,在这一时期修建了为数不少的小庙,据粗略统计大约有200多处。由于在宗教活动方面,他们主要致力于建庙、度僧和传戒,并且几乎人人都自立为门派,形成各自的传承,这就使得卫藏地区的小型寺庙集团如雨后春笋似地纷纷出现。

因西藏习惯上以东为下,西为上。多康位于卫藏以东,故称"下路",由此地传出的佛法,又称"下路弘法"。相应地,阿里位于卫藏以西,故称"上路",由此地传出的佛法,又称"上路弘法"。

二、在阿里的复兴

幹松的儿子贝考赞(dpal-vkhor-btsan)被属民杀害,贝考赞有两个儿子,长子札西积(bkra-shis-brtsegs)被永丹一派逼退到后藏的拉兑(la-stod,今拉孜以西),次子尼玛衮(nyi-ma-mgon)逃到阿里。

尼玛衮在阿里建立王权,并生三子:长子日巴衮(rig-pa-mgon)占据芒域(mang-yul,今克什米尔的列城);次子扎什德衮(bkra-shis-lde-mgon)占据象雄(zhang-zhung,今西藏普兰县);三子德祖衮(lde-gtsug-mgon)占据桑格尔(zhangs-dkar)等地。德祖衮有两个儿子:柯热(kho-re,965—1036)和松额(srong-nge)。长子柯热将政权托付给其弟松额,出家为僧,起名为意希沃(yi-shes-vod,意译智光)。他对当时社会上的密宗徒提倡的所谓"淫乐解脱"、"交合解脱"产生了怀疑,于是派遣仁钦桑波(rin-chen-bzang-po,958—1055)等21位少年去克什米尔留学,以期得到较为纯粹的佛法。

除此而外,意希沃还仿照桑耶寺修建了托林寺(mtho-lding),并迎请了东印度的班智达达磨巴拉(daharma-pala)及其三弟子来藏,传毗奈耶的讲解和实修,由他所传的戒律称为"上路律传"。

仁钦桑波前后三次前去克什米尔,第一次返回时,由于不适应克什米尔的气候,同去的21人,只有他和玛雷必喜饶(rma-legs-pavi-shes-rab)回到阿里。在克什米尔和印度,他先后曾依从75位班智达学法,返藏时,他迎请了许多印度僧人到阿里,合作翻译了大量经典。在显教方面,他译出过17部经、33部论;在密教方面,他译出了108部怛特罗(密教经咒),其中包括《集密》以及龙树和佛智二人的解释、《摄真实论》等重要密教典籍,建立金刚乘。从他开始,才把密教提高到与佛家理论相结合的高度。西藏佛教界把仁钦桑波和他以后所翻译的密教典籍,称作"新密咒";把他以前包括吐蕃时代所译的密教典籍,称为"旧密咒"。①

1006年,仁钦桑波作了柯热之子拉德(lha-lde)的上师,于协尔建寺,专心翻译佛典。拉德为了表示对他的尊崇,把布让一个豁卡赐给他作为封地,成为他的私有豁卡,还拨了一定的税收供他使用,西藏的寺属庄园——豁卡从此时开始出现。除了翻译佛经外,仁钦桑波还到处建寺立塔,他在阿里地区修建了不少寺庙,以至于现在的阿里人,甚至拉达克人,还把当地所有的重要寺庙都说成是仁钦桑波所建。由于他新译和修订的佛经最多,影响非常大,所以时人和后人将他尊称为"洛钦"(lo-chen,意为大译师)。

---

① 王森:《西藏佛教发展史略》,第31、32页,北京:中国藏学出版社,2000。

同仁钦桑波一同留学回来的玛雷必喜饶,译出了《量释论颂》、《〈量释论〉第一品法称自释》等因明要籍,并收徒传授,他的弟子们对这些作品也作了大量的注释。玛雷必喜饶及其弟子所传因明,被称为新因明,他本人也被尊称为"洛琼"(lo-chang,小译师)。

到拉德的儿子绛曲沃(byang-chub-vod)①时,迎请到了印度著名的僧人阿底峡(a-tī-sha,982—1054)。阿底峡生于巴格浦尔,汉名无极自在,本名月藏,法名燃灯吉祥智。阿底峡从11岁时起,就在那烂陀寺师从觉贤学习佛法,他的上师几乎囊括了当时印度所有的佛学大师,他本人为了晋谒法称等人,曾游学金地岛(今苏门答腊)和锡兰(今斯里兰卡)。44岁时返回印度,出任超戒寺上座,极负盛名,与宝生寂、觉贤等人被称为超戒寺八贤。

传说,意希沃为了筹集迎请阿底峡的聘礼,亲自到边地采集金子,被印度边境外一个信仰伊斯兰教的国王抓住,此国王给他提出了两个条件:一、放弃佛教信仰,皈依伊斯兰教;二、用和他身体重量相等的金子赎身。绛曲沃把阿里三区所有地方所有人手里的金子都收集起来,仍无法凑够数量。意希沃于是拒绝了再集黄金为他赎身的请求,让绛曲沃用这些金子去请阿底峡,他自己被杀害了。

意希沃死后,西藏方面派了五个人前去迎请阿底峡,阿底峡感念意希沃对佛法的赤诚,遂于1040年离开印度,1042年到阿里。阿底峡在阿里住了三年,应绛曲沃及其他欲整理佛教者之请,将一切显密教法归纳融摄,写下了《菩提道炬论》(也写作《菩提道灯论》),宣讲"三士道",并倡言生死轮回、因果报应之说,所以时人称之为业果喇嘛。在此期间,仁钦桑波将其迎至于托林寺,请阿底峡校正自己所译经典。

阿底峡在阿里住了三年后,欲返印度,但应仲敦·甲卫炯乃(vbrom-

---

① 藏族史料中关于绛曲沃的身份记载互相抵牾之处较多:一说绛曲沃为意希沃的侄子;一说为其孙子;一说为侄孙。

ston-pa-rgyal-bavi-vbyung-gnas,1005—1064)邀请到卫藏弘法。仲敦为藏传佛教噶当派的创始人,他将阿底峡迎到卫藏后,拜其为师,直到1054年阿底峡逝世于聂塘之前,他始终跟随左右。阿底峡在卫藏的九年间,前后曾到桑耶、拉萨、叶巴、盆域、聂塘等地,所到之处,弟子云集。阿底峡著名的弟子除了仲敦外,还有枯敦、翱雷必喜饶等人。这些众多的弟子都是当时佛教复兴的中流砥柱,所以他本人在藏族僧人中享有崇高的声誉。1054年,阿底峡去世于聂塘,仲敦继承其全部显密教法。1056年,他受达木(当雄一带)地方封建主的迎请,到达热振并建寺,由此形成噶当派。

1076年,古格王绛曲沃的侄子哲德(rtse-lde)广集康、藏、卫三区通晓三藏的僧人,由他自己作施主,在托林寺举行大法会(藏文史料称为"丙辰法会")。印度译师与西藏译师赴会者甚众,佛法在西藏的中兴,到此时达到极盛。据《西藏王臣记》记载:桑喀译师(zang-mkav)在此时译出了因明名著《量释庄严论》。热译师(rva)、年译师(gnyal)、琼波却尊(khyung-po-chos-bston)、赞喀卧且(btsan-kha-po-che)、翱罗丹喜饶(rngog-blo-ldan-shes-rab)、玛尔通代巴喜饶(mar-thung-dad-pa-shes-rab)等人一起追随以塔波旺杰(dvags-po-dbang-rgyal)为首的法团来参加法会。赞喀波切从萨加那(sajjana)学《弥勒法》,热、年二译师离开法会之后,即同赴印度学法。与此同时,被称为"噶当七宝"的噶当派根本教法形成,以此为基础,噶当派始为一派。而翱雷必喜饶及翱罗丹喜饶叔侄在桑浦寺创立讲习因明及辩经制度;巴曹译师(pa-tshab-lo)提倡中观学;错那巴(mtsho-sna-pa)弘传律学;素尔穹巴(zur-chung-pa)与卓浦巴(sgro-phug-pa)推介《十八幻网》、《二十心品》;萨迦前三祖,即萨钦衮噶宁波(kun-dgav-snying-po)、索南孜摩(bsod-nams-rtsc-mo)、扎巴坚赞(grags-pa-rgyal-mtshan)三人弘传卓弥译师所传的密法;达波拉结(dvags-po-lha-rje)也承继了玛尔巴、米拉日巴的学说;南印度佛教大师丹巴桑结(dam-pa-sangs-rgyas)也五入西藏,传播其说,从而最终开出了希解派和觉域派这两枝花朵。①

总之,这一时期藏地的佛教出现了欣欣向荣的局面,藏传佛教"后弘期"正式到来。

此外,在丙辰法会前后,由于大量的印度僧人进入西藏,同时,阿里的许多僧人也前去克什米尔和印度求学,他们各自的师承不同,所传佛法的侧重点不同,对经典的理解也就存在着偏差。从11世纪中期到13世纪初,这些不同或偏差终于导致西藏佛教形成许多流派,其中主要有:

1057年,阿底峡弟子仲敦建热振寺,以其为道场,创立噶当派。

1073年,昆·衮噶宁波(kun-dgav-snying-po)建萨迦寺,以其为道场,遂成萨迦派。

1121年,琼波南交(khyung-po-rnal-vbyor)于"香"(shangs,位于后藏)建雄雄寺,以其为道场,遂成香巴噶举派。

同年,米拉日巴弟子达波拉结(dvags-po-lha-rje)建达拉岗波寺,以此为道场,遂成达波噶举派。

第二节 藏传佛教主要派别及其思想

一、噶当派及其佛学思想

(一)噶当派的传承

藏语"噶"(bkav)意为佛语;"当"(gdams),意为教授,合起来,"噶当"意指"佛语教授",也就是该派将佛的一切言教都作为自己修习的准绳,故而得此名。

关于噶当派的传承,《土观宗派源流》很简练地概括为:

> 它是从觉阿吉·吉祥阿底峡创始的,仲敦巴建立宗规,三大法

---

① 参见刘立千《印藏佛教史》,第93页,北京:民族出版社,2000;第五辈达赖喇嘛:《西藏王臣记》,第83页,郭和卿译,北京:民族出版社,1993。

友昆仲弘扬流传,朗日塘巴、夏惹瓦、甲域瓦等则更加发扬光大了。①

这基本上就是一个噶当派的传承主线了。所以,噶当派的起源一般被上溯到阿底峡尊者,阿底峡的《菩提道灯论》是噶当派阐发其思想的最重要的著作,但此派的正式创建则是在阿底峡的弟子仲敦时。

仲敦(1005—1064)出生在堆垅的一个富豪人家,幼年开始学习藏文,后来师事赛尊(se-btsun),跟随他学通了《中观根本论》和"慈氏五论"等经典。阿底峡到阿里后,仲敦因久闻其名,便前去随他学习佛法。1045年,仲敦在阿里拜见阿底峡,就一直追随其左右。1054年,阿底峡去世后,仲敦成为阿底峡徒众的首领和师长。1057年初,他在热振建寺,以此寺为根据地,逐渐形成噶当派。

仲敦一生未受比丘戒,所以只能算是一个居士,但他持戒甚严。在创建热振寺后,他就一直在寺中授徒传法。仲敦精熟显密教法,但主要以讲授《般若八千颂》、《八千颂大疏》等显宗经典为主。

噶当派的发展是在仲敦的弟子及再传弟子时期。在仲敦的弟子中,最著名的有三人:一个是博多哇·仁青赛(po-to-ba-rin-chen-gsal,1031—1105),一个是京俄哇·楚臣拔(spyan-snga-pa-btshul-khrims-vbar,1038—1103),一个是普穷哇·宣奴坚赞(phu-chung-ba-gzhon-nu-rgyal-mtshan,1031—1106),这三人又被称为"三大法友昆仲"。其中普穷哇不收徒众,而博多哇和京俄哇分别收徒授众,从他们两个人发展出了噶当派的两个支派,即教典派和教授派。

1. 教典派传承

教典是由博多哇传出的。博多哇是仲敦晚年所收的一个弟子,他在拜仲敦为师前,已经因宣讲因果等佛学基础知识而有些名气。二十八岁时,他前往热振寺,跟随仲敦学法。仲敦去世后,他一直闭关自修。到五十一岁时,方结束闭关,开始接纳门徒。博多哇在担任热振寺的堪布以

---

① 土观·罗桑却季尼玛:《土观宗派源流》第46页,刘立千译注,拉萨:西藏人民出版社,1999。

前,随从弟子已达一千多人,终其一生,他的弟子总共有2 800余人。在任热振寺堪布期间,"因寺内有口舌,他遂离热振另建博多寺,并移居该寺"①,所以被称为博多哇。他常常为弟子讲授后来被人称为"噶当六书"的《庄严经论》、《菩萨地》、《集菩萨学论》、《入行论》、《本生经》、《集法句经》等经典。由于博多哇的倡导,噶当一派得到空前的发展。博多哇有八大心传弟子,其中以朗日塘巴(glang-ri-thang-pa)和夏日哇巴(sha-ra-ba)最有影响,被誉为卫区的一对日月。

朗日塘巴(1054—1123)原名多吉僧格,以讲授"慈氏五论"(即《现观庄严论》、《大乘经庄严论》、《辨中边论》、《辨法法性论》、《究竟一乘宝性论》,慈氏就是弥勒菩萨)为主,常从弟子有3 000多人。

夏日哇巴(1070—1141),本名云旦札,幼年从博多哇出家,能博闻强记,因而熟知许多经典。博多哇去世后,座下弟子多转而追随夏日哇巴,他不仅宣讲大乘经论,而且还同时帮助"后弘期"著名的译师之一——巴曹弘扬中观之学。继承夏日哇巴的是他的弟子甲·却喀巴(bya-vchad-kha,1101—1175)和董敦(gtum-ston,1106—1166),其中甲·却喀巴及其弟子创建了却喀寺(vchad-kha)、基布寺(spyil-pu),形成了以这两个寺为中心的传承系统。1153年,董敦创建了纳塘寺(snar-thang),形成了以该寺为中心的传承系统。

纳塘寺是噶当派最重要的寺院之一,该寺以弘传喀且班钦的律学而知名于西藏佛教界。喀且班钦是印度著名的那烂陀寺的最后一任寺主,他从印度带来的戒律属"说一切有部"的戒律,与上下两路弘传的律学都不相同,因而在西藏佛教史上占较重要的位置。到14世纪初,纳塘寺的僧人迥丹惹尺(bcom-ldan-ral-gri)等,把搜集到的大量藏译佛经进行整理、编目,这是著名的纳塘版藏文大藏经的最初版本。

教典派的意思是该派在噶当中比较重视经典学习,主要继承和发扬

---

① 唐景福编著:《中国藏传佛教名僧录》,第27页,兰州:甘肃民族出版社,1991。

了阿底峡的思想,认为一切经论都是成佛的方便(方法),所以一切教典都是这一派的依据。教典派把阿底峡的著作分为三类:一、重在说明正见的,如《入二谛论》、《中观教授论》等。二、重在说明菩萨行的,如《摄行炬论》、《发心律仪仪轨次第》等。三、见行并重的则是《菩提道灯论》。同时,教典派还按照这一分类方式,将"噶当六书"也进行了粗略归类:《集菩萨学论》和《入行论》是见行兼重的,《菩萨地》、《庄严经论》、《本生论》和《集法句经》则偏重说菩萨行的。除了以上经典,《中观根本论》、《七十空性论》、《宝鬘论》以及阿底峡的《小品法百种》等也是教典派宗奉的佛典。

2. 教授派传承

除了教典派,教授派是噶当派中另一个重要支系,这一派"主要是教授口诀,故称其为教授派"[1]。教授派是由京俄哇传出的。京俄哇20多岁时前往热振寺,拜在仲敦门下,仲敦对他十分垂顾,让他勤修"空"性,并在自己做饭时单独传法于他,所以就得了一个"京俄哇"的称号,意为侍奉者。在仲敦的单传密授下,他得到了许多由阿底峡传下来的密法。仲敦去世后,他又依从其他名师学习,所以通晓梵文,能翻译佛经,喜诵密咒,定力也很高。京俄哇的弟子和再传弟子中,著名的人物很多,弟子中最有影响的是甲域哇钦波(bya-yul-ba-chen-po,1075—1138),本名为熏奴沃,因修建甲域寺而被称为甲域哇,门下有弟子二千余人。甲域哇的主要弟子则有藏巴仁波且(stsang-pa-rin-po-che)和冲协仁波且(khroms-bzher-rin-po-che),后者曾在1138年建立岗岗寺(kam-kam)。

教授派的教法也和教典派一样,也将佛教教法按照同一个标准分为三类,只是具体依据的经典有所不同:

第一,重在阐发理论见解的部分。属于这一部分的正见主要有:由京俄哇所传的四谛、由普穷哇所传下来的十二因缘以及由阿底峡的另一

---

[1] 蔡巴司徒·贡噶多杰:《红史》,第54页,陈庆英、周润年译,拉萨:西藏人民出版社,2002。

个弟子南交钦波(1015—1078,又被称为大瑜伽师,因为他在给阿底峡放马或做一些杂物中也不离修禅定①,所以得此称号)所传下来的二谛。其中,该派用四谛和十二因缘之说阐发人无我的思想;用二谛说阐发微细法无我之义。第二,重在阐发修行实践的部分。这部分教法主要集中于菩提心的修法,在经典方面,总依一切大乘经典,别依《华严经》和龙树、寂天的相关论典。第三,见行并重的部分。这主要就是该派的"三士道"的修行次第,所依的主要经典同样是《菩提道灯论》。因为这一法门既重视理论,又重视实修,因而上面的两部分也被统摄于其中。所以,"三士道"的修法"乃尊者汇集深观和广行两大派要门成为一体,是最完备的修持教授,故名为见行双重之教授"。②

除了这两派外,噶当派内还存在着一个重要派别——教诫派(或称要门派)。这一派是噶当派中比较重视密教的派别,其教法的内容是阿底峡在叶尔巴寺传给他的著名弟子枯敦、翱雷必喜饶和仲敦的。仲敦巴又将其传给"三大法友昆仲",其中,普穷哇得到了全部的教法,京俄哇得到了大部分传承,博多哇仅得到少半。这一传承直到一世达赖时才传遍全藏,它的内容强调人要恒生五念:念师长为皈依;念自身为本尊;念语言为诵咒;念众生为父母;念心性为本空。其中被认为是心要法门的是"十六明点"的修法。修习这一传承的,下自戒律、上至金刚乘法(密法)能在一座中全部修到。教诫派的本尊(被供养、被礼拜的对象)有四位,即释迦牟尼、观音菩萨、绿度母、不动明王。四尊和佛法三藏,合称"噶当七宝"。③

噶当派的僧人除了上面提到的之外,著名的还有俄·雷必喜饶(也译作翱雷必喜饶)叔侄。俄·雷必喜饶为11世纪人,年轻时也向赛尊学过法,阿底峡到前藏后,他拜师从阿底峡,所以和仲敦是师兄弟。雷必喜

---

① 法尊法师:《西藏佛教的迦当派》,《现代佛学》1958年第二期。
②③《土观宗派源流》,第55、57页。

饶十分敬重仲敦,曾数次向仲敦请教佛法。他翻译和修订过多种有关因明的书,所以得到译师的称号。1073年,他在拉萨以南、聂当以东修建了内邬托寺,后改称桑浦寺。

俄·雷必喜饶死后,他的侄子兼弟子俄·罗丹喜饶(1059—1109)继任桑浦寺的堪布。罗丹喜饶十八岁时到阿里参加过"丙辰法会",会后他到印度留学。在印度和尼泊尔,他用十七年的时间求教名师,精研教法。他翻译过很多经典和有关因明的书籍,如《量庄严论》等,成为当时有名的译师,弟子最多时达2.3万多人。罗丹喜饶在佛学方面的成就甚至超过了他的叔父,后来还在昌都察雅的马贡寺出现了他的转世系统。

俄·罗丹喜饶的门徒中,以卓垅巴罗追迥乃(gro-lung-pa-blo-gros-vbyung-gnas)最为有名,他曾为许多显密经论作过注疏,其中就包括根据阿底峡的《菩提道灯论》写成的《道次第广论》和《教次第广论》,这两部书后来成为格鲁派创始人宗喀巴的著作《菩提道次第广论》的底本。

由俄·雷必喜饶创建的桑浦寺(gsang-phu),也是藏传佛教历史上著名的寺院。该寺以提倡因明学(佛教逻辑学和认识论)、注重辩论而为时人所称道。到桑浦寺的第六任堪布恰巴却吉僧格(phy-pa-chos-kyi-seng-ge,1109—1169)时,讲习因明之风更盛极一时。恰巴却吉僧格撰写和注释了一些有关因明学的论著,其中《量论摄义》一书是后来藏人所著大量因明入门书之祖,藏地特有的学习因明的方法便是从他开始的。相传,西藏各寺学经时所采取的辩论方式,也是由他始创的。

俄·雷必喜饶叔侄译著、校改并在桑浦寺讲授的因明,被称为新因明,实际上经过恰巴却吉僧格及其弟子辈的阐释宣扬,桑浦寺在二三百年间都是西藏因明重镇。此外,此寺还弘传般若、中观学说。总之,在很长的一段时间内,桑浦寺曾经是藏传佛教发展的基石之一。后来,该寺分为上下两院,在萨迦派掌握地方政权时,曾把寺中的几个扎仓收归萨迦派。15世纪格鲁派兴起后,桑浦寺也随其他噶当派的寺院一起并入了格鲁派。

噶当派的一个显著特征就是注重修习经典,并且调整显密关系,主张修法应坚持"先显后密"的修行次第。并且强调密宗要传给经过考验的少数有"根器"的人,禁止广传密宗。此外,噶当派还主张显密二宗不应当互相攻击,而应当互为补充。

为了改变当时社会上修习密宗时的混乱状态,噶当派的密法以瑜伽部密法为主。噶当派所传的密法,是《真实摄经》一系的密法。《真实摄经》属瑜伽部,对这一部的解释仍然是以显宗的教义为基础的。在阿底峡的时候,密宗无上瑜伽部的一些内容已经在印度盛行,并且逐步传到西藏。无上瑜伽部除了掺杂一些狰狞、恐怖的色彩外,还有一些双身修法,在世俗人或佛学修为比较低的人的眼中,这便是一种纯粹的男女性爱。所以许多人往往以修密法为名,搞一些欺男霸女的污秽勾当。因此,阿底峡在世时就提倡遵循《真实摄经》修习密法,这样做既显示了噶当派与萨迦、噶举等专门崇尚无上瑜伽部的派别有所不同,又与宁玛派的密法中大量吸收本教的东西有区别。噶当派因此在西藏佛教界获得了"纯净"的声誉。[1]

格鲁派兴起后,噶当派的寺院逐渐并入格鲁派的寺院中,从此,噶当派作为一个独立的宗派也在藏族地区慢慢地消失了。由于格鲁派的教义主要建立在噶当派的基础上,所以在某种程度上可以说噶当派是格鲁派的前身,格鲁派也因此被一些人呼为"新噶当派"。噶当派虽然消失了,但该派在藏传佛教史上地位很重要,它不仅是藏传佛教后弘期中第一个形成的宗派,而且曾是诸多宗派中势力最强的一支教派。因而它对藏传佛教诸多宗派的产生,以及藏传佛教的健康发展,都起到了积极的作用。如至今依然是格鲁派重要寺院的热振寺,为扩大格鲁派宗教影响作出重要贡献;桑浦寺开创并发展了藏传佛教因明学和辩经学;纳塘寺又为藏文大藏经的形成和完善立下了卓越的功勋。

---

[1] 参见王辅仁编著《西藏佛教史略》,第116页,西宁:青海人民出版社,1982。

噶当派接受了阿底峡的佛教理论与修持方法的体系,阿底峡的《菩提道灯论》也因此成为该派所依据的主要经典。除此之外,噶当派修习的经论还有前面提到的"噶当六书"、"慈氏五论"及以龙树《中论》为首的一些经论。

(二)噶当派的佛学思想

噶当派的教义以宣讲"三士道"为主。"三士道"是阿底峡在《菩提道灯论》中提出的,它贯穿于全书的始终,是该书的核心或中心思想。"三士道"将学佛的人分为三类:第一类人被称作"下士",这类人以求今生后世的利乐为目的,不知"生死轮回"之苦,这在佛学中叫做人天乘;第二类人被称作"中士",这类人只追求个人解脱"生死轮回"之苦,而没有普度众生的思想境界,这仍然局限于自利之心,所以被称为"小乘";第三类人为"上士",这类人不仅要求解脱自己,而且愿普度众生,有利他之心,这在佛学中叫做"大乘"。人分三类,相应地,在修习次第上也分为三道,即下士道、中士道和上士道,简称"三士道"。

"三士道"认为,一个要求学佛的人,首先应该访求名师,然后在师长的教导下,身体力行地去修行,以师教为前提,免得误入歧途,具备了这个条件以后,才能从"下士道"依次做起。

"下士道"的内容是说,凡人皆有死,死时所有的名利财富、亲属以及自己的躯体都不能带走,所以要爱惜自己难得的一生,必须努力学习佛法,以免死后堕入"三恶趣"之中。因此人要发愿心,皈依"三宝",努力做止恶修善之事,以便积善积福,永离地狱之苦。这也就"三士道"所宣扬的第一步——"下士勤方便,恒求自身乐"。

一个人如果按照"下士道"的指导原则努力地修习佛法,虽然来生可以不受轮回在地狱、饿鬼、畜生等"三恶趣"的痛苦,在人、天、阿修罗等"三善趣"中投生,但这并不是绝对的乐,不是终极意义上的乐,因为人还是在六道轮回中流转,不能解脱。而且假如自己的在"下士道"中修行的不好,还有可能堕入"三恶趣"之中。为了要解脱轮回之苦,必须修学"中士道",坚持学佛者必须修持的三种基本学业,即戒(戒律)、定(禅定)、慧(智慧),摈除一切欲望和烦恼,专思四谛、十二因缘,以获得根本上的解脱。这就是"三士道"所宣扬的第二步——"中士求灭苦,非乐苦依故"。

"中士道"中所说的戒、定、慧三学是一切有情众生能够获得解脱的因,也就是说解脱是戒、定、慧"三学"的果。欲得正果,须得正因,所以是否能够按照戒、定、慧修行,对能否解脱有着决定意义。而这三学对佛教来说,戒律宛如一道墙或一道屏风,可以用来挡风,使外在的危害力量无从构成威胁。由于风被挡住了,屋子里的空气静下来了,这就是由戒到定。只有在这样一个定的环境里,我们的智慧之光才能像蜡烛一样,燃烧的明亮透彻,毫无障碍,这就是所谓的慧学。

但只按照"中士道"去做还不够,因为中士道只能使个人解脱,而不能普度众生。要普度众生,必须要"发菩提心",即要有普度众生的愿望,还要"作菩提行",即实行"六度":布施、持戒、忍辱、精进、禅定、智慧。这样既可度己,又能度人,既可成佛,又可普度众生永离苦海,这就是"上士道"。也就是三士道所宣扬的第三步——"上士恒勤求,自苦他安乐,及他苦永灭,以他为己故"。

总起来说,"下士道"是要人们皈依佛、法、僧三宝,"中士道"要人们持守戒、定、慧三学,"上士道"要人们按照佛家的六度去做,以便既能成佛,又可利益众生。

噶当派虽然后来并入格鲁派之中,但是历史上的噶当派有这样几个特点值得注意:

一是噶当派曾经盛极一时,甚至势力居于诸派之上。法尊法师曾总结说:"在宋元两朝之间,西藏中兴之佛法,要以此派为最盛的教派了。"[①] 13 世纪领兵进藏的蒙古将军多达那波,在写信向阔端报告西藏的情况时

[①] 法尊法师:《从西藏佛教兴衰的演变到说到中国佛教之建立》,《海潮音》1936 年第 17 卷第 4 号。

说,当时以噶当派的寺院最多。噶当派虽然在宗教上盛极一时,但由于该派僧人重视戒律和清修,因而和政治的关系并不密切,加之后来又并入了格鲁派,所以使人对其历史反倒不太重视了。

二是噶当派对其他藏传佛教影响很大。法尊法师说:"当时和后来兴起的教派,没有不受迦当派教授的影响的。"这种影响可以从具体的教派来看:首先,就噶举派而言,噶举派的玛尔巴数次去印度和尼泊尔留学,其中最后一次赴印度途中遇见阿底峡尊者,向其请教佛法;塔布噶举的实际创始人塔布拉杰学佛之初拜在甲域哇的门下学习噶当派的教法,后来他所传的教法就是融合了噶当派的教法和米拉日巴的密法而成的。此外,止贡噶举、达垄噶举、噶玛噶举派的创始人或重要人物都曾跟随噶当派的僧人学习过,他们在修行方面对噶当派的教法多有融摄。其次,就萨迦派而言,萨迦四祖萨班·贡噶坚赞也曾跟随噶当派僧人学习其教法,因此,"他的著作中所说大乘共道的修法,都按照迦当派而说。后来的萨迦学者也都依照他的说法而宣说"①。最后,就格鲁派而言,受噶当派影响最大的当属此派。格鲁派创始人宗喀巴的第一位老师就是噶当派僧人顿珠仁钦,其著作《菩提道次第广论》的骨架也不出阿底峡的《菩提道灯论》。因此,在噶当派并入之后,格鲁派也被称为"新噶当派"。

二、宁玛派及其佛学思想

(一)宁玛派的传承

宁玛(rnying-ma)的藏文原意是"古旧"之意,所谓"古"是指这一派自认为他们的教法传自于8世纪入藏的莲花生大师;所谓"旧"是说这一派以传承弘扬吐蕃时代流传的旧密法为主。因宁玛派僧人均戴红帽,所以在一些史籍中,也将其称为"红帽派"或"红教"。宁玛派是传入西藏的印度密法吸收了本教的内容而形成的最早的教派,所以该派在理论上和

---

① 法尊法师:《西藏佛教的迦当派》,《现代佛学》1958年第2期。

实践上都和印度后期密法有很多地方不同。这主要是因为：

密法初传吐蕃，由于其中的一些成分为时人所不能接受，因而在吐蕃时代密法的传播受到限制，如赤松德赞时期，"对于大瑜伽等登峰造极的金刚乘""未作广泛的译传"。① 在热巴坚时，就明文规定密咒诸经典不得翻译。在王室的严控政策下，少数被翻译过来的密典也只得秘密地单独传授。到达玛禁佛时，寺院和僧人手中的权势首当其冲受到打击，密宗隐蔽性的传播方式使它幸免于难，在社会上以父子兄弟相承的方式延续下来，没有间断。但在这期间，密宗自觉不自觉地掺入了大量本教的内容，一是由于要在本教盛行的民间传播，密宗不得不迎合本教信徒的固有口味；二则佛教遭到禁绝，僧人四散逃逸，家族内传播的密宗在无人指导的情况下，传播者对经文进行本教式的曲解、删改是不可避免的。这正如《贤者喜宴》所记载的：

> 大多数诵持密咒者中断了修炼法，因为没有了修炼，于是就按本教仪轨从事佛事，诵读所修行的佛典。然后就到乡村挨门串户诵念佛经。并由于发展了和合解脱和炼尸等方法，因此还出现了"活解脱"现象。②

由于这个原因，11世纪以前翻译传习的密宗经典，内容就与"后弘期"之初仁钦桑波所翻译的密法有所不同。"因此，在12、13世纪以前其他喇嘛教派别有学问的僧人，都不承认宁玛派是西藏佛教的一支"③。直到萨班·衮噶坚赞在一座古寺中发现了莲花生所传教法的梵文原本，宁玛派的地位才得到确认。

传授这些旧密法者，在长达几百年的时间内散居在民间，他们就是宁玛派的主体力量。但在最初，他们既无寺院，也无僧伽制度，更没有成

---

① 五世达赖喇嘛阿旺罗桑嘉措：《西藏王臣记》第62页。
② 《贤者喜宴》译注（十四）。
③ 王森：《西藏佛教发展史略》，第43页。

系统的佛教教义。

宁玛派教法因为传法历史久远,加之内部分支较多,所以传承较为复杂。《土观宗派源流》最终将其总结为三类:"旧派的法要,总分三类,远传的则为经典传承,近传的则为伏藏传承,甚深的净相传承。"① 也就是说宁玛派的传承有三类:经典传承、伏藏传承和净相传承。

1. 经典传承

宁玛派判佛法为九乘,即被称为共三乘的声闻、独觉、菩萨三乘;被称为密教外三乘的事部、行部、瑜伽部;被称为密教内三乘的摩诃瑜伽、阿鲁瑜伽、阿底瑜伽。后三乘被看作是密教的最高法门,一般意义上的大圆满法,就是由这三种瑜伽组成的。所以,我们所说的经典传承,主要指有关这三种瑜伽的经典传承,其经典又可分为《幻变经》、《集经》、《心品》三部经典,并依据此而形成幻部、经部和心部。

幻部属于摩诃瑜伽,以《幻变秘密藏续》等为主要经典。《幻变秘密藏续》简称《幻网经》,或《秘密藏续》。这类经典最初是由无垢友传入西藏的,无垢友传授给玛·仁钦乔及聂·循努协绕,并由这两个人开出了两个传承体系。

第一个传承体系:由无垢友传给玛·仁钦乔,仁钦乔又传给祖茹·仁钦讯努(宝童)和吉热·乔炯(胜护),这二人又将其传给达吉·白季扎巴(吉祥称)和向·杰卫云丹(德胜)。由向·杰卫云丹所传下来的幻部称为"要门传",达吉在康、藏、卫各地的广为弘传,后来还分成了卫派和康派。

第二个传承体系:这个体系实际上属于幻部传承中最重要的传承。无垢友首先传给了聂·循努协绕(藏语称其为 gnyags-dsa-nya-na-ku-ma-ra,意译:童智),这是宁玛派历史上一个重要的人物,被称为宁玛派初期传承祖师,他也就是《贤者喜宴》中所记的赤松德赞时期的九大译师

---

① 《土观宗派源流》,第34页。

之一的尼雅咱纳估玛热。桑耶寺建成后,他随寂护出家,并跟随莲花生、无垢友、遍照护等人学习后来成为宁玛派特法的大圆满法。他通过对经、幻、心三部密法的刻苦修炼,终得证悟,各部史籍称他为"前弘期"金刚乘教主、宁玛派始祖。① 聂·循努协绕传法与梭布·白季耶协,梭布·白季耶协又将其传给了鲁·桑结耶协(nup-sangye-ye-she),鲁·桑结耶协在宁玛派教法史上也占有一定的地位,被称为中期传法之祖。他也是赤松德赞时期著名的佛经翻译家,译出了多部显密经典,同时,也是当时修炼密法获得成就的 25 人之一。他曾经先后多次去印度、尼泊尔留学,遍访名师,广闻博收,最终在密法方面获得很大成就。鲁·桑结耶协又将密法传与索·耶协旺久等四位心传弟子和库隆巴·云丹嘉措等五大弟子,库隆巴·云丹嘉措传与弟子娘·协饶乔,娘·协饶乔将其传给了素尔波且。这样,宁玛派历史上重要的"三素尔"出现在历史舞台上了。

所谓"三素尔"就是素尔家族的三个人,他们对宁玛派来说是至关重要的。因为早期传授旧密法者,在长达几百年的时间内散居在民间。直到 11 世纪,"三素尔"系统地整理了旧密宗的经典,并建立了邬巴龙寺(vu-pa-lung),从此宁玛派才有了自己的寺院,有了一定规模的宗教活动,也就正式形成一个教派。"三素尔"成为宁玛派的实际开创者,这三个人的情况分别如下:

第一个是素尔波且(zur-po-che,1002—1062,意为大素尔),也就是娘·协饶乔的后传弟子。他的本名是释迦迥乃,因他建立了邬巴垅寺,所以又称为邬巴垅巴。他曾向当时许多"旧密咒"的法师学到了许多宁玛派的东西,也许是注意到这些东西散乱无章,他开始着手整理这些典籍。据王森先生的《西藏佛教发展史略》记载,他首先确定了一些根本的怛特罗,然后把另外一些阐述和注释这些怛特罗的部分及其成就法(达到觉悟的方法)和有关仪轨等,整理出一个头绪,组织成系统。从此,宁

---

① 详见索南才让《西藏密教史》,第 268—271 页,北京:中国社会科学出版社,1998。

玛派才有了系统的典籍和独特的教理教规。大素尔还创建了宁玛派的第一个弘法道场——邬巴垅寺,宁玛派从此时起,才有了自己的寺院。他的弟子很多,相传有108人能经常"修定"(由后天修行而获禅定),最著名的有素尔穷,即小素尔,也就是第二个素尔。

素尔穷·喜饶札巴(zur-chung-shes-rab-grags-pa,1014—1074),又称甲卧巴(rgya-bo-pa),也称拉杰钦波(lha-rje-chen-po,意为大医师)。他七岁多开始学习藏文,十三岁拜在大素尔门下,素尔波且念其为同姓收为养子,他从素尔波且学了不少教法,但因无法支付学费,所以不能学到密法。为了解决学费来源,他按照其养父的安排,娶当地一位有钱的寡妇之女为妻,用她们的钱学习密法,学成之后,将她们遗弃。得到素尔波且的全部密法后,他开始公开讲授宁玛派的一部重要经典——《集密意经》,前来听讲者竟达300多人。而且,据说经过一段时间的苦修,他修成轻功,能够离地行走,所以很得大素尔的赏识,大素尔将邬巴垅寺交给他主持。后来,他将邬巴垅寺交与三个弟子管理,自己到甲卧地区(rgya-bo)的岩洞中修行。甲卧地区共有九大岩洞,素尔穷在这里修行了十三年,据藏文史料记载,他修得金刚萨埵法(禅定法的一种),并亲证了大圆满法(宁玛派独有法门),能够翻越岩石山林,行走自如。

素尔穷的弟子很多,也有所谓的四柱、八梁、十六椽、三十二椽板、两大修行者等。其中最著名的为四柱,他们原为他人之弟子,奉师命和素尔穷辩论,结果纷纷败北,对素尔穷心服口服,便拜素尔穷为师,习大圆满法,素尔穷也因此名声大噪。

当时学习密法,要交纳一笔数目不菲的学费,素尔穷由于弟子众多,所以成为一个富有的人。在他的众多弟子中,最著名且继承了其事业的是他的小儿子卓浦巴(sgro-phug-pa)。

卓浦巴(1074—1134)即为第三个素尔。他的名字叫释迦僧格(shākya-seng-ge),他生下两个月后父亲去世,由母亲和舅父将其抚养至十五岁,然后在一个叫曲布的地方开始学习佛法。到十九岁时,由于家中资财增多,释迦僧格忙于理家,无暇外出求学。于是他将父亲的四大弟子——四柱,请到家中教习宁玛派的密法,又向别人学习了大圆满法。同时,还学习了《般若经》,贯通显密经教,成为一代名师,被尊称为"秘密教主"。

释迦僧格的弟子很多,由他们开出的支系也很多。这些弟子在学成之后,也分头去传授宁玛派的密法,这无形中促进了宁玛派密法的广为传播。释迦僧格因在卓浦地方建立了卓浦寺,所以也被人们称为卓浦巴,他对推动宁玛派的发展起了重大作用。

经部以《遍集明了经》和注疏《集密意经》等为根本经典。经部是由达那惹期达传给尼泊尔的达摩菩提和婆须多罗,此二人又传给勃律的茹齐赞结,茹齐赞结将其译成藏文,他们三人又传给了鲁·桑结耶协,桑结耶协传给云丹嘉措,云丹嘉措四传而至大素尔·释迦迥乃,从此逐渐得到广泛传播。所以,宁玛派经典传承中的经部和幻部最终都汇集到了素尔家族的门下。

《心品》部是宁玛派的主要法门,即著名的大圆满法。《心品》传承并入大圆满法后,又分为三部:心部、界部、要门部。

心部共有十八经,前五经由毗卢遮那所译传,后十三经由无垢友所传。心部的传承也来源于印度,传入西藏后分为数支。先由印度僧人喜饶僧诃传佛密,佛密传给无垢友,无垢友传给了聂·循努协绕。同时,佛密还将其传给了毗卢遮那,毗卢遮那之下又分成了三个传承支系。第一支是:毗卢遮那传给玉扎宁布,他们二人又同时传给了聂·循努协绕,然后次第传给索布·桑杰耶协。第二支是:毗卢遮那传给邦·桑杰贡保,邦·桑杰贡保传与巴热西达,巴热西达次第传承。第三支是:毗卢遮那传给觉摩哲莫和玛巴·协畏饶,玛巴·协畏饶六传至卓浦巴。

界部,藏语叫"陇德",主要经典有《等虚空界续》、《秘密宝续》等。界部是由印僧传给无垢友,无垢友传给毗卢遮那,毗卢遮那八传至达摩菩提(1052—1168),达摩菩提传给了素尔穷,此后又分出许多支派。

要门部又译作"教授部"或"口诀部",要门部分为莲花生和无垢友两派,分别以《甚深大圆满宁提》和《空行宁提》①为根本经典。

《甚深大圆满宁提》的传承线索为:无垢友传给藏王赤松德赞和娘·定增桑布。娘·定增桑布自己修建了一座佛殿,将《甚深大圆满宁提》等经典埋藏其中。大约到了后弘期之初,由邓玛·伦珠坚赞掘出,传与节准·僧格旺秋,节准又将其传与娘·噶当巴。娘·噶当巴复将其分成三处埋藏,三十年后(约在 1067 年),节贡·那波、香巴热巴、向·扎西多吉等人陆续掘出这些伏藏,并广加弘传。其中,扎西多吉传与其子尼邦(1158—1213),尼邦传给他的侄子觉白。觉白传给楚西·僧格交巴(1223—1303),僧格交巴传给弟子梅龙多吉(1243—1303),梅龙多吉传与仁增·鸠摩罗阇(1266—1343),鸠摩罗阇传与弟子隆钦然绛巴。

隆钦饶绛巴(klong-chen-rab-vbyams-pa,1308—1364)也是宁玛派的一位重要人物,土观活佛对他的评价是"隆钦然绛巴尊者,是旧派掌教中唯一精通教理的最杰出人物"②。他的本名叫智美沃色(dri-med-vod-zer),隆钦饶绛巴是一个尊称,意为"博大"。他 5 岁开始学习藏文,7 岁随父学习宁玛派教法,9 岁开始学习《般若两万颂》和《般若八千颂》,13 岁进入桑耶寺受戒出家,19 岁到桑浦内邬托寺,师从众多名师学习显密教法。

隆钦饶绛巴是 14 世纪西藏著名的佛学家之一,他兼通显密,著作甚丰,计有三大类,共二百六十三种,其中阐发《宁提》法类的就有数十种,另外,他还著有《七宝藏论》,这些都是宁玛派重要的论典,后来成为宁玛派僧人的必修之书。隆钦饶绛巴也是大圆满法之集大成者,在他以前,宁玛派的一些著名学者虽然对佛教显密教法进行了评判,修订整理过大圆满教法,但是限于局部或某一类法。隆钦饶绛巴基于前人研究成果,站在理论的高度对宁玛派教法进行全面系统的修订和整理,提出了自己

---

① 宁提,是心要的意思。
② 《土观宗派源流》,第37—38页。

独到的见解。隆钦饶绛巴认为,大圆满法是由本初佛普贤所说,反映了诸法本净、空无自性的哲学思想。隆钦饶绛巴还到过不丹,并在不丹创建了塔尔巴林寺(thar-pa-gling)。在不丹境内的宁玛派,是从塔尔巴林寺传授出去的。后来宁玛派又从不丹传到尼泊尔。直到解放前,不丹、尼泊尔的宁玛派僧人还常到康区的佐钦寺学习宁玛派教法。

《空行宁提》的传承线索为:由印度僧人噶饶多吉传给仁增室利僧诃,僧诃传莲花生,莲花生传给自己的明妃耶协措杰,耶协措杰没有向任何人继续传授,而是将其埋藏起来。到12世纪时由白玛勒哲宰将伏藏取出,次第传给嘉色·勒白坚赞、贡钦·让炯多杰(1284—1339,是噶玛噶举派黑帽系第三世活佛)、雍敦·多杰贝(1287—1368)等人,使这一教法流传于世。

通过以上《心品》部的法脉传承来看,宁玛派中的经典传承和伏藏传承并不是截然分开的,其中经典传承中就包含了部分伏藏传承。

2. 伏藏传承

除了经典传承外,宁玛派还有一个重要传承:伏藏传承。有感于传法时机的不成熟或迫于其他压力,"前弘期"的莲花生大师、无垢友、藏王赤松德赞、南喀宁布、毗卢遮那、桑结益希等将一些密教经典埋藏于山岩石洞之中,"并把这些伏藏掘出的时间,掘出前之征兆,掘出伏藏者的姓氏家族、出生地、属相、身体特征等详细记在伏藏的封面上,以后掘出伏藏的时间、人员等一切条件具备的话,就开始掘,掘出的伏藏分散传给众弟子"①。到后弘期,这些经典被挖掘出来并弘传于世,这就是"伏藏",发现伏藏者,被称为伏藏师。伏藏中所发掘出来的经书与经典传承所传之经典大多相同,所以说"《集密意续》、《密集续》、《幻变网》、《修部八教》、《如来总汇》、《文武百圣》、《阎曼德迦》、《马头金刚》、《金刚橛》等经典讲解、教敕、

---

① 《红史》,东嘎·洛桑赤列的第340条注。

灌顶以及修法的仪轨事相等,皆是伏藏法。伏藏中最重要者为《大圆满》"①。不过,伏藏师有真也有假,不管是否符合莲花生等人的授记,西藏见于名册的伏藏师共有一百多位,伏藏中掘出的经典部分也有伪造篡改之嫌。需要说明的是,将经典埋藏起来,等待时机或等待有缘人来发掘的做法,不独宁玛派有,在印度早已存在,西藏佛教的其他派别也使用。

宁玛派最重要的密典是在12、13世纪时,由著名的上下两掘藏师发掘出来的。上掘藏师即著名的娘·尼玛畏赛(nyang-nyi-ma-vod-zer,1124—1192),他在洛札等地掘出了宁玛派最重要的法典和法器。他把自己所掘伏藏传其子南喀白,南喀白传子罗丹,罗丹传子兑杜,这些伏藏被称为"上部伏藏"。下部掘藏师名古汝却季旺秋(gu-ru-chos-kyi-dbang-phyug,1212—1273),他曾在洛札的喀曲等地掘出《修部八教》、《密集》、《金刚橛》、《马头明王》等重要密法,这些密法为其弟子白旺钦所继承。娘·尼玛畏赛和古汝却季旺秋所掘伏藏成为宁玛派的根本典籍,宁玛派教徒将其作为讲解和实修的依据。

15世纪,热特林巴将上下两大掘藏师所掘的伏藏汇集到一起,称为南藏。16世纪,仁增郭季定楚坚(rig-vdzin-rgod-kyi-ldem-vphyul-can)也掘出很多伏藏,他将这些伏藏和前代人所掘的汇集在一起,称为北藏。宁玛派的伏藏中除佛典外,最有价值的是《医明四续论》,这是一部医书;另外还有《五部遗教》,这部书中保存了有关吐蕃的历史传说。

3.净相传承

关于这一传承,《土观宗派源流》中界定的相当清晰:"这乃是已得道者面见本尊,由本尊亲口所说教授,祖祖相承。"②这种传承有两个重要的方面:一是传承者已经有相当的证德;二是本尊或上师在定中或梦中出现。所以,该传承带有浓厚的宗教神秘色彩。宁玛派中属于净相传承的

---

①《藏传佛教各派教义及密宗漫谈》,第8页。
②《土观宗派源流》,第39页。

有:玉陀·云丹贡布(gyu-tog-yon-tan-mgon-po)及其《宁提》法,拉增·南喀晋美(lha-btsun-nam-mkhav-vjiga-med)及其《持明修寿》法,五世达赖及其《净相二十五印》等。这些大师及其教法就是开创甚深净相传承的著名人物和理论基础。此外,与甚深净相传承有关的还有隆钦然绛巴及其《七宝藏论》等教法,多杰扎·班玛成列及其教法,德达林巴(gter-bdag-gling-pa)及其教法,洛钦仁波切(lo-chen-rin-po-cue)及其教法,晋美林巴(vjigs-med-gling-pa)及其九部法典等。[①]

通过以上法脉传承体系可以看出宁玛派的教法传承至少有以下几个重要特点:一、传法体系冗繁庞杂。这主要是因为宁玛派的密法在横跨前后弘期的几百年间,主要在师徒、父子之间单传有关,几乎每一个人都可以开出一个甚至几个传法系统。二、宁玛派的伏藏传承比较发达。这主要和"前弘期"密法的尴尬地位有关。同时,宁玛派教法经历了达玛灭佛时期,在很长的时期内面临外部的各种压制和打击,宁玛派人只好以这种方式来延续自己的法脉。

(二)宁玛派的佛学思想

宁玛派的思想主要体现在它的无二法门——大圆满法中,而大圆满法最重要的佛学内涵则包含在"此法说现前离垢之智,明空赤露,为大圆满"的这样一个总结中。也就是说大圆满指的是一种离垢的(纯净的),有着明、空双性的"智"性,而且这个"智"是"现有世界,生死涅槃,所包含的一切诸法"基础,也就是这个"智"是万法的本体,也是心的觉性和体性。而且,"过去诸如来,皆为得见此性而成佛,别无法可修,亦别无所得,现在及未来诸如来,亦为得见此性而成佛,别无法可修,亦别无所得"[②]。因此,它也是众生得以成佛的根据和基础,也就是佛性。可见,宁玛派将众生的心性、万法的本体、佛性融为一体,形成了自己立宗的最高

[①] 参见尕藏加《雪域的宗教》,第293—294页,北京:宗教文化出版社,2003。
[②] 《藏传佛教各派教义及密宗漫谈》,第21页。

法门。宁玛派的这个最高本体因为有明、空双具的性质,所以在大圆满内部,因为侧重点有所不同,或重空、或重明、或明空双运而形成了三部:心部、界部、要门部。

心部:心部重点在阐述心性的空寂本质。"此中心部,说随见何境,唯是自心、自性现自然智慧,除此自然智慧外,再无余法……心部则是求直观能缘心性的明空本净之实相。"①也就是说,宁玛派认为万法是心性本来具足的,也是心性的显现。除去心性的幻现,世间别无一法,所以,心体是万法的本体和本源,离开这个本体和本源,万法无法自立。而这个心体就其本身来看,也有两个特性:空寂、光明。所谓空寂,指的是心体的本性是空的、清静的,也就是所谓的"本性清净,本无垢污,空寂光明"②,但这个空寂并非空无一物、死寂的,反之,它是有觉性的,是能发生作用的。这个觉性就是"光明",所谓光明指的是:"自性元成,本具光明。心性的光明能朗照万象,空寂妙明。此光明与妙用结合,能现一切染净世界。"③这个空寂的心体具有朗照万相的功能,一旦这一功能发生作用,一切染净世界就会森然毕现。而对这个心性的体认则是"直观"的,也就是顿悟和顿现的。

宁玛派还指出,虽然人具有本性清净的心体,但对凡人来说,它已被客尘所染。现实的人心中充满了各种世俗的思想认识、七情六欲,也就是佛家所说的烦恼、无明,这些烦恼和无明也是与生俱来的,它覆盖佛性,从而使众生不能超脱生死之苦。所以说,人人具有成佛的潜能,但这一潜能还需要开发。

至于这个清静的心体怎样显现万物,宁玛派的思路实际上和《大乘起信论》是一致的,都可以寻根到众生的无明上,宁玛派的观点引用《智者喜筵》来表述就是:"佛和众生轮回涅槃,其体非有不同,当此体显现本

---

① 《土观宗派源流》,第39页。
② 《藏传佛教各派教义及密宗漫谈》,第20页。
③ 同上书,第21页。

有妙相元成境界时,由于不能认识,产生无明,遂受业风鼓动,即在未悟本性之中而起用时,将自心本性误认为我(能),心体之用悟认为它(所),使能所对立,出现轮回。虽然出现轮回,其时心体并无动摇。"①而《大乘起信论》中将此表述为:"如是众生自性清净心,因无明风动,心与无明俱无形相,不相舍离。而心非动性,若无明灭,相续则灭,智性不坏故。"②众生因为还没有彻见本性,存在无明心,因而将心性所变现的万物认为是异于心体的真实存在,起执著心,种业招果,陷入轮回。

界部:界部是"说一切法性,不出普贤境界,遮破了除法性境界而外,别有余现。此部特重光明……"③这是说一切法都是心性(法性)光明的妙用,离开法性的朗照,没有一个事物是可以成立的。正因为万法是法性境界或普贤境界化生的,而不是一种真实的生起物,因而其中的束缚、解脱、能现、所现均不成立。所以,界部的修法要求心安住于无所得的境界中,有无、善恶、是非均不作分辨,这样一切执著、烦恼就不会产生,光明、空寂的心性就会显现出来。在修法上,界部侧重于修光明,最终要"成就虹体金刚之身",这也就是《大圆胜慧》所说的:"要无著、无执,放下不管,五尘任运,内境自然显发光明,智慧忽开,身重五气即化为微细的光明而融入法性。外相即现五色光,如虹、如阳焰。"④

要门部:无论是从理论还是从修行实践上看,要门部是大圆满中最高深的法门,也就是所谓的:"大圆满是阿底瑜伽见修的总称,而阿底瑜伽的深要又在要门部。"⑤要门部的具体内容就是:"运用离取舍、双融无分别智,把生死涅槃一切诸法,都汇归于不空不执的法性境中,由此要点,所以用生死涅槃无二分别的灵明智性现证法性境界。"所以,要门部的主要思想是说运用远离取舍的无分别智去观照万事万物,这样一切染

---

① 《藏传佛教各派教义及密宗漫谈》,第24页。
② 真谛译,高振农校释:《大乘起信论校释》,第36页,北京:中华书局,1992。
③ 《土观宗派源流》,第39页。
④ 转引自《藏传佛教各派教义及密宗漫谈》,第28页。
⑤ 江嘎主编:《大圆满》(上)第7页,北京:中国藏学出版社,2005。

净诸法既不会被视为实有的存在加以执著,也不会被视为完全虚无之物而加以舍弃,从而远离一切主观的取舍和偏执,直接切入无二的法性境界本身,从肉体和精神上与法性实相相契合,回归心体自由无碍、空寂光明的本真状态,获得解脱。

此外,宁玛派还将大圆满法归纳成三个特征:体相本净、自性顿成、大悲周遍。体相本净,也就是说人的心体是"明空赤露心"。自性顿成是说空明并不是心的偶然的、外在的、可有可无的属性,而是心的固有的、本质的、与心同住共存的特质。大悲周遍是说本性空寂的心无所不显现,能遍现一切染净境界,同时,并周遍于一切有情,也就是说万事万物都有实相佛性的贯通。

大圆满的这三部总的看来都是为了求证万法的实相,这个实相的特征是:"不为生死涅槃所染污,亦不为迷乱所垢障,实相赤露,未曾迷乱,亦无证悟,不是一切,能现一切。"证悟这一实相的修行实践则都是"无功用",也就是不修之修,远离一切分别执著,让心将一切放开,即"这个当下觉性,坦然放下之时,泯除善恶无记种种分别,空寂湛然,犹如晴空的中央,此则说之为道行"①,使心体恢复空寂湛然的本来状态。

那么,这三部的区别是什么呢?其一,要门部是"现证",也就是断绝一切思虑、分别,达到以水印水的直观地、全体地与实相吻合。但心部、界部在这一方面做得不彻底,"心部仍然执著意识审察,界部则执著法性,仍然流于意识审察"②。其二,心部侧重于通过直观心性本空而修持性空;界部则侧重于明空双重;要门部则侧重于修持心性的光明性。而且界部和要门部所修的光明也有所不同。密教认为组成众生身体的"四大"(地、水、火、风)和"五蕴"均可释放光明,但这种光明是一种粗分光明,界部的修法主要是将这种粗分光明化为自然智慧的微细光明,也就

---

① 《土观宗派源流》第 41 页。
② 《大圆满》(上),第 7 页。

是把粗重的身、口、意三业化为微妙澄净之身。但到了要门部，一切粗细三业都自然变为三身五智的佛的体性，也就是"诸法尽入法性，肉身解散，体化光明，便证成金刚不坏之身"①。其具体的修法则是：

> 这一功法是摄取太阳光以修炼自身，其方法是面对太阳的方向来凝神静观宇宙的明点，同时由心力发出相应的密码信息，太阳光便能源源不断地融入人体内并贮藏起来，从而使人体生物能量场所得到强化，增强人体的免疫机能，提高防病抗病能力，使身心健康，延缓衰老，延长寿命。如果修持者能长年坚持不懈，这一功法会使修持者与宇宙大自然相融无二，身心内外无差别，显现人所具有的本性与潜能，从而达到智慧充分圆满之境界。在藏族历史上有许多修持大圆满心滴功法的成功者，由于他们经过数十年以至上百年对太阳光能的丰富积蓄，生命临终时便能通过心力的调控，以信息密码激发出指令，发射出瑰丽的红光，形成虹化现象之奇迹。②

三、萨迦派及其佛学思想

（一）萨迦派的传承

"萨迦"，藏语"sa-skya"，意为"灰土"，该派的主寺建在一个灰白色的山坡上，所以名为"萨迦寺"，教派也随之被称为萨迦派，但过去习惯上称该派为"花教"，因为萨迦寺的围墙上涂有象征文殊、观音和金刚手菩萨的红、白、蓝三色条。

萨迦派由西藏古老的贵族家族之一——昆氏家族所创立并以该家族为中心进行传播。该派的创始人昆·贡却杰布自称是赤松德赞时期"七试人"之一的昆·鲁益旺波（vkhon-klu-vi-dbang-po-srung，龙王护，鲁益旺波是否是"七试人"之一也是有争议的）的后人。由鲁益旺波数传

---

① 《藏传佛教各派教义及密宗漫谈》，第30页。
② 尕藏加：《西藏佛教神秘文化——密宗》，第192页，拉萨：西藏人民出版社，1996。

至释迦慧洛追(shākya-blo-gros),释迦慧洛追生有二子,次子就是贡却杰布(dkon-mchog-rgyal-po,1034—1102)。在创立萨迦派前,昆氏家族世代修习宁玛派教法,并颇有成就,贡却杰布从小就随其父学习宁玛派的教法和经典。长大以后,他赴后藏的拉兑(la-stod,后藏拉孜以西,北以昂仁为中心,南以协噶尔为中心)地方的木古垅寺,拜在卓弥·释迦意希的门下学习新密法,卓弥给他特别传授了"道果法"。同时,他还跟随以桂译师为代表的许多藏印佛学大师学习一切显密教法,而以"道果法"为主要传承。1073年,他在后藏仲曲河谷修建了萨迦寺,以此寺为基地,以后逐渐形成了萨迦派。建寺后,贡却杰布住寺弘法30年。萨迦派从最初就规定,僧人可以娶妻生子,生子后就不能再亲近妇女。并且,从一开始就决定该派法位以家族相传的形式向下延续,政教两权都集中于本家族中。

贡却杰布去世后,他的儿子贡噶宁布(kun-dgav-snying-po,1092—1158,即庆喜藏)才十一岁,于是萨迦寺就暂时交给巴日(ba-ri)仁波且掌管,贡噶宁布拜他为师,学习了很多教法。同时,他还向当时其他的许多著名大师学习请教,据载,他"从丈底·达玛宁布(胜藏)学《对法》,从穹·仁钦扎(宝称)与麦浪泽学《中论》与《因明》,从朗卡乌巴昆仲学《集密》及《大黑天》等密法,从机曲巴·扎拉拔(战神炽)学《喜金刚》,从贡塘巴·墨洛学《胜乐》及《帐明王》等教授。从布让洛穹学《胜乐》,特别从向敦听其《亲口教宝》的教授历时四年。天竺成就大德昆缚巴为其上门传法重来萨嘉,总传他有七十二种本续要门,别传十四种不出寺围的甚深法要"①。这里面的《亲口教宝》即《道果法》;印度高僧昆缚巴向他传授的内容也包括《道果法》。在这种背景下,他甚至把卓弥没有传给他父亲而传给了其他人的一些有关《道果法》的东西也学到了。在贡噶宁布主持萨迦寺的四十八年中,萨迦派势力逐渐强盛起来,他的门徒也很多,该派至此才真正发展起来。所以,贡噶宁布被称为萨钦(意为萨迦派大师),

---

① 《土观宗派源流》,第96—97页。

同时，他还被推崇为"萨迦五祖"（萨迦派的五个主要祖师）中的第一祖，从这一点上看，他的地位要远在其父之上。

贡噶宁布死后，他的二儿子索南孜摩（bsod-nams-rtse-mo，1142—1182）承继其衣钵，做了萨迦寺主，是为萨迦二祖。索南孜摩除了向他父亲学习《金刚乘略义注疏》、《曼荼罗仪轨修行法》等教法外，十七岁时，他前往噶当派桑浦寺，跟随该寺的第六任堪布恰巴却吉僧格学习了十一年的教法。28岁时，为门人弟子讲《道果法》，留下了许多论著。

萨迦第三祖为扎巴坚赞（grags-pa-rgyal-mtshan，1147—1216），他是索南孜摩的弟弟。十三岁时，由于索南孜摩前去恰巴却吉僧格门下游学，他就接替萨迦寺主之位。扎巴坚赞一生以修习密法为主，并在多位上师门下参学，能严守戒律，本人的著述也相当多，其中包括一部西藏的历史书。贡噶宁布的四子、扎巴坚赞的弟弟贝钦沃布（dpal-chen-vod-po）未曾剃度出家，而是娶妻为家族延嗣。他的长子跟随扎巴坚赞出家，并继任了萨迦寺的寺主，他就是萨迦四祖、历史上著名的萨班·贡噶坚赞。

萨班·贡噶坚赞（sa-pan-kun-dgar-rayal-mtshan，1182—1251）从小跟随伯父扎巴坚赞学习佛法。1206年，在他二十五岁时，印度那烂陀寺末任住持喀且班钦·释迦室利被迎入西藏，贡噶坚赞在其座前受比丘戒出家。他长期跟随尼泊尔、克什米尔以及藏族的许多学者学习佛法义理，尤其是跟随喀且班钦的心传弟子达那锡拉（dha-na-shi-la），学通了五明之学，所以被称为"班智达"（通达五明的人），萨班就是萨迦班智达的简称。萨班一生的著述有十九种之多，其中影响较大的有三部：(1)《三律仪论》，这是一部阐述他自己对佛教见解的书，后来成为萨迦派僧人的必读书之一。(2)《正理论藏》，这是一部关于因明学的论著，曾经在一段时间内，左右过西藏因明学发展的态势。(3)《萨迦格言》，这是一部在藏族文学史上占有重要地位的著作，虽然后来也出现了许多格言诗，但影响都无法和《萨迦格言》相匹敌。

萨班生活的时代，正是蒙古军事力量在中国北方崛起的时期。1244

年,驻守凉州的蒙古王子阔端经权衡,致函贡噶坚赞,邀请他北上到自己的驻地凉州(今甘肃武威)商谈卫藏归顺蒙古事宜。1247年,二人进行了著名的"凉州会谈"。会谈结束后,由萨班写了封名为《萨加班智达贡噶坚赞致乌思藏善知识大德及诸施主的信》,说服西藏地方僧俗势力归顺蒙古,并获成功。萨迦派从此取得了对西藏地方行政事务和宗教事务的统治权。1251年,萨班圆寂于凉州。

萨班去世后,他的侄子八思巴(vphags-pa,1235—1280)成为萨迦派的领袖人物,被称为萨迦第五祖。八思巴,本名为罗追坚赞(blo-gros-rgyal-mtshan)。《元史》说他三岁时能诵咒语,八岁时能背诵本生经,九岁能为人讲经,故名八思巴(神童)。1252年,忽必烈南征大理,当他驻扎在六盘山时,派人到凉州去召萨班会面,但当时萨班已死,由八思巴代为前往。1269年,忽必烈即帝位后,八思巴被封为"帝师",其弟恰那多吉穿蒙古服,习蒙文,被封为白兰王,尚公主。因为八思巴的缘故,忽必烈曾想强令西藏其他派别改宗萨迦派,被八思巴劝止了。

在八思巴之后,萨迦派先后出现了十几位帝师。萨迦派在元代盛极一时,主要原因是受到了中央政府的支持,该派和元朝政府最后基本上形成了一种"一荣俱荣,一损俱损"的关系。元朝中后期,随着蒙古统治势力的削弱,萨迦派势力也逐渐日薄西山。从内部来看,萨迦昆氏家族分裂成了细脱(bzhi-thog)、拉康(lha-khang)、仁钦岗(rin-chen-sgang)、都却(dus-mchod)四个拉章(bla-brang,分院),各占一方。从外部来看,元朝末年,帕竹噶举势力逐渐强大,萨迦因一分为四,不能有效遏制帕竹扩张,所以其在西藏的统治权最终被帕竹政权取而代之。

萨迦派四个拉章中,只有都却拉章延续至今,其他三个拉章都先后绝嗣。都却拉章后来又分成彭错、卓玛两个颇章(府邸)。萨迦派势力虽然衰微,但依旧保有法王的名号,都却拉章分裂后,萨迦法王的名号就分别由这两房中的长子轮流担任。但所谓法王,也只是一个管辖萨迦寺事务和寺属土地、农奴的首脑而已,在政治上已无任何作为。尽管如此,萨迦派在社会上的余威犹存,所以明朝分封的大乘法王、赞善王、辅教王都是萨迦派僧人。

萨迦派在萨班以前,在宗教方面是赫赫有名的,萨班因学富"五明",很受当时人的尊敬。八思巴基本上也能步其叔之后尘,在宗教方面较有修为。从八思巴之后,由于萨迦派僧人热衷于世俗权力,一心攫取功名利禄,在宗教发展上,基本处于一种停滞不前的局面。萨迦派在政治上失势后,该派僧人才将注意力又放在了宗教上,萨迦派又出现了几个著名的僧人和相应的几个发展中心。

其中的一个发展中心是由雅处·桑吉贝(gyag-phrug-sangs-rgyas-dpal,14世纪时人)开始的。他在萨迦寺和泽当寺系统地学过显密教法,后来长住萨迦寺,传经授徒。他的弟子绒敦·玛微僧格(rong-ston-smra-ba-vi-seng-ge,1367—1449),出生在嘉绒地区(今四川金川一带)一个本教徒的家庭,18岁始舍本求佛,到桑浦寺学经,27岁投在雅处的门下,学习显教理论,并向大乘法王贡噶扎西(汉文史料称为昆泽思巴)学习萨迦派密法。1435年,他在拉萨北面的盆域建那烂陀罗寺,"以十大经论立宗辩论,讲说六十四部教典,四十部经论疏释"①,门下也有不少知名弟子,其中之一就是饶绛巴·桑吉培(rab-vbyams-pa- sangs-rgyas-vphel,1411—1485),他因通晓很多经论,所以被尊称为饶绛巴(意为博通经教者,这个称号后来成为各派共享的表示学位的一个名号)。1449年,他创建了哲域结蔡寺(vbras-yul- skied-tshal),以后由这个寺发展出五个分寺,这都是晚期萨迦派重要的讲经寺院,萨迦派的教法也因此振兴起来。

14世纪后半叶,萨迦派在显教方面还出了一个比较有名的人物——仁达哇·宣奴罗追(red-mdav-ba-gzhon-na-blo-gros,1349—1412),他生于仁达地方(具体在萨迦和拉孜之间),故称仁达哇。他不仅是萨迦派的一个著名僧人,而且在藏传佛教史上是处于布敦·仁钦朱(bu-ston-rin-

---

① 《土观宗派源流》,第101页。

chen-grub，1290—1364，《布敦佛教史》的著者）和宗喀巴之间的一个承上启下的重要人物。藏传佛教各派后来所重视的印度僧人月称在中观应成派方面的代表作《入中论》、《中观明句论》等，在他以前一段时期，几乎失传于西藏，由于他的努力钻研和大力弘传，这一派后来才在西藏居于重要地位。仁达哇有不少的著述和注疏，包括对《中观根本颂》、《入中论》、《四百论》等重要经论所作的注疏。他的门下桃李遍天下，他是宗喀巴显教方面的主要师长，宗喀巴的两大弟子贾曹杰和克朱杰原来都是他的弟子，后来由他荐入宗喀巴门下。

萨迦派后来在密教方面也形成了三个支派：俄尔支派（ngor）、贡噶支派（gong-dgar）、擦尔支派（tshar）。俄尔派由俄尔钦·贡噶桑波（ngor-chen-kun-dgav-bzang-po，1382—1456）创立。他生于萨迦，学于萨迦，从9岁起就开始学习萨迦派的显密教法，曾做过萨迦寺的堪布，相传从各地前来从他受戒的人有1.2万人之多。1429年，他在俄尔地方（地在纳塘和夏鲁之间）创建了艾旺曲丹寺（ae-wam-chos-ldan），作为专门弘扬萨迦派密法的寺院之一，贡噶桑波本人在寺中先后讲道果教授83遍之多。贡噶支派始创于图敦·贡噶南杰（thu-ston-kun-dgav-rnam-rgyal，1432—1496），他于1464年在山南贡噶以东创立了多吉丹寺，后来通称贡噶寺，此寺逐渐成为在前藏传播萨迦密法的重要场所。擦尔支派的创始人是擦尔钦·罗赛嘉错（blo-gsal-rgya-mtsho，1496—1566），他先在扎什伦布寺为僧，后来改学由俄尔和贡噶两派所传的密法，最后连这两派所不传的密法也学到手，一时在宗教界声名鹊起。相传，三世达赖曾向他学过萨迦派的密法，五世达赖也曾从他的后辈学法。擦尔钦常住在拉萨以西、拉孜以南的图丹根培寺，有不少知名弟子和再传弟子，自成一派。但总的看来，这三派在源头上，都是由八思巴的侄孙丹巴索南坚赞（dam-pa-bsod-nams-rgyal-mtshan）所传。他是昆氏家族后人中佛学修为很高的一位大师，《萨迦世系史》对他的事迹大书特书，认为：

喇嘛丹巴成为内道与外道的学者们谁也不能与之相比的教法

之王,成为受印度、尼泊尔、克什米尔、古格、普兰、阿里三围、汉地、蒙古地方、朵甘思、朵思麻等世界大部分地方的所有贤哲尊敬的对象。贤哲们前来他的身边,把他尊奉为所有众生的顶饰之宝。①

(二)萨迦派的佛学思想

《土观宗派源流》谈及萨迦派的教法时记道:"吉祥萨迦所传显密之法,多至不可数计",然"最精要之法,则为亲口教宝的《道果法》"。②《道果》之见由分为"随龙猛教授与随弥勒派教授二者"。这里的龙猛即龙树,这是中观论的奠基人;而弥勒,据称为唯识论的首倡者。可见《道果法》中既有中观见,又有唯识论。

1. 萨迦派的中观见

萨迦派的中观见主要以缘起性空的思想为基石,具体体现在显教修行次第的四句偈中,即:首应破非福,中则破我执,后破一切见,知此为智人。

首应破非福,用佛家之语则为:"初修生死过患,暇满难得,业果、慈悲等法而破除之。"也就是说人的一生能转入"三善趣"(人、天、阿修罗),投胎为人,而没有堕入"三恶趣"(地狱、饿鬼、畜生),乃是生前累世积德行善的结果,来之不易,因此要倍加珍惜,要有善业善果、恶业恶报的"业果"之念,并常怀慈悲之心,多做善事,破除"非福"(也就是坏事),以便来生能继续转世为人。"首应破非福"也是中观论中"二谛说"的"世俗谛",即在世俗的立场下说的真理。萨迦派利用世俗之人的心理特点,作为其宗教宣讲的开场白,很容易被人接纳。中观派世俗谛作用是为真谛而说俗谛的,为绝对而说相对的,为涅槃而说世间的,所谓"若不依俗谛,不得第一义"。萨迦派《道果论》的修习次第开宗明义地提出"首应破非福",也正是为了这一目的。具体地说是为其"二断实执戏论和断无实戏论"做准备的。而落实在修习次第上,就是"中则破我执,后破一切见"。

---

① 《萨迦世系史》,第190页。
② 《土观宗派源流》,第105页。

萨迦派认为行善做好事,虽能使人来世继续入"三善趣",仍不能超脱生死轮回之苦。而要超脱轮回,还需"破我执","我执"就是人们在因缘和合、成坏无常、虚幻不实的五蕴生命体和法上执着有一个独立的、常一不变的实体,如果把这个主宰者从思想上断掉,就是断除了"我执"。萨迦派的"破我执",首先指破"人我执",就是要认识到人我是由五蕴(色蕴、受蕴、行蕴、想蕴、识蕴)和合而成,人体自身并没有一个独立存在的实体。该派不仅用缘起性空的理论从正面论述了这一问题,而且对此还用推理的方法进行了反证:"若自蕴实有,则不观待任何因缘,须从最初即应为有,然此五蕴全部都是因缘而生,故无实有,如是思维即得决定。"①这是说假如认为在离开五蕴和合的人身中或之外另有一个独立的实体或"我"存在,这个实体或"我"应该是无始已有、恒常不变的,然而这种东西在世界上是根本不存在的。破除了"人我执",在人和人生问题上,达到佛家所说的正确认识"人无我"之后,还必须对宇宙间的万事万物作出佛家的解释,也就是必须破除"法我执"。法,是与人相对的世间的一切现象和事物,在佛教中,"法我执"是世俗之人的一种迷妄之见,即执着诸法为实有的思想。"人我执"和"法我执"被佛家视为人生诸苦的根源,是必须加以破除的,而破除的方法在萨迦派中是一个由此及彼的推理过程,即:"一空性如何,一切空性亦复如是。"②但又不单纯是一个理论上的推理,而是要通过宗教修习,最终实现由"信"到"悟",明确了不但人,就是人以外的万物也是因缘和合,没有一个独立的实体。通过对萨迦派"破我执"的理解,我们发现,萨迦派和其他中观派一样,以缘起性空作为观察和解释世界的方法论,其要义可以用俄国学者舍尔巴茨基《大乘佛学》中的一句话来概括,即:"一个依赖性的存在并不是真正的存在,正如借来的钱算不得真正的财富。"③

---

① 《土观宗派源流》,第108页。
② 同上书,第109页。
③ [俄]舍尔巴茨基:《大乘佛学》第106页,立人译,北京:中国社会科学出版社,1994年。

"后破一切见",萨迦派认为:"既已抉择诸法无实后,即心念无实的执相部分,亦属应断。"①也就是说,在通达了万法无实有之后,连"无实有"这种想法也应该断除,因为当你认为诸法无实有的时候,这种念头本身就变成了实有,而"法我"无实有的佛教"真如"是无法用概念界定的,是无把握、不可言说、不能定义的。所以要"舍去一切执着,舍去一切有相,舍去一切戏论等,则于此无执情况中平缓而住,故说'是执则非见'。此中所说的执着,属于修习次第中的第一阶段则为实执,属于第二阶段则为相执"。在这里,萨迦派认为执着于实有是"非见",是不正确的;执着于非实有也是"非见"。故不要用"有"、"无"去看待世界,不要画地为牢,拘泥于"有"、"无"的界限,凡有执着,便不能彻见事物的本性,就不是正见。所以,萨迦派发挥的是般若空宗的思想,在很大程度上接受了其中的非有非无的观点。表现在思维方法上,萨迦派不单纯论空谈无,而是不着空无,不执有无,其中所体现的是"不落有无"、"空有相即"的中道思想。

总之,融入中道思想的萨迦派的四句修行偈语,是藏族人民对印度佛教哲学在融会贯通之后活学活用的一个典型。它首先从俗人的世界切入,根据他们的所愿所惧层层施以诱导,为胜义谛而说世俗谛,从而逐步否定了现实世界的意义,使人最终不知不觉走上佛家所指的道路。在哲学思辨方式上,萨迦派采取的是一种由肯定到否定的方式,在否定内容上,也是经历了由否定现世到否定思维、理性的作用,否定概念名相的意义。这个过程,处处体现了一种层层递进的关系。在这一部分,萨迦派很典型地采用了中观应成派的"是遮非表"的论证方法,在他们看来,不但对"空"、"有",而且对空的认识本身也要加以排除。

2. 萨迦派的唯识见

萨迦派中持唯识见者就是《土观宗派源流》上所说的"随弥勒派的教授而修者"。其主要思想是认为人要了解诸法的本性,就必须先了

---

① 《土观宗派源流》,第109页。

解心的本性,具体说,"此法先应了知因位时的智慧勇识,本性光明,这是生死涅槃二者的根本,由于对他不认识,故为能所二取迷乱遂起二现的现行及其习气,这是生死根本的俱生无明"①。由此可见,萨迦派认为,要想于生死界域中证得涅槃,通俗地说,要想即身成佛、即世成佛,最根本的问题就是认识心的本质,也就是认识心原始以来是具有智慧的,是清净的、光明的。这个心指的是本体心、真心,而不是凡夫的妄心。这个心也是万物的本源,一切诸法皆生于心,出自于心,宇宙万物都是自心派生的,都包含在自心之中。众生由于不认识它,将能取的心和所取的境视为独立实存的事物,因而将外境执为实有,从而起惑造业,流转于生死之中。归根到底,萨迦派认为众生和佛没有什么本质的、不能超越的界限,差别只在于"迷悟"二字,自性迷则是众生,能悟得自心的本性,则为佛。所以,拉·莫阿卡宁认为:"所有佛教派别的目标都是解脱,但获得解脱的方法和道路有多种多样。从根本上说,任何道路都相当于意识的根本转化。"②而要达到意识的根本转化,最重要的任务就是要通过努力修持,断除执着外境的迷乱和执着内心的迷乱。

(1) 断所取执的迷乱(即断除执种种外境为实有的妄念)。萨迦派认为:"初暖相者,双离能所二取之心,自性光明,明而无有分别,虽属自心本具,然不能见者,乃是由于执外境离心实有,受其蔽障,故应将其蔽障除去。"③这句话的意思是说:人心的本性是超越主观认识和客观对象之上的、清净而光明的。这种心性虽是原始以来便具有,但不能为人所明了,其原因就是人执着外境为离心而独立存在的实体,这一妄念蒙盖了心的本性。由此可见,萨迦派认为一切现象和外境都是心的派生物,是一种幻现,离开心识而独立存在的、实在的外境是不存在,心外无境,万

---

① ③《土观宗派源流》,第108页。
② [美]拉·莫阿卡宁:《荣格心理学与西藏佛教》,江亦丽、罗照辉译,第78页,北京:商务印书馆,1994。

法唯识。人如果能认识到这一点，一切执着心就冰消水融，本性光明的心性就展现出来了。而要获得此见，则仍需通过宗教实践："即是应先决定此等外境只是心的迷现，离心而外，别无实有可得之义，乃至未得此觉验中间应当励力修习。如此励力以后，则任于所见上心放任宽松而住，则一切执著由自然解脱之门而随持之，最后或安然而住，或仍其本分。保持对于此见在不丢失正知正念之中冥然而定。"[1]也就是认识到一切外境都是心的幻现，都不能脱离识而独立存在，所以具体的修行就是让心任运自然，不攀不援，这样就可以从一切执着中解脱出来，并且通过正定恒常地保持这种境界。萨迦派把这种修习所达到的阶位命名为：暖位现相三摩地、定位增相三摩地、忍位无境分别三摩地。

（2）断能取抉的迷现（断除执幻现万物的心为实有的妄念）。萨迦派认为当修习到忍位无境分别三摩地时，"外所境之迷现则已遣除了"，而"内能取心之迷现"还未遣除，也就是说执心为实有的迷现还未断除。由此可见，萨迦派不仅认为认识的客体——万事万物是非实有的，其主体——心也是空的，非实有，只有认识到这一点，并逐步地勉力勤修，才能"证得佛果"。这种认识必须在宗教实践中参悟，是一个渐次的、有条理的过程：首先，通过修习，断除认为心体为实有的妄念，这样在意识中，执心、物为各自独立存在的二元体的错误想法大部分已去除，修持者已由凡夫变为圣者。但是与生俱来的迷妄、执着的种子或习气并未清除。第二步，通过修习，意识中的妄念、执着习气已完全消失，此时的心已超脱意识与物质之外（双离能所之心），"明相与智慧"亦并得生起，最后再经过一定的修习，各种"俱生无明"彻底清除，此时就可以"全无所障地显现各种清净之心的自性光明"。修持者的自性光明显现，也就意味着其佛性出现。至此，我佛合一，修行者功德圆满。

综上所述，萨迦派的"断能取决的迷现"是一种双向进行的思维：一

---

[1]《土观宗派源流》，第108页。

方面,它逐步地否定了世俗之心的迷妄、执着、有自性;另一方面,又逐渐地从这种否定中肯定和抽化出自性光明的清净之心——佛性。肯定和否定在同一个思维空间中同时进行,直至最后。在萨迦派的理论中,心虽为同一个载体,但由于认识的再生,在认识的最后,发生质变,由凡心而变为佛性,这里的佛性被印顺法师概括为"意欲本质的客观化"[①]。这是佛家的人性论。从萨迦派的"断能所取执的迷现"的具体过程中,我们可以看出,佛家所要求的认识,是意识的彻头彻尾地蜕变,是从意识到潜意识的再生,这一点和世俗认识问题的方式根本不同。

总之,萨迦派的哲学思想是一个把印度哲学思想完全融会贯通并西藏化的产物,它的"首应破非福,中则破我执,后破一切见,知此为智人"的修行次第偈语,为胜义谛而说世俗谛,是一个把心理学用在宗教说教上的良好范例。而且,萨迦派在"破我执"的过程中,既应用了缘起性空的佛教哲理,又使用了唯识论,且把二者结合得天衣无缝,这在其他派别中是罕见的。

四、噶举派及其佛学思想

(一)噶举派的历史传承

噶举派(bkav-brgyud)的"噶"在藏语中的本意是"口传"(佛语),也可理解为师长的言教;"举"意为传承,合起来的意思就是佛语传承或口传。这一派注重密法修习,而这些密法主要是通过师徒口耳相传继承下来的,故而派名为"噶举"。又因该派的僧人在修法时身穿白衣,所以又被人称为"白教"。

噶举派的支系繁多,但在最初只有两个系统,即香巴(shangs-pa)噶举和塔布(dvags-po)噶举。香巴噶举的创始人是琼波南交(khyung-po-rnal-vbyor,1086—1140),他是西藏尼木地方人,属于琼波家族。他年轻

---

① 印顺:《佛法概论》,第148页,上海:上海古籍出版社,1998。

时修习本教和宁玛派《大圆满法》，后来携带许多黄金去尼泊尔学习翻译，从此开始了他在印度、尼泊尔的求学生涯，他"往返竺、尼、藏三地约五十年，亲近竺尼大善知识与大成就者约一百五十人。通达显密经论及一切要门"①。后来他在噶当派高僧朗日塘巴座前受比丘戒，但仍以弘传自己在印度所学密法为主。琼波南交最初在盆域建了一座寺院，后来他又用3年的时间，在后藏香（今南木林县境内）修建了一百〇八寺，收徒摄众，香巴噶举也由此得名。他于1140年圆寂，藏文史籍中说他活了一百五十岁，将他出生定在990年。琼波南交的弟子很多，许多史书认为有8万人之多。

琼波南交的弟子又建立了甲寺（vjag）和桑定寺，桑定寺（bsam-sdings）位于今浪卡子县境内的羊卓雍湖畔，该寺住持是西藏唯一的女活佛——多吉帕姆，其转世迄今仍未中断。

15世纪时，香巴噶举派出了一位著名的僧人汤东杰布（thang-stong rgyal-po，1385—1464）。他在藏区修建了许多寺庙、铁桥和木舟，"他编写出了以歌舞戏曲形式演唱藏王等历史故事的许多藏戏剧本。在医药方面，他发明了能治内科百病的白丸和能治流行性瘟疫的红丸等许多医方诀窍"②。所以，他对藏族文化的发展作出了很大的贡献，被看作是藏戏的祖师。15世纪以后，香巴噶举便渐渐地湮灭无闻了。

塔布噶举的创始人是玛尔巴（mar-pa，1012—1097），他出生于山南洛札县（前藏南部）一个富足之家，本名叫却吉罗追。他年少时行为顽劣，父母为了改变他的秉性，十五岁时就送他到卓弥译师门下，学习梵文。他曾想向卓弥译师学习密法，但因学资昂贵，所以他就直接前往印度学法。据载，玛尔巴前后三次到印度、四次到尼泊尔学法，跟随当时著名的佛学大师那若巴、弥勒巴等，学习无上瑜伽部的"喜金刚"、"大手

---

① 《土观宗派源流》，第60页。
② 措如·次朗：《藏传佛教噶举派史略》，王世镇译注，第291页，北京：宗教文化出版社，2002。

印"、"集密"等密典。返藏时,他还带了一些经典进行翻译,所以又博得译师的称号。玛尔巴一生并未出家,但他广纳门徒,传播"大手印法"。在传法的同时,他还经营商业及农业。米拉日巴继承了他的主要的教法。

米拉日巴(mi-la-ras-pa,1040—1123),后藏贡塘人(今吉隆县以北),幼年丧父,家产为伯父和姑母所夺,他和母亲、妹妹生活得很悲惨。后来他母亲命他出外学习咒术,以报伯父霸产之仇。米拉日巴习通本教降冰雹等咒术以后,咒杀伯父的亲属三十五人,报了家仇。报仇后,他又追悔自己的罪恶,改信佛教,起初从宁玛派僧人学习"大圆满法"。三十八岁时拜玛尔巴为师,玛尔巴为了消除他的"恶业",让他吃尽苦头,经六年苦行,最后将其所有密法传授给他。米拉日巴四十五岁返回家乡,到吉隆、聂拉木一带的深山里去静修了九年,才开始收徒传法。米拉日巴用唱歌的方式传教,通俗易懂,他的传法内容后来被他的弟子收集整理,结成《米拉日巴道歌集》。米拉日巴的道歌的风格语言与民间诗歌极为接近,也影响了后来藏族诗歌创作,尤其是民间诗歌的创作,所以其文学价值也很高。

米拉日巴是西藏苦修僧的典范,他住山洞,行苦行,以蕨麻野菜为食,骨瘦如柴,衣不蔽体,全身变成了绿色。尽管如此,他还鄙视那些积聚金银财宝的僧人,所以藏传佛教各派都很尊敬他,称他为圣者。

米拉日巴有成就的弟子很多,最著名的是热穹巴(ras-chung-pa,1083—1161)和塔布拉杰(dvags-po-lha-rje,1079—1153)。

热穹巴本名多吉扎,出生于贡塘昌惹地方(今吉隆县内西南),8岁时父亲去世,十一岁遇见米拉日巴,跟随其学法,但因其母亲和叔父的不满,被强行带回家中耕地务农,很快患了麻风病,他又返回到米拉日巴身边。米拉日巴给他传授了金刚手大势至修法后,他便到深山里独居。后来有三位印度游方僧经过,他们怜悯热穹巴,就把他带回了印度。在印度瓦罗尊扎上师为他传授了《忿怒金刚手金翅鸟裙法》,令其念诵,不久,麻风病痊愈。他又返回到米拉日巴身边听受教法,并修成了"拙火定"(这是米拉日巴所修的一种法,修成后,在冬天就能以单布衣御寒)。此后,米拉日巴派遣他二次前往印度,学习其余四种流传于印度的《无身空行法类》(该密法共有九种,米拉日巴从玛尔巴处已学得五种)。在印度,他跟随那若巴和弥勒巴的弟子谛普巴(ti-pu-pa)学得其余四种教法。回藏后,他将所学的密法又献于米拉日巴。从此,这部分密法又分成了两个传承:由米拉日巴传下来的,叫作"胜乐耳传";热穹巴自己传下来的,叫作"热穹耳传"。

塔布拉杰,"塔布"原为部落名,后转为地区名;"拉杰"是医生的意思,因他"幼年学医,造诣最深"[1],故有此称。塔布拉杰二十多岁时,他的爱妻去世,心中极为悲痛,萌生出家念头,二十六岁正式出家学佛,起初跟随甲域哇等噶当派僧人学习了许多噶当派教法,后来闻听米拉日巴的名声,于三十二岁时拜见了米拉日巴。米拉日巴为他传授了金刚亥母灌顶和"拙火定"。

1121年,他在今雅鲁藏布江北岸加查县和朗县之间的一个地方修建了岗布(sgam-po)寺,接纳门徒。塔布拉杰将噶当派的道次第和米拉日巴的"大手印"融合起来,写成了《道次第解脱庄严论》,形成自己的体系,创立了塔布噶举派。他本人也因此被称为"岗布巴"。

塔布拉杰在岗布寺住了三十年之久,一面讲经传教,一面著书立说,影响很大。他在教授徒弟时,能因材施教,按照弟子根器的不同,或传显教,或传密法,或显密并传。1153年,塔布拉杰去世后,岗布寺寺主由他的侄儿继承。香巴噶举衰微后,后来人们提到的噶举派,就指的是塔布拉杰融合噶当、噶举两派教法而传承下来的这一个派系。

塔布拉杰的弟子中,有四个人分别在前后藏建寺收徒,形成了四个支派。这四个支派中的帕竹一派又分出八个小派,噶举派人把这些支派

---

[1]《土观宗派源流》,第63页。

总称为"四大八小","四大"指的是：帕竹、蔡巴、拔戎、噶玛；"八小"指的是由帕竹噶举分出来的八个小派：止贡、达隆、主巴、亚桑、绰浦、修赛、叶巴和玛仓。其中，影响力较大的是噶玛噶举，这一派又是藏传佛教中第一个建立活佛转世系统的教派，并先后形成了几个大的活佛转世系统，最主要的是黑帽系和红帽系。

1. 噶玛噶举

这一支派的创始人为塔布拉杰的弟子都松钦巴（dus-gsum-mkhyen-pa，1110—1193），他本名却吉扎巴，西康人，都松钦巴是一个称号，意思是知晓未来、过去、现在三世之事。他十六岁出家，十九岁前往前藏学法，曾经跟随恰巴却吉僧格等名僧学习了六年的噶当派教法。年三十岁时拜见了塔布拉杰，塔布拉杰让他先修习《噶当道次第》，接着又传他"拙火定"，他依此修行了三年，后来还学习了萨迦派的《道果法》等众多法门。

1147年，都松钦巴在昌都地区类乌齐附近建噶玛丹萨寺（karma-gdan-sa），噶玛噶举派因此而得名。1187年，他又在拉萨西北的堆垅地方修建了粗卜寺（mtshur-phur），这两座寺庙成为该派上下两主寺。

噶玛噶举派后来又分成两个小支系，一个是黑帽系，一个是红帽系。黑帽系实际上是从都松钦巴的三传弟子噶玛拔希（karma-pakshi，1204—1283）开始的。噶玛拔希本名却吉（chos-kyi）喇嘛，拔希是蒙古语译音，意为"法师"，传说他是一个仅次于莲花生的神通广大的人物。噶玛拔希随都松钦巴的再传弟子们学习佛法，并逐渐有了名气，门徒达500人之多。1253年，忽必烈南征大理经过康区时，看到噶玛噶举派在康区势力较大，便派人召请他到川西北的绒区色都地方会面。之后，他和忽必烈的关系出现裂痕，于是他离开忽必烈，转而前往甘肃、宁夏和内蒙古等地传教，并在宁夏和内蒙古交界处，修建了一座名为吹囊朱必（vphrul-snang-sprul-lha-khang）的寺庙。1256年，噶玛拔希接到元宪宗蒙哥召见他的诏书，于是他随使臣到达和林，蒙哥赐他一顶金边黑色僧帽及金印、白银等物,这就是黑帽系名称的来源。噶玛拔希在蒙哥汗面前起了不少的作用,在他的建议下,蒙哥汗"三次大赦一切囚犯",还规定:"国内凡逢每月四吉辰,任何人不准欺凌别人,不准杀生吃肉,不危害众告天人,使其护持各自教法。"①

1259年,蒙哥去世后,1260年,忽必烈即汗位,并战胜了与他争位的阿里不哥。噶玛拔希因不肯随侍忽必烈的旧事,再加上他又有帮助阿里不哥的嫌疑,所以被忽必烈逮捕下狱,受尽了种种酷刑。直到1264年,忽必烈也许是考虑到噶玛噶举派及噶玛拔希本人在康区的影响,才将他释放。他一路传教,经过8年回到粗卜寺,1283年去世于该寺。

噶玛拔希圆寂时,对弟子邬坚巴(ao-rgyan-pa)做了自己的化身还会重来的授记。噶玛噶举派根据他的这一指示,认定了攘迥多吉(rang-byung-rdo-rje)为他的转世。活佛转世制度在这一派中首次出现。

事实上,活佛转世制度的出现远非如此之简单,它实质上是宗教僧伽集团为解决其宗教首领及寺院的继承问题,以佛教灵魂转世说和寺庙经济利益相结合为基础而建立起来的一种特殊的传承制度。后来出现的格鲁派禁止僧人婚娶,废止了法位父子、叔侄传袭的制度,也采用了活佛转世制度,藏传佛教各派竞相沿袭,而使这一理论和制度更加完善,各教派亦形成了各自的活佛转世系统。

黑帽系采用了活佛转世制度后,都松钦巴被追认为第一世活佛,噶玛拔希被追认为二世活佛,攘迥多吉为三世活佛。

攘迥多吉(1284—1339),后藏贡塘人,五岁到粗卜寺随邬坚巴学经,七岁受沙弥戒。他曾学过噶玛噶举派、宁玛、希解等派的教法,还到桑浦寺学习了《中观》、《慈氏五论》、《集论》、《俱舍论》、《瑜伽师地论》和因明等显宗理论。攘迥多吉在类乌齐附近创建了噶玛拉登寺(karma-lha-

---

① 《红史》,第75页。四吉辰:藏历每月八日为药师佛的吉日,十日为空行会集的吉日,十五日为释迦牟尼的吉日,每月最末一日为无量光佛的吉日。

stengs),在前藏创建了德庆登寺(bde-chen-stengs)。他的足迹几乎遍及前后藏的各个地区。

1331年,元文宗召他进京,次年十月他到达北京,这时文宗已经死了,他给元宁宗和宁宗皇后传授了密宗灌顶,后来还为元顺帝及皇后等进行灌顶。在北京期间,他带信给他的弟子扎巴僧格,让他常驻德庆登寺,扎巴僧格就是红帽系第一世活佛。1334年,攘迥多吉返藏,在他离京时,元顺帝封他为"晓悟一切空性噶玛巴"之号,赐敕书、国师印、水晶印盒和金字牌符,并封赐他十个弟子为司徒。攘迥多吉返藏途中朝拜过五台山,还到宁夏传过教。1338年,他受顺帝之召,再次到达北京,次年圆寂于北京。攘迥多吉是噶举派历史上著名的僧人之一,其著作《历算论》、《佛本生论》盛行于世,所以被称为是"驰名整个藏地的贤哲大德"。①

黑帽系第四世活佛名叫乳必多吉(rol-pavi-rdo-je,1340—1383),出生于工布地区。三岁时被认定为攘迥多吉的转世灵童。1348年,九岁的乳必多吉受到蔡巴最后一任万户长的邀请,到过拉萨的蔡贡塘寺,同时他还得到帕竹地方政权建立者绛曲坚赞的器重和信任。1356年,他受元顺帝邀请,在受比丘戒后,于1358年从粗卜寺出发经北路去北京。次年他经过青海宗喀时,刚满三岁的宗喀巴被领来见他,他给宗喀巴授了近事戒(即佛家最基本的五戒)。

1360年乳必多吉抵达大都,为元顺帝父子传授了不少噶举派的教法。1364年,他启程返藏,途中在甘州附近建立了一座寺院。

元朝灭亡后,乳必多吉也曾受到朱元璋的召请,但他没有前往,只是派人进贡而已。1383年,乳必多吉去世于工布地区。

黑帽系第五世活佛名叫得银协巴(de-bzhin-gshegs-pa,1384—1415),原名叫却贝桑布(chos-dpal-bzang-po),出生于工布地区,是西藏佛教史上一个重要人物。他在四岁时就跟随红帽系二世学法。大约在

---

① 《藏传佛教噶举派史略》,第60页。

二十岁左右,明成祖派宦官侯显与和尚智光专程到西藏请得银协巴去南京。他于1406年到达南京后,在灵谷寺为明太祖夫妇荐福,设普度大斋,史称"多有灵瑞,帝大悦",成祖遂赐给他"如来"的名号,"得银协巴"就是"如来"的藏译。同时,封他为"万行具足十方最胜圆觉妙智慧善普应佑国演教如来大宝法王西天大善自在佛领天下释教",简称大宝法王。得银协巴的弟子当中,也有几个人先后被封为国师、大国师。

自从得银协巴受封为大宝法王后,这个名号就成为黑帽系的历代转世活佛专有的一个封号。一直到明朝末年,他们都自称大宝法王,按期派人到京师朝贡。噶玛噶举除有寺院所属农奴并占有耕地牧场外,没有形成一个地方政权。得银协巴以后,一直到第十世,都是采取周游各地,传法授徒,调停争端,联络地方势力,扩大自己的影响和实力的方法,所以被《明史》称为游僧。黑帽系第六世通瓦敦丹(mthon-ba-don-ldan,1416—1453)、第七世却扎嘉措(chos-grags-rgya-mtsho,1454—1506)、第八世弥觉多杰(mi-bskyod-rdo-rje,1507—1554)和第九世活佛旺秋多杰(dbang-phytug-rdo-rje,1555—1603)的事迹记载下来的不多,九世活佛曾加强了噶玛派和云南木土司的关系。

黑帽系第十世活佛却英多吉(chos-dbyings-rdo-rje,1604—1674)所处的时期,正是西藏的多事之秋,他身不由己地卷入了各派的政治斗争中。却英多吉在八岁和十四岁时,就曾两次派人向万历帝朝贡。十一岁时,便到蒙古族地区传教,受到察哈尔和喀尔喀蒙古汗王的尊奉。在卫藏内部,在他为黑帽系首领的时候,噶玛噶举派和17世纪前半期曾短期控制西藏地方政权的藏巴汗联络,与格鲁派为敌。虽然这种联盟以红帽五世、六世为主,但作为噶玛噶举派的最高领袖,却英多吉也难辞其咎。

要理清这一段时间内噶玛派的历史,必须先交代一下藏巴汗的来由:1408年,帕竹噶举派的阐化王扎巴坚赞(grags-pa-rgyal-mtshan,1374—1432)任命家臣南喀坚赞(nam-mkhav-rgyal-mtshan)为仁蚌(rin-spungs)宗的宗本,从此,南喀坚赞家族就被称为仁蚌巴。在他的孙子诺布桑波时,他用武力兼并了后藏一些小的地方势力,仁蚌家族自此强盛,并在实际上已半脱离帕竹地方政权。诺布桑波的孙子顿月多吉(don-yod-rdo-rje)任宗本时,他和噶玛噶举红帽系四世联合起来,同格鲁派及支持格鲁派的帕竹政权展开了明争暗斗。1490年,他资助红帽系建立了羊八井寺。1565年,仁蚌巴阿旺几扎(ngag-dbang-vjig-grags)任宗本,他的家臣辛厦巴才丹多吉(tshe-brtan-rdo-rje)联合后藏西部的一些地方官员,利用属民的起义,推翻了仁蚌巴的统治,控制了仁蚌巴属下后藏的大部分地区,自称为藏堆杰波,意为后藏之王,这也就是汉文资料中所说的藏巴汗的曾祖。约在1610年左右,辛厦巴的孙子彭错南吉(phun-tshogs-rnam-rgyal)先后控制了后藏的绝大部分地区,包括以前不属于帕木竹巴管辖的拉堆绛和江孜等地,也统治了前藏的一部分地区包括贡嘎和羊卓雍湖东南的洛扎地区。8年后,他又统治了前藏的绝大部分地区,形成了西藏历史上另一个较大的地方政权。

却英多吉时期,噶玛噶举派不仅和藏巴汗联结,而且还先后试图将喀尔喀部的却图汗、察哈尔部的林丹汗引入西藏,支持噶玛派和格鲁派的斗争,但因种种原因均告失败。1642年,和硕特部支持格鲁派的固始汗进兵西藏,消灭了藏巴汗,格鲁派在西藏取得了绝对优势。格鲁派占上风后,却英多吉处境困难,后经四世班禅罗桑却吉坚赞出面调停,取得五世达赖喇嘛的谅解,噶玛噶举和格鲁派的关系才稍有缓和。但时隔不久,仁蚌巴统治者所在的噶尔巴家族又起兵反抗格鲁派和固始汗,而这个家族的人又和噶举派关系密切,却英多吉深受牵连,被软禁起来。后来他逃到了云南丽江木土司家中避难,终因不习惯土司家中豪华喧闹的生活,只身前往青海果洛,途中被强盗抢劫一空,又被人接到了木土司家里。

尽管如此,却英多吉在康藏地区的宗教地位和影响依旧保持着。所以到1653年,顺治帝刚送走了到北京朝见的五世达赖,就马上派人召他到北京去,他迫于自己的困境,只是派人上表朝贡,争取清政府对他的承认与支持。1660年,顺治帝封赐了却英多吉,并颁发给他印信,但这时候整个噶玛噶举派的地位和势力已经今非昔比了。

1663年,经多方斡旋,却英多吉才回到西藏粗卜寺,噶玛噶举派不得不接受达赖喇嘛的监管,一直到解放前,达赖喇嘛的议仓还有一个官员常驻粗卜寺,负责监督该派的事务。1674年,却英多吉圆寂后,黑帽系各世活佛仅仅是一个教派的领袖,只从事宗教活动,再也没有干预政治的能力,也没有什么名声了。只有黑帽系十二世绛曲多杰(byang-chub-rdo-rje,1703—1732)还应雍正帝的邀请,在1371年去过北京,并在次年圆寂在北京。黑帽系十六世日比多杰(rig-pavi-rdo-rje)在1959年因西藏叛乱而流亡印度。

红帽系的第一世活佛扎巴僧格(grag-pa-seng-ge,1283—1349)是黑帽系三世活佛攘迥多吉的弟子,由于元朝曾封他为国师,并赐给他一顶红色的帽子,所以由他开始的这一转世系统,被称作噶玛噶举派的红帽系,他本人就是红帽系一世活佛。扎巴僧格十三岁出家,修"拙火定"很有成就。从二十三岁起,在桑浦寺学习了七年的显教经论,后师事黑帽系三世。1333年,他建成乃囊寺(gnas-nang),在羊八井寺建立以前,此寺一直是红帽系的主寺。攘迥多吉到北京后,令扎巴僧格住在德钦登寺,但因他晚年多病,仍居乃囊寺,门下弟子甚众,其中以雅第班钦最为有名,是红帽系中一位大佛学家。

红帽系二世喀觉胜布(mkhav-spyod-dbang-po,1350—1405)、三世却贝意希(chos-dpal- ye-shes,1406—1452)的活动大体上以游历各地、收徒传法为主。值得一提的是,自从得银协巴以喀觉胜布为师后,红帽、黑帽两系活佛个人之间互为师徒的关系遂成定例。

红帽系四世名却扎意希(chos-grags-ye-shes,1453—1524),一般藏文史料称他为沙玛尔却扎巴。他在十几岁时曾到西宁一带,并从西宁北至蒙古地区云游传教。返藏后,足迹踏遍了康区和前后藏。1409年,由仁蚌巴·顿月多吉资助,他于羊八井建羊八井寺,仁蚌巴还拨给他溪卡和农奴。从这时起,红帽系的主寺就从乃囊寺迁到了羊八井寺,红帽系和仁蚌巴顺理成章地建立了密切关系。1481年,仁蚌巴以武力打败帕竹地方政权,自1498年起仁蚌巴禁止格鲁派哲蚌寺和色拉寺的僧人参加一年一度的拉萨祈愿大会等事件,都是却扎意希策划的。

红帽系第五活佛名叫贡却演拉(dkom-mchog-yan-la,1525—1583),第六世名叫却吉旺秋(chos-kyi-dbang-phyug,1584—1635),他们继续和格鲁派势力作斗争,不过,支持他们的先是仁蚌巴,后来又转为1565年开始掌权的藏巴汗。而且斗争的双方都和蒙古汗王相表里,噶玛派依靠林丹汗、却图汗,格鲁派援引了和硕特部的固始汗。

到红帽系第七、第八、第九世活佛时,由于五世达赖已经掌权,所以他们并无多大作为。红帽系十世名叫却朱嘉措(chos-grub-rgya-mtsho,1738—1791),他是六世班禅贝丹意希(dpal-ldan-ye-shes)的同母异父兄长,班禅的另一个哥哥为仲巴(dtung-pa)呼图克图。1780年,乾隆七十大寿,班禅入京拜寿,因出痘而病逝于北京。乾隆帝以及满、蒙、汉各族王公大臣对六世班禅的馈赠和赙仪甚多,总计约十万两白银。仲巴活佛想全部据为己有,所以借口教派不同,不分给却朱嘉措,却朱嘉措由此怀恨在心。他西逃廓尔喀(今尼泊尔),以扎什伦布寺的富有为诱饵,唆使廓尔喀入侵西藏,扎什伦布寺被掠一空。清政府先后两次派兵进藏,抗击廓尔喀入侵。1791年,福康安率领的清军大获全胜,廓尔喀乞降,红帽系十世畏罪自杀。红帽系十世的妻子儿女、门徒随从等,都移交给了清军。后来乾隆帝命将却朱嘉措的尸骨分挂前后藏及康区的各大寺院,以为叛国者诫;把以羊八井为首的红帽系寺院和所属土地、牧场、农奴全部查抄归公;羊八井等寺的红帽系僧人一律勒令改宗格鲁派;禁止红帽系活佛转世,噶玛噶举红帽系从此断绝。

2. 蔡巴噶举

这一支派的创始人是向蔡巴(zhang-tshal-pa,1123—1194),他的本名是尊追扎(brtson-vgrus-grags),出生于拉萨附近的蔡巴竹村。他的父亲是一个修密法的人,所以他从小就对宗教感兴趣,七岁时学习藏文,九岁时修习密法。向蔡巴二十六岁受比丘戒,学得多种显密法。1152年,他同帕木竹巴多吉杰波投奔塔布拉杰的门下,但因塔布已年迈,所以他们便跟随塔布拉杰的侄子冈布瓦·楚逞宁布(tshul-khrims-snying-po,1116—1169)学习噶举派的"大手印"。后来,他得到了拉萨蔡溪卡一个有势力的家族——噶尔家族的支持,这个家族自称是松赞干布时的大论噶尔东赞的后人。1175年,他在蔡溪卡建立了蔡巴寺,蔡巴噶举即由此得名。

向蔡巴建寺所用的材料、资金等,除了部分是别人自愿捐助外,大部分是他勒索和抢劫而来的。建寺以后,他仍常派人去抢人家财物,因此,他常常和别人发生械斗。但西藏佛教界却将他描述成毫无私心、一心为教的人物,甚至把他和帕木竹巴多吉杰波、宗喀巴合称为西藏的"三宝"。后来,在都松钦巴的劝说下,他终止了自己的械斗行为。1187年,向蔡巴在他的弟子们的帮助下,又在蔡巴寺附近建了一个贡塘寺。

1194年向蔡巴死后,蔡巴噶举的宗教活动由蔡巴寺和贡塘寺的堪布主持。这两寺的实权先是由向蔡巴的侍者达玛宣奴(dar-ma-gzhon-nu)掌握,后来到他的侄孙意希迥乃时,兼并了吉麦(拉萨河下游地区)的许多村寨,占领了全部拉萨河两岸,所辖地区有"四部八支"之称。意希迥乃的继承人为向蔡巴的施主、噶尔家族桑结额朱(sangs-rgyas-dngos-grub),这样噶尔家族的人由施主一跃而成为寺主。此时正是忽必烈分封卫藏各地方势力为十三万户之时,1268年,桑结额朱受封为蔡巴万户长。桑结额朱的儿子继任万户长之后,曾亲自到北京朝贡,元世祖又增加了他们的封地,并赐给金印、诰命,于是蔡巴成了前藏势力比较强大的三大万户之一(其他两个是帕竹和止贡),而蔡巴噶举派则变为蔡巴万户的附属物。

桑结额朱的后人(他孙子的孙子)蔡巴·贡嘎多吉(kun-dgav-rdo-rje,1309—1364)是藏族史上一位著名的人物,他以编撰藏文大藏经《甘珠尔》的目录而知名。1346年他写成了《红史》,这是一部研究藏族古代历史的重要参考书。另外,蔡巴·贡嘎多吉还是一个佛学知识十分渊博的人。有一次布敦·仁钦朱应邀到蔡巴寺去主持一项宗教活动,他携带了很多佛教书籍,并在路上抓紧时间阅读。有人问他为什么在路上还要看书,他回答说蔡巴·贡嘎多吉很有学问,见面后他一定会问到佛学方面的问题,要是不在路上抓紧时间看书,必定会被他问倒。由此可见,蔡巴·贡嘎多吉的佛学知识,使当时著名的佛学大师布敦·仁钦朱都很钦佩。[1]

蔡巴噶举在贡嘎多吉控制时,曾联合萨迦派、雅桑噶举共同和帕竹噶举作战,而此时正是帕竹实力最强时,所以他们很快被击败,蔡巴噶举的封地被夺走,贡塘寺被烧,蔡巴噶举派也随之衰微。蔡巴寺和修复后的贡塘寺在元朝末年改为桑浦寺的属寺,格鲁派兴起后,又都变为格鲁派的属寺,本派传承遂告断绝。

3. 拔戎噶举

拔戎噶举的创始人是塔布拉杰的弟子达玛旺秋(dar-ma-dbang-phyug,12世纪中叶人),1187年,他出生在拉萨以北盆域,八岁出家,首先学习了噶当派的教法。二十岁时拜见塔布拉杰,得到了噶举派的诸多教法。后来,他在绛(后藏昂仁地区,旧称拉堆绛)建拔戎寺(vbav-rom),讲授"大手印",拔戎寺成为该派的主寺。

达玛旺秋死后,拔戎寺的住持由他的家族世代担任。后来,这个家族内部因权势争夺屡发争执,寺院堪布频繁易人,经济势力慢慢衰落,教派也随之衰绝。

4. 帕竹噶举

该派创始于塔布拉杰的著名弟子帕木竹巴(phag-mo-gru-pa,1110—1170),他的原名叫多吉杰波(rdo-rje-rgyal-po),出生于西康南部。帕木竹巴九岁出家,十九岁时,他作为侍从随一富人入藏游学,遍学噶当、萨迦、宁玛等教法,对当时流行的显密宗知识都有所接触。

---

[1] 参见《西藏佛教史略》,第115页。

1152年,他和向蔡巴一同去拜见塔布拉杰,塔布拉杰给他特别传授了许多密法,帕木竹巴认为这些密法胜过了他以前所学的所有显密教法,所以,虽然在此前他拜谒过许多名师,包括萨迦初祖贡噶宁布,但他认为"昔日所学诸法皆是表皮糟粕"①,从此只以塔布拉杰为根本上师。塔布拉杰死后,他回到了西康,住在蔡岗寺,招收门徒,弟子越来越多。塔布拉杰之学,是由噶当派的《菩提道次第灯论》与米拉日巴的大手印修法合流而成,帕木竹巴很好地继承了这一点。1158年,他到山南的帕木竹地方(今西藏桑日县境内)建了一座小庙,这就是后来著名的丹萨替寺,此后的十三年间,他就常住在这个寺中。因此人称他为帕木竹巴,他创立的这个支派也称帕木竹巴派,简称帕竹噶举。

帕木竹巴生活朴素节俭,严持戒律,勤于修炼,因此在当时的佛教界名声很大。他晚年在丹萨替寺收徒,门徒达八百人之多,比较有名的有10余人,如达垅塘巴、止贡巴在康藏各地建寺传法,故后来帕木竹巴一系又分为8个支系。其中止贡、达垅、主巴三个支系或由于自身经济力量雄厚,或与政治力量强的封建势力结合,在争权夺利的角逐中,扩大了自己的力量,其他5个支系或被兼并,或自行消亡。

1170年,帕木竹巴死后,达垅塘巴和止贡巴合力在丹萨替寺内师父以前修法的小院的基础上,盖了一座大殿,大殿落成,很多人贡献财物、经书、佛像。止贡巴找借口将这些财物移走,出力较多的达垅塘巴自然愤愤不平,二人失和。1208年,止贡巴的一个弟子扎巴迥乃出面调解,结果止贡巴占了上风,达垅塘巴抑郁而终。为了酬谢扎巴迥乃,止贡巴遂让他做了丹萨替寺的座主。

扎巴迥乃(grags-pa-vbyung-gnas,1175—1255)是帕竹当地豪族朗拉斯家族的人,他任丹萨替寺座主以后,这一位置便为朗氏家族兄弟叔侄相承袭。因为扎巴迥乃为止贡巴的得意弟子,经常随侍左右,所以又

---

① 《土观宗派源流》,第68页。

有"京俄"(眼前人)的称号,以后的历任座主也都继承了这一名号,朗氏家族也被人称为帕竹家族了。

1268年,帕木竹巴也被分封为十三万户之一,万户长(墀本)由寺院的座主推荐,宣政院任命,后来则变成了寺主兼任,名称也变为喇本。所以也有人认为严格地说,西藏的政教合一制应该从这时算起,而萨迦时代的政教合一,远不如帕竹由一人兼任政治、宗教领袖这样典型。①

到了14世纪,帕竹万户实力大增,扎巴迥乃的侄孙大司徒(元朝所封)绛曲坚赞(byang-chub-rgyal-mtshan,1302—1364)继任万户长以后,用武力兼并了前藏大部分地区。1354年,又击败了萨迦政权,建立了帕竹政权,统治卫藏的大部分地区。绛曲坚赞于1352年在泽当地方建泽当寺,作为帕竹噶举的另一主寺。凡帕竹万户的万户长,要在幼年时先充当泽当寺座主,然后继任第悉(行政首领)职务。泽当寺专门讲授显教经论,以作为专门传承密宗的丹萨替寺的辅助力量。另外,泽当寺还对到该寺讲经学法的僧人一视同仁,没有门户之见。

1406年,绛曲坚赞的侄孙札巴坚赞(grags-pa-rgyal-mtshan,1374—1432)被明成祖封为阐化王,帕竹政权的政治实力达到顶峰,此后,政权势力逐渐衰落,1618年,被藏巴汗取而代之。由帕竹噶举分传出来的八个小派分别是:

(1) 止贡噶举

止贡噶举的创始人是帕木竹巴的弟子止贡巴仁钦贝(rin-chen-dpal,1143—1217),他是四川邓柯人,属居热氏(skyu-ra)家族。据说止贡巴九岁时就能向人讲经说法,二十五岁时,他前往丹萨替寺向帕木竹巴学法,帕木竹巴传授给他一种特殊的密法。1179年,他在今墨竹工卡县的止贡地方修建了止贡替寺,他本人因此被称为止贡巴,该派也由此而得名。

止贡地处康藏交通要道,非常富庶。元朝分封十三万户时,止贡也

---

① 详见《西藏佛教史略》,第119页。

位列其中,并和帕竹一样,万户长和宗教首领由居热氏家族的人兼任。元初,止贡噶举得到忽必烈弟弟旭烈兀的支持,不服萨迦派在西藏的领袖地位,到13世纪晚期常和萨迦派发生纠纷。1290年萨迦本钦阿迦仑调集了几个万户的兵力,并奏请忽必烈派兵进藏,才打败了止贡噶举。在这次战争中,止贡替寺被焚毁,历史上称这次事件为"林洛"(gling-log),即寺院之乱。

止贡噶举在此次事件之后,实力大为衰落,但在宗教方面仍有一定影响。到14世纪中叶,止贡噶举的实力又逐渐恢复,并且联合雅桑、蔡巴等万户与帕竹万户作战,结果被帕竹打败,实力又一次削弱。到明代,止贡噶举的领袖人物仁波且仁钦贝杰被明成祖封为阐教王。15世纪格鲁派兴起后,止贡噶举又与格鲁派集团为敌,在16世纪后半期双方斗争得很激烈,结果止贡噶举又被格鲁派打败。五世达赖受清朝政府正式册封以后,止贡噶举不得不处于达赖喇嘛的管辖之下。大约就是从此时起,止贡噶举也采用了活佛转世制度。

(2)达垅噶举

达垅噶举的创始人是达垅塘巴扎希贝(bkra-shis-dpal,1142—1210),出生在羊学崩热登(gyang-shod-bong-ra-stanns)。他曾经反复学习过噶当、噶举两派的教法,师父分别为怯喀巴、帕木竹巴。1180年,他在藏北建立达垅寺,达垅噶举支派的名称即由此而来,他本人也因此被称为达垅塘巴。达垅塘巴生前曾不断把财物和经书送到他的老师帕木竹巴建立的丹萨替寺去,但这些财物和经书都被他的师弟止贡巴夺取,1210年他在抑郁中病死。达垅塘巴以戒行清净而著名,"自出家后,足不入俗舍,戒荤酒,亦不以酒食酬应,凡寺宇内院不许妇女进入,所定的戒律守则非常严格"[①]。

达垅寺的第三任堪布桑结雅军喜饶(sangs-rgyas-yar-byon-shes-rab-

[①]《土观宗派源流》,第73页。

bla-ma,1203—1272)喇嘛的社会地位也很高,八思巴从北京返回西藏时,曾和他行碰头礼,这在西藏佛教界是地位相等的人所行的一种见面礼。1276年,喜饶喇嘛的侄子桑结温(sangs-rgyas-dbon)在康区的类乌齐建立了一座类乌齐寺,这座寺院成了达垅噶举在康区的重要寺院,被称为"下寺",而达垅寺则成为上寺。据说最盛时这两座寺院各有僧人三四千人,二寺后来都采用活佛转世制度。达垅噶举的传承一直延续到了近代,但在格鲁派的强大压力下,它的势力已是很微弱了。

(3) 主巴噶举

主巴噶举始创于帕木竹巴的弟子林热·白玛多吉(gling-ras-padma-rdo-rje,1128—1188),形成于林热·白玛多吉的弟子藏巴甲热·意希多吉(gtsang-pa-rgya-ras-ye-shes-rdo-rje,1161—1211)时,后来又由藏巴甲热的两位弟子洛热巴(lo-ras-pa,1187—1250)和郭仓巴(rgod-tshang-pa,1189—1258)分别开出了上主巴和下主巴。

林热·白玛多吉生于后藏娘堆地方(今江孜),林热的意思是林家族中一个能穿单布衣御寒的人。他从小学医,十七岁出家,三十八岁时拜帕木竹巴为师。帕木竹巴死后,他便到卫藏地区去云游,晚年在那浦寺收徒传教,直到去世。

藏巴甲热·意希多吉也是后藏娘堆人,故称藏巴。"甲热"是指甲氏家族中能穿单衣御寒的人。他早期接触过本教、宁玛派和噶举派其他支系的教法,二十二岁拜林热·白玛多吉为师,得到了许多法义,包括《那饶六法》、《俱生和合》等教授。据说,他由此获得许多成就,修"拙火定"后,能单衣御寒;冬天用泥封门静修,能将内外风息合为一致;可以穿墙无碍;得等虚空的明空三昧等。三十三岁时,藏巴甲热从向蔡巴受戒,正式出家。他出家后先在热垅地方(今江孜境内)建热垅寺(ra-lung),后来又在拉萨西南修建了一座"主"寺(vbrug),主巴噶举因此而得名。藏巴甲热·意希多吉法嗣广大,据说他有弟子五千人。主巴噶举起初以"主"寺为根本寺院,后来转到热垅寺。从热垅寺传出来的这一系被叫做中主巴,从中主巴又分出一些支系,其中以上、下主巴比较有名。

上主巴的创始人郭仓巴·贡布多吉是西藏山南洛扎人,十九岁跟随藏巴甲热出家。藏巴甲热很喜欢他,所以传授给他许多密法。后来,征得甲热的同意,他又向止贡巴、达垅唐巴、向蔡巴等当时的名僧学习密法。1211年,藏巴甲热去世后,他开始了云游的生活,从山南到后藏以及阿里的冈底斯山一带都留下了他的足迹。郭仓巴甚至还到过克什米尔和印度。云游了七年之后,他又回到了热垅寺。1226年,他在后藏的协噶尔的郭仓地方建立的郭仓寺,并定居该寺,所以,人们称他为郭仓巴。郭仓巴·贡布多吉佛学知识渊博,他的教法中融入了各派的教法,包括希解派的教法。晚年,他在后藏又建立了登卓、绷扎等许多寺庙,以这些寺庙为据点,形成了上主巴。

下主巴的创始人洛热巴本名旺秋尊追,他属于洛囊家族,所以被称为洛热巴。十六岁时,他得遇藏巴甲热,开始跟随他学习教法,并且修"拙火定"有成就,能单衣御寒。洛热巴持戒甚严,他曾发下七个誓愿:不回家乡、不下山、长坐不卧、足不入俗家、常穿一单衣、少语、每日供"水供"一百〇八碗不间断。1211年,藏巴甲热去世后,他便到一个山顶上苦修,并由此证得很高的境界,获得大智慧。结束苦修后,洛热巴开始收徒传法。1241年,他在雅隆河谷东面创建了噶波却隆寺(mkhar-chu),以这座寺院为中心,形成了下主巴。洛热巴还到过不丹,并在不丹的本塘地方建立了塔尔巴林寺(thar-pa-gling),这可能是主巴噶举在不丹建立的最早的寺院。洛热巴的弟子众多,他本人也因为善于施舍、厌离世事、精进、学识等为时人所称道。

主巴噶举派的高僧个人修行都足以为楷模,加之他们四处云游收徒,主巴噶举弟子众多,所以有谚语说:"藏人半为主巴,主巴半为乞士,乞士半得成就。"[1]

---

[1]《土观宗派源流》,第71页。

(4) 雅桑噶举

雅桑噶举创始人为格丹意希僧格(skal-ldan-ye-shea-seng-ge,?—1207),他是帕木竹巴的弟子。而这一支系的实际创始人则是格丹意希僧格的弟子却闷郎(chos-smon-lam,1169—1233),1206年,他建立了雅桑噶举的主寺雅桑寺。元代,由于雅桑噶举和地方势力相结合起来,因而被封为雅桑万户。格鲁派兴起后,排斥雅桑噶举,其传承也就逐渐消亡失传了。

(5) 绰浦噶举

绰浦噶举创始人为贾擦(rgyal-tsha,1118—1195)和衮丹(kun-ldan,1148—1217)兄弟二人。他们是弩氏(snubs)家族的后代、帕木竹巴的门徒。1171年,贾擦返回家乡绰浦,在当地买得一块地基,修建了一个经堂和一些僧舍,以此为据点开始收徒传法,绰浦噶举因此而得名。后来衮丹也返回绰浦,协助兄长管理寺院事务。他们的侄子名楚臣喜饶(tshul-khrims-shes-rab,1173—1225),在西藏佛教史上也小有名气,被称为绰浦译师。他十岁受沙弥戒,十九岁受比丘戒。楚臣喜饶不仅跟随贾擦兄弟学习显密教法,同时还学习了梵文。他多次到印度和尼泊尔留学,曾迎请三位印度佛教大师到西藏讲经,喀且班钦·释迦室利就是其中之一。楚臣喜饶还修缮和扩建了绰浦寺,特别是他在寺中用重金建造了一座慈氏大像,这成为西藏佛教界的一个圣迹。从他以下四代,绰浦噶举出了一位有名的人物,即布顿仁钦朱,但他又另外形成了夏鲁教派,此后绰浦噶举就逐渐衰微了。

(6) 修赛噶举

修赛噶举由帕木竹巴的弟子结贡·楚臣僧格(gyer-sgom-tshul-khrims-seng-ge,1140—1204)创建,他出生在山南雅隆,是昌珠土王王族之后。他十九岁随帕木竹巴学佛,1181年在涅浦(snye-phu)地方建立修赛寺而创建此小支系。但没有多大实力,不久就消失了。

(7) 叶巴噶举

叶巴噶举为帕木竹巴的弟子意希孜巴(ye-shes-brtsegs-pa)所创,他建立叶浦寺(yel-phug)后形成此派,后来与其他教派合流而消失。

(8) 玛仓噶举

玛仓噶举为玛仓·喜饶僧格(smar-tshang-shes-rab-seng-ge)所创。他将这一支系传给了意希坚赞和仁钦林巴等人,后来这一支系和康区白玉地方的宁玛派合流而不复存在了。

(二)噶举派的佛学思想

噶举派尽管派系复杂,但他们所宣扬的教义基本上大同小异,均属玛尔巴、米拉日巴的传承,以龙树的中观论为基础,而创立独特的"大手印"。总的来看,噶举派的佛教思想包括以下几个方面:

(1)空性观 噶举派认为这个世界上的万事万物是空无自性的。对这一空性的论证,噶举派从两个方面展开:第一个是人我空、法我空;第二个是能所二取空。

噶举派认为由于众生的根本俱生无明,所以就会把任何本无自性的事物增益为有自性,形成法我执和人我执。而这两种执著是人起惑造业的根本,有业就有生死轮回,所以,要超脱生死轮回,首先要破除"二我执"。至于破除人我执的方式,噶举派依旧是从传统的我与五蕴的关系入手,以所谓的"正理七相"来推求人我,但均不可得,所以就得出了"人无我"的结论。总结起来,无外乎是在我与蕴(五蕴)是一、是异、"我依蕴"、"蕴依我"、"我具足蕴"、"蕴合集即是我"、"色等合聚于特殊形应立为我"这七层关系中,任何一层都彰显不出一个独立存在的"人我"实体,所以"我"只不过是一个依蕴而立的假名而已。

至于破除法我执,"抉择法无我的主要正理,就是断除四句生的正理和金刚屑的论式"[①]。所谓的断除四句生,也就是龙树在《中论·观因缘

[①]《藏传佛教噶举派史略》,第190页。

品》中所说的"诸法不自生,亦不从他生,不共不无因,是故知无生"。也就是从生的角度来看,在"法"上根本就没有一个独立自主的实体,这一点在格鲁派的思想中也有详细论述。

除了这种方式之外,噶举派人还通过显示"所取"之境和"能取"之心为空的方式来说明法无实有。这里的"所取"、"能取",简而言之,就是被认识的对象与能认识的主体。从被认识的对象即"所取"的外境来看,积聚成外境的实有自性的微尘是不存在的。因为,如果这种"个体是有形体的、不可分的、单独的和有实质的"微尘存在,那么"微尘是一呢?抑是多?如果是一,那么是否有分际或可以分割呢?若是有分际,则可以分出来东西南北上下等分向,成为六个物体,与微尘是一(不可分割)之定义相违。如果微尘没有分际,则一切物体皆必须成为单一之体性,此亦不应理,与现量所见相违故。……若说微尘是多,则亦不应理。因为如果单一的微尘可以成立,则由单一之累积,就可以成为多。但上面已经论证过,单一的微尘不能成立,那么由单一而累积成的多微尘,当然也不能够成立了。既然微尘之实质不可得,则由其自性(所构成)之外境亦不可得了"。①

所以,对"所取"之外境实有性的破除,主要从组成外境的微尘入手,破除了微尘的实在性,那么由微尘组成的万事万物的实在性当然无从谈起了。既然实有的外境是不存在的,那我们看见的外物又是怎么回事呢?噶举派人认为这是心性所变现的,就像米拉日巴所强调的"一切外境所显现,皆由迷乱心所生"②,也就是《华严经》中所说的"三界唯心所造"。

不仅认识的对象是非实有的,就是执取外境的认识主体——"能取"之心,也是没有实体的。为什么呢?因为:

---

① 张澄基译:《米拉日巴大师集》下卷,第1051页,北京:民族出版社,2001。
② 《米拉日巴大师集》上卷,第64页。

（一）心亦是一种"刹那法"（才起就灭），故非实有。

（二）任何人看心时，亦不见有任何实体。

（三）境空故心亦空。①

其中，（一）是从时间角度讲的，心识或意识并不存在于时间当中。（二）是从空间上说的，当我观察并寻找能执取的主体——心时，就发现心既不在身体之中的某一个地方，也不在身体之外，既看不到它的颜色，也看不到它的形状。因此，无论怎样观察寻觅也一无所得，这就说明心是空幻无实有的。（三）是说因为心和境是对应的概念，如前面所说的既然色等外境不存在，那么能执取外境的内心当然就不存在了。这就像《入菩萨行论》中所说的：

若无所知境，　　能知何由立，
是故境若无，　　心亦不能有。②

破除了人法的实体性，是不是意味着可以说人、法是根本不存在的呢？换句话，是否可以说诸法是"实无"呢？这依旧不可说，因为这实际上是一种"顽空"、"恶趣空"。米拉日巴道歌中说：

世俗谛中一切有，　　轮涅诸法皆建立，
能仁训示如是云，　　"有法"诸物之显现，
"空无"法性之虚寂，　　此二体性本一味，
无有丝毫之差别……③

所以世俗谛中一切缘起如幻还是存在的，非实有并非空无一物。万物既非实有也非实无，因而其真正的体性——空性是离一切言诠分别的。

---

① 《米拉日巴大师集》下卷，第1052页。
② 同上书，第1055页。
③ 《米拉日巴大师集》上卷，第311页。

总的看来,噶举派在彰显其空性观时,既有中观的缘起性空的理论,也有唯识宗一切唯识的观点,噶举派将这二者有机地融合了起来。

(2) 佛性论　西藏佛教宗派除了格鲁派之外,都认为众生有佛性。噶举派认为,众生本来都具有清净的如来法身,所以人人皆可成佛。米拉日巴说:"其实我们所有的众生的心都是本来光明空寂,不为轮回之污过患所污染,或涅槃之功德所光耀的。这就叫做一切根因之佛陀,也叫做如来藏。"①这里的众生,在噶举派人看来,甚至包括为汉地唯识宗所放弃的阐提种性,冈波巴认为:

　　断灭种性不定性,　　声闻种性缘觉性,
　　大乘(菩萨)之种性,　五者皆是佛种性。②

这里的断灭种性即指阐提性。也就是说,众生(包括阐提种性)都具有不生不灭、脱离一切污染的空性心识,每个人不论其在开始距离佛境是远是近,但他们都有如来藏,都有成佛的可能性,都具有成佛的内在根据,这个内在根据被称之为"本元心"。人能否解脱成佛,关键在于对"本元心"的迷还是悟。由于佛不在心之外,而在于心之内,成佛不必外求,只求之于自心,所以除掉心的迷妄、执著,恢复心的空性,是成佛的唯一法门。

噶举派虽然说一切众生都具足如来藏,但并非所有众生都有缘修习佛法,也就是并非所有的众生都可以必然地成佛。冈波巴在《解脱庄严宝大乘菩提道次第论》(《道次第解脱庄严论》)中拟设了这样一段对话:

　　问曰:如果一切众生皆悉具足如来藏,那么地狱、饿鬼等所有五趣的众生是否都能修习佛道呢?
　　答曰:不然。这就是所谓"人身宝"的意义了。成佛的所依是指那具有暇、满两种条件和三种信心的人身而言的。③

---

① 《米拉日巴大师集》上卷,第376页。
②③ 《米拉日巴大师集》下卷,第872、879页。

所以，严格意义上说，只有具有暇满人身，并同时具有深切的信心（对苦谛和集谛深信不疑）、向往的信心（对无上佛果，心生向往）、清净的信心（对佛法僧所具有的清净信心）的人方有机会修习佛法，因而只有他们在最终才有可能修成无上菩提。

五、觉囊派

觉囊派是西藏比较独特的一个教派，以弘传"他空见"而著名。觉囊派的渊源，可追溯到宇摩·弥觉多吉（yu-mo-mi-bskyod-rdo-rje），他是11世纪的人，是一位居家瑜伽行者，以苦修出名。宇摩·弥觉多吉一般被认为是觉囊派的始祖、觉囊派时轮教法的实际开创者。他曾名达巴杰布，后取法名牟觉多杰，意为"不动金刚"。

藏传佛教密宗以五大金刚密修闻名于世，其中时轮金刚修法为觉囊派的最主要修行法门，它以时轮金刚为最高本尊神，在修炼密法时加以观想或礼拜。《时轮经》在西藏有二十多种译本，其中热译师却热（rwa-lo-chos-rab）和卓译师喜饶扎巴（vbro-lo-shes-rab-grags-pa）的译本传承各具特色，流布最广，分别称为热、卓二系。觉囊派的时轮教法由11世纪的迦湿弥罗人喀且班钦·达哇贡布传入西藏。召敦·南则（sgro-ston-gnam-brtsegs）是喀且班钦·达哇贡布的重要弟子之一。宇摩·牟觉多杰向他求法，召敦·南则以他为心传弟子，传授了《时轮根本续》及其全部注释和秘诀，并授《明灯论》及其教授教诫，前后凡五年。[①] 据《土观宗派源流》记载，他在获得口诀之后，"次赴乌郁观修，获得悟证，心中生起他空之见，得了神通，显示变为鸦鹊等，于是成就者之名大为显著。亦曾著有关于《时轮》之少分著述，寿八十二卒"[②]。觉囊派认为宇摩·牟觉多杰开创了西藏密教"他空见"修法之轨，同时，他不仅提出了他空之见，而

---

① 蒲文成、拉毛扎西：《觉囊派通论》，第25页，西宁：青海人民出版社，1993。
②《土观宗派源流》，第114页。

且还将"他空见"与时轮金刚的密修方法结合起来,为后来觉囊派的形成最先奠定了理论基础。但直到他的后世弟子衮蚌·突结尊追建成觉囊寺,作为藏创佛教独立分派的觉囊派才算形成,并以寺名得派名。

衮蚌·图杰宗哲(thugs-rje-brtson-vgrus,1243—1313年)是觉囊派的真正创始人,其名意为"悲精进"。他是后藏拉堆绛地方靠近萨迦的达恰邦岗村人。早年学经于萨迦寺,后游学前后藏诸寺经院,博通显密。后来对时轮教法产生兴趣,先学习热系所传有关《时轮经》的灌顶、修行仪轨和教授秘诀等,接着又学习了卓系所传有关时轮的灌顶法门和续释经论。据传他仅听受六支加行(六支瑜伽,即收摄、禅定、运气、持风、集中、三摩地等六种修习方法,可以收摄身心意念,最终达到小我融入宇宙大我的至高禅定状态)的修法教诫达十七种之多。大约在三十岁左右,他离俗遁世,专门修炼,被称之为"衮蚌哇",意为"离一切事物者"。后成为一位极有修炼成就的大德,其六支加行的修炼尤为有成就。由于他显密兼治,所以名噪一时。

衮蚌·图杰宗哲出名后,被拉堆绛的地方的女首领那曼(nags-sman)请到觉囊地方(今日喀则所属的拉孜县那加吉祥山)传教。觉囊自古是藏僧修行的一块圣地,仁钦桑波等人都在此修炼过。1293年,衮蚌·图杰宗哲在那曼女王的支持下,于此地建成觉摩囊寺,后通称"觉囊寺"。寺院建成后,衮蚌·图杰宗哲在寺里将一直口耳相传的六支加行修炼方法首次用文字记录下来,取名《续部要义本释》,后来成为觉囊派的主要修行依据。除了时轮法,衮蚌·图杰宗哲对萨迦派的道果法情有独钟,还专门阐释过道果法理论。觉囊寺建成后,衮蚌·图杰宗哲在寺中讲授新旧所译密法。对自己所著的《续部要义本释》,每年在寺内举办两次大型的讲座,每次听讲者达六百余人。在觉囊地方原有的仲穹(grong-chung)、姜都(rkyang-vdung)、赛莫切(se-mo-che)等寺,均改为以觉囊派"他空见"为宗见,成为早期的觉囊派寺院。从而以觉囊寺为中心,发展出了觉囊派。觉囊派到了衮蚌·突结尊追的再传弟子笃补巴时，进入全盛时期。

笃补巴(dol-po-pa,1292—1361)，原名喜饶嘉措(shes-rab-rgyal-mt-shan)，意为"智幢"。1292年出生于阿里笃布(dol-po)地方。因其家族世习宁玛派教法，所以幼时习宁玛派教法及龙树的"理聚六论"。十六岁时，跟随萨迦寺高僧吉敦·加央扎巴(skyi-ston-vjam-dbyangs-grags-pa)系统学习了《现观庄严论》、《入中论》、《俱舍论》、《量决定论》以及《金刚鬘灌顶法》、热系所传时轮教法等七十余种密法。1312年，笃布巴私自离家出走，再次投拜在吉敦·加央扎巴门下学习般若、因明、俱舍诸学论著和《入行论》以及一些密法，并于萨迦寺出家。后来，他游历前后藏各大寺，参加各种辩场，成了当时的一位"学者"。因博通佛学，人们称他为"根钦"，意为"遍知一切"。至今，觉囊派僧人称他为"根钦"或"根钦钦布"，从不直呼其名。1322年，笃布巴前往觉囊寺，改宗觉囊派，向当时的座主克尊·云丹嘉措(mkhas-btsun-yon-tan-rgya-mtsho)全面学习有关时轮教法的全部续释经论和密法，并依法修持，获得证悟。1326年，笃布巴继克尊·云丹嘉措任觉囊寺的座主。从这一年起一直到1361年去世，笃布巴共主持寺务三十五年。他在任职期间，日夜辛劳，为觉囊派理论的完整系统化和教派的发展做出了突出的贡献。他曾建造一个大塔，这个大塔名叫衮本通卓钦摩，意为"见者皆得解脱的大佛塔"，这是西藏的著名大塔之一。除此而外，笃布巴还在觉摩囊(jo-mo-nang)等地修建了许多佛塔佛堂，创建了昂仁寺。在宗教著述方面，1334年，他命他的两个弟子校订改正时轮金刚的译文，他自己就根据这个新译本作了《时轮金刚无垢光大疏偈颂释》、《吉祥时轮经智慧函深奥了义集要》等，并写有数篇阐释时轮金刚灌顶、仪轨和修行的文章。另外，他对《般若经》、《现观庄严论》、《究竟一乘宝性论》等经论所作的释亦很有影响。

所以，笃布巴一生著作颇丰，据阿旺罗追扎巴《觉囊派教法史》中说，笃布巴一生著有《山法了义海论》等有关觉囊派教义的著作十六种、《时轮科判》等有关时轮教法的著作18种、祈愿经文3部25种、大悲观音法类23种、赞颂类14种、《金刚鬘灌顶》等灌顶法类3种、书信8种,另有《般若释》、《四吉祥经》等。① 今四川省阿坝藏族自治州壤塘县中壤塘藏哇寺印经院刻印的《笃布巴全集》共7函、74种、3 289页。这是觉囊派各寺院一直供奉的主要经典和僧人学习的主要教材之一。

笃布巴在觉囊寺讲经说法时,常会弟子少则二千余众,多则无数。1339年,他去拉萨传教,听经者囊括社会各阶层,上至佛学大师,下至贫民乞丐,人数最多时可达1 800余人。同时来向他索要镇魔符咒者络绎不绝,日达百人。笃布巴通过这些传法活动,将信徒从后藏发展到前藏,使觉囊派迅速发展,出现了创宗以来的第一次兴旺局面。笃布巴常随弟子二千余人,著名的就有13人。

笃布巴以其卓越的贡献,成为觉囊派僧人最为推崇的自派四先哲之一(其他三位分别宇摩·牟觉多杰、衮蚌·图杰宗哲、多罗那他。)

觉囊派在笃补巴师徒之后,百余年期间再没有很有影响的人物出现,直到16世纪末多罗那他时,才再度中兴起来。

多罗那他(ta-ra-na-la,1575—1634),原名衮噶宁波,出生于前后藏交界处的喀热琼尊(kha-rag-khyung-btsun)。约在16世纪晚期,觉囊派实行了活佛转世制度。多罗那他四岁时,被认定为觉囊派前任座主衮噶卓乔的转世,迎入觉囊寺。相传多罗那他是"前弘期"著名的嘉译师的后人,他幼年在觉囊寺习经,后周游卫藏,精习各种显密教法。除了学习觉囊派的中观他空见和有关时轮的灌顶、续释、六支加行修法外,他对萨迦派的道果法、噶举派的那饶六法、大手印法、噶当派的《噶当书》等都进行了深入地研究和学习。多罗那他是"后弘期"西藏著名的佛教大师之一,著有《印度佛教史》和其他宗教论著共计17函、272种、7 850页。其中《印度佛教史》是一本弥足珍贵的、关于印度晚期佛教历史的论著,被译

---

① 《觉囊派通论》,第42页。

成德、日、意等文,广传于世。

觉囊派创立以后,一直受到后藏拉堆绛地方首领的支持,后藏昂仁为拉堆绛地方首领的首邑,而著名的昂仁寺从14世纪起,一直是觉囊派僧人的主要道场之一。16世纪晚期,拉堆绛地方势力衰落,藏巴汗控制了后藏,这个政权对后藏的宗教派别,如萨迦派、觉囊派,表现出一种友好的态度。藏巴汗政权曾向觉囊派划拨庄园属民,出资扩修寺院,在他们的支持下,觉囊派又出现了一个比较兴旺的局面。

1605年,多罗那他在觉囊寺建造了一尊镀金弥勒铜像,这尊像在西藏佛教界十分有名,另外,他还在寺中修建了座主府邸——觉囊拉让。1615年,在藏巴汗政权的支持下,他在觉囊寺附近创建了一所名为达丹彭错林(rtag-brtan-dam-chos-gling)的寺院,这座寺院的规模相当可观,寺僧一度增加到2 500人,成为当时整个觉囊派的主寺。

建寺后不久,外蒙古喀尔喀部派人迎请高僧去传教,藏巴汗派多罗那他前往,多罗那他在库伦(今乌兰巴托)活动了二十余年,受到蒙古汗王和群众的信奉,被称为"哲布尊丹巴",这是蒙藏僧人对精通佛法又严守戒律的大喇嘛的尊称,因而他的转世被称为哲布尊丹巴。哲布尊丹巴一世进藏学经结束时,五世达赖命令他改宗格鲁派,迫于五世达赖的权势,哲布尊丹巴只好接受了,于是外蒙地区普遍地改信格鲁派了。

同时,五世达赖还应用自己的权势,把达丹彭错林寺改成格鲁派寺院,换名为噶丹彭错林。他将西藏觉囊派的经书和经版全部没收,封存起来,只有多罗那他的《印度佛教史》和其他一些零星著作除外。所以从17世纪后半期开始,觉囊派在卫藏逐渐绝迹。

觉囊派的佛教思想主要是"他空见"。"他空见"的主要内容是:

> 言他空者,彼说世俗谛法为自空、断空、灭空、少分空等,是求解脱者所应弃舍。胜义谛实有不空,经言胜义空者,谓于胜义谛中无世俗谛,非胜义谛自体可空,但可名他空。世俗谛假有不实,乃可名

自空,即真有俗空之见地也。①

觉囊派认为从二谛的角度来看,俗谛自体为空,胜义谛不空,言其为空者,是说胜义谛中没有世俗谛,也就是无他(他即世俗谛),所以称为"他空见"。在以前的西藏佛教界,觉囊派被视为异端邪说,并且一度遭到禁绝和取缔,其主要的原因就是该派没有将"性空"贯彻始终,和其他各派所传的中观见有分歧。但进一步考察,就可以发现觉囊派的主体思路之不过是使用唯识学的"三性"、"三无性"在解空罢了。觉囊派的代表人物多罗那他自己就说:"大中观派,在藏地指坚持他空中观者,即以弥勒菩萨的著作和无著、世亲论师的释著为代表。……这一派是一个没有缺点,具有一切功德的教派。"②"他空见"正如唯识宗所说的将依他起性上的遍计执性去除,就是圆成实性,所以只有遍计所执性是无自性的,应该被灭除的。

但无论如何,觉囊派将"性空"表述"他空",而非"自空"。觉囊派的这种观点与表述方式和西藏其他教派的佛教思想与表述方式相悖离,进而受到他们的指责和排斥。

觉囊派寺院虽在卫藏消失,但在四川和青海还有为数不少留存下来,现存觉囊派的寺院分布于四川省阿坝藏族自治州的壤塘、马尔康、阿坝三县和青海果洛藏族自治州的班玛、甘德、久治三县,共有34座。③

六、希解派

从字面上解释,"希解"是"能寂"的意思,也就是止息。以此作为派别名称,主要是因为希解派人认为:"正法能息苦恼,故依此义而安的

---

① 法尊:《西藏民族政教史》,第三卷,全国图书馆文献缩微复制中心,1991。
② 多罗那他:《中观他空思想要论》,阿旺洛追扎巴《觉囊派教法史》之附录二,许得存译,拉萨:西藏人民出版社,1993。
③ 《觉囊派通论》,第221—223页。

名。"①但具体对"能息苦恼"是有两个层次上的理解的:就较低层次而言,众生因为往昔恶业的业力感召,此生多病多灾、贫穷困顿……并由此而生种种苦恼,佛法作为正法能息灭这些烦恼;就较高层次而言,修行者通过对般若性空的认识和一系列的苦修,就能达到停止生死轮回,并从根本上消除苦恼及其根源。

如何能做到能寂?按希解派的说法就是要"破我执"(破除执着自我有一个常恒不变的主体的想法),据说希解派的祖师当巴(dam-pa-sangs-rgyas,?—1117)为了使弟子懂得什么叫"瞋恨心",就设法使他们生气,等到弟子们生气以后,便告诉他们这就是瞋恨心,是产生烦恼的根源,为了断除烦恼,甚至可以采用舍身的办法。

希解派是从印度僧人当巴桑结传下来的,当巴是12世纪初南印度人。据传他曾在印度超岩寺等地,师从阿底峡的老师和玛尔巴的老师等50余人,学习显密教法,并避世苦修,得到各种成就。他先后五次进藏,在卫藏南部传授各种教法,门徒不计其数。由于当巴因人施教,所教内容又很复杂,所以没有形成一个统一的教派。他的教授以实修为主,其弟子聚在荒山老林、墓地葬场等人迹罕至的地方苦修,很少建立寺院,形成社会力量。1097年,他在后藏靠近珠穆朗玛峰的定日附近修建了一所寺庙,但也没有形成教法中心。

希解派教法有前、中、后三个传承,即当巴桑结在三个不同时期向不同的藏人传授了希解派的三种教法。据说前传给喇穷沃色(bla-chung-vod-zer);中传给玛·却吉喜饶(rma-chos-kyi-shes-rab)、索穷·根敦拔(so-chung-dge-vdun-vbar)、冈·意希坚赞(skam-ye-shes-rgyal-mts-han),由意希坚赞又分出上传和下传。后传给降森贡嘎(Bodhisattva-kun-dgav)、巴擦贡巴(pa-tshab-sgom-pa)等。由贡嘎往下传,希解派的法门开始盛行起来,并修建有耀却顶与葛莫却顶两座著名的寺院。

---

① 《土观宗派源流》,第87页。

当巴桑结在这三个不同时期所传的教法众多,而且每个时期都各不相同。但总的来说,希解派教法以修习广、中、略三品《般若经》为主,所以,土观活佛认为希解派的见解应该也没有超出中观学的范围,只是对《般若经》的具体实修法门非常密要,"因此名为般若波罗密多道次第"。①在具体的修行中:

> 希解派非常重视"坟墓瑜伽"法的修持,即在墓地里长时期地静坐禅定。从希解派的角度讲,修持者在墓地里修炼是一次十分有效、有利的机会,修持者以跏趺坐的形式禅定于腐烂的尸体之中,其骨肉的臭气扑满修持者的鼻孔,这样,不仅有助于提高修持者对人生无常、人生苦海的认识,而且能消除一种名为"无明"的心灵障蔽,使真智的功能得到发挥,将所有一切谬误的观念加以摒绝。最后,修持者达到一种不二的心地正见。②

希解派的一些修行法,虽然曾经为其他教派的一些僧人接受,流传于其他教派中,但由于没有社会上的政治力量的支持,作为一个单独的派别,希解派到十四五世纪时,就自行消失了。

七、觉宇派

"觉"意为断,意思是说这一派的教法能够断除人生的烦恼,断除生死根源。"宇"的意思是地方,即佛家所说的"境",即人们心理活动的对象。佛教认为一切烦恼是起惑造业、流转生死的根源。它们产生于人们对认识对象的误解和由此引起的爱憎,因而佛教认为用真正的智慧和对一切人的慈悲,即可断除这种烦恼。换句话说,觉宇派认为他们的教法是具有断除人们由于不能认识所面对的"境"而生起种种烦恼之功用,故此种教法称为"觉宇"。还有人把觉宇的"觉"字理解为"行"。所谓"行",

---

① 《土观宗派源流》,第92页。
② 《藏传佛教神秘文化——密宗》,第248页。

是指能认识的精神主体对它所认识的对象的认识、判断等活动,因为佛教把心理活动又称之为"心行",在这里也就是说佛家的般若空性见和慈悲心,对所认识的世界有把错误的认识转化为正确的认识的功能。这些又可以被总结为:"以菩提心断自利所想境,以空性见断轮回所著境,以共道断四魔境等之义。"①

希解和觉宇两派不但共同拥有一个教祖,而且教义也相差无几。除了传授显教的教义外,也有密教的内容,主张苦行修炼。据传当巴桑结在第三次进藏时,将显密教法传给交·释迦耶希(skyo-shākya-ye-shes)和雅隆·玛热色波(yar-klongs-rma-ra-ser-po),但这两人生卒年均不详。玛热色波的后辈弟子多为男子,故称该系为"颇觉"(pho-gcod),意为男传觉宇法;"男传觉域派系的教授,主要以修持断除疾病等诸烦恼为宗义,教法类别不多,传播范围不广,故在当时未产生大的影响。"②交·释迦耶希传授给他的侄子交·索南喇嘛(skyo-bsod-nams-bla-ma),索南喇嘛又传给女弟子玛久拉仲(ma-cig-lab-sgron),她是西藏佛教史上一位著名的女密宗大师。由她创立的教法:"播及整个藏区乃至印度、尼泊尔等国,产生巨大影响。觉域派在当时是唯一从藏地传入印度、尼泊尔的藏传佛教宗派。玛久拉仲著述立说,撰写了《般若波罗蜜多觉域派教法理义和秘诀精髓奥义心要》、《般若波罗蜜多秘诀觉域派教理佛经大品》、《精髓品》、《心要品》等许多觉域派重要论典法本,使其教理更加完善和体系化。"③后辈门徒多为女性,故称该系为"摩觉"(mo-gcod),意为女传觉宇法。此外,还有喀饶巴(生卒年不详)一系的传承。

觉宇派的教法以广、中、略三品《般若经》参合《集经》等密法进行修行,在这一点上和希解派颇为相似,都是将《般若经》以密宗的方法进行修持。具体的修行方法之一就是:

---

① 刘立千:《印藏佛教史》,第122页。所谓"四魔"指烦恼魔、五蕴魔、死魔、他化自在天子魔。
②③ 德吉卓玛:《藏传佛教觉域派及其教法特点》,《宗教学研究》2003年第1期。

行人须于夜间，至尸林旷野与鬼祟聚合之处，行六度之施度，以身布施。此时虽天魔鬼怪一切现形，以修六度之慧度，观诸法无性本空故，亦不怖畏也。④

所以在具体修法上，希解、觉宇两派的共性也极大，为此，土观活佛将觉宇派看作是希解派的旁支。觉宇派是在 11 世纪末期以后流传的，由于没有强大的经济后盾，而且苦行的僧伽组织十分松散，所以和希解派一样，并未出现过兴旺发达的局面。它在 15 世纪还有传人，而以后就销声匿迹了。

---

④《印藏佛教史》，第 123 页。

第十二章 藏传佛教在内地的传播

第一节 萨迦派在元代的兴盛

法尊法师说:"元朝和内地最有关系的西藏佛教,要推萨嘉派为第一了。"①事实的确如此,有元一代,萨迦派不仅在西藏势力最大,而且也成为元朝统治者最推崇的西藏教派。萨迦派的僧人被封为"帝师",上至天子,下至百官,都对之顶礼膜拜。普通僧人则身佩金字牌符,通过驿站往来于西藏和中央,藏传佛教在内地空前兴盛。萨迦派和蒙元统治者发生关系是从凉州会谈开始的。

一、凉州会谈

12世纪末,蒙古成吉思汗势力兴起于北方。1206年,成吉思汗建立蒙古国,并继续不断地向周边开拓疆土。窝阔台即位后,甘青藏区成为他的二儿子阔端的份地,阔端驻守在凉州。1239年,阔端派自己的大将多达那波率军进入卫藏,对于自动归顺和纳款者一律不加伤害,并让其

---

① 法尊:《元明间与中国有关之西藏佛教》,《文史杂志》1994年第4卷。

首领继续管理;对于抵抗者则用武力进行镇压。多达那波遇到了小规模的反抗,于是他"率部在藏北热振寺屠杀僧人五百,全藏为之震惊"①。除了屠杀僧侣,他还焚毁了热振寺和杰拉康。但蒙古军队的这一行为更多的是为了震慑西藏的地方力量,因为当时的西藏各种势力林立,地形复杂,气候恶劣,蒙古人想要用武力逐一征服西藏的各个势力是非常困难的。所以,他们更多地是想用西藏的宗教领袖协助其在西藏进行统治。多达那波进入西藏的主要目的是为了给蒙古统治者提供这方面的帮助,而他提供给阔端的信息是:"在边野的藏区,僧伽团体以甘丹派为大;善顾情面以达隆法王为智;荣誉德望以枳空·敬安大师为尊;通晓佛法以萨迦·班抵达为精。"②"甘丹"即噶当;达隆法王指的是达垅噶举的达垅塘巴;"枳空·敬安"即止贡派的京俄;"萨迦·班抵达"即萨迦四祖贡噶坚赞。阔端经过反复权衡之后,决定迎请萨迦班智达·贡噶坚赞前往凉州商谈西藏事宜。

1244年,阔端派使臣携带礼物和蒙古汗王的邀请诏书抵达萨迦,这封诏书的内容如下:

> 长生天气力里,大福荫护助里,皇帝圣旨。
>
> 晓谕萨迦班智达贡噶坚赞贝桑布。朕为报答父母及天地之恩,需要一位能指示道路取舍之喇嘛,在选择之时选中汝萨班,故望汝不辞道路艰难前来。若是汝以年迈(而推辞),那么,往昔佛陀为众生而舍身无数,此又如何?汝是否欲与汝所通晓之教法之誓言相违?吾今已将各地大权在握,如果吾指挥大军(前来),伤害众生,汝岂不惧乎?故今汝体念佛教和众生,尽快前来!吾将令汝管领西方众僧。
>
> 赏赐之物有:白银五大升,镶缀有六千二百粒珍珠之珍珠袈裟,

---

① 大司徒·绛求坚赞:《朗氏家族史》,赞拉、阿旺等译,第74页,拉萨:西藏人民出版社,1989。
② 《西藏王臣记》,第88—89页。

硫磺色锦缎长坎肩、靴子、整幅花绸二匹、整幅彩缎二匹、五色锦缎二十匹等。着多尔斯衮和本觉达尔玛二人赍送。

龙年八月三十日写就。①

这封诏书的特点是：不仅恩威并施，而且把西藏的万千生灵、佛法利益之存亡前途全压在萨班一人的肩上。面对这样一封信函，萨班抛开了个人的得失生死，以六十三岁高龄，带领着自己的两个侄子、年幼的八思巴（十岁）和恰那多吉（6岁）开始了前途叵测的北行。经过近两年的漫长旅程，萨班于公元1246年才到达了凉州。但是此时阔端到蒙古参加贵由汗即位大典去了。1247年，阔端从蒙古回来，二人会面并进行了会谈，磋商了对西藏事务的处理意见。

1247年，凉州会谈后，萨班审时度势，给西藏各地方势力写了一封书信，劝说他们归顺蒙古，这封信奠定了西藏和平纳入元朝治下的基础。在信里，萨班谈了自己对时局的认识："当今之势，此蒙古之军队多至不可胜数，窃以为赡部洲已全部入于彼之治下。与彼同心者，则苦乐应与彼相共。彼等性情果决，故不准口称归顺而不遵彼之命令者，对此必加以摧灭。畏兀儿之境未遭涂炭且较前昌盛，人民财富皆归其自有，必阇赤、库吏及别乞均由彼等自任之。汉地、西夏、阻卜等，于未灭亡之前，将彼等与蒙古一样看等，但彼等不遵命令，攻灭之后，别无出路，只得归降。其后，因彼等悉故现在各处地方亦多有委任其贵人充当别乞、库吏、军官、必阇赤者。"进而指出："我等吐蕃部民愚顽，或期望以种种方法逃脱，或期望蒙古因路远而不来，或期望与之交战而能获胜，凡以谄、诳、诡谲三种办法对待蒙古者，最终必遭毁灭。"最后又阐述了蒙古统治者对西藏的种种优惠政策，即"若能惟命是听，则汝等地方及各地之部众原有之官员俱可委任官职，对于由萨迦之金字使和银字使召来彼等，任命为我之达鲁花赤等官"。在这封信中，萨班为使西藏民众免遭灭顶之灾，以正反

---

① 《萨迦世系史》，第77—78页。

两面的例子,劝藏人不要对蒙古人进行抵抗。他还在信末仔细地列举了西藏合适的供品种类,体现了他对西藏安危的拳拳系念之心。

这封书信到达西藏后,"卫、藏之僧人、弟子和施主等众生阅读了此信件后,无不欢欣鼓舞"①。西藏顺利归顺了蒙古。蒙藏之间避免了大规模的军事冲突,西藏人民正常的生产生活秩序得到保障。

"凉州会谈"不仅是西藏归附中原王朝的开始,而且也是藏传佛教大规模从西藏传入汉地的肇始。在萨班到凉州之前,阔端身边已有几位藏族僧人,但因他们的佛学修为平常,所以在蒙古贵族进行祈愿法会时,均由也里可温和蒙古萨满教的巫师坐在僧众上首。萨班到后,给已经听过维吾尔族僧人讲论佛法的阔端再度讲说佛法,使阔端很快就明白了佛教的大义。因此,"阔端十分高兴,下令从今之后也里可温和萨满不能坐上首,而是让萨班坐在僧众的上首,祝愿时首先由佛教僧人祝愿"②。萨班直接促进了佛教地位在蒙古的提升。另外,萨班精通五明,深谙医道,据说当时阔端身患顽疾,久治不愈,最后由萨班帮助他从病魔中解脱出来。阔端更加崇敬和信仰萨班,多次向他请教大乘发菩提心等方面的内容。两人之间的感情交流得到进一步改善和升华。后来阔端还在凉州专为萨班修建了一座寺院,作为驻锡之所。这座寺院由于布局精巧,工艺精绝,所以被称为幻化寺。萨迦派僧人因为在西藏归附这件事上功勋卓著,因而受到蒙元统治者的格外看重。

二、帝师

元朝推崇萨迦派最重要的标志就是设立了"帝师"制,而第一个出任帝师的是八思巴。1251年,萨班和阔端相继在凉州去世。同年,蒙哥继汗位,他将汉族地区和藏族地区划成其弟忽必烈的分地。1252年,忽必

---

① 以上引文见《萨迦世系史》,第88页。
② 《萨迦世系史》,第82页。

烈南征大理，当他驻扎在六盘山时，派人到凉州去召萨班会面，但当时萨班已死，由八思巴代为前往。八思巴在凉州的数年间，一直不离萨班左右，因而在许多方面得到了萨班的真传。所以，年仅十六岁左右的八思巴到达忽必烈身边时，便以其学识得到忽必烈的信任："汗王用许多别人而未得到解答的疑难问题来问他，他都一一答复，汗王十分喜欢。"①可能因为八思巴过于年轻的缘故，忽必烈还考察了他的西藏历史知识，八思巴都能对答如流。尤其是关于唐蕃之间的历史，忽必烈还专门派人翻查汉文资料，结果八思巴所讲在汉文史书中都有记载，忽必烈更加喜欢他。此后不久，八思巴为忽必烈及其王妃察必进行了喜金刚灌顶，从此，八思巴和忽必烈有了正式的师徒名分。八思巴的地位直线上升，按照察必的说法："听法及人少之时，上师可以坐上座。当王子、驸马、官员、臣民聚会时，恐不能镇服，由汗王坐上座。吐蕃之事悉听上师之教，不请于上师绝不下诏。"②凭借着在宗教上的特殊身份，八思巴取得了对西藏地方事务的绝对参与权利。

随着八思巴身份地位的不断抬升，1254年，忽必烈赐给萨迦派一份被称为"优礼僧人的诏书"，在诏书中，忽必烈称自己为教法和僧伽之主，"看视上师八思巴之情面，故以此护持藏地方三宝之所依处及僧伽不受侵害之诏书，奉献于佛法"。忽必烈接着还列举了自己赏赐给八思巴的金银财物，以示对八思巴和萨迦派的恩宠。诏书对西藏僧人的行为细则有明确的规定，要求：

> 汝僧人们不可争官位，官多了反而不好，亦不可因有圣旨欺凌他人。汝僧人们不从军，不参战，依着释迦牟尼之法规，知其经典者讲解，不知者听受，专心向法、诵经、修持，祷告上天，为朕祈福。或有人谓：不必学经，修持即可。不学何谈修持，懂得教法方可修持也。诸老僧当用言语教青年僧人学法，青年僧人当听老僧之言语。

---

①②《萨迦世系史》，第101、103页。

汝僧人们已免兵差、赋税和劳役,岂有不知此乃为上师三宝之恩德者乎?若汝等不照释迦牟尼之法规行事,则蒙古诸人必曰:释迦牟尼之教法果可行否?岂不问罪于汝等耶?汝等不可以为蒙古人于此一概不知,偶或一次两次不知,久后必知之。汝僧人们不可行恶行,不可使朕在众人面前丢脸。汝等当依教法而行,为朕告天祝祷,汝等之施主由朕任之。①

1260年忽必烈即帝位,尊八思巴为国师,授玉印,统天下释教。1264年,在八思巴的请求下,忽必烈又颁布了一道《珍珠诏书》,明确规定金字使者和蒙古军人等不得在寺院或僧舍住宿,不得向寺院派乌拉差役,不得向寺院征税,寺院的财产任何人不得侵夺。同时还肯定了八思巴的权威,指出八思巴是所有僧众之统领。他所颁布的有关敬奉佛法、管理僧众、讲经、听法、修习等方面的法旨,僧人们不可违抗。1272年,元朝设总制院,掌管全国佛教事务和吐蕃地区的地方行政事务,八思巴以国师领总制院事。八思巴对元代的重要贡献之一就是创立了蒙古新字。在成吉思汗建立蒙古汗国之前,蒙古人还没有文字。元朝建国后,凡政令往来,使用的是汉楷和畏兀字。所以世祖即位后,就命令八思巴创制蒙古文字。八思巴受命后,经过几年的探索和试验,最后在藏文字母的基础上,创制出一套方形竖写的拼音文字。1269年,这套新文字被颁行天下,同时规定诏书及各行省路县公文,一律用新字,并以各族通用文字副之。蒙古新字创制后,忽必烈多次以政令的方式强制推行,因而使蒙古新字在元代得到广泛使用,除了圣旨、公文外,官印、钱币、碑刻、牌符、文书等都要用它。1270年,八思巴也因造字有功,被加封为"帝师大宝法王",更赐玉印,此为元代设帝师之始。从此,通过中央王朝对西藏宗教领袖的册封,西藏在政治上和中央政府紧密地联系在一起,藏汉蒙等各个民族的经济和文化上的交流也更加深入和发展。

---

① 《萨迦世系史》,第111页。

1274年，皇太子真金率军护送八思巴回萨迦。1277年，他们到达萨迦后，八思巴在后藏曲弥仁莫（今西藏日喀则县曲弥区）地方，举行了一次大法会。法会上，真金以其父忽必烈的名义担任施主，参加法会的后藏僧人达七万人，僧俗合起来共有十万人之多。法会上向僧人们提供了丰盛的饭食，给每个僧人布施黄金一钱，每三名僧人发一套袈裟。八思巴在西藏的威望空前提高。

　　1279年，元朝派军进藏剪除了与八思巴不和的萨迦本钦贡噶坚赞的势力。1280年八思巴圆寂于萨迦，时年四十六岁。忽必烈在京师建造舍利塔，并赐封号"皇天之下一人之上开教宣文辅治大圣至德普觉真智佑国如意大宝法王西天佛子大元帝师"。八思巴是元朝统治者最尊崇的萨迦派僧人，《元史·释老志》上记载，即使是帝后，因随八思巴受戒，所以无不对其顶礼膜拜，就连正式的朝会，有时也为帝师在角落设专座。延祐七年（1320），英宗下诏命各郡建八思巴殿，"其制视孔子庙有加"（规格比孔子庙还高）。泰定元年（1324），又绘制了十一幅八思巴的像，颁行各省，令为其塑像祭祀。①

　　八思巴在宗教方面也很有作为。他参加过蒙元时代的佛道辩论，并且起过决定性的作用。据《至元辨伪录》记载，在双方论争中，当道士在回答僧人所问的"佛是何意"出现错误时：

> 道者又持《史记》诸书以进，欲出多说侥幸取胜。帝师板的达发合思八曰："此是何书？"道曰："前代帝王之书。"上曰："汝今持论教法，何用攀援前代帝王？"帝师曰："我天竺亦有此书。汝闻之乎？"对曰："未也。"帝师曰："我为汝说，天竺频婆罗王赞佛偈曰：'天上天下无如佛，十方世界亦无比。世间所有我尽见，一切无有如佛者。'当其说是语时，老子安在？"道不能对。帝师又问："汝《史记》有化胡之说否？"曰："无。"又问："老子所传何经？"曰："《道德经》。"曰："此外

---

① 宋濂等撰：《元史》卷二七，第607页；卷二九，第650页。

更有何经?"曰:"无。"曰:"《道德经》中有化胡事否?"曰:"无。"帝师曰:"《史记》中既无,《道德经》中又无,其为伪妄明矣!"道者辞屈。尚书姚枢曰:"道者负矣。"①

另外,八思巴一生收徒很多,总计为尼泊尔、印度、汉地、西夏、蒙古、高丽、大理、畏吾尔等地的比丘和比丘尼、沙弥和沙弥尼四千余人授戒剃度,为425人担任过授戒的堪布。忽必烈曾准备下令在整个吐蕃地方只准修习萨迦教法,不准修习其他教法,在八思巴的劝说下,他放弃了这个打算。八思巴的这一行动,就使得藏传佛教各派免遭剧烈打击,并因此发生内讧。八思巴一生有著述三十余种,其中以为皇太子真金所写的《彰所知论》最为流行。

自从忽必烈封八思巴为帝师以后,元代历代帝王又都有帝师,他们必须从帝师受佛戒九次,然后即位。帝师也成为元代重要的职官之一,他一直领总制院(后改宣政院)事。

1274年,八思巴返回西藏后,忽必烈让八思巴的弟弟仁钦坚赞(rin-chen-rgyal-mtshan)为帝师,这就是《元史》中的亦怜真。仁钦坚赞是八思巴的同父异母弟弟,生于1238年,卒于1279年。《元史·世祖本纪》记载至元十六年(1279)十二月:"帝师亦怜(真)卒。"②按照《元史》的记载,仁钦坚赞任帝师期间事迹并不多,只有至元十三年九月有在太庙做佛事的记载。

仁钦坚赞死后,忽必烈又命八思巴的侄子达玛巴拉(Dharmapalara,《元史·释老传》写作答儿麻八刺)为帝师。他是恰那多吉遗腹子,生于1268年。《萨迦世系史》中说他出生后,长得非常可爱,家中为了防止地震伤害他,特意专门为他修建了一座纯木料的公馆。在他九岁时,八思巴从汉地返回萨迦,"他随从八思巴闻习了许多经论,并全部融会贯通。

---

① 念常:《佛祖历代通载》,第386页。
②《元史》卷一〇,第218页。

十一岁时,能念诵《喜金刚续第二品》,法会上能发心显示诸神变。十三岁时即受命担任法座,八思巴去世后,由他主持荐福法会,讲授诸奇异之佛法"①。所以,达玛巴拉天资聪颖,佛学修为应该还不错。1282 年他到大都见忽必烈,忽必烈"诏立帝师答耳麻八剌剌吉塔,掌玉印,统领诸国释教"②。是年他十四岁。八思巴的父亲虽然娶了五个妻子,但是和八思巴同母的只有恰那多吉。忽必烈为了防止这一支血统中断,就强使达玛巴拉娶了两个妻子,一个是启必贴木儿(阔端之子)的女儿贝丹,一个是觉摩达本。前者没有生子,后者育有一子,但五岁时即夭亡了。达玛巴拉任帝师期间,曾参加了大藏经的对勘工作。

第四任帝师名意希仁钦(ye-shes-rin-chen,《元史·释老传》里作亦摄思怜真)。他不属于昆氏家族,而是萨迦派的弟子。意希仁钦的祖父跟随萨迦班智达出家,他在出家前生有一子,即意希仁钦的父亲,意希仁钦为其长子。他于 1286 年被任命为帝师,1291 年圆寂于五台山。

第五任帝师是扎巴俄色(grags-pa-vod-zer,《元史·释老传》里作乞剌八斯斡节儿)。他曾做过八思巴的管庙长老,后来又做了第三任帝师达玛巴拉的侍从。从 1291 年起,他先后为忽必烈和元成宗两朝的帝师,在成宗朝很受恩宠,"成宗特造宝玉五方佛冠赐之。元贞元年,又更赐双龙盘钮白玉印,文曰'大元帝师统领诸国僧尼中兴释教之印'"③。他于1303 年圆寂。扎巴俄色任帝师期间,对萨迦昆氏家族来说,他的重要贡献就是促使忽必烈召回流放中的八思巴的另外一个侄子达尼钦波(bd-ag-nyid-chen-po-bzang-po-dpal),使昆氏家族的血统又重新得以延续。④八思巴的父亲生有四男四女,其中八思巴和弟弟仁钦坚赞出家。另外两个弟弟恰那多吉和意希迥乃娶妻生子,他们分别生有一子达玛巴拉和达

---

① 《萨迦世系史》,第 163 页。
② 《元史》卷一二,第 249 页。
③ 《元史·释老传》,《元史》卷二〇二,第 4518—4519 页。
④ 《汉藏史集》认为这件事是帝师桑杰贝促成的,而《萨迦世系史》则说是扎巴俄色促成的。达尼钦波从江南返回应该在 1297 年左右,此时正是扎巴俄色任帝师期间。

尼钦波。按照萨迦昆氏家族的传统,家中子嗣年长者出家为僧,继承萨迦派座主的位置,年幼者娶妻生子,延续后代。达尼钦波长于达玛巴拉,按常理他是萨迦派理所当然的领袖。但是,对八思巴来说,达玛巴拉乃是一母胞弟的儿子,所以非常偏爱他。在择选萨迦座主人选时,八思巴违背惯例,最终选择了达玛巴拉,这就揭开了达尼钦波较悲剧性一生的序幕。"达尼钦波至十九岁时,八思巴去世。此时因事先已决定由恰那多吉的子嗣继承世系,加以恰那多吉和意希迥乃声望地位不同,尽管堂兄弟二人中达尼钦波年长,还是由恰那多吉之子达玛巴拉继承了法座,达尼钦波则另住一处。"①当追荐八思巴的法会结束后,二十一岁的达尼钦波应大臣阿布的邀请前往大都,此时,有人指控他违反追荐八思巴的规矩,忽必烈下令将他流放到苏州,后来又流放至杭州,他隐居在普陀山修行。六年后,达玛巴拉去世,其子五岁时又夭亡。达尼钦波在江南被流放了十五年之久,后在帝师扎巴俄色等人不断的呈文申诉之下,达尼钦波终于被元成宗赦回,并承认了他萨迦后裔的身份,敕令他娶妻生子,延续昆氏家族命脉。昆氏家族的内部斗争,最终导致萨迦派座主以及元朝的几任帝师均由萨迦派大弟子出任。

第六任帝师是仁钦坚赞(rin-chen-rgyal-mtshan,《元史·释老传》中作辇真坚藏),他是第四任帝师意希仁钦的弟弟。据藏文史料记载,他生于1258年。1287年,忽必烈命他担任细脱拉章的住持。1304年,元成宗任命他为帝师,1305年卒于大都。仁钦坚赞任帝师只有一年时间,但"此上师具足教法功德,萨迦派的权势以他在世时最为盛大"②。可以说,在达尼钦波被流放、达玛巴拉去世的这段时间内,仁钦坚赞是萨迦派持续发展的中流砥柱。除了讲经说法外,他还修缮了萨迦寺各个旧佛殿,并总共修建了787个坛城。在达尼钦波被赦回西藏后,他继续主持政务

---

①《萨迦世系史》,第164页。
②《汉藏史集》,第196页。

达十八年之久,萨迦派在他手中有了长足的发展。

第七任帝师是桑杰贝(sangs-rgyas-dpal,《元史·释老传》中作相家班),他是第五任帝师扎巴俄色的侄子。他从1305—1314年先后任元成宗、元武宗和元仁宗的帝师,1314年圆寂于大都。《元史·释老传》中记载:"相家班嗣,皇庆二年卒。相儿加思巴嗣,延祐元年卒。"据考证,相加班和相儿加思巴是同一个人,都是桑杰贝的异译,只不过在皇庆二年又重新任命了一次而已。①

第八任帝师是贡噶罗追坚赞贝桑波(kun-dgav-blo-gros-rgyal-mtshan-dpal-bzang-po,《元史·释老传》中作公哥罗古罗思监藏班藏卜),他是达尼钦波的儿子,1299年生。从他开始,帝师之职又回到昆氏家族手中。他从小聪慧过人,对所阅读的经典能过目不忘,九岁时就能背诵《喜金刚续第二品》。十一岁被迎入大都,仁宗即位后,任命其为帝师,当时年仅十六岁。二十四岁返回西藏受比丘戒,"他用接受的大量布施,造金汁书写的藏文大藏经《甘珠尔》,并将他收集到的大量印度学者所写的论释译成藏文"②。对整个萨迦派而言,他做的一件至关重要的事情就是将整个教派划分成四个拉章,分给他的异母弟弟。各拉章有各自的座主,父子相承,这实际上削弱了萨迦派的势力。1327年,他卒于大都,时年二十八岁。

第九任帝师为旺出儿监藏,藏文史籍中,没有关于此人的记载。据《元史·释老传》,"(延祐)二年,公哥罗古罗思监藏班藏卜嗣,至治三年(1323)卒。旺出儿监藏嗣,泰定二年(1325)卒。公哥列思八冲纳思监藏班藏卜嗣"。但《释老传》该段记载在时间上有误。第八任帝师贡噶洛追坚赞于泰定四年(1327)圆寂,而其继任则于泰定二年(1325)先于前任卒,与理不合。实际上是贡噶洛追坚参于1322年奉诏回藏受戒不久,亦

---

① 《汉藏史集》,第197页注。
② 《萨迦世系史》,第172页。

即大约于次年旺出儿监藏即在大都受命代摄帝师之职,两人均以帝师身份同时分别出现在西藏和大都。①

第十任帝师是贡噶勒必迥乃坚赞贝桑布(kun-dgav-legs-pavi-vbyung-gnas-rgyal-mtshan-bpal-bzang-po,《元史·释老传》中作公哥列思八冲纳思监藏班藏卜),他是第八任帝师的弟弟,1308年生,1330年卒。1328年受元文宗之邀,出任帝师。

第十一任帝师是仁钦扎(rin-chen-grags,《元史·释老传》中作辇真吃剌失思),《元史·释老传》记载:"天历二年,以辇真吃剌失思嗣。"《元史·文宗本纪》同年条中也载有"以西蕃辇真吃剌思为帝师"。《雅隆尊者教法史》中的"大皇帝之喇嘛帝师次第"条下将他记在贡噶勒必迥乃坚赞贝桑布和贡噶坚赞贝桑布之间。他也是《元史·释老传》中所记载的最后一任帝师。天历二年为1329年,如果联系下一任帝师于1331年就职的事实,可以看出仁钦扎任帝师也就一年有余。

第十二任帝师是贡噶坚赞贝桑布(kun-dgav-rgyal-mtshan-dpal-bzang-po),他是第十任帝师的一母胞弟,生于1310年。他在萨迦时,就被元朝封为"靖国公"、"国师",并被赐金印。藏族史料记载他"在札牙笃皇帝在位的后期、懿璘质班皇帝在位之时,妥欢帖睦耳皇帝在位的初期担任这三位皇帝的上师,受封为帝师"②。文宗札牙笃在位只有两年,后期应该指最后一年——1331年,所以,从1331年起,他历任文宗、宁宗、顺帝三朝帝师共二十七年。《佛祖通载》记顺帝"六月初八日登宝位,改元统元年,礼请公哥儿监藏班藏卜为帝师"③。元统元年是1333年,所以,藏文和汉文资料有两年的出入。1359年,他圆寂于大都的帝师住所梅朵热哇。贡噶坚赞贝桑布似乎以法术见长,藏文史籍中说:"当时该处不时发生海啸,危害很大。大师施用抛投食子和拍击

---

① 详见陈庆英《帝师八思巴传》第195页,北京:中国藏学出版社,2007。
②《汉藏史集》,第187页。
③《佛祖历代通载》,第430页。

七夜等咒术,使海水降退。另外,当时反叛的军队中有许多人用幻术变幻出投掷武器的骑兵,将我方杀得大败。后来经过大师敬奉三宝,请求护法神保佑等佛事活动,天降大冰雹,使天空中的所有兵将落地,我方获得大胜。"①元朝末年海灾兵祸频仍,西藏僧人的一项重要任务就是参与这两项工作。

第十三任帝师是索南洛追(bsod-nams-blo-gros),1332年出生,他是达尼钦波的孙子。年轻时跟随布顿·仁钦朱等诸多西藏高僧学习显密教法,并且游历了前后藏许多著名的寺院,在西藏颇有名声。1361年元顺帝派金字使臣到西藏封他为帝师,索南洛追随即前往大都,1362年圆寂于梅朵热哇。

第十四任帝师喃加巴藏卜,他是《明史》中提到的元朝的摄帝师,他于1372年归顺明朝,并被封为"炽盛佛宝国师",赐玉印。但藏文史料中并没有他的记载。

除了这十四位帝师之外,元朝还在皇庆年间(元仁宗的年号,1312—1313)追封胆巴为"大觉普惠广照无上胆巴帝师"。

胆巴(1230—1303)在藏文史料中名不见经传,但在汉文史料里则有长篇累牍的记载。《佛祖历代通载》、《续释氏稽古略》、《元史·释老传》等都有他的传记。胆巴是朵甘思的旦麻人(即今青海玉树藏族自治州称多县人)。他幼年丧父,由叔父抚养。九岁时,便能很流利地背诵一些梵咒。十二岁时,对经咒坛法也能通达。二十四岁时讲演《大喜乐本续》,四众悦服。以后到西天竺国参礼大德古达麻室利,尽得其传。胆巴从西天竺学成归来后,就住在家乡旦麻。大约在1268年,八思巴由萨迦返回大都途经旦麻时,将胆巴一同带归大都,推荐给忽必烈。忽必烈命他住在五台山寿宁寺,"时怀孟大旱,世祖命祷之,立雨。又尝咒食投龙湫,顷之奇花异果上尊涌出波面,取以上进,世祖大悦"(《元史·释老传》)。胆

---

①《萨迦世系史》,第217页。

巴修摩诃葛剌神(大黑天)有神验,《佛祖通载》记:"初天兵南下,襄城居民祷真武,降笔云,有大黑神,领兵西北方来,吾亦当避。于是列城望风款附,兵不血刃。至于破常州,多见黑神出入其家,民罔知故。实乃摩诃葛剌神也,此云大黑,盖师祖父七世事神甚谨了,随祷而应,此助国之验也。"①也就是说胆巴家族专修大黑天神,胆巴在元朝向南宋用兵之际,曾祷于摩诃葛剌神,阴助兵事。

至元末年,因为不容于当时的宰相桑哥,胆巴请求西归,不久又被召还,贬至潮州。胆巴在潮州和被赦回后,继续屡现神异。潮州的枢密副使月的迷失"妻得奇疾,胆巴以所持数珠加其身,即愈。又尝为月的迷失言异梦及已还朝期,后皆验。元贞间,海都犯西番界,成宗命祷于摩诃葛剌神,已而捷书果至;又为成宗祷疾,遄愈,赐予甚厚,且诏分御前校尉十人为之导从。成宗北巡,命胆巴以象舆前导。过云州,语诸弟子曰:'此地有灵怪,恐惊乘舆,当密持神咒以厌之。'未几,风雨大至,众感震惧,惟幄殿无虞,复赐碧钿杯一。"(《元史·释老传》)

成宗刚刚即位时,胆巴奏请蠲免僧道税粮,得到许可。大德七年(1303)夏,胆巴在上都圆寂,时年七十四岁。

赵孟𫖯所撰的《大元敕赐龙兴寺大觉普慈广照无上帝师之碑》对胆巴一生做了高度概括:"始于五台山建立道场,行秘密咒法,作诸佛事,祝祭摩诃伽剌。持戒甚严,昼夜不懈,屡彰神异,赫然流闻,自是德业隆盛,人天归敬。武宗皇帝、皇伯晋王及今皇帝、皇太后皆茝受戒法。下至诸王将相贵人,委重宝为施身,执弟子礼,不可胜计。……皇元一统天下,西番上师至中国不绝,操行谨严,具智慧神通,无如师者。"

值得注意的是,当时有波斯人拉施特撰写的《史集》也记载了胆巴的事迹,足见其在朝廷中影响之大:

> 在忽必烈合罕时代末期,有两个吐蕃喇嘛,一个名为胆巴,另一个

---

① 《佛祖历代通载》,第416页。

名为兰巴。喇嘛胆巴有两颗很长的门牙,所以他的[两]唇合不拢。他们住在名为……的合罕本人的庙中。他们乃是亲属,[得到]合罕的极大信任和重视。喇嘛们和他们的氏族均出自吐蕃的君主。虽然也有很多出自汉人、印度人和其他人中的喇嘛,但对吐蕃人更为信任。还有另外一个喇嘛,一个客失米儿人,他名为迦鲁纳答思,也受到信任。铁穆耳合罕和从前一样相信他。那两个吐蕃喇嘛常发号施令。他们派了自己的懂得医术的那可儿们去监视合罕,要他们不让合罕多饮食。如果他们不能对此加以阻止时,他们有两块联在一起的小木板。他们用一块敲打另一块,于是就发出了木头撞击木头的声音。合罕开始小心起来,并限制自己的饮食。他们的话有很大的分量。①

从这段记载可以看出,胆巴还充当着元代帝王的保健医生的角色。关于胆巴,该书还在元成宗的相关记载中再次被详细提及,在此不再赘述。总之,胆巴大概是这部著作中描写最详细的藏族僧人了,足见其在当时的社会影响之大。

帝师在元朝地位非常尊崇,除了受帝后、百官的顶礼膜拜外,在正式的朝会上,还专门给帝师设有专座。每逢新君即位,对帝师必须重新任命并诏告天下,其诏书必须"以粉书诏文于青缯,而绣于白绒,网于真珠,至御宝处,则用珊瑚,遣使赍至彼国,张于帝师所居处"②。帝师至京城,百官出迎;圆寂之后归葬舍利,百官又必须出城祭祀饯行。"其弟子之号司空、司徒、国公,佩金玉印章者,前后相望。"(《元史·释老传》)而且,帝师法旨与圣旨并行西藏。但是,就帝师本人而言,这并非一件美差,因为帝师多年幼入朝,水土不服,故而寿命基本上都不长,甚至于在出任帝师的第二年便早夭。所以,在明初大乘法王贡噶扎西坚赞贝桑波离开萨迦寺前往中原时,"该寺僧众认为诸位先祖担任皇帝的帝师,大多未能返回

---

① [波斯]拉施特主编:《史集》(第二卷)第356—357页,余大钧、周建奇译,北京:商务印书馆,1985。
② 陶宗仪:《南村辍耕录》卷二,第125页,北京:中华书局,1995。

本寺,大师年事已高,此去很可能不能返回本寺因而心情异常悲痛,有人甚至痛哭流涕"①。

第二节 藏传佛教在内地的传播

一、传播形式

"凉州会谈"使藏族对中原王朝开始产生了归属感和认同感,同时,藏传佛教在元朝统治者的支持下,也开始向中原地区传播。以帝师为代表的西藏僧侣在汉地传法、度僧、建寺、译经,北到上都,南至闽浙,都留下了他们的足迹,藏传佛教在内地蓬勃地发展起来。所以,"元代可谓为喇嘛教时代也"②。

首先,在元代,每逢祭祀祖先、皇室成员生病、遇到重大的军事活动及天灾时,都要举行各种藏传佛教的佛事活动。列入《元史·释老传》中的藏传佛教佛事活动就有几十种之多③:

序号	《元史》音译	藏文转写	《元史》汉译
1	镇雷阿蓝纳四	byin rlabs rab〔tu〕gnas〔pa〕	庆赞
2	思满篮	Sman bla	药师坛
3	掤思串卜	Chos skyong chen po	护城
4	朵儿禅	Gtor〔ma〕chen〔po〕	大施食
5	朵儿只列朵四	Rdo rje mdos	美妙金刚迴遮施食
6	察儿哥朵四	Vchar kavi mdos	迴遮
7	笼哥儿	Rlung vkhor	风轮

---

① 《萨迦世系史》,第 225 页。
② 蒋维乔撰:《中国佛教史》,第 185 页,上海:上海世纪出版集团,2007。
③ 王启龙:《八思巴评传》第 192—194 页,北京:民族出版社,1998。

续 表

序号	《元史》音译	藏文转写	《元史》汉译
8	喀朵四	Bzavi mdos	作施食
9	出朵儿	Chu gtor [ma]	出水济六道
10	党剌朵四	Thang lha mdos	迴遮施食
11	典朵儿	Gtan gtor [ma]	常川施食
12	坐静(鲁朝)	Gtso chen (klu bcos)	狮子吼道场
13	黑牙蛮答哥	Krisna-yamantake	黑狱帝王
14	搠思江朵儿麻	Chos skyong gtor ma	护江神施食
15	赤思古林搠	Phyivi sku rim chos	自受主戒
16	镇雷坐静吃剌察坐静	Byin rlabs gtso chen	秘密坐静
17	斟惹	Vjam dbyangs	文殊菩萨
18	古林朵四	Sku rim mdos	至尊大黑神迴遮施食
19	歇白咱剌	Hevajra	大喜乐
20	必思禅	Punya gzung chen	无量寿
21	赌思哥儿	Gdugs dkar	白伞盖咒
22	收札沙剌	Bsrung bya ([ingavi] tsa kra) tsa kra	五护陀罗尼经
23	阿昔答撒答昔里	Astasahasrika	八千颂般若经
24	撒思纳屯	Lha srung gzungs	大理天神咒
25	阔儿弗卜屯	Vkhor lo chen po gzungs	大轮金刚咒
26	且八迷尼	Tshe dpag med gzungs	无量寿经
27	亦思罗八	Vod zer pa vod zer can ma	最胜王经
28	撒思纳屯	同 24	护神咒
29	南占屯	[rdo rje] rnam [par vjos [pavi] gzungs	怀相金刚
30	卜鲁八	[rdo rje] phur pa	咒法

续　表

序号	《元史》音译	藏文转写	《元史》汉译
31	擦擦	Tsha tsha	以泥作小浮屠
32	答儿刚	Star khang gtor khang	

而根据整个《元史》统计,1293年全年做佛事102种,到1303年增至五百余种,主持人和参加者多为萨迦派僧人。这些佛事活动规模巨大,延祐四年(1317)宣徽使汇总了每年内廷佛事活动的花费,计用面四十三万九千五百斤、油七万九千斤,酥二万一千八百七十斤、蜜二万七千三百斤。① 仁宗皇庆二年(1313),"各寺修佛事日用羊九千四百四十,敕遵旧制,易以疏食"②。这些佛事活动是藏传佛教传播的主要方式之一,其中最著名的就是"白伞盖"佛事。《元史·祭祀志》中对这一大型佛事活动有详细记载:

> 世祖至元七年,以帝师八思巴之言,于大明殿御座上置白伞盖一,顶用素缎,泥金书梵字于其上,谓镇伏邪魔护安国刹。自后每岁二月十五日,于大明殿启建白伞盖佛事,用诸色仪仗社直,迎引伞盖,周游皇城内外,云与众生被除不祥,导引福祉。岁正月十五日,宣政院同中书省奏,请先期中书奉旨移文枢密院,八卫拨伞鼓手一百二十人,殿后军甲马五百人,抬舁监坛汉关羽神轿军及杂用五百人。宣政院所辖官寺三百六十所。掌供应佛像、坛面、幢幡、宝盖、车鼓、头旗三百六十坛,每坛擎执抬舁二十六人、钹鼓僧一十二人。大都路掌供名色金门大社一百二十队,教坊司云和署掌大乐鼓、板杖鼓、筚篥、龙笛、琵琶、筝、箜七色,凡四百人。兴和署掌妓女杂扮队戏一百五十人,祥和署掌杂把戏男女一百五十人,仪凤司掌汉人、回回、河西三色细乐,每色各三队,凡三百二十四人。凡执役者,皆官

---

① 《元史·释老传》,《元史》卷二〇二,第4523页。
② 《元史》卷二四,第555页。

给铠甲袍服器仗，俱以鲜丽整齐为尚，珠玉金绣，装束奇巧，首尾排列三十余里。都城士女，间阎聚观。礼部官点视诸色队仗，刑部官巡绰喧闹，枢密院官分守城门，而中书省官一员总督视之。先二日，于西镇国寺迎太子游四门，舁高塑像，具仪仗入城。十四日，帝师率梵僧五百人，于大明殿内建佛事。至十五日，恭请伞盖于御座，奉置宝舆，诸仪卫队仗列于殿前，诸色社直暨诸坛面列于崇天门外，迎引出宫。至庆寿寺，具素食，食罢起行，从西宫门外垣海子南岸，入厚载红门，由东华门过延春门而西。帝及后妃公主，于玉德门外，搭金脊吾殿彩楼而观览焉。及诸队仗社直送金伞还宫，复恭置御榻上。帝师僧众作佛事，至十六日罢散。岁以为常，谓之游皇城。或有因事而辍，寻复举行。夏六月中，上京亦如之。①

这次佛事从准备到结束历经一个月，涉及宣政院、枢密院、中书省、礼部、刑部等部门，直接参与的人达五千多人，社会各阶层上至百官，下至妓女杂耍都参与其中，其影响是可想而知的。"游皇城"每年都要举行一次，且士女百姓倾城出动观看，事实上已演变为京城的一个节日。这场规模巨大的佛事活动，给尽可能多的人提供了了解、接近、信仰藏传佛教的机会。一直到元末顺帝至正十二年（1352），《元史》上记载还在"迎白伞盖游皇城"。

除了举行藏传佛教的佛事活动，元代还在内地修建了许多弘传藏传佛教的寺院。至元二十八年（1291），宣政院奏：天下寺宇四万二千三百一十八区，僧、尼二十一万三千一百四十八人。② 这么多数量的寺院，虽然汉藏佛教都有，但元代以藏传佛教为胜，这中间也就包括了许多新建的藏传佛教寺院。《元史·祭祀志一》中说："以道释祷祠荐禳之盛，竭生民之力以营寺宇者，前代所未有，有所重则有所轻欤。"③ 载在《元史》中的

---

① 《元史》卷七七，第1926页。
② 《元史》卷一六，第354页。
③ 《元史》卷七二，第1780页。

著名寺院就有大护国仁王寺、大圣寿万安寺、大永安寺(香山)、大承天护圣寺、大崇恩福元寺、大天源延寿寺、寿安山寺、大承华普庆寺、大崇国寺、兴国寺、大天源延圣寺。此外,在宫廷内也有佛寺。

其中著名的大护国仁王寺始建于至元七年(1270)十二月,完成于至元十一年(1274)三月,按照《顺天府志》记载该寺"寺宇宏丽雄伟,每岁二月八日大阐佛会,庄严迎奉,万民瞻仰焉"①。大护国仁王寺当时一座和藏族僧人关系密切的寺院,八思巴在至元十七年(1280)圆寂后,元廷在护国仁王寺内建大塔,奉藏真身舍利。元贞乙未(1295)四月,胆巴"奉诏前往大护国仁王寺,敕太府具驾前仪仗,百官护送"②。所以,胆巴曾出任大护国仁王寺的主持。胆巴去世后,元成宗赐沉香及檀香木等火化遗体,并命大都留守送其舍利至大都,于大护国仁王寺庆安塔中供放。

至于万安寺,至元二十五年(1288),"甲戌,万安寺成,佛像及窗壁皆金饰之,凡费金五百四十两有奇、水银二百四十斤"③。大圣寿万安寺(明代改为妙应寺)是由阿尼哥督造修建的,阿尼哥是尼泊尔人,以画像雕塑、铸佛像见长。1260年,十七岁的阿尼哥带领八十名工匠到西藏替八思巴建黄金塔。塔成之后,八思巴将他带入京师,剃度收为弟子,并推荐给元世祖。阿尼哥是元代著名的匠师,"凡两京寺观之像,多出其手"④。大圣寿万安寺修成后,见于《元史》记载的许多西藏的佛事活动就在这里举行。寺中著名的释迦舍利灵通塔(白塔),按照塔的碑文记载,是由帝师亦邻真(仁钦坚赞)依照密教的相关内容排布设计的。这些寺院规模巨大,耗资惊人,根据史料中的不完全记载,修建这些寺院总计先后调用了各种军士3.2万人、工匠1400人、役卒卫卒1.3万人,耗金30铤又

---

① 《顺天府志》卷七,第56页,北京:北京大学出版社,1993。
② 《佛祖历代通载》,第417页。
③ 《元史》卷一五,第311页。
④ 《元史》卷二〇三,第4546页。

540两以上、银100铤、水银240斤、钞100万贯又51 700锭。①

与各代不同的是,这些寺院具有皇家寺院的性质,寺中都建有神御殿(影堂),供奉已经死了的帝后的御容,其中"世祖帝后大圣寿万安寺,裕宗帝后亦在焉;顺宗帝后大普庆寺,仁宗帝后亦在焉;成宗帝后大天寿万宁寺;武宗及二后大崇恩福元寺,为东西二殿;明宗帝后大天源延圣寺;英宗帝后大永福寺;也可皇后大护国仁王寺"②。所以,元代的帝后生前受帝师戒,身后还要将自己的遗容供在寺庙中,以图继续得到佛教诸神护佑。他们修建在寺庙中的影堂,无疑使这些寺庙又多了一道神圣的护身符。这些寺院的建成以及在寺中进行的佛事活动,极大地促进了藏传佛教在汉地的传播。

除此而外,元代写、译西藏的佛经也成为藏传佛教在内地传播的一个重要方式。元代用金汁书写佛经的记载比较多,其中明确记载书"西番"经的有至治元年(1321),在宝集寺写成的《般若经》;泰定三年(1324),敕令"金书西番字《藏经》"。另外,元代还部分地翻译了西藏的佛经。按照周叔迦《宋元明清译经图纪》所作的考辨,元朝百余年间,参与佛经翻译者共有八人,译出经论集等十六部、二十卷。这八人当中的第一个便是八思巴。列在他名下的有《彰所知论》二卷、《根本说一切有部授近圆羯磨仪轨》一卷、《根本说一切有部比丘习学略法》一卷。但是,《彰所知论》乃是八思巴所著,由其弟子沙罗巴翻译的。《至元勘同录》中还将《根本说一切有部比丘戒本》归为八思巴翻译的。八思巴翻译了说一切有部的戒律肯定是不会有错的,至元十七年(1280),"敕镂版印造帝师八合思八新译《戒本》五百部,颁降诸路僧人"③。

除了八思巴,元代最著名的翻译家就是沙罗巴。沙罗巴1259年出生,关于他的出生地说法不一,或谓其为河西人,或谓其为秦州人,家族

---

① 王启龙:《藏传佛教对元代经济的影响》,载于《中国藏学》2002年第1期。
②《元史》卷七五,第1875页。
③《元史》卷一一,第228页。

为积宁氏。年幼时即跟随栗赫①学习佛法,并颇为通晓藏语,在密法方面也有所收获。"总卯之岁,依帝师发思巴薙染为僧",元世祖向八思巴请教佛法时,让他做翻译,"辞致明辨允惬圣衷",因而被封为大辩广智法师。当时有一名为剌温卜者,善焰曼德迦密法,八思巴便让他前去学习。八思巴圆寂后,帝师扎巴俄色再次将他举荐给世祖,世祖"诏译诸密要"。沙罗巴翻译的经典就数量而言,只有五部八卷:《佛顶大白伞盖陀罗尼经》一卷、《佛说坏相金刚陀罗尼经》一卷、《佛说文殊菩萨最胜真实名义经》一卷、《药师琉璃光王七佛本愿功德经念诵仪轨供养法》三卷、《药师琉璃光王七佛本愿功德经念诵仪轨》二卷,但其译文质量很高。延祐元年(1314)年圆寂后,门人弟子"相与建塔以表其藏",塔成后由寿安山云麓洪公所作铭文对其译风作了高度的评价:

> 佛法之传必资翻译,故译梵为华,或敌对名物,或唯以义,必博通经论,善两方之言,始能为之。是以道安尝谓:翻译微言有五失本三不易,故非能者不足以有为也。所以传列十科,翻译居首者,岂非以其为之难功之大乎!予尝以诏与京邑诸公校旧藏典,历观自古翻译之家,以义译经如秦之罗什,译论唐之奘公。十数人之作,所谓禹吾无间然矣。其余或指义暧昧,或文辞疏拙。夫义之暧昧,盖译者之未尽文,或疏拙润色之失也。因思安公之言,以谓以弥天之高,尚称不易,今之译者何其易哉?自季叶以来,译场久废,能者盖寡,岂意人物凋残之际乃见公乎!观其所译可谓能者哉。②

不仅如此,时人在诗文中也是盛赞他的翻译:

> 秦州译师沙罗巴,前身恐是鸠摩罗;
> ……

---

① 据王启龙在《八思巴评传》(民族出版社1998年版)第243页考证,此人是八思巴的弟弟恰那多吉。
② 以上引文均见《佛祖历代通载》,第422—423页。

受诏翻译无留瑕,辞深义奥极研磨;

功力已被恒河沙,经成翩然妙莲花。①

除了以上几部经,他还翻译了八思巴为真金太子所写的《彰所知论》,该论后来被收入了汉文大藏经。元仁宗时,沙罗巴被安置在庆寿寺,仁宗下诏将他所翻译的经典刻版印行。

在翻译经典的同时,元代汉藏高僧还合作进行了两地的佛经对勘工作。这次对勘工作是由元世祖促成的。《至元法宝勘同总录》序中说:"大佛法由汉唐以迄于今,揭日月于齐明,致乾坤于泰定,弘济群迷。出生众有。不可得而云:喻大元天子,佛身现世间,佛心治天下,万几之暇余,讨论教典,与帝师语,诏诸讲主。以西蕃大教目录,对勘东土经藏。部帙之有无,卷轴之多寡。"《佛祖历代通载》中说:"帝见西僧经教与汉僧经教音韵不同,疑其有异,命两土名德对辩。"②

这次对勘活动开始于1285年,结束于1287年,地点是在大都的大兴教寺。参加对勘的有汉族、藏族、维吾尔族以及印度人,共二十七人(汉十五人、藏六人、维吾尔四人、印度二人),其中设总集一人,由顺德府开元寺佛日光教大师讲论沙门庆吉祥担任。编修一人,由平滦路水岩寺传法辅教大师讲论沙门恩吉祥担任。译西蕃语(藏语)二人,由北庭都护府通二国言音解显密教迦鲁孥答思和翰林学士承旨中奉大夫弹压孙担任。译畏兀儿语一人,由翰林学士嘉议大夫脱印都统充任。译梵语一人,由北庭都护府通显密教讲经律论沙门斋牙答思担任。又设执笔三人:海吉祥、温吉祥、牙识汉养阿。校勘五人:湍吉祥、习吉祥、澂吉祥、应吉祥、温吉祥(另一人)。校证二人:演吉祥、庆吉祥(另一人)。证义六人:理吉祥、行吉祥、拣吉祥、昭吉祥、远丹巴、吃罗思八藏布。译语证义二人:安藏、合台萨里。校勘证义二人:释速端然、湛阳宜思。证明三人:

---

① 程钜夫:《送司徒沙罗巴法师归秦州》,转引自王启龙《八思巴评传》,第248页。

②《佛祖历代通载》,第414页。

尾麻罗室利、叶辇国师、达哩麻八罗阿罗吃答(达玛巴拉)帝师。对勘主要是在汉藏两种文字经典之间,但也以梵文和维吾尔文来校勘佐证。对勘的藏经,汉文主要依据《弘法藏》和《金藏》以及《开元释教录》、《大唐贞元续开元释教录》、《大中祥符法宝录》、《景祐新修法宝录》、《弘法入藏录》等为依据。藏文当主要依据萨迦所藏之那塘版大藏经及吐蕃时代编撰的三大经录。对勘的方法则是"以西蕃大教目录,对勘出中土经藏部帙之有无、卷轴之多寡"。

对勘工作的内容很多,总结起来则主要在两个方面:其一,对勘汉藏经文的有无、缺失情况,并加以注明;其二,对汉藏俱有的经典,"勘出同异差别,包括卷帙、品数之多少,及全译、摘译之广略不同,分类之不同,经名之异同,并以藏译本标出汉译本的梵文经名,等等。另外,在汉藏对勘的同时,又勘出汉文经典的异译本之间的异同"①。将存疑的经籍另行抄录。对勘的结果就是十大卷的《至元法宝勘同总录》的完成。

这次对勘活动,促进了藏汉佛教之间的广泛交流,使汉藏两个民族的僧人对对方经律论的大致情况有了具体的认识。《至元法宝勘同总录》在以往三藏二乘的分法基础上,将大乘经藏分为显密二部,密教内部又分为陀罗尼和仪轨两部分。这种分法不仅反映出藏文大藏经分法类型对汉地编排经录得影响,也反映出元代对密教经典的重视。

二、传播区域

(一)大都和上都

元代藏传佛教在汉地的传播以大都为中心,在上都、江南、五台山都有所传播。大都作为元朝的统治中心,藏传佛教的主要佛事活动都在此举行,大多数的寺庙也都建于此,在这里,藏传佛教的传播是不言而喻

---

① 吕建初:《中国密教史》,第535页,北京:中国社会科学出版社,1995。

的。元代两都并称,除了政治文化中心大都外,还有夏宫上都(遗址在今内蒙古自治区正蓝旗东二十公里闪电河北岸)。每年四月,元朝的皇帝便去上都避暑,八、九月秋凉返回大都。上都也是当时藏传佛教的传播地,当时上都的寺院也不少,文宗至顺元年(1330),"上都岁作佛事百六十五所,定为百四所,令有司永为岁例"①。这就证明当时上都的寺院至少有一百六十五所。在冯承钧所注的《马可·波罗游记》中提到上都的名称时说:"今名绰奈曼苏蔑(Tsounaiman-soumé),此言一百零八庙"②,可见上都的名称本身就蕴含着寺院之城的意思。上都的寺院有名可查的有乾元寺、万安寺、南寺、龙广华岩寺、开元寺、弥陀院、安庆寺、弘正寺、黄梅寺、帝师寺等。这些寺院也有不少属于藏传佛教的寺院,《元史》中记载:至治元年(1321),毁上都回回寺,以其地营帝师殿。至治三年,"作上都华严寺、八思巴帝师寺及拜住第,役军六千二百人"③。这些寺院的规模也非常大,《马可·波罗游记》中说:"此辈亦有广大寺院,其大如一城。每寺之中有僧二千余人,衣服较常人为简。须发皆剃。其中有娶妻而有多子者。"④"娶妻而多子者"则是当时典型的藏族僧人的做派。

皇帝每次启程去上都避暑时都有大量西藏僧人随行。至大元年(1308),就因为"诸王及西番僧从驾上都,途中扰民",所以"禁之"。至顺二年(1331)三月,"以将幸上都,命西僧作佛事于乘舆次舍之所"⑤。胆巴就曾护驾北上上都,途中遇到雷电天气,胆巴教众人密咒,结果雷电大作,而皇帝车驾所在之处竟安然无恙。对此,马可·波罗在游记中也有所记载:

> 大汗每年居留此地之三月中,有时天时不正,则有随从之巫师

---

① 《元史》卷三四,第763页。
② 冯承钧译:《马可·波罗游记》,第176页,上海:上海世纪出版集团,2001。
③ 《元史》卷二七,第611页;卷二八,第628页。
④ 冯承钧译:《马可·波罗游记》,第175页。
⑤ 《元史》卷二〇,第498页;卷三五,第780页。

星者,谙练巫术,足以驱除宫上之一切风云暴雨。此类巫师名称脱字惕(Tebet)及客失木儿(Quesimour),是为两种不同之人,并是偶像教徒。盖其所为者尽属魔法,乃此辈诞人谓是神功。①

资料里面说的脱字惕(Tebet)即指"吐蕃"(tibet),所以,文中所指的乃是来自西藏和克什米尔的僧人。他们在上都的重要工作之一就是祛除风云暴雨,西藏僧人确实有这方面的训练,解放前西藏就有专门的驱雹喇嘛。元朝统治者对他们这方面的能力大概深信不疑,因而《元史》中有命令帝师做止风法事的记载。

此外,前面提到的"游皇城"的佛事活动"夏六月中,上京亦如之"。这些史料说明当时上都的藏传佛教还是相当繁盛的。

上都的藏族僧人和内地其他地方的西藏僧人一样,飞扬跋扈,颇有不法行为。1308年,上都开元寺的"西僧","强市民薪,民诉诸留守李壁,壁方询问其由,僧已率其党持白梃突入公府,隔案引壁发,捽诸地,捶扑教下,拽之以归,闭诸空室,久乃得脱,奔诉于朝,遇赦以免"②。当时的西藏僧人敢直入公堂,殴打和幽闭国家官员,其气焰之嚣张非是一般。

(二)五台山

按照佛教的说法,五台山是文殊菩萨的道场,从南北朝后逐渐成为佛教徒朝拜的圣地之一。从元朝立国之初,统治者就对五台山下诏加以保护,至元元年(1264),忽必烈下诏曰:"朕眷仰灵峰,大圣所宅,清修之士,冥赞化机,官民人等,不得侵暴。"③元成宗和英宗均巡礼过五台山。藏传佛教自元代传入我国内地,在许多地方留下独具特色的文化胜迹,五台山、北京、承德最终成为藏传佛教在内地的三大中心。其中五台山又因是密法金刚界五部佛降世演教之地而地位尤高。早在吐蕃时代,藏族的僧人已经开始朝礼五台山,而藏传佛教传入五台山也正是从元代开

---

① 冯承钧译:《马可·波罗游记》,第174—175页。
②《元史》卷二〇二,第4521—4522页。
③《五台山志》第208页,扬州:江苏广陵古籍刻印社,1997。

始的。

《萨迦世系史》中记载说,八思巴二十三岁时(1257)就被迎请前往五台山,听受大威德、玛哈玛雅、金刚界、时轮等全套密法及疏释。此外,还听受了《中观论》、《俱舍论》等。八思巴能在五台山学习西藏的密法,说明此前藏传佛教已经传到此地。八思巴在学法之余,还著赞文四篇,分别为《文殊菩萨名号赞》、《文殊菩萨坚固法轮赞》、《赞颂文殊菩萨——花朵之鬘》、《在五台山赞颂文殊菩萨——珍宝之鬘》。在赞文中,他依密教的观点,将五台山的五顶看作是密法金刚界五部佛的佛座:

为救护愚痴所苦之众生,
大圆镜智之主大日如来,
在中台示现佛部部主身,
向你救护色蕴之尊顶礼。

为救护瞋怒所苦之众生,
法界体性智之主阿閦佛,
在东台示现金刚部主身,
向你救护识蕴之尊顶礼!

为救护悭吝所缚之众生,
平等性智之主尊宝生佛,
在南台示现宝生部主身,
向你救护受蕴之尊顶礼!

为救护贪欲所苦之众生,
妙观察智之主阿弥陀佛,
在西台示现莲花部主身,
向你救护想蕴之尊顶礼!

> 为救护嫉妒所苦之众生,
> 成所作智之主不空成就。
> 在北台示现羯磨部主身,
> 向你救护行蕴之尊顶礼!①

因八思巴的地位和影响,经他赞颂诠释的五台山在藏传佛教影响巨大。此后,藏传佛教都把五台山当作圣地。至今在五台山华严谷还有普恩寺(俗称西天寺)遗址,寺中有一高约十米的藏式佛塔,当地人认为是八思巴的"衣冠塔",目的是为了纪念八思巴与五台山的这一段因缘。

另外,据记载八思巴还用千两黄金铸造了一尊摩诃葛剌像,祷祭于五台山,成为元代蒙古帝王和萨迦派共同崇奉的神。元朝在内地的统治崩溃后,这尊神像辗转至北元林丹汗宫帐,成为林丹汗及其"帝师"沙尔巴胡土克图喇嘛的保护神。清军征服林丹汗之后这尊神像又被清太宗皇太极所获,清太宗在盛京(今沈阳)西郊建莲华净土实胜寺(俗称黄寺或皇寺),以祀摩诃葛剌神。② 上述史实,元代文献失载,而后世的蒙古、藏、汉、满文碑文及史书有载。

八思巴之后,在五台山活动的藏传佛教僧人就是胆巴。胆巴曾住持五台山寿宁寺。《胆巴碑》载:"帝师告归西蕃,以教门之事属之师,始于五台山建道场,行秘密咒法,作诸佛事,祠祭摩诃伽剌。持戒甚严,昼夜不懈,屡彰神异,赫然流闻。自是德业隆盛,人天归敬。"胆巴住持寿宁寺,建立道场,传秘密法,这在五台山开藏传佛教演法之先。元时还有许多藏地高僧于五台山活动,如八思巴的弟子、元朝第四任帝师意希仁钦(1249—1295),就圆寂于五台山。噶玛噶举黑帽系三世活佛攘迥多杰(1284—1339)应元文宗之请进京做法,至京时,元文宗已去世,他便为元

---

① 转引自陈庆英《帝师八思巴传》,第69—70页,北京:中国藏学出版社,2007。
② 详见那木吉拉《论元代蒙古人摩诃剌神崇拜及其文学作品》,《中央民族大学学报》2000年第4期。

宁宗和皇后做秘密灌顶。于1334年返藏途中,专程至五台山朝山。

此外,还有弘教大师慧印,他虽然是汉族僧人,但在住持五台山万圣祐国寺期间,于至治元年(1321),"从帝师受秘密之诀"①,修习西藏密法。

元朝在五台山修建了许多寺庙,《元史》记载,元贞元年(1295),成宗为皇太后在五台山建寺,至大元年(1308)年十一月,特意拨出六千五百名军士来修建这座寺院,可见,这座寺院的规模是很大的。事实上,在1308年二月,就已经拨出军卒一千五百人在五台山建寺。按照《五台山志》记载,成宗元贞年间建成的寺院即万圣祐国寺,英宗朝也修成了普门寺。对于万圣祐国寺(或称大万圣祐国寺)的建成,《佛祖历代通载》记载的很详细:"世祖尝以五台绝境欲为佛寺,而未果也。成宗以继志之孝,作而成之,赐名大万圣祐国寺。"②大万圣祐国寺的第一任住持真觉国师文才还是由帝师扎巴俄色推荐的。加之慧印主持该寺时,又在寺中修炼藏地密法,则这座寺院和西藏佛教的关系最为密切。据妙舟的《蒙藏佛教史》记载,元代在五台山还修建了普恩寺。这些寺院虽然在当时并没有明确指出其属于藏传佛教还是汉传佛教,但元朝的帝后都要受帝师戒,跟随帝师学习西藏的密法,则五台山这些主要为帝后所建的寺院肯定有藏传佛教的因素在里面。

除了寺庙,元代还在五台山建塔。五台山台怀镇塔院寺内留存至今的、闻名遐迩的大白塔,始建于大德五年(1301),它也是尼泊尔著名匠师阿尼哥所建。由他修建的此塔按西藏风格建制,通身垩白,比北京妙应寺的白塔高出十米有余,是我国现存元代藏塔中最高的建筑。

元朝不但在五台山修建寺庙,同时还举行藏传佛教的佛事活动。至元二十四年(1288)年,"是岁,命西僧监藏宛卜卜思哥等作佛事坐静于大殿、寝殿、万寿山、五台山等寺,凡十三会",至顺二年(1331),"命西僧于

---

① 《五台山志》,第135页。
② 《佛祖历代通载》,第415页。

五台及雾灵山作佛事各一月,为皇子古纳答剌祈福"。①

(三) 江南地区

元代江南地区也是藏传佛教传播的重要区域之一。许多名列史传的名僧都曾到过江南地区。

第一个与江南藏传佛教有关的就是八思巴。八思巴本人虽然没有到过江南,但他曾经"派他的亲传弟子持律论师却吉衮布到蛮子地方,一年之中为九百四十七人授戒剃度,由这些弟子又传出无数比丘、僧伽,使得佛教在江南大为兴盛"②。另外,元代还把一些在萨迦地方政治斗争中失败的著名的藏族高僧贬到江南去。萨迦派除了帝师外,另设有本钦(dpon-chen)管理西藏地方事务。萨迦派的第二任本钦贡噶桑布因为和八思巴产生矛盾,忽必烈派十万大军入藏(由此可见,贡噶桑布当时在西藏已形成一定的势力,所以才需要这么多的军队前去弹压),将贡噶桑布处死。和萨迦本钦贡噶桑布一起反对八思巴的喇嘛贡曼及其弟贡噶,也被忽必烈流放到了江南,贡曼还客死在了流放地。八思巴的侄子达尼钦波也曾被流放到苏州、杭州达十五年之久,他隐居在普陀山修行,并且还娶过一个汉族妻子。

另外,正如前面所提到的,胆巴因为和桑哥不合,也被流放到潮州。《佛祖历代通载》记述了他在流放期间"由汴涉江,泊于闽广,所至州城,俱沾戒法"③。他在潮州城南建立了宝积寺,殿宇修好后,他还亲自塑"梵像",并斋僧万余人以示庆祝。后来回京后,胆巴又奏请朝廷拨出二十顷田地赐给宝积寺作永业。胆巴在潮州弘传萨迦教法,并给人医病,威望较高。这些佛学知识深厚的高僧就像火种一样,他们的流放,在客观上促进了藏传佛教在江南的传播。

八思巴去世后,元朝曾下令各郡建八思巴殿,这并不是一纸虚令。

---

① 《元史》卷一四,第303页。《元史》卷三五,第782页。
② 《汉藏史集》,第181页。
③ 《佛祖历代通载》,第416页。

《至顺镇江志》就记载了镇江八思巴寺的情况:"至治元年秋八月,郡奉诏立寺祠帝师。越明年五月,寺成,刻石纪绩。"这座寺院的房屋占地五十亩,园林面积将近五十亩,总面积达一百亩的大寺院,集中镇江府的几个县的力量,仅用了九个多月的时间就得以完成。①

除此之外,应该特别提出的是杨琏真加对藏传佛教在汉地的传播起了很大的作用。杨琏真加是西夏人,1277年,他出任江南释教总摄,后来又升任江南诸路释教都总统。直到1291年,杨琏真加受桑哥案牵涉被撤职查办,他在江南管理佛教事务达十五年之久。杨琏真加在江南弘传藏传佛教的活动是和他挖掘、毁坏南宋的宫室、王陵同期进行的,因而备受时人和后人的非议。杨琏真加在江南(主要是杭州一带)修寺、建塔、造像的目的,实际上就是为了利用藏传佛教的法力,来镇压原都城的王气及攒宫亡灵,以防南宋东山再起,但在客观上确实促进了藏传佛教在江南的传播。他在南宋旧宫室之上修建的寺院,根据明代田汝成《西湖游览志》卷七《南山胜迹》记载,共有五座,分别"曰报国,曰兴元,曰般若,曰仙林,曰尊胜"。这些寺院都是藏传佛教性质的,元人郭畀《客杭日记》曰:"大般若寺,寺在凤凰山之左。……杨总统所建西番佛塔,突兀二十余丈。万寿尊胜塔寺,亦杨其姓所建,正殿佛皆西番形象,赤体侍立,虽用金装,无自然意。"杭州灵隐飞来峰现存造像中,据遗留的题记文字判断,第89、99两龛四尊造像系杨琏真加施造,另有第73龛一主二胁侍三僧像,主尊即杨琏真加,该龛系杨氏的自造像。②《元史》记载,到至元二十五年,杨琏真加以"宋宫室为塔一、为寺五,已成,诏以水陆地百五十顷养之"。除了上面提到的五寺之外,他还"发宋陵冢所收金银宝器修天衣寺",与此同时,元朝索性"以江南废寺土地为人占据者,悉付杨琏真加修寺"。③

---

① 详见陈立健《〈至顺镇江志〉所载镇江帝师寺》,《中国藏学》2004年第1期。
② 转引自谢继胜、沈卫荣等主编《汉藏佛教艺术研究》,第264页,北京:中国藏学出版社,2006。
③ 以上引文分别见《元史》卷一五,第309页;《元史》卷一三,第269页。《元史》卷一四,第285页。

杨琏真加在江南的弘教活动,推动了藏传佛教在江南的传播。

藏传佛教在江南的传播,使得今天在杭州还保留着许多藏密的遗迹,尤其以飞来峰为代表。飞来峰现存元代造像68龛、117尊,其中藏传佛教造像有33龛、47尊,建造时间从现存题记来看,最早为至元十九年(1282),最晚为至元二十九年(1292)。①

在杨琏真加后到达江南的就是沙罗巴。沙罗巴去江南的原因是:

> 时僧司虽胜,风纪寝蔽。所在官吏既不能干城遗法抗御外侮,返为诸僧之害。桂蠹乘痏虽欲去之,莫能尽也。颓波所激江南尤甚。②

实际上这是对杨琏真加的恶行及其造成的恶果之真实写照,在《元史》卷二〇二《释老传》中记述得更加详细:

> 有杨琏真加者,世祖用为江南释教总统,发掘故宋赵氏诸陵之在钱唐、绍兴者及其大臣冢墓凡一百一所;戕杀平民四人;受人献美女宝物无算;且攘夺盗取财物,计金一千七百两、银六千八百两、玉带九、玉器大小百一十有一、杂宝贝百五十有二、大珠五十两、钞一十一万六千二百锭、田二万三千亩;私庇平民不输公赋者二万三千户。他所藏匿未露者不论也。

杨琏真加在江南巧取豪夺,欺男霸女,更重要的是私庇平民不纳赋税,人数竟达到两万多户。所以朝廷还在1291年他被撤职之时,特意"宣谕江淮民恃总统琏真加力不输租者,依例征输"③,江淮间的百姓依恃于杨琏真加,连朝廷的税赋都不交了,可见杨琏真加在江南已是势焰熏天。释教总统下面还有佐官,见于金石文字者有判官、参议、经历、都事、管勾等,僧俗并用。这些人勾结在一起,不仅危害一方百姓,而且成为一

---

① 赖天兵:《杭州飞来峰元代石刻造像艺术》,《中国藏学》1998年第4期。
②《佛祖历代通载》,第422页。
③《元史》卷一六,第348页。

般僧人的祸害。朝廷派沙罗巴前去就是为了解决这个问题。

沙罗巴1295年赴任江浙释教总统,他到任后消减苛繁之政,"故遐迩僧寺,赖之以安"①。1297年,又改任福建等处释教总统,他认为当地僧人之苦来自于官员太多,十羊九牧,因此奏请朝廷免去了江南诸路总统。他在江南与僧俗两界人士游赏胜景,并安定江南僧心,这些都对藏传佛教在江南的稳定发展很有裨益。

除了萨迦派之外,到了元末,噶举派的僧人也入元弘法,其中就包括噶玛噶举派的第三世活佛攘迥多吉和第四世噶玛巴活佛乳必多吉。元宁宗的弟弟就跟随攘迥多吉受戒,1337年,顺帝还特意诏他进京,封为灌顶国师,赐玉印。攘迥多吉在京师广传六字大明咒,"上自宫廷王臣,下及士庶,同蒙法施。灵感实多,不可备录"②。

攘迥多吉的转世是乳必多吉,1356年元顺帝曾召他进京,他于1360年到达大都,为顺帝父子讲授金刚亥母灌顶,讲《那饶六法》,并传方便道。乳必多吉不仅给皇帝传法,他还给在北京的各民族的统治阶级人物如蒙古、汉、西夏、高丽等一些王公贵族讲经说法。顺帝的太子酷好佛法,他曾经说:"李先生教我儒书许多年,我不省书中何意,西番僧教我佛经,我一夕便晓。"③乳必多吉也曾为太子讲攘迥多吉所著《本生百事》以及《究竟一乘宝性论》、《大乘经庄严论》等显教经论,以及一些密教的东西。

随着藏传佛教传入内地,藏族的佛教雕塑艺术、仪轨、术语以及藏族的医药知识等也传入中原,汉、藏、蒙等多民族之间的文化交流进一步密切。

藏传佛教传入元朝,对西藏本身也产生了巨大影响。一是促进了西

---

① 《蒙藏佛教史》之《第二篇 佛教之东渐》,第9页。
② 盛熙明:《补陀洛迦山传》,转引自陈得芝著《蒙元史研究丛稿》,第250页,北京:人民出版社,2005。
③ 权衡编:《庚申外史》卷下,任崇岳《庚申外史笺证》,第115页,郑州:中州古籍出版社,1991。

479

藏本土佛教以及寺院经济的繁荣。西藏以帝师为代表的高僧常常得到政府的巨额赏赐，他们把这些钱用来建佛寺、译经、饭僧，使西藏寺院经济空前发达。同时，由于帝师及萨迦派其他高僧频繁地由后藏经前藏入元，沿途不断地弘法，促进了西藏本土各佛教派别之间的宗教交流，从而促进了佛教的发展。二是使得西藏很多人才有了用武之地。在元代，帝师常常把一些优秀的藏人推荐到政府中做官，其中最著名的如八思巴带入元朝的桑哥，最后当到官居一品的"尚书省右丞相、兼总制院使、领功德使司事、进阶金紫光禄大夫"。这些人进入中央政府中做官，一方面增加了中央政府的凝聚力，另一方面也使藏族人民的聪明才智得到发挥。

但是，藏传佛教在中原的流布，也带来许多负面影响，这些影响主要有：

一是损耗了元政府大量的人力、物力、财力。元政府除使用大量的金钱和人力修寺庙、印经书外，还组织了名目繁多的佛事活动，这些都加剧了元朝的经济负担。至顺元年（1330）秋七月中书省臣言财政空虚之五端时就提到了佛事："近岁帑廪虚空，其费有五：曰赏赐，曰作佛事，曰创置衙门，曰滥冒支请，曰续增卫士鹰坊。请与枢密院、御史台、各怯薛官同加汰减"①。元政府的佞佛，加重了其经济危机和人民的负担，成为其灭亡的原因之一。此外，帝师等西藏僧人也常常以作佛事为借口，赦免死囚，严重影响了法律的公正性，更加激起社会的不满。如：至元三十一年（1294）十二月，"庚子，用帝师奏，释京师大辟三十人，杖以下百人"。元贞元年（1295）九月，"用帝师奏，释大辟三人，杖以下四十七人"。② 这使得元代许多杀人偷盗者，作奸犯科者多求藏僧荫蔽，从而得以逍遥于法度之外。

二是藏传佛教传入元朝，加速了其本身在传播过程中的衰落。藏传佛教在传入元朝时，由于本身牵涉的政治利益太多，因而屈从成分太多。

---

① 《元史》卷三四，第760页。
② 《元史》卷一八，第389页；《元史》卷一八，第396页。

同时，元统治者并不能真正地从教义和教理上去理解、接受藏传佛教，促使一部分僧人以法术甚至房中术取悦统治者，这就使得传入中原的藏传佛教开始扭曲变形。顺帝时权臣哈麻"尝阴进西天僧以运气术媚帝，帝习为之，号演揲儿法。演揲儿，华言大喜乐也"。哈麻的妹夫秃鲁帖木儿向顺帝推荐了西僧伽璘真，伽璘真也以密法见长，他传给顺帝一种叫秘密大喜乐禅定的密法，"帝又习之，其法亦名双修法。曰演揲儿，曰秘密，皆房中术也。帝乃诏以西天僧为司徒，西蕃僧为大元国师。其徒皆取良家妇女，或四人、或三人奉之，谓之供养"。顺帝每天修炼该法，广娶妇女，以淫戏为乐。顺帝的诸弟与一班佞臣"皆在帝前，相与亵狎，甚至男女裸处，号所处室曰皆即兀该，华言事事无碍也"。顺帝君臣公然宣淫，众多藏僧肆无忌惮地出入皇宫内院，这就导致"丑声秽行，著闻于外，虽市井之人，亦恶闻之"[①]。因为藏僧的这些行为，使时人对元代尤其是元末汉地的藏传佛教诟病不已。另外，由于受到中央王朝的崇信，萨迦派的势力在元代虽然达到极盛，但萨迦派的僧人很多追逐功名利禄，贪图荣华富贵，在宗教上有声望的反倒寥寥可数。

---

① 《元史》卷二〇五，第 4583 页。

第十三章　宋元时期的佛教文化艺术

第一节　宋元时期的佛教石窟造像与寺庙雕塑

　　北宋时代,改变了五代时期田园荒芜的景象,社会经济渐趋繁荣。在北方,辽和西夏的入侵,国土始终处于分裂的状态。北宋立国后,只看文章、不看门第的科举方针,使大批平民子弟通过科举进入朝廷,形成文化艺术审美层次上的士大夫阶层。他们与唐贵族追求的富丽堂皇审美意识不同,主张天真自然,率性平和。同时,宋代的市民阶层扩大,市民阶层的生活趣味也会影响到佛教艺术。因此我们看到宋代以降石窟造像、彩塑佛像注意生活趣味的展示。在敦煌莫高窟现存的492窟龛中,属于宋代的窟尚不足30多个,多数是用取巧的方法把原有的塑像和壁画冲刷一遍,事实上有些不伦不类。南宋偏安一隅,是经济较为发达的小天下,石窟艺术有所成就。大足和杭州的石窟造像艺术反映了这种情况。

　　元代是中国历史上由少数民族统治的时代。元统治者崇信喇嘛教,因此喇嘛教造像很盛行。元世祖封喇嘛教法王八思巴为"国师"和"大宝法王"。据《元史》记载,元代曾设立"梵像提举司",并在"匠作院"中分设石、玉、木、瓦等局,专司雕塑制作。《元代画塑记》中曾把佛、道像和金刚、神鬼、罗汉、圣像列于画工十三科之先。由于藏传佛教的独特面貌,在中原地区的佛教造像上也出现了新的造型和用色。

一、杭州飞来峰造像

在杭州西湖附近的飞来峰和石屋洞以及慈云岭也有宋代佛教造像。如飞来峰最南端的金光洞、玉乳洞都雕有很多的宋代制作,玉乳洞内还有高约一米的罗汉二十余尊。在金光洞口有一躯北宋乾兴元年(1022)造型精美的卢舍那浮雕。飞来峰中部摩崖龛所雕有弥勒佛和十八罗汉群像,弥勒佛袒胸露腹,手持念珠。此像以戏剧化的成分,去除了宗教的神秘严肃性,给人以人间的欢乐。它与左右两侧的十八罗汉浮雕像形成完整的群像图。飞来峰造像以富有情节的浮雕结构形式、无拘束自由形态出现,反映了宋代佛教造像世俗化的倾向。

二、四川的石窟造像

唐末五代时候,中原地区战乱纷争,四川地区地处西南,社会相对安定,文化艺术活动比较繁荣。佛教在四川早有传播,佛教艺术的发展历史悠久,有诸多佛教石窟造像遗存。

(一) 大足北山

北山造像分布在佛湾、北塔、营盘坡、佛耳岩、观音坡、赶场坡等五处。宋代的制作以佛湾最多,两宋开凿的窟龛占全龛的相当数量,造像特别突出。如125龛的数珠观音,观音手持一串念珠,雕像立于背景衬托为椭圆形身光的莲座上,婀娜多姿,面带浅笑,周身佩带飞舞,体态轻盈,楚楚动人。113窟雕有"水月观音"。136号窟即"心神车"窟,雕有文殊、普贤菩萨像,文殊、普贤分别乘坐在青狮和白象上,雕工精美,刀法细腻,棱角如新。北塔也称白塔,传为唐建,宋代重修。塔内部七级,每级都有宋雕佛龛像,并雕有佛造像和修建塔的施主全家像。塔的外部雕满佛龛,多数保存完好。在北塔北崖下,雕有摩崖大佛及胁侍菩萨等造像。佛耳岩、观音坡等都有摩崖造像。

(二)大足宝顶山

大足宝顶山位于大足县城东北十五公里。全山共有佛造像窟龛群十三处,主要集中在大佛湾。大佛湾造像大多数是密教道场。内容有涅槃经变、佛本生经变、佛报恩经变和父母恩重经变、西方净土经变、地狱变和牧牛道场等,情节性、戏剧性、故事性非常浓厚。

大佛湾北崖的观无量寿阿弥陀西方极乐世界,内容描绘了天国乐土无烦恼的世界。如果想得到这种幸福生活,必须有九品的修行才能往生此天国世界。雕像分为上下两层,上层是体积硕大的三圣像(阿弥陀佛、观音菩萨、势至菩萨)和七宝楼阁等景;下层雕出往生天国的九品菩萨和众生,表现的是身份职司不同的人物形象。

第20龛地狱变相的雕像场面以主宰地狱的地藏王菩萨为中心,分别雕出刀山、剑林、油锅、寒冰等种种酷刑惨状。地狱变的上方,雕有养鸡妇女,本意是养鸡杀生,打入地狱,但雕出的是正在掀开鸡笼的养鸡女,养鸡女类似农村中多见的妇女,表现了乡村生活。

第30龛牧牛道场是宝顶山大佛湾具有民间生活情趣的雕像题材。根据佛理本意是雕出十牛十牧,隐喻佛家的题材,但雕像表现的是现实生活的牛群。牧牛有的在田野间奔跑,有的在溪边喝水,有的卧地舔足,形态毕具。牧童们随着牛的动作有的随地坐卧,有的互相嬉戏,有的唱着山歌,非常生动地反映了乡村生活。

在大佛湾北崖上部崖壁上,有一处吹着牧笛的少女。雕刻工匠生动刻画了入神吹笛的少女,典型再现了四川地区农村少女的纯朴。

宝顶山大佛湾的雕像是南宋僧人赵智凤一生募化所建造的功德,取材佛教密宗瑜珈部柳本尊教义所传的故事,是一项有计划的内容丰富、规模巨大的雕刻工程。根据碑石记载雕刻时间始于南宋淳熙到淳祐,大约六七十年时间才完成。

(三) 安岳、荣县各地造像

安岳境内的石窟群和摩崖石龛有千佛寨、圆觉洞、华严洞、毗卢洞、孔雀寨、大千佛寺、黄桷铺、观音岩等二十多处。其中圆觉洞在县城以南约2公里，雕像分南北两个部分：南为千佛洞，雕有四十余龛，造像约千余躯，多数是一佛二菩萨的三尊像或再加二弟子的五尊像和又加两天王的七尊像。另外的供养人和飞天雕工亦较为细致。圆觉洞所雕的十二圆觉已残毁。紧靠洞窟还有雕像较为完整的佛龛四个，除一龛浮雕为高七米的十三层佛塔之外，其他三龛雕有一佛二菩萨的三尊像。三尊像都是立像，各占一龛，中龛是弥勒佛，左龛是观音菩萨，右龛是大势至菩萨。观音持宝瓶，势至持莲花。这三尊像形体较大高约五米，造型厚重，衣纹绵软。佛、菩萨的上方、左右、背壁处雕有飞天祥云。

华严洞现仅能看到主洞雕像，华严即是华严宗所尊奉的毗卢佛和文殊、普贤菩萨。洞窟前的建筑已毁，洞内宽约十米，深约八米。在后壁中央雕出主佛和文殊普贤三尊像，左右两侧雕十大弟子，在群像上层雕有楼台人物的佛教故事。整个洞窟的布局多有变化，特别是十大弟子各具神态。华严洞左侧还有一处较小的般若洞，正壁雕有一佛二菩萨的三尊像，左右两壁雕像分上下层，上层是二十四诸天，下层是十八罗汉，洞壁有南宋嘉熙四年（1240）的"庚子嘉熙大殿般若洞"的题刻。

毗卢洞包括主洞雕像，还有十佛殿、千佛洞、观音堂的窟龛雕像。主洞中毗卢佛和洞壁所雕柳本尊苦行十劫雕凿在十六米长的大窟中，所有人物几乎与实体同大，显得逼真。观音堂所雕观音像一腿踞坐，姿态自如。

荣县宋代石窟造像有两尊大佛，还有罗汉洞和千佛崖两处窟龛群。荣县大佛中最大者高为三十六米，是仅次于乐山大佛的第二大佛。佛作倚坐式，被四层楼阁遮盖，观赏者只能从楼阁下层仰视。据记载大佛雕于北宋元丰八年（1085）至元祐七年（1092），历时八年。荣县大佛是与千佛岩隔河修造的，在大佛所在的一侧，还有名为罗汉洞的一处佛龛群。罗汉洞的佛龛群现存龛二十个，较大的龛有高约三米的毗沙门天王像一躯，毗沙门天王是佛国护守北方的神王，在四大天王中常居首位，另有较大的龛刻有西方净土变相。

三、陕西北部的石窟造像

（一）延安清凉山万佛洞石窟

清凉山位于延河北岸，沿山麓开凿万佛洞窟三个，窟中造像内容各不相同。其中第一窟较大，窟中造像也较为突出。窟的平面是不规则的长方形，中央有佛坛，在佛坛两端雕成上连窟顶的屏壁，屏壁四面及窟室四壁全是排列整齐的贤劫千佛的浮雕。在千佛行列中，有较大的佛、菩萨龛像多处，龛像内容丰富多样，间有佛舍利和佛涅槃像。突出的是半倚坐式的菩萨像和观音像，这和宋代佛教造像进一步世俗化有关。第一窟是平棋式窟顶，在佛坛上方两屏柱之间，雕有八角覆斗式的藻井三个，中心雕有元丰四年(1081)的造像题记。窟内正壁，即北壁雕出十八排每排约一百多个姿态不同的千佛像。在行列中雕出十六身佛、菩萨造像龛；窟的东西壁面，各雕出十或十五排八十多个与北壁同类型的千佛像。东壁面下部另雕出三个佛龛和一个自在观音菩萨像龛，龛中的造像姿态完美；西壁雕出佛、菩萨像龛和一座舍利方形塔。所有龛像深入壁面，十龛中造像形成半圆雕的形式，使得壁面显得突出，满壁面的佛像万头攒动，是真正的万佛洞。北宋范仲淹对清凉山造像有"凿山成石室，镌佛一万尊，人间亦稀有，神功岂无存"的赞誉。在第一窟窟门上洞拱壁上方有左右对称的文殊、普贤二菩萨龛。一般佛教造像文殊和普贤菩萨是乘坐在狮子和大象的背上，这里却把狮和象分雕在两菩萨的身边。菩萨悠闲自得半倚在山石间，菩萨花冠袒胸，饰以璎珞，下着敞裙，具有一种活泼浪漫的气氛。

延安清凉山万佛洞第二窟，窟内的平面为长方形。窟中央无佛坛，窟后壁上半雕三世佛龛,下半是十六罗汉浮雕;东西壁分别雕出护法天王和乘坐狮、象的文殊、普贤菩萨。在狮、象旁雕出狮奴撩蛮和象奴佛霖,及狮象前雕出的天王像都表现出神勇威猛的生动形象。

延安清凉山第三窟的雕像有多见的布袋和尚,窟四壁雕出一排千佛及少数龛像,窟顶正中雕出古建筑中的大八角藻井,周围有佛传故事浮雕。

(二) 陕西富县石泓寺和阁子头寺石窟

富县石泓石窟群有七个窟,规模不太大。其中石泓寺第6窟,窟内平面成每边十米的正方形,中央佛坛四角,雕有四根方立柱,上连窟顶;坛后侧两方柱中央,雕坐佛、左右二弟子立于方柱前。另在坛的两侧前后柱间雕文殊、普贤菩萨坐像,把所乘的狮、象象征性雕在头部并安在束腰莲座之间。整个窟室四壁及佛坛方柱口,雕满千佛,间以佛菩萨像龛。千佛的形象姿态不同,有的类似罗汉。在佛坛西侧后柱正面雕出的半倚坐菩萨像,姿容丰美。这一窟有金皇统元年(1141)和贞元二年(1154)的题铭,定为金代石窟。

富县阁子头寺有一宋代造像窟,窟前有寺庙殿宇五间,窟内平面为深约四米、宽五米的方形,中央无佛坛,窟内雕有上连窟顶的方柱四根,靠窟后壁处,雕出三世佛跏趺坐于坛上,左右侧二胁侍立于坛角,四石柱雕满罗汉、千佛。窟的东壁有浮雕说法图及五百罗汉像,西壁有浮雕涅槃相,称为"涅槃变"。阁子头石窟壁雕佛涅槃变,强调佛弟子的哀悼情景,雕刻者打破常规,把佛主体的范围缩小,突出渲染众弟子哀痛欲绝的神态,有的掩面而泣,有的沉痛哀悼,有的匍匐呼号,有的抱着佛脚在哀伤,有的痛昏在地。如《摩诃摩耶经》中所言:或有宛于地,或有牵绝衣服璎珞,或拔头发,搥胸大叫。因此"涅槃变"故事性强,有浓郁的生活气息。在世俗化的倾向上,佛本身也无神光表现,佛与弟子的关系上更为接近。在故事浮雕的构图上,运用装饰浮雕的手法,用彩云、菩提树等作为陪衬,构成一幅瑰丽的装饰图案,在阁子头寺石窟内四根立柱上,除雕有千佛像外,还雕有罗汉像浮雕,富有艺术性。

(三)陕西子长县万佛寺石窟

子长县万佛寺位于子长旧城东北北钟山南麓。万佛寺石窟是北钟山南麓并排七个窟室中最大者,其他六窟半数风化残毁,万佛寺造像多保存完整。窟内呈长方形,中央佛坛前后有四根上连窟顶的方柱,后排方柱间,雕有三世佛,左右有二弟子二菩萨。在八个方柱的四面及窟室四壁,雕满小千佛,间以佛龛菩萨坐像和佛故事。子长万佛寺有宋代治平、熙宁、元祐、元丰的题记,说明子长石窟造像工程日期长,同时也是陕北宋代石窟最大的一处。子长万佛寺的造像集中在窟室中央佛坛上,三世佛造像完美,有的佛手雕得柔润如真,三组胁侍弟子、菩萨像亭亭玉立,全身衣带褶皱流畅有致。子长万佛洞窟前壁左右侧千佛下的罗汉群像,体积不大,但千姿百态,富有生活气息;上部的小千佛坐姿各不雷同,流露出不同的表情神态。

(四)陕西黄陵县万佛寺石窟

陕西黄陵县万佛寺石窟的平面为正方形。窟门甬道较长,从甬道入口起,满布浮雕造像;窟室中央有佛坛,佛坛正面雕一佛二弟子的三尊像,左右屏壁各雕有一佛二菩萨;屏壁外则雕出上下两排的佛龛造像。窟的石壁中部浮雕有五百罗汉,左为济度众生,右为佛涅槃故事浮雕,左右壁间雕有高三米立佛多身,形体优美,比例适度,手足体积感强。在托钵药师龛像的右下侧,雕出佛舍利塔,龛上楣雕飞天伎乐。佛下雕有供养比丘和执役童仆各一,神情生动逼真,有生活气息。窟右壁上部,雕有平雕式的大型佛涅槃变,因佛涅槃而处于惊骇悲哀状态的弟子群,刻画得十分入微。突出的造像是雕在窟门进口甬道和窟室前壁左右,右壁下层雕排立于云朵之上的十方佛,雕工细致比例匀称。甬道两壁的造像内容分为上下层,上层是以地狱变和涅槃变为中心,其两侧各雕出日光、月光菩萨、半倚坐观音、修行比丘等;下层雕有十六罗汉像,形成了内容丰富多样的浮雕和半圆雕造像群。

陕西黄陵万佛寺和延安万佛洞寺，子长万佛寺南北相距两百多公里，造窟时代相近，窟内造像，在题材内容和雕刻风格上很一致，在雕刻艺术成就上各有特点。子长万佛寺刀法犀利，黄陵万佛寺罗汉像特别是比丘造像，洗练如新。黄陵万佛寺窟的造像题铭上，雕刻出绍圣三年（1096）、元符三年（1100）、政和五年（1115）和金大定三年（1163）等的题记。在中央佛坛上还刻有"绍圣三年九月，鄜州介端等镌并工"和"政和五年六月一日并工记耳，作佛人鄜州介端，男介元、弟介子用、弟介政"的题记。这是迄今所知道的陕北一带佛窟雕刻匠师仅有的名字。

四、甘肃麦积山石窟造像

甘肃天水麦积山石窟上七佛阁和43窟下的天王像，28窟和90窟的佛弟子像，36窟和90窟的坐佛及165窟的胁侍菩萨和供养像，都是前代塑像损毁，到宋代补塑的。麦积山宋代并无开凿的新窟，仅作一些补塑的工程。麦积山的宋代补塑像继承了唐代的造型风格，宋代造像与唐代造像相比更富有世俗化的特点。如麦积山165窟的胁侍菩萨和供养像。正壁龛中塑出的左右两个供养侍女，是宋代妇女的写照，反映了西北地区妇女的典型形象。学者郑振铎先生在关于麦积山的调查报告中说麦积山第165窟宋代补塑像具有那时代所特有的风格，如侍立着的两个宋塑供养妇人，面部丰满，神情生动，衣褶也飘动如飞，的确是公元第12世纪左右的雕塑中的杰作。

五、宋代寺庙罗汉雕塑

佛教设像以佛、菩萨、罗汉雕塑为主要载体传道。从图像的本身来说，宋代罗汉雕塑在佛、菩萨雕塑的基础上有所发展，以保圣寺、紫金庵、灵岩寺等的罗汉泥塑为代表。宋代罗汉雕塑与早期佛、菩萨雕塑相比较，从材质、技法的选择，空间的转换，数量、体量、形态等变化来说，渊源于印度的罗汉逐渐变成中国的罗汉，罗汉雕塑世俗化了。

罗汉是梵音阿罗汉的简称,有应真、应供等含义,指小乘佛教修行所达到的最高果位罗汉果,罗汉常住世间,可以摆脱生死轮回,在中国一般有十六罗汉、十八罗汉和五百罗汉之说。唐代玄奘大师西行取经带回《大阿罗汉难提密多罗所说法住记》,作者庆友尊者(难提密多罗)在佛涅槃时分别注明了十六罗汉的名号和出处,这是十六罗汉信仰的最早依据。由此罗汉信仰在中土不断流传兴盛,后人又在此基础上增成了十八罗汉,随着十六、十八罗汉住世护法的传播,激发了汉地信众的罗汉崇拜,关于五百罗汉的说法也应运而生。

罗汉信仰本源自印度,传到中国后落地生根迅速发展,尤其是宋代出现了许多雕制罗汉或绘制罗汉的名家圣手,罗汉与中华文化相结合形成了多姿多彩的罗汉艺术。宋代罗汉雕塑有杭州飞来峰金光洞刻的十八罗汉,以及大足大佛湾第168窟共计532身的五百罗汉造像,还有广东曲江南华寺木制的五百罗汉(现在只剩下三百余身)、苏州甪直保圣寺的半堂罗汉雕塑、苏州东山紫金庵罗汉雕塑和济南长清灵岩寺罗汉雕塑等。

(一)保圣寺半堂罗汉雕塑

苏州甪直保圣寺建于梁天监二年(503),是江南一座古老的寺院,元代书法家赵孟𫖯曾为寺题抱拄联:"梵宫敕建梁朝推甫里禅林第一,罗汉溯源惠之为江南佛像无双。"保圣寺罗汉像原有十八尊,发现之初曾轰动学术界,被认为是杨惠之遗构,后来分析作品与盛唐丰满瑰丽的风格不符,而与北宋写实传神的风格相似,故暂定其年代为北宋。1928年罗汉殿半边坍塌,半数罗汉被毁,最后经蔡元培等呼吁集资倡修,建筑家范文照设计,雕塑家江小鹣、滑田友把幸存的九尊塑像重新复原成现在的模样。

保圣寺半堂罗汉雕塑的艺术成就和主要特色在于设计构思的成功。罗汉像精巧地融于寺院墙壁中,避免了一般把罗汉像单独供奉的排列顺序。雕塑家以墙壁山水浮雕为背景,把罗汉泥塑置于其间,并施以色彩,运用写实夸张对比的手法,映衬形成立体效应的塑壁。在塑壁上,禅宗始祖达摩罗汉高居正中呈修行状态,结跏趺坐,闭目顿首,双手笼袖置于腿上，面无表情，体现了"静处安禅治毒龙"的意境。与达摩一洞之隔的"降龙罗汉"具有"胡貌梵相"的特征，锋芒毕现的斜视双目定能制服天上的恶龙。在整个塑壁中有一组场景引人入胜，就是讲经罗汉和听经罗汉，讲经罗汉是一位精神矍铄的老者，后背微驼，嘴巴张开，正滔滔不绝地讲授佛理，尤其是讲话时的嘴巴感觉上几乎要脱臼了，可谓是诲人不倦；而听经罗汉则是年纪轻轻恭恭敬敬，听经时神情专注，会意在佛境中，可谓是学而不厌。这组雕塑运用对比的手法，老者夸张动态，少者写实静态，相映成趣。在塑壁东下角的山洞中，有一络腮胡子的罗汉，表情丰富，哭笑不得，俗称"尴尬罗汉"，好像"尴尬人遇到尴尬事"，具有世俗性和人性化的特征。在塑壁的西面还有袒腹罗汉、伏虎罗汉、沉思罗汉等也各具特色。

保圣寺半堂罗汉雕塑的精彩之处在于塑者敏锐地捕捉了罗汉像精神风貌的一瞬间，达摩的摒思绝虑，降龙的仰斜视的眼神，讲经时动静的结合、尴尬的表情等，作者都加以典型化的夸张和写实性的描写，具有艺术感染力。遗憾的是山水塑壁上和罗汉衣纹上的装銮颜色可能由于时间的关系大都脱落了，这使得塑壁罗汉显得更为古朴。保圣寺宋代塑壁罗汉像写实传神，艺术价值很高，当是中国雕塑史上的经典之作。郭沫若先生曾作过评价：保圣寺罗汉塑像，筋骨见胸，脉络在手，尽管受着宗教题材的束缚，而现实感却以无限的迫力向人逼来，使人不能不感觉到一种崇高的美。佛教在唐代发展为宗派林立的局面，至五代两宋禅宗压倒其他宗派几乎成为佛教的代名词，佛教造像基本上也成为禅宗造像，因此王子云先生认为："罗汉是属于禅宗的产物。"[①]禅宗视自然界一切事物体现了"真如"，认为"青青翠竹，尽是法身；郁郁黄花，无非般若"。保圣寺的山水塑壁罗汉像体现了罗汉与自然的亲密关系，表现了罗汉处于山水之中俯仰自得的风貌而成为中国罗汉中独特的半堂罗汉。

---

① 参见王子云著《中国雕塑艺术史》第218页，北京：人民美术出版社，1988。

（二）东山紫金庵罗汉雕塑

苏州东山镇紫金庵罗汉殿中有十六尊罗汉,据清乾隆二十六年(1761)所立紫金庵《净因堂碑记》记载:"应真像怪伟陆离塑出名手,余游于苏杭名山诸大刹,见应真像特高以大,未有精神超忽呼之欲活如金庵者也。"说明紫金庵的应真像(罗汉像)虽没有其他大刹应真像高大,但塑得很有神。紫金庵十六尊罗汉像容貌不同,神情各异,分别用一个字形容各像的特点为:慈、虔、瞋、静、醉、诚、喜、愁、傲、思、温、威、忖、服、笑、藐。紫金庵的十六罗汉像相传是南宋民间艺人雷潮夫妇所制,据《苏州府志》记载:"金庵在东洞庭西坞,洪武中重建,内大士及罗汉像,系雷潮装塑,潮夫妇俱称善手,一生止塑三处,本庵犹为称首。"

紫金庵罗汉像的艺术特色在于塑者雷潮不仅注重单尊的形象神情,同时十分注意罗汉之间情节的组合,比如降龙罗汉与身旁两尊罗汉和相对的伏虎罗汉形成了情节性的效果。降龙罗汉和身旁两位尊者,第十四尊者伐那婆斯和第十六尊者注荼半托伽,三者并列,目光都投视到柱头的虬龙,表情各不相同,降龙罗汉双手拉开正施法术降龙(龙在虬龙柱上,很小),眼神威严中含有蔑视,身旁的十四尊者手一摊,嘴一抿,表示赞叹,而十六尊者头一扭向相反的方向露出一副不屑一顾的神情,但是眼睛仍斜视虬龙,并想着你是如何降龙的?而相对降龙罗汉的伏虎罗汉则温和得多,他笑望脚边的老虎,感觉这已不是虎了,小得更像一只猫,尊者伸出手正欲抚摩老虎,与此同时另一只手拉着衣襟抬脚准备老虎发威时能开溜。

罗汉降龙本是传说中一种住世护法的行为,在紫金庵则演变成为罗汉之间的心理暗战,在降龙罗汉伏虎罗汉中,龙几乎小到如蜥蜴,虎简直变成了猫,尤其是伏虎罗汉简直不是伏虎,而是抚虎,反映了罗汉神性的不断跌落。除了塑技本身的高超外,罗汉泥塑的衣纹和装銮非常精致,塑者雷潮运用中国绘画中兰叶描和铁线描表现罗汉的衣纹,具有写意性,在僧衣的着色上可以称得上随类赋彩,受南宋花鸟画的影响僧衣上多有写生折枝花、穿枝花的图案,受民众喜好影响服饰上也多有祥瑞文字等。

(三) 灵岩寺千佛殿罗汉雕塑

在山东济南长清区有一名刹灵岩寺,寺中千佛殿有四十尊罗汉泥塑,被梁启超誉为"海内第一名塑"。塑像同苏州东山紫金庵罗汉坐像有相似之处,以动态、情节性、写实见长。千佛殿罗汉第一尊是东土初祖达摩,形象逼真,在达摩像的身旁有两尊罗汉与达摩形成一组塑像,一弟子向达摩伸手请教,另一弟子则是侧耳倾听,共修佛道形成情节的效果。四十尊罗汉像中,双桂堂神通破山和尚体态魁梧颇具山东大汉的形象,他双眉微蹙,左手平舒丝帕,右手似乎从丝帕中拿出东西,睹物思情,眼中含泪,鼻底好像流出一点鼻涕,神情关系处理地极为微妙。灵岩寺的天台醉菩提济颠和尚(济公活佛)双手拄着禅仗,只不过手中的禅杖现已遗落,济颠和尚的法衣与千佛殿中其他罗汉像色彩丰富的装銮不同,简约朴素而且偏袒右肩,具有突出的平民化特点,不过这尊济公外形上具有梵僧形象的特征。

佛教传到东土后,到宋代儒释道三教合流,佛教完成了中国化的历程。此时禅宗兴盛,表现为谈禅说理,机锋棒呵,言辞犀利,这种佛教的时代特征也反映在千佛殿的罗汉像中,比如东土摩诃菩提尊者与精进比丘鬼逼禅师相互对辩,尊者伸出一指指天,禅师向前伸出两指,似乎各自有理,还有灵山会上波陀夷尊者和忍辱无嗔伏虎禅师的论辩,天台演教智者大师和律藏会上优婆离尊者的争论等。

灵岩寺罗汉在20世纪80年代经分割解剖,在一些罗汉的腹腔中发现以纸绢材料仿制人的五脏六腑,其中一罗汉体内有一铁铸模,经解剖被取出放在罗汉像的前面。因此有人认为:"由于中国人不具备科学地把握事实真实的标准的能力,对写实的一味追求必然导致庸俗写实的雕塑风格的产生。"①

---

① 参见王可平著《凝重与飞动——中国雕塑与中国文明》第158—159页,北京:国际文化出版公司,1998。

（四）曲江南华寺的五百罗汉木雕像

广东曲江南华寺有一堂盛极一时的宋代圆雕五百罗汉像。南华寺的木雕五百罗汉像尚存360躯，雕像所用木材，以柏木最多，少数是樟木、楠木和檀香木。像连座通高49.5—58厘米。其中有159躯木雕前有题记。从题记线索可知，这些五百罗汉像是一个署名会首弟子杨仁禧的人，于北宋仁宗庆历五年至八年(1045—1048)负责募化、组织在广州雕刻之后运往南华寺的。

南华寺的五百罗汉像，都是用整段木头雕成，通体造型大体保持一种圆柱状，躯体服饰的处理力求紧凑，大刀阔斧，涉刃成趣。头部五官、手部指掌雕镂比较细腻。雕成后表面还要裹布髹漆贴金，筋骨肌肤、衣服褶边的转折纹路比较深。南华寺的五百罗汉坐姿动作多种多样：有禅定、论道、沉思、观经、休息、抱膝等，真实而又自然。从五百罗汉像看出宋代僧人的生活和体貌。

（五）其他的罗汉像

山西晋城青莲寺十六罗汉像是在该寺的上寺，另有下寺，相距一公里。上寺在县城东南约十八公里的太行山麓。据寺内的碑石记载，寺创建于北朝后期，历隋、唐至北宋，多次重建。该寺大佛殿的石柱上刻题有北宋崇宁、熙宁、元祐、元符、宣和等纪年。十六罗汉像现在寺内东配殿，殿建于北宋末年建中靖国元年(1101)，清代初年改建，十六罗汉塑像仍保持原状。十六罗汉像虽面相、年龄各不相同，但都生动真实，神情活现。而服饰衣纹贴体利落，体格肌肉合情合理均显示了雕工的技巧。

在佛教东传的北魏时期，佛教雕塑多是石窟中的石刻佛像，在造法上有着固定的尺度比，在石头上寄托着力量和美的风范，展现了佛性的理想美。如果溯源的话可以追溯到古希腊的理想造型，主佛的形象高大威严，使人在佛的面前顿觉渺小，衣纹亦是异域的特征。到了唐代，佛像雕刻虽是高大，但在庄严的佛性中舒展了人性的光辉，佛像脸部造型的明显变化,就是有了和颜悦色,体态上变得丰腴,服饰上也开始汉化。到了宋代,佛教从义理上完成了中国化的历程,儒释道三教合流,禅宗思想影响广泛,罗汉图像大量增多并不断演绎,反映了佛教世俗化的倾向。

宋代的罗汉像多是供奉于寺庙佛堂中的雕塑(以保圣寺、紫金庵、灵岩寺、南华寺罗汉像为代表),与北魏、唐的佛教石雕相比较,反映了两种材质和技法的不同选择。早期佛像雕塑的材质是石头,表达了人对神和灵魂的永恒祈求,石头的坚硬象征着生命的强度,石雕减得只留下筋骨、灵魂,而宋代罗汉像多用泥塑、木雕辅以阴线刻,同时敷上色彩,这符合中国人的心灵特征呈现了固有的雕塑传统。另外从罗汉雕塑所处的空间的因素看,就是罗汉多供奉于寺庙佛堂之中,与早期佛像所处的空间相比,出现了由石窟到寺庙空间转换。从唐至宋佛教的中国化可以说成是佛教的大众化。"人人皆有佛性","众生皆可成佛",世俗的风潮使得"从修禅观佛发展到诵经、念佛、供养的礼拜佛,促使了石窟空间向寺庙空间的发展。修禅主静,为修禅观佛而开凿石窟,可谓静态空间;诵经、念佛、供养主动,这样的活动空间可谓之动态空间"①。宋代的罗汉像"同常凡众"、"隐蔽圣仪"住世护法与世俗处,吸引了大众的礼拜热情,修禅不断衰微,终于导致寺庙的动态空间代替了石窟的静态空间。

伴随着佛教的世俗化和禅宗的兴盛,罗汉像数量不断增多,有十六、十八乃至五百罗汉,人们进入罗汉堂多看的是罗汉而有时会忽视佛像;在体量上,宋代罗汉雕塑与真人差不了多少,换句话说更像真人,具有鲜明的写实风格;罗汉像在姿态动态上与佛、菩萨相比,罗汉像更加随意出现了类似的半跏趺坐和自在坐法;在手势上千姿百态,或禅定或论辩或降龙伏虎;与佛像和观音作为单独供奉、有着特定的仪轨相比,罗汉像的

---

① 参见吴为山、王月清主编《中国佛教文化艺术》第49页,北京:宗教文化出版社,2002。

塑造更有情节性，比如苏州保圣寺的讲经罗汉和听经罗汉，东山紫金庵的降龙罗汉与身旁的两尊罗汉的不同态度，以及山东长清灵岩寺的罗汉之间的机锋论辩等；就罗汉像的脸部塑造来说，与佛、菩萨抽象的面貌相比，罗汉脸部符合具体人物造型的特征，或是汉僧形象或是梵僧的形象，亦符合地域人物特征，如灵岩寺中双桂堂神通破山和尚就是山东大汉的形象。就罗汉塑像的衣纹来说，与早期"曹衣出水"的佛像服饰相比，罗汉衣纹技法的运用具有中国线描的因素，如紫金庵和灵岩寺的罗汉衣纹走向，使得罗汉像的姿态生动。北宋时期水墨山水的发展，丰富了线描的表现；南宋严谨的写生花鸟画也推动了线描艺术的发展，这对宋代罗汉像的服饰表现有着借鉴作用。

以保圣寺、紫金庵、灵岩寺、南华寺罗汉像为代表的宋代罗汉雕塑，突破了宗教艺术的仪轨，以世俗化的现实人物为例，采用写实的表现手法和空间的转换，使得神像走向人间"同凡常众"。渊源印度的罗汉逐渐变成了中国的罗汉，罗汉雕塑世俗化了。

六、辽金时期的佛教雕塑作品

辽金时期的佛教雕塑，其艺术特色以蓟县独乐寺、山西大同的下华严寺和善化寺等处的作品较为显目。

（一）蓟县独乐寺

蓟县独乐寺志载始建于唐，寺中观音阁和山门两处建筑，是辽统和二年（984）所建，观音阁中的塑像同时被塑造。独乐寺观音阁，面宽五间，进深四间，上下层之间设一暗层，重檐歇山顶，通高二十三米。建筑手法高超，风格朴实，是国内现存最古老的木结构高层楼阁。明代王宏祚《修独乐寺记》称："寺之雄，以大士阁（观音阁）称；阁之雄，以菩萨像称。"这里所讲的菩萨像是观音阁的主像，是一个高十六米多高的十一面观音菩萨泥塑立像。像身披偏袒右肩式袈裟，头顶伸出有四重十个菩萨头像如宝冠,肩臂间帛带缭绕,面相丰韵,神情慈悲。侍立二菩萨,衣着华丽,身向前倾,腰部扭斜,双手举起,面部表情温和。观音阁三尊菩萨像精神内涵丰富,艺术成就突出。独乐寺山门面宽三间,进深两间,屋顶是庑殿顶,山门的两次间前部,左右相向立有两躯金刚力士像,各持金刚杵,伸掌作拳作怒喝状,立眉吊睛,肌肉暴起,衣带飞扬,气势威猛,使人感受到力与美。

(二)大同下华严寺塑像

下华严寺位于山西大同市西南,创建于辽,与上华严寺为一整体,规模较大。下华严寺的主体建筑是建于辽重熙七年(1038)的薄伽教藏殿。薄伽是释迦牟尼"世尊"梵名"薄伽梵"的简称;"教藏"系经藏,是收藏佛经的殿宇。薄伽教藏殿内保存有比较完整的三十一躯辽代塑像。

薄伽教藏殿面宽五间,进深四间,单檐歇山顶。殿内前部的宽阔佛坛上,以三佛为中心,分布有阿难、迦叶、二跌坐菩萨、二侍立菩萨、二供养天等神像。佛坛四隅各立有持宝剑或持金刚杵的护法天王,共三十一躯。这种以佛为中心,两旁罗汉、菩萨有坐有立,并有二躯供养天的群像布置方式,较为常见;三佛并列及四天王分置佛坛四隅的格局,比较少见。

薄伽教藏殿的佛、菩萨等塑像,造型丰腴饱满,姿态多样。三佛手印有似说法,有双手合掌或一手若捧持,一手作轻抚状。中央卢舍那佛右侧的跌坐大菩萨像,胸前挺,面部微颔,右手举于胸前作说法印,左手摊置腿上,在群像中较为注目。侍立菩萨像中以释迦牟尼佛左前侧的一躯有情致,这尊菩萨像亭亭玉立,微向右倾斜,重心大多落于右足,双手合十于胸前,头稍向右侧,双目含情,流露笑意,情真意切,耐人寻味。这尊菩萨像是辽代佛教造像中非常优美的一尊。

(三)大同善化寺的塑像

善化寺位于大同市南门内的西侧。现存建筑有山门、三圣殿、大雄宝殿及大殿两侧的东西朵殿、大殿右前方的普贤阁。大雄宝殿是辽代建筑，殿内塑像是金代重修时塑造。三圣殿、普贤阁与山门皆是金代建筑，菩贤阁上层主像普贤和胁侍像与大殿的塑像也为金代塑造。大雄宝殿建于高台上，面宽七间，进深五间，单檐庑殿顶，前有广阔的月台，较壮观。殿内后部的佛坛上，列置高大的五方佛像并胁侍菩萨像四躯。五个佛像面貌坐式衣饰大体相同，差别仅在于手印。护法的二十四诸天塑较之罗汉像更为舒展，没有严格的仪轨约束。各具特色的诸天形象，可补佛、菩萨像的布局，又可满足信众的欣赏要求。

七、元代的"梵式"造像

元朝为满足蒙古贵族的生活需要，特在工部设立诸色人匠总管府、提举司和各种局院，其中工匠统称为"匠户"，全是从民间搜刮而来，又名"括匠"。元世祖至元十六年，在中国北方各地一次就授括工匠四十二万人，至元二十四年又籍江南民为工匠三十万户。这些工匠户多掌握一定的手工艺技术，包括精于雕刻的人才。

清代《造像量度经》序言说："所谓梵式者，元世祖混一海宇之初，你波罗国（尼泊尔）匠人阿尼哥善为西域梵像，从帝师八思巴，奉敕修明堂针灸铜像，以工巧称。而其门人刘正奉（刘元）以塑艺驰名天下。因特设梵像提举司，专董绘画佛像，及土木刻削之工。故其艺绝于古今，遂称梵像，此则所谓梵式者也。"元代信仰喇嘛教，曾于江南地区设释教都统。当时驻杭州都统杨连真加，在他的提倡下，灵隐寺飞来峰大造龛像。从至元十八年（1281）后的十年中，飞来峰共雕造摩崖龛像五六十处，造像一百二十多躯。如19号龛浮雕形式的唐僧取经，用白马驮回佛经的故事。28号龛阿弥陀佛和观音、势至菩萨三尊像，此三尊像左右胁侍皆为坐像，衣饰造型超出了常规的样式，如观音、势至二菩萨与中央主佛同为结跏趺坐式，文殊、普贤不乘狮象，超出常规。43号龛的多闻天王也称毗沙门天王，是佛国须弥山北方的守护神，雕像呈现的是骑着猛狮、形象威武的天神;59号龛题名"密里瓦巴"的雕像,雕有一踞坐式威神,张口怒目,右臂抬起,形象威猛。在雕像的左侧有两个雕工精致的供养女,手托供具,恭谨地贡献主像。

杭州的梵式造像不止飞来峰一处,宝成寺的梵式造像也是重要的作品。据《宝成寺住持成实重修石碣》说,明代万历四十三年(1615)曾经重修过大殿中的"麻曷葛剌龛",1988年修葺宝成寺,在正殿后岩壁的"麻曷葛剌龛"的左右各清理出一龛,共三龛为一组。中间为"麻曷葛剌龛",左为骑狮侍者,右为骑象侍者。龛左有铭文刻石,上有:朝廷差来官骠骑卫上将军左卫亲军都指挥使伯家奴,发心喜舍净财庄严麻曷葛剌圣相一堂,祈福保佑宅门光显禄位增高,一切时中吉祥如意者。至治二年(1322)立石。麻曷葛剌造像是高浮雕,头戴冠,粗眉怒目,络腮胡子,蹲坐姿势,双手横置前凸的腹上,两手掌之间是一个人头。形状如清人厉鹗所述:"五彩与涂饰,暗惨犹淋漓。"据考证,麻曷葛剌是大黑天神,在当地民间《大黑天显灵传神话》(见《西湖石窟揽胜》)说:"相传元兵攻城时,曾遭守城的官兵奋力抵抗。以后,由于大黑天显灵,带了许多天兵天将,腾空而行,在城内降法,于是守兵大败。"《汉藏史集》记八思巴为巨州麻曷葛剌塑像开光后说:"此依怙(即麻曷葛剌)像之脸面,朝向南方蛮子地方,并命阿阇梨胆巴贡噶在此护法处修法。"

梵式造像的题材有四部,即:佛部、菩萨部、佛母部、护法部。据统计,飞来峰梵式造像中佛部题材最多,共有十三尊,主要刻藏传密宗各部主佛,如龙泓洞口上部第13龛的中央如来部主毗卢舍那,左手持金法轮,右手结降魔印,为坐姿。

第16龛是南方宝部主宝生佛,手持摩尼宝珠,坐姿。

溪畔石壁第48龛是无量寿佛,双手作弥陀定印,掌上置宝瓶,坐姿。

第55龛是释迦佛,左手作入定印,右手作降魔印,坐姿。

傍溪栈道第37龛是释迦佛于菩提树下成道的坐像,右手作降魔印。

呼猿洞第70龛是三尊造像,中间为释迦佛,左右为普贤、文殊菩萨,普贤执莲,文殊持剑。三尊像皆为坐姿,释迦佛平髻螺状,普贤、文殊菩萨头皆戴莲花宝冠。

一线天洞第25龛是胜初佛,又称秘密大持金刚。头戴莲花冠,左手握金刚铃,右手握金刚杵,交叉于胸前。

菩萨部第64窟的四臂观音,全跏坐姿,头戴莲花冠,前双手合十,后左手持莲,右手执数珠。

第49龛狮子吼观音像,高约一百五十厘米,面有三目,闭目下视,高髻,着虎皮,底是狮子座。后壁有浮雕,右有叉戟,左有一莲,莲上置一剑。龛右壁又有浮雕,人身鳞尾,首饰戴花冠的人面,面相方圆,下颌丰满,作回首顾盼状,人头后上方伸出七只鸟形头。《一字顶王画像法品第三》说:"熙连禅河神后,画七头迦里大龙王母,止鳞驼七头龙王,各跪捧宝莲花宝珠。"

居庸关过街塔洞壁上四天王可称为元代雕塑的代表。过街塔又称云台,在今北京昌平县居庸关城中的通道上,系元朝最后一个皇帝元顺帝于至正二年命大丞相和左丞相主持创建,至正六年(1346)建成。原为在有券洞的台基上树立三座喇嘛塔。三塔于元明之际毁坏,后曾两度在其上建造佛殿,又均毁于火,而塔之台基保存至今,人们仍称之为过街塔。过街塔台基用汉白玉的灰白色大理石砌成。过街塔雕刻的重点在券洞里,券顶的一排五个团花图案似的薄肉雕,是密宗用以标志"转识成智"抽象宗教哲理的五佛曼荼罗。券顶两旁的斜面上,是薄肉雕的十方佛,用以代表东西南北四维上下无量无边的诸佛净土。十佛造型,均结跏趺坐禅定印。在十方佛之间遍布以薄肉雕贤劫千佛,有更多的图案装饰意味。券洞两壁中间,分别用梵、藏、八思巴、维吾尔、汉和西夏六种文字阴刻《佛顶尊胜陀罗尼》、《佛顶放无垢光明入普门观察一切如来心陀罗尼经》的节略本和《造塔功德记》,藉以显示元朝所统治的多民族国家。四天王处于激烈的运动之中,天王之外,有各种雕饰,如人物、天王、飞天、龙、狮、花草、念珠等物。雕刻虽精美,但显得散杂于建筑的功能搭配不太协调。

第二节 宋元时期的佛教绘画

五代时期,中原屡遭战火,周世宗时灭法,焚烧拆毁了大量前代庙宇。然为时不久,赵宋建国后又对佛教采取保护政策,加之佛教在南唐、西蜀等地一直流行,有一批宗教画家入宋,与中原的匠师会合成为北宋寺庙壁画创作的骨干队伍。重要的佛寺壁画绘制,仍然由名流执笔。在宫廷之外,许多上层知识分子都与佛教交往甚深,随着文人画的兴起,文人创作的佛教绘画从数量和质量上都保持着较高水平。此外,金、辽、西夏等少数民族政权也主持创作了相当数量的佛教绘画。到南宋时,卷轴画代替寺院壁画而盛行,对于佛画的礼拜供养也渐转变为鉴赏玩藏,名人画家多不事壁画,而寺院壁画遂多委之于当时社会所推重的漆工匠人之手。

元代佛教绘画在数量和艺术成就上均不能超越前代。但由于佛教已经深入到从底层民众到上层统治者的社会各阶层的生活中去,元代佛教绘画仍然具有相应的时代特点。两宋以来,佛教成为越来越多文人士大夫的精神寄托,加之元代少数民族统治的特殊政治背景,文人士大夫的创作日益成为佛教绘画的主体。其中不仅有文人间赏玩酬祚的卷轴画,也包含大量的寺庙壁画。这些作品,往往出自名家,艺术成就较高,但宗教气息减弱,很多寺院壁画的题材甚至无关宗教,更多表现文人内省和超越的精神世界。另外,元代禅宗和密宗大为盛行,两派独特的宗风也影响了佛教绘画。禅宗寺庙往往不事藻饰,其影响下的佛教绘画多表现高僧故事,充满生活情趣,佛、菩萨像渐少。与此相反,密宗绘画则不厌其精,用色泼辣,形态夸张,创造出很多独特的艺术形象。此外,石窟壁画和版画的创作也值得关注。

一、寺庙壁画

（一）两宋时期的佛教绘画

宋代帝王大都有较高艺术修养，统治者往往搜罗名画家，给以较高待遇，专为宫廷服务。继五代西蜀、南唐之后，宋在开国之初即建立了翰林图画院。宋代翰林图画院是为宫廷服务的机构，它不同于皇帝顾问性质的翰林院，而与御书院、棋院、医官等局隶属于内传省，由宦官专门管理。西蜀、南唐亡国后，其画院大部成员集中于北宋画院。画院画家不同于普通画工，他们享受较好的待遇，允许穿绯紫官服，到徽宗宣政年间并许佩鱼，可以调借宫中藏画临摹欣赏，因而有提高技艺的便利。宫廷画家也往往以受到皇帝奖励为荣耀。

由于统治者的提倡，两宋时期画院成为我国历史上制度最完备、规模最庞大、成就最辉煌的官方机构。这也在一定程度上推动了宋代佛教绘画的发展，因为当时宫廷画家的一项重要任务就是绘制敕建寺观壁画。当时参与寺庙壁画创作的重要宫廷画家有王瓘（画昭报寺壁画佛道功德等）、王蔼（画开宝、景德等寺壁画弥勒下生等）、孙梦卿（画开宝寺壁画菩萨等）、赵光辅（画许昌各寺壁画地狱变、功德等）、高益（画相国、崇夏等寺壁画阿育王战像）、高文进（画相国、开宝诸寺塔壁画变相诸功德等）、王道真（画相国寺壁画祇园因缘、志公变等）、孙知微（画成都寿宁院壁画炽盛光等）、武宗元（画佛、文殊、普贤、水月观音等及许昌龙兴寺壁画旃檀瑞像、帝释、梵王等）、孙怀说等。苏汉臣，开封人，北宋宣和画院待诏，师刘宗古（刘亦宣和画院待诏，精于人物山水佛像，擅长傅染），善画道释。南宋以后，有苏汉臣、李从训、李祐之等善佛教画，工于赋彩。

北宋时期大规模的寺观壁画绘制活动中，以汴京大相国寺最为宏伟突出。著名的道释画家有高益、高文进、王道真、石恪、武宗元、李象坤、李用及、李元济等。一些山水花鸟画家如王端、燕文贵、庞崇穆、崔白等也都参加过寺庙壁画创作活动。

相国寺为北宋都城汴京名刹,始建于北齐天保六年(555),唐睿宗景云二年(771)重建,吴道子、车道政等曾在此寺绘制壁画。北宋扩建后,规模更加宏大,建筑群达六十余院。寺后资圣阁尤为雄伟壮观,号为汴中八景之一。相国寺殿阁廊庑的壁画多出自名家手笔,根据宋人记载,可知壁画之部分内容:

《阿育王变相》、《炽盛光佛降九曜鬼百戏》,高益画,在大殿行廊左壁。

《佛降鬼子母揭盂,殿庭供献乐部马队》之类,作者佚名,在大殿行廊右壁。

《降魔变相》,高文进画,在大殿西门之北。

《擎塔天王》,高文进画,在大殿后。

《五台峨嵋文殊普贤变相》,高文进画,在后门里东西壁。

《宝志化十二面观音像》,王道真画,在大殿西门之南。

《给孤独长者买祇陀太子园因缘》,王道真画,在大殿东门之南。

《劳度叉斗圣变》,李用及、李象坤画,在大殿东门之北。

以上壁画早已不存,从壁画内容来看,多侧重表现斗法、降魔、乐舞百戏等热闹场景与有趣的情节,以吸引信众,反映出佛教艺术进一步世俗化的倾向。高益、高文进、石恪等名画家们在这里大展身手,他们高超的艺术技巧,不仅代表了当时的佛教绘画的水准,也反映着当时绘画发展的趋势。

参与相国寺壁画的主要画家为高益与高文进二人。

高益,涿郡(今河北)人,善画佛道鬼神番汉人马,宋太祖时来开封卖药,当场绘画以吸引顾客,受贵戚孙四皓赏识,太宗即位后高益被荐入画院。他在相国寺行廊画有阿育王变相和炽盛光佛降九曜鬼百戏,其中山水树石由燕文贵执笔。其壁画另有"副本小样"存入内府,作为后世修补壁画的依据。他把阿育王变相中的战争场面表现得合情合理,致使宋太宗问他是否懂得军事。宋沈括论壁画中的众工奏乐场面:"人多病拥琵琶者误拨下弦,众管皆发'四'字,琵琶'四'字在上弦,此拨在下弦,误也。予以谓非误也,盖管以发指为声,此拨掩下弦,盖声在上弦也"①,可见其构思的精确。他以现实生活中的战争和奏乐场面,真实合理地画在宗教壁画中,增强了现实感染力,为宗教画融进了生活趣味。

高文进,蜀(今四川)人,其祖父高道兴、父高从遇在西蜀时皆以道释画享有盛名,高文进绘画深得家传,兼备曹吴之妙。蜀亡后来汴京进入翰林图画院,从祇侯辽升待诏,与高益齐名,时称"小高待诏",深受宋太宗赏识。重修相国寺时他先以蜡纸模高益画,再绘于壁,毫发无差。他在殿后画擎塔天王"若出墙壁",他又推荐道释画名手王道真同画相国寺壁。高文进画在宋初极受推重,"为翰林画工之宗"②。

高文进的画迹久已失传,唯在日本京都清凉寺佛雕像中发现了数幅宋代日本僧人携回的木刻佛像,其中一幅弥勒菩萨上题有"待诏高文进画"及"甲申岁(太宗雍熙元年,984年),越僧知礼雕"等字样,可知此画系高文进创稿,在浙江雕版印刷,其像衣褶稠叠,画风极细,当近于曹体,对研究高文进画风及北宋版画都有重要价值。

(二)辽、金时期的佛教绘画

在辽、金、西夏等少数民族政权中,佛教也曾经在统治者的支持下得以发展。在各少数民族政权与赵宋政权的交往中,佛教一度成为"主要的文化纽带"。③ 各地曾经大起浮屠,翻译、刻印佛教经典,佛教艺术也获得了相应的发展。现辽东各地仍有不少佛教建筑遗存,莫高窟、榆林窟等窟群中,尚存西夏洞窟七十多个,虽由于各种原因多有毁坏,但从留存的佛教绘画中,仍可见当年较高的艺术水准。

辽代寺庙虽有数座保存至今,但历经修缮,壁画大多面目已改。义

---

① 《梦溪笔谈》卷一七。
② 《豫章黄先生文集》卷二七。
③ 杜继文:《佛教史》,第425页,南京:江苏人民出版社,2006。

县奉国寺仅存房梁上之彩画;著名的蓟县独乐寺观音阁壁画也多为明代补修之作。现存山西应县佛宫寺释迦塔壁画是辽代佛教绘画的重要遗存。

佛宫寺位于山西应县城内西北角,始建于辽,后代又屡有重修。原寺规模应该较大,现多塌毁,尚余释迦塔为辽代建筑。释迦塔建于辽清宁二年(1056),全部为木结构,是我国佛教建筑史上的重要遗存。木塔第一层内泥塑释迦大像,四周及内槽南北门两侧均绘有壁画,特别是南北门两侧所绘持国、增长、广目、多闻四大天王像,各执武器踞坐,表情丰富,身姿孔武。人物造型、运笔设色风格直承晚唐五代,是辽代佛教绘画中的上乘之作。

金代寺庙壁画遗迹不多,现存者当以岩山寺最为精彩。

岩山寺原名灵岩寺,位于山西繁峙县东南郊的五台山北麓,创建于金代正隆三年(1158),原为了画水陆因缘由当地人集资修建。正殿(水陆殿)早已坍塌,现存南殿(文殊殿),屋顶部分虽经元代落架重修,但四壁画及佛坛上塑像仍是金代作风。在西壁南端存题记一方,列有舍财画壁等人姓名,根据题铭可考知壁画作者为王逵等人,创作经历了从正隆三年至大定七年的十年岁月。

岩山寺壁画宏伟严谨,又有较高艺术水平。西壁画大幅佛传故事,满壁画宫廷城阙,细致精美,在各部位穿插画释迦自受胎降生到降魔成道等情节。人物衣冠服饰及建筑形制却反映了宋金时社会生活和典章制度,显示了宗教绘画中明显的世俗化倾向。其中画百官朝觐、步辇行列、百官仪卫的场面,可与现存宋画人物故事图卷相对照。另一处画市井酒楼,酒楼上营业兴隆,宾客满座,人们或凭栏观察,或品茗听唱,酒帘高挑,上写"野花攒地出,村酒透瓶香"。市街上有叫卖饮食的摊贩及过往行人,是一幅绝妙的风俗画。东壁正中画释迦像,两侧绘山水楼阁,穿插鬼子母故事及《大方便佛报恩经·孝养品》。鬼子母故事为宋时流行题材,开封相国寺壁画中就有佛降鬼子母。相传鬼子母常捕杀人间婴儿,后佛将其爱子扣于钵下,迫使鬼子母降伏皈依佛法。岩山寺壁画有非常丰富有趣的情节和精彩的生活场景描绘,如其中婴戏场面,婴儿在大人照护下弄影戏及傀儡等游戏,犹如苏汉臣之婴戏图;画鬼子母龙宫赴会,海涛翻滚,云烟缭绕,用笔致密,又与阮郜《阆苑女仙图》有相似处。

《大方便佛报恩经》描绘须阇提太子割肉孝养父母本生,其中描绘庄严富丽之宫阙,精细真实,又间用堆金沥粉,体现了高超的界画水平。大殿北壁画五百商人入海求珠,被海风吹入罗刹国故事,其中商船遇难部分,成功地画出海船桅杆折断,船体颠簸,船夫与风浪搏斗紧张抢救的情景。而海市蜃楼则用淡墨白描手法以示虚幻,高台崇阁,结构合理,无拘板之感,同样反映了高超的绘画水平。

壁画作者王逵是御前承应画匠,金代宫廷画人,其技艺自然高出一般水平。根据题记推算,他生于宋哲宗元符二年(1099),如自幼学画则已有相当艺龄,或即原在北宋宫廷画院供职,靖康之变后入金,从壁画精密不苟真实浓丽的画风来看,近于北宋院体画。

金代寺庙壁画重要遗存尚有崇福寺壁画。该寺位于山西朔县城内,始建于唐,金皇统二年(1142)重建,当时名洪福寺,清代始改今名。寺经明清各代重建,但弥陀、观音二殿犹是金代遗物,现存壁画即在弥陀殿内。主要为东西壁各三组说法图,及南壁千手千眼观音、三世佛及地藏王,北壁佛像多残损。

崇福寺壁画皆为佛像而无经变故事图,内容形象亦多规范化,但规模宏大,壁画高达5.73米,妙相庄严,用笔细致流畅,色彩浓丽,其中如翱翔于流云中的飞天,观音旁的吉祥天及护法神,皆生动传神,亦为难得的金代壁画遗物。

(三)元代寺窟绘画

根据元代寺院的建设情况,除大都及各大城市外,南北方的乡镇中都有,而且也画有大小不等的壁画,但由于战争或其他原因,至明代中期,包括大都在内的城市元代壁画已不多见。西藏的拉当寺、夏鲁寺等处,虽绘有本生、佛传之类的绘画,并不完整,且有后人修补。其他如今之内蒙、辽宁、甘肃、四川和华南等地的喇嘛寺,所保存的此类壁画都已寥寥无几,只是显示出它在当时佛教绘画中自成一格的特殊风貌而已。

山西省稷山县的青龙寺和兴化寺保存有元代绘画。

青龙寺始建于唐龙朔二年(662),前后共两院,后代多有翻修。元代壁画主要分布在后院大殿和伽蓝殿中。

大殿东西两壁各绘《三佛图》,合计六十五平方米。东壁三佛结跏趺坐于仰莲上,夹侍有迦叶、阿难、力士、天王等形象。西壁三佛足踏莲子,须眉皆绿色,旁有二胁侍菩萨。南边为帝后削发图,上饰有羽人。壁画主尊露胸不偏袒,坐于须弥座上。头光及背光为一圆圈,处理较朴素。佛菩萨面形丰润,尚有唐宋遗风。据大殿南窗槛上题辞,此壁画已于明洪武年间修补过。

伽蓝殿仅存内檐拱眼壁上两幅供养人画像,面积不到一平方米。有元至正五年(1345)题辞。

兴化寺尚存元大德二年(1298)朱好古等人绘制的《七佛图》,尺寸逾丈,色彩庄严,造型、设色与青龙寺壁画较为相近。

莫高窟现存元代的壁画,是元代密宗绘画的典型作品。其中以第3窟与第465窟保存完整,而且可以代表这组壁画的两种风格。其他元代的洞窟,还有第1、2、45、462、463、464等窟。

莫高窟第3窟,南壁画十一面千手千眼观音一铺:观音居中,两上角画飞天各一身,东侧画帝释天,两侧画梵天女,东下画跏趺坐梵天女,西下画婆罗门。北壁也画十一面千手千眼观音变一铺,观音居中,两上角画飞天各一身,两侧画吉祥天,东侧画婆罗仙。西下画三头八臂金刚、毗那夜迦天、猪头神等。南北两壁在形式上对称。其余如东壁门上画跏趺坐佛五身,门南画净瓶观音一身,门北画散财观音一身等。

所画具有极巧妙的塑造能力。如十一面的千手千眼观音为佛教密宗特有,因罗叉鬼王以十头而自恃,观音则现十一面喜怒异相,以挫其傲气。这种异样经相,本来容易给人以敬畏甚至恐怖感,但是画工们在传统基础上对这个怪相进行了图案化改造,加之使用湿画法,使线条劲细圆润,把千手千眼画成似花瓣样柔和,使人不觉其怪,反而觉得自然;不觉其可怖,反而觉得其悦目。虽然,这些技法和手段都不是莫高窟当时的独创,但这些画工在密宗绘画中灵活运用,也体现出当时佛教文化艺术的发展程度。

莫高窟465窟在北段,壁画与第3窟的画风完全不同。此窟壁画,明显地可以见到西藏密宗画格成为当时通行式样的特点。

第465窟南壁画曼陀罗三铺。此外还有小画像数十幅。西壁、北壁也各画曼陀罗三铺,并有小图象数十幅。东壁门上画五金刚、四供养比丘尼,门南与门北各画曼陀罗一铺、毗那夜迦等二十四身。其中所画曼陀罗是典型的密宗绘画。

密宗宣扬佛法变幻莫测,往往在艺术中创作出怪异的形象来表现教理。多面多目、怒目食人的形象时有展现,用色中也不乏暗青的躯体、赤色头发等激烈的处理,鲜明的宗派特点也成就为元代佛教绘画的独特面貌。

寺庙壁画,所画内容通常属于宗教题材。但随着佛教日益参与进世俗生活,佛教文化与世俗文化也多有交涉之处。"元代寺院除经营土地,也从事各种商业、手工业活动,各地当铺、酒肆、碾硙、货仓、旅店、邸店等多为寺院所有,比之宋代还要活跃。"[①]在这样的社会背景下,很多士大夫画家与僧人交往颇深,在寺壁上作画之举也屡见不鲜。不少作品,只是山水、花鸟、风俗画等题材,与宗教没有直接关系。文人画壁,南北朝时就已经出现,唐宋时,王维、张璪、苏轼、文同等都曾在寺院中画壁,到了元代这种情况更为普遍。兹举数例于下:

---

① 杜继文主编:《佛教史》,第433页。

赵孟頫与其妻管道昇在临安天圣寺作画,赵于壁上画山水,管则画竹石。时人称"二绝"。

王蒙画《海天落照图》于杭州保叔塔寺。

莫庆善于至元中画松鹰于香积寺大殿后壁,当时围观者数百人。

毛伦,字仲庠,诸暨人,"居贫自乐,放情吟啸",相传在越中崇光寺后年余,画墨牛数十头于殿后,由于所画别致,游人争观,使山寺香火益盛。

束遂淹曾画山水于嘉山光福禅寺,两淮士人闻讯,专程参观者,络绎不绝,盛极一时。

杜本在武夷山净明寺画水墨葡萄于后殿壁,一时名士题咏者数十人,后来殿壁因大雨冲塌,寺僧惜杜画,重修后,佛像尚未起塑,却先请杜重画。

王冕,画梅花于山阴蜀阜寺壁,为寺院招致风雅。

吴僧无洁,应皖南天福寺住持之请,于两廊画山水四幅,"皆渔樵耕读,不涉沙门"。

其他画家如杨维翰、方从义、高克恭、李衎、柯九思、曹知白、王渊、赵雍、王士熙、仇远、陈仲仁、陈立善等,都在寺院道观作过壁画,至于在寺院展纸挥笔、作一般书画者则更加普遍。

二、文人画家的佛教绘画

宋代文人画家中,苏轼、米芾等大家,有的虽没有佛教题材的绘画存世,但很显然在画风上受到佛教文化的影响,而李公麟的佛教绘画为此一时期文人佛画代表。

李公麟(1049—1106年),字伯时,号龙眠居士,出身于安徽舒城名门大族。父李虚一喜收藏书法名画,李公麟自小就受到家庭熏陶,具有渊博的学识;精于鉴别古器物,能诗,善书法,绘画尤妙绝一时。于宋神宗熙宁三年(1070)中进士,在仕途没有显赫的功绩,然而他在艺术上的成就却深受赞赏。他与王安石、苏轼、黄庭坚、米芾皆有交往,又是驸马都尉王诜的座上客。在高手如林、名家竞胜的北宋画坛上，李公麟以文人士大夫身份在绘画上博取前人之长，成就卓越，成为继唐吴道子之后影响最大的画家。

李公麟具有坚实的造型能力，又对传统美术有精深的了解，他深厚的文化修养使其在立意创新方面超出常流，兼收前人之长而自成一家，成为当时画坛上的佼佼者。他绘画题材相当广泛，在道释之外，人物、山水、竹石无一不善。今传为其作品有《华严经》变相、《金刚经》变相、释迦、弥陀、观音、维摩、十六罗汉、禅会图、传法授衣图等。他的画有种不与世俗同流，追求高洁的志趣情怀。他画佛像敢于突破成规，所作"长带观音"、"石上卧观音"形象，其衣饰动态皆前所未见。他画"观自在观音"，把观音画成端庄的合掌之状，谓之"自在在心不在相"，颇具禅意。

李公麟的摹古作品皆为绢本着色，纸本白描则是他艺术创作的代表风貌。白描源出于"白画"，多为粉本画样，魏晋已有，经隋唐至宋，逐渐发展为独立的绘画样式。白描不施色彩，纯用墨线勾勒（有的略用水墨渲染）以表现形象。这种画法汇集顾陆张吴的众长而自成一家，扫去粉黛，轻毫淡墨，意与禅会，无一毫烟火气。

李公麟精湛的白描技巧对发展这一式样作出了卓越贡献。而当这种表现方法与佛教题材结合时，则更显神采。这一白描的画风，"出奇立异，使世俗惊感"，以往那种庄严精彩的供养功德画逐渐式微，而自由挥洒的文人写意画渐次风行。南宋之后，继李公麟一派的名家，有贾师古、释梵隆、乔仲常等，稍后更有俞洪、李权、李确、刘朴等，均是一代白描的能手，所绘的水月观音、罗汉等均盛行于当时。

从西蜀入宋的画家中，以石恪为代表。石恪，字子专，四川人，滑稽善辩，博综儒学，画佛道人物"笔墨纵逸，不专规矩"[1]，"画戏笔人物惟面

---

[1] 《图画见闻志》卷三，《中国书画全书》卷一，第479页，上海：上海书画出版社，1993。

部手足用画法,衣纹乃粗笔成之"①。他又爱在画中以诡怪奇特的形象讥讽豪门贵族。宋灭西蜀,石恪一度到汴京,奉诏在相国寺画壁。

传为石恪所画的《二祖调心图》,现藏日本京都正法寺。画卷中,慧可双足交叉跏趺坐,以胳膊支肘托腮作思维状,另一幅画丰干伏于温驯如猫的老虎的背上。作者以睡虎为枕的处理方法,其匠心是以虎为反衬,表现出高僧的修行深厚法力无边。图中高僧的头脸手脚用淡墨勾出,身躯衣纹则以狂草的笔法用粗笔、破笔泼墨画出,再以淡墨渲染。在画法上简化了笔法,发挥水墨效果,体现了画家"惟面部手足用画法,衣纹皆粗笔成之"的风格。笔意纵逸苍劲,开大写意人物画之先河,对南宋梁楷及以后减笔人物画家颇有影响。

南宋梁楷,祖籍山东东平,居钱塘。宁宗嘉泰间(1201—1204)曾为画院待诏,后因厌恶画院规矩的羁绊,将金带悬壁,离职而去。生活放纵,号称梁疯子。善画人物、山水、道释、鬼神。师贾师古(贾以学吴道子著称),又远远超过老师,据说当时画院中人见到梁楷的作品,没有不佩服的。可见梁楷在南宋画院时就有很高的声望。

梁楷继承前人已取得的成就,并加以灵活运用。他深入体察所画人物的精神特征,以简练的笔墨表现出人物的音容笑貌,以简洁的笔墨准确地抓取事物的特征,充分地传达出画家的感情,从而把写意画推入一个新的高度,使时人耳目一新。梁楷画作有两种差别较大的风格,一种如上海博物馆藏的《八高僧故事图卷》和日本国立东京博物馆藏的《释迦出山图》,造型严谨,用笔谨慎,赋色细致。另一种是其著称的"减笔"画法。传世的《秋柳飞鸦图》、《六祖破经图》、《六祖截斫竹图》、《泼墨仙人图》等,都是以一种极其简练的笔墨,高度概括的手法描绘出来的。

梁楷是个参禅的画家,生性自由,不拘法度,与妙峰、智愚和尚交往

---

① 汤垕:《画鉴》。《中国书画全史》卷二,第899页。上海:上海书画出版社,1993。

甚密,虽非僧,却擅禅画。《六祖斫竹图》是其中年以后的作品,表现的是慧能在劈竹的过程中"无物于物,故能齐于物;无智于智,故能运于智",与当时文人画家线条劲细绵长,用墨温润雅致的面貌不同,笔墨极为粗率,点染游戏;"心之溢荡,恍惚仿佛,出入无间"。他画面中的人物简单、概括,却又不失生动,这三者都能体现在他的用笔上。画中险笔很多,起粗落细,急缓轻重,变化多端,这种不拘于形的艺术风格与明心见性、当下即是的南宗禅风有着契合之处。

僧人的人文画也为两宋画坛增色不少。北宋仲仁和尚也善画,传说墨梅创自其手。仲仁,会稽(今浙江绍兴)人,居衡州华光山,喜爱梅花,于寺中植梅数株,开花季节即移床树下观赏终日,偶于月下见窗间梅花疏影,于是以墨描绘其形状,一变赋色为墨晕。黄庭坚对其画梅非常折服,赞以"嫩寒清晓,行孤村篱落间,但欠香耳"。仲仁的墨梅从题材和手法上给了后来的文人画家很大的启发。北宋杨补之得仲仁传授而又有提高,清淡闲野,高雅不凡。

据清代官修的《佩文斋书画谱》、《石渠宝笈》以及厉鹗汇集的《南宋画录》统计,梁楷留下来的作品不下几十件,其中佛教题材的代表作还有《寒山拾得》、《参禅图》等,惜今已经不传。

法常,号牧溪,祥符县(今河南开封)人,宣和间在长沙出家,南宋理宗、度宗时为西湖长庆寺僧,嗜酒,性英爽,曾因抨击权贵而受追捕。至元朝,在天台山万年寺圆寂。工人物、禽鸟、树石等。他继承发扬了石恪、梁楷之水墨简笔法,不忌粗率笔墨,随笔写成,不事雕琢,笔简而神完。虽在生时受冷遇,入明以后声誉渐起,对沈周、徐渭、八大山人、"扬州八怪"和日本绘画等均有影响。有《观音、猿、鹤》三联幅、《龙、虎》对幅、《潇湘八景》、《写生蔬果图》、《花果翎毛图》传世。

代表作《观音、猿、鹤》三联幅,绢本淡彩,南宋理宗时由日僧携走,现藏东京大德寺。画面观音仪态端庄,鹤轩昂高逸,猿母子相依,周围点缀竹石,意境清幽。

三、佛教版画

宋代尚有很多佛教版画存世。宋代的雕版印刷有了较大发展，书籍刻印生产遍及全国各地，北宋汴梁、南宋临安、福建建阳、四川眉山等地成为雕版印刷的中心。湖州、婺源、绍兴等江淮湖广地区也有较大规模的印刷事业出现。不少书籍中有精美的插图，除了民间诸神、历史人物之外，佛教绘画也有相当数量。其中重要的作品有：

《大随求陀罗尼咒经》，北宋咸平四年(1001)雕，现藏苏州博物馆。经咒中心为释迦像，环以文字，四角饰以四天王像。《大随求陀罗尼曼陀罗》，太平兴国五年(980)雕，发现于莫高窟藏经洞，现藏国外。此版中央是手执法器、端坐莲台的八臂菩萨，上方刻陀罗尼轮，下方是莲花托住经轮。两边外框共有圆形十六个，其间饰以菩萨、莲花。该版刀法劲利，线条缜密，技艺高超。这一时期尚有《弥勒菩萨像》、《文殊菩萨骑狮像》、《妙法莲华经》、《佛国禅师文殊指赞》等版画代表作品流散于美国和日本各博物馆。

第三节 宋元时期的佛教书法

宋王朝前后320年(北宋960—1127，南宋1127—1279)，统治时间并不短，这一时期帖学盛行，书法创作强调表现性灵和意蕴，整体浸透着文人士大夫的精神趣味。宋代书法是中国书法史一个重要的转折点，对元明清及后世的书法艺术理论和实践都产生了直接而深远的影响。

宋代帝王出于政治的需要，较为重视佛教，这一时期不仅出现了许多著名的高僧，同时呈现出文人向佛、居士辈出的态势。"禅宗教义中视人生如梦幻、生死无别，宣扬随缘任运即是解脱，强调一切现实问题的解决无非是自我心理的调节等等，正与士大夫的要求一拍即合。苏轼在黄州时开始热衷于参禅，与佛印、参寥等士大夫化的禅师频繁交往，思想发生很大变化,米芾晚年痛失爱子米友知,精神蒙受极大打击,方深觉'幻法有如是,不以禅悦,何以为遣'。"①禅宗逐渐成为了士大夫的宗教,成为士大夫阶层的人生哲学和生活方式。可以说,宋代是中国古代文化非常成熟并且与佛教融合最为深入的一个时期。

元朝建立使得古代中国获得统一,但科举考试却被废除,文人士大夫备受打击和歧视,大多选择隐退山林,游心于艺。这反而导致了一些人在艺术创作上走向更高的精神境界。就书法而言,此一时期大体是对北宋各家风格的延续,且盛行帖学,多沿袭唐人。另外一个重要的时代特征就是,这些文人士大夫往往都与禅僧往来密切。

一、僧人书法

宋代形成了"尚意"书风,这一书风以禅宗思想为精神内核,具体表现是这一时期涌现出大批僧人书家和禅意书法,他们的书法不求名世,不求流传,只为自我遣兴、自我修行,体现了超脱的心境。其渗透着禅宗意趣的书法艺术充满着个性和创造,推动着整个宋代书风的兴盛。

两宋高僧多有擅书者,他们有的居于禅院之中,潜心静修;有的游化于四方山林,怡情遣兴。本着宣扬佛法、保存佛经的目的,他们于佛教书法创作上都辛勤不辍,有大量佛教书法作品存世,书风有的洒脱流丽,有的虔诚严谨,个性纷呈,蔚为大观。为中国古代佛教书法史留下了许多宝贵的作品。

言法华(? —1048年),佛号志言,俗家姓许,寿春(今安徽寿县)人,后来在当时的汴京(今开封)的景德寺修行。言法华性格孤傲,看人喜欢瞪目凝视,一眼不眨,往往令人茫然无措;他还经常口中念念有词,传说他是在念诵《法华经》,故而他被称为"言法华"。他不但个性独特,行为举止还异于常人,据传,他经常良久伫立,以手写空,即手在空中乱写,其

---

① 曹宝麟:《中国书法史·宋辽金卷》,第5页,南京:江苏教育出版社,1999。

实这恰恰表明了他于书法一技上研习的痴迷程度。就其书法艺术而言,史书曾记载言法华创作时书写速度迅疾,字体遒劲,其书风偏于雄强俊迈、骨气洞达一路。宋代大文人苏轼对言法华的书法颇为关注,曾把自己的书法与言法华相比较,认为如果自己能再写得放开一些,就与言法华相仿佛了。由此可以推论,言法华早于苏轼就活跃于宋代书坛,书法造诣备受士人褒扬。他于庆历八年圆寂,宋仁宗曾经命人于景德寺中为其塑真身像,题名为"显化禅师",给予了很高的尊崇和礼敬。

政禅师(986—1049年),法号惟政,或惟正,又称政黄牛。之所以有此名,一是缘于其俗家姓黄,为秀州华亭(今上海松江)人。年幼家贫,孤苦无依,出家后随师游化,足迹遍布四方,问道弘法三十余年,后晚年至杭州净土院居住修行。北宋释惠洪《禅林僧宝传》卷一九《余杭政禅师》有记载政禅师平生不喜谈禅,唯喜静修。二是由于他好骑着黄牛出入于市井喧闹处所,旁若无人,高宣佛号,对于市众的争睹和议论,毫不在意。他与当时的杭州知府蒋堂常颇有交往,常常骑牛出入于府衙。就其书法艺术而言,明代僧人明何的《补续高僧传》卷七提到政禅师能书。其书法力主稚朴,既不追慕唐代的法度规矩,也不跟从宋代的尚意之风。他有自己明确的书学主张,认为:"成年人的书法虽然功底深厚,但学书日久,个人意趣甚多,往往带有世俗的情感,不如孩童的书法,质朴天真,毫无学问气与功利性。他在与秦观论书之时说书是心画,太着意了则就不妙了。儿童习字,少利欲之心而多纯正之气,故更为可爱。从这点来看,政禅师对书法的认识,更主张返璞归真,是高超书艺掩盖下的质朴稚拙,决不是童稚无知的涂鸦。而要达到稚朴的效果,则必须经过积久的苦练与高深的造诣再结合起来,才能达到有意无意间的淳朴境界。"[①]

南禅师(1002—1069),法号慧南,俗家姓章,信州(今江西上饶)人。少年时就沉默少言,不沾荤腥,十一岁弃家,随僧智銮学佛,十九岁出家,

---

① 史仲文主编:《中国艺术史·书法篆刻卷》,第1233页,石家庄:河北人民出版社,2006。

更是精进勤修,终成一代宗师,后于庐山宣法弘化。佛学造诣为时人推崇景仰。南禅师于佛教书法上的创作主要是他于讲解、诠释佛经的同时,亲手抄录佛经,释惠洪《石门文字禅》中记载:"黄龙南禅师手录《四十二章经》,笔法深稳庄重而瘦,有颜平原(颜真卿)笔意。"其书体为楷体,其笔法规矩齐整而俊拔有力。虽然南禅师抄写佛经的本意是宣扬佛法和修心澄性,但客观上为佛教书法的创作作出了贡献,一定程度上也是对宋代佛教抄经创作的一个推动。

释梦英,生卒年不详,衡州(今湖南)人,号宣义。精通《华严》,一生弘法,讲化不辍,且工书法,明杨士奇说:"梦英楷法一本柳诚悬,然骨气意度皆弱,不能及也。"释梦英的书法与柳公权的书体相类。除了楷书之外,梦英还致力于篆书的研习,明代王世贞云:"英篆笔亦自整劲,正书出信本《皇甫君碑》,骨稍露耳。"据称梦英还特别擅长一种被称作为"玉簪体"的篆书体。同时他对区别各种各样的篆体书法特别有兴趣,自己也能写出十八种篆体,并集此十八体篆书作《惠林诗》。对于他在篆书上的成就,明陶宗仪《书史会要》中记载梦英"与郭忠恕同时习篆,皆宗李阳冰"。并将其誉为继唐篆书大家李阳冰之后又一高峰,"智永以后有阳冰,阳冰以后而梦英作",其所受尊崇程度可见一斑。对于他的楷书、篆书艺术以及集篆成诗的书法活动,明代赵崡《石墨镌华》中有一个总体概述:"英公正书第一,篆次之,分隶又次之。然其十八体书多出臆测,与古不合。"可见后代推重的还是他的楷书艺术,对于他在篆书方面的探索还不能充分肯定。梦英的书法作品有《篆书千字文》、《篆书梦英十八体诗刻》、《说文偏旁字源并序》以及《论十八体书》一篇等。

释佛印(1032—1098),宋代高僧及书家,俗姓王,名了元,字觉老。少年入道,长大了后喜好禅寂,能诗工书,善言辩,后来住持镇江金山寺,苏东坡、黄庭坚与之相交甚厚。经常诗文唱和,其书法作品有《李太白传》,墨迹本楷书,结体扁平,有隶书意蕴。

释思聪,生卒年不详。苏东坡《东坡集》中说:"思聪字闻复,七岁善弹琴，十二舍琴而学书，书既工，十五舍书而学诗。诗有奇语，老师宿儒皆敬爱之。"《东坡集》还记载了释意祖："释意祖，蜀人。子由自河朔持《兰亭》归，宝月大师惟简请其本，今左绵僧意祖模刻于石。"《东坡集》还有《书若逵所书经后》记载了释若逵这位僧人书家，"若逵所书二经，经为几品，品为几偈，偈为几句，句为几字，字为几画，其数无量，而此字画，平等若一，无有高下、轻重、大小"。

释希白，生卒年不详，字宝月，号慧照大师。潭州（今湖南长沙）人。通晓禅法，能于书法，大有晋人风度。元马端临《文献通考》云："希白擅书，填本刻石，不甚失真。"陶宗仪《书史会要》卷六说他："作字有江左风味。庆历中（1041—1048年），尝以《淳化阁帖》摹刻于潭之郡斋。"希白有《古法》十卷，谈生平所悟书法心诀，士林宝之。

释道潜，俗家姓何，号参寥子。钱塘人，哲宗朝赐号妙总大师，住杭州智果寺。能文工诗，善书，苏东坡与之游，唱和颇多，并曾经从其修习净土法门。宋居简《北磵文集》记载："参寥书谨严而疏宕，称其为人。"《北磵文集》还记载了另一位僧人书家释德秀，他与释道潜是同时期的人物，"颖德秀与参寥子同时。苏轼尝与参寥一帖云：'颖书《柳鬼传》，遒婉而劲，文赋尤老成。'"

释道济（1148—1209），俗姓李，字湖隐，号方圆叟，临海人。题墨隽永，时人皆流传其墨宝。生性疏狂不羁，衣着破烂，喜欢酒肉，"酒肉穿肠过，佛祖心中留"，不拘泥于形式，能明心见性，彻悟本来面目。时常酩酊大醉并与孩童游玩嬉闹，士人皆称呼他为济公、济癫。

释净师，生卒年不详，明代陶宗仪《书史会要补》记载："释净师，住杭州临平广严院，善草书，圆熟有法。绍兴初，被召作草。首书'名花倾国两相欢'，帝不悦，赐罢。今钱塘人家所收王逸老合作者，皆其书也。"

释省钦，生卒年不详，宋王禹偁《小畜集》中说："省钦善八分书，太宗召于殿上，书数行，得赐紫衣。"

释子温，生卒年不详，字仲言，号日观，又号知非子、知归子，俗姓温。

华亭(今江苏松江)人,年少出家,书画皆善,时称佳绝。元代郑元佑《遂昌杂录》记载:"释温日观,居葛岭玛瑙寺,其真者枝叶须梗皆草书法也。"

释怀贤(1016—1082),宋代高僧及书家,俗家姓何,字道潜,永嘉人。北宋词人秦观在《淮海集》中曾经记录:"释怀贤,天禧二年(1018)受具足戒,时年四岁。多才艺,工于诗,字画有法,赐圆通大师。"其书画艺术颇负盛名,一时堪称独步,就连当时的皇帝宋真宗都有所耳闻,亲自召见,相谈甚欢,欲将其留在宫廷,随侍左右,并希望他能主持相国寺,怀贤坚决辞拒,后真宗赐以紫服及名号,以示对怀贤的嘉赏。

释法晖,生卒年不详,宋代《宣和书谱》和明代陶宗仪的《书史会要》都记载其曾经用半个芝麻粒大小的蝇头小楷书写《妙法莲华经》、《楞严经》、《维摩经》、《圆觉经》、《金刚经》、《普贤行法》、《大悲》、《佛顶尊胜》、《延寿》、《仁王护国》等多部经。且功力精深,没有丝毫错讹,《宣和画谱》中称赞"其字累数百万,不容脱落,始终如一"。

释怀则,生卒年不详,明代王世贞《弇州山人稿》记载:"释怀则书《摄山栖霞寺碑》文,集右军书勒之石,亦《圣教序》遗法也。结体极婉润逼真。"为宋代集王书的经典之作。

释崇化,生卒年不详,为宋太祖开宝时的高僧,宋周密《癸辛杂识》中记载其:"太庙街近城有古观音寺,开宝皇后命孙德元画西方净土,极奇古精妙,仅存半壁,僧崇化大师为之赞,书亦有法。"

释和公,生卒年不详,宋代唐庚《眉山集》记载:"曹溪《大鉴禅师碑》,元和中柳柳州文,绍圣中苏定武书,前长老辨公立石,崇宁初毁去,长老和公更书而刻之。"

释法具,生卒年不详,宋楼钥《攻媿集》记载:"释法具,字圆复,绍兴初诗僧。"宋洪迈《容斋三笔》记载:"法具,吴人,能诗,字体效仿王荆公。"

释处严(1059—1112),俗姓贾,一说姓曹。年少出家,与道潜、思聪、东坡居士等交游密切,宋王十朋《梅溪先生文集》记载:"释处严,字伯威,姓曹氏。自号潜涧,温州乐清人。博学,诗文尤典重,且工书,有晋、唐法。尝手书《法华》、《光明》二经,以报母德。又书《华严经》八十卷,首末不懈,字法益工。"

释怀深(1077—1136),俗姓夏,号慈受。明代宋濂《潜溪集》谓:"怀深工字画,笔意圆熟,动中规矩。"

释处良,生卒年不详,宋陆游《渭南集》记载:"释处良,字遂翁。会稽山阴刘氏子。绍兴五年(1135),甫九岁,以童子得度,英迈玉立,能文辞,善笔札。"

明代陶宗仪《书史会要补》记载一批僧人书法家,如释行霆:"尝从吴兴宋杞作篆。"释德止:"号清谷,善属文,尤工正书。"释省肇:"一作德肇。庐山人。工行书,庐山多有所书碑刻。"释思齐:"杭州人。书师柳公权,有所书《放生池碑》在杭州。"释从密:"释从密字世疏,长沙人。以草书为世所重。"释仁济:"书师苏轼。"

释惠洪的《石门文字禅》中还有"释昭默书暮年臻妙,自卧疾后无他嗜好,以翰墨为能使"。记载了叫释昭墨的僧人书家,因为生病反而成就了其书法上的精进。"释瑛公风骨清癯,与南州名士游,淡然无营。独杜门手写《华严经》,精妙简远之韵,出于颜柳。"可知释瑛公有名士风度,曾经闭门抄写华严,书风受到推崇。"释克文,号云庵,南禅师嫡嗣。元丰中,赐号真净大师。禅师学鲁公字最有工,当时归南公者无不学之,然无出云庵之右者。"释克文为释慧南的高足,书法深得颜真卿真髓,在同门之中一枝独秀。"栖公尝书《大方广佛华严经》于方册中,其轻妙可一掌置。开篇蠕蠕如行虺,熟视之,其横斜典直,重交反仄,曲尽其妙,不啻如擘窠大书。"说的是释栖公与释瑛公相同,也手书《华严经》,其过人之处在于写小字能写出大字的笔画纵横感,实为难得。释敏传"能书,如夙习。笔楮不择精粗,飞翰如蚕食叶,俄顷千字,横斜布列,擘窠棋画。"释敏传写书不但既快又好,具备释栖公书法中的点画纵横之感,而且他还不讲求纸笔,信手拈来,皆是佳作。此外,还记载:"宗上人,东瓯人。书《僧宝传》,谨楷精严,贤于率更(欧阳询)远甚。""圆上人,临川人,书《僧宝传》,小字薄纸,画画精诚。"等等。

"在元代僧人中,如大休正念的散漫、无学祖元的凝润、明极楚雄的雄浑、清拙正澄的奇拙等,大有可观,皆各有新创意。尤其是一山一宁、中峰明本、东陵永玙的作品更富有特色。……一山一宁的风格尤其空灵、开阔,细线枯笔,婉转流畅。……中峰明本的风格率意天真,爽畅劲朴,结体轻松,在开合中随势生姿,章法则参差错落,尽其变化而和谐统一。……东陵永玙书用退笔,点画形态变化不大,而线条圆厚,用墨多燥,结字则多拙趣。其章法亦随其笔势,任其歪斜,不作计较,表现出修炼有素,功底深厚却又能返拙归真的意趣。"①

释明本(1263—1323),俗家姓孙,号中峰,钱塘人。中峰明本的书法是非常值得探究的元代僧人书法样式。明代陈继儒《皇明书画史》记载:"明本书类柳叶,虽未入格,亦自成一家。"清末民初杨守敬在《学书迩言》中也有言:"中峰和尚下笔如柳叶,于寻常波磔中,独开生面,故自可喜。日本流传独多,余得二通,世传其简札与松雪笔迹一类者,伪也。"明本之书法人称柳叶笔,笔画随性,如同枯叶败絮,很有禅意,从书法笔意上也可看出,作者落墨时信笔横空,起笔呈圆弧、旋即转折撇出、披离点画之间以及最后随性的收笔,都是在书写过程中将执著和意念打散,如此书写出来的字象是参悟了的心象,且所书内容有"济生死大河,碎涅槃窠臼,总不出个所参底话头",表达了禅宗的思想。通篇不求章法,不求美观,或者可以说是看破章法,看破美丑,唯书写耳,不落情感。这一点也正是僧人书法的价值所在,是其区别于一般书家世俗书法的关键之处。这些书法作品,从一般意义上讲,已经不是书法了,不符合书法的一般审美标准。

释一宁(1247—1317),俗家姓王,亦说姓胡。台州(今浙江天台)人,年幼时即出家为僧,居于普陀山,清谨自持,为众尊仰。1298年任江浙释

---

① 徐利明:《中国书法风格史》,第388、389页,郑州:河南美术出版社,1997。

教总统，第二年被派遣前往日本，为日本幕府所拘禁并扣留在伊豆修善寺，后来又释放了他，并尊其为西京南禅寺主持，一宁后来于日本圆寂，被日人追赠为国师。一宁的书法主要宗法颜真卿的草书，兼擅绘画。在日本二十年，对日本的学术、文学、书法、绘画影响极大，当时日僧书家辈出，以一宁为代表的禅林书法被日本称为唐样。

释溥光，生卒年不详。俗家姓李，字玄晖，号雪庵，大同人。明代陶宗仪《书史会要》卷七中说："溥光为诗冲淡粹美，善真、行、草书，尤工大字，国朝禁匾，皆其所书。"叶封《嵩阳石刻记》说："雪庵笔虽过丰，而结体遒紧，有清臣、诚悬之风。"有记载说元代著名画家赵孟頫曾经路过一间酒肆，见所书"帘"字，大为惊讶，久久凝视，心中折服。赵孟頫说放眼当世，书法能胜过他的可以说没有，但这件书法作品的作者，水平还在他之上。后来一问得知是雪庵李溥光所书，便将他推荐给朝廷，后被封为昭文馆大学士、荣禄大夫，并赐号玄悟大师。

释溥圆，生卒年不详，俗家姓李，字大方，号如庵。河南巩县芝田人。明代陶宗仪《书史会要》记载："居燕京，习头陀教，能诗，于溥光为法弟，遂学其书。"

释至温（1217—1267年），俗家姓郝，字其玉，号全一，或全无，邢州人。元代虞集《道园学古录》中记载："博学多闻，论辩无碍，百家诸子之言，多所涉猎。又善草书，有癫、素之遗法。太保刘文贞公（刘秉忠）荐至温可大用，召见，将授以官，弗受。赐号曰佛国普安大禅师。使总摄诸路僧事，温遂驰驿四出，一心卫教，僧徒赖之。曹洞宗法，亦以此大行河北，后寂于桓州天宫寺。"

释惟则，生卒年不详，有作品存世，其书法中很显然的能看出所受智永之影响，同样的优美，少了那份疏淡，结体更加紧密勾连。惟则的《慧庆寺普说册》共八十一页，各页大小相同，行楷极为工整，用笔流畅，骨体挺拔，大多露锋落笔。

释龙岩上人，生卒年不详，元蒲道源《闲居崇稿》中说："善草书，蒲道源尝赠诗云:'韩公浮屠多技能,只今复见龙岩僧。高闲怀素去已久,肯向死灰求续灯。手追心摹忽有得,笔底焕然无凝滞。铁为门限自兹始,但恐纸价相仍增。'"

释梵琦(1296—1307),俗家姓朱,字楚石,一字昙曜,晚号西斋老人。明州象山人。明代陶宗仪《书史会要》中说:"梵琦工行草,有书名。"元英宗时诏写金字《大藏经》,梵琦因为工于书法,被召选进京缮写。

释了性(1267—1317),俗家姓武,号大林。明代陶宗仪《书史会要补》云:"了性,余杭人,精于医而善草书。"

释行端(1255—1341),俗家姓何,字景元,临海人。修行布化之余,长于翰墨,其书风精绝古雅。

释浦尚(1290—1362),字希古,浙江檇李人,号杂华道人,擅长诗歌创作,工于书法笔墨,有《杂华集》。

此外,元代见于史载的僧人书法家还有释圆琛、可中、祖铭、祖瑛、释允、大智、静慧、正际、密旨、慧敏、道原、永芳、刘顺、宗衍、圆护、僧鉴、仪润、镜塘、允才、诚道元、释定、法桢、福珪、正印、元旭等。

另外,一些书史文献对僧人书家多有集中记载,虽着墨不多,但字里行间亦显示其艺术风神。如明赵崡《石墨镌华》记载的就有释云胜、释正蒙、释嗣端、释静己、释善俊、释省言、释静万等人。释云胜:"《三藏圣教序》,西域僧天息灾译,三藏太宗为序,云胜书。"释正蒙:"书得诚悬法。"可见深得柳公权之法。释嗣端:"宋蓝田县修《夫子庙碑》,进士董储记,僧嗣端书分隶,深得唐人法,大中祥符四年(1011)立。"释静己:"书《偈语碑》,在西安府学,行草甚类英大师。静己,英之徒也。"可知与其师释梦英同为书中能手。释善俊,"《普济禅院碑》……于侍御永清始获之,极称赞,以为不减《圣教》。书者为僧善俊。署曰:'习晋右将军王羲之书'。其年为大中相符。书虽逊古,犹有唐风",这一记载可以推知释善俊的书风是宗法王羲之的。释省言,"得《心经序》于报恩寺壁间,唐南阳忠国师述,宋九华山僧省言书。书出伯施(虞世南),几于乱真"。释静万,"释静万工书。宋慈云寺晋之玉兔寺,去应清之,张仲尹诗之,静万集右军书之"。释静万是继怀仁之后集王体成书的又一人,这一活动在后代佛教书法史上也时有出现。

另外,一些诗文中也间接记载了一些僧人书家的书法艺术及其创作。如宋李觏《盱江集》有《答缘概师见示草书千字文》一诗说:"去年有使自番阳,手籍一函来我所,发函乃是缘概书,千字满前云缕缕。众人饱食已用心,欲噱伯英肥美处。当时名士嘉其能,长序短篇联绣组。"对释缘概手书草书千字文这件书法作品进行了肯定和赞赏。

两宋时期,还有一些僧人书家的零星记载,如明代陶宗仪《书史会要》记载释宗相:"宗相善诗草,字学精博。"宋周少隐《竹坡诗话》记载一位峨眉道者,云:"峨眉道者居大梁景德寺二十年,沐浴端坐而逝。书长短句于堂侧壁绝高处云:'明月斜,西风冷,今夜故人来不来,教人立尽梧桐影。'字画飞动如翔鸾舞凤,非世间笔也。"宋赵希鹄《洞天清录》记载一位山阴僧,曾经伪造王献之书保母墓志,使得当时的达官显贵以高价购买并收藏。

另外,慈贤、净昙、仲殊、颖彬、梦贞、惠崇、苑基、茂蒋、敷道人、守端、静禅师、法舟、惠昙、法灯、子荣、士珪、晓月、戒弼、宗诱、咸杰等等僧人书家也长于书艺,见于史料记载,在此从略。

二、士人佛书

北宋文人多热衷于谈禅,这一时期的书法艺术在创作实践和理论上受到禅宗的影响很深。北宋中期之后,出现时常创作佛教书法的文人士大夫如苏轼、黄庭坚、米芾等,他们倾向于将书法的境界与禅宗的意境相联系、相融合,皆与僧人交往密切。其中,"以苏轼为代表的'尚意'书法理论,追求'无法之法'、'不工之工',主张'放笔一戏'、'信手自然',仍然贯彻着禅宗'直指人心'、'见性成佛'、'平常心是道'等观念。禅宗'呵祖骂佛'、蔑视权威和不为法缚的胆魄,更激励了苏轼等人批评前代大家,尤其是唐代书法家的勇气。宋人的书论,往往带有禅家的'机锋'以启发人'顿悟',有时又不免多涉随意,予人不得要领之感,显然打着禅宗语录和'公案'一类的烙印。总之,宋代书法无论理论还是实践,都与唐代拉开了距离,与唐人'尚法'的主流相比,宋人则更注重意趣的抒发和个人情感的宣泄,他们想写什么和怎么写,都表现出一种任情适性的自由,更接近艺术的本质。苏、黄、米、蔡'宋四家',除蔡襄外,其他三人都以行草擅长,这种书体也向'尚意'书风提供了纵横驰骋的用武之地。"①

苏轼(1037—1101),字子瞻,又字和仲、子平,号东坡居士,生于四川眉山。中国古代著名的书画大家,擅长行书、楷书,其书法结体紧密,笔画丰厚润泽,内寓刚健。其弟子黄庭坚在《山谷题跋》中曾评论其书法:"学问文章之气,郁郁芊芊,发于笔墨之间。"

苏轼与佛教的渊源很深,"苏轼的家乡自古以来就有着深厚的佛教文化氛围,这一点虽然与苏轼日后参禅研佛的行为没有直接的关联,但是至少使得苏轼日后对佛教的看法多了一份亲近感。而家庭浓厚的佛教信仰氛围,则直接为他营造了一个接近佛教因缘。其中不论是受到父母亲的潜移默化,还是与弟弟苏辙的相互切磋,都为苏轼深度接触佛教起到了重要的推动作用"②。另外,他一生与云门宗的怀琏、道潜、佛印、慧林宗本一系等僧人过从密切;与临济宗黄龙慧南一系、浮山法远一系及临济宗其他学人皆有交往,由此可知苏轼与佛僧的关系十分广泛而密切。其佛教书法作品主要有宋神宗熙宁元年(1068)书写的成都的迎祥寺钟楼碑等,熙宁二年(1069年)十二月,与王诜交往密切,为其写《莲花经》,熙宁五年(1072年)为明庆寺书《观音经碑》,元丰五年(1082年)十二月十三日,跋李康年篆书《心经》。《华严经破地狱偈》、《楞伽阿跋多罗宝经》、《圆觉经》、单帖《金刚经》和《齐州舍利塔

---

① 曹宝麟:《中国书法史·宋辽金卷》,第6页。
② 陈中浙:《苏轼书画艺术与佛教》,第44页,北京:商务印书馆,2004。

铭》等。

　　苏轼的书法创作和书法品评深受佛学影响，他所提倡的书学观也处处体现出这种影响。苏轼认为对于书法的欣赏要讲求"包容无碍"和"圆融之美"。他在评论唐代以来各大书家的书法作品时认为他们都有这样或那样的缺点，因为他们都表现了某一种美，或可爱而庸俗，或清秀而寒酸，或大不如小、楷不如行等，都不能表现一种包容之美。苏轼认为好的书法作品应该具备"神"、"气"、"骨"、"肉"、"血"五要素，也就是"神韵"、"气势"、"挺拔"、"刚健"、"流丽"、"婀娜"、"凝重"、"雄伟"等等，在《次韵子由论书》中还提到了"端庄杂流丽，刚健含婀娜"的美学要求。这些都充分表明了他的"融合观"，佛家认为圆融或者说圆通即是一种美。印度中观派有"二谛圆融"，中国天台有"三谛圆融"，"'圆融'即真俗二谛你中有我，我中有你，相互通融，不落一端。'三谛圆融'即'如来不在此岸、不在彼岸、不在中流'之意，就是说，连'中谛'（中流）也不执著，'中谛'与真、俗二谛之间均是融通的。这种圆通之美，是一种左右逢源、毫无挂碍之美。"①在《苏轼文集》的《书砚》一文中还提到："大字难结密，小字常局促；真书患不放，草书苦无法；茶苦患不美，酒美患不辣。万事无不然，可一大笑也。"可以说这是从具体自性结构上来探讨书法的圆融之美，特别是最后"万事无不然，可一大笑也"充透着禅宗思想的真精神，由此可见苏轼于佛教书法的评价上所受佛教思想的影响之深。

　　苏轼的书画欣赏品评可以归结为以下几点："一，不能顾此失彼，应该此彼兼顾；二，此中有彼，彼中有此才是最高的境界；三，做到此彼兼顾非一般之力所能为。针对这三点，我们认为苏轼的这种欣赏评品观与佛教的'圆融'论存在着紧密的联系。"②

---

① 祁志祥：《佛教美学》，第220—227页，上海：上海人民出版社，1997。
② 陈中浙：《苏轼书画艺术与佛教》，第144页，北京：商务印书馆，2004。

黄庭坚(1045—1105),字鲁直,号涪翁,又号山谷道人,分宁(今江西修水)人,宋英宗治平四年(1067)进士,以校书郎为《神宗实录》检讨官,迁著作郎,后遭贬。主张三教合一,精于谈禅。其一生与禅门中人交往过从甚密,如楚金长老、法轮景齐、东林常总等,这些人与他亦师亦友,大部分属于临济宗黄龙派。也有云门宗的法云法秀、中际可尊、投子普聪,杨歧派的海会演等等。黄庭坚自己也被《五灯会元》卷一七收录为黄龙派的居士,可见其禅学之渊源是颇为深厚的。黄庭坚认为心寂为禅,心净为教,要内外相应,才叫作修道。黄庭坚年轻时期就受到佛学华严宗思想的影响,曾经写下"万壑秋声别,千江月同体"的诗句,这句诗显然受到《永嘉证道歌》"一性圆通一切性,一法遍含一切法。一月普现一切水,一切水月一切摄"的影响。

黄庭坚善行书、草书,字体遒劲放逸,以险侧取胜。康有为在《广艺舟双楫》中评论其行书"虽昂藏郁拔,而神闲意秾,入门自媚"。黄庭坚主张书法要去俗存真,破人我心执,息心驰骛,破法我执,解除束缚。其墨迹有草书《文益禅师语录》、行书《华严疏卷》等。

黄庭坚喜欢"以禅喻书",他在《山谷集》卷二八中说道:"字中有笔,如禅家句中有眼,直需具此眼者,乃能知道之。"他在品评前代王著、李建中、杨凝式时就以禅宗之高下了定论。他在《山谷书论》中说:"王著名如'小僧缚律',李建中如'讲僧参禅',杨凝式如'散僧入圣'。当以右军父子书为标准。"小僧、讲僧、散僧所分别代表的参禅态度显然是有高下之分的。黄庭坚唯独认为王羲之父子的书风圆满而富于蕴藉,才是历代遵从的典范。

两宋时期,文人士大夫写经抄经的风气也很盛,"尝写经的有赵安仁、王安石、叶清臣、钱公辅、柳闳、孙朴、苏过、张即之、宋唤、蔡卞等人。以楷为主,也有行书,或作帖,或刻石,传世不少。还有不少文人士大夫书写佛寺碑铭题记,留有姓名者如王正己、彭太素、何润之、吴呈、孙道、丰稷、吕惠卿、章淳、任广、苏定武、王道、何大奎、季布、马光祖、马云夫等人,其中行书碑文的比例也不小,与唐代不同"①。这些人的书法史料也都有所记载,其书法亦不乏精美者。明代安世凤就在其《墨林快事》中品论丰稷所书的《慈谿永明寺殿记》为:"开大而不沓拖,谨密而不拘曲,驰骋于意象之先,从容于笔画之外",可谓赞誉有加。上文中提到的张即之所抄《金刚经》、《大方广佛华严经》等都流传于世,为宋代不可多得的佛教书法精品。

元初的书坛盛行帖学,多习唐人。自赵孟頫出,一改其因袭的局面,他本人最折服王羲之父子,故而力主超越唐人之法而直追晋人风范,从而也开创了元代复古尊帖的书法新风。

赵孟頫(1254—1322),生于吴兴(今浙江湖州),宋太祖之子秦王赵德芳德后裔,元代书画大家。他与上文提到的中峰明本关系甚密。他在书法上的成就,《元史》记载道"篆、(榴)、分、隶、真、行、草书、无不冠绝古今"。与他同时代的书家鲜于枢认为"子昂篆、隶、正、行、颠草,俱为当代第一"。元四家之一的著名画家王蒙称赞其为"上下五百年,纵横一万里,举无其匹",可谓推崇备至。

赵孟頫一生精研书法,勤奋不辍,早期喜欢临摹《智永千字文》,后来兼习颜真卿、柳公权等人,练习尤为刻苦,据说他下笔神速,犹如风雨骤至,一日之内,数百字能一挥而就,且精美纯熟,没有一点草率。究其原因,乃在于他对书法的痴迷和苦练。他自己也曾给自己总结过:"自童时吟,至于白首,得意处或至终夜不寝。"他的弟子柳贯说:"早期喜临《智永千字文》,后来兼习颜真卿、柳公权、徐浩、李邕诸家,皆能仿佛。"

赵孟頫生活在一个信奉宗教、尊孔崇道的元代,他本人甚好儒、释、道三教。尤其信奉佛道,精通佛经,因此,认真写过很多经卷,如《阳符经》、《灵宝经》、《大洞玉经》、《道德经》、《度人经》、《心经》、《金刚经》等等。传世佛书有写经《金刚经》、《法华经》、《佛说四十二章经》,书写《湖

---

① 赖永海主编:《中国佛教百科全书·诗偈、书画卷》,上海:上海古籍出版社,2000。

州妙严寺记》、《头陀寺碑》、《灵瑞塔碑》等。就具体作品而言,元贞二年,赵孟頫四十三岁时用小楷恭录《妙法莲华经》,全卷共七万多字,庄重精丽,"无一笔失度",堪称写经杰作。明人焦竑说:"松雪居士善以笔砚作佛事,所书经当不下数十百本,兹《法华》固其一年旧闻有草本在王奉常敬美处已佚其半,此为真书独完好。"观其用笔,结字及体势风格,显然继承了王献之《洛神赋》小楷,笔笔精致遒丽,字字宽博雅逸。遍观诸字,中心横画和撇捺笔细而遒劲,每有起笔则锋尖由上露,而每至收笔处则顿笔含锋,这是魏晋时写经特点,在此表现极为明显。另外,撇笔则起笔处重,行笔时则呈利刃状;又有竖画下笔较重,和细劲的横画相结构,使字形平正、体势方阔等等,都是此卷书写的特点。

《楞严经三阿难赞佛偈》,行书,一百三十余字,计十六行。为友人空岩长老所书。书写婉转流便,圆活遒劲。细观各字,结体取纵长,中宫紧敛,笔画舒展,点画率意而不逾规矩。纵观全篇,笔力劲健,字与字之间顾盼呼应,行气贯通,意态从容而姿媚,有一种神仙蜕骨风度。此作曾经由王穀祥、卞永誉、冯公度、陆时化等收藏。陆时化在题跋中云:"书此全是李北海",并论定是孟頫"晚年得意之书"。

管道昇(生卒年不详),字仲姬,赵孟頫之妻,元代女书法家。管仲姬之小楷凝重端庄,且秀润清俊,笔法、结体如赵孟頫。赵孟頫《松雪斋集》中记载她"翰墨词章不学而能。心信佛法,手书《金刚经》至数十卷,以施名山名僧"。《江宁府志》曾记:"管道升于元大德丙午(1306)春清明以楷体写《观世音菩萨传略》",刻石江宁,"字画秀整",堪为妙品。写有《金刚经》数十卷,赠给名刹古寺,广结善缘。她的行草书,清新俊逸,飞动美妙,除受赵孟頫影响外,还得章帝、皇象、索靖遗意。她同时也是佛教徒,奉中峰明本为师,她在书法史上的地位,后人有将之与东晋时期的女书法家、王羲之的老师卫夫人相提并论的,可惜流传至今的卫氏和管氏二人的书法作品都难以得见,历史上能书的女书家又实在是凤毛麟角,故后人往往有过誉之辞。不过管氏在书画文辞方面的造诣,及其与丈夫情笃义深之事,则深为后世所传颂和称道。

鲜于枢(1257—1302),字伯机,号困学山民,又号虎林隐吏、寄直老人。南宋宝祐五年生于河北渔阳(今河北蓟县)。祖辈为朝鲜族人。赵孟頫和鲜于枢在元代书坛上并称"二雄",当时即有"南赵北鲜"之誉。明代陆深曾云:"元兴作者有功,而以赵吴兴、鲜于渔阳为巨擘,终元之世,出入此两家。"可见鲜于枢在当时已能与赵孟頫并肩并难分伯仲。鲜于枢具有"河朔之气",如"渔阳健儿,奇态横发";赵孟頫则如"贵胄公子","风神清朗",二人各具千秋,双峰并峙。赵孟頫很佩服鲜于枢,曾说:"困学之书,妙入神品,仆所不及。"

吴镇(1280—1354),字仲圭(一作珪),号梅花道人,又号梅道人、梅沙弥、梅花庵主等,嘉兴魏塘镇(今浙江嘉善)人。吴镇书法作品多为草书,现存独立作品只有一卷《心经》,其余都是他创作画作时的诗文题记。《般若波罗蜜心经》,这件作品为草书长卷,写于至元六年夏四月。全卷分三十九行书写。此卷书写流畅,点画、流转,随心所欲而不逾矩,章法处理上连带关系较为注意,体势平稳,笔笔中锋,遒媚婉丽,加之运笔过程中的飞白和墨色的变化,使得全幅苍劲而秀润,于淡远中隐现浓重,形成一种浑然天成的艺术境界,为历代书法家所称道。清刘墉称之为"萧淡之致,追步唐贤";郭守敬誉之为"执行旭、素"。明人李日华在其《六研斋笔记》中也指出:"梅花道人书作藏真(怀素)笔法,古雅有余。"从吴氏行笔圆劲、奔放的书风中,确实可窥张旭、怀素之遗风流韵。

元代士人中,在佛教书法创作上作出成就以及对后世影响深远者,当属赵孟頫一人,他华滋遒媚的流丽书风成为元代书法的一个高峰,具有经典性的意义。可以毫不夸张地说,他是继东晋王羲之、唐代颜真卿之后的又一大家,他的书风对后世佛教书法的创作和品评都起着深远的影响。

人名索引

阿底峡 379—388,390,443
八思巴 4,12,15,25—28,103,104,155,168—171,406—408,430,449—456,458,459,462,464,466—469,471,473,474,476,477,480,482,498—500
本寂 108
布袋和尚 487
楚石梵琦 250,267,273
从伦 89,99,103—105
道济、济公 493,517
道楷 106,109
道元 110—112,278,522
福裕 10,89,91,99—103
黄庭坚 509,512,516,523,524,526
惠洪 515,516,519
慧南 515,519,524
净源 147,150,151,219,228—230,232—236
觉苑 147,148
了元 249,516
妙高 3,13,63,81,88,89,189
普度 146,174—178

如净 54,106,109—111,197
苏轼、苏东坡 249,271,508,509,513,515,516,517,519,523—525
万松老人、行秀 3,8,9,17,53,54,89—100,102,103,105,158—161
惟则 63,71,76—78,146,182—186,190,191,193—197,521
文益 526
鲜演 147,148
行端 63,81—84,86—88,249,284,522
延寿 98,177,180,182,183,192
耶律楚材 3,8,9,89,91—93,99,158,204
义青 105
印简 3,8—12,15,24,46,47,54—61,63,92,100,164
元照 166,271
原妙 20,63,64,68—72,81,179,189,265,272
圆仁 240,241
云岫 22,54,105—107,109,284,

285
　　允堪 166,219
　　正觉 8,56,92,93,110,159
　　知礼 120,126—130,141,143,144,
193—195,218,219,223,229,239,246,

261,504
　　智圆 193,218,219,230
　　子淳 105,106
　　宗喀巴 386,390,408,420,425
　　祖钦 54,63—69,71,81,266,281